Die Erbfolgeordnung des Sachsenspiegels
und des Magdeburger Rechts

Rechtshistorische Reihe

Band 218

Peter Lang
Frankfurt am Main · Berlin · Bern · Bruxelles · New York · Oxford · Wien

Ludger Meuten

Die Erbfolgeordnung des Sachsenspiegels und des Magdeburger Rechts

Ein Beitrag zur Geschichte des sächsisch-magdeburgischen Rechts

Peter Lang
Europäischer Verlag der Wissenschaften

Die Deutsche Bibliothek - CIP-Einheitsaufnahme

Meuten, Ludger:

Die Erbfolgeordnung des Sachsenspiegels und des Magdeburger Rechts : ein Beitrag zur Geschichte des sächsisch-magdeburgischen Rechts / Ludger Meuten. - Frankfurt am Main ; Berlin ; Bern ; Bruxelles ; New York ; Oxford ; Wien : Lang, 2000

(Rechtshistorische Reihe ; Bd. 218)
Zugl.: Gießen, Univ., Diss., 1999
ISBN 3-631-35628-5

Die vorliegende Arbeit wurde von
Prof. Dr. Martin Lipp
zur Aufnahme in die Reihe empfohlen.

Gedruckt auf alterungsbeständigem,
säurefreiem Papier.

D 26
ISSN 0344-290X
ISBN 3-631-35628-5

Printed in Germany 1 2 3 4 6 7

Alleine is dit to merken dat erstlich Magdeburgisch darnach wigbilde, thom drudden Landtrecht alles Sechsisch Recht genomet vnnd geheitenn wert Wer na gebruck inholde vnnd gewonheit desser drei Rechte eins geordelt vnnd erkandt, dat is alles Sassen Recht allene dath jewelick in ethlickenn fellenn sinen sunderlicken vnderscheit hefft vnndt werdt nicht glickheit hir inne geholdenn.“

Sentenz zu einem Spruch der Magdeburger Schöffen aus dem 15. Jahrhundert aus dem Codex 1096 der Universitätsbibliothek Leipzig, gedruckt bei Hermann Wasserschleben, Successionsordnung, S. 68

Vorwort

Die vorliegende Arbeit wurde im Sommersemester 1999 vom Fachbereich Rechtswissenschaft der Justus - Liebig Universität Gießen als Dissertation angenommen.

Für die fachliche und persönliche Betreuung der Arbeit schulde ich meinem Doktorvater, Herrn Professor Dr. Martin Lipp, großen Dank. Ohne seine Anregung, sich auch heute noch mit dem mittelalterlichen deutschen Recht zu beschäftigen, wäre diese Untersuchung nicht entstanden. Während meiner Tätigkeit als Wissenschaftlicher Mitarbeiter an seinem Lehrstuhl an der Juristischen Fakultät der Technischen Universität Dresden hat Professor Lipp mir nicht nur die notwendigen Freiräume zur Erstellung der Arbeit gewährt, sondern stand auch jederzeit als kritischer Diskussionspartner zur Verfügung. Auch das Erstgutachten wurde von Prof. M. Lipp gefertigt.

Dank schulde ich auch Frau Prof. Dr. Barbara Dölemeyer, Justus - Liebig Universität Gießen für die Erstellung des Zweitgutachtens.

Des weiteren möchte ich mich an dieser Stelle bei meiner ehemaligen Lehrstuhlkollegin, Frau Dr. Elisabeth Dickerhof, für ihre Unterstützung der Arbeit während unserer gemeinsamer Dresdener Tagen bedanken. Ihre Hilfe bei der Auseinandersetzung mit den lateinischen Quellen sowie ihr steter Zuspruch waren eine große Hilfe.

Ein inneres Bedürfnis ist es mir, Frau Rechtsanwältin Nicole Maria Sentis zu danken. Sie hat die vorliegende Untersuchung von ihren ersten Anfängen an begleitet und war dabei eine stete Quelle der Inspiration; ihre Hinweise eröffneten neue Perspektiven.

Weiterhin gilt es, die hilfreiche Unterstützung Herrn Wieland Carls vom Institut für Deutsche Rechtsgeschichte der Freien Universität Berlin zu erwähnen, die er mir bei der Transkription des Leipziger Schöffenspruches aus dem Alt-Urtheilbuch der Stadt Dresden Bl. 132 gewährte.

Die Mitarbeiterinnen und Mitarbeiter der Sächsischen Landes- und Universitätsbibliothek Dresden haben durch ihre zum Teil aufwendigen Recherchearbeiten die Sichtung des Quellen- und Literaturbestandes erst ermöglicht. Hierfür möchte ich meinen Dank und Anerkennung aussprechen.

Mein Bruder, Herr Michael Meuten, hat freundlicherweise die Mühe auf sich genommen, die Arbeit zu redigieren. Auch dafür möchte ich mich an dieser Stelle bedanken.

Den Herausgebern und dem Peter - Lang Verlag bin ich verbunden, daß sie diese Dissertation in die „Rechtshistorische Reihe“ aufgenommen haben.

Dresden, Februar 2000 L. Meuten

Inhaltsübersicht

1. Teil
Grundlagen - die „sächsische“ Erbfolgeordnung im Lichte der deutschrechtlichen Forschung des 18. und 19. Jahrhunderts

2. Teil
Die Erbfolgeordnung des Sachsenspiegels

3. Teil
Die Erbfolgeordnung des Magdeburger Rechts

Schluß

Inhaltsgliederung

1. Teil
Grundlagen

2. Teil
Die Erbfolgeordnung des Sachsenspiegels

3. Teil
Die Erbfolgeordnung des Magdeburger Rechts

Schluß

1. Teil
Grundlagen - die „sächsische" Erbfolgeordnung im Lichte der deutschrechtlichen Forschung des 18./19. Jahrhunderts

§ 1 Ziel der Untersuchung

Die folgende Arbeit will anhand der Untersuchung der Erbfolgesysteme des Sachsenspiegel-Landrechts und des Magdeburger Rechts einen Beitrag zu der Frage leisten, in welcher Beziehung beide Rechte zueinander standen, und ob für die Zeit des 13. bis Mitte des 16. Jahrhunderts ein einheitliches sächsisch-magdeburgisches Erbfolgesystem festgestellt werden kann.

Zu diesem Zweck werden die Erbfolgeordnung des Sachsenspiegels auf der einen und jene des Magdeburger Rechts auf der anderen Seite herausgearbeitet, ihre jeweiligen Gemeinsamkeiten aufgezeigt und die Unterschiede beider Systeme veranschaulicht.

Die Erbfolgeordnungen beider Rechte wurden bereits 1883 von F. Schanz in seiner Dissertation „Das Erbfolgeprinzip des Sachsenspiegels und des Magdeburger Rechts" behandelt. Schanz glaubte in Anschluß an Amira, das beiden Rechten zugrundeliegende Erbfolgeprinzip in der grundsätzlichen Einteilung in einen engeren und einen weiteren Erbenkreis gefunden zu haben. Die Untersuchung von Schanz ist dabei in der zeitgenössischen rechtsgeschichtlichen Literatur auf Zustimmung[1], aber auch auf Kritik gestoßen.[2] Schanz sah sich bei seiner Arbeit mit einem uneinheitlichen und wenig gefestigten Forschungsstand zu diesem Thema konfrontiert. Die Frage nach Art und Wesen eines sächsischen, beziehungsweise deutschen Erbfolgesystems war in der Literatur des 19. Jahrhunderts umstritten und wurde heftig diskutiert.[3]

Auch der Arbeit von Schanz ist es letztlich nicht gelungen, den Streit beizulegen. Zwar bemerkte Amira in seiner Rezension der Schrift, Schanz habe „an einigen Punkten die Forschung ... zum Abschluß gebracht"[4]. Doch dem stehen Stimmen wie die Stobbes gegenüber, der 1885 konstatierte, trotz der neueren Arbeiten sei der Streit „... ebenso unentschieden, wie damals..."[5].

Im 20. Jahrhundert geriet die Frage nach der Erbfolgeordnung des Sachsenspiegels und des Magdeburger Rechts außer Interesse und fiel fast der Vergessenheit an-

---

[1] Amira, Gött. gel. Anz. 1884, S. 38f.

[2] Stutz, Verwandtschaftsbild, S. 51.

[3] Zu nennen sind insbesondere die Arbeiten v. Sydow, Darstellung des Erbrechts nach den Grundsätzen des Sachsenspiegels, Berlin 1828; Siegel, Die germanische Verwandtschaftsberechnung mit besonderer Beziehung auf die Erbenfolge, Gießen 1853; Homeyer, Die Stellung des Sachsenspiegels zur Parentelenordnung, Berlin 1860; Wasserschleben, Das Prinzip der Successionsordnung nach deutschem, insbesondere sächsischem Rechte, Gotha 1860.

[4] Amira, Gött. gel. Anz. 1884, S. 38.

[5] Stobbe, Privatrecht Bd. V, § 288 (S. 79f).

heim.[6] So sind Art und Struktur des Erbfolgesystems beider Rechte auch heute noch ungeklärt.
Daher werden in dieser Arbeit die Erbfolgeordnungen beider Rechte einer neuerlichen Untersuchung unterzogen, in deren Verlauf auch zu der von Schanz in seiner Dissertation geäußerten Thesen eingehend Stellung genommen wird.

Ist die Quellenlage zum Erbfolgesystem des Sachsenspiegels seit der Arbeit von Schanz naturgemäß unverändert geblieben[7], so konnte bei der Behandlung des Magdeburger Rechts auf eine Vielzahl neu entdeckter und edierter Schöffensprüche zurückgegriffen werden, welche im Hinblick auf das hier zu behandelnde Thema noch keine Auswertung erfahren haben. Anzuführen sind vor allem die Editionen von Viktor Friese und Erich Liesegang, Magdeburger Schöffensprüche, Berlin 1901, von Guido Kisch, Leipziger Schöffenspruchsammlung, Leipzig 1919 sowie von Friedrich Ebel, Magdeburger Recht, Bd. I, Köln 1983, Bd. II/1 Köln 1989; Bd. II/2 Köln 1995. Schanz war bei seiner Arbeit noch in beträchtlichem Maße auf die Verwendung von Rechtsbüchern und Büchern des Magdeburger Rechts angewiesen, die in ihrer Aussagekraft über das Magdeburger Recht an die originalen Sprüche der Magdeburger Schöffen nicht heranreichen können. Anders als in der Untersuchung von Schanz wurden hingegen in dieser Arbeit die Rechte der Städte Hamburg und Bremen nicht berücksichtigt. Ob die Erbfolgeordnung der genannten Städte tatsächlich jener des Magdeburger Rechts entsprach - wie Schanz annimmt - , kann erst beurteilt werden, wenn über das Erbfolgesystem des Magdeburger Rechts Klarheit herrscht.[8] Daher konnten diese Stadtrechte zur Ermittlung des Magdeburger Rechts gerade nicht herangezogen werden. Statt die Quellenbasis durch die Nutzung von Rechten, deren Zuordnung zum Magdeburger Rechtskreis zweifelhaft ist, zu verwässern, wurde der Systematisierung und Beurteilung der verwendeten Quellen mehr Raum gegeben. Diese Beschränkung ließ weiterhin die Möglichkeit offen, sich mit einzelnen Schöffensprüchen - wo dies im konkreten Fall erforderlich war - intensiver auseinanderzusetzen.

Dies erscheint auch deshalb geboten, weil die neueren Arbeiten, welche das Magdeburger Recht zum Thema haben, sich auf die - unbestritten notwendige - Edition

[6] Soweit ersichtlich erfolgte die letzte etwas eingehendere Untersuchung zur Erbfolge nach Magdeburger Recht 1925 durch Meyers in der Tijdschr. v. RG, Bd. 6 (1925), S. 1f.

[7] Allenfalls die Faksimile-Ausgaben der Bilderhandschriften kamen als zusätzliche Erkenntnisquelle für die Auslegung der einschlägigen Bestimmungen des Sachsenspiegels in Betracht, vgl. Karl v. Amira, Die Dresdener Bilderhandschrift des Sachsenspiegels, Stuttgart 1902/1925; Walter Koschoreck, Die Heidelberger Bilderhandschrift, Frankfurt a.M. 1970; Ruth Schmidt-Wiegand, Die Wolfenbütteler Bilderhandschrift, Berlin 1983; dies., Der Oldenburger Sachsenspiegel, Graz 1995; Dietlinde Munzel-Everling, Die Heidelberger Bilderhandschrift des Sachsenspiegels, CD-Rom mit Begleitbuch, 1999.

[8] Kritisch zur Übereinstimmung des Bremischen Erbfolgerechts mit dem Sächsischen Recht Amira, Gött. gel. Anz. 1884, S. 38 (S. 44f).

von Quellen beschränken[9] oder das Magdeburger Recht in erster Linie nur im Hinblick auf seine Verbreitung und seine Wirkungsgeschichte untersuchen.[10] Hingegen fehlt es fast völlig an aktuellen dogmengeschichtlichen Einzeluntersuchungen über den Inhalt bestimmter Rechtsinstitute und deren Ausformungen im Magdeburger Recht.[11]

Etwas anders stellt sich der Forschungsstand zum Sachsenspiegel dar. Der Sachsenspiegel fand von jeher das Interesse der rechtsgeschichtlichen Forschung[12] und seitdem alle vier erhaltenen Bilderhandschriften als Faksimile-Ausgaben verfügbar sind, versucht man sich neuerdings zunehmend im Wege einer Text-Bild-Interpretation dem Rechtsbuch zu nähern.[13]

Dabei ist es evident, daß auch weiterhin die Erforschung einzelner Rechtsinstitute des Sachsensiegels und des Magdeburger Rechtes erforderlich ist.[14] Denn letztlich läßt sich nur anhand eines Vergleiches des materiellen Rechts herausfinden, inwieweit das sächsische Recht im Rahmen seiner Expansion in den bewidmeten Orten tatsächlich Anwendung gefunden hat beziehungsweise welchen Veränderungen es dort unterworfen war. Hierbei ist auch zu berücksichtigen, daß der Sachsenspiegel und das Magdeburger Recht ihre Überzeugungskraft in erster Linie aus dem Inhalt ihrer materiellen Regelungen bezogen und erst diese Überzeugung, nämlich die Regelungen des Sachsenspiegels und des Magdeburger Rechts seien „richtiges" Recht, überhaupt den Grund für die formelle Bewidmung von Städten vor allem mit Magdeburger Recht bildete.

Auch die Anwendung des rezipierten römischen Rechts im Geltungsbereich des sächsischen Rechts kann nur dann zutreffend beurteilt werden, wenn man sich zu-

---

9 Vgl. insbsondere die auf S. 10 angeführten Editionen von F. Ebel, aber auch Lysiak Ludwik unter Mitwirkung von K. Nehlsen-v. Stryk (Hrsg.), Decreta iuris supremi Magdeburgensis castri Cracoviensis, Die Rechtssprüche des Oberhofes des dtsch. Rechts auf der Burg zu Krakau, Bd. 1 1456-1481, Ius Commune Sonderheft 68, Frankfurt a.M. 1995, Bd. 2 1481-1511, Ius Commune Sonderheft 104, Frankfurt a.M. 1997.

10 Vgl. Albrecht Timm, Das Magdeburger Recht an der Brücke von West und Ost in: Hamb. Mittel- und Ostdtsch. Forsch. Bd. 2, S. 71f.

11 Aus neuerer Zeit ist hier nur zu nennen: Armin Feuring, Die Verfestung nach dem Sachsenspiegel und den Quellen des Magdeburger Rechts, Bonn 1995.

12 Vgl. die Bibliographie bei Kisch, ZRG (GA) Bd. 90 (1973), S. 73f.

13 So insbesondere die Arbeiten von Brigitte Janz, Rechtssprichwörter im Sachsenspiegel, Frankfurt a.M. 1989; Friedrich Scheele, „di sal man alle radebrechen" Todeswürdige Delikte und ihre Bestrafung in Text und Bild der Codices picturati des Sachsenspiegels, Oldenburg 1992; Ulrich Drescher, Geistliche Denkformen in den Bilderhandschriften des Sachsenspiegels, Frankfurt a.M. 1989.

14 Diesen Aspekt vernachlässigt Lück, Sachsenspiegel und Magdeburger Recht, S. 57, wenn er als künftige Forschungsfelder allein die Quellenedition, die Bearbeitung der Sachsenspiegel-Landrechtsglosse und die Untersuchung der sprachlichen Aspekte der Rezeption der sächsischen Rechte im europäischen Osten anspricht. Hingegen weist Nehlsen-von Stryk, Das sächsisch-magdeburgische Recht, S. 829 (S. 834) im Hinblick auf die Spruchpraxis des Krakauer Oberhofes zutreffend darauf hin, daß es noch an einer inhaltlichen Analyse der Sprüche fehlen würde.

vor Klarheit über den materiellen Inhalt der Rechtsinstitute des Sachsenspiegels und des Magdeburger Rechts verschafft hat.

Allein der hier nur kurz skizzierte Befund läßt es bereits als gerechtfertigt erscheinen, die Frage nach Inhalt und Übereinstimmung der Erbfolgeordnung des Sachsenspiegels und des Magdeburger Rechts erneut aufzuwerfen.

§ 2 Gang der Untersuchung

Um den Vergleich der Erbfolgeordnungen durchzuführen, war es zunächst erforderlich, die Erbfolgesysteme beider Rechte herauszuarbeiten.
Für den Text des Sachsenspiegels wurde dabei - soweit nichts Abweichendes in den Anmerkungen erwähnt ist - die von Karl August Eckhardt besorgte Ausgabe verwendet.[15] Sie entspricht zwar nicht mehr den neuesten philologischen Erkenntnissen, ist aber von den zur Zeit verfügbaren Ausgaben die vorzugwürdigste.[16]
Die Untersuchung des Erbfolgesystems des Sachsenspiegels war dadurch geprägt, daß zwar zu diesem Thema eine umfangreiche rechtswissenschaftliche Literatur existiert, das Rechtsbuch selbst hingegen die Erbenfolge im weitesten Sinne in nur vier Artikeln behandelt. Von diesen vier Artikeln enthält Ldr. I Art. 3 § 3 die Grundstruktur des Erbfolgesystems. Zunächst war daher in Auseinandersetzung mit den bereits vertretenen Auffassungen, insbesondere der Wasserschlebens, das allgemeine Prinzip der Erbenfolge, wie es Ldr. I Art. 3 § 3 zugrundeliegt, darzustellen. In diesem Zusammenhang wurde auch im weiteren Umfange auf die einschlägige Literatur des 19. Jahrhunderts eingegangen, da die entsprechenden Werke zum Teil nur noch schwer zugänglich und die geführte Diskussion und ihre Argumente nicht mehr gegenwärtig sind. Schließlich wurde dann aus dem auf Grundlage von Ldr. I Art. 3 § 3 gewonnenen Prinzip auf deduktivem Wege eine konkrete Erbentafel entwickelt.

Anders stellte sich die Situation beim Magdeburger Recht dar. Da es an einer originären zeitgenössischen umfassenden Rechtssammlung der Magdeburger Schöffen fehlt, galt es, sich über Bestand und Aussagekraft der Quellen Klarheit zu verschaffen. Daher wurde - wie bereits erwähnt - der Sammlung und Beurteilung der Texte, die in dieser Untersuchung als Quellen des Magdeburger Rechts herangezogenen wurden, nach Herkunft, Alter und Entstehung größerer Raum zugestanden.
Bei Erstellung der Erbentafel des Magdeburger Rechts war ausschlaggebend, daß das Magdeburger Recht nur in Schöffensprüchen zu konkreten Rechtsfragen überliefert ist. Aus diesem Grunde war hier zuerst die Erbentafel aus den einzelnen Urteilen der Schöffen zu bilden. Aus der so konstruierten Erbentafel wurde dann induktiv auf das der den Entscheidungen der Schöffen zugrundeliegende Erbfolgesystem geschlossen.
Bei Behandlung des Magdeburger Rechts wurde weiterhin auf bestimmte erbrechtliche Probleme ausführlich eingegangen, welche häufig Gegenstand von Anfragen an die Schöffenstühle waren. Dies gilt insbesondere für die erbrechtliche Wirkung der Ausradung und der Halbgeburt sowie für die Geltung eines Repräsentations-

[15] Karl August Eckhardt (Hrsg.), Der Sachsenspiegel, Bibliotheca Rerum Historicarum Rechtsbücher Bd. 1, 3. Bearbeitung, Göttingen 1973.
[16] Vgl. Schmidt-Wiegand, Überlieferungskritische Ausgabe, S. 1 - S. 13

rechts innerhalb des Magdeburger Rechtskreises. Das für das Magdeburger Recht gefundene Ergebnis wurde dann dem Recht des Sachsenspiegels gegenübergestellt. Schließlich wurde im Wege eines Vergleiches der Erbfolgesysteme die Übereinstimmungen oder Abweichungen beider Rechte aufgezeigt.

Im Schlußteil erfolgt die Darstellung der erbrechtlichen Regelungen einzelner Stadtrechte des sächsisch-magdeburgischen Rechtskreises und jener der Kursächsischen Konstitutionen von 1572. Anhand dieser Stadtrechte und der Konstitutionen soll ein kurzer Ausblick auf die weitere Entwicklung der Erbfolgeordnung ab Mitte des 16. Jahrhunderts im Gebiet des sächsischen Rechtes eröffnet werden.

§ 3 Die Diskussion im 19. Jahrhundert - auf der Suche nach einem Deutschen Privatrecht

Den Blick erneut auf ein rechtshistorisches Thema zu richten, ist zudem noch aus weiteren als den bereits dargelegten Gründen von Interesse. Soweit es um die Beschäftigung mit dem Sachsenspiegel und dem Magdeburger Recht geht, herrscht heutzutage Einigkeit darüber, daß diesen Rechten im wesentlichen nur noch Bedeutung im Rahmen einer rechtsgeschichtlichen Betrachtung zukommen kann. Vor einem etwas anderen Hintergrund wurde hingegen die zuvor erwähnte Diskussion über das Prinzip des sächsischen und magdeburgischen Erbfolgerechts im 19. Jahrhundert geführt. Sie erfolgte nicht nur unter rein historischen Aspekten, sondern auch unter dem Gesichtspunkt des Streites über Gestalt und Gehalt eines einheitlichen Deutschen Privatrechts. Daß ein solches existiert haben müsse, war seit dem Beginn der wissenschaftlichen Erforschung eines Deutschen Privatrechts im 18. Jahrhundert in der rechtswissenschaftlichen Literatur allgemeine Auffassung.[17] Dabei verstand man unter „Deutschem Privatrecht" nach einer verbreiteten - jedoch verkürzenden Definition - den Inbegriff der Rechtssätze und Institute des gemeinen Zivilrechts, welche in Deutschland und unter den Deutschen entstanden und ausgebildet wurden.[18]

Angesichts der Vielzahl von überlieferten Quellen, die in Inhalt, Herkunft, Geltungsbereich, Überlieferungsgeschichte und Alter stark differierten, war es aber von Anfang an umstritten, welcher Methode man sich zur Ermittlung eines Deutschen Privatrechts bedienen sollte.[19]

Im wesentlichen lassen sich - bei Außerachtlassung der jeweiligen Besonderheiten im Detail - zwei methodische Ansätze herausarbeiten.[20]

Grundlegend für den ersten Ansatz war die bereits 1723 von C. G. Hoffmann im Hinblick auf die Ermittlung von Gewohnheitsrecht - consuetudo - geäußerte These, nach welcher das gemeinsame deutsche Recht nur noch in den einzelnen Partikularrechten überliefert sei, man aber von einer gemeinsamen Gewohnheit sprechen könne, wenn diese in unterschiedlichen Gebieten festzustellen sei:

---

[17] Zu dem Beginn der wissenschaftlichen Beschäftigung mit einem Deutschen Privatrecht, vgl. Luig, Ius Commune Bd. I (1968), S. 195f.

[18] Maurenbrecher, Lehrbuch, § 5 (S. 4); Runde, Privatrecht, § 1f (S. 1f) „Deutsches oder germanisches Recht ... im strengeren und eigentlichen Sinne des Ausdrucks werden deutsche Rechte diejenigen genannt, welche in Deutschland entstanden, und von dessen Bewohnern beobachtet sind...".

[19] Die damals nicht minder umstrittene Frage, ob die Rechtssätze eines Deutschen Privatrechts auch formell als allgemeines Recht Geltung beanspruchen konnten, oder ob sie nur materiell als wissenschaftliches Prinzip von Bedeutung seien, kann hier nicht weiter behandelt werden. Die Streitfrage war für die Wissenschaft des 19. Jahrhunderts seit der Arbeit von C. F. Gerber, Das wissenschaftliche Princip, 1846, im letztgenannten Sinne entschieden. Vgl. Thieme, HRG Bd. I, Sp. 702 (704); Kroeschell, Zielsetzung, S. 249 (S. 262).

[20] Kroeschell, Zielsetzung, S. 249 (S. 257).

§ 25 Tertio in ipsius jurisprudentiae germanicae tractatione jura universalia a particularibus sunt discernenda ... et saepius non nisi ex collatione iurium particularium eruuntur... Obscuritas jurisprudentiae germanicae universalis originem forte trahit a varia territoriorum in imperio divisione ... Magnus igitur consensus diversarum provinciarum ac ditionum in unam alteramve consuetudinem est, eam esse universalem. Hinc particularis jurisprudentiae studium commendandum est & ut subsidium & ut principium jurisprudentiae universalis germanicae.[21]

Diese Vorgehensweise und die daraus zu ziehenden Schlüsse sollten nach Hoffmann nicht nur für die consuetudines, sondern auch für das partikulare Gesetzesrecht gelten.[22]
Eine solche Darstellung der überlieferten Einzelrechte ließ auch H.C. von Selchow in seiner 1757 erstmals erschienenen „Elementa Iuris Germanici Privati hodierni ex ipsis fontibis deducta" für die Begründung eines Deutschen Privatrechts genügen.[23]

J. S. Pütter betonte schließlich 1748 in seiner „Elementa Iuris Germanici", der Ursprung eines gemeinsamen deutschen Rechtes sei nicht in einem einzelnen Gesetz, Rechtsbuch oder Statut zu finden.

§ 82 Sed universum totius Germaniae in genere ius hodiernum est, quod tractamus; Eiusque proinde fontes, non singulam quamdam legem antiquam, non speculum, non ius unius provinciae, non unius civitatis statutum.[24]

Vielmehr habe sich die ratio des gemeinen Deutschen Rechtes in den meisten Partikularrechten erhalten. Daher müsse man diese studieren und vergleichen, um das allgemeine und wahre Recht des Vaterlandes zu erfahren.[25]

---

[21] C.G. Hoffmann, Dissertatio de Iurisprudentiae, § 25 (S. 17).

[22] In dieser Hinsicht sind wohl die Ausführungen Hoffmanns in seiner 1721 veröffentlichten „Excercitatio Prima quae de Verborum in Iure Germanico Ac Saxonico" § IVf (S. 10f) zu verstehen. A.A.O., § 5 (S. 12 Fn. b) „... *quid per ius Germanicum commune sit intelligendum? Nempe conquirenda sunt principia consuetudinum, morum, ac legum patriarum, ita applicanda sunt particularibus locorum consuetudinibus, quarum differentiae in oculos facile incurrunt, si generalia rite formata fuerint principia.*"

[23] Selchow macht allerdings in der „Elementa Iuris Germanici" zu seiner konkreten Methode keine Angaben. Im Titel der Schrift gibt er aber an, er wolle das deutsche Recht aus seinen eigenen Wurzeln ableiten. Als diese Wurzeln bezeichnet er dann in §§ 25f (S. 32f) die klassischen historischen Rechtsquellen von den Volksgesetzen bis zu den Rechtsbüchern und Statuten.

[24] Pütter, Elementa Iuris Germanici, § 82, hier in der Ausgabe von 1756 benutzt.

[25] Pütter, Elementa Iuris Germanici, § 82: „..., *sed rationem in statu Germaniae publico quaerendam, & convenientiam, si non omnium, plerorumque tamen iurium specialium hodiernorum habemus. ... Non enim singulas, sed quoad eius fieri poterit, omnes potius adhibere studebimus Germanicas leges. Eas comparabimus, iisque ex comparatis quae generalia & vere iuris patrius nobis videbuntur, tademus ingenue.*"

Diese Methode zur Ermittlung des Deutschen Privatrechtes, welche sich in erster Linie auf einen bloßen Vergleich der Rechtsquellen beschränkte, ist dann gegen Ende des 18. und zu Beginn des 19. Jahrhunderts zunehmend auf Kritik gestoßen. So formulierte 1795 J. F. Runde in den „Grundsätzen des gemeinen deutschen Privatrechts", die bloße Übereinstimmung von Stadt- und Landrecht könne keine Grundlage für ein Deutsches Privatrecht bilden, *„da schwer zu erweisen, und auch der aus zwanzig und mehr geführte Beweis dennoch keine allgemeine Regel mache"*.[26] Daher könne auch allein die bloße Übereinstimmung von Partikularrechten - wie C. J. A. Mittermaier 1821 in seinem Lehrbuch des Deutschen Privatrechts bemerkte - kein gemeines deutsches Privatrecht begründen.[27]
Und Beseler schrieb, daß *„da eine solche Übereinstimmung auch an anderen Gründen, als weil ein gemeinschaftliches Prinzip sich darin ausgesprochen hat, entstehen kann, so liegt der ganzen Auffassung eine Verwechslung des bloß Möglichen oder Wahrscheinlichen mit dem Gewissen zu Grunde..."*.[28]

Aber auch die letztgenannten Autoren, welche die bloße Zusammenstellung und den Vergleich einzelner Rechte für die Begründung eines Deutschen Privatrechts nicht genügen ließen, forderten die Beschäftigung mit den deutschen Rechtsaltertümern und Partikularrechten.

Runde sah das „Ius germanicum privatum universale" als den *„Inbegriff aller aus ursprünglich deutschen Gesetzen und Gewohnheiten, wie aus der Natur deutscher Rechtsinstitute abgezogenen Grundsätze.."*. Zu dem Privatrecht gehören daher *„vorzüglich jene Rechtsgrundsätze, welche sich ohne Gesetz und Gewohnheit, durch Schlüsse der gesunden Vernunft schon aus der Natur ... eines deutschen Rechtsinstituts herleiten lassen"*.[29] Zu den Quellen des Privatrechts zählte Runde neben den Volksgesetzen und Kapitularien vor allem die Rechtsbücher und die Stadtrechte, insbesondere das Magdeburger Stadtrecht, sowie die Reichsgesetze und Landesordnungen.[30]

Nach K.-F. Eichhorn stammte jedes Partikularrecht von einer höheren Regel ab, welche rechtlich dessen Bestimmungen auch im Geltungsbereich anderer Rechte anwendbar mache, während *„eine zufällige Übereinstimmung gar keine Anwendbarkeit begründen würde"*. Daher sollte es nicht darauf ankommen, übereinstimmende Regelungen in den verschiedenen Partikularrechten zu finden, sondern es gelte die-

---

[26] Runde, Privatrecht, § 81 (S. 66).
[27] Mittermaier, Lehrbuch, § XI (S. 34). Vgl. auch schon die Sentenz von F. Ph. C. Boell von 1775 gedruckt bei: Kroeschell, Zielsetzung, S. 249 (S. 257 Fn. 35): „Was geht den Württemberger die Übereinstimmung aller Statuten an?".
[28] Beseler, System Bd. I, § 13 (S. 40).
[29] Runde, Privatrecht, § 10 (S. 7)
[30] Dem Brauch seiner Zeit entsprechend teilte Runde die historischen Quellen in solche des alten, des mittleren und des neuen deutschen Privatrechtes ein. Vgl. Runde, Privatrecht, §§ 13f (S. 10f). Ebenso Selchow, Elementa, §§ 25f (S. 32f).

se höhere Regel aufzufinden und der *„Inbegriff jener Regel ist das ungeschriebene gemeine deutsche Privatrecht“.*[31] Voraussetzung sei es aber, daß es *„sich geschichtlich nachweisen läßt, welches ursprünglich die leitenden Grundsätze jedes Instituts gewesen sind“.*[32] Um diese Arbeit durchzuführen, forderte Eichhorn als unabdingbare Hilfsmittel in seinem 1815 erschienen Aufsatz „Über das geschichtliche Studium des Deutschen Rechts“ die Erstellung von Landes- und Stadtgeschichten, *„die aus Urkunden geschrieben und mit Urkunden belegt sind“; sowie die Herausgabe und Erforschung aller historischer Rechtsquellen.*[33]

Und Mittermaier betonte in seinen 1824 erschienenen „Grundsätze des gemeinen deutschen Privatrechts“, daß allein ein „philosophisches Räsonnement“ aus einer Natur der Sache kein Privatrecht begründe, vielmehr sei das geschichtliche, in den Gerichten angewandte Recht zu ergründen.[34]

Auch Beseler, der ein besonderes eigenes Verständnis von der „Natur der Sache“ als Methode zur Erforschung des Deutschen Privatrechtes propagierte[35], legte Wert auf die Feststellung, daß die Rechtsprinzipien nur aus den Rechtsquellen abgeleitet werden können und nicht aus einer wie auch immer gearteten Methode zu erschaffen seien.[36]

Auf die weiteren Einzelheiten dieses Methodenstreites kann und soll hier nicht eingegangen werden.[37] Festzustellen ist aber, daß seit der Entdeckung der Geschichtlichkeit des Rechts[38] im Zuge der Historischen Schule die Beschäftigung mit den überlieferten historischen Rechtsquellen im Mittelpunkt des Interesses der Deutschen Privatrechtswissenschaft des 19. Jahrhunderts stand, und sei es nur, weil man in diesen Texten die höheren Grundsätze eines Deutsches Privatrechtes zum Ausdruck gekommen sah. Einigkeit bestand weiterhin darin, daß die Erforschung des Deutschen Privatrechts auf einer größtmöglichen Quellenbasis erfolgen sollte und man sich nicht auf einzelne Partikularrechte beschränken könne.[39]

---

[31] Eichhorn, Ztsch. f. gesch. Rechtswissenschaft Bd. 1 (1815), S. 124 (S. 129). Ähnlich Mittermaier, Lehrbuch, § XV (S. 44), der schrieb, aus den Sammlungen der Partikularrechte und deren Vergleich sei „die leitende Idee, die höhere Rechtsregel abzuleiten“.

[32] Eichhorn, Dtsch. Privatrecht, § 39 (S. 119f).

[33] Eichhorn, Ztsch. f. gesch. Rechtswissenschaft Bd. 1 (1815), S. 124 (S. 135f u. S. 141f).

[34] Mittermaier, Grundsätze, § 8 (S. 11) und § 11 (S. 159).

[35] Vgl. Beseler, System Bd. I, § 14 (S. 41f).

[36] Vgl. Beseler, System Bd. I, § 15 (S. 45). Neben den „klassischen“ Rechtsquellen legte Beseler a.a.O., § 31 (S. 89f) den Schwerpunkt auf die Ermittlung eines Volksrechtes, in welchem die Rechtsverhältnisse enthalten und verwirklicht seien.

[37] Vgl. weiterführend Thieme, HRG Bd. I, Sp. 702 (704); Wieacker, Privatrechtsgeschichte, § 20 IV (S. 367f); Kroeschell, Zielsetzung, S. 249ff.

[38] Vgl. Wieacker, Privatrechtsgeschichte, § 20 II (S. 353f).

[39] Mittermaier, Lehrbuch, § III (S. 17 Fn. 1), der betonte, das gemeine Recht bestehe aus mehr als dem Sachsen- und dem Schwabenspiegel.

Soweit jedoch zur Ermittlung eines Deutschen Privatrechts tatsächlich Territorialgesetze, Statuten, Rechtsbücher oder andere Quellen herangezogen wurden, nahm das sächsische Recht, wie man es vor allem im Sachsenspiegel vorfand - bewußt oder unbewußt - mit weitem Abstand den ersten Rang ein.[40]
Bereits Gudian hat in diesem Zusammenhang auf die Auswirkungen der Ansicht Eichhorns, der Sachsenspiegel enthalte kein speziell sächsisches, sondern gemeindeutsches Recht[41], hingewiesen.[42] Dieses Verständnis des Sachsenspiegels war für einen großen Teil der Rechtswissenschaft des 19. Jahrhunderts durchaus prägend. Dies gilt auch für die Darstellungen eines Systems des Deutschen Privatrechts, wie sie vor allem in der 1. Hälfte des 19. Jahrhunderts unter anderem von C.F. v. Gerber, Eichhorn und J. K. Bluntschli unternommen wurden. Die Behandlung des Erbrechts und dort insbesondere die Erörterung der Erbfolgeordnung erfolgte in diesen Gesamtdarstellungen fast ausschließlich auf der Grundlage des Sachsenspiegels.[43] Die zu den einzelnen Artikeln des Sachsenspiegels gefundenen Ergebnisse wurden dann regelmäßig als deutsches Erbfolgesystem ausgegeben. Angesichts dessen kann die Einschätzung K. Luigs, mit den Arbeiten von J. H. Heineccius in den dreißiger Jahren des 18. Jahrhunderts sei die Vorherrschaft des sächsischen Rechtes innerhalb des Deutschen Privatrechts gebrochen worden[44], nicht überzeugen.[45]

Etwas anders stellt sich das Bild hingegen bei der Mehrzahl der monographischen Arbeiten über das System der Erbenfolge dar. Soweit die Autoren sich zum Ziel setzten, eine gemeine deutsche Erbfolgeordnung herauszuarbeiten, zogen sie umfangreiches Quellenmaterial aus den verschiedenen deutschen Rechtsprovinzen heran und versuchten aufgrund der festgestellten tatsächlichen oder nur vermeintlichen Übereinstimmungen, das ursprüngliche Prinzip zu erschließen.[46] Andere Ar-

---

[40] Luig, Ius Commune Bd. I (1968), S. 195 (S. 212); Gudian, Ius Commune Bd. II (1969), S. 33 (S. 34). Vgl. Siegel, Erbrecht, S. 2 Fn. 3 der seine Darstellung bewußt am Sachsenspiegel ausrichtete und andere Rechtsquellen nur ergänzend heranzog.

[41] Eichhorn, Ztsch. f. gesch. Rechtswissenschaft Bd. 1 (1815), S. 124 (S. 142f). Eichhorn betrachtete aufgrund einer verfehlten Interpretation von Ldr. I Art. 19 § 1 den Sachsenspiegel und den Schwabenspiegel als ein und dasselbe Rechtsbuch, welches insbesondere das deutsche Landrecht wiedergebe. Hieran hielt Eichhorn auch noch 1836 in der 4. Auflage seiner Einleitung in das deutsche Privatrecht, § 10 (S. 29) fest.

[42] Gudian, Ius Commune Bd. II (1969), S. 33 (S. 34f).

[43] Vgl. Gerber, System, §§ 250 (S. 201f). Bluntschli, Privatrecht Bd. II, §§ 186f (S. 365f). Ebenso Maurenbrecher, Lehrbuch, § 543 (S. 709f). Eichhorn, Dtsch. Privatrecht, § 335 (S. 807) bezeichnete die nicht mit dem Sachsenspiegel übereinstimmenden Rechtsquellen als Abweichungen.

[44] Luig, Ius Commune Bd. I (1968), S. 195 (S. 221f).

[45] Zu der umfangreichen Verwendung sächsischer Quellen auch im Werke von J. H. Heineccius selbst, vgl. Gudian, Ius Commune Bd. II (1969), S. 33 (S. 34).

[46] Dies gilt insbesondere für die Arbeiten von Wasserschleben, Das Prinzip der Successionsordnung, Gotha 1860; ders., Das Prinzip der Erbenfolge, Leipzig 1870 und Amira, Erbenfolge und Verwandtschaftsgliederung, München 1874. Eine Ausnahme bildet in dieser Hinsicht Siegel, Das deutsche Erbrecht nach den Quellen des Mittelalters, Heidelberg 1853. Ausgehend

beiten vermieden in kluger Selbstbeschränkung eine zu große Ausweitung des Quellenmaterials und begrenzten ihre Untersuchung auf das Erbfolgeprinzip eines bestimmten Rechts.[47]

Faßt man das Ergebnis dieser Diskussion zusammen, ist festzuhalten, daß, nachdem fast bis zum Ende des 19. Jahrhunderts die Vorstellung von einer einheitlichen deutschen Erbfolge vorherrschte[48], sich nunmehr die 1885 von Stobbe wie folgt formulierte Auffassung durchzusetzen begann, daß *„das deutsche Recht nicht eine Successionsordnung gehabt, sondern außerordentlich verschiedene Grundsätze befolgt hat“*[49].

Und hinsichtlich des Deutschen Privatrechts als solchem konnte R. Hübner 1930 konstatieren:

„Vom ersten Augenblick an fehlte dem deutschen Recht die Einheit, es war ein zersplittertes Recht.“[50]

Die Annahme, die deutschen Partikularrechte seit der Zeit der Volksgesetze hätten ihre Wurzeln in einer ursprünglichen Zentralität[51], hat sich mithin durch die Forschung bislang nicht bestätigt.[52] Auch ist der Versuch, aus einer Gesamtschau aller in Betracht kommenden Zeugnisse deutschen Rechts - welcher schon allein wegen der divergierenden Aufzeichnungszeiträume und Überlieferungsgeschichte der Quellen problematisch ist - ein allgemeines Rechtsinstitut herauszuarbeiten, solange als verfehlt zu betrachten, als nicht die Partikularrechte als Einzelphänomene hinreichend erforscht sind. Dies gilt auch für die Erbfolgeordnung, soweit sie in den einzelnen Rechten eine Regelung erfahren hat.

---

von der Annahme, das deutsche Gewohnheitsrecht sei in seiner reinen Form nur im Sachsenspiegel erhalten (S. 1), verwendete Siegel fast ausschließlich den Sachsenspiegel oder andere mit ihm verwandte sächsische Rechtsquellen.

[47] Vgl. Sydow, Darstellung des Erbrechts nach den Grundsätzen des Sachsenspiegels, Berlin 1828; Schanz, Das Erbfolgeprinzip des Sachsenspiegels, Tübingen 1883; Brunner, Das anglonormannische Erbfolgesystem, Leipzig 1869; Stutz, Das Verwandtschaftsbild des Sachsenspiegels, Breslau 1890.

[48] So Bluntschli, Krit. Überschau, Bd. 1 (1853), S. 387 (S. 391f); Wasserschleben, Successionsordnung, S.1f; ders., Prinzip, S. 242; Brunner, Erbfolgeordnung, S. 10; Heymann, Grundzüge, S. 10f.

[49] Stobbe, Privatrecht Bd. V, S. IV u. § 288 (S. 82). Unentschieden blieb die Stellungnahme Gierkes in der Ztsch. f. RG, Bd. XII (1876), S. 430 (S. 488 u. S. 490). Zwar bemerkte er, es sei „vielleicht immer vergebliches Bemühen, ein übereinstimmendes Grundprinzip zu finden“, jedoch soll die Parentelenordnung den Grundgedanken der germanischen Erbfolge darstellen, wenn sie auch im einzelnen nicht immer konsequent durchgeführt worden sei.

[50] Hübner, Privatrecht, § 1 (S. 1).

[51] Gerber, System, § 4 (S. 4).

[52] Vgl. Thieme, HRG Bd. I, Sp. 702 (705).

Unter den Partikularrechten fand und findet das sächsische Recht seit jeher die größte Aufmerksamkeit. Rechtsinstitute des sächsischen Rechts und insbesondere jene des Sachsenspiegels wurden in unzähligen Darstellungen eingehend behandelt.[53] Dabei soll im folgenden, wenn vom sächsischen Recht die Rede ist, dieser Begriff hier nur das Recht des Sachsenspiegels und das Magdeburger Recht erfassen.[54]
Das sächsische Recht als Gegenstand von Einzeluntersuchungen bietet sich dabei nicht nur wegen seiner rechtlichen Bedeutung an, die territorial weit über die Grenzen des ursprünglichen Geltungsbereiches hinauswuchs und zeitlich bis in das 19. Jahrhundert reicht, sondern auch wegen des beispiellosen Reichtums seiner Quellen, die erhalten sind und zur Verfügung stehen.

Aus den vorgenannten Gründen soll mit dieser Untersuchung auch nicht die Darstellung einer Deutschen Erbfolgeordnung versucht werden, sondern die Arbeit beschränkt sich auf die Erbfolgesysteme des Sachsenspiegels und des Magdeburger Rechts.
Die Eigenständigkeit des Magdeburger Rechts innerhalb des sächsischen Rechts und insbesondere gegenüber dem Sachsenspiegel ist dabei in vergleichbaren Arbeiten nicht immer beachtet worden. So diente Sydow in seiner „Darstellung des Erbrechts nach den Grundsätzen des Sachsenspiegels“ von 1828 das Magdeburger Recht ausschließlich zur Erläuterung der Rechtssätze des Sachsenspiegels.[55]
Berücksichtigt man hingegen die Selbständigkeit des Magdeburger Rechts als Teil des sächsischen Rechts, so stellt sich die Frage, ob und inwieweit das Erbfolgeprinzip des Sachsenspiegels mit jenem des Magdeburger Rechts übereinstimmte. Dabei kam ein Teil der Autoren, welche sich bereits mit dieser Frage beschäftigt haben, zu einer nahezu vollständigen Identität der Erbfolgeordnung beider Rechte[56], andere hingegen glaubten, eine völlige Divergenz feststellen zu können[57].

In Anbetracht dieser Diskussion erscheint eine Stellungnahme zu dem allgemeinen Verhältnis von Sachsenspiegel-Landrecht zum Magdeburger Recht erforderlich.

---

[53] Vgl. die Nachweise in den Fn. 11, 12 und 13; Mariella Rummel, Die rechtliche Stellung der Frau im Sachsenspiegel-Landrecht, Frankfurt a.M. 1987.
[54] Zum Sächsischen Recht, Ebel, F., HRG Bd. IV, Sp. 1248f.
[55] Sydow, Erbrecht, S. 4.
[56] Schanz, S. 119f; Friese in Friese/Liesegang, S. 774
[57] Wasserschleben, Successionsordnung, S. 70 sprach von einer wesentlichen Modifikation, die das Erbfolgesystem des Sachsenspiegels durch die Praxis der Magdeburger Schöffen erfahren habe. Meyers, Tijdschr. RG Bd. 6 (1925), S. 1 (S. 11); Ebel, F., Ztsch. f. hist. Forschung Bd. 9 (1982), S. 47 (S. 55).

§ 4 Das Verhältnis des Magdeburger Rechts zum Sachsenspiegel - Landrecht

Der Sachsenspiegel und das Magdeburger Recht regelten rechtliche Verhältnisse in sozial und wirtschaftlich unterschiedlich ausgeformten menschlichen Lebensbereichen. Die Bestimmungen des Sachsenspiegels legen eine ländlich-agrarische Gesellschaft, die des Magdeburger Rechts hingegen eine auf Handel und Handwerk ausgerichtete städtische Gemeinschaft zugrunde.
Trotz dieses Unterschiedes ist unbestritten, daß zwischen beiden Rechten offensichtlich ein enger örtlicher, zeitlicher, aber auch inhaltlicher Zusammenhang bestand.
Interessante Rückschlüsse auf die Beziehung beider Rechte läßt insbesondere die Reaktion der Magdeburger Schöffen auf das Erscheinen des Sachsenspiegels im ersten Drittel des 13. Jahrhunderts zu.[58]
So haben die Magdeburger Schöffen in ihren Rechtsmitteilungen[59] an Breslau und an Görlitz ganze Abschnitte des Sachsenspiegels zum Teil wörtlich übernommen.

Das Magdeburg-Breslauer Recht von 1261 enthält in seinen §§ 55-64 ausschließlich Regelungen, die in dieser Form dem Sachsenspiegel entnommen wurden. In § 58 haben die Magdeburger Schöffen sogar die Ich-Erzählform Eikes aus Ldr. I Art. 24 § 3 beibehalten. Bemerkenswert ist weiterhin, daß nicht nur einzelne Bestimmungen, sondern ganze fortlaufende Passagen des Sachsenspiegels von Ldr. I Art. 22 § 4 bis Ldr. I Art. 25 § 3 und von Ldr. I Art. 62 § 8 bis Ldr. I Art. 63 § 1 übernommen wurden.[60]

Das Magdeburg-Görlitzer Recht von 1304 enthält in den Art. 81 bis 122, mit Ausnahme der Art. 83, 103, 104, 106 und 107, und in Art. 137 Regelungen des Sachsenspiegels.[61] Im Gegensatz zum Magdeburg-Breslauer Recht von 1261 entstammen die betreffenden Sachsenspiegel-Passagen aber nicht einem bestimmten Abschnitt, sondern wurden in unterschiedlicher Reihenfolge allen drei Büchern des Landrechts entnommen; dabei ist auch eine inhaltliche Ordnung nicht zu erkennen.

Das Recht des Sachsenspiegels hat aber nicht nur in den Magdeburger Rechtsmitteilungen Verwendung gefunden, sondern ist von den Magdeburger Schöffen auch in ihrer ureigenen Handlungsform - den Schöffensprüchen - angewandt worden.

---

[58] Allgemein zum Sachsenspiegel und seinem Verfasser, vgl. Ebel, F., HRG Bd. IV, Sp. 1228f; Lieberwirth, Sachsenspiegel, S. 1f; Lück, Sachsenspiegel und Magdeburger Recht, S. 11f, welcher zugleich zusammenfassend das Verhältnis von Sachsenspiegels und Magdeburger Recht darstellt.

[59] Zu den Magdeburger Rechtsmitteilungen im einzelnen vgl. S. 131f.

[60] In Breslau wurde auf der Rückseite der Urkunde später Ldr. I Art. 63 § 2 bis Ldr. I Art. 65 § 3 und Ldr. I Art. 68 § 1 angefügt. Diese Zusätze hat 1283 Herzog Heinrich IV den Breslauern Bürgern dann ausdrücklich bestätigt. Vgl. Gaupp, Das alte Magdeburgische Recht, S. 48f.

[61] Vgl. Laband, Magdeburger Rechtsquellen, S. 106f.

Dies erklärt sich daraus, daß die verschiedenen Schöffenkollegien nicht nur Fälle nach Magdeburger Recht *„bynnen weichpilde"* entschieden, vielmehr sind auch zahlreiche Schöffensprüche überliefert, in welchen die Entscheidung nach Landrecht erging.[62] Und dies war im Bereich des Magdeburger Rechts stets das sächsische Landrecht, wie man es im Sachsenspiegel vorfand.

In einigen Sprüchen - in welchen die Magdeburger Schöffen über das anzuwendende Recht nicht sicher waren - erteilten sie die Entscheidung sowohl nach Magdeburger Recht als auch nach Landrecht:[63]

„... Is daz erbe und gut, daz Gunther Tamme gelassen had, bynnen wichbilde vorstorben, ...nach Magdeburschen rechte. Is es abir in lantrechte bestorben...",

Es kann daher auch nicht verwundern, wenn in einigen Anfragen an die Schöffen eine Partei oder das anfragende Gericht eine Rechtsansicht mit einem Zitat aus dem Sachsenspiegel zu stützen versuchten. So begründeten in einem Erbstreit die Söhne des verstorbenen Hermann Becker, der *„gesessen zw Grewitz bynnen weichpilde"* ihr vorgeblich besseres Erbrecht gegenüber ihren Schwestern mit einem Hinweis auf Ldr. I Art. 17 § 1:

„.. nachdem das Landtrecht aufsweist in dem ersten Buch Vater und Mutter Bruder und Schwester Erbe nimmt der Sone und nicht die Tochter..."[64]

Dabei deutet die Kenntnis und teilweise Übernahme der Artikel des Sachsenspiegels und die Selbstverständlichkeit, mit welcher die Schöffen, und da in erster Linie die des Magdeburger Schöffenstuhls, auch nach Landrecht Recht wiesen, auf eine beachtenswerte Identität der Grundsätze beider Rechte hin.[65] Anders ist das Interesse der Magdeburger Schöffen für das Landrecht des Sachsenspiegels auch kaum erklärbar.

---

[62] Vgl. die Sprüche bei: Kisch, Spruchsammlung, Nr. 86, 617 und 654; Wasserschleben, Successionsordnung, S. 172 Abs. 1 und S. 177f. Hingegen lehnten es die Schöffen bis in das 15. Jahrhundert hinein ab, über Lehnrecht, Willküre oder Privilegien zu entscheiden. Dies findet seine Ursache - worauf schon Böhlau, Ztsch. f. RG, Bd. IX (1870), S. 1 (S. 15f) hingewiesen hat - zum Teil darin, daß nach Ansicht der Schöffen die vorgenannten rechtlichen Phänomene - insbesondere die städtischen Willküre - kein „Recht" im eigentlichen Sinne gewesen seien. Vgl. auch Ebel, F., Ztsch. f. hist. Forsch. Bd. 9 (1982), S. 47 (S. 56) und Buchda, Schöffenspruchsammlung der Stadt Pößneck Bd. III, S. 7.

[63] Gedruckt bei: Friese/Liesegang, III A Nr. 7.

[64] Gedruckt bei Wasserschleben, Successionsordnung, S. 172 Abs. 3 und bei Friese/Liesegang, III B Nr. 182. Ausführlich vgl. S. 161. Vgl. auch Mgdb. Spruch bei: Wasserschleben, Rechtsquellen Bd. I, IV, Kap. LIII (S. 191). Dort berief sich die klagende Partei ebenfalls auf Ldr. I Art. 17 § 1.

[65] Buchda, HRG Bd. III, Sp. 134.

Diese Übereinstimmung wurde in der rechtgeschichtlichen Literatur lange Zeit mit dem Hinweis abgetan, daß *„das Stadtrecht nur das den fortgeschrittenen wirtschaftlichen Verhältnissen entsprechend fortgebildete Landrecht“*[66] oder *„die stadtrechtliche Form des im Sachsenspiegel niedergelegten Landrechtes“*[67] darstelle. Folglich seien bei der Abfassung der Stadtrechte regelmäßig die Landrechtsaufzeichnungen und die Rechtsbücher herangezogen worden, dies namentlich beim Magdeburger Recht, in welchem die stadtrechtliche Umbildung des Sachsenspiegels am klarsten zum Ausdruck komme.[68]
Dieser Ansicht, welche das Magdeburger Recht nur als Derivat des Sachsenspiegels verstand, wird in der neueren Literatur zu Recht nicht mehr gefolgt. Schon die zeitliche Abfolge der Rechtsaufzeichnungen zeigt, daß die Ursprünge des Magdeburger Rechts nicht im Sachsenspiegel liegen können. Die ersten schriftlichen Zeugnisse eines Magdeburger Stadtrechts lassen sich, wenn man die Privilegien der deutschen Kaiser für Magdeburg einmal außen vor läßt, für das Ende des 12. und den Beginn des 13. Jahrhunderts nachweisen[69], die Abfassung des Sachsenspiegels ist hingegen nicht vor 1220 erfolgt.[70] Die Annahme, der Sachsenspiegel habe in kurzer Zeit das gesamte Recht einer Stadt wie Magdeburg, die seit dem 9. Jahrhundert urkundlich nachweisbar ist, begründen können, vermag daher kaum überzeugen.[71]

Aber auch die Annahme von Schott, der Sachsenspiegel beruhe auf dem Magdeburger Recht und nicht umgekehrt[72], beschreibt das Verhältnis beider Rechte nicht zutreffend. Zwar ist der Magdeburger Schöffenstuhl - worauf Schott seine Argumentation allein stützt - älter als der Sachsenspiegel und die Schöffen nahmen auch anders als Eike keinen Bezug auf das römische oder kanonische Recht, jedoch ist das alte hergebrachte Recht, welches Eike laut der Reimvorrede beschreiben wollte, nicht das Magdeburger Recht. Dieses behandelt anders als der Sachsenspiegel gerade nicht die Verhältnisse auf dem Lande und in keiner Weise das Lehnrecht.

Die besseren Gründe sprechen daher für die Annahme, das städtische Recht habe sich als zeitliches und sachliches Pendant parallel zum Landrecht entwickelt.[73] In diesem Zusammenhang ist auch noch folgendes zu berücksichtigen: Die strikte Abgrenzung von Stadt- und Landrecht in zwei sich gegenseitig völlig ausschließen-

[66] Schröder/Künßberg, § 56 (S. 741).
[67] Kauffungen, in FS f. Dobenecker, S. 190 (S. 192).
[68] So ausdrücklich: Schröder/Künßberg, § 56 (S. 741); Ebel, W., Lübisches Recht Bd. I, S. 24. In diese Richtung auch: Gaupp, Das alte Magdeburgische Recht, S. 115.
[69] Vgl. zu den Einzelheiten S. 131f.
[70] Für die erste lateinische Fassung des Sachsenspiegels wird der Zeitraum von 1221 bis 1224 vermutet, für die erste deutsche Fassung 1224/1225. Vgl. Ebel, F., HRG Bd. IV, Sp. 1228 (1229).
[71] Weitzel, Rechtsbegriff, S. 62 (S. 66); Lieberwirth, Privileg, S. 3 (S. 25).
[72] Schott, Sammlungen Bd. I, S. 29f.
[73] Timm, Magdeburger Recht, S. 71 (S. 83); Weitzel, Rechtsbegriff, S. 62 (S. 67).

de Rechtskreise war im frühen 13. Jahrhundert zumindest im Gebiet des sächsischen Rechts noch nicht erfolgt, da sich der städtische Lebens- und Rechtskreis noch nicht vollends herausgebildet hatte.[74] Schon aus diesem Grund ist eine gegenseitige Beeinflussung sehr naheliegend.
Dabei ist zu vermuten, daß sich das Stadtrecht an der althergebrachten Rechtspraxis auf dem Lande orientiert haben wird.[75] Trotzdem ist das Verhältnis von Magdeburger Recht und Landrecht kein solches der Subsidiarität.[76] Zitierten die Magdeburger Schöffen einen Artikel des Landrechts, so deshalb, weil der Fall entweder nach Landrecht zu entscheiden war oder weil im betreffenden Punkt das Recht des Sachsenspiegels mit dem des Magdeburger Rechts übereinstimmte. Schon Gaupp hat darauf hingewiesen, daß sich die Magdeburger Schöffen den Formulierungsvorsprung, den ihnen der Sachsenspiegel bot, häufig zu Nutze gemacht haben:

„Den Schöffen von Magdeburg schien es durchaus unnöthig, das, was Eike bereits mit guten, deutlichen Worten gesagt hatte, in einer anderen Form wiederzugeben...“[77]

Daher sprachen die Schöffen, auch wenn sie in einer nach Stadtrecht zu ergehenden Entscheidung auf Formulierungen des Sachsenspiegels zurückgriffen, ihr eigenes Recht - nämlich Schöffenrecht.[78]

Auf eine gemeinsame Grundlage beider Rechte weisen auch die Übereinstimmungen oder doch die Ähnlichkeiten hin, die zwischen den Rechtsmitteilungen der Magdeburger Schöffen und dem Text des Sachsenspiegel bestehen, ohne daß letzterer hier als Vorlage für die Mitteilungen in Betracht kommt.[79]

Die enge Verbindung von Sachsenspiegel und Magdeburger Recht dokumentiert sich auch in der weiteren Überlieferung beider Rechte. So hat Lieberwirth darauf

---

[74] Johanek, Eike v. Repgow in: FS f. H. Stoob Teil 2, S. 716 (S. 734).

[75] Vgl. Kroeschell, Rechtsgeschichte Bd. I, S. 254; Wolf, Eike v. Repgow, S. 2.

[76] In diesem Sinne könnten aber Formulierungen wie „das die Magdeburger Stadtrechtssätze ergänzende Sachsenspiegellandrecht“ bei Ebel, W., Lübisches Recht Bd. I, S. 27 verstanden werden. Dagegen Weitzel, Rechtsbegriff, S. 62 (S. 69). Zu Recht betont daher Kroeschell, Rechtsgeschichte Bd. I, S. 254, es handele sich bei Stadt- und Landrecht um zwei selbständige Rechtskreise.

[77] Gaupp, Das alte Magdeburgische Recht, S. 107.

[78] Weitzel, Rechtsbegriff, S. 62 (S. 68), Johanek, Eike v. Repgow in: FS f. H. Stoob Teil 2, S. 716 (S. 735).

[79] § 11 der undatierten Rechtsmitteilung der Magdeburger Schöffen an Herzog Heinrich ordnet ebenso wie Ldr. II Art. 13 § 5 an, daß einem Vergewaltiger der Kopf abzuschlagen sei. Ebenso bestimmt § 8 in Übereinstimmung mit Ldr. III Art. 5 § 1 die Verteidigungsfrist bei einer Klage auf Rückgabe einer verliehenen Sache auf dreimal 14 Tage bzw. Nächte. Weiterhin enthalten §§ 22, 23, 44 und 46 der Hallischen Rechtsmitteilung an Neumarkt von 1235 erbrechtliche Bestimmungen, die weitestgehend mit Ldr. I Art. 22 § 2, III Art. 15 § 4, I Art. 24 § 3 und III Art. 40 § 5 korrespondieren. Vgl. Gaupp, Das alte Magdeburgische Recht, S. 108 und Ortloff, Jb. d. ges. dtsch. jur. Literatur Bd. X (1829), S. 276 (S. 303).

hingeweisen, daß von 84 Handschriften mit Texten der Magdeburger Weichbildvulgata 55 auch den Sachsenspiegel enthalten.[80] Auch in den Aufzeichnungen der Spruchtätigkeit der Schöffenstühle zeigt sich der Gleichlauf beider Rechte. So sind in den Spruchsammlungen und Urteilsbüchern häufig Schöffensprüche, die auf dem Sachsenspiegel-Landrecht beruhen, neben solchen, die nach Magdeburger Recht ergangen sind, eingetragen. Dabei ist die jeweilige rechtliche Grundlage nicht immer gekennzeichnet gewesen, so daß es dem Benutzer der Aufzeichnung oblag, zu erkennen, ob der einzelne Rechtsfall von den Schöffen nach Magdeburger Recht oder nach Landrecht entschieden worden war.

Letztlich wird es im einzelnen nicht mehr zu klären sein, aus welcher Quelle der Sachsenspiegel und das Magdeburger Recht sich entwickelten. Die Vermutung spricht dafür, daß - soweit es die zwischen beiden Rechten übereinstimmenden Prinzipien angeht - es sich um das in Gebrauch gehaltene sächsische Gewohnheitsrecht gehandelt hat.[81]

Bei dieser grundsätzlichen Übereinstimmung ist es naheliegend, auch für das Erbfolgesystem beider Rechte zumindest identische Prinzipien zugrunde zu legen, wobei eine solche Annahme natürlich abweichende Regelungen in einzelnen Punkten nicht ausschließt.
Dabei bietet es sich aus zwei Gründen an, das Verhältnis beider Rechte anhand der Erbfolgeordnung zu untersuchen. Zum einen ist die Quellenlage hinsichtlich der Erbfolge gerade beim Magdeburger Recht günstig, da die Schöffen in zahlreichen Sprüchen zu diesem Problem Stellung genommen haben, zum anderen bot sich insbesondere hinsichtlich der Erbfolgeordnung des Sachsenspiegels die im 19. Jahrhundert intensiv geführte Diskussion zu einer neuerlichen kritischen Auseinandersetzung an.

Der hier zugrundegelegte Begriff der Erbfolgeordnung erfaßt ausschließlich die Erbenfolge aufgrund des gesetzlichen Erbrechts der Verwandten; nicht berücksichtigt wird daher die erbrechtliche Stellung der Ehefrau und die Erbfolge aufgrund einer letztwilligen Verfügung.

---

[80] Lieberwirth, Privileg, S. 3 (S. 27).
[81] Vgl. Martitz, Güterrecht , S. 16.

2. Teil
Die Erbfolgeordnung des Sachsenspiegels

§ 5 Ldr. I Art. 3 § 3 als Ausgangspunkt für ein Erbfolgesystem

Trotz intensiver Beschäftigung vor allem der rechtsgeschichtlichen Forschung des 19. Jahrhunderts mit dem Sachsenspiegel und dessen Erbrecht sind zahlreiche Einzelfragen noch nicht endgültig geklärt. Dies gilt namentlich für die Problematik, ob die Erbfolge des Sachsenspiegels auf einer Parentelenordnung in Form eines Lineal-Gradualsystems, einem Drei-Linien-System oder auf der Einteilung der Verwandten in Erbenkreise basierte. Die im 19. Jahrhundert und wohl auch noch gegenwärtig als vorherrschend zu bezeichnende Ansicht neigt dazu, diese Frage zu Gunsten des Parentelenprinzips zu entscheiden[82], ohne jedoch alle Kritikpunkte ihrer Gegner überzeugend aus dem Feld schlagen zu können.

Bei dieser Diskussion gilt es zu berücksichtigen, daß der Sachsenspiegel trotz seiner insgesamt zahlreichen Bestimmungen mit erbrechtlichem Inhalt im weitesten Sinne[83] ebenso wie die anderen mittelalterlichen deutschen Rechtsquellen keine umfassende und vollständige Darstellung des Erbfolgesystems enthält. Ob allerdings aufgrund dieser Lückenhaftigkeit eine vollständige Rekonstruktion des Erbfolgesystems - wie zum Teil angenommen wird[84] - gar nicht möglich sei, soll hier vorerst noch offen bleiben.

Aufschluß über das dem Sachsenspiegel zugrundeliegende Erbfolgesystem kann man nur aus vier Bestimmungen gewinnen. Es sind dies Ldr. I Art. 3 § 3; Art. 5 § 1; Art. 17 § 1 und Ldr. II Art. 20 § 1, wobei vor allem Ldr. I Art. 3 § 3 und Ldr. I Art. 17 § 1 besondere Bedeutung zukommt.

Ausgangspunkt für die Frage nach der Erbfolgeordnung des Sachsenspiegels ist Ldr. I Art. 3 § 3. In Ldr. I Art. 3 beschreibt Eike die maßgeblichen Ordnungsprin-

---

[82] Mittermaier, Grundsätze, § 386 (S. 377); Eichhorn, Dtsch. Privatrecht, § 331 (S. 800); Gerber, System, § 251 (S. 203); Bluntschli, Krit. Überschau, Bd. 1 (1853), S. 387, (S. 390); Kohler, Ges. Abh., S. 341 (S. 348); Beseler, System, § 138 (S. 635f); Schröder/Künßberg, § 61 V (S. 821 Fn. 6); Heymann, Grundzüge, S. 12; Stutz, Verwandtschaftsbild, S. 59. Zuletzt: Ebel, F., Ztsch. f. hist. Forschung Bd. 9 (1982), S. 47 (S. 55).

[83] Ignor, Rechtsdenken, S. 281 ordnet in seiner Gliederung des Sachsenspiegels dem Erbrecht die Bestimmungen von Ldr. I Art. 3 § 3 bis Art. 19 als Eingrenzung von Erben und Erbgut und Ldr. I Art. 20 bis Art. 32 und Ldr. III Art. 74 bis Art. 77 als Regeln über den Erbfall selbst zu. Ähnlich Theuerkauf, Lex, Speculum, S. 132, der seine Gliederung des Sachsenspiegels an Dekrete, die Eike als Vorbilder gedient haben sollen, orientiert und Ldr. I Art. 3 § 3 bis Art. 19 dem Bereich "Mensch in der Sippe, Erbrecht" und Ldr. I Art. 20 bis Art. 32 der Gruppe "Ehefrau, ihr Mann und seine Sippe, eheliches Güterrecht" zuordnet. Abweichend Beier, Systematik, S. 17f, welche Ldr. I Art. 3 § 3 dem „Grundgesetz" des Sachsenspiegels zuordnet und das Erbrecht erst mit Ldr. I Art. 4 beginnen lassen will.

[84] Hofmeister, HRG Bd. III, Sp. 1502 (1505); Lewis, Krit. Vierteljahrschrift Bd. IX (1867), S. 23 (S. 24). In diesem Sinn wohl auch Stobbe, Privatrecht Bd. V, § 288 (S. 83).

zipien, in welche das Leben des mittelalterlichen Menschen eingebunden ist[85] und bringt diese jeweils mit der Zahl Sieben in Verbindung.[86] Der Artikel beginnt mit der Darstellung der Weltalterlehre, die den zeitlichen Rahmen der Menschheitsgeschichte vorgibt. Die ersten sechs Zeitalter, jedes tausend Jahre während, sind bereits vergangen und nun ist das siebente, ungewisse, angebrochen, in welchem die Welt zugrunde gehen wird. Es folgt die Heerschildordnung, welche die ständische Gliederung des Reiches beschreibt und die nach dem siebenten Schild abbricht. Der Artikel schließt mit der Darstellung der Verwandtschaft als einem der maßgeblichen Faktoren der zivilen Rechtsordnung im Mittelalter. Die Verwandtschaft wird dabei anhand des menschlichen Körpers und seiner Glieder dargestellt, wobei sie ebenfalls, im Gleichklang mit den Weltaltern und den Heerschilden, mit dem siebenten Glied endet. Im Rahmen dieser Schilderung der Verwandtschaft behandelt Eike verschiedene erb- und familienrechtliche Fragen.

Ssp. Ldr. I Art. 3 § 3 lautet:

Nu merke we ok, war diu sibbe beginne unde war siu lende. In deme hovede is besceden man unde wif to stande, de eleke unde echtleke to samene komen sin. In des halses lede de kindere, de ane tweiunge vader unde muder geboren sin. Is dar tweiunge an, de ne mogen an eneme lede nich bestan, unde scricket an en ander let. Nemen twene brudere two sustere, unde de dridde bruder en vremede wif, er kindere sin doch gelike na, er iewelk des anderen erve to nemene, of se evenbordich sin. Ungetweider bruder kint de stat an deme lede, dar sculdere unde arm to samene gat; also dut de sustere kint. Dit is de erste sibbetale de men to mage rekenet: bruder kint unde suster kint. In deme elemboge steit diu andere; in deme lede der hant diu dridde; in deme ersten lede des middelsten vingeres diu virde; in deme anderen lede diu vifte; in deme dridden lede des <selven> vingeres diu seste. An deme sevenden steit en nagel unde nicht en let, dar umme lendet dar de sibbe unde hetet nagelmage. Diu twischen deme nagele unde deme hovede sek to der sibbe gestoppen mogen an geliker stat, de nemet dat erve gelike. De sek naer to der sibbe gestoppen mach, de nimt dat erve to voren. [De sibbe lendet in deme sevenden erve to nemene, al hebbe de paves georlovet wif to nemene in der viften; went de paves ne mach nen recht setten, dar he unse lantrecht oder lenrecht mede ergere.]

Ldr. I Art. 3 § 3 enthält dabei neben seiner unzweifelhaft grundsätzlichen Bedeutung im Rahmen der Darstellung der Dreiheit von Weltalterlehre, Heerschildordnung und Verwandtschaftsgliederung auch konkrete Rechtsaussagen. Während die

[85] Zu den Grundzügen des mittelalterlichen Denkens und Lebens als Erfahrung von Raum und Zeit, vgl. Ignor, Rechtsdenken, S. 97.

[86] Der Beginn des Sachsenspiegel wird von einer aufsteigenden Reihe symbolischer Zahlen geprägt. Der eine Gott (Textus Prologi), die zwei Schwerter der geistlichen und weltlichen Gewalt (Ldr. I Art. 1), die dreifache Freiheit (Ldr. I Art. 2 § 1), die jeweils drei geistlichen und weltlichen Gerichtsstände (Ldr. I Art. 2) und schließlich die sieben Weltalter, Heerschilde und Glieder der Sippe. Vgl. Kisch, Sachsenspiegel, S. 161ff; Kroeschell, Rechtsaufzeichnung, S. 419 (S. 435f).

Weltalterlehre und auch die Heerschildordnung trotz ihrer grundlegenden Bedeutung für das Lehnwesen des Sachsenspiegels bei der Lösung rechtlicher Fragen nicht herangezogen werden können, zeigt die Beschreibung der Halbbürtigkeit und der Schwippschwägerschaft ebenso wie die *Erbregel „diu twischen deme nagele unde deme hovede sek to der sibbe gestoppen..."*, daß Eike Ldr. I Art. 3 § 3 durchaus als konkrete Rechtsweisung verstanden wissen wollte.[87] Zwar wird an der Stelle in erster Linie die Ordnung der Sippe geschildert, jedoch nicht zuletzt auch mit dem Zweck, eine Einführung in die erbrechtlichen Regelungen zu geben. Aber auch wenn man betont, die erb- und familienrechtlichen Aussagen, welche im Zusammenhang mit der Darstellung der Sippe erfolgen, hätten nur den Charakter eher beiläufiger Zusätze[88], ändert dies doch nichts an deren konkretem rechtlichem Aussagegehalt.

Hinterfragt man diese Stelle des Sachsenspiegels unter dem Gesichtspunkt, welche Ergebnisse hier für das Erbrecht gewonnen werden können, so sieht man sich vordringlich mit zwei Fragen konfrontiert: Welchen Kreis der Verwandtschaft gibt das Gliederbild wieder, und wie ist das Gliederbild bei der Lösung konkreter erbrechtlicher Fragen anzuwenden?

Diesen Fragen soll in den nun folgenden beiden Abschnitten nachgegangen werden.

[87] Dementsprechend haben Ignor, Rechtsdenken, S. 281 und Theuerkauf, Lex, Speculum, S. 132, auch Ldr. I Art. 3 § 3 nicht, wie Ldr. I Art. 3 § 1 und § 2, dem allgemein einleitenden Prolog zugeordnet.

[88] Vgl. Schadt, Verwandtschaftsbild, S. 406 (S. 407) und Rummel, Stellung der Frau, S. 167.

§ 6 Erste oder Zweite Parentel? Zur Frage, welche Verwandtschaft in dem Gliederbild dargestellt wird.

In der Diskussion über die Aussage von Ldr. I Art. 3 § 3 ist seit langem umstritten, ob das Gliederbild die 1. Parentel, also die Nachkommenschaft des Erblassers, welcher selbst ins Haupt zu setzen sei, oder die 2. Parentel, also die Eltern des Erblassers und ihre Abkömmlinge mit Ausschluß des Erblassers und seiner Nachkommenschaft, darstellt.[89] Das Gliederbild würde dann, je nachdem welcher Ansicht man den Vorzug gibt, wie folgt zu verstehen sein:

1. Parentel Erblasser ist Mann oder Frau		2. Parentel Erblasser ist Kind (1)
Mann und Frau	Kopf	Vater und Mutter
Kinder	Hals	Kind (1) Kind (2)
Enkel	Schulter	Bruder- und Schwesterkind
Urenkel	Ellenbogen	Geschwisterenkel
Ururenkel	Handgelenk	Geschwisterurenkel
Urururenkel	1. Glied des Mittelfingers	Geschwisterururenkel
Ururururenkel	2. Glied des Mittelfingers	Geschwisterurururenkel
Urururururenkel	3. Glied des Mittelfingers	Geschwisterururururenkel
Ururururururenkel	Nagel des Mittelfingers	Geschwisterurururururenkel

Aber unabhängig davon, zu welchem Ergebnis man bei der Beantwortung dieser Frage gelangt, muß die zugrundeliegende Erbfolgeordnung von der Wahl der dargestellten Verwandtschaft unabhängig sein: Denn ist in Ldr. I Art. 3 § 3 ein Erbfolgesystem enthalten, so muß dieses Gültigkeit für die gesamte Verwandtschaft des Erblassers beanspruchen können, und es kann daher nicht entscheidend sein, welchen Teil der Verwandtschaft der Spiegler beispielhaft in dem Gliederbild dargestellt hat.[90]

---

[89] Die Mehrzahl der Autoren neigten dabei zur 2. Parentel. Vgl. Rive, Jb. d. dtsch. Rechts, Bd. 6 (1863), S. 197 (S. 211); Amira, Erläuterung II/1, S. 156; Schanz, S. 32; Sydow, Erbrecht, S. 123; Wasserschleben, Replik, S. 17; offengelassen von Stobbe, Privatrecht. Bd. V, § 288 (S. 64). Auch Wolf, Eike v. Repgow, S. 24, sah die 2. Parentel dargestellt. Allerdings soll seiner Ansicht nach die Hausgenossenschaft, damit sind wohl die weiteren Nachkommen gemeint, den Rumpf bilden. Für eine solche Interpretation bietet Ldr. I Art. 3 § 3 allerdings keinerlei Anhaltspunkte.

[90] Vgl. Stutz, ZRG (GA) Bd. 47 (1927), S. 685 (S. 702).

Aus dem angeführten Grund präjudiziert die Auswahl des in Ldr. I Art. 3 § 3 dargestellten Verwandtenkreises nicht das dem Sachsenspiegel zugrundeliegende Erbfolgesystem. Für das Verständnis der Textstelle ist es jedoch erforderlich, sich Klarheit darüber zu verschaffen, welche Verwandtschaft sie beschreibt.
Das Haupt des Körpers wird von dem Stammelternpaar gebildet, von Mann und Frau, die ehelich und rechtmäßig zueinander gekommen sind. Die vollbürtigen Kinder dieser Eheleute stehen am Hals. Im Folgenden stellt Eike klar, daß halbbürtige Kinder, jene also, welche nur von einem der am Haupt plazierten Elternteile abstammen, nicht neben den vollbürtigen Kindern im gleichen Gliede, also am Hals stehen, sondern um ein Glied zurückfallen.[91] Der sich daran anschließende Abschnitt behandelt die sogenannte Schwippschwägerschaft. Diese soll nach Eike keinen Einfluß auf die Stellung innerhalb der Verwandtschaft beziehungsweise auf das Erbrecht haben. Nachdem Eike die Sonderprobleme der Halbgeburt und der Schwippschwägerschaft behandelt hat, nimmt er die Beschreibung der Verwandtschaft am Beispiel des menschlichen Körpers wieder auf. Das nächste Glied ist das Schultergelenk, in ihm stehen die Kinder von vollbürtigen Geschwistern, die Eike als die erste Sippzahl, die man zu den „Magen" rechnet, bezeichnet. Deren Kinder, die zweite Sippzahl, stehen am Ellenbogen. Die dritte Sippzahl ist am Handgelenk, die vierte, fünfte und sechste an den drei Gliedern des Mittelfingers. Die siebente Sippzahl steht am Fingernagel und da dort die Glieder des Menschen enden, endet dort auch die Verwandtschaft.

Stutz, der die Auffassung vertrat, das Gliederbild gebe die 1. Parentel, also den Erblasser selbst mit seinen Nachkommen, wieder, wies darauf hin, das Haupt werde nicht von Vater und Mutter, wie man dies bei der Darstellung der 2. Parentel erwarten würde, sondern von Mann und Frau gebildet und die erste Generation werde insoweit folgerichtig als Kinder bezeichnet.[92]
Jedoch ist die Darstellung der 1. Parentel, worauf Sydow schon 1828 hinwies, nicht mit dem Umstand in Einklang zu bringen, daß in dem Gliederbild nur die vollbürtigen Kinder als am Halse stehend dargestellt werden, die Halbbürtigen hingegen ein Glied zurücktreten. Das Problem der Halbbürtigkeit kann sich aber nicht schon in der 1. Parentel, sondern frühestens innerhalb der 2. Parentel stellen, denn die Kinder sind im Verhältnis zu ihren Erzeugern immer vollbürtig und zu ihren Stiefeltern stehen sie in keinerlei verwandtschaftlicher Beziehung.[93] Nur Geschwi-

[91] Auch der Hals stellt für Eike ein Glied, das *„halses lede"*, dar. Auf diesen Umstand wird noch später einzugehen sein.
[92] Stutz, Verwandtschaftsbild, S. 36; Kaufmann, E., HRG Bd. I, Sp. 959 (960). Im Ergebnis zustimmend Rummel, Stellung der Frau, S. 163f. Der Hinweis, innerhalb der 1. Parentel könne die Verwandtschaftsbegrenzung auf sieben Generationen nicht relevant werden, spricht weder gegen die 1. Parentel, noch für eine andere. Denn dieses Problem kann praktisch auch nicht bei der 2. Parentel aufkommen, da niemand die Deszendenten seiner Geschwister bis zum siebenten Grad erleben wird; vgl. Sydow, Erbrecht, S. 73 und S. 125.
[93] Sydow, Erbrecht, S. 123 Fn. 374; Schanz, S. 32.

ster können im Hinblick auf ihre Elternteile zueinander im Verhältnis der Halbgeburt stehen.

Die in dem Artikel angesprochene *„tweiunge vader unde muder"* läßt sich auch nicht damit erklären, der Spiegler habe zwar weiterhin die 1. Parentel zugrundegelegt, aber nun vorausgesetzt, die Erzeuger der Kinder seien nicht mehr miteinander verheiratet.[94] Eine solche Erklärung verbietet sich schon deshalb, weil die Zurücksetzung der halbbürtigen Geschwister um ein Glied nur dann relevant wird, wenn der Erblasser von seinen Brüdern oder Schwestern beerbt wird[95], nicht aber, wenn ein Elternteil verstirbt. Im Verhältnis zu ihrem gemeinsamen Elternteil stehen auch die Halbgeschwister am Halse und beerben diesen zu gleichen Teilen.

Die Halbbürtigkeit stellt auch nicht nur einen für die Frage nach der im Gliederbild dargestellten Verwandtschaft unbeachtlichen Einschub dar, wie Stutz meinte[96], denn es wird betont, das Gliederbild gelte in dieser Form nur für die Nachkommen eines vollbürtigen Bruders *("ungetweiter bruder kint").* Vollbürtigkeit ist demnach Grundlage des Gliederbildes bei der Darstellung und Zählung ab den Geschwisterkindern und ihrer Nachkommen und hat demnach nicht nur die Bedeutung einer assoziativen Einfügung.

Die Bezeichnungen *"bruder kint"* und *"sustere kint"* sprechen ebenfalls gegen die 1. Parentel, denn hätten die Enkel des Erblassers das Schultergelenk des Gliederbildes einnehmen sollen, so wären sie als *"sones unde dochter kint"* wie in Ldr. I Art. 17 § 1 bezeichnet worden.[97]

All diese Erwägungen sprechen dafür, das Gliederbild als die Darstellung der Eltern des Erblassers und deren Nachkommen zu verstehen.

---

[94] Vgl. folgende Skizze:

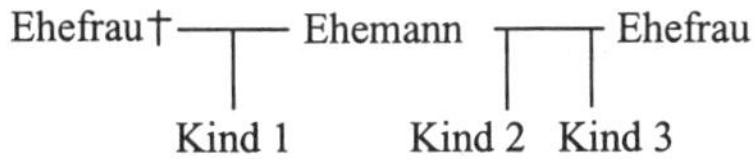

[95] Dies wird in Ldr. II Art. 20 § 1 verdeutlicht: Der Erblasser wird allein von seinen Vollgeschwistern, nicht auch von seinen Halbgeschwistern beerbt. Diese erben erst gemeinsam mit den Kindern der Vollgeschwister, wenn alle Vollgeschwister vorverstorben sind.

[96] Stutz, Verwandtschaftsbild, S. 37.

[97] Schanz, S. 32. Die Erklärung von Stutz, Verwandtschaftsbild, S. 38, mangels einer Bezeichnung für Enkel sei bei der Magenzählung mit Vorliebe die Bezeichnung Geschwisterkinder verwendet worden, wird von der a.a.O. zitierten Quelle nicht gestützt. Wenn in c. 11 des Konzils von Seligenstadt anno 1022 [Schannat/Hartzheim, Conc. Germ. Tom. 3, S. 55 (S. 56)] von *"nepos et neptis, id est filius fratris et filia sororis"* die Rede ist, so werden dort nicht Enkel als Geschwisterkinder bezeichnet, sondern *„nepos et neptis"* haben hier die Bedeutung von Geschwisterkinder. Vgl. zu dieser Deutung von *„nepos"* in nachaugustinischer Zeit: Georges, Latein.-Dtsch. Hwb. Bd. II, Sp. 1141. Daß das Konzil in c. 11 die Seitenverwandten zählte, vermag man daran zu erkennen, daß dort die Kinder als *"frater & soror"* und nicht, wie in Burchards Decr. lib. VII, c. 10, der mutmaßlichen Vorlage des Kapitels, als *„filius et filia, quod est frater et soror"* bezeichnet wurden.

Der Einwand von Stutz[98], der Erblasser als Ausgangspunkt des Erbfalles stehe bei einem solchen Verständnis von Ldr. I Art. 3 § 3 außerhalb der Darstellung, spricht nicht gegen die Verwendung des genannten Verwandtenkreises als Modell eines Erbfolgesystems. Der Erblasser stünde bei Annahme der 2. Parentel, wie alle anderen Kinder auch, ebenfalls am Hals und wäre daher durchaus noch Teil der Darstellung.
Die Verwendung der 1. Parentel als Modell ist hingegen schon deswegen unwahrscheinlich, da mit ihr nichts anderes ausgesagt werden kann, als daß jeder weitere Deszendent einen Grad entfernter als sein Erzeuger mit dem Stammvater verwandt ist. Alle weiteren Aussagen über Halbgeburt und Schwippschwägerschaft müßten insoweit als eher zusammenhanglose Einschübe betrachtet werden. Stellt das Gliederbild dagegen die 2. Parentel dar, fügt sich zumindest die Behandlung der Halbgeburt nahtlos ein, da sie, wie bereits ausgeführt, erstmals in der 2. Parentel vorkommen kann.
Gegen die These, Ldr. I Art. 3 § 3 stelle die 2. Parentel dar, spricht allerdings, worauf schon hingewiesen wurde, die Bezeichnung des Hauptes als Mann und Frau und deren Nachkommen als deren Kinder. Probleme bereitet aber auch die Darstellung der Schwippschwägerschaft. Sie läßt sich weder in eine Wiedergabe der 1., noch in eine der 2. Parentel zwanglos einfügen, da die Kinder der verschwippschwägerten Geschwister sich einander nämlich erst als Angehörige der 3. Parentel beerben *(... er kindere sin doch gelike na, er iewelk des anderen erve to nemene...)*.

Die angeführten Widersprüche und Ungereimtheiten, die sich bei der Festlegung des Gliederbildes auf eine bestimmte Parentel ergeben, deuten vielmehr darauf hin, daß schon die Fragestellung - nämlich welche Parentel gibt das Gliederbild in Ldr. I Art. 3 § 3 wieder - verfehlt ist. Für die zweifelsfreie Bestimmung der dargestellten Parentel ist es erforderlich, die Stellung des Erblassers im Gliederbild lokalisieren zu können, dieser findet jedoch in der angeführten Stelle keinerlei Erwähnung.
Eike wollte mit Ldr. I Art. 3 § 3 vielmehr Umfang und Gliederung der Sippe darlegen: *„Nu merke we ok, war diu sibbe beginne unde war siu lende..."* lauten dementsprechend seine Anfangsworte des Abschnitts. Zu diesem Zweck wählte er ein Stammelternpaar und dessen Nachkommen als Ausgangspunkt, ohne dabei im weiteren aber die 1. Parentel zwingend festschreiben zu wollen. Die in erster Linie nur unter erbrechtlichen Gesichtspunkten interessante Frage nach der Parentel bestimmt sich im folgenden jeweils unterschiedlich nach der jeweiligen Perspektive und Fragestellung.[99]
Ausgangspunkt der Darstellung sind Mann und Frau und deren Kinder und somit die 1. Parentel. Mit der Beschreibung der Halbgeburt und der dann folgenden Bezeichnung der Enkelkinder des Stammelternpaares als Bruder- und Schwesterkin-

[98] Stutz, Verwandtschaftsbild, S. 41.
[99] In diesem Sinne könnten auch die Ausführungen bei Siegel, Erbrecht, S. 23f zu verstehen sein.

der wechselt die Darstellung in die 2. Parentel.[100] Auch die Beschreibung der doppelten Verwandtschaft von Geschwisterkindern aufgrund der Schwippschwägerschaft ihrer Eltern läßt sich bei einem solchen Verständnis des Gliederbildes einfügen. Denn auch der vorübergehende Wechsel in die 3. Parentel ist nunmehr nicht mehr völlig systemfremd.

Dementsprechend stellt das Gliederbild des Ldr. I Art. 3 § 3 nicht eine bestimmte Parentel dar, sondern nur ein Stammelternpaar samt deren Nachkommenschaft bis in die achte Generation, wenn man die Nagelmagen mitrechnet. Die Bestimmung einer Parentel erfolgt hingegen ausschließlich unter dem Aspekt der gerade behandelten erbrechtlichen Fragestellung. Daß Eike bei der Darstellung des Gliederbildes keine unwandelbare Vorstellung eines bestimmten Verwandtschaftskreises hatte, zeigt sich auch in dem Nebeneinander von Glieder- und Magenzählung, welches der Artikel enthält und worauf noch später einzugehen sein wird.

[100] Vgl. Schadt, Verwandtschaftsbild, S. 406 (S. 409).

§ 7 Die Anwendung des Gliederbildes zur Ermittlung der Erbfolge

I. Die unmittelbare Anwendung

Das Gliederbild des Ldr. I Art. 3 § 3 soll nach Auffassung Eikes die Gliederung der Sippe beispielhaft darstellen. Neben diesem mehr „grundsätzlichen" Gehalt der Stelle, enthält sie aber auch konkrete Aussagen für die Bestimmung der Verwandtschaftsnähe und damit der Erbfolge. Überprüft man nun die Aussage, die man unmittelbar aus dem Gliederbild zur Bestimmung der Verwandtschaftsnähe gewinnen kann, so ist dies folgende:

Der Satz, daß die, welche *"twischen deme nagele unde deme hovede sek to der sibbe gestoppen mogen an geliker stat, de nemet dat erve gelike. De sek naer to der sibbe gestoppen mach, de nimt dat erve to voren"*, gilt dann, wenn der Erblasser und der oder die Erbprätendenten derselben Parentel beziehungsweise derselben Stammelternschaft angehören. Läßt man die Besonderheit der erst mit den Geschwisterkindern einsetzende Zählung der als *„magen"* bezeichneten Verwandten hier einmal außer acht, so kann man Ldr. I Art. 3 § 3 entnehmen, daß derjenige das Erbe erhält, bei dem die geringste Anzahl an Gliedern zwischen ihm und dem Erblasser liegt.[101] Dabei zeigt die Zählung zwischen Nagel und Haupt, daß hinsichtlich dieser Zählung der Glieder der Erblasser entweder am Haupt (= 1. Parentel) oder am Hals (= 2. Parentel) zu suchen ist.

Die Aussage dieser Passage läßt sich allerdings nicht auf die bloße Geltung eines Repräsentationssystems in dem Sinne beschränken, der Erbe schließe die von ihm abstammenden Personen von der Erbfolge aus. Eine solche Annahme hieße, Ldr. I Art. 3 § 3 einem seiner wesentlichen Inhalte zu berauben. Dem Artikel ist gerade nicht die Voraussetzung zu entnehmen, die Prätendenten, deren Verwandtschaftsnähe festzustellen ist, müßten auch selbst unmittelbar voneinander abstammen.[102] Ldr. I Art. 3 § 3 bestimmt vielmehr, daß innerhalb derselben Parentel sich das Erbrecht grundsätzlich nach der Verwandtschaftsnähe richtet. Auf diese Feststellung beschränkt sich dann aber auch der unmittelbare Inhalt des Satzes. Er enthält insbesondere keine Aussage darüber, wie sich die Verwandtschaftsnähe der Stammeltern zu dem Erblasser bestimmt, denn diese, obwohl im Gliederbild dargestellt, können sich nicht zum Haupte *"stuppen"*, da sie selber das Haupt bilden. Ungeklärt bleibt vor allem aber, wie die Erbenfolge geregelt ist, wenn zwei Prätendenten, die ihre Verwandtschaft mit dem Erblasser von jeweils verschiedenen Stammeltern

---

[101] So auch Schanz, S. 32f, allerdings mit der Annahme, das Gliederbild stelle die 2. Parentel dar.

[102] Vgl. folgende Skizze: Der Erbprätendent 1 stammt aus einer anderen Linie als der Erbprätendent 2, da er aber mit dem Erblasser näher verwandt ist, erbt er vor dem Prätendenten 2, ohne daß er dessen Linie repräsentiert.

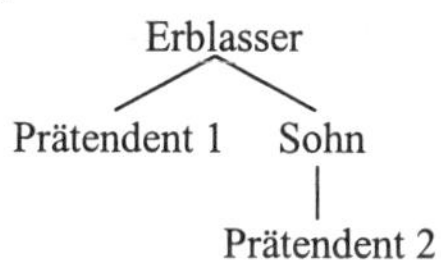

herleiten, also verschiedenen Parentelen angehören, um das Erbe konkurrieren. All diese Probleme werden in der Darstellung des Gliederbildes nicht angesprochen.

II. Die "analoge" Anwendung

1. Die gemeinsamen Stammeltern als Haupt der Gliederfigur

Das Erbrecht des Sachsenspiegels ist ebenso wie das Verwandtschaftsbild durch den Begriff der Blutsverwandtschaft gekennzeichnet. Blutsverwandtschaft ist dabei das Verhältnis, welches unter zwei Personen durch Abstammung der einen von der anderen oder durch Abstammung beider von einer gemeinschaftlichen dritten Person begründet wird.[103] Eine Erbfolgeordnung, die auf diesem Prinzip basiert, muß entsprechend für sämtlich denkbare Erbkonstellationen eine Antwort geben können.

Die unmittelbare Anwendung des Gliederbildes ist dazu nicht in der Lage. Demnach stellt sich nun die Frage, welche weitergehende Bedeutung das Gliederbild für das Erbrecht des Sachsenspiegels hat. Hierbei ist unstrittig, daß die Darstellung der Sippe am Beispiel des menschlichen Körpers auch dann Anwendung finden muß, wenn die Prätendenten nicht derselben Parentel angehören und daher in der Darstellung des Ldr. I Art. 3 § 3 nicht gezählt werden.[104] Allerdings ist dies auch die einzige Gemeinsamkeit der verschiedenen Ansichten. Über die Frage, bei welchen Erbkonstellationen das Gliederbild zur Anwendung kommt und wie es im konkreten Fall anzuwenden ist, besteht mannigfach Streit.

In dem Gliederbild wird bei der Zählung der Verwandten, der Geschwisterkinder und deren Nachkommen das Haupt durch den Erblasser beziehungsweise die gemeinsamen Stammeltern des Erblassers und des Erbprätendenten gebildet. Dementsprechend ist es naheliegend, auch bei der Übertragung des Bildnisses auf die übrige Sippe die dem Erblasser und dem Prätendenten gemeinsamen Stammeltern in das Haupt zu setzen.

Ist mithin die Verwandtschaft des Bruders des Erblasservaters zu klären, so wird das Haupt von den Großeltern des Erblassers, den Eltern des Vaterbruders, gebildet:

[103] Das Gliederbild in Ldr. I Art 3 § 3 versinnbildlicht die Verwandtschaft in Form eines menschlichen Körpers. Das Stammelternpaar nimmt dort den Kopf ein und vermittelt auf diese Weise sowohl die Blutsverwandtschaft ihrer Abkömmlinge zu ihnen, als auch der Abkömmlinge untereinander.

[104] So unter Zugrundelage der Parentelenordnung: Sydow, Erbrecht, S. 125; Stutz, Verwandtschaftsbild, S. 20. Vom Standpunkt der Theorie zweier Erbenkreise aus: Schanz, S. 35. Für das Drei-Linien-System: Wasserschleben, Successionsordnung, S. 36.

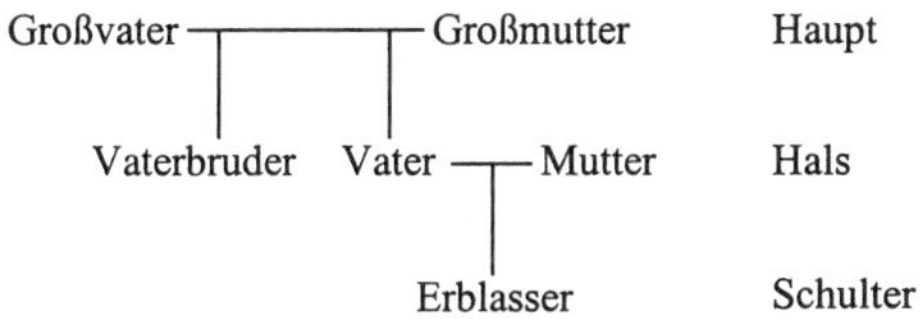

Dieser Schritt ist aber auch dann durchzuführen, wenn die Prätendenten durch jeweils verschiedene Stammeltern mit dem Erblasser verwandt sind. In diesem Fall wird das Haupt aber nicht durch den allen Erbprätendenten mit dem Erblasser gemeinsamen Stammvater gebildet.[105] Die Annahme nur eines Hauptes auch bei mehreren Prätendenten aus verschiedenen Parentelen verbietet sich schon deshalb, da sie zu nachweislich falschen Ergebnissen führt. Konkurrieren beispielsweise ein Vaterbruder und ein Bruder des Erblassers um das Erbe, würde der Vaterbruder, da der gemeinsame Stammvater der Großvater ist, am Halse stehen, der Bruder erst am Schultergelenk.

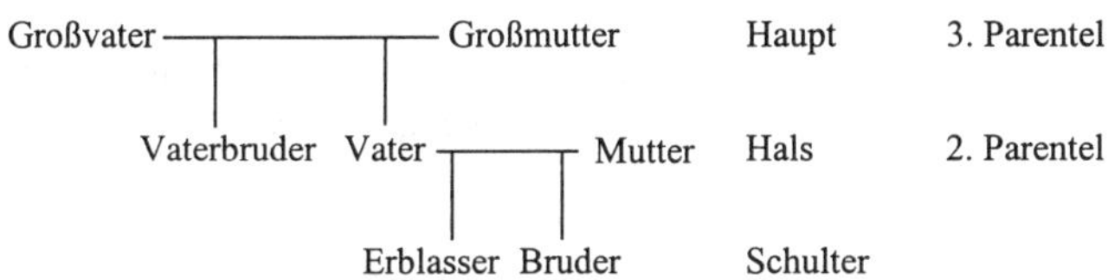

Der Vaterbruder würde also vor dem Bruder erben. Dieses Resultat widerspricht aber Ldr. I Art. 17 § 1, welcher die Geschwister direkt nach den Eltern, vor den entfernteren Verwandten, zum Erbe gelangen läßt.

Folglich ist die Anwendung des Gliederbildes für Konkurrenten verschiedener Parentelen nur so möglich, daß man jeweils für jeden Prätendenten den nächsten gemeinsamen Stammvater sucht, der dann für diesen - aber auch nur für diesen - Anwärter das Haupt bildet. Dabei muß dann die Verwandtschaft für jeden Prätendenten gesondert festgestellt werden.[106]

Konkurrieren demnach ein Vaterbruder des Erblassers und der Sohn einer Erblasserschwester um das Erbe, stellt sich die Anwendung des Gliederbildes wie folgt dar:

---

[105] Vgl. Homeyer, Parentelenordnung, S. 10; Lewis, Krit. Vierteljahrschrift Bd. IX (1867), S. 23 (S. 49).

[106] Amira, Erbenfolge, S. 132, ging davon aus, das Verwandtschaftsbild sei auf alle möglichen Parentelen zugleich anwendbar. Zu einem unterschiedlichen Ergebnis führt diese Auffassung nicht, da trotz eines gesamten Verwandtschaftsbildes die Verwandtschaft für den einzelnen Prätendenten gesondert festgestellt werden muß.

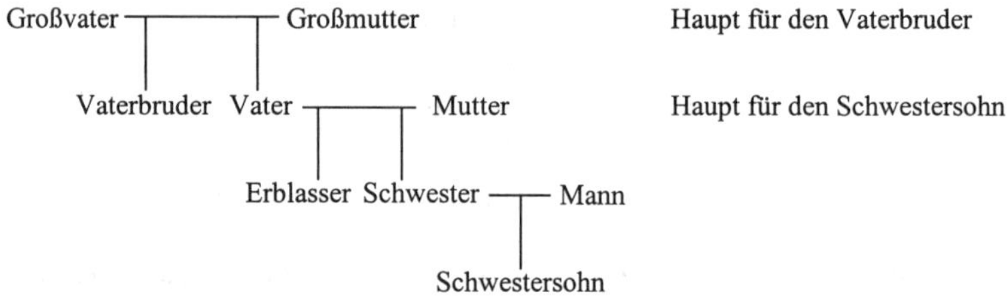

Bei der Frage nach der Verwandtschaft des Vaterbruders bilden die Erblassergroßeltern das Haupt, bei der des Schwestersohnes die Erblassereltern. Anschließend muß der Verwandtschaftsgrad der jeweiligen Prätendenten miteinander verglichen werden, um feststellen zu können, wer mit dem Erblasser näher verwandt ist. So nimmt der Vaterbruder eine Stellung am Hals ein, der Erblasser hingegen steht in bezug auf seinen Vaterbruder am Schultergelenk. Anders bei dem Schwestersohn, dort nimmt der Erblasser die Stellung am Halse ein und der Schwestersohn jene am Schultergelenk. Die Frage wie in diesem konkreten Fall die Verwandtschaftsnähe berechnet wird, soll hier noch dahingestellt bleiben, da unabhängig davon, welche Berechnungsart man anwenden will, die Übertragung des Gliederbildes grundsätzlich unberührt bleibt.
Mit der genannten Vorgehensweise wird auch dann die Verwandtschaft bestimmt, wenn der Erbprätendent mit dem Erblasser in gerader Linie verwandt ist, er also ein direkter Des- oder Aszendent ist. Ist der Erbanwärter ein Nachkomme des Erblassers, so ist letzterer in das Haupt zu setzen, ist er ein Vorfahre des Erblassers, so bildet er das Haupt.

2. Die These Wasserschlebens: Das Gliederbild bestimmt die Erbenfolge nur innerhalb der Seitenverwandtschaft

Die Möglichkeit der Anwendung des Gliederbildes auch auf die Verwandten des Erblassers gerader Linie wurde jedoch von Wasserschleben bestritten.[107] Nach ihm diente das Gliederbild nur dazu, die Verwandtschaftsnähe innerhalb der Seitenverwandtschaft festzustellen. Hierbei ist der Begriff „Seitenverwandtschaft" aus der Perspektive des Erblassers zu verstehen, denn aus der Sicht des gemeinsamen Stammvaters sind natürlich sowohl Erblasser als auch etwa dessen Neffe als Erbprätendent Nachkommen gerader Linie.[108]
Ausgangspunkt für die These Wasserschlebens, das Gliederbild sei nicht auf die Verwandtschaft gerader Linie anwendbar, ist die Annahme, die Angehörigen gerader Linie gelangten in jedem Fall vor der Seitenverwandtschaft zum Erbe. So soll

[107] Wasserschleben, Successionsordnung, S. 30f.

[108] Kommt die Seitenverwandtschaft im Sachsenspiegel nur unter dem Gesichtspunkt der direkten Nachkommenschaft eines gemeinsamen Stammvaters in Betracht, so ist doch zumindest fraglich, inwieweit ihr dann eine eigenständige Bedeutung, zum Beispiel als Erbengruppe, beigemessen werden kann.

der Nachlaß zuerst an die Deszendenten des Erblassers und, nur wenn solche nicht mehr vorhanden sind, an dessen Aszendenten fallen.[109] Die Seitenverwandtschaft werde nur dann zum Erbe berufen, wenn weder Des- noch Aszendenten vorhanden seien und allein für diesen Fall regele - so Wasserschleben - Ldr. I Art. 3 § 3 dann die Erbenfolge innerhalb der Seitenlinie. Insoweit stellt sich nach der Auffassung Wasserschlebens das Erbrecht des Sachsenspiegels als Drei-Linien-System dar, bestehend aus Deszendenten, Aszendenten und Seitenverwandtschaft, welche nacheinander zum Erbe berufen werden.[110]

a) „*sibbe*" als Bezeichnung nur für die Seitenverwandtschaft?

Die Beschränkung des Gliederbildes auf die Erbfolge der Seitenverwandtschaft begründete Wasserschleben mit der Erwägung, der Begriff *"sibbe"* in Ldr. I Art. 3 § 3 umfasse nur die Seitenverwandtschaft und nicht auch die gesamte Blutsverwandtschaft.[111]

Grundsätzlich bedeutet Sippe allerdings, und dies wurde auch von den Anhängern einer einschränkenden Auslegung des Begriffes für obige Stelle nicht bestritten[112], Blutsverwandtschaft im allgemeinen.[113] Diese allgemeine Bedeutung soll nun aber speziell für Ldr. I Art. 3 § 3 nicht gelten.

Wasserschleben stützte seine Ansicht dabei allerdings zu Recht nicht auf die Erwägung, Ldr. I Art. 3 § 3 beginne mit den Worten *„Nu merke we ok, war diu sibbe beginne unde war siu lende"*.

Zum Teil wurde zwar aus dem Umstand, daß das Gliederbild auch das Ende der *„sibbe"* darstellen will, gefolgert, mit *„sibbe"* könne nur die Seitenverwandtschaft gemeint sein, denn ein Ende der Verwandtschaft sei weder in ab- noch in aufsteigender Linie möglich.[114] Allerdings steht diese behauptete Unendlichkeit der Verwandtschaft in gerader Linie für das sächsische Landrecht nicht mit Sicherheit fest.[115] Das Ende der Blutsverwandtschaft ist sowohl in der ab- und aufsteigenden Linie als auch in der Seitenlinie nichts anderes als eine rechtliche Fiktion, welche einerseits das Erbrecht zumindest theoretisch begrenzen und andererseits das kanonische Ehehindernis der Blutsverwandtschaft einschränken will. Gedanklich ist

---

[109] Den Vorzug der gesamten geraden Linie entnahm Wasserschleben Ldr. I Art. 17 § 1. Vgl. S. 71. Für das sächsische Landrecht im Ergebnis zustimmend, Meyers, Tijdschr. RG, Bd. 6 (1925), S. 1 (S. 11).

[110] Wasserschleben, Successionsordnung, S. 32; zust. Gerber, System, § 251 (S. 426).

[111] Wasserschleben, Successionsordnung, S. 15 Fn. 2.

[112] Wasserschleben, Successionsordnung, S. 31; Siegel, Erbrecht, S. 17.

[113] Lexer, Mhd. Wörterbuch Bd. II, Sp. 938; Grimm, Wörterbuch Bd. X, Sp. 1223; Brinckmeier, Glossarium, Bd. II, S. 551; Halthaus, Glossarium germanicum, Sp. 1690; Stutz, Verwandtschaftsbild, S 9. In diesem Sinn wird es auch in Ldr. II Art. 30 verwendet.

[114] Siegel, Erbrecht, S. 18.

[115] Schanz, S. 44; Sydow, Erbrecht, S. 73. Stutz, Verwandtschaftsbild, S. 42 nimmt eine prinzipielle Unbegrenztheit der Verwandtschaft in gerader Linie an, sieht sie aber praktisch dann auf sieben Stammvaterschaften begrenzt.

daher auch ein Ende der Verwandtschaft in gerader Linie möglich, auch wenn sie als praktischer Anwendungsfall nicht vorkommen mag.[116]

Wasserschleben wollte hingegen den Begriff *„sibbe"* nur dann auf die Seitenverwandtschaft beschränkt wissen, wenn er im Zusammenhang mit den Formulierungen *„sibbetale"* oder *„to der sibbe gestoppen"* verwendet wird.[117] Zur Begründung wies er unter anderem darauf hin, daß das Gliederbild außer Kopf und Hals nur Seitenglieder verwende und die Verwandtschaft auch nur anhand dieser Seitenglieder gezählt werde.[118] Mit einer solchen Schlußfolgerung wird der Aussagegehalt des Gliederbildes aber überstrapaziert. Die von Eike gewünschte Zählung der einzelnen Verwandten am Körper des Menschen konnte sinnvollerweise nur an Schulter, Arm und Hand als Seitenglieder des Körpers erfolgen, denn der Rumpf besitzt nicht die notwendige Untergliederung für die gewünschte Darstellung der Verwandten.[119]
Mithin stellt sich nun die Frage, ob die Behauptung, mit *„sibbetale"* und *„to der sibbe gestoppen"* sei ausschließlich die Seitenverwandtschaft gemeint, aus anderen Gründen aufrecht erhalten werden kann.

b) *„sibbetal"* als Zählwort nur für Seitenverwandte?

Nach Wasserschleben werden die Seitenverwandten, aber auch nur diese, nach Sippzahlen gezählt. Nun bezeichnet Ldr. I Art. 3 § 3 erst die Geschwisterkinder als die erste Sippzahl, die Geschwister selbst werden nicht gezählt. Folglich stellt sich die Frage, welchem Zweig der Verwandtschaft die Erblassergeschwister zuzuordnen sind. Zu den Verwandten gerader Linie können die Geschwister nicht zählen, da sie entsprechend der Interpretation Wasserschlebens von Ldr. I Art. 17 § 1 erst nach den Aszendenten erben, zu den Seitenverwandten sollen sie aber auch nicht gehören, da sie keine Sippzahl innehaben. Um diesen Widerspruch zu lösen, räumte Wasserschleben den Geschwistern eine je nach Fragestellung unterschiedliche Position ein. Bei der Erbfolge zählen die Geschwister zu der Seitenverwandtschaft, denn anders ließe sich nicht erklären, warum sie erst nach den Aszendenten zum Erbe gelangen. Ist hingegen die Nähe der Verwandtschaft innerhalb der dritten Linie, also der Seitenverwandtschaft, zu berechnen, so sollen die Geschwister dem

[116] Auch dürfte Eike bei der Formulierung des Artikels die praktische Anwendbarkeit der Verwandtschaftsgrenze nicht vor Augen gehabt haben, so daß eine Beschränkung der *"sibbe"* auf die Seitenverwandtschaft schon deswegen nicht allein aus dem einleitenden Satz gefolgert werden kann. Vgl. Stutz, Verwandtschaftsbild, S. 40.

[117] Wasserschleben, Successionsordnung, S. 15 Fn. 2 und 31.

[118] Wasserschleben, Replik, S. 13.

[119] Stutz, Verwandtschaftsbild, S. 10; Schanz, S. 44. Nicht überzeugend ist hingegen der Einwand von Stutz, a.a.O., S. 10, die Ansicht Wasserschlebens sei nur dann berechtigt, wenn nachzuweisen sei, neben den Seitenverwandten in den Seitengliedern würden auch Deszendenten im Rumpf gezählt werden. Nach Auffassung Wasserschlebens werden die Verwandten gerader Linie des Erblassers im Gliederbild gerade nicht dargestellt, da sich ihr Erbrecht nicht aus Ldr. I Art. 3 § 3, sondern aus Ldr. I Art. 17 § 1 herleitet.

Stamm, das heißt der geraden Linie, angehören und entsprechend vor allen übrigen Seitenverwandten erben.[120] Diese übrige Seitenverwandtschaft stelle mithin die Magschaft dar, welche die gesamte Seitenverwandtschaft, unter Ausschluß der Geschwister des Erblassers, umschreibe.[121]
Die Ansicht Wasserschlebens beruht daher auf der These, die Geschwister würden in Ldr. I Art. 3 § 3, welcher ja nur die Erbfolge in der Seitenverwandtschaft regeln soll, nicht als *„sibbetal"* gezählt.
Die Stelle in Ldr. I Art. 3 § 3, auf welche sich Wasserschleben berief, lautet: *„Dit is de erste sibbetale de men to mage rekenet: bruder kint unde suster kint"*. Der Begriff *„sibbetale"* kommt dabei im ganzen Sachsenspiegel nur in der hier zu erörternden Stelle vor. Demnach muß versucht werden, seine Bedeutung allein aus seiner Verwendung in Ldr. I Art. 3 § 3 zu erklären.
Bei unbefangenem Textverständnis kann man dem Satz nur entnehmen, daß Bruder- und Schwesterkind die erste Sippzahl einnehmen, welche man als *„magen"* rechnet. Der Wortlaut läßt dabei aber ohne weiteres die Möglichkeit zu, es gebe eine Sippzahl, die man nicht zu den *„magen"* rechne und welche dementsprechend nicht mit den Geschwisterkindern beginne.[122]
Zwingend ist dieser Schluß freilich noch nicht, denn die Formulierung könnte - wie Wasserschleben annahm - auch aussagen wollen, die erste Sippzahl, die es überhaupt gibt, sei einem *„magen"* zugeordnet. Der Zusatz bezüglich der *„magen"* wäre dann allerdings überflüssig. Denn gäbe es überhaupt nur eine Sippzahl, so hätte es genügt, die Geschwisterkinder als „erste Sippzahl" oder „erste Magschaft" zu bezeichnen. Da ihre Stellung als erste Sippzahl absolut wäre, wäre eine zusätzliche Kennzeichnung als *„to mage rekenet"* nicht erforderlich.[123]

Die Konstruktion Wasserschlebens scheitert aber aus einem anderem Grunde. Innerhalb von Ldr. I Art. 3 § 3 haben die Geschwisterkinder nicht als einzige die erste Sippzahl inne, sondern auch die Geschwister selbst - wenn auch nicht ausdrücklich - werden als erste Sippzahl gezählt. Sind nun aber noch andere Angehörige des

[120] Wasserschleben, Successionsordnung, S. 35.
[121] Wasserschleben, Successionsordnung, S. 35. Im Ergebnis zustimmend Maurer, Krit. Vierteljahrschrift Bd. II (1860), S. 262 (S. 265).
[122] Stutz, Verwandtschaftsbild, S. 11. In dieser Richtung schon Eichhorn, Dtsch. Privatrecht, § 331 (S. 782 Fn. k) und Lewis, Krit. Vierteljahrschrift Bd. IX (1867), S. 23 (S. 56). Letzter ging allerdings von der fälschlichen Annahme aus, die Magschaft sei zwingend mit der Seitenverwandtschaft identisch. Gegen ihn Schanz, S. 44 Fn. 135.
[123] Stutz, ZRG (GA) Bd. 47 (1927), S. 685 (S. 701). In der Quedlinburger Hs. (Oppitz, Rechtsbücher Bd. II, Nr. 657) aus dem 13. Jahrhundert steht statt *„erste sibbetale"* dann auch *„erste mageschop"*. Daß diese Formulierung sich in keiner weiteren Handschrift findet, deutet darauf hin, daß sie als zu mißverständlich verworfen wurde. Darüber hinaus kann man die Bezeichnung als *„erste mageschop"* auch dahin verstehen, daß nicht die erste Sippzahl das Typische für die Geschwisterkinder ist, sondern die erste Stelle innerhalb der Magschaft, die dann natürlich nicht alle Verwandten erfassen würde, sondern nur einen bestimmten Angehörigenkreis umschriebe.

Erblassers nach Sippzahlen zu zählen, so ist das Argument Wasserschlebens hinfällig, der Begriff „*sibbe*“ in Ldr. I Art. 3 § 3 erfasse nur die Seitenverwandtschaft in dem oben dargelegten, eingeschränkten Sinne und das Gliederbild regele daher auch konsequenterweise nur die Erbfolge in der Seitenverwandtschaft.
Der Hinweis darauf, nicht nur die Geschwisterkinder, sondern zumindest auch die Geschwister werden zur Sippe gerechnet, findet sich unmittelbar in Ldr. I Art. 3 § 3. Die Vorschrift endet mit dem Zusatz: „*De sibbe lendet in deme seveden erve to nemene, al hebbe de paves georlovet wif to nemene in der viften; went de paves ne mach nen recht setten, dar he unse lantrecht oder lenrecht mede ergere.*"
Die Bestimmung bezieht sich auf das Dekret Papst Innozenz III vom 4. Laterankonzil 1215, in welchem die Eheschließung innerhalb der ersten vier Verwandtschaftsgrade verboten wurde.[124] Das päpstliche Dekret bricht dabei mit einer seit dem 8. Jahrhundert andauernden Tradition der römischen Kirche, den 7. Grad als Grenze der Verwandtschaft und damit als Ehehindernis festzulegen.[125]
Die Sachsenspiegelstelle bezeichnet nun nicht, wie das Dekret, die ersten vier Grade als „verboten“, sondern nennt den fünften Grad den ersten „erlaubten“. Der Sache nach wird demnach nichts Unterschiedliches ausgesagt.
Die Anordnung des Konzils wird aber nur dann zutreffend im Sachsenspiegel wiedergegeben, wenn die Komputationsart des Sachsenspiegels und des Konzils in diesem Punkte übereinstimmen. Mithin ist vorerst zu klären, auf welcher Art und Weise die Verwandtschaft einerseits im päpstlichen Dekret und andererseits im Sachsenspiegel gezählt wurde. Dabei ist zu berücksichtigen, daß zur Zeit des 4. Laterankonzils von 1215 und der Abfassung des Sachsenspiegels im ersten Drittel des 13. Jahrhundert unterschiedliche Zählungen bekannt und in Gebrauch waren.

aa) Die Verwandtschaftszählung der fränkischen Kirche

Der mittelalterlichen Kirche waren neben der Berechnungsart des römischen Rechts[126], die von der Kirche im 13. Jahrhundert aber in keinem Fall mehr angewendet wurde[127], zwei weitere Formen der Verwandtschaftsberechnung bekannt.

---

[124] c. 8 X de consang. et aff. 4, 14: „*Prohibitio quoque copulae coniugalis quartum consanguinitatis et affinitatis gradum de cetero non excedat, quoniam in ulterioribus gradibus iam non potest absque gravi dispendio huiusmodi prohibitio generaliter observari.*“

[125] So Papst Gregor III in seinem Brief an Bonifatius von 732 und Leo III im Jahre 800 in seinem Brief an die bayerischen Bischöfe gegen die Auffassung der fränkischen Kirche, daß nur die ersten drei bzw. vier Grade ein Ehehindernis darstellen würden. Zu Beginn des 12. Jahrhunderts war der 7. Grad als Verwandtschaftsgrenze bereits allgemein anerkannt. Vgl. Freisen, § 33 (S. 379ff).

[126] Nach dem ius civile bestimmt sich die Nähe der Verwandtschaft nach der Zahl aller sie vermittelnden Geburten. Es galt die Regel *"tot gradus quot generationes"* Honsell in Honsell/Mayer-Maly/Selb, Römisches Recht, § 31 I (S. 66). Geschwister standen demnach zueinander im zweiten, der Onkel zu seinem Neffen im dritten Grad römischer Komputation vgl. Inst. L. III, Tit. 6 de gradibus cognationis.

[127] Ist schon unsicher, ob die offizielle römische Kirche sich überhaupt jemals der römischen Komputation bediente [vgl. Freisen, § 33 (S. 376) und § 35 (S. 407ff)], so kann sie beim Vierten

Bei letzteren wurden die Geburten, anders als im römischen Recht, vom Stammvater ab bis zu der betreffenden Person gezählt, deren Verwandtschaftsgrad es zu ermitteln galt. Diese Komputationsformen unterschieden sich darin, daß bei der einen beginnend mit den Kindern als unmittelbare Deszendenten, bei der anderen erst mit den Geschwisterkindern gezählt wurde.

Letztere Berechnungsart liegt dabei bekanntlich der Zählung der *„magen"* in Ldr. I Art. 3 § 3 zu Grunde. Diese Komputation, welche erst mit den Geschwisterkindern zu zählen beginnt, wurde überwiegend von der fränkischen Kirche angewandt. So ist diese sogenannte „germanische Komputation" in den Konzilien von Vermerie anno 753 und von Compiegne anno 757[128] ebenso wie in den beiden Konzilien von Mogunt annis 813 und 847[129] nachweisbar. Auch Erzbischof Theodor von Canterbury verwendete in seiner Bußordnung aus dem 7. Jahrhundert[130] die germanische Zählung ebenso wie Erzbischof Hinkmar von Reims[131], Bischof Ahyto von Basel[132] und Benedict Levita[133]. Diese germanische Komputation wurde

Laterankonzil 1215 keinesfalls Anwendung gefunden haben, da bereits 1056 Papst Alexander II die römische Berechnungsart für die Kirche ausgeschlossen hatte. Vgl. c. 2 C. XXXV qu. 5 und Freisen, § 38 (S. 426).

[128] Bei Pertz, MGH II Abt. 1 [LL-LL in fol.], Bd. 1, S. 22 und S. 27f. Die genannten Beschlüsse liegen bei Zugrundelegen der germanischen Komputation mit ihrer Weisung, daß nur im dritten, nicht aber im vierten Grad zu trennen sei, durchaus in Übereinstimmung mit den kirchlichen Vorschriften. Gregor II sicherte 726 Bonifatius zu, daß die Deutschen *„ut post quartam generationem iungantur"*. Wenn nun in den Konzilien festgelegt wurde, daß Ehen innerhalb der ersten drei Grade getrennt, im vierten aber aufrechterhalten werden, so sind die drei trennenden Grade nach germanischer Zählung identisch mit den vier trennenden nach kanonischer Zählung in dem Brief Gregors. Vgl. Mejer, Ztsch. f. dtsch. Recht Bd. 7 (1842), S. 173 (S. 204). Daß das Capitulatio Vermerie in c.1 allerdings festlegt, der 4. Grad germanischer Zählung sei, wenn schon kein die Ehe trennendes (impedimentum dirimens), so doch eine die noch zu schließende Ehe hindernde Grenze (impedimentum impeditus), dürfte ein Zugeständnis an die veränderte Einstellung der römischen Kirche zur Ausdehnung des Eheverbotes sein. Vgl. Freisen, § 36 (S. 412f); Wasserschleben, Successionsordnung, S. 7.

[129] Concilium Moguntiacum anno 813 c. 54 und wortgleich Conc. Mogunt. anno 847 c. 30: *„Contradicimus quoque, ut in quarta generatione nullus amplius conjugio copuletur: ubi autem post interdictum factum inventum fuerit, separetur"* Bei: Schannat/Hartzheim, Conc. Germ. Tom. I, S. 404 (S. 413) und Tom. II, S. 151 (S. 160). Der Beschluß wendet sich gegen die Ansicht, der 4. Grad germanischer Komputation sei ein nur die Ehe hinderndes, nicht aber auch ein die Ehe trennendes Verbot, die noch in c. 1 des Capitulatio Vermerie vertreten wurde.

[130] Poenit. Theodori, lib. II, cap. XII § 25 abgedruckt bei: Wasserschleben, Bußordnung, S. 216. Vgl. Wasserschleben, Successionsordnung, S. 8 und Freisen, § 35 (S. 408).

[131] Freisen, § 36 (S. 415).

[132] Capitulatio des Ahyto v. Basel (ca. 821) c. 21. Bei Mansi, Sacrorum Conciliorum, Vol. XIV, Sp. 393 (397). Auch Ahyto sieht, ebenso wie c. 1 der Capitulatio Vermerie, nur die ersten drei Grade germanischer Zählung als trennend an. Verwandte 4. Grades werden nicht getrennt, sind aber zur Buße verpflichtet. Freisen, § 36 (S. 412).

[133] Nach Benedict Levita reichte das Eheverbot *"usque ad septimam generationem"*, jedoch war hier der siebte Grad der erste erlaubte Grad, denn bei ihm heißt es *„quinta sextaque non licet nubere"*. Die verbotenen sechs Grade germanischer Zählung entsprechen den sieben Generationen kanonischer Zählung. Freisen, § 36 (S. 414).

von Burchard von Worms im 11. Jahrhundert in seiner Dekretalensammlung als Decr. lib. VII, c. 10 zugrundegelegt. Burchard bezieht sich dort auf Isidor von Sevilla, der in seinem Etymologiarum sive originum L. IX. 6 c. 29 nach einer Darstellung der Verwandtschaft diese mit den Weltaltern in Verbindung setzt und feststellt:

„Haec consanguinitas dum se paulatim propaginum ordinibus dirimens usque ad ultimum gradum subtraxerit, et propinquitas esse desierit, eam rursus lex matrimonii vinculo repetit, et quodam modo revocat fugientem. Ideo autem usque ad sextum generis gradum consanguinitas constituta est, ut sicut sex aetatibus mundi generatio et hominis status finitur, ita propinquitas generis tot gradibus terminaretur".

Die Verwandtschaftsbeschreibung Isidors wird in den Etymologien durch eine bildliche Darstellung der Verwandtschaftsgliederung[134] unterstützt, die allerdings im Gegensatz zu dem Text nicht sechs, sondern sieben Grade aufweist. Diesen Widerspruch zwischen Stemmata und Text zu lösen, wurde bereits zu Beginn des 9. Jahrhundert versucht. So wurde in der „Collectio antiqua canonum poenitentialium"[135] und auf dem Konzil von Doucy[136] anno 874 bei der Wiedergabe von Etym. L. IX. 6 c. 29, der bildlichen Vorgabe entsprechend, der Text der Stelle insoweit verändert und vermehrt, daß er nun auch die Verwandtschaft bis zum siebenten Grad zählte. Nicht ausgeräumt wurde dabei aber der Widerspruch, der sich durch die nun auch im Text erfolgte Ausdehnung auf sieben Verwandtschaftsgrade im Verhältnis zu den sechs Weltaltern ergab.

---

[134] Die bildliche Umsetzung erfolgte, vor allem in Handschriften ab dem 8. Jahrhundert, in Form des arbor consanguinitatis, so auch in der Etymologienausgabe von Lindsay, Oxford 1911. Diese Form der Darstellung wird ab dem 10. Jahrhundert von einer Präsentationsfigur verdrängt, bei welcher ein stehender Mann das Verwandtschaftsschemata vor sich hinhält. So in der Abb. 44 bei Schadt, Verwandtschaftsbild, S. 406 (S. 417). Dabei ist diese Form der Darstellung dem arbor consanguinitatis sehr ähnlich. Von dem Mann lassen sich nur der Kopf oberhalb der höchsten Aszendenten, die Füsse unterhalb der letzten Deszendenten und die Hände an den Seiten bei den letzten Nachfahren der Elterngeschwister erkennen. Eine Lokalisierung der Verwandten an Gliedern des Körpers, so wie in Ldr. I Art. 3 § 3, ist dort noch nicht zu erkennen.

[135] Poenit. Martenianum c. XXIX: gedruckt bei Wasserschleben, Bußordnung, S. 288f: *„Beatus Esydorus de consanguinitate sic Loquitur: Cujus series VII gradibus dirimetur hoc modo: I. filius et filia, II. nepos et neptis; III. pronepos et proneptis, IV. abnepos et abneptis; V. adnepos et adneptis, VI. trinepos et trineptis; VII. trinepos filius et trineptis filia. Haec consanguinitas, dum se paulatim propaginem ordinibus dirimens usque ad ultimum gradum sese subtraxerat et propinquitas esse desierat, eam rursus lex matrimonii vinculo repetit et quodammodo revocat fugientem. Ideo autem usque ad sextum generis gradum consanguinitas constituta est, ut sicut sex aetibus mundi generatio et hominis status finitur, ita propinquitas generis tot gradibus terminaretur. Huc usque Esydori procedit sententia."*

[136] Mansi, Sacrorum Conciliorum, Vol. 17a, Sp. 281 (285).

Schon Otto Mejer hat darauf hingewiesen, daß Burchard durch die Verwendung der germanischen Zählung diesen Widerspruch in der Etymologia zu überwinden suchte.[137]
Burchard zitierte genannte Isidor-Stelle in seinem Decr. lib. VII, c. 10 wie folgt:

„Beatus Isidorus de consanguinitate sic loquitur: Cujus series septem gradibus dirimitur, hoc modo: Filius et filia, quod est frater et soror, sit ipse truncus. Illis seorsum sejunctis, ex radice illius trunci egrediuntur isti ramusculi; nepos et neptis, primus: pronepos et proneptis, secundus: abnepos et abneptis, tertius: adnepos et adneptis, quartus: trinepos et trineptis, quintus: et trinepotis nepos et trineptis neptis, sextus. Haec consanguinitas etc. Ideo autem usque ad sextum generis gradum consanguinitas constituta est etc."

Indem Burchard so die germanische Zählweise in die Etymologia hineintrug, reichte die Verwandtschaft, gezählt von den Kindern, weiterhin sieben Grade weit. Da aber die numerische Zählung erst mit den Geschwisterkinder einsetzte, zählte man nun nur bis sechs und die Zahl der Weltalter stimmte mit den Verwandtschaftsgraden überein.
Unter dem Einfluß Burchards wurde diese Berechnungsart dann auf der Synode Theodonis Villan. vom Jahre 1003[138] und auf dem Konzil von Seligenstadt vom Jahre 1023[139] angewandt und ausdrücklich bestätigt. Die Zählung beginnend mit den Geschwisterkindern wurde auch 1152 vom Kardinallegat von Norwegen, dem späteren Papst Hadrian, verwendet, als er für die Reichweite der Verwandtschaft den 6. Grad für maßgeblich erklärte.[140]
Dieser Zählungsform entspricht dann auch die Zählung der Magen im Gliederbild des Ldr. I Art. 3 § 3, wo die Geschwisterkinder die erste Sippzahl, die man zu den Magen rechnet, einnehmen.[141]

bb) Die Verwandtschaftszählung der römischen Kirche

Der römischen Kirche war die germanische Komputation ebenfalls bekannt. So wurde die von Burchard im Sinne der germanischen Berechnung verfälschte Isidor-Stelle L. IX. 6 c. 29 in das decretum Gratiani c.1 C. XXXV qu. 5 wörtlich über-

[137] Mejer, Ztsch. f. dtsch. Recht Bd. 7 (1842), S. 173 (S. 184f); zust. Wasserschleben, Successionsordnung, S. 11; Stutz, Verwandtschaftsbild, S. 27.

[138] Schannat/Hartzheim, Conc. Germ Tom. III, S. 28 (S. 29): *„Hoc ergo Genealogiae ordine, quia fratres sororque in supputationem non admittuntur, consanguinitas horum non plus, quam secundo elongari praevalet."*

[139] Schannat/Hartzheim, Conc. Germ Tom. III, S. 55 (S. 56): *„Quidam generationem consanguinitatis ita volunt numerare, ut frater et soror sint primi. Hoc autem statuit sancta synodus, sicut etiam antiquis patribus decretum est, ut ita non essent, sed ut nepos ez neptis, id est filius fratris ac filia sororis primi habeantur."* Mit *„antiqui patres"* wird sich der Text auf die von Burchard interpolierte Isidor-Stelle berufen, welche auf diese Weise der von ihrem Verfasser bevorzugten Komputation den Anschein der Legitimation durch einen der Kirchenväter gibt.

[140] Vgl. Ficker, Erbenfolge Bd. 1, § 250 (S. 320).

[141] Zur Herkunft und Bedeutung der „Magschaftszählung", vgl. S. 106f.

nommen. Jedoch hat Rom selber nie germanisch gezählt.[142] Bereits im 6. Jahrhundert verwendete Papst Gregor I in seinem Brief an den England-Missionar Augustinus[143] eine sogenannte kanonische Komputation, die bei den Kindern des Stammvaters beginnt, welche dementsprechend den 1. Grad innehaben, die Enkel somit den 2. usw.[144] Ebenso benutzte Papst Nikolaus I in seinem Dekret aus dem Jahre 858 eine Zählung, die mit den Kindern des Stammvaters beginnt und nur eine Seite zählt, so daß die Geschwisterkinder im 2. Grad zueinander verwandt sind.[145] Im Jahre 1056 hatte Papst Alexander II zudem die germanische Komputation zwar als nicht zu falschen Ergebnissen führend bezeichnet, sie aber doch als den heiligen Vätern, der althergebrachten heiligen Regel und der Kirche widersprechend abgelehnt.[146] Auch in der späteren kirchlichen Rechtspraxis[147] läßt sich die kanonische Komputation nachweisen. Daher kann mit Sicherheit angenommen werden, daß sie auch dem Dekret des 4. Laterankonzils zugrundelag.[148]

Vergleicht man nun die Zählarten der fränkischen Kirche einer- und der römischen Kirche andererseits mit dem letzten Teil von Ldr. I Art. 3 § 3, so wird dort das kanonische Eheverbot nur dann korrekt wiedergegeben, wenn in dieser Passage der Sachsenspiegelstelle - im Gegensatz zu der Magschaftszählung im übrigen Gliederbild - kanonisch gezählt wird oder doch zumindest eine Zählung angewandt wird, welche mit der kanonischen Zählung insoweit übereinstimmt, als die erste Sippe den Geschwistern selbst zugeordnet wird.[149]

---

[142] Freisen, § 38 (S. 429); Stutz, Verwandtschaftsbild, S. 13.

[143] Dieser Brief wird von Gratian in c. 20 C. XXXV qu. 2 und von Alexander II in c. 2 § 5 C. XXXV qu. 5 zitiert. Die Stelle bei Alexander II stellt audrücklich klar, daß Brüder zueinander im ersten und Enkel im zweiten Grad stehen. Zur Frage der Authentizität des Briefes, vgl. Freisen, § 38 (S. 423).

[144] Dem Streit, ob nun die Kirche die germanische Zählung rezipierte, so Sydow, Erbrecht, S. 119, oder ob die germanische Komputation durch die Übernahme der kanonischen Zählung entstand, so Freisen, § 38 (S. 437f), soll nicht weiter nachgegangen werden.

[145] Mansi, Sacrorum Conciliorum, Vol. 15, Sp. 473 (474). Dieses Dokument gilt als erster sicherer Nachweis der kanonischen Zählung auf transalpinem Boden, da die Authentizität des Gregor-Briefes umstritten ist. Vgl. Schanz, S. 26f; Sydow, Erbrecht, S. 119.

[146] c. 2 § 10 C. XXXV qu. 5: „*Ultima enim generatio, si a fratribus sumat inicium numerandi, septima invenitur; si a filis fratrum, sexta repperitur. Taliter igitur determinatis gradibus consanguinitatis, apaostolica auctoritate monemus vos, fratres et filii, ut omnibus sic seriem genealogiae conputandam esse intemis, quemadmodum sancti Patres numerandam esse sanxerunt, et antiquus mos sanctae et universalis ecclesia per longa tempora olim conputasse monstratur.*“

[147] c. 9 X. de consang. et aff. 4, 14 und c. 47 X. de testibus 2, 20.

[148] Stutz, Verwandtschaftsbild, S. 14.

[149] Griesinger in Danz, Hdb. d. Privatrechts Bd X, S. 530 Fn. (n) interpretiert das päpstliche Dekret fälschlich dahingehend, daß es schon Ehen im vierten Grad kanonischer Komputation erlaube. Einen Widerspruch in der Zählung findet er nicht, da „der Sachsenspiegel den Stamm in die Brüder setzt, so ist der vierte Grad Innozenz III mit dem fünften des Sachsenspiegels derselbe". Korrekt wäre es allenfalls umgekehrt, nämlich daß der vierte Grad germanischer Zählung identisch ist mit dem fünften Grad kanonischer Zählung. Auch Sydow, Erbrecht, S. 126,

cc) Die Wiedergabe des 4. Laterankonzils in Ldr. I Art. 3 § 3

Nun wurde allerdings Ldr. I Art. 3 § 3 als einer von 14 Artikeln des Sachsenspiegel von Papst Gregor XI in der Bulle „Salvator humani generis" vom 7. April 1374 als unrichtig und als gegen die Vernunft und die Freiheit der Kirche gerichtet verurteilt und aufgehoben[150].

Aus der Verdammung des Artikels könnte man schließen, der Sachsenspiegel habe das Ehehindernis der Verwandtschaft an der betreffenden Stelle gerade nicht in Übereinstimmung mit dem kanonische Recht dargestellt und daher sei der Artikel als Verstoß gegen das kirchliches Recht verdammt worden.

Die Aufhebung von Ldr. I Art. 3 § 3 als „articuli reprobati" durch Gregor XI bezieht sich auf Art. 4 des „Decadicon" Johannes Klenkows[151]. Klenkow bezeichnete den Artikel als dem göttlichen Recht und dem katholischen Glauben widersprechend.[152] Darüber hinaus beschränke er, so Klenkow, die Freiheit der Kirche, denn jeder Papst habe das Recht, solche Gesetze aufzuheben oder abzuändern, die den Evangelien oder den Anordnungen der heiligen Kirche Gottes widersprechen würden. Der Angriff Klenkows richtete sich dementsprechend nicht gegen die Darstellung des kanonischen Eheverbots, sondern nur gegen den Schluß des Artikels, wo Eike sagt *„went de paves ne mach recht setten, dar he unse lantrecht oder lenrecht mede ergere"*. Berücksichtigt man nun, daß seit der berühmten Bulle Bonifaz VIII „Unam sanctam ecclesiam" vom 18. November 1302[153] die Kirche ausdrücklich die Auffassung vertrat, die weltliche Gewalt sei der geistlichen untergeordnet, ist nachzuvollziehen, warum ein Artikel, welcher vermeintlich dem Papst das Recht versagte, weltliche Gesetze zu ändern, der Verdammung anheim fiel.[154]

Daß Eike mit der Schlußbemerkung in Ldr. I Art. 3 § 3 tatsächlich die Kirche oder eine ihrer Rechtspositionen angreifen wollte, ist hingegen unwahrscheinlich.

In den Formulierungen der kirchlichen Rechtsquellen wurde das Verbot der Verwandtenehe mit der Reichweite der Verwandtschaft verknüpft. War demnach seitens der Kirche die Ehe ab einem bestimmten Grade erlaubt, so lag dem die Vorstellung zugrunde, mit dem genannten Grade ende die Verwandtschaft und diese könne daher auch kein Ehehindernis mehr begründen.[155] Nach mittelalterlicher

---

nimmt unreflektiert die Identität der fünften Sippe des Sachsenspiegels mit dem fünften Grad kanonischer Komputation an.

[150] Gedruckt bei: Eichmann, Quellensammlung Bd. II, S. 159ff.

[151] Zu J. Klenkow, vgl. Erler, HRG Bd. II, Sp. 875f.

[152] *„Quartus articulus repugnat legi Dei..... Presertim contra fidem esset Catholicam, quod Papa non posset corrigere statuta, que repugnant evangelio, racioni recte, determinacionibus vel libertati ecclesie sancte Dei. Item presens articulus repugnat ecclesiastice libertati"*. Gedruckt unter M. Iohannis Clenkok Decadicon contra XXI errores Speculi Saxonum in: Scheidt, Bibliotheca historica Bd. I, p. 67f.

[153] c. 1 Extravag. Comm. 1, 8.

[154] Eichmann, Hist. Jb, Bd. 38 (1917), S. 718 (S. 744); Kullmann, Klenkow, S. 35.

[155] Burchard Decr. lib. VII, c. 10; Bernadi Papiensis, Summa Decretalium, lib. IV, Tit. 14 § 7 *„Sed notandum, quod cum VII gradibus omnis parentela claudatur, ultra septimum gradum parentela nominari vel cognosci non debet"*.

Rechtsauffassung war dabei der Schluß naheliegend, die Wirkung der Verwandtschaft sei einheitlich, und daher ende in dem Grad, in welchem die Verwandtschaft ende, auch das Erbrecht.[156] So bildete für den Geltungsbereich des Sachsenspiegels vor dem 4. Laterankonzil der siebente Grad sowohl für das Ehe- als auch für das Erbrecht die Grenze.[157]

Dementsprechend wurde auch nach dem 4. Laterankonzil die Theorie vertreten, nach Kürzung der die Ehe hindernden Grade sei nun auch entsprechend die Reichweite des Erbrechts gemindert.[158]

Mit seinem Zusatz wird Eike sich ausschließlich gegen solche Ansichten gewandt haben wollen, indem er betonte, das kirchliche Eherecht habe keinen Einfluß auf das weltliche Erbrecht.[159] Einen Angriff oder Kritik auf das 4. Laterankonzil enthält Ldr. I Art. 3 § 3 also nicht.[160] Daß er trotzdem unter die „articuli reprobati" fiel, findet seine Gründe darin, daß man ca. 150 Jahre nach seiner Entstehung in ihm, aufgrund einer aus dem Zusammenhang gerissenen Interpretation, eine Polemik gegen päpstliche Rechtsansprüche vermutete.[161] Diese antiklerikale Interpretation

---

[156] Hugelmann, ZRG (KA) Bd. 13 (1924), S. 427 (S. 454f).

[157] Der siebente Grad als Grenze der Verwandtschaft wurde dabei wahrscheinlich von der Kirche aus dem weltlichen Erbrecht übernommen. Hugelmann, ZRG (KA) Bd. 13 (1924), S. 427 (S. 458); Freisen, § 33 (S. 382f).

[158] Henricus de Segusio, Kardinalbischof von Ostia schreibt um die Mitte des 13. Jahrhunderts in seiner „Summa aurea". *„Dicas quod, sic usque ad decimum gradum. XXXV. quaestione V. ad sedem circa principium. nec obstat quod in eodem cap. dicitur ultra septimum gradum non est gradus. infra eodem non debet. nam respondendum est ad utrumque, quod verum est matrimonium impediendi: est tamen gradus succedendi: ut ibidem"*. An anderer Stelle: *„Ergo secundum cano. qui sicut idem capit. ad sedem, proba tde sola consanguinitate contractant, quoad matrimonia, non quoad haereditates."* Zitiert nach: Hugelmann, ZRG (KA) Bd. 13 (1924), S. 427 (S. 460f).

[159] So schon Majer, Teutsche Erbfolge Bd. II, S. 131 und Sydow, Erbrecht, S. 134; Eichmann, Hist. Jb, Bd. 38 (1917), S. 718 (S. 744); Hugelmann, ZRG (KA) Bd. 13 (1924), S. 427 (S. 460); Kullmann, Klenkow, S. 27.

[160] Zu Unrecht nimmt Schadt, Verwandtschaftsbild, S. 406 (S. 409f) an, Eike würde in Ldr. I Art. 3 § 3 dem 4. Laterankonzil widersprechen, weil er die Grenze des Eheverbots mit jener des Erbrechts identifiziere. Eike war sich jedoch des rein eherechtlichen Charakters der Konzilsbestimmungen bewußt, er wollte vor oben geschildertem Irrtum warnen, ist ihm selber aber nicht erlegen.

[161] Eine davon unabhängige Frage ist, inwieweit Eike nach seinem Rechtsverständnis dem Papst eine Eingriffs- und Änderungsbefugnis in das weltliche Recht zugestand. Ein solches Recht allein aus Ldr. I Art. 18 § 3 *„Dar to behelden se al er alde recht, war it weder der kerstenleken e unde weder deme geloven nicht ne was"* abzuleiten, wie es Kullmann, Klenkow, S. 28 tut, erscheint zu weitgehend. Für Eike gab es nur ein Recht, welches seinen Ursprung bei Gott hat (vgl. die Formulierung *„Got is selve recht"* im Prolog), alles ihm widersprechende kann daher grundsätzlich schon kein Recht mehr sein. Die Wahrung der göttlichen Ordnung ist dem Papst und dem Kaiser gemeinsam von Gott aufgetragen worden vgl. Ldr. I Art. 1 § 1. Konsequent ist daher, daß beide Gewalten für ihren eigenen Rechtskreis autonom zuständig sind. Vgl. Hugelmann, ZRG (KA) Bd. 13 (1924), S. 427 (S. 444) und Fehr, Die Staatsauffassung Eike von Repgaus, ZRG (GA) Bd. 37 (1916), S. 131 (S. 217f). In diesem Sinne wohl auch die auf der Busch'schen Glosse beruhende Kommentierung zum Codex Quakenbrugensis (Hoene,

dürfte hingegen nicht dem ursprünglichen Verständnis der Stelle entsprechen. Denn die kritisierte Formulierung in Ldr. I Art. 3 § 3 fand durchaus Eingang in zahlreiche weitere Rechtsbücher, die im übrigen überwiegend der kirchlichen Position nahestanden[162].

Zu keiner Zeit wurde Ldr. I Art. 3 § 3 aufgrund seiner Darstellung des kanonischen Eherechts verurteilt oder kritisiert.[163] Dementsprechend ist davon auszugehen, daß Ldr. I Art. 3 § 3 das päpstliche Dekret inhaltlich korrekt wiedergibt.

Daraus ergibt sich innerhalb von Ldr. I Art. 3 § 3 eine Diskrepanz in der Zählweise.[164] Wird im Gliederbild unzweifelhaft die germanische Magschaftszählung verwendet, so wird ebenso unzweifelhaft bei der Schilderung des Papstdekrets eine Zählweise benutzt, die bei der Berechnung der Reichweite des Eheverbotes mit der kanonische Komputation übereinstimmt.

Dieser Umstand wäre allerdings dann nicht so maßgeblich, wenn die Anwendung dieser Zählung sich auf die Beschreibung des Kirchenrechts beschränken würde und keinen weiteren Einfluß auf das Erbrecht hätte. In diesem Fall könnte man die Diskrepanz in der Darstellung zweier unterschiedlicher Rechte begründet sehen.

Die Stelle lautet aber: „*De sibbe lendet in deme seveden erve to neme...*". Verschiedene Handschriften des Sachsenspiegels ergänzen „*sibbe*" dabei mit „*lede*" oder „*tal*"[165]. Mit dem siebenten Glied oder Zahl endet also das Recht, Erbe zu nehmen; das siebente Glied ist das letzte erbberechtigte Glied.[166] Das siebente Glied ist aber, ausge-

---

Codex, S. 104): „*Vortmer de paves mach unse rechte nicht deleghen, went ed ene drep an ene nycht, mer et dript an den keysere, he ne mochte dar sunde an bewisen*". Demnach kann der Papst Recht, wenn es nicht ihm, sondern den Kaiser angeht, nur dann aufheben, wenn er nachweisen kann, daß das Recht Sünde sei.

162 Schwsp. Ldr. 5; Freisinger Rechtsbuch, c. 154. Vgl zur Übernahme in weitere sächsische Rechtsbücher: Hugelmann, ZRG (KA) Bd. 13 (1924), S. 427 (S. 445 Fn. 1) und Kullmann, Klenkow, S. 36 Fn. 72.

163 Der Text der Bulle Gregor XI bezieht sich ebenfalls nur auf die Passage, wo nach sächsischem Recht dem Papst eine Minderung des Land- oder Lehnrechts nicht möglich sei. Eichmann, Quellensammlung Bd. II, S. 159 (S. 162). Die Wiedergabe des kirchlichen Heiratverbots in Ldr. I Art. 3 § 3 wird von der Bulle unkommentiert hingenommen.

164 Auf diesen Umstand hat ausdrücklich erstmals Gaupp, Germ. Abh., S. 62 (S. 69 Fn. 1) hingewiesen. Dann wieder Stutz, Verwandtschaftsbild, S. 12f. Vgl. aber auch schon Eichhorn, Dtsch. Privatrecht, § 331 (S. 782 Fn. k).

165 Homeyer, Sachsenspiegel 1. Theil, Anm. qq) zu Ldr. I Art. 3.

166 Stutz, Verwandtschaftsbild, S. 12 sah die Zählung bei „*in deme seveden*" identisch mit der Zählung im Gliederbild. Der siebente Grad soll also auch hier den Nagelmagen, der als erster nicht mehr erbt, bezeichnen. Dagegen spricht, daß diese Interpretation durch den Wortlaut nicht nahegelegt wird. Umschreibt Ldr. I Art. 3 § 3 im ersten Teil mit den Worten „*lendet dar de sibbe*" die siebente Magschaft als den ersten Verwandtschaftsgrad, der nicht mehr zur Sippe gehört, so wird im letzten Teil des Artikels das Ende der Sippe mit den Worten „*lendet... erve to nemen*" zusätzlich erläutert. Dies spricht dafür, daß nun mit dem siebenten Glied der letzte erbende Verwandte genannt wird. Nach Stutz wären zwei unterschiedliche Zählweisen in einem Satz verwendet worden, dies läßt sich aber noch schwerer erklären, als verschiedene Zäh-

hend davon, daß der Hals das erste Glied ist, das dritte Mittelfingerglied oder die sechste Sippzahl, die man zu den Magen rechnet, wenn man den im Gliederbild angewandten Sprachgebrauch verwendet. In dem letzten Satz des Artikels wird demnach sowohl für das Erbrecht als auch für das Eherecht eine Zählung verwendet, welche bereits die Geschwister als erstes Glied zählt.
Die hier festgestellte inhaltliche Übereinstimmung der kanonischen Zählung mit der im Zusatz zu Ldr. I Art. 3 § 3 angewandten Zählung ist allerdings - um dies vorwegzunehmen - auch kein zwingender Beweis dafür, daß der Sachsenspiegel die Verwandtschaftsnähe mit Hilfe der kanonischen Komputation berechnet hat.

dd) Die Wiedergabe des 4. Laterankonzils als Interpolation?
Der Widerspruch wurde dadurch zu erklären versucht, daß man den Schluß von Ldr. I Art. 3 § 3 als spätere Interpolation, als Nach-Eikischen Zusatz bezeichnete, in welchem der Verfasser die kanonische Gradzählung irrtümlich mit der Magschaftszählung des Sachsenspiegels verwechselt habe.[167] Grundlage für die Vermutung, es handele sich um eine solche Interpolation, war dabei allerdings gerade der festgestellte Widerspruch in der Zählweise.
Vermag der festgestellte Dualismus der Zählungen allein die Vermutung einer Interpolation nicht zu begründen, so ist aber doch bemerkenswert, daß der letzte Satz in einigen der älteren Handschriften nicht zu finden ist[168] und daher mit großer Wahrscheinlichkeit als ein späterer Zusatz anzusehen ist.
Nichtsdestominder ist die Annahme, der Schlußsatz rühre nicht von Eike her und der Widerspruch sei in der unterschiedlichen Autorenschaft begründet, unzutreffend. Der Zusatz zu Ldr. I Art. 3 § 3 wird der zweiten deutschen Fassung des Sachsenspiegels, der Ordnung I b, zugeordnet, welche noch von Eike selber erstellt worden ist.[169] Problematisch ist allerdings, daß sich diese Annahme zum Teil auf einen Vergleich des Sachsenspiegels mit der Sächsischen Weltchronik gestützt hat und dabei auch für letztere die Autorenschaft Eikes angenommen wurde.[170] Nach neueren Forschungen ist aber mit großer Sicherheit die Sächsische Weltchronik nicht von Eike verfaßt worden.[171]
Unabhängig davon sprechen aber weitere Gründe dafür anzunehmen, der Zusatz stamme von Eike selbst. Die in dem Zusatz zum Ausdruck gekommene grundsätzliche Trennung der geistlichen und weltlichen Gesetzgebungsbefugnis ist durchaus mit der Zwei-Schwerter-Lehre von Ldr. I Art. 1 und der daraus resultierenden Selb-

lungen innerhalb eines Artikels. Im übrigen räumte Stutz, a.a.O, Fn. 2 ein, daß die Stelle auch im oben geschilderten Sinne gedeutet werden kann.

[167] Gaupp, Germ. Abh., S. 62 (S. 69 Fn. 1); Amira, Erläuterung II/1, S. 160.

[168] Homeyer, Sachsenspiegel 1. Theil, Anm. pp) zu Ldr. I Art. 3.

[169] Eckhardt, Rechtsbücherstudien Bd. III, S. 56; Ebel, F., HRG Bd. IV, Sp. 1228 (1230).

[170] Eckhardt, Rechtsbücherstudien Bd. III, S. 56.

[171] Zu der immer noch kontrovers diskutierten Frage der Verfasseridentität von Sachsenspiegel und Sächsischer Weltchronik, vgl. Schmidt-Wiegand, HRG Bd. IV, Sp. 1237 (139f). Von Eike als Verfasser ging hingegen Wolf, Eike v. Repgow, S. 7 aus.

ständigkeit und Unantastbarkeit der weltlichen Gewalt auf ihrem Gebiet in Einklang zu bringen.[172] Darüber hinaus entspricht - worauf schon Stutz[173] hingewiesen hat - die in dem Zusatz verwendete Zählung derjenigen, welche in Ldr. I Art. 19 § 1 benutzt wurde. In Ldr. I Art. 19 § 1 nennt Eike die Unterschiede des schwäbischen zum sächsischen Recht: *„De Swaf nimt wol herwede unde erve boven der seveden sibbe alse verne, so he immer gereken kan,... "*. Im Umkehrschluß ist der Stelle zu entnehmen, daß der Sachse dann in der siebenten Sippe letztmalig Erbe nimmt.[174] Die Aussage widerspricht aber der Zählung im Gliederbild, wo die siebente Sippzahl nach Magen gerechnet, also der Nagelmagen, nicht mehr zum Erbe gelangt. Sie entspricht aber der Feststellung zu Beginn des Zusatzes, daß *„de sibbe lendet in deme seveden erve to nemene"*. Die Übereinstimmung von Ldr. I Art. 19 § 1 mit dem Zusatz von Ldr. I Art. 3 § 3 ist deswegen so aussagekräftig, da es sich bei Ldr. I Art. 19 § 1 nicht um einen späteren Zusatz handelt, sondern der Artikel bereits in der Urfassung des Sachsenspiegel enthalten war.[175]

ee) Unterschiedliche Zählungen in Ldr. I Art. 3 § 3

Mithin ist die widersprüchliche Zählung innerhalb von Ldr. I Art. 3 § 3 weder mit einer Interpolation des Textes noch mit einer inhaltlich unzutreffenden Beschreibung des kanonischen Rechts zu erklären. Folglich müssen beide Zählweisen, einmal die Zählung ab den Geschwisterkindern als erste Sippzahl, die man zu den Magen rechnet, als sogenannte germanische Zählung oder - was den Kern dieser Komputation wohl eher trifft - als Magschaftszählung[176], und die Zählung beginnend mit den Geschwistern als erste Sippe überhaupt, im Folgenden als Sippschaftszählung bezeichnet, dem Recht des Sachsenspiegels zugrundegelegen haben.[177]
Fraglich ist nun, welche Bedeutung einer Zählung *„de men to mage rekenet"* zukommt.

(a) Bedeutung der *„magen"* in Ldr. I Art. 3 § 3

Da der Begriff *„magen"* erstmals für die Geschwisterkinder verwendet wird, scheint er bei der Zählung der Verwandten nur einen entfernteren Verwandtenkreis zu erfassen, welcher im Gegensatz zu einem engeren Verwandtenkreis steht, in wel-

---

[172] Eichmann, Hist. Jb. Bd. 38 (1917), S. 718 (S. 743); Hugelmann, ZRG (KA) Bd. 13 (1924), S. 427 (S. 444).

[173] Stutz, Verwandtschaftsbild, S. 15; ders., ZRG (GA) Bd. 47 (1927), S. 685 (S. 701). Ldr. I 19 § 1 beruht demnach gerade nicht auf einer unkorrekten Ausrucksweise wie Stobbe, Privatrecht Bd. V, § 286 (S. 69 Fn. 19) meinte.

[174] Stobbe, Privatrecht Bd. V, § 286 (S. 68) vertrat demgegenüber die Ansicht, bereits die im siebenten Glied stehenden Personen könnten das Erbe nicht mehr nehmen. Die Auffassung Stobbes beruht allerdings auf der Zählung beginnend erst mit den Geschwisterkindern. Die Bedeutung von Ldr. I Art. 19 § 1 wurde von Stobbe nicht gesehen.

[175] Eckhardt, Sachsenspiegel Ldr., S. 84 u. S. 25.

[176] Im Folgenden wird die Zählung, die erst mit den am Schultergelenk stehenden Verwandten beginnt, als Magschaftszählung bezeichnet.

[177] So schon Eichhorn, Dtsch. Privatrecht, § 331 (S. 802 Fn. k); Stutz, Verwandtschaftsbild, S. 15.

chem die Verwandten nicht als *„magen"* gerechnet werden.[178] Diesem entfernteren Verwandtenkreis würden zumindest schon einmal die Geschwister nicht angehören.

Gegen eine solche Interpretation von *„magen"* wird allerdings eingewandt, der Begriff *„mach"* bedeute Blutsfreund schlechthin[179] und werde auch in diesem Sinne im Sachsenspiegel verwendet.[180]

Hierzu ist folgendes anzumerken: Es trifft zwar zu, daß in den angeführten Stellen *"mag"* den Verwandten schlechthin bezeichnet, allerdings sind in keiner dieser Stellen Angehörige eines engeren mit denen eines entfernteren Verwandtenkreises konfrontiert worden. Wo eine solche Gegenüberstellung erfolgt, nämlich in Ldr. III Art. 84 § 3 und eben auch in Ldr. I Art. 3 § 3, werden nur die Angehörigen des entfernteren Kreises als *„magen"* bezeichnet.[181] Daher grenzt der Begriff „Mage" in Ldr. I Art. 3 § 3 durchaus einen engeren Kreis von Verwandten von den entfernteren Angehörigen ab, indem er nur auf letztere Anwendung findet.

(b) Argumente zu der verwendeten Komputation aus den Illustrationen der Bilderhandschriften?

Gegen die relative Verwandtschaftszählung des Sachsenspiegels, einmal Zählung der Sippe ab den Kindern, zum anderen Zählung der Magschaft ab den Geschwisterkindern, scheinen aber - worauf Amira großen Wert legt - die Illustrationen der einschlägigen Artikel in den Bilderhandschriften des Sachsenspiegels zu sprechen.[182]

In den Bilderhandschriften sind an zwei Stellen Personen dargestellt, welche ihre Verwandtschaft darlegen.[183] In der Illustration dieser Stellen stimmen die Dresdener, die Wolfenbütteler und die Oldenburger Bilderhandschrift im wesentlichen überein.

Die Illustration in der Dresdener Bilderhandschrift zu dem Zusatz von Ldr. I Art. 3 § 3 zeigt zwei heiratswillige Verlobte (gekennzeichnet dadurch, daß beide einen Ring als Symbol des Eheschlusses in den Händen halten) vor dem Papst, dem sie ihre Abstammung aufzeigen.[184] Dabei sind am linken Arm des Verlobten sieben Punkte, am rechten der Verlobten fünf Punkte als Symbol für die Sippzahlen ein-

[178] Grimm, Rechtsalterthümer, S. 468. Nach Eichhorn, § 331 (S. 782 Fn. k) werden als *„magen"* jene Verwandten bezeichnet, die erst dann zum Erbe gelangen können, wenn das Erbe sich nach Ldr. I Art. 17 § 1 verschwestert und verbrüdert hat.

[179] Amira, Erläuterung II/1, S. 160; Lexer, Mhd. Wörterbuch Bd. I, Sp. 2001.

[180] Amira, Erläuterung II/1, S. 159 Fn. 2 verwies auf: Ldr. I Art. 27 § 2; 60 § 2; 63 § 3; 64; II Art. 12 § 1; 14 § 1; 34 § 2; III Art. 32 §§ 4, 5, 9; 78 §§ 1-5, 9 und Lnr. Art. 71 § 23; ferner in den Zusätzen Ldr. I Art. 4; III Art. 73 § 1 und Art. 90 § 2.

[181] Stutz, ZRG (GA) Bd. 47 (1927), S. 685 (S. 700).

[182] Nach der Veröffentlichung der Oldenburger Bilderhandschrift 1995 durch Ruth Schmidt-Wiegand sind nun sämtliche der vier noch erhaltenen Bilderhandschriften als Faksimile-Ausgaben verfügbar.

[183] Im Folgenden konnte die Heidelberger Bilderhandschrift jedoch nicht berücksichtigt werden, da in den Zeitläuften das gesamte 1. Buch des Landrechts verloren gegangen ist.

[184] Amira, Erläuterung II/1, S. 159.

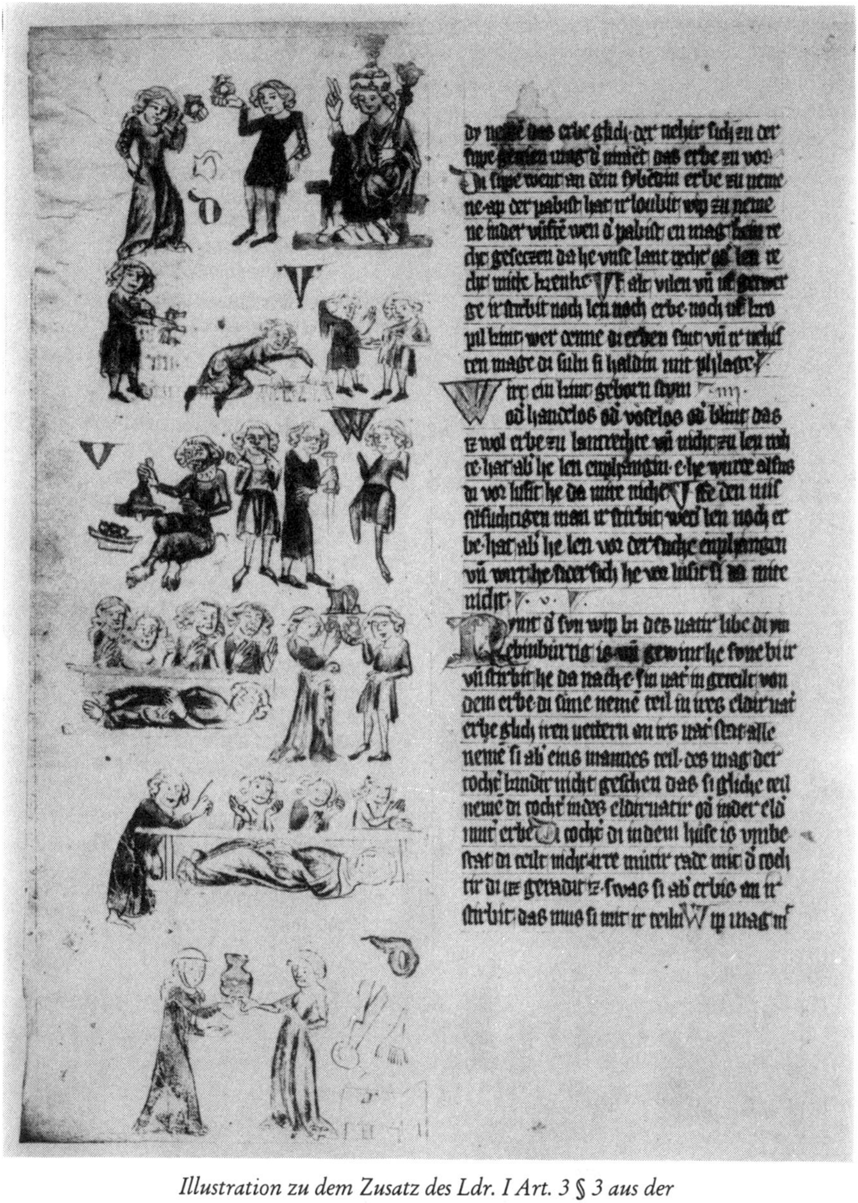

Illustration zu dem Zusatz des Ldr. I Art. 3 § 3 aus der Dresdener Bilderhandschrift des Sachsenspiegels

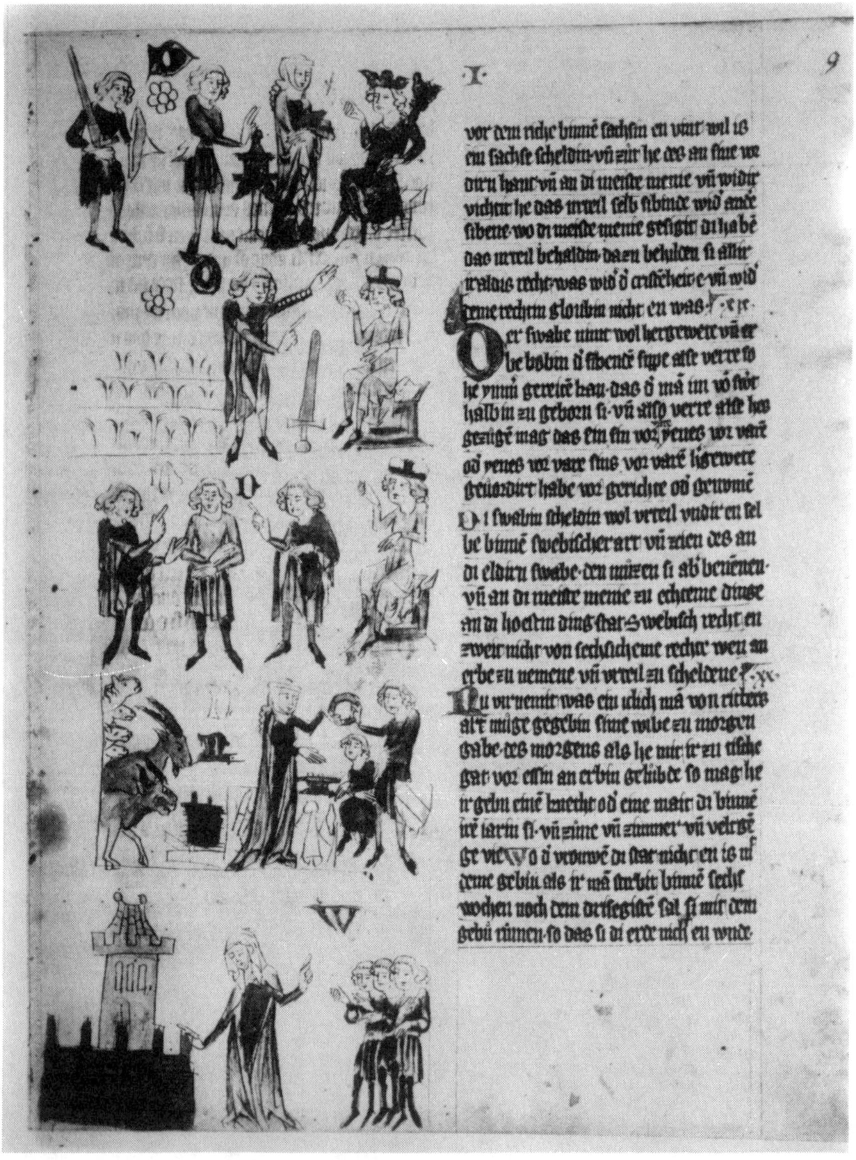

Illustration zu Ldr. I Art. 19 § 1 aus der Dresdener Bilderhandschrift des Sachsenspiegels

gezeichnet.[185] Das Bild zu Ldr. I Art. 19 § 1 in der Dresdener Bilderhandschrift zeigt einen Schwaben, der mit dem rechten Zeigefinger sieben Sippzahlen auf seinem linken Arm abzählt, wobei die Sippzahlen ebenfalls durch Ringe am Arm angedeutet sind. Die rechte Hand weist dabei über die siebente Sippzahl und die ausgestreckte Hand hinaus, um anzuzeigen, daß der Schwabe Erbe auch über die siebente Sippe nimmt.[186]

Amira legte nun Wert auf die Feststellung, daß in beiden Illustrationen die Ringe, welche die Sippzahlen symbolisieren, nicht am Hals, sondern am Schultergelenk beginnen; demnach der Illustrator davon ausgegangen sei, die Sippe werde erst ab der Schulter, sprich den Geschwisterkindern, gezählt.[187]
Bei der Interpretation des Sachsenspiegeltextes mit Hilfe der Illustrationen ist aber Zurückhaltung geboten. Die Bilderhandschriften sind ca. 70-100 Jahre nach Abfassung des Sachsenspiegels entstanden und von dem Verständnis ihrer jeweiligen stratoren geprägt, von denen man nicht mit Sicherheit weiß, ob sie überhaupt rechts- bzw. rechtsbuchkundig waren.[188]
Zudem kann die Funktion der Illustrationen trotz neuerer Forschungsansätze immer noch nicht als geklärt betrachtet werden. So sah Koschoreck den Zweck der Illustrationen in einer mnemotechnischen Erinnerungshilfe für Leseunkundige. Rechtliche Erläuterungen in den Illustrationen seien daher zwar nicht ausgeschlossen, hätten aber nicht im Vordergrund gestanden.[189] Nach Schmidt-Wiegand hängt die Illustration und dessen Verständnis notwendig vom Text ab und nicht umgekehrt. Das Bild führe vielmehr vergleichbar einem Index auf den Text hin.[190] Nicht eine einzelne bestimmte, sondern einen Kanon mehrerer, je nach Illustration auch verschiedener Funktionen sehen Hüpper und Scheele mit den Bildern bezweckt. So sollen die Illustrationen sowohl einzelne Aussagen des Textes präzisieren und er-

---

185 Hüpper, Ehe, Familie, Verwandtschaft, S. 129 (S. 140). Amira, Erläuterung II/1 S. 159 hatte an beiden Armen fünf, Stutz, ZRG (GA) Bd. 47 (1927), S. 685 (S. 704) jeweils sieben Punkte gesehen. Hier ist jedoch die bildliche Umsetzung des Textes sehr genau. Die sieben Punkte am Arm des Verlobten stehen für die sieben erbberechtigten Sippen, die fünf am Arm der Verlobten für den ersten Verwandtschaftsgrad, der nicht mehr unter das kirchliche Heiratsverbot fällt. Die Punkte an den Armen der Verlobten finden sich hingegen nicht mehr in der Wolfenbütteler und der Oldenburger Handschrift.

186 Amira, Erläuterung II/1, S. 202; Stutz, ZRG (GA) Bd. 24 (1903), S. 409 (S. 413). In der Oldenburger und der Wolfenbütteler Bilderhandschrift sind an der Illustration zu Ldr. I Art. 19 § 1 ebenfalls keine Verwandtschaftsringe eingezeichnet.

187 Amira, Erläuterung II/1, S. 159.

188 Während Benna, HRG Bd. I, Sp. 422 (423) annimt, die Illustratoren seien zweifellos rechtskundige Männer gewesen, wurde dies von Stutz, ZRG (GA) Bd. 47 (1927), S. 685 (S. 702) bestritten.

189 Koschoreck, Kommentar zur Oldenburger Bilderhandschrift, S. 17

190 Schmidt-Wiegand, Text und Bild, S. 11 (S. 31f).

läutern, als auch als Index und normativ belehrendes Anschauungsmaterial dienen.[191]
Trotz dieser neuen Erklärungsversuche verbleiben demnach doch erhebliche Zweifel, ob die Illustrationen eine echte Erkenntnisquelle - über die Aussage des Textes hinaus - darstellen.
Daher ist zum Teil die Möglichkeit, überhaupt aus den Bildern sichere Rückschlüsse auf den Text gewinnen zu können, bestritten worden.[192]
Aber selbst wenn man die Illustrationen der Handschriften als Interpretationshilfe gelten läßt, vermögen die Darstellungen in der Dresdener Bilderhandschrift zu dem Zusatz des Ldr. I Art. 3 § 3 und zu Art. 19 § 1 nicht die Ansicht Amiras zu stützen. Der Umstand, daß die Punkte an den Armen sich im weiteren nicht an den Gliedern orientieren, sondern nur den Bereich von der Schulter bis zum Handgelenk erfassen, läßt sich noch zwar mehr schlecht als recht mit dem Hinweis auf Raummangel bei der zeichnerischen Umsetzung erklären.[193] Hingegen ist die Anzahl der Punkte, welche die Sippzahlen vertreten sollen, nicht mit der Magschaftszählung in Einklang zu bringen. So zeigt die Braut in der Illustrierung zu Ldr. I Art. 3 § 3 fünf Punkte an und ruft damit dieselben Widersprüche wie der Text des Zusatzes hervor. Denn nach der Magschaftszählung ist die Ehe ab der vierten Sippzahl erlaubt und die dritte Sippzahl ist die letzte, in welcher eine Ehe verboten ist. Die fünfte Sippzahl hat mithin nach der Magschaftszählung für das Eheverbot keine Bedeutung. Diese Ungenauigkeit kann man auch nicht überzeugend mit dem Hinweis erklären, der Illustrator habe den Irrtum des Verfassers - und dieser war, wie festgestellt auch beim Zusatz Eike selbst - übernommen.[194] Auch der Schwabe in der Illustration zu Ldr. I Art. 19 § 1 hat sieben Punkte auf dem Ärmel; wenn diese sieben Punkte nun, was anzunehmen ist, die sieben Sippen darstellen, die das Erbrecht des Sachsen, aber nicht jenes des Schwabens begrenzen - *„nimt erve boven der sevenden sibbe"* -, so muß die Sippe ab den Kindern gezählt worden sein, denn nach der Magschaftszählung existieren nur sechs erbberechtigte Sippen. Mithin stellt bei all diesen Ungereimtheiten der Umstand, daß in der Dresdener Bilderhandschrift die Punkte für die Sippzahlen erst ab der Schulter einsetzen, entgegen der Auffassung von Amira kein Argument für die ausschließliche Geltung der Magschaftszählung dar.
Auch bei einem Vergleich mit anderen Bilderhandschriften kann die Ansicht Amiras nicht überzeugen. In der Illustration der Oldenburger Bilderhandschrift zu der Gliederfigur des Ldr. I Art. 3 § 3 wird die Sippe als doppelköpfige, unbekleidete Person dargestellt.[195] Die beiden Köpfe, von denen der eine weiblich, der andere

---

[191] Hüpper, Funktionstypen, S. 231f; Scheele, „die sal man alle radebrechen", S. 230f.
[192] Schadt, Verwandtschaftsbild, S. 406 (S. 434).
[193] Amira, Erläuterung II/1 S. 160 u. S. 202; Stutz, ZRG (GA) Bd. 47 (1927), S. 685 (S. 703). Kritisch: Schadt, Verwandtschaftsbild, S. 406 (S. 415 Fn. 50).
[194] So aber Amira, Erläuterung II/1, S. 160.
[195] Vgl. grundlegend zu der im einzelnen sehr umstrittenen und schwierigen Interpretation der Gliederfiguren zu Ldr. I Art. 3 § 3, Hüpper, Ehe, Familie, Verwandtschaft, S. 129f.

männlich ist, stehen dabei für das Stammelternpaar. Die Reichweite der Verwandtschaft wird durch auf beiden Arme eingezeichnete Ringe symbolisiert. Bemerkenswert ist nun, daß der erste der sieben Ringe in der Oldenburger Bilderhandschrift nicht an der Schulter, sondern am Hals steht.[196] Die letzte der sieben erbberechtigten Sippen ist folgerichtig am dritten Glied des Mittelfingers eingezeichnet. Demnach zeigt zumindest die Oldenburger Bilderhandschrift eine Zählung beginnend mit den am Hals stehenden Kindern.

Der Sachsenspiegel kannte demnach zwei Zählweisen, von denen eine den Kindern, die andere den Geschwisterkindern die erste Sippzahl zuwies.

Nach den gemachten Ausführungen steht nunmehr fest, daß der Begriff *„sibbetale"* nachweislich nicht nur auf die Geschwisterkinder und die anderen Seitenverwandten anwendbar ist - wie Wasserschleben annahm[197] -, sondern auch die Geschwister selbst erfaßt.
Insoweit ist zumindest der Teil der Theorie Wasserschlebens, nach welcher die Geschwister bei Berechnung der Verwandtschaftsnähe nicht der Seitenverwandtschaft angehören und daher überhaupt nicht gezählt werden, nicht mit Ldr. I Art. 3 § 3 zu vereinbaren. Auch die Geschwister nehmen grundsätzlich - nämlich dann, wenn nicht die Magschaftszählung verwendet wurde - eine Sippzahl und zwar die erste ein.

Die Benutzung von *„sibbetale"* auf die Des- bzw. Aszendenten läßt sich dem Sachsenspiegel hingegen nicht positiv entnehmen. Allerdings ist allein aus diesem Umstand auch nicht völlig ausgeschlossen, daß die Verwandten gerader Linie nicht auch als Sippzahlen gezählt wurden, denn eine rechnerische Bezeichnung für die Entfernung zweier Verwandter in gerader Linie mußte der Sachsenspiegel ebenfalls kennen.[198]
Dem kann auch nicht entgegengehalten werden, der Sachsenspiegel zähle in gerader Linie keine Grade, sondern nenne die Verwandten.[199] Zum einen ist der Sprachschatz des Sachsenspiegels gerade in dieser Hinsicht sehr begrenzt, er kennt nur *„vader"* und *„muder"* in der aufsteigenden Linie und *„sone"*, *„dochter"* und *„sones und dochter kint"* in der absteigenden Linie. Entsprechend weit werden auch die Verwandten in der Seitenlinie bis *„bruder kint und suster kint"* genannt und werden doch auch als Sippzahl gezählt. Weiterhin ergibt sich die Reihenfolge im Erbgang, auch wenn die betreffenden Personen genannt werden, nicht allein aus der Aufzäh-

---

[196] Die Illustration der Gliederfigur in der Dresdener und der Wolfenbütteler Bilderhandschrift erreicht hingegen nicht die Genauigkeit der Oldenburger Bilderhandschrift. In Ermangelung eines Halses wurden die vollbürtigen Kinder dort an der Schnittstelle der Häupter eingezeichnet. Vgl. die Wiedergabe der Illustration aus der Wolfenbütteler Bilderhandschrift auf S. 115.
[197] Vgl. hierzu S. 52.
[198] Schanz, S. 44.
[199] Wasserschleben, Successionsordnung, S. 15 Fn. 2.

lung, sondern aus der Zuordnung zu einer bestimmten Sippzahl, selbst wenn diese ungenannt bleiben sollte.[200]

Dementsprechend schließt der Sachsenspiegel eine Berechnung nach Sippzahlen auch in der geraden Linie grundsätzlich nicht aus.[201]

c) "to der sibbe gestoppen" nur innerhalb der Seitenverwandtschaft möglich?

Wasserschleben stützte seine Ansicht, das Gliederbild sei nicht auf die gerade Linie, sondern nur auf die Seitenverwandtschaft anwendbar, weiterhin auf die Formulierung *„to der sibbe gestoppen"*. Auch ein sich zur Sippe ziehen oder zählen soll begrifflich nur innerhalb der Seitenverwandtschaft, mit Ausschluß der Geschwister, möglich sein.[202]

Die Wendung *„to der sibbe gestoppen"* kommt an nur zwei Stellen des Sachsenspiegels vor. Einmal in Ldr. I Art. 3 § 3 und das andere Mal in Ldr. I Art. 17 § 1. In Ldr. I Art. 3 § 3 bezieht sich das zur Sippe zählen tatsächlich nur dann allein auf die Seitenverwandtschaft, wenn man im Gliederbild zwingend die 2. Parentel dargestellt sieht. Eine Voraussetzung, welche - wie bereits dargelegt wurde - nicht zutrifft. Zuzugestehen ist aber zumindest die grundsätzliche Möglichkeit, daß in Ldr. I Art. 3 § 3 nur die Seitenverwandten gezählt werden.

Hingegen ist die These Wasserschlebens, das *„to der sibbe gestoppen"* in Ldr. I Art. 17 § 1 beziehe sich nur auf die Seitenverwandtschaft unter Ausschluß der Geschwister, zu widerlegen. Dazu ist es allerdings erforderlich, sich mit der Stelle eingehender zu befassen.

Ssp. Ldr. I Art. 17 § 1 lautet:

„Stirft de man ane kint, sin vader nimt sin erve; ne hevet he des vader nicht, it nimt sin muder mit mereme rechte, den sin bruder. Vader unde muder, suster unde bruder erve nimt de sone, unde nicht de dochter, it ne si dat dar nen sone ne si, so nimt it de dochter. Swen aber en erve versusteret unde verbruderet, alle de sek gelike na to der sibbe gestoppen mogen, de nemet geliken del dar an, it si man oder wif; disse heten de Sassen gan erven. Doch nimt sones unde dochter kint erve vor vader unde vor muder unde vor bruder unde vor suster dorch dat: it ne geit nicht ut dem busmen, de wile de evenbordege busme dar is. Swe so deme anderen evenbordich nicht n'is, de ne mach sin erve nicht nemen."

[200] Indirekt wurde dies auch von Wasserschleben eingeräumt, wenn er in Successionsordnung, S. 2 ausführte, in der geraden Linie bestimme sich die Nähe der Verwandtschaft nach der Zahl der sie vermittelnden Geburten.

[201] Bereits Schanz, S. 44 hat darauf hingewiesen, daß in den allerdings bereits romanisierten Sippzahlregeln Dietrich von Bocksdorfs aus dem 15. Jahrhundert auch die gerade Linie nach Graden gezählt wird. Vgl. Sippzahlregeln, Tit. II, §§ 2 und 3, gedruckt bei: Wasserschleben, Successionsordnung, S. 125ff.

[202] Wasserschleben, Successionsordnung, S. 31.

Aus dieser Stelle schloß Wasserschleben auf den unbedingten Vorrang der Des- und Aszendenten.[203] Aufgrund dieses Vorranges könne das Erbe erst dann *„versusteren unde verbruderen"*, also an entferntere Verwandte als Schwester und Bruder fallen[204], wenn keine Angehörigen gerader Linie mehr vorhanden sind. Dementsprechend können sich auch nur Seitenverwandte zur Sippe *„stoppen"*.
Ist dieser angebliche Vorrang der geraden Linie aber nicht zu belegen, *„verschwestert und verbrüdert"* sich das Erbe vielmehr schon dann, wenn weder Kinder, Enkel, Eltern noch die Geschwister des Erblassers diesen überlebt haben, so bezieht sich das *„to der sibbe gestoppen"* grundsätzlich auch auf Verwandte gerader Linie.
Eine Beschränkung des Anwendungsbereiches des Gliederbildes auf die Seitenverwandtschaft ließe sich dann aber nicht mehr aufrecht erhalten.

aa) Vorrang der Erblasserdeszendenz in der Erbenfolge?

In der einschlägigen rechtsgeschichtlichen Sachsenspiegelliteratur des 19. Jahrhunderts besteht, auf Grundlage des jeweiligen Erbfolgesystems, insoweit Einigkeit, als Ldr. I Art. 17 § 1 zumindest den Vorrang der Erblasserabkömmlinge begründet[205] oder doch wenigstens als Prinzip bestätigt[206]. Die Bevorzugung der Deszendenz gegenüber allen anderen Verwandten wird in diesem Zusammenhang als "durchaus naturgemäß"[207] oder als "unbezweifelt"[208] bezeichnet.[209]

Im Folgenden soll der Text von Ldr. I Art. 17 § 1 im Hinblick auf diese als herrschend zu bezeichnende Literaturansicht untersucht werden.
Dem Wortlaut von Ldr. I Art. 17 § 1 kann man ausdrücklich entnehmen, daß die ersten Erben die Erblasserkinder sind, und zwar unter Bevorzugung der Söhne, die vor den Töchtern erben. Zweifelhaft ist hingegen, ob dieser Stelle tatsächlich der Vorrang der gesamten Erblasserdeszendenz entnommen werden kann.
Zum Teil wurde argumentiert, bereits in der Formulierung *„Stirft de man ane kint, sin vader nimt sin erve"* sei der unbedingte Vorzug der Deszendenten zum Aus-

---

[203] Die von Wasserschleben hier für den Sachsenspiegel geäußerte Ansicht war für das angewandte sächsische Privatrecht des 19. Jahrhundert herrschend. Vgl. Haubold, Privatrecht, § 307 (S. 344), der Ldr. I Art. 17 § 1 die Drei-Linien-Ordnung entnahm, und diese als gemeines Sachsenrecht bezeichnete.

[204] Vgl. Richtsteig Landrechts, c. 23 § 6: *„dat dat erve vorsusteret unde verbruderet si, dat is dat dar nen sustere noch broder en si"*.

[205] Sydow, Erbrecht, S. 72 Fn. 232; Wasserschleben, Successionsordnung, S. 30.

[206] Stutz, Verwandtschaftsbild, S. 79. Im weiteren außer Betracht bleibt die verengte Ansicht von Beier, Systematik, S. 25, welche in Ldr. I Art. 17 § 1 nur die 2. Parentel geregelt sieht und im übrigen der Vorschrift keinerlei Bedeutung beimißt.

[207] Sydow, Erbrecht, S. 73.

[208] Rive, Jb. d. dtsch. Rechts, Bd. 6 (1863), S. 197 (S. 210f).

[209] Die breite Zustimmung beruht darauf, daß das Drei-Linien-System und die Parentelenordnung in diesem Punkt zu demselben Ergebnis gelangen. Sei es nun, weil die Nachkommenschaft die erste erbberechtigte Linie oder die erste Parentel bildet.

druck gekommen. Denn unter dem Ausdruck *„kint"* sei in jener Stelle bedenkenlos die gesamte Nachkommenschaft des Mannes zu subsumieren.[210] Erst wenn keine Deszendenten für den Erbfall mehr in Betracht kommen, fällt das Erbe an den Vater.

Die bloße Wortbedeutung von *„kint"* vermag diese Interpretation allerdings nicht zu tragen, denn nach gemeinem Sprachgebrauch wird die gesamte Nachkommenschaft nicht unter dem Begriff *„kint"* erfaßt.[211] Für die übliche Interpretation von *„kint"* als Kind oder Kinder spricht auch die Darstellung gemeinsam mit Vater, Mutter, Bruder und Schwester, wie sie in Ldr. I Art. 17 § 1 erfolgt ist. Da sowohl die Eltern als auch die Geschwister jeweils die nächsten Verwandten des Erblassers, einmal in der aufsteigenden- dann in der Seitenlinie, sind, ist es naheliegend, daß ihnen die Kinder als unmittelbare Abkömmlinge gegenübergestellt wurden.[212] Daß *„kint"* auch nicht ausnahmsweise an dieser Stelle die umfassendere Bedeutung von Nachkommenschaft hat, vermag man daraus zu ersehen, daß in demselben Artikel etwas später ausdrücklich betont wird: *„Doch nimt sones unde dochter kint erve vor vader unde vor muder unde vor bruder unde vor suster"*. Wenn also besonders hervorgehoben wird, die Enkel würden vor den Eltern und den Geschwistern des Erblassers erben, so ist das vorrangige Erbrecht der Enkel oder gar der gesamten Nachkommenschaft wohl kaum bereits mit den Worten *„Stirft de man ane kint"* statuiert worden.[213] Die Formulierung *„Stirft de man.."* zu Beginn des Artikels soll vielmehr nur ermöglichen, überhaupt vom elterlichen Erbrecht zu sprechen.[214]

Des Weiteren wird versucht, die bevorzugte Erbenstellung der Deszendenz aus den Worten *„it ne geit nicht ut dem busmen, de wile dem evenbordege busme dar is"* herzuleiten.

„Busmen" soll hier die gesamte Nachkommenschaft des Erblassers bedeuten[215], welche solange das Erbe nimmt, wie es überhaupt noch Nachkommen gebe.[216]

Die Bedeutung des Begriffs *„busmen"*[217] ist jedoch alles andere als eindeutig.[218] Der Sachsenspiegel verwendet *„busmen"* nur an dieser Stelle und dann nie wieder. Mit

---

210 Wasserschleben, Successionsordnung, S. 30. Nicht ganz eindeutig Homeyer, Parentelenordnung, S. 11.

211 Anders nur Halthaus, Glossarium germanicum, Sp. 1086 mit der Übersetzung als progenies. Im oben genannten Sinn:, kint, -des md. auch kënt, pl. kint u. kinder: kind, sohn od. tochter allgem. Lexer, Mhd. Wörterbuch Bd. I, Sp. 1575f; Stutz, Verwandtschaftsbild, S. 65; Schanz, S. 36f.

212 Schanz, S. 36

213 Rive, Jb. d. dtsch. Rechts, Bd. 6 (1863), S. 197 (S. 212); Schanz, S. 36f.

214 Heusler, Institutionen Bd. II, S. 573.

215 Sydow, Erbrecht, S. 41 und S. 72 Fn. 232; Wasserschleben, Successionsordnung, S. 34; Grimm, Rechtsalterthümer, S. 471; Siegel, Erbrecht, S. 17; Gaupp, Recht u. Verfassung, S. 163.

216 Die Erbrechtsgrenze von 7 Graden ist für die Deszendenz irrelevant, da niemand einen Vorfahren der 7. Generation erleben kann. Vgl. Fn. 92.

Sicherheit kann man dem Rechtsbuch nur entnehmen, daß *„busmen"* die Eltern, deren Kinder und Kindeskinder erfaßt.[219]
Nimmt man die Quellen des Magdeburger Rechts für die Wortinterpretation zu Hilfe, was wegen der zeitlichen und örtlichen Nähe zum Sachsenspiegel naheliegt, gelangt man zu dem Schluß, daß dort der Begriff *„busmen"* eher noch enger aufgefaßt wurde. In einem Magdeburger Schöffenspruch[220], der einen Erbstreit zwischen einem Bruder des Erblassers und einer Enkelin, der Tochter einer vom Erblasser bereits abgesonderten[221] Tochter, entscheidet, wird das Erbe der Enkelin, die sich darauf berief *„ausz dem Buseme"* des Erblassers *„in der rechten Linien gesippt und geporn"* zu sein, mit den Worten verweigert: *„...und der Buseme nicht forder geet dan von dem Vater auf das kindt"*.
Dementsprechend hat nach Magdeburger Recht, zumindest anfänglich, *„buseme"* nur die Eltern und ihre Kinder bezeichnet, ohne auch die Enkel oder gar weitere Nachfahren zu erfassen[222]. Innerhalb der Magdeburger Rechtspraxis war nur umstritten, ob nicht zumindest die Kinder eines unabgesonderten Sohnes zum *„busme"* zu rechnen seien. Ablehnend zu dieser Frage verhält sich ein Magdeburger Rechtsspruch[223] aus dem 15. Jahrhundert, welcher dem Bruder des Erblasser das Erbe vor den Kindern des unabgesonderten Sohnes zusprach. Dabei wird das Ergebnis mit den Worten *„... und is wegen des busems an seynes eldirnvater gut keyn recht hat"* begründet. Hingegen werden in einem anderen Schöffenspruch[224] die Kinder eines unabgesonderten Sohnes zum *„bosem"* gezählt und erben auch vor allen anderen au-

---

[217] Die Herkunft von busem, bosem, busme, bosne, bussen, Schiller/Lübler, Mnd. Wörterbuch, S. 459, oder mhd. buosem, buosen, ahd. buosum, altsächs. bôsom ist unklar. Kluge, Etym. Wörterbuch, S. 147.

[218] Die etymologische Fachliteratur bezieht sich, insoweit sie *„buosem"* als juristischen Begriff für die direkt ab-(oder auf)steigende Verwandtschaft bezeichnet, überwiegend auf Ldr. I Art. 17 § 1 und ist damit für die vorliegende Fragestellung unbrauchbar. Vgl. Brinckmeier, Glossarium Bd. I S. 439; Halthaus, Glossarium germanicum, Sp. 199; Schiller/Lübler, Mnd. Wörterbuch, S. 459; Lexer, Mhd. Wörterbuch Bd. I, Sp. 389. Ohne Quellenangabe für eine Deutung im obigen Sinne: Wackernagel, Wilhelm, Ahd. Wörterbuch, S. 48. Zum Teil wird *"bousem"* auch nur als Verwandtschaft oder Sippe im allgemeinen gedeutet. Vgl. Benekke/Müller/Zarnecke, Mhd. Wörterbuch, S. 280f und Schade, Ahd. Wörterbuch, S. 91.

[219] Schanz, S. 43.

[220] Schöffenspruch aus dem Cod. Dresd. M. 20 (Oppitz, Rechtsbücher Bd. II, Nr. 438). Gedruckt bei: Wasserschleben, Successionsordnung, S. 55f.

[221] Zur erbrechtlichen Bedeutung der Absonderung im einzelnen vgl. S. 165.

[222] Vgl. auch: Magd. Schöffenspruch bei: Wasserschleben, Successionsordnung, S. 57, in welchem die Schöffen sich ausdrücklich dagegen verwehren, der *„buseme"* des Ldr. I Art. 17 § 1 beziehe sich auch auf die Enkelkinder. Vgl. S. 273 und Stutz, Verwandtschaftsbild, S. 76; Amira, Erbenfolge, S. 126; Schanz, S. 39f.

[223] Aus dem Cod. Dresd. M 34b (Oppitz, Rechtsbücher Bd. II, Nr. 452). Gedruckt bei: Wasserschleben, Rechtsquellen Bd. I, IV, Kap. LIII (S. 191).

[224] Aus dem Cod. Leipzig Nr. 945 (Oppitz, Rechtsbücher Bd. II, Nr. 883). Gedruckt bei: Friese/Liesegang, III B Nr. 2. Hier abgedruckt auf S. 212.

ßerhalb des Busens.[225] Dabei soll an dieser Stelle die Frage dahingestellt bleiben, ob sich das bessere Erbrecht der Enkelkinder hier tatsächlich aus ihrer Zugehörigkeit zum Busen oder aus anderen Gründen ergibt.[226]
Folglich kann der Begriff *„buseme"* nicht eindeutig mit einem bestimmten Inhalt in Einklang gebracht werden. Allerdings sprechen die überwiegenden Gründe dafür, daß die Begrenzung des Magdeburger Schöffenstuhls auf Eltern und deren Kinder der ursprünglichen gemeinsächsischen Bedeutung des Wortes eher gerecht wird.[227] Die Erweiterung des *„buseme"* auch auf Enkel im Sachsenspiegel stellt demnach eine Änderung der anfänglichen Wortbedeutung dar.[228] Nach dem bisher Festgestellten ist demnach eine Erweiterung des Begriffes *„buseme"* für den Sachsenspiegel über die Erblasserenkel hinaus unzulässig.[229]
Bereits diese Unklarheiten bezüglich der Bedeutung von *„buseme"* verbieten, diesem Ausdruck eine konstituierende Bedeutung für das vorrangige Erbrecht der gesamten Deszendenz zukommen zu lassen. Mithin ist allein aus dem Begriff und der Verwendung von *„buseme"* in Ldr. I Art. 17 § 1 der Vorrang aller Abkömmlinge nicht herzuleiten.

Allerdings kann aus Begriff und Verwendung von *„buseme"* auch nicht darauf geschlossen werden, die gesamte Deszendenz habe nicht vorrangig vor allen übrigen Verwandten geerbt. Gelänge es nachzuweisen, daß an einer anderen Stelle des Sachsenspiegels der Vorzug der Nachkommenschaft zum Ausdruck gekommen ist, so stünde Ldr. I Art. 17 § 1 einem solchen Befund nicht entgegen.

---

225 In dem Schöffenspruch scheint man allerdings bereits die gesamte Nachkommenschaft zum *„bosem"* zu rechnen, wie sich aus den Worten *„in dem rechten bosame unde in der rechten lineen"* ergibt.

226 Daß aus dieser Erweiterung des Busens allein noch lange nicht ein vorrangiges Erbrecht resultiert, ist eine der weiteren Aussagen dieses Spruches: *„Ouch ist dy neste sippe uszewendig deme rechten boseme deme erbe, hergewete adir gerade neher, wen die, die verner sippit in dem rechten bosame unde in der rechten lineen, noch Meydeburchem rechtin"*.

227 Dafür spricht schon die Entschiedenheit, mit welcher die Magdeburger Schöffen in dem erwähnten Spruch aus dem Cod. Dresd. M 20 die Erweiterung des Begriffes ablehnen und die Beschränkung des *„buseme"* auf Eltern und Kinder betonen. Auch noch die Glosse hält an dieser Interpretation fest: *„Denn der busem gehet nicht förder, als von dem vatter auf das Kint"*; Bocksdorff'sche Glosse zu Ldr. I Art. 17 § 1 nach der Heidelberger Ausgabe von 1614, p. CLXXXIII, zitiert nach: Amira, Erbenfolge, S. 127f. Vgl. Stutz, Verwandtschaftsbild, S. 76.

228 Schanz, S. 43. Stutz, Verwandtschaftsbild, S. 76f schug zwei mögliche Erklärungen für diese Erweiterung vor. Zum einen könnte es sich um ein Redaktionsversehen Eikes gehandelt haben. Usprünglich sollte sich *„buseme"* nur auf Sohn und Tochter beziehen und klarstellen, daß die Tochter zwar nach dem Sohne, aber vor den Eltern erbe, eben weil sie im rechten „Busen" steht. Im weiteren Verlauf der Niederschrift habe Eike dann das Erbrecht der Sohnes- und Tochterkinder eingefügt, so daß sich die Bezeichnung als Busen nun auch auf die Enkel erstreckte. Die andere mögliche Erklärung könnte darin gefunden werden, Eike habe den Begriff des Busens willentlich erweitert, um das bessere Erbrecht der Enkel als Teil des Busens vor den übrigen Verwandten zu begründen.

229 Schanz, S. 42; Amira, Erbenfolge, S. 126; Stobbe, Beiträge, S. 36 (S. 45).

Der Umstand, daß das Erbe nicht aus dem Busen geht, solange ein solcher vorhanden ist, bedeutet nicht, jene Deszendenten, welche sich, z.B. als Urenkel des Erblassers, außerhalb des Busens befinden, hätten nicht vorrangig erben können. Busen wäre dann nur die Bezeichnung für einen bestimmten Nachkommenkreis, ohne eine Aussage über die Erbenfolge zu treffen.[230]

An dieser Stelle sei aber darauf hingewiesen, daß sich bereits im 14. und 15. Jahrhundert die Auffassung durchzusetzen begann, im Sachsenspiegel-Landrecht sei der erbrechtliche Vorrang der Deszendenz ausgesprochen. Diese Ansicht stützte sich dabei aber weniger auf den Text des Rechtsbuches, sondern zieht zu dessen Erläuterung Zitate aus dem Corpus Iuris Civilis heran. Repräsentativ ist hierfür eine Passage aus der Glosse zum Codex Quakenbrugensis, welche eine Weiterbearbeitung der Buch'schen Glosse darstellt.[231] Die Stelle lautet:[232]

„wo verne du rekenen kanst. Desse nederwert nemen der upwart erue vor allen den, de dar van sit haluen, de dar to boren syn: alz du vinst in Codice, de sik beghint De bonis que liberis acquiruntur, vnn alz du vinst in capitulo de institutis, dat sik beghint de hereditatibus vnn in den paragrapho Sui autem..."

Und in dem 1517 von Hans Rynmann von Ohringen herausgegebenen Druck der Glosse heißt es - neben den Hinweisen auf das gelehrte Recht - nun wieder auf den Begriff des „busseme" rekurrierend:

„Id ne geit nicht uth deme busseme. Wen id is naturliker dat erve nedderwart ga/wen uppwart. ut ff. de bono dam. I. cum ratio c. ff. vnde libe l. scripti heredes in si c. ff. de offi. testa. l. c. si"[233]

Rückschlüsse auf die ursprüngliche Bedeutung der Regelungen sind allerdings bei einem derartig intensiven Einfluß des gelehrten Rechts naturgemäß nicht mehr möglich.

bb) Vorrang der Erblasseraszendenz in der Erbenfolge?

Steht, wie aufgezeigt, die Herleitung des Vorranges der Nachkommenschaft allein aus Ldr. I Art. 17 § 1 auf tönernen Füßen, so ist die Begründung des Erbrechts der zweiten Linie, also der Aszendenten, noch zweifelhafter.
Der Vorrang der gesamten Aszendenz vor den Seitenverwandten wird mit der Überlegung begründet, die Begriffe *„vader"* und *„muder"* in Ldr. I Art. 17 § 1 erfas-

---

[230] Stutz, Verwandtschaftsbild, S. 76 Fn. 4. Bei dieser Deutung des Begriffs *„busmen"* stellt sich allerdings die Frage, warum in Ldr. I Art. 17 § 1 das Erbrecht der Enkel so nachdrücklich mit deren Zugehörigkeit zum *„evenbordege busme"* begründet wird.

[231] Hoene, Codex, S. 22f.

[232] Gedruckt bei Hoene, Codex, S. 102.

[233] Rynmann von Öhringen, Sassenspegel, S. 42.

sen nicht nur die Eltern, sondern alle Vorfahren des Erblassers oder zumindest soll die Formulierung einer solchen Interpretation nicht entgegenstehen.[234]
Den zwingenden Beweis für seine Argumentation fand Wasserschleben in den Worten *„Swen aber en erve versusteret unde verbruderet, alle de sek gelike na to der sibbe gestoppen..."*. Denn da nach ihm mit Sippe nur die Seitenverwandtschaft bezeichnet wird, müßten folglich alle Aszendenten bereits in der Erbfolge zuvor berücksichtigt sein. Daher seien unter *„vader"* und *„muder"* notwendig alle Ahnen zu subsumieren, und da nun der Vorrang der Aszendenten sei, könne das Erbe sich erst *„versustern"* und *„verbrudern"*, wenn keine Verwandten gerader Linie mehr vorhanden seien, weswegen mit *„to der sibbe gestoppen"* nur Seitenverwandte gemeint sein können.[235]
Jedoch ist die Annahme, die Bezeichnungen *„vader"* und *„muder"* können zwanglos auf die gesamte Aszendenz erstreckt werden, falsch. Die extensive Auslegung von *„vader"* und *„muder"* steht nicht nur in Widerspruch zu der üblichen Wortbedeutung, die sich grundsätzlich auf die Verwandtschaftsbezeichnung als Eltern beschränkt.[236] Auch die Zusammenstellung mit *„bruder"* und *„suster"*, als erste Seitenverwandte, spricht für eine Interpretation nur als Vater und Mutter.[237]
Darüber hinaus schließt der Regelungsgehalt von Ldr. I Art. 17 § 1 die extensive Deutung geradezu aus.[238] Ldr. I Art. 17 § 1 bestimmt, daß die Mutter das Kind erst dann beerbt, wenn der Vater vorverstorben ist. Wie soll nun dieser Vorrang des Vaters in der höheren Aszendenz ausgestaltet sein?[239] Gelangt die Mutter erst dann zum Erbe, wenn keine Aszendenten väterlicherseits mehr leben, oder setzt sich der Vorrang des männlichen Geschlechts innerhalb der väterlichen und mütterlichen Linie fort, oder aber gilt die Bevorzugung der männlichen Aszendenten nur innerhalb desselben Grades? Schon die Vielzahl der möglichen Interpretationen spricht gegen die extensive Auslegung von *„vader"* und *„muder"*. Auch ist für das sächsi-

[234] Wasserschleben, Successionsordnung, S. 30f; zust. Gerber, System, § 251 (S. 426 Fn. 2).

[235] Wasserschleben, Successionsordnung, S. 31 spricht diesen Zirkelschluß allerdings nicht aus. Bei seiner Argumentation legt er die Bedeutung Seitenverwandtschaft für *„sibbe"* zugrunde und kommt dann in Einklang mit der extensiven Interpretation von *„vader"* und *„muder"* zu schlüssigen Ergebnissen.

[236] Vater: mhd, ahd. fatar, altsächs. fadar im Sinne von Vater und muoter mhd., altsächs. modar im Sinne von Mutter, ohne einen Hinweis, daß die Begriffe für die gesamte Aszendenz stehen könnten. Kluge, Etym. Wörterbuch, S. 853 u. 577, ebenso Schade, Ahd. Wörterbuch, S. 156 u. S. 629. Zwar ist eine Deutung von Vater und Mutter auch für entferntere Aszendenten im Sinne von Ahn, Ahnin, Vorfahre und Vorfahrin nachweisbar, dann bezieht sie sich aber nur auf einen bestimmten Vorfahren und nicht auf die gesamte Aszendenz. Vgl. Grimm, Wörterbuch, Bd. VI Sp. 2804 (2809) und Bd. XII,1, Sp. 13 (16).

[237] Schanz, S. 45.

[238] Erstmals: Lewis, Krit. Vierteljahrschrift Bd. IX (1867), S. 23 (S. 55); zust. Schanz, S. 45; Stutz, Verwandtschaftsbild, S. 66; Homeyer, Parentelenordnung, S. 11.

[239] Einen solchen Vorrang des männlichen vor dem weiblichen Geschlecht mußte Wasserschleben annehmen, denn nach Ldr. I Art. 17 § 1 endet die Berücksichtigung des Geschlechts erst, wenn das Erbe sich verschwestert und verbrüdert hat. Dies war nach der Auffassung Wasserschlebens aber erst der Fall, wenn zuvor alle Aszendenten als Erbe ausgeschieden sind.

sche Recht ein solcher Vorrang des männlichen Geschlechts über den engsten Verwandtenkreis von Eltern und Kindern hinaus, nicht nachzuweisen.[240]

Ist somit zumindest der Vorrang der Aszendenz vor allen Seitenverwandten widerlegt, besteht auch kein Anlaß mehr, die Formulierung *„to der sibbe gestoppen"* auf die Seitenverwandten zu beschränken. *„Sibbe"* in Ldr. I Art. 3 § 3 und in Art. 17 § 1 ist in seiner üblichen und allgemeinen Bedeutung als Verwandtschaft beziehungsweise Blutsverwandtschaft verwendet worden.[241] Folglich ist das Gliederbild des Ldr. I Art. 3 § 3 grundsätzlich auf alle Verwandte, seien es nun Des- oder Aszendenten oder Seitenverwandte, anwendbar.
Mit diesem Ergebnis ist zugleich auch die Ansicht Wasserschlebens, die Erbfolgeordnung des Sachsenspiegels hätte einem Drei-Linien-System entsprochen, widerlegt.[242]

d) Der Begriff der Seitenverwandtschaft in Ldr. I Art. 3 § 3

Nur der Vollständigkeit halber sei daher noch auf eine weitere Unstimmigkeit in der von Wasserschleben vorgeschlagenen Erbfolgeordnung hingewiesen.
Wie bereits dargestellt, legte Wasserschleben großen Wert auf die Bezeichnung der Geschwisterkinder durch Eike als die *„erste sibbetale de men to mage rekenet"*. Hieraus schlußfolgerte er, die Geschwister, die ja dementsprechend keine Sippzahl einnehmen würden, würden nicht zur Seitenlinie - also zur Magschaft -, sondern zum Stamm - mithin zur geraden Linie - gehören. Diese Besonderheit soll nun aber nur bei der Berechnung der Verwandtschaftsnähe gelten; für die eigentliche Erbfolge würden die Erblassergeschwister hingegen der Seitenlinie zugerechnet, da sie erst dann zum Erbe gelangen könnten, wenn keine Des- oder Aszendenten mehr vorhanden seien.[243]
Daß diese These Wasserschlebens, nämlich Nichtberücksichtigung der Geschwister bei der Verwandtenzählung im Gliederbild, sich nicht mit dem Zusatz von Ldr. I Art. 3 § 3 vereinbaren läßt, wurde bereits dargelegt. Neben diesen systematischen Erwägungen läßt sich die Nichtzählung der Geschwister aber auch nur schwerlich mit dem Text von Ldr. I Art. 3 § 3 vereinbaren.
Dort heißt es: Alle *„diu twischen deme nagele unde deme hovede sek to der sibbe gestoppen"* nehmen gleichen Anteil am Erbe. Dem Wortlaut nach zählen daher auch die am Hals stehenden Geschwister, da zwischen Nagel und Haupt positioniert, zur Sippe.[244]

---

[240] Das Magdeburger Recht hat dann später, in Abweichung zum Sachsenspiegel, auch den Vorrang des männlichen Geschlechts für den engsten Verwandtenkreis aufgehoben. Vgl. S. 161.
[241] Amira, Gött. gel. Anz. 1884, S. 38 (S. 40).
[242] Zu Unrecht nimmt daher Mertens, ZRG (GA) Bd. 90 (1973), S. 149 (S. 157) an, die Ansicht Wasserschlebens sei, wenn schon nicht nachweisbar, so doch mit dem Sachsenspiegel vereinbar.
[243] Wasserschleben, Successionsordnung, S. 35.
[244] Stutz, Verwandtschaftsbild, S. 17.

Diesem Einwand versuchte Wasserschleben zu entgehen, indem er die besondere Stellung der Geschwister in der Komputation nur für die Geschwister des Erblassers gelten lassen wollte. Die Eltern- und Großelterngeschwister hingegen seien nicht nur bei der Erbfolge, sondern auch bei der Verwandtschaftsberechnung der Seitenlinie zugehörig. Dementsprechend müßten sie Seitenglieder innehaben und könnten daher nicht am Halse stehen. Dem Verwandtschaftsbild fehle daher, wenn es auf Aszendenten des Erblassers und deren Nachkommen entsprechend angewendet werde, der Hals. So nehme der Vaterbruder des Erblassers dementsprechend schon das Schultergelenk und nicht erst den Hals ein.[245]

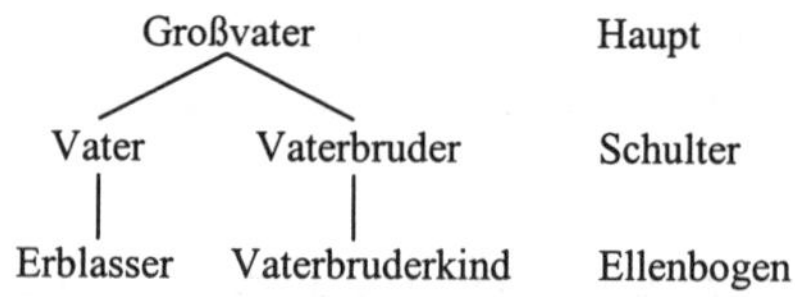

Folglich könne der Satz *„diu twischen deme nagele unde deme hovede"* auch nur für die Erbenfolge in anderen Verwandtschaftskreisen als dem im Gliederbild dargestellten Geltung haben.[246] Dabei solle für die Erbenfolge innerhalb der Magschaft, also nach Wasserschleben alle Seitenverwandten außer den Erblassergeschwistern, der Grundsatz gelten, alle, die sich zu irgendeinem mit dem Erblasser gemeinsamen Stammvater gleich nah gliedern, erbten auch gleich.[247]

Den Grund für diese eigentümliche Stellung der Erblassergeschwister fand Wasserschleben in Ldr. I Art. 17 § 1, welcher die Geschwister in der Erbfolge innerhalb der Seitenlinie privilegiere. Denn nach Ldr. I Art. 17 § 1 erben die Geschwister allein und ausschließlich vor allen anderen Seitenverwandten. Daher könne für sie die in Ldr. I Art. 3 § 3 genannte Regel nicht gelten, denn sonst würden sie als gewöhnliche „Magen" gemeinsam mit den Eltern- und Großelterngeschwistern erben, dieses sei aber nach sächsischem Recht ausgeschlossen[248], denn die Magschaft beginne nach Ldr. I Art. 3 § 3 erst mit den Geschwisterkindern.

Diese Konstruktion erweckt aus zwei Gründen Bedenken. Wäre die Annahme Wasserschlebens korrekt, so würde der Vaterbruder des Erblassers an der Schulter zu stehen kommen. Die Verwandtschaft der Nachkommen des Erblassergroßvaters würde dann bei Zählung ab den Großelternkindern bis zum Nagel insgesamt sechs erbfähige Glieder umfassen. Da aber die Geschwister des Erblassers zweifelsfrei am Halse stehen, reicht dort die erbberechtigte Verwandtschaft bei Zählung ab den Geschwisterkindern bis zum Nagel zwar ebenfalls nur sechs Glieder weit, aber da

[245] Wasserschleben, Replik, S. 38.

[246] Wasserschleben, Replik, S. 18f. Wasserschleben sieht dabei in dem Gliederbild in erster Linie die 2. Parentel dargestellt.

[247] Wasserschleben, Successionsordnung, S. 36.

[248] Wasserschleben, Successionsordnung, S. 36; ders., Prinzip, S. 5.

die Geschwister auch erben, ist die Verwandtschaft der Erblassereltern letzten Endes um eine Generation umfangreicher als die der Nachkommen des Erblassergroßvaters. Im Sachsenspiegel gibt es aber keinen Hinweis dafür, die Verwandtschaft und die Erbfähigkeit solle für die Nachkommen des Erblassergroßvaters einen Grad weniger weit reichen, als für die Nachkommenschaft des Erblasservaters.[249]

Wenig überzeugend ist auch, daß nach Wasserschleben die Regel *„diu twischen deme nagele unde deme hovede"* sich nicht auf den seiner Ansicht nach unmittelbar zuvor dargestellten Verwandtenkreis, nämlich die Eltern des Erblassers und deren Nachkommen, bezieht, sondern nur bei der entsprechenden Anwendung des Bildes auf entferntere Verwandten Anwendung finden soll. Demnach solle der zweite Teil des Artikels nicht auf den unmittelbar vorangehenden Teil anwendbar sein. Für eine solche Annahme bietet der Text aber keinerlei Anhaltspunkte.[250]

Dementsprechend gehören auch die Geschwister des Erblassers entgegen der Ansicht Wasserschlebens immer zur Seitenverwandtschaft, unabhängig davon, ob nun die Erbfolge oder die Verwandtschaftsnähe zu behandeln ist.

3. Ergebnis

Aufgrund des erzielten Ergebnisses bestehen keine Bedenken, das Gliederbild von Ldr. I Art. 3 § 3 auf die gesamte Sippe, das heißt auf die Verwandten gerader Linie und auf die Seitenverwandten des Erblassers, anzuwenden.

Als erstes Resultat für die „analoge" Anwendung des Gliederbildes ist demnach festzuhalten:

Soll die Verwandtschaft von Personen zum Erblasser festgestellt werden, so wird das Haupt des Körpers von den gemeinsamen Stammeltern des Erblassers und des Erbprätendenten gebildet. Ist die Verwandtschaft des Vaterbruders oder des Vaterbruderkindes mit dem Erblasser festzustellen, so bilden die Erblassergroßeltern als die gemeinsamen Stammeltern aller Beteiligten das Haupt. Beim Großvaterbruder des Erblassers und dessen Nachkommen steht der Erblasserurgroßvater im Haupte.

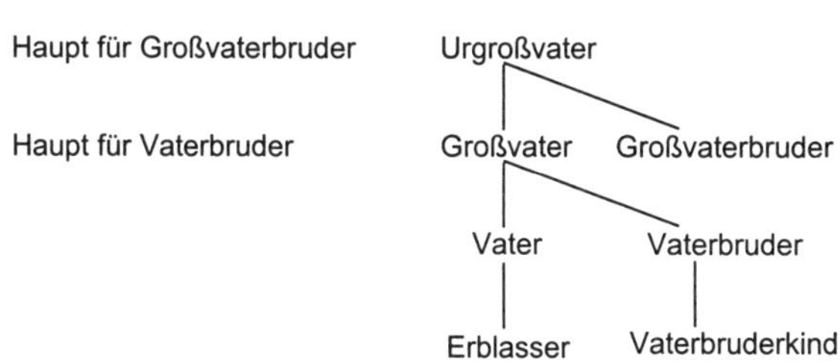

[249] Stutz, Verwandtschaftsbild, S. 20.
[250] Stutz, Verwandtschaftsbild, S. 20.

Diese Regel gilt auch dann, wenn der Prätendent mit dem Erblasser in gerader Linie, als dessen Nachkomme oder Vorfahre, verwandt ist. Im ersteren Fall ist der Erblasser selbst das Haupt, im letzteren der Erbanwärter. So ist der Erblasser für seine Kindeskinder das Haupt, während wiederum seine Großeltern für ihn das Haupt bilden.

Legt man die oben geschilderte Benutzung des Gliederbildes zugrunde, so sind in der Seitenverwandtschaft zwei Linien zu unterscheiden. Zum einen die Linie vom Erblasser zum Stammvater und zum anderen die Linie vom Erbprätendenten zum Stammvater. Bei der Erbfolge unter direkt voneinander abstammenden Verwandten existiert hingegen nur eine Linie, die zwischen dem Erblasser und dem potentiellen Erben, beziehungsweise umgekehrt, wenn der Erbanwärter ein Vorfahre des Erblassers ist.
Da in diesen Fällen nur eine Linie vorhanden ist, kann die Verwandtschaftsnähe nur mit ihrer Hilfe bestimmt werden. Anders in der Seitenverwandtschaft: Hier ist problematisch, in welchem Verhältnis die beiden genannten Linien zueinander stehen und welche Bedeutung sie für die Erbfolge haben.
Möglich sind hierbei verschiedene Lösungen. In Betracht kommt, daß man nur eine der beiden Linien zählt und sie für die Erbenfolge entscheidend sein läßt. Die andere Möglichkeit besteht darin, daß man zwar grundsätzlich beide Linien zählt, aber einer der Linien dann den Vorrang vor der anderen einräumt, welche nur subsidiär zur Geltung kommt. Weiterhin können beide Linien gleichberechtigt berücksichtigt und so für die Erbfolge entscheidend werden.

III. Berücksichtigung nur der Linie vom Erben zum Stammvater?

Nach Ansicht Wasserschlebens war für die Erbenfolge nur die Linie vom potentiellen Erben zum Stammvater relevant, die Linie vom Erblasser zum Stammvater blieb hingegen völlig außer acht. Für die Berechnung der Verwandtschaftsnähe sollen daher ausschließlich die Grade maßgeblich sein, die man auf der Linie zählt, der der Erbprätendent angehört.[251]
Als maßgebliches Ordnungsprinzip für die Erbfolge innerhalb der Seitenverwandtschaft gilt dann die Regel: *„Diu twischen deme nagele unde deme hovede sek to de sibbe gestoppen mogen an geliker stat, de neme dat erve gelike. De sek naer to der sibbe gestoppen mach, de nimt de erve to voren"*, wie sie in Ldr. I Art. 3 § 3 und zum Teil

[251] Wasserschleben, Successionsordnung, S. 2f u. 15. In seinem „Prinzip der Erbenfolge" von 1870 hat Wasserschleben das Drei-Linien-System als die für das ältere deutsche Recht eigentümliche Sukzessionsordnung bezeichnet. Ob er aber an der These festhält, die Gradesnähe in der Seitenverwandtschaft werde ausschließlich durch die Linie des Prätendenten zum Stammvater bestimmt, ist unklar. Im „Prinzip der Erbenfolge“ wird diese Fage an nur zwei Stellen fast beiläufig angesprochen, für die überwiegende Anzahl der untersuchten Quellen hat Wasserschleben das Problem, wie die Grade berechnet werden, unberücksichtigt gelassen. Vgl. Lewis, Krit. Vierteljahrschrift Bd. XIV (1872), S. 1 (S. 43f).

auch in Ldr. I Art. 17 § 1 zum Ausdruck gekommen ist. Demnach bestehe folgende Erbenordnung:

„... diejenigen, welche sich zu irgend einer Sippe, d. h. zu irgend einem mit dem Erblasser gemeinschaftlichen Stammvater in dem Verwandtschaftsbilde näher gliedern, gehen den übrigen vor, diejenigen welche am gleichen näheren Gliede stehen, erben zugleich"[252].

Dabei ist es irrelevant, ob der gemeinsame Stammvater der Vater, Großvater oder ein noch entfernterer Aszendent des Erblassers ist. Dementsprechend erben beispielsweise der Vaterbruder und der Brudersohn des Erblassers zu gleichen Teilen, da sie sich beide im ersten Grade zur Sippe zählen können. Dabei ergibt sich nach Wasserschleben der erste Grad des Brudersohnes aus der gerade dem Sachsenspiegel eigentümlichen Regel, nach welcher die Erblassergeschwister als Nicht-Magen nicht gezählt werden sollen. Denn würden auch diese gezählt, so würden bei konsequenter Durchführung des Nähe-Prinzips die Erblassergeschwister gemeinsam mit den Elterngeschwistern des Erblassers sukzedieren. Ein solches Ergebnis ist aber ausdrücklich durch Ldr. I Art. 17 § 1 ausgeschlossen.[253]
Wasserschleben konnte allerdings die Linie des Erblassers nur deshalb völlig unbeachtet lassen, da seiner Ansicht nach die Verwandten gerader Linie in jedem Fall vor den Seitenverwandten erbten, und daher ein Sich-zur-Sippe-ziehen im Sinne von Ldr. I Art. 3 § 3 nur innerhalb der Seitenverwandtschaft möglich war.
Wie festgestellt, kann man dem Sachsenspiegel aber einen solchen Erbvorrang der geraden Linie nicht entnehmen, mithin bezieht sich die Regel *„De sek naer to der sibbe gestoppen"* auch auf die Des- und Aszendenten. Dies macht aber eine Berücksichtigung der Linie des Erblassers zum Stammvater zwingend erforderlich. Anderenfalls würden die Elterngeschwister des Erblassers, nach Wasserschleben Verwandte ersten Grades, noch vor den Großeltern des Erblassers, also ihren eigenen Eltern, erben, da diese nur im zweiten Grad verwandt sind - ein Ergebnis, welches das Prinzip der Gradnähe in sein Gegenteil verkehren würde, denn die Kinder der Stammeltern wären dann näher mit dem Erblasser verwandt als die Stammeltern selbst.
Folglich kann die einseitige Berücksichtigung der Linie vom Prätendenten zum Stammvater der Erbfolgeordnung des Sachsenspiegels nicht zugrunde gelegen haben.

Die Ansicht, allein die Linie Erblasser-Stammvater sei relevant, wurde bislang nicht vertreten. Zu Recht, denn die gesamte Nachkommenschaft der Eltern würde dann im ersten Grad mit dem Erblasser verwandt sein - eine Schlußfolgerung, die dem Wortlaut von Ldr. I Art. 3 § 3 eindeutig widerspricht, da in seiner Körperfigur

---

[252] Wasserschleben, Successionsordnung, S. 36.
[253] Wasserschleben, Successionsordnung, S. 36.

ausdrücklich die Seite des Erben gezählt wird und dabei die jeweiligen Nachkommen des Stammvaters mit unterschiedlichen Sippzahlen bezeichnet werden.
Folglich verbleibt nur die Möglichkeit, daß für die Erbenfolge des Sachsenspiegels grundsätzlich beide Linien relevant sind.

IV. Berücksichtigung beider Linien, aber das Gliederbild ist nur auf der Linie vom Erben zum Stammvater anwendbar - Das Parentelenprinzip

Steht fest, daß für die Erbenordnung des Sachsenspiegels sowohl die Linie des Erblassers als auch die Linie des Erbanwärters zum gemeinsamen Stammvater von Bedeutung ist, so stellt sich nun die Frage, in welchem Verhältnis diese beiden Linien zueinander stehen.
Die Vertreter der Parentelenordnung postulieren den grundsätzlichen Geltungsvorrang der Linie Erblasser-Stammvater. Nur wenn zwei Prätendenten sich in dieser Linie gleich nah zum Erblasser zählen können- also derselben Parentel angehören -, kommt es auf die Nähe in der Linie Erbe-Stammvater an.
Ausgangspunkt für diese Auffassung ist, daß der Erblasser und jeder seiner Aszendenten eine Ordnung oder eine Parentel begründen, welche aus ihnen selbst und ihren jeweiligen Nachkommen besteht, wobei allerdings die Verwandten gerader Linie nur zu der Parentel gehören, welche sie selber begründen, nicht auch zu der, die von einem entfernteren Aszendenten begründet wird.
Die erste Parentel beginnt dementsprechend mit dem Erblasser selbst und besteht aus dessen Nachkommenschaft; Ausgangspunkt der zweiten Parentel sind die Eltern des Erblassers. Sie wird von diesen und deren gesamter Nachkommenschaft mit Ausschluß des Erblassers und seiner Deszendenz gebildet. Die dritte Parentel beginnt mit den Großeltern des Erblassers und zu ihr zählen deren Nachkommen, ohne jene, die bereits der ersten oder zweiten Parentel angehören. Innerhalb derselben Parentel bestimmt sich dann die Rangfolge nach Gradnähe, das heißt, derjenige erbt, welcher durch die geringste Anzahl von Geburten vom Stammvater, der die Parentel begründet, getrennt ist.
Eine solche Erbfolgeordnung als Grundlage des historischen germanischen Erbrechts wurde nach Angaben Meyers[254] erstmals 1767 von T. C. J. Gerhardi in dessen Werk "Recherche sur l'origine de la règle coutumière: représentation a lieu à l'infinie en collatérale" auf Grundlage französischer Coutumes behauptet. Ihm schloß sich 1782 Fischer an[255], und 1798 wurde schließlich diese Lehre von J. C.

[254] Meyers, Tijdschr. RG, Bd. 6 (1925), S. 1 (S. 2). Gerhardi scheint dabei aber bei seinen Untersuchungen die Ergebnisse, die er für das keltische Recht gefunden zu haben glaubt, auf das germanische Recht übertragen zu haben. Da das Werk nicht zugänglich war, wird auf die Angaben bei Meyers, a.a.O, S. 1 (S. 2) verwiesen.

[255] Fischer, F. C. J., „Erbfolgegeschichte der Seitenverwandten in Teutschland“ unter Aufgabe seiner 4 Jahre zuvor in „Geschichte der teutschen Erbfolge“, S. 134f verteidigten Ansicht, nach welcher die Erbenfolge auf verschiedenen Erbenkreise basiere, die dadurch gebildet werden, daß die Verwandten zu dem Erblasser in jeweils „entferntere samteigentümliche Verbindung" stehen.

Majer in "Germaniens Urverfassung" erstmals unter dem Begriff Parentelensystem bekannt gemacht. Während die zuletzt genannten Autoren das Parentelenprinzip allerdings nur für die germanische Zeit annahmen und es auch nicht aus den Quellen, sondern aus naturrechtlichen Erwägungen entwickelten[256], behauptete bereits 1793 W. A. F. Danz die Geltung der Parentelenordnung auch für das Recht des Sachsenspiegels[257]. Ihm schlossen sich im Ergebnis 1822 Dedekind[258] ,1828 Sydow[259] und in der Folgezeit zahlreiche weitere Rechtswissenschaftler an.[260]

1. Die Ordnung der Verwandtschaft nach Parentelen

Die Grundlage für das Parentelenprinzip wird in Ldr. I Art. 3 § 3 gesehen. Das Gliederbild stelle, je nach Sichtweise, entweder die erste[261] oder die zweite Parentel[262] dar, auf jeden Fall aber den Stammvater einer Parentel mit seiner Nachkommenschaft. Daraus sei zwingend zu schließen, der Spiegler habe sich die Verwandtschaft als nach Parentelen geordnet gedacht.[263]

Gliederbild und Erbregel sollen den Parentelisten zufolge nur geeignet sein, die Konkurrenz der Prätendenten innerhalb derselben Parentel zu lösen.[264] Das Gliederbild, welches ausschließlich davon spricht, daß man sich zwischen Nagel und Haupt zur Sippe zieht, sei dabei nur einseitig anwendbar, nur die Glieder der Linie vom Erben zum Stammvater seien mit dieser Regel angesprochen.[265] Für Prätendenten, die verschiedenen Parentelen entstammen, gebe das Gliederbild die Lösung nicht vor. Zwar könne jeder Erbanwärter innerhalb seiner Parentel seine Sippzahl ermitteln, dieses Abzählen sei aber überflüssig, da die Entscheidung, wer erben

---

[256] Fischer begründete das Parentelenprinzip, ebenso wie schon seine Theorie der Erbenkreise, als Ausfluß eines „Samteigentums", welches dem germanischen Recht zugrunde gelegen haben soll. Dabei soll aber die Ordnung nach Parentelen nur für die Erbfolge in der Seitenverwandtschaft maßgeblich sein. Fischer, Erbfolgegeschichte, § 35 (S. 67f). Gegen Fischer schon Runde, Privatrecht, § 651 (S. 584). Majer, Germaniens Urverfassung, S. 76 bis S. 162 behauptete von dem Grundsatz ausgehend „Wer mein Blut hat, ist auch mein Erbe", die Erbenfolge würde sich nach der Quantität und Qualität des gemeinsamen Blutes richten und gelangte so zu einer Parentelenordnung, die er dann nur noch mit der bekannten Tacitus Stelle in der Germania, c. 20 in Übereinstimmung brachte. Vgl. Lewis, Krit. Vierteljahrschrift, Bd. IX (1867), S. 23 (S. 25f). Im Ergebnis Majer zustimmend, Pauli, Abhandlungen Bd. III, S. 41.

[257] Danz, Versuch einer historischen Entwicklung, § 36 (S. 76). Vgl. Mertens, ZRG (GA) Bd. 90 (1973), S. 149 (S. 158 Fn. 55).

[258] Dedekind, Sectio III, §§ 35ff (S. 58f).

[259] Sydow, Erbrecht, S. 139.

[260] Vgl. oben Fn. 82.

[261] Stutz, Verwandtschaftsbild, S. 36f.

[262] Sydow, Erbrecht, S. 123.

[263] Bluntschli, Krit. Überschau, Bd. 1 (1853), S. 387 (S. 390).

[264] Stutz, Verwandtschatsbild, S. 55; ders., ZRG (GA) Bd. 47 (1927), S. 685 (S. 698); Homeyer, Parentelenordnung, S. 10.

[265] Stutz, Verwandtschaftsbild, S. 43; Lewis, Krit. Vierteljahrschrift Bd. XIV (1872), S. 1 (S. 15) sah in dieser einseitigen Zählung die eigentlich germanische, welche für das Parentelenprinzip maßgeblich sei.

wird, in diesem Fall nicht nach der Sippzahl, sondern nach der Parentel getroffen werde.[266] Folglich ist die Linie vom Erblasser zum Stammvater die primär zu berücksichtigende; nur wenn die Prätendenten von einem gemeinsamen Stammvater abstammen, sei auch die Linie der Erben zum Stammvater relevant.[267]
Einen Hinweis für diese Ansicht fand Stutz in der Illustration der Dresdener Bilderhandschriften zu Ldr. I Art. 19 § 1.[268] Wie bereits erwähnt, zeigt das Bild einen Schwaben, der vor dem Richter stehend seine Verwandtschaft nachweist, indem er mit dem Zeigefinger der rechten Hand die durch sieben eingezeichnete Ringe an seinem linken Arm angedeuteten Sippzahlen zählt. Nach Auffassung von Stutz habe Eike dort „ganz deutlich die Art und Weise dargestellt, wie vor Gericht die Verwandtschaft berechnet und klargemacht wurde, nämlich durch Abzählen der Grade innerhalb der (durch den Verwandtschaftsnamen des Stammvaters -Vater, Großvater, Urgroßvater usw. gegebenen) Sippe oder Parentel mit der rechten Hand an den Gliedern der linken Seite"[269]. Der Umstand, daß die die Sippzahlen darstellenden Punkte gar nicht an den Gliedern, sondern längs des Armes lokalisiert sind, erklärte Stutz damit, das Zählen an den Gliedern selbst, wie es in der Praxis geschehen sei, hätte in dem Bild aus Platzgründen nicht wiedergegeben werden können. Aus diesem Grund habe sich der Illustrator mit einer symbolischen Darstellung begnügt, in welcher alle sieben Zählstellen auf der Innenseite des linken Ärmels zusammengedrängt seien.[270]
Gegen diese Erwägungen gelten jedoch dieselben grundsätzlichen Bedenken in bezug auf die Interpretation des Textes aus den Illustrationen, wie sie bereits schon an anderer Stelle vorgebracht wurden.[271] Darüber hinaus ist auch diese Illustration nicht so eindeutig, als daß sie die Argumentation für das Zählen nur auf einer Seite, nämlich jener des Erbanwärters zum Stammvater, zweifelsfrei stützen würde. Denn die Annahme, das Abzählen, wie es das Bild darstelle, erfolge innerhalb einer Parentel, ist der Illustration nicht zwingend zu entnehmen; ebensogut könnte hier ein Verwandter gerader Linie dargestellt sein, welcher sich nur auf der Linie Stammvater-Erblasser „abstuppen" kann oder der abgebildete Erbprätendent zeigt gerade die Verwandtschaftsnähe seines mit dem Erblasser gemeinsamen Stammva-

---

[266] Stutz, Verwandtschaftsbild, S. 57, Hübner, Privatrecht, § 106 II 1 (S. 758).

[267] Heymann, Grundzüge, S. 9; Rosin, Ztschr. f. d. Privat und Öffentliche Recht, Bd. 28 (1901), S. 341 (S. 388).

[268] In der Illustration der Dresdener Bilderhandschrift zu Ldr. I Art. 3 § 3, in welcher die Sippschaft anhand zweier nackter Figuren, die eine davon doppelhäuptig, dargestellt wird und wo die Verwandten durch rote Punkte an den Gliedern beider Arme symbolisiert werden, sah Stutz, ZRG (GA) Bd. 47 (1927), S. 685 (S. 703) keine Widerlegung seiner Theorie. Der Umstand, daß dort an beiden Seiten Punkte sind, sei unerheblich, da die Darstellung zu Ldr. I Art. 3 § 3 nach Ansicht Stutz rein akademisch zu verstehen sei.

[269] Stutz, ZRG (GA) Bd. 24 (1903), S. 409 (S. 413).

[270] Vgl. Amira, Erläuterungen II/1, S. 202. Stutz, ZRG (GA) Bd. 47 (1927), S. 685 (S. 705). Grundsätzlich ablehnend gegenüber einer Zählung an den Gliedern: Hüpper, Ehe, Familie, Verwandtschaft, S. 129 (S. 141); Schadt, Verwandtschaftsbild, S. 406 (S. 415).

[271] Vgl. oben S. 64f.

ters auf.[272] Mithin kann auch hier aus den Bilderhandschriften kein überzeugendes Argument für die eine oder andere Ansicht gewonnen werden.

2. Konkurrenz der Angehörigen unterschiedlicher Parentel

Zu bedenken ist allerdings, daß - entgegen der Annahme der Parentelisten - Ldr. I Art. 3 § 3 gerade keine bestimmte Parentel darstellt[273], dies legt eine strikte Ordnung der Verwandtschaft nach Parentelen zumindest nicht nahe.
Aber auch wenn man der Gliederung der Verwandtschaft in Parentelen grundsätzlich zustimmt, beziehungsweise sie als mit dem Gliederbild vereinbar bezeichnet, so stellt sich doch die Frage, woraus die Rangfolge der jeweiligen Parentelen untereinander herzuleiten ist, nach welcher die Angehörigen der ersten Parentel alle Verwandten, die sich zur zweiten rechnen, ausschließen und diese wiederum alle Mitglieder der dritten Parentel aus dem Erbe verdrängen. Denn auch bei Anerkennung einer Ordnung nach Parentelen ist damit nicht zwingend ausgesagt, die einzelnen Parentelen müßten voneinander so isoliert und abgeschlossen sein, daß die eine die andere verdrängt.[274]

Bluntschli sah das Ordnungsprinzip für die Parentelen in dem angeblich alten germanischen Rechtsgrundsatz verankert, daß das Erbe immer niederwärts falle. Daher erbten in erster Linie die Nachkommen des Erblassers und nur in Ermangelung von Nachkommen gelangten dessen Eltern zum Erbe. Waren diese vorverstorben, so erbten nicht die Großeltern, sondern das Erbe fiel niederwärts in die Deszendenz der Eltern, verblieb also in der zweiten Parentel. Erst wenn keine Angehörigen der zweiten Parentel mehr vorhanden gewesen seien, erbten die Großeltern als zur dritten Parentel gehörig.[275] Der Sachsenspiegel habe - so Bluntschli - jenes Prinzip denn auch mit der bekannten Formulierung „das Erbe gehe nicht aus dem rechten Busen, solange ein solcher vorhanden ist" in Ldr. I Art. 17 § 1 aufgenommen.[276]
Wie aber bereits dargelegt, ist die Deutung des Begriffes *„busmen"* als gesamte Nachkommenschaft für die Zeit des Sachsenspiegels nicht nachweisbar. Aber selbst wenn man eine so weitgehende Deutung konzedieren wollte, so würde mit der Formulierung *„it ne geit nicht ut dem busmen"* allenfalls der Vorrang der Nachkommenschaft des Erblassers begründet. Die Ausdehnung dieses Prinzips auch auf die Nachkommenschaft der Eltern, die dadurch einen Vorrang vor den höheren Aszendenten und deren Nachkommenschaft erlangen würden, ist der Sachsenspiegelstelle keinesfalls eindeutig zu entnehmen.[277]

---

[272] Stutz, ZRG (GA) Bd. 47 (1927), S. 685 (S. 706) räumte denn auch ein, daß wenn die Illustration schon nicht für seine Auffassung spreche, sie doch auch nicht gegen sie verwendet werden könnte.

[273] Vgl. hierzu S. 44.

[274] Wasserschleben, Successionsordnung, S. 33.

[275] Bluntschli, Krit. Überschau, Bd. 1 (1853), S. 387 (S. 392).

[276] Bluntschli, Krit. Überschau, Bd. 1 (1853), S. 387 (S. 391f).

[277] Wasserschleben, Successionsordnung, S. 34.

Das Problem, die Konkurrenz verschiedener Parentelen untereinander aus den Quellen zu begründen, wird auch von den Anhängern der Parentelenordnung erkannt. Trotzdem soll, nachdem die sieben erbberechtigten Glieder einer Parentel, also sieben Generationen eines Stammelternpaares, abgezählt worden sind, nun das Haupt der nächst entfernteren Parentel zum Erbe gelangen können.
Folglich reiche die gesamte erbberechtigte Verwandtschaft insgesamt sieben Parentele mit je sieben Graden weit.[278] Der Widerspruch zu dem Text des Sachsenspiegels, der nur von sieben Gliedern, nicht aber auch von sieben Parentelen spricht, ist dabei aber offensichtlich.[279]
Stutz versuchte diesem Widerspruch auszuweichen, indem er grundsätzlich alle Stammväter, also alle Parentelen, mit dem Erblasser verwandt sein lassen wollte, also in aufsteigender gerader Linie eine unbegrenzte Verwandtschaft annahm.[280] Da nun aber vom siebenten oder achten Stammvater an keine Nachkommen aus den ersten sieben Generationen den Erbfall erleben würden, reiche die Verwandtschaft praktisch nur sieben Stammelternschaften weit.[281]
Hierbei ist aber zum einen zu berücksichtigen, daß die siebente Generation des achten Stammvaters der Generation der Elternerblasser entspricht und daher durchaus den Erbfall erleben kann, wobei solche Konstellationen zugegebenermaßen in der Praxis nicht vorgekommen sein werden.

Zum anderen kann die These von der unbegrenzten Verwandtschaft in gerader aufsteigender Linie nicht, ohne inneren Widersprüchen ausgesetzt zu sein, aufrecht erhalten werden.
Angenommen, der Erblasser A hinterläßt einen Nachkommen P_7 siebenter Generation eines gemeinsamen Stammvaters, welcher 8 Grade von A entfernt ist:

[278] Dedekind, Sectio III § 38 (S. 62); Stutz, Verwandtschaftsbild, S. 42 und Sydow, Erbrecht, S. 135f. Letzterer räumte allerdings ein, daß diese Sukzessionsordnung im Sachsenspiegel nicht im Einzelnen dargestellt sei.

[279] Siegel, Verwandtschaftsberechnung, S. 44.

[280] Da Stutz in dem Gliederbild die 1. Parentel erblickte, wurde die erbberechtigte Nachkommenschaft des Erblassers in absteigender Linie durch Ldr. I Art. 3 § 3 ja ausdrücklich auf sieben Generationen begrenzt.

[281] Stutz, Verwandtschaftsbild, S. 42.

P_7 könnte, da mit A verwandt, diesen beerben. Denn P_7 zählt selbst noch zu den erbberechtigten Seitengliedern, und da die Verwandtschaft in gerader Linie unbegrenzt ist, schadet es nicht, daß der gemeinsame Stammvater 8 Glieder vom Erblasser entfernt ist. Umgekehrt hingegen würde das Erbrecht des A am Nachlaß des P_7 daran scheitern, denn nun ist die Linie P_7 - A_8 die unbegrenzte gerade Linie und für die Linie A_8 - A würde die Begrenzung auf sieben Glieder gelten.
Will man nicht behaupten, daß es auch eine einseitige Verwandtschaft gibt, nach welcher P_7 mit A, aber nicht A mit P_7 verwandt sei, so läßt sich die Theorie der unbegrenzten Verwandtschaft in gerader Linie in dieser Form nicht aufrecht erhalten.

Da eine Begründung der Parentelenordnung anhand des Textes des Sachsenspiegels nicht gelingen mag, sehen die Parentelisten die Parentelenordnung dem Erbfolgesystem des Sachsenspiegels stillschweigend zugrunde gelegt. Namentlich Ldr. I Art. 3 § 3 und Art. 17 § 1 sollen nur mit Hilfe der Parentelenordnung schlüssig zu erklären sein.[282]

Vor allem Stutz betonte, der jeweilige Stammvater, da er den Erblasser repräsentieren würde, ließe das Erbe nicht weitergehen und würde so alle weiteren Aszendenten vom Erbe ausschließen. Die Eltern hinderten das Erbrecht der Großeltern, dies sei so offensichtlich, daß es nicht extra gesagt zu werden bräuchte.[283] Weiterhin zeige Ldr. I Art. 17 § 1, daß die erste Parentel, die Kinder und Enkel, vor der zweiten Parentel, den Eltern und Geschwistern, und diese vor der dritten Parentel, den Großeltern, die schon nicht mehr als erbberechtigt genannt werden, erbe.[284]

---

[282] Sydow, Erbrecht, S. 111; Bluntschli, Krit. Überschau, Bd. 1 (1853), S. 387 (S. 393); Homeyer, Parentelenordnung, S. 10f, zust. Rez. (o.A.) in: Literarisches Centralblatt 1861, Sp. 404; Stutz, Verwandtschaftsbild, S. 59 u. 79; ders., ZRG (GA) Bd. 47 (1927), S. 684 (S. 698).
[283] Stutz, Verwandtschaftsbild, S. 55f.
[284] Stutz, ZRG (GA) Bd. 47 (1927), S. 684 (S. 698).

Allein, Ldr. I Art. 17 § 1 kann man mit Sicherheit nur entnehmen, daß die dort ausdrücklich genannten Verwandten in der angegebenen Reihenfolge erben.[285] Ob hingegen die Großeltern tatsächlich beispielsweise durch die Geschwisterkinder des Erblassers ausgeschlossen werden, ist Ldr. I Art. 17 § 1 nicht ausdrücklich zu entnehmen.

Das Fehlen eines zweifelsfreien Beleges im Sachsenspiegel für die Parentelenordnung muß allerdings nicht notwendig mit ihrer stillschweigenden - als selbstverständlich angenommenen - Verwendung in dem Rechtsbuch erklärt werden, wie die Anhänger der Parentelenordnung suggerieren.[286]
Im Gegenteil, das völlige Scheitern eines überzeugenden Beweises anhand der Quelle spricht eher dafür, daß das Parentelenprinzip mit seinem Vorrang der näheren vor der entfernteren Parentel nicht die Erbfolgeordnung des Sachsenspiegels darstellt, sondern nur ein „Produkt scharfsinniger Überlegungen“ ist.[287]
Die in Ldr. I Art. 3 § 3 und Art. 17 § 1 ausgesprochene Regel *„de sek naer to der sibbe gestoppen mogen an geliker stat, de nemet dat erve gelike"* könnte dann ein gleichrangiges Erbrecht aller, die nach den Geschwistern gleich nah mit dem Erblasser verwandt sind, begründen und zwar unabhängig davon, welcher Parentel sie angehören mögen.[288]

Der bisherige Erfolg, welcher der Parentelenordnung als Grundlage für den Sachsenspiegel beschieden war, beruhte zum einen darauf, daß sie sich zwar nicht im Sachsenspiegel positiv nachweisen ließ, aber auch nicht mit Normen des Sachsenspiegels widerlegt werden konnte, denn mit dem, was im Sachsenspiegel über die Erbfolge ausdrücklich geregelt ist, ist das Parentelenprinzip durchaus vereinbar.[289] Zum anderen ist es lange Zeit nicht gelungen, eine überzeugende Alternative zum Parentelenprinzip für die Erbfolge des Sachsenspiegels zu entwickeln.

---

[285] Zum Teil sieht man in der Bestimmung von Ldr. I Art. 17 § 1, nach welcher die Mutter jedenfalls vor dem Bruder erbe, eine Bestätigung der Parentelenordnung, da mit dieser Regelung die Ordnung nach Gradnähe innerhalb der 2. Parentel festgelegt werde. Vgl. Homeyer, Parentelenordnung, S. 10. Diese Interpretation ist aber nicht zwingend, denn mit dem besseren Erbrecht der Mutter vor den Geschwistern kann auch eine Ausnahme vom Prinzip, daß alle gleich nah Verwandten gleich erben, gemacht worden sein. In diesem Fall setzt Ldr. I Art. 17 § 1 gerade voraus, daß Eltern und Geschwister mit dem Erblasser im gleichen Grade verwandt seien.

[286] So lehnte Pauli, Abhandlungen Bd. III, S. 44 die Geltung des Parentelensystems im Lübischen Recht gerade mit dem Hinweis auf die in dieser Hinsicht negative Quellenlage ab.

[287] Vgl. Siegel, Verwandtschaftsberechnung, S. 41; Wasserschleben, Successionsordnung, S. 35f.

[288] Amira, Erbenfolge, S. 128f; ders. Gött. gel. Anz. 1884, S. 38 (S. 41); Schanz, S. 33.

[289] Mertens, ZRG (GA) Bd. 90 (1973), S. 149 (S. 155); Stobbe, Privatrecht Bd. V, § 290 (S. 91). So auch schon Maurer, Krit. Vierteljahrschrift Bd. II (1860), S. 262 (S. 265) im Hinblick auf die Argumentation Wasserschlebens gegen die Parentelenordnung. Ebenso Gierke, Ztsch. f. RG, Bd. XII (1876), S. 430 (S. 441 Anm. 21) mit Hinweis auf Lex salica § 4 de alodis.

So schreibt Sydow[290] ausdrücklich:

„Da in der zweiten Stelle (das ist Ldr. I Art. 3 § 3) durchaus nicht gesagt wird, daß, von einer bestimmten Generation an, eine Conkurrenz oder ein Vorzug einer ferneren Parentel eintreten, sondern vielmehr, daß zwischen dem Houbete unde dem Nagele vollständig das Prinzip der Gradesnähe gelten solle, so bleibt uns nur folgende Alternative: wir müssen entweder annehmen, daß zur Zeit des Sachsenspiegels noch ein andres uns unbekanntes Prinzip der Successionsordnung gegolten habe, oder wir können nicht umhin - was auch unzweifelhaft scheint - jeder näheren Parentel von der ersten bis zur siebenten Generation den Vorzug vor allen folgenden Parentelen einzuräumen."

Im Folgenden soll nun versucht werden eine Erbfolgeordnung darzulegen, die mit mindestens ebenso guten Argumenten wie die Parentelenordnung Geltung für sich beanspruchen kann.

V. Gleichberechtigte Berücksichtigung beider Linien

Ausgangspunkt für diese Erbenfolge ist, daß beide Linien, jene vom Erblasser zum gemeinsamen Stammvater ebenso wie jene vom Erbanwärter zum Stammvater, bei der Ermittlung des nächsten Verwandten gleichberechtigt Berücksichtigung finden. Ist nun bei einer solchen Erbfolge weder der Vorrang einer bestimmten Linie noch einer bestimmten Parentel anzunehmen, so konzentriert sich die Suche nach dem Erben allein auf die Frage, welcher der Prätendenten den nächsten Grad inne hat.

1. Die römische Komputation

Zu Beginn des 19. Jahrhunderts wurde, vor allem von Griesinger, die Auffassung vertreten, im Sachsenspiegel sei, ebenso wie in den meisten Volksrechten, die römische Gradberechnung verwendet worden. Dementsprechend müsse man, um die Gradnähe einer Person zum Erblasser festzustellen, bei dem Erbanwärter zu zählen beginnen und diese Zählung durch den gemeinsamen Stammvater hindurch bis zum Erblasser fortsetzen, wobei sich der Verwandtschaftsgrad dann aus der Anzahl der die Verwandtschaft vermittelnden Geburten ergebe.[291]
Gegen die Benutzung der römischen Gradzählung spricht hingegen, daß in allen nachweislichen deutschen Quellen seit dem 8. Jahrhundert der Stammvater eine zentrale Position einnahm, welche es verbietet, einfach durch ihn hindurch zu zählen. So zählte die fränkische Kirche vom Stammvater aus jeweils zu den heiratswilligen Verlobten, um so das Ehehindernis der Verwandtschaft zu ermitteln.[292] Auch das Gliederbild von Ldr. I Art. 3 § 3 wählt den Stammvater als Ausgangspunkt,

[290] Sydow, Erbrecht, S. 139.

[291] Griesinger in Danz, Hdb. d. Privatrechts Bd. IX, S. 517 Anm. (d); ders. in Danz, Hdb. d. Privatrechts Bd. X, S. 547 u. 555; Siegel, Erbrecht, S. 26. Siegel, a.a.O., S. 24 wollte die römische Komputation aber nur dann anwenden, wenn die potentiellen Erben unterschiedliche Stammväter haben. Ist der nächste gemeinsame Stammvater für alle Prätendenten identisch, sollte nur deren Seite gezählt werden.

[292] Vgl oben S. 54.

von dem, beziehungsweise von dessen Kindern ausgehend die Sippe dargestellt und gezählt wird.
Diesen Umstand versuchte man nun mit der Annahme der römische Zählung in Einklang zu bringen, indem man behauptete, das Gliederbild solle ausschließlich den Umfang der erbberechtigten Sippe darstellen. Dabei sollte mit der Zählung vom Stammvater aus nur die Grenze der Verwandtschaft bestimmt werden, hingegen die Berechnung der Verwandtschaftsnähe zweier Erbanwärter in einem Erbenstreit allein nach römischer Zählung erfolgen.[293] Den Grund für die Nichtverwendung der römischen Zählung für die Bestimmung der Verwandtschaftsgrenze fand man darin, daß die Zählung der sieben erbberechtigten Grade vom Stammvater aus weiter reiche als der siebente Grad römischer Komputation und so durch die unterschiedliche Zählung die Verwandtschaft ausgeweitet werde.[294]
Jedoch dient das Gliederbild gerade nicht ausschließlich der Darstellung der Verwandtschaftsgrenze. Die Aufnahme der Regel *„De sek naer to der sibbe gestoppen mach, de nimt dat erve to voren."* zeigt ebenso wie die Erörterung der Halbbürtigkeit und der Schwippschwägerschaft, daß Ldr. I Art. 3 § 3 auch die Erbenfolge behandelt. Insoweit hat die Zählung ausgehend vom Stammvater auch Bedeutung für die Berechnung der Verwandtschaftsnähe.
Auch der Hinweis auf die Kommentierung der Kursächsischen Konstitutionen durch Benedict Carpzov, welcher die Elterngeschwister und das Bruderkind als im 3. Grad[295] und den Bruderenkel als im 4. Grad[296] verwandt bezeichnet und somit die Grade römisch berechnete, vermag nicht die römische Komputation auch für die Zeit des Sachsenspiegels zu belegen. Im 17. Jahrhundert war die Rezeption des römischen Rechts bereits so weit fortgeschritten, daß Rückschlüsse auf das ältere Recht nicht mehr ohne weiteres möglich sind.[297]
Mithin lag die römische Komputation nicht der Verwandtschaftsberechnung des Sachsenspiegels zugrunde.[298]

2. Die kanonische Komputation

Wie bereits erörtert, zählte die Kirche, um die Verwandtschaft festzustellen, vom gemeinsamen Stammvater hinab zu den in Frage kommenden Personen.

---

[293] Griesinger in Danz, Hdb. d. Privatrechts Bd. X, S. 557; Siegel, Erbrecht, S. 24f.

[294] Griesinger in Danz, Hdb. d. Privatrechts Bd. X, S. 557. Den Grund dafür, den Kreis der erbberechtigten Verwandten möglichst weit zu fassen, fand Griesinger in dem Bestreben, das Erbrecht des Fiskus zu beschränken, motiviert. Nach Griesinger, a.a.O., S. 530 Anm. (n) reichte die Verwandtschaft nach sächsischem Recht 8 Grade kanonischer Komputation weit, da er die sieben Grade von den Geschwisterkindern ab zählte und den Nagelmagen auch noch erben ließ. Dabei sollen die Grade auf jeder Seite gelten, so daß die Verwandtschaft letztlich 16 Grade römischer Zählung weit reichte.

[295] Carpzov, Jurisprudentia Forensis Romano-Saxonica, P. 3 Const. 18 Def. 4 num. 8.

[296] Carpzov, Jurisprudentia Forensis Romano-Saxonica, P. 3 Const. 18 Def. 7 num. 7.

[297] Schanz, S. 31.

[298] Siegel, Verwandtschaftsberechnung, S. 30 unter Aufgabe seiner in Erbrecht, S. 24f vertretenen Ansicht.

Eine solche Berücksichtigung jeweils beider Gliederreihen ist zumindest, trotz der insgesamt eher unbefriedigenden Quellenlage, für das fränkische Recht des 8. Jahrhundert zu belegen. So heißt es in den c. 1 - 4 des Konzils von Compiegne aus dem Jahre 757:[299]

c. 1: Si in quarta progenie reperti fuerint coniuncti, non separamus.
c. 2 In tertio vero, si reperti fuerint seperentur.
c. 3 Et eos, qui unus in quarta, alius in tercia sibi pertinent et coniuncti inveniuntur, separamus.
c. 4 Si duo in tertio loco sibi pertinent, sive vir sive femina, aut unus in tercio et alter in quarto; uno mortuo, non licet alterum accipere uxorem ejus. Et si inventi fuerint, separentur. Una lex est de viris et de feminis.

Da der Beschluß des Konzils in die Kapitularien König Pippins aufgenommen wurde, erfolgte er mit Billigung der königlichen Gewalt. Entsprechend ist die Vermutung naheliegend, die Verwandtschaftsnähe bei Erbstreitigkeiten, welche nicht dem geistlichen, sondern dem weltlichen Recht unterlagen, seien grundsätzlich genauso berechnet worden.[300]
Für das Recht des Sachsenspiegels würde sich dann die Besonderheit ergeben, daß nicht - wie in der eigentlichen kanonischen Zählung - vom Stammvater ab gerechnet würde, sondern die Enkel den ersten Grad, also den zweiten nach kanonischer Komputation, einnähmen.[301] Diese Zählung entspricht derjenigen, welche nachweisbar von der fränkischen Kirche seit dem 8. Jahrhundert verwendet wurde und im Rahmen der Burchardschen Isidor-Bearbeitung Eingang in das Corpus Iuris Canonici gefunden hat.[302]
Waren sowohl der Erblasser als auch der Erbprätendent durch die identische Anzahl von Geburten vom Stammvater getrennt, so genügte es, um den Verwandtschaftsgrad beider anzuzeigen, eine Linie, und zwar egal welche, zu zählen.[303] Hinterließ demnach der Erblasser Geschwisterkinder, so bezeichnete man ihre Verwandtschaft nicht als 2:2, respektive 1:1 nach der zurückbleibenden Magenzählung, sondern es genügte zu sagen, beide seien im 2. Grad, beziehungsweise im 1. Grad miteinander verwandt.

---

[299] Gedruckt bei: Pertz, MGH II Abt. 1 [LL-LL in fol.], Bd. 1, S. 27f.

[300] Vgl. Amira, Erbenfolge, S. 50; Siegel, Verwandtschaftsberechnung, S. 26 u. S. 30. Siegel, a.a.O., S. 10 und Eichhorn, Dtsch. Privatrecht, § 331 (S. 801f) gingen davon aus, die Kirche habe diese ursprünglich germanische Zählung durch den Kontakt mit den germanischen Völkern kennengelernt und dann der römische Komputation vorgezogen.

[301] Siegel, Verwandtschaftsberechnung, S. 30. Dies übersieht Wasserschleben, Replik, S. 20, wenn er die Unvereinbarkeit der kanonischen Zählung mit dem sächsischen Erbrecht damit begründete, bei ihrer Anwendung würde die Halsstellung der ersten Nachkommen keine Berücksichtigung finden. Vgl. auch: Lewis, Krit. Vierteljahrschrift Bd. IX (1867), S. 23 (S. 51); Schanz, S. 30 Fn. 104.

[302] Vgl. oben S. 54f.

[303] Stutz, Verwandtschaftsbild, S. 58.

Problematisch wird die Angabe des Verwandtschaftsgrades, wenn beide Seiten ungleich sind, der Erblasser zum Beispiel zwei Geburten, der Erbprätendent aber drei Geburten vom gemeinsamen Stammvater entfernt ist.
Nach Siegel wurde die Frage der ungleichen Seiten in der germanischen Verwandtschaftsberechnung dadurch gelöst, daß man „falls die Seiten ungleich sind natürlich auf der längeren die Zeugungen anmerkt und dann für das Verhältnis, in welchem jene verwandt sind, die Regel angibt: quot generationes, tot gradus“[304].

Ob es tatsächlich so „natürlich" ist, bei ungleichen Seiten nur die längere Seite den Ausschlag geben zu lassen, wie Siegel meinte, ist hingegen mehr als zweifelhaft.
Die Praxis, nur die längere Seite zu berücksichtigen, ist für die kirchliche Verwandtschaftsberechnung erst für eine relativ späte Zeit nachweisbar. Noch Papst Coelestin III (1191-1198) hatte angeordnet, daß auch in Norwegen, obwohl dort sonst die Ehe im sechsten Grad bereits gültig war, bei ungleichen Linien der Satz galt: *„Si vero alter sexto vel septimo gradu distat a stipite, alter autem secundo vel tertio gradu coniungi non debent"*[305]. Von einer alleinigen Maßgeblichkeit der längeren Seite kann hier also noch nicht die Rede sein. Erst mit Papst Gregor IX (1227-1241) wurde dann folgende Regel maßgeblich:

„Vir, qui a stipite quarto gradu, et mulier, quae ex alio latere quinto, secundam regulam approbatam, qua dicitur: quoto gradu remotior differt a stipite, et a quolibet per aliam lineam descendentium ex eodem, licite possunt matrimonialiter copulari"[306].

Diese Art der Verwandtschaftsberechnung galt dann in der katholischen Kirche über 700 Jahre und wurde erst 1983 mit can. 1091 des neuen Codex` Iuris Canonici durch die römische Komputation ersetzt. Die kanonische Zählung mit der Berücksichtigung der längeren Seite bei ungleichen Linien ist für die Kirche erst nach Abfassung des Sachsenspiegels bindend geworden und auch sonst in den älteren weltlichen Quellen nicht nachweisbar.
In der kirchlichen Literatur zum Eherecht findet sie sich in der „Summa“ des Tancred aus dem Beginn des 13. Jahrhundert (ca. 1210-1213) und in der „Glossa ordinaria“ des Bernardus Parmensis aus der Mitte des 13. Jahrhundert, hingegen ist sie in der „Summa“ des Rolandus, des späteren Papstes Alexanders III, aus der ersten Hälfte des 12. Jahrhundert nicht enthalten.[307] Demnach scheint es sich bei der Regel, nach welcher bei ungleichen Seiten die längere den Ausschlag gibt, um eine

[304] Siegel, Verwandtschaftsberechnung, S. 9.

[305] C. 3 X de cons. et aff. 4, 14. Dabei kannte Coelestin III die Ansicht, nach welcher der längere Grad entscheidend sein soll. Dies zeigt sich in der zitierten Stelle, wo es heißt, daß *„secundum regulam, a quibusdam doctoribus approbatam qua dicitur.."* die Ehe in solchen Fällen zulässig sei. Vgl. Freisen, § 38 (S. 433).

[306] C. 9 X de cons. et aff. 4, 14. Das Ehehindernis der Verwandtschaft war ja bereits 1215 auf die ersten vier Grade beschränkt worden.

[307] Freisen, § 38 (S. 433).

Schöpfung des späteren Kirchenrechts zu handeln und nicht um eine den germanischen Völkern eigene Form der Verwandtschaftsberechnung.[308] Die Vermutung, Eike habe bei der Darstellung des sächsischen Erbrechts die aktuellen Entwicklungen des damaligen kanonischen Rechts zugrundegelegt, kann mit dem Hinweis auf die bei Eike ausgeprägte Trennung der weltlichen von der geistlichen Gewalt, als wenig überzeugend zurückgewiesen werden.
Einen Beweis für die Geltung der kanonischen Zählung glaubte Siegel jedoch im Meißener Rechtsbuch[309], gefunden zu haben, wo sich trotz des eingedrungenen römischen Rechts eine Bestimmung erhalten habe, welche weder mit dem Parentelenprinzip noch mit der römischen Erbenfolge in Einklang zu bringen sei und daher das echte sächsische Recht wiedergebe.[310]

Bei der Stelle handelt es sich um Meißener Rechtsbuch, L. I, c. VI, Dist. 9:

„Mines fettern adder myner mumen, mynes ohemen adder myner wasszen, brudder adder swester kinth, dy ungeczweyget sin von vadder adder von mudder, dy sin alle glich an erbe zcu nemen".

Die dort angegebene Bestimmung, daß Geschwisterkinder neben den Kindern der Geschwister der Erblassereltern erben, ließe sich - so Siegel - nur mit der kanonischen Komputation erklären, denn die Geschwisterkinder - ebenso wie die Elterngeschwisterkinder - sind jeweils zwei Geburten vom jeweils gemeinsamen Stammvater, einmal dem Erblasservater, das andere Mal dem Erblassergroßvater, entfernt. Weiterhin werde bei den Geschwisterkindern die längere Seite, die zwei Geburten von ihnen zum Stammvater berücksichtigt und nicht die eine Geburt vom Erblasser zum Stammvater.
Die Siegel'sche Interpretation der Stelle aus dem Meißener Rechtsbuch ist indes zweifelhaft. In den Statuten von Goslar, L. I, c. I, § 12, die in dem Meißener Rechtsbuch verarbeitet wurden, heißt es an korrespondierender Stelle:

"Enes veddere, oder meddere, oder om, oder weseke, oder broder kint, oder suster kint, de ungehtweyet sin van vader oder van muder, de sin alle like na, erve to nemende".

Dort erben die Elterngeschwister neben den Geschwisterkindern. Ein Ergebnis, welches allerdings der kanonischen Zählung nicht widersprechen würde, da die Elterngeschwister durch die zwei Geburten vom Erblasser zu seinem Großvater doch wieder im selben Grad wie die Geschwisterkinder stehen.
Die von Siegel angeführte Stelle des Meißener Rechtsbuch ist aber aus einem anderen Grund ungeeignet, den angestrebten Beweis der kanonischen Komputation zu erbringen. Meißener Rechtsbuch, L. I, c. VI, Dist. 9 regelt, wie der Vergleich mit

[308] Schanz, S. 28.
[309] Hrsg. von Friedrich Ortloff unter dem Titel „Rechtsbuch nach Distinktionen". Vgl. S. 150.
[310] Siegel, Verwandtschaftsberechnung, S. 31.

den Goslarischen Statuten nahelegt, nicht die Konkurrenz von Elterngeschwisterkindern mit Geschwisterkindern, diese wird vielmehr im Meißener Rechtsbuch, L. I, c. VI, Dist. 11 angesprochen. Dort heißt es:

„Mines bruder adder swester kindeskinth, adder myns vettern adder wasszen, ohemen adder mumen kinth, dy sin alle glich erbe zcu nemen, do nicht zweygunge an ist von vater unde von muter".

Demnach sollen Geschwisterenkel neben den Elterngeschwisterkindern erben und nicht die Geschwisterkinder. Meißener Rechtsbuch, L. I, c. VI, Dist. 9 ist daher wohl so zu lesen, daß, ebenso wie in der Vorlage aus den Statuten von Goslar, Elterngeschwister neben den Geschwisterkindern zum Erbe gelangen.[311]
Kann man Meißener Rechtsbuch, L. I, c. VI, Dist. 9 noch mit der kanonischen Komputation vereinbaren - wenn auch in anderer Weise als Siegel sich dies gedacht hatte -, so widerspricht Meißener Rechtsbuch, L. I, c. VI, Dist. 11 dieser Zählweise offensichtlich. Denn die Geschwisterenkel sind im dritten Grad kanonischer Zählung, die Elterngeschwister hingegen im zweiten mit dem Erblasser verwandt.
Darüber hinaus würde die konsequente Anwendung der kanonischen Zählung in ihrer späteren Form, also mit der Berücksichtigung der längeren Linie, auf das Erbrecht zu unstimmigen Ergebnissen führen.[312] Denn im zweiten Grad kanonischer Komputation sind die Großeltern, die Elterngeschwister und deren Kinder, ebenso wie die Geschwisterkinder miteinander verwandt und müßten demnach miteinander erben.[313] Eine solche Simultansukzession ist allerdings im ganzen sächsischen Recht nicht nachzuweisen.
Die kanonische Zählweise, deren eigentliches Anwendungsgebiet das Eherecht ist, ist für die Verwandtschaftsbestimmung beim Erbrecht nicht geeignet. Gibt es bei der Frage, ob zwei Verlobte heiraten können, zwangsläufig nur einen gemeinsamen Stammvater, so sind bei der Frage der Verwandtschaftsnähe im Erbrecht regelmäßig mehr als zwei Personen, nämlich der Erblasser selbst sowie mehrere Erbprätendenten, beteiligt. Die daraus resultierenden komplexen Strukturen mit unterschiedlichen Stammvätern kann man mit der kanonischen Zählung nicht zufriedenstellend lösen.[314] Daher kann auch der Zusatz in Ldr. I Art. 3 § 3 nicht als Argument für die Verwendung der kanonischen Komputation verwendet werden.[315]
Allein die inhaltlich korrekte Wiedergabe des kanonischen Eheverbotes rechtfertigt

---

311 Göschen, S. 139 Fn. 3; Wasserschleben, Replik, S. 40 Fn. 1; Lewis, Krit. Vierteljahrschrift Bd. IX (1867), S. 23 (S. 62); Schanz, S. 30.

312 Schanz, S. 29; Bluntschli, Krit. Überschau Bd. 1 (1853), S. 387 (S. 391).

313 Zu einem entsprechenden Ergebnis führt auch die Beachtung der Magschaftszählung. Alle genannten Personen nehmen, wenn die Kinder des Stammvaters in den Hals gesetzt werden, das Schultergelenk und damit die erste Sippzahl ein.

314 Bluntschli, Krit. Überschau Bd. 1 (1853), S. 387 (S. 393); Freisen, § 38 (S. 435); Griesinger in Danz, Hdb. d. Privatrechts Bd. X, S. 551 u. S. 556; Amira, Erbenfolge, S. 50.

315 Vgl. S. 62.

nicht die Annahme, es sei auch zwingend die kanonische Komputation angewandt worden.
Aus den genannten Gründen läßt sich die Verwandtschaftsberechnung des Sachsenspiegels nicht mit der kanonischen Komputation erklären.

Zu dem hier gefundenen Ergebnis paßt auch Tit. IV § 3 der Sippzahlregeln des Dietrich von Bocksdorf aus dem 15. Jahrhundert.[316] In der angegeben Stelle wird die kanonische Komputation erläutert, aber ausdrücklich als geistliches Recht bezeichnet:

„Steen aber czwu personen sythalben in unglicher lyneen das ist das dye eyne ferner steet von deme stamme denne dye ander. Wye ferne denne dye fernste stet von deme stamme als ferne synt sye ouch underenander nach geystlicheme rechte"
Als Zwischenergebnis kann man daher festhalten, daß nicht nur überhaupt beide Gliederreihen zu zählen sind, sondern auch, daß das Problem ungleicher Reihen nicht durch den relativen Vorrang der längeren Gliederreihe gelöst werden kann. Der Vorrang der längeren Gliederreihe ist deshalb nur ein relativer, da, anders als bei den übrigen Lösungen, welche nur die Gliederreihe der potentiellen Erben berücksichtigen beziehungsweise nach dem Parentelenprinzip der Linie des Erblassers einen grundsätzlichen Vorrang einräumen, hier prinzipiell beide Gliederreihen als gleichwertig gezählt werden. Nur wenn die Gliederreihen ungleich sind, soll die längere entscheidend sein, wobei es dann irrelevant ist, ob es sich dabei um die Linie vom Erblasser oder um jene vom Prätendenten zum Stammvater handelt.

3. Gliederung nach Erbenkreisen - Zugleich eine Auseinandersetzung mit Amira und Schanz

Nach dem bisher Festgestellten kann die Nähe der Verwandtschaft nur so berechnet worden sein, daß beide Gliederreihen als gleichwertig gezählt und berücksichtigt wurden, unabhängig davon, ob die Reihen nun gleich oder ungleich waren.
Diese Schlußfolgerung wurde erstmals von Amira 1873 in seiner Untersuchung zur "Erbenfolge und Verwandtschaftsgliederung nach den alt-niederdeutschen Rechten" gezogen. Der eindeutige Nachweis einer solchen Zählweise anhand der Quellen ist Amira allerdings - was er auch einräumte - nicht gelungen. Sie stelle aber laut Amira, angesichts der erörterten Unzulänglichkeiten der übrigen in Betracht kommenden Lösungen die letzte verbleibende Möglichkeit dar.[317]
Die Zählung beider Gliederreihen soll aber nicht für alle Verwandten des Erblassers die Erbfolge bestimmen. Vielmehr gliedere sich die Verwandtschaft in zwei

---

[316] Vgl. S. 156.

[317] Amira, Erbenfolge, S. 51 für das fränkische Recht. A.a.O., S. 130 wird die Zählung beider Gliederreihen auch für den Sachsenspiegel zugrundegelegt. Ders., Gött. gel. Anz. 1892, S. 249 (S. 263f). Ebenso Schanz in seiner Dissertation „Das Erbfolgesystem des Sachsenspiegels und des Magdeburger Rechts", in welcher er sich im übrigen der Ansicht Amiras im wesentlichen anschloß.

Erbenkreise, einen engeren und einen weiteren. Nur für den weiteren Erbenkreis solle allein die Nähe der Verwandtschaft entscheidend sein und damit auch nur dort die Frage nach der Erbfolge mittels der Zählung der Gliederreihen beantwortet werden können.[318] Die Erbfolge für die Angehörigen des engeren Erbenkreises richte sich hingegen nach anderen Regeln.

a) Erbfolge innerhalb des engeren Erbenkreises

Dieser engere Erbenkreis soll aus den Kindern, den Eltern und den Geschwistern des Erblassers bestehen, also aus denjenigen, welche mit dem Erblasser im 1. Grade kanonischer Komputation verwandt sind.[319] Alle weiteren Angehörigen des Erblassers gehörten folglich grundsätzlich dem weiteren Erbenkreis an. Nur für die Kindeskinder gelte eine abweichende, später noch zu erwähnende Regel. Die besondere Stellung des engeren Erbenkreises, welche sich in einer besonderen erbrechtlichen Behandlung niederschlage, werde - so Amira - auch im Gliederbild zum Ausdruck gebracht. Denn innerhalb der Gliederfigur würden die Angehörigen des engeren Erbenkreises niemals eine andere Position als die des Hauptes oder des Halses einnehmen.

Der Erblassersohn stehe seinem Vater, welcher das Haupt bilde, am Hals, ebenso wie wiederum der Erblasser selbst, wie auch seine Geschwister, im Verhältnis zu ihren Eltern die Stellung des Halses einnehmen.[320] Die Zählung der Verwandtschaft beginne nun, wie man Ldr. I Art. 3 § 3 entnehmen könne, erst mit den Geschwisterkindern, welche als Angehörige des entfernteren Erbenkreises als *„de erste sibbetale de men to mage rekenet"* gezählt werden. Die Trennung beider Erbenkreise werde mithin dadurch verdeutlicht, daß innerhalb des engeren Kreises eine Zählung der Verwandtschaft nicht erfolge.[321]

Die Erbenfolge innerhalb des engeren Erbenkreises solle sich dementsprechend nicht an der Gradnähe orientieren, sondern werde in Ldr. I Art. 17 § 1 ausdrücklich mittels Nennung der Verwandten geregelt.

Eine Stütze findet diese Auffassung in der Formulierung von Ldr. I Art. 17 § 1, wo, nachdem die Erbfolge der Kinder, Enkelkinder, Eltern und Geschwister geregelt

---

[318] Eine Gliederung der Verwandtschaft in Erbenkreise ist zuvor schon von anderen Autoren vertreten worden und läßt sich bis zu Fischers "Geschichte der teutschen Erbfolge Bd. I" von 1778 zurückverfolgen. Dabei wurden allerdings trotz des gemeinsamen Gedankens der Einteilung in Erbenkreise im einzelnen unterschiedliche Erbfolgeprinzipien vertreten. Nach Fischer wurde der erste Kreis vom Sohn (und dessen Nachkommen?) gebildet. Den zweiten Kreis, da einen Grad entfernter verwandt, hatten die Eltern und Geschwister des Erblassers, den dritten - der Gradnähe entsprechend - dessen Großeltern, Elterngeschwister und Geschwisterkinder inne. Auch Siegel, Erbrecht, S. 44 unterschied einen engeren Erbenkreis, bestehend aus den Nachkommen, Eltern und Geschwister des Erblassers, und einen entfernteren, welchem die übrigen erbberechtigten Verwandten angehören, deren Erbrecht sich dann ausschließlich nach der Gradnähe richtete. Vgl. Amira/Eckhardt, Germanisches Recht Bd. II, § 27 (S. 69).

[319] Amira, Erbenfolge, S. 60. Vgl. Amira/Eckhardt, Germanisches Recht Bd. II, § 26 (S. 65).

[320] Amira, Erbenfolge, S. 133; Schanz, S. 47f.

[321] Amira, Erbenfolge, S. 61.

wurde, für alle anderen Verwandten bestimmt wird: *„Swen aber en erve versusteret unde verbruderet, alle de sek gelike na to der sibbe gestoppen mogen, de nemet gelike del dar an"*. Ein zur Sippe ziehen scheint dieser Stelle zufolge dann notwendig oder auch nur zulässig, wenn das Erbe an Angehörige des entfernteren Erbenkreises fällt.

Einen weiteren Grund für die positive Erbanordnung für die engsten Angehörigen in Ldr. I Art. 17 § 1 findet man darin, daß bei Geltung der Gradnähe alle Verwandten, die im Gliederbild Haupt und Hals einnehmen, auch gemeinschaftlich erben müßten. Diese unerwünschte Simultansukzession von Eltern, Kindern und Geschwistern des Erblassers werde nun mittels Ldr. I Art. 17 § 1 ausgeschlossen, welcher die Kinder vor den Eltern und diese vor den Geschwistern zum Erbe berufe.[322] Dabei gelte für den engeren Erbenkreises die weitere Besonderheit, daß innerhalb der soeben erwähnten Reihenfolge das männliche Geschlecht Vorrang vor dem weiblichen genieße, also der Sohn die Tochter vom Erbe ausschließe, diese aber den Vater, welcher selbst wiederum vor der Mutter erbe und so fort.[323]

Eine Ausnahmestellung nehmen nun aber die Enkel des Erblassers, welche als Angehörige des entfernteren Erbenkreises eigentlich nach dem Prinzip der Gradnähe erst nach den Geschwistern zum Erbe gelangen könnten, ein. Ldr. I Art. 17 § 1 bestimme nun ausdrücklich eine Erbenfolge, nach welcher die Kindeskinder nach den Kindern des Erblassers, aber noch vor den Eltern und den Geschwistern zum Erbe gelangen. Dabei unterscheidet sich das Erbrecht der Kindeskinder von jenem der Kinder, Eltern und Geschwister dadurch, daß die Enkel zu gleichen Teilen erben, unabhängig davon, welchen Geschlechts sie sind, oder ob sie die Kinder eines Sohnes oder einer Tochter des Erblassers sind. Großer Wert wird dabei auf die Formulierung *„doch nimt sones unde dochter kint"* in Ldr. I Art. 17 § 1 gelegt. Aus dieser Formulierung könne man nämlich schließen, das Erbrecht der Kindeskinder könne nur auf einer Ausnahme zum sonst herrschenden Prinzip der Gradnähe beruhen.[324] Folglich beweise die Regel in Ldr. I Art. 17 § 1 zweierlei: Zum einen das Prinzip der Gradnähe für den weiteren Erbenkreis, zum anderen die Geltung abweichender Regelungen für den engeren Erbenkreis.

b) Erbfolge innerhalb des weiteren Erbenkreises

Falle nun das Erbe an entferntere Verwandte als Bruder und Schwester und sind auch keine Kindeskinder vorhanden, welche kraft ausdrücklicher Ausnahme dem engeren Erbenkreis zugerechnet werden, so bestimme sich die Erbenfolge im weiteren Erbenkreis nach der Gradnähe und gleich nahe Verwandte erbten zu gleichen Teilen.

Die Gradnähe soll dabei in der Weise berechnet werden, daß alle Glieder einer Linie, also sowohl die Linie des Erblassers zum Stammvater ebenso wie die des Erb-

[322] Amira, Erbenfolge, S. 132.
[323] Amira, Erbenfolge, S. 132. Vgl. auch Rummel, Stellung der Frau, S. 165.
[324] Amira, Erbenfolge, S. 129; Schanz, S. 49 u. S. 19.

prätendenten, für sich gezählt und addiert werden und dann die Gesamtsumme, aber als zwei Größen, gegenüber den anderen Verwandten in Rechnung gebracht werden.[325] Bei dieser Zählung werden aber weder der Kopf, gebildet vom gemeinsamen Stammvater, noch der Hals mitgezählt.[326]
Schanz, welcher diese Art der Verwandtschaftszählung erstmals detailliert auch auf den entfernteren Erbenkreis anwendete, kommt bei der beispielhaften Berechnung der Verwandtschaftsnähe von Urgroßvater, Großvaterbruder, Elterngeschwisterkinder und Geschwisterenkel entsprechend zu folgender Erbenfolge.[327]

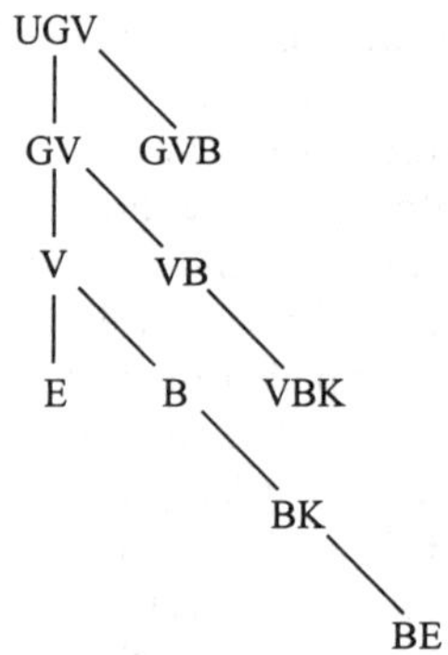

Der nächste gemeinsame Stammvater von Großvaterbruder (GVB) und Erblasser (E) ist der Urgroßvater (UGV), welcher folglich das Haupt der Gliederfigur einnimmt. Großvaterbruder und Großvater (GV) bilden den Hals, so daß der Erblasser die Stellung des Ellenbogens erhält.[328] Da Haupt und Hals nicht gezählt werden,

[325] Schanz, S. 16 unter Berufung auf Amira, Erbenfolge, S. 51, welcher allerdings a.a.O. nur von einem Vergleich der Gliedereihen sprach. Die Addition der Gliederreihen und der Vergleich der Gesamtsumme, allerdings als zwei Größen, findet sich bei Amira nicht, welcher sich im übrigen auch auf die Darstellung der Erbenfolge im engeren Erbenkreis beschränkte und die Verwandtschaftszählung des entfernteren Erbenkreises für das Recht des Sachsenspiegels nicht erörterte.

[326] Schanz, S. 50.

[327] Schanz, S. 50.

[328] Unzutreffend ist daher auch die Kritik Lewis, Krit. Vierteljahrschrift Bd. XVII (1875), S. 400 (S. 415), der dieser Art der Verwandtschaftsberechnung entgegenhielt, in den Fällen von ungleichen Linien müßte der Erbprätendent zwei unterschiedliche Glieder des Körpers, hier im genannten Beispiel den Hals und den Ellenbogen, einnehmen. Lewis übersah, daß nur eine Gliederreihe die Stellung des Erbanwärters angibt, die andere Linie hingegen, jene des Erblassers selbst, der dann auch dort das jeweilige Glied einnimmt. Vgl. Schanz, S. 47. Die Kritik Lewis wird erst dann verständlich, wenn man unterstellt, der Erblasser nehme immer das Haupt ein, wenn die Position der Prätendenten zu bestimmen sei. Eine Voraussetzung, welche für die Verwandtschaftszählung nach dem Sachsenspiegel weder naheliegend noch zwingend ist.

trennen den Großvaterbruder vom Erblasser zwei Glieder (Schulter und Ellenbogen); sie sind folglich im zweiten Grad oder Glied miteinander verwandt.
Für das Vaterbruderkind (VBK) und den Erblasser ist der nächste gemeinsame Stammvater der Großvater. Hier bilden Vater (V) und Vaterbruder (VB) den Hals und fallen aus der Zählung somit heraus. Den Erblasser, der an der Schulter steht, trennt zum Stammvater ein Glied, dasselbe gilt für das Vaterbruderkind, welches ebenfalls die Schulter einnimmt. Es ist mithin auf jeder Seite ein Glied zu zählen, zusammen also zwei Glieder, so daß Vaterbruderkind und Erblasser ebenfalls im zweiten Grad bzw. Glied verwandt sind.
Der nächste mit dem Erblasser gemeinsame Stammvater des Bruderenkels (BE) ist der Vater des Erblassers. Der Erblasser selbst steht diesem am Hals und wird entsprechend für die Zählung nicht berücksichtigt. Auf der Seite des Erbanwärters steht der Bruder (B) am Hals, das Bruderkind (BK) an der Schulter und schließlich der Bruderenkel am Ellenbogen, so daß auf dieser Seite zwei Glieder (Schulter und Ellenbogen) zu zählen sind und auch der Bruderenkel den zweiten Verwandtschaftsgrad innehat.
Wird nun die Verwandtschaftsnähe des Urgroßvaters berechnet, so bleibt die Vorgehensweise dieselbe, ungeachtet des Umstandes, daß der Urgroßvater ein Verwandter in gerader aufsteigender Linie ist. Eine Besonderheit ergibt sich nur insofern, als er selbst die Stellung des Hauptes einnimmt, da ein mit dem Erblasser gemeinsamer Stammvater für die Verwandten gerader Linie, anders als bei den Verwandten in der Seitenlinie, nicht vorhanden ist. Bildet der Urgroßvater das Haupt, so steht der Erblasser am Ellenbogen und ist so durch zwei zu zählende Glieder (Schulter und Ellenbogen) vom Kopf getrennt. Folglich sind alle genannten Verwandten mit dem Erblasser im zweiten Grad verwandt und erben folglich zu gleichen Teilen.

Nach Schanz[329] ergibt sich demnach, bei Außerachtlassen der noch zu behandelnden Besonderheiten der Halbgeburt, folgende Erbenordnung:

A: Im engeren Erbenkreis nach der ausdrücklichen Bestimmung von Ldr. I Art. 17 § 1

1. Der Sohn
2. Die Tochter
3. Die Enkelkinder
4. Der Vater
5. Die Mutter
6. Der Bruder
7. Die Schwester

B: Im weiteren Erbenkreis nach Gradesnähe

Die Verwandten ersten Grades:

---

[329] Schanz, S. 50.

Die Großeltern, die Geschwisterkinder und die Elterngeschwister
Die Verwandten zweiten Grades:
Die Urgroßeltern, die Urenkel, die Elterngeschwisterkinder und die Geschwisterenkel.
u.s.w.

Bei Herleitung dieser Erbenordnung hatte sich Schanz an die Argumentation Amiras angelehnt und diese in der dargestellten Weise interpretiert. In seiner Rezension der Schrift von Schanz hat Amira allerdings dieser Auslegung widersprochen. Nach Ansicht Amiras sei die von Schanz vorausgesetzte gleich nahe Verwandtschaft der Angehörigen des engeren Erbenkreises zum Erblasser unzutreffend, denn auch im engeren Erbenkreis gäbe es Nuancen in der Verwandtschaftsnähe.[330] So sollen nur die Eltern und Kinder des Erblassers mit diesem gleich nah verwandt sein, die Geschwister hingegen nicht.[331] Entsprechend soll auch der Hals des Gliederbildes nicht vollständig aus der Zählung herausfallen, vielmehr sei er mit dem Wert eines halben Gliedes zu berücksichtigen. Auf dieser Grundlage gelangte Amira zu folgender von Schanz abweichender Komputation:[332]
Die Kinder und Eltern des Erblassers zählen einen Hals und sind so mit diesem näher verwandt als die Geschwister, welche zwei Hälse zählen. Großeltern und Enkel sind von dem Erblasser durch ein Glied und einen Hals getrennt und erben daher zwar nach den Geschwistern, aber vor den Geschwisterkindern und den Elterngeschwistern, welche je ein Glied und zwei Hälse vom Erblasser entfernt sind.
Mit dieser Auffassung setzte sich Amira aber zu seiner eigenen Ausgangsposition, nämlich der Einteilung der Verwandten in einen engeren und einen weiteren Erbenkreis, in Widerspruch. Denn die Angehörigen des engeren Erbenkreises, als Haupt und Hals des Gliederbildes, sollen ja gerade in die Gliederzählung nicht miteingerechnet werden, da ja die Zählung in Ldr. I Art. 3 § 3 erst mit den Geschwisterkindern beginnen würde.[333] Letzteres ist aber der Fall, wenn die Kinder und Eltern des Erblassers vor den Geschwistern erben, nicht weil dies Ldr. I Art. 17 § 1 so ausdrücklich anordnet, sondern weil letztere nicht gleich nah wie Eltern und Kinder mit dem Erblasser verwandt seien, sie sich also ferner zur Sippe zählen. Infolgedessen müßten im engeren Erbenkreis zwei Erbfolgeprinzipien gelten, nämlich

---

[330] Amira, Gött. gel. Anz. 1884, S. 38 (S. 42).

[331] Einen Hinweis auf diese Differenzierung findet man in der früheren Schrift Amiras - wenn überhaupt - bei Amira, Erbenfolge, S. 133 wo es heißt: „Unter diesen (d. h. den Verwandten des 1. Grades kan. Komputation) succedirten jedoch selbst die mit dem Erblasser gleich nah gesippten Magen wie Kinder und Eltern nicht gemeinschaftlich. Es gingen vielmehr die Kinder den Geschwistern und Eltern vor." Hingegen scheint die Formulierung a.a.O, S. 132 über den Zweck von Ldr. I Art. 17 § 1 eher auf eine gleich nahe Verwandtschaft von Eltern, Kinder und Geschwister hinzudeuten: „Denn die gemeinschaftliche Succession der an Hals und Haupt oder im 1. Grade kanonischer Computation stehender Magen sollte ausgeschlossen sein".

[332] Amira, Gött. gel. Anz. 1884, S. 38 (S. 43).

[333] Vgl. Amira, Erbenfolge, S. 130: „Nicht in die Gliederzählung eingerechnet wurden die im Verwandtschaftsbilde an Haupt und Halse stehenden Magen."

die Anordnung des Ldr. I Art. 17 § 1 für die gleich nah verwandten Kinder und Eltern, sowie das Prinzip der Gradesnähe, nach welchem die Geschwister nach den Kindern und den Eltern erben.[334]
Die von Amira vorgeschlagene Berücksichtigung der Geschwister in der Zählung als Hälse mit dem Wert eines halben Gliedes vermag darüber hinaus auch deswegen nicht zu überzeugen, weil sie ein Gliederbild mit zwei Hälsen voraussetzt. Ein Umstand, der weder mit dem Wortlaut von Ldr. I Art. 3 § 3 noch mit der üblichen Vorstellung des menschlichen Körpers in Einklang zu bringen ist.

Im Vergleich mit dem Schanz'schen System erscheint die Lösung von Amira daher inkonsequent und widersprüchlich. Von beiden Komputationen ist folglich der ersteren der Vorzug zu geben.[335] Damit soll aber nicht gesagt sein, daß die Lösung von Schanz in dieser Form ohne jede Modifikation völlig überzeugen kann. Vielmehr sind auch hier verschiedene Einwände vorzubringen.

4. Die Bedeutung der Magschaftszählung im Sachsenspiegel

Die von Schanz vorgeschlagene Form der Verwandtschaftsberechnung basiert auf der Anwendung des Gliederbildes von Ldr. I Art. 3 § 3 sowohl auf die ab- und aufsteigende Linie als auch auf die Seitenverwandtschaft. Insoweit wird die These Schanz' durch die vorangegangene Untersuchung gestützt. Die Anwendung des Gliederbildes auf die gerade Linie setzt zwangsläufig voraus, daß auch die Des- und Aszendenten einem bestimmten Verwandtschaftsgrad zugeordnet werden, sie also gezählt werden müssen. Dies ist evident, auch wenn man dem Sachsenspiegel kein positives Beispiel für eine Zählung in gerader Linie entnehmen kann.[336]
Eine solche Zählung der geraden Linie ist, ebenso wie die Zählung der Seitenverwandtschaft, in zwei Varianten denkbar. Einmal als Magschaftszählung, beginnend mit den an der Schulter lokalisierten Verwandten, also jenen, die im 2. Grad kanonischer Komputation stehen und das andere Mal als Zählung der Sippschaft, die mit den am Hals stehenden, im 1. Grad kanonischer Komputation Verwandten, beginnt.

a) Die These Fickers: Die Zählung der Magschaft ist nur in der Seitenlinie möglich

Da nach der Magschaftszählung Haupt und Hals nicht gezählt werden, ordnet Schanz folgerichtig den Großeltern und den Enkelkindern den 1. Verwandtschaftsgrad zu, wobei die Enkel nur kraft der ausdrücklicher Anordnung in Ldr. I Art. 17 § 1 in der Erbfolge bevorzugt werden.[337] Die Zählung von Großvater und Enkel als

[334] Stutz, Verwandtschaftsbild, S. 51 Fn. 2.
[335] Amira, Gött. gel. Anz. 1884, S. 38 (S. 43) räumte dann auch ein, daß Schanz die richtige Auslegung des Verwandtschaftsbildes getroffen haben kann.
[336] Vgl. S. 69f.
[337] Die Urenkel, da für sie keine Ausnahmeregel gilt, erben nach Gradnähe; d.h. mit den übrigen Verwandten zweiten Grades gemeinsam. Schanz, S. 51.

Verwandte 1. Grades setzt allerdings voraus, daß der Abstand vom Erblasser zu seinem Vater und zu seinen Kindern unberücksichtigt bleiben kann.
Betrachtet man nun aber die Verwandtschaftsnamen für Angehörige der geraden Linie über die Eltern und Kinder hinaus, so fällt auf, daß weder im Sachsenspiegel noch in der zeitgenössischen sächsischen Rechtsliteratur eigenständige Bezeichnungen für die Großeltern oder die Enkel zu finden sind. Die Eltern von Vater oder Mutter werden als Großvater *„eldervader"* bzw. als Großmutter *„eldermuder"* wie in Ldr. I Art. 5 § 1 bezeichnet, die Enkelkinder werden in Ldr. I Art. 17 § 1 mit den Begriffen *„sones unde dochter kint"* umschrieben. Alle diese Bezeichnungen haben aber insoweit keinen eigenständigen Charakter. Sie leiten sich nur aus dem Verhältnis der Eltern zu ihren Kindern her. Wenn somit der Großvater als der „ältere Vater" oder „Altvater" bezeichnet wird, so ist in diesem Begriff, worauf vor allem Ficker hingewiesen hat, die Beziehung der Ausgangsperson zu ihrem Vater noch lebendig. Diese sprachlichen Ausdeutung legt nun den Schluß nahe, der Vater, wenn die Verwandtschaft des Großvaters berechnet wird, könne in der Zählung nicht einfach außer acht gelassen werden.[338]
Ficker vertrat aufgrund dieses Befundes die Auffassung, daß die Verwandtschaftsnamen auf eine Zählung hindeuten würden, nach welcher der Vater als erstes, der Großvater als zweites und damit korrespondierend auch der Sohn als erstes und die Sohneskinder als zweites Glied gezählt wurden, mithin die Magschaftszählung in der geraden Linie keine Anwendung gefunden haben kann.[339]
Zieht man nun aber die Verwandten in der Seitenlinie in diese etymologische Betrachtungen mit hinein, so stellt sich heraus, daß der Sachsenspiegel auch keine eigenständigen Bezeichnungen für die Geschwisterkinder kennt. Diese werden vielmehr, wie in Ldr. I Art. 3 § 3, als *„bruder kint unde suster kint"* umschrieben. Auch in der Seitenlinie werden entferntere Verwandte mit solchen Namen bezeichnet, die auf ihr Verhältnis zu Angehörigen des engeren Verwandtenkreises hindeuten. Da das Bruderkind zum Bruder in demselben Verhältnis steht wie der Sohn zum Vater, müßte daher folgerichtig der Bruder in der Seitenverwandtschaft - wie der Sohn in der geraden Linie - als erster gezählt werden und seine Kinder die zweite Stelle einnehmen. Nun bezeichnet Ldr. I Art. 3 § 3 aber die Geschwisterkinder ausdrücklich als *„de erste sibbetale de men to mage rekenet"*. Demnach ist es sehr wohl möglich, daß Verwandte, deren Bezeichnung sich aus ihrem Verhältnis zu anderen ableitet, in der Verwandtschaftszählung als erstes gezählt werden. Zwar konnte dies positiv nur für die Seitenverwandtschaft nachgewiesen werden, jedoch bestehen keine Bedenken, dieses Ergebnis auch auf die Angehörigen der geraden

[338] Für das angelsächsische Recht läßt sich eine entsprechende Verbindung der Verwandtschaftsbezeichnung mit deren Zählung belegen. So wurde der Urgroßvater als "dridde fädar" und der Ururenkel als "feorda sunu" bezeichnet. Die Verwandtschaftsnamen setzen somit voraus, daß Vater und Sohn jeweils mitgezählt wurden. Vgl. Amira, Erbenfolge, S. 77.
[339] Ficker, Erbenfolge Bd. II, § 406 (S. 50f).

Linie zu übertragen. Mithin kann die Theorie der Magschaftszählung allein mit etymologischen Erwägungen nicht widerlegt werden.[340]
Grundlage der Magschaftszählung ist, wie bereits betont, die besondere Stellung von Haupt und Hals, die darin ihren Niederschlag findet, daß die dort im Gliederbild angesiedelten Verwandten in die Zählung nicht miteinbezogen werden. Nun hat die Untersuchung aber ergeben, daß die in der Figur von Ldr. I Art. 3 § 3 am Hals befindlichen Geschwister zwar nicht als zu den „magen" gehörend gezählt wurden, daß sie aber im übrigen durchaus die erste Sippzahl eingenommen haben.[341]
Folglich stellt sich nun die Frage, welche Funktion im Erbfolgesystem des Sachsenspiegels zum einen der Magschafts- und zum anderen der Sippschaftszählung zugekommen ist.

b) Bestimmung der erbberechtigten Verwandten nach der Magschaftszählung?

Aus der Koexistenz zweier unterschiedlicher Zählformen im Sachsenspiegel ist der Schluß gezogen worden, beide Zählungen hätten im Erbrecht des Sachsenspiegels Verwendung gefunden, dabei hätte aber jede Zählweise ihren eigenen, von der anderen strikt zu trennenden Anwendungsbereich besessen.
So soll nach Auffassung Fickers die Sippschaftszählung, welche mit den Kindern der Stammeltern als erste Generation beginnt, zur Feststellung der Verwandtschaftsnähe dienen.
Hingegen würde die Magschaftszählung, welche erst mit den Geschwisterkindern zu zählen beginnt, ausschließlich die Grenze der erbberechtigten Verwandten und damit der Sippe überhaupt aufzeigen.[342] Die Begrenzung der Sippe ergebe sich durch Abzählen von jeweils sechs „Magen“ zum einen auf der Linie vom Erblasser und zum anderen auf jener vom Erbprätendenten zum Stammvater. Ist der Erblasser

---

[340] Noch weniger überzeugend ist es, wenn Ficker, Erbenfolge Bd. II, § 406 (S. 49) und § 407 (S. 52) die Magschaftszählung als für die Berechnung der Verwandtschaftsnähe ungeeignet zurückwies, da nach ihr alle direkten Nachkommen und Ahnen des Erblassers sowie deren Geschwister nicht gezählt werden können. Ficker begründete diese Auffassung mit der Erwägung, der Abstand vom Großvater zum Vater und vom Enkel zum Sohn sei identisch mit jenem vom Vater zum Sohn, da dieser aber nicht gezählt werde, könne konsequenterweise die gesamte gerade Linie nicht gezählt werden. Entsprechendes solle dann auch für alle Geschwister gelten. Eine solche Darstellung suggeriert aber, daß die Sippe nach Ldr. I Art. 3 § 3 die Gesamtheit aller Verwandten umfasse. Tatsächlich umgrenzt sie aber nur das Stammelternpaar und dessen Nachkommenschaft. Folgerichtig kann der einzige Bezugspunkt auch nur dieses Stammelternpaar sein. Es stellt sich daher gar nicht die Frage im welchen Verhältnis der Enkel zum Sohn des Erblassers, sondern nur wie er zum Erblasser steht. Und die Beziehung Enkel-Erblasser ist offensichtlich eine andere als die des Sohnes zum Erblasser. Mithin kann der Enkel durchaus als außerhalb des engeren Kreises stehender Verwandter gezählt werden, obwohl er ein Verwandter gerader Linie ist.

[341] Vgl. S. 69.

[342] Ficker, Erbenfolge Bd. I, § 328 (S. 441), ders., Erbenfolge Bd. II, § 402 (S. 44).

oder der Erbprätendent an der siebenten Stelle der Magschaft, so steht er als Nagelmage außerhalb des für das Erbrecht relevanten Verwandtschaftskreises. Im Ergebnis würde demnach für die Bestimmung der Verwandtschaftsgrenze und damit auch der Erbgrenze das Prinzip des relativen Vorrangs der längeren Reihe gelten.[343]
Ein solcher Dualismus der Verwandtschaftszählungen im Erbrecht würde zu folgender Vorgehensweise führen: Zu Beginn wäre mit Hilfe der Magschaftszählung festzustellen, ob der potentielle Erbe noch dem erbberechtigten Verwandtenkreis angehöre, in einem zweiten Schritt gälte es dann mit der Sippschaftszählung die konkrete Verwandtschaftsnähe festzustellen.
Einen solchen Dualismus der Zählungen als unmöglich zu bezeichnen, nur weil dann die Erben in zwei Stufen mit Hilfe zweier divergierender Zählungen bestimmt würden, geht sicherlich zu weit[344], vor allem da beide Zählungsarten im Sachsenspiegel nachweisbar sind.
Auch der Wortlaut von Ldr. I Art. 3 § 3 scheint nicht gegen eine doppelte Zählung zu sprechen. In dem Abschnitt, beginnend mit *„Diu twischen deme nagele..."*, in welchem die Verwandtschaftsnähe als maßgebliches Kriterium für das bessere Erbrecht statuiert wird, findet die Magschaftszählung keine Erwähnung. Nagel und Haupt kennzeichnen vielmehr die Grenze, innerhalb welcher die Angehörigen noch zum Erbe gelangen können, ohne dabei eine Anwendung der Magschaftszählung für die Berechnung der Verwandtschaftsnähe zu fordern.[345]

Trotzdem kann die These, nach welcher die Erbgrenze mit Hilfe der Magschaftszählung berechnet wurde, nicht überzeugen. Der Zusatz zu Ldr. I Art. 3 § 3 beginnt mit den Worten *„De sibbe lendet in deme seveden erve to nemene"*. Diese Formulierung basiert, wie bereits dargelegt, auf der Sippschaftszählung, welche bereits den Kindern den ersten Grad einräumt.[346]
Folglich haben wir hier eine Stelle vor uns, die eine Aussage über die Grenze des Erbrechts trifft, aber diese nicht nach der Magschaftszählung berechnet. Ebenso ist Ldr. I Art. 19 § 1 zu entnehmen, daß das Erbrecht der Sachsen in der siebenten Sippe endet. Eine Feststellung, die nur dann mit dem Gliederbild in Einklang gebracht werden kann, wenn die Kinder als erste Sippe gezählt werden.
Daher kann und wurde die Grenze der Erbberechtigung nicht ausschließlich nach der Magschaftszählung berechnet. Daß nun aber für ein und dieselbe Frage, nämlich ob der Prätendent überhaupt Angehöriger des erbberechtigten Verwandtenkreises sei, wahlweise nach zwei unterschiedlichen Zählweisen, entweder nach der

---

[343] Ficker, Erbenfolge Bd. II, § 408 (S. 53).

[344] So aber Schanz, S. 31. Schanz wendete sich dort namentlich gegen die Ansicht von Griesinger und Siegel (vgl. Fn. 293), welche ähnlich wie Ficker zwei Zählweisen angenommen hatten. Gegen Schanz wiederum Ficker, Erbenfolge Bd.I, § 328 (S. 442). Vgl. auch Schmidt, Studien, S. 242.

[345] Ficker, Erbenfolge Bd. II, § 409 (S. 56).

[346] Vgl. oben S. 58f.

Magschafts- oder nach der Sippschaftszählung, entschieden wurde, ist nicht anzunehmen.
Vor diesem Hintergrund verliert auch der Hinweis von Ficker auf die Landrechte des Amtes Hagen an Relevanz.[347] Zwar läßt sich dort ebenfalls in einigen Bestimmungen eine Zählung nachweisen, welche - wie in Ldr. I Art. 3 § 3 - die Kinder von Bruder und Schwester als die ersten rechnet. So bestimmt beispielsweise Art. I, Nr. 6 des Gerichts von Neuland Nr. 6:

„Zum Sechsten. Schwester und Bruder Kinder werden vor das erste gelidt gerechnett, und so vordan biß in das dritte gelidt"[348]

Allerdings ist es eher zweifelhaft, ob aus diesen Hagener Rechten tatsächlich auf die Geltung der Magschaftszählung für die Bestimmung der Erbgrenze im mittelalterlichen sächsischen Recht geschlossen werden kann. Für seine Behauptung, die Rechte stünden völlig außerhalb der Überlieferungstradition des Sachsenspiegels, bleibt Ficker den Beweis schuldig. Zwar weichen die Hagener Landrechte in einigen Bereichen, wie beispielsweise dem unbedingten Vorrang des männlichen vor dem weiblichen Geschlecht in allen Graden und der Aufteilung des Erbes je nach Herkunft nach Vater- und Mutterseiten, erheblich vom sächsischen Landrecht ab. Warum aber bei solchen Divergenzen die Zählung der Geschwisterkinder als erstes Glied für die Zählung nach dem Sachsenspiegel so bedeutend sein soll, ist nicht einsichtig. Weiterhin ist die Aufzeichnung der Hagener Landrechte im Jahre 1581 erst relativ spät erfolgt. Sie sind daher für die Beurteilung des sächsischen Rechtes des 13. Jahrhunderts nur von zweifelhaftem Wert.

c) Bestimmung der Verwandtschaftsnähe nach der Magschaftszählung ?

Nun verbliebe noch die Möglichkeit, daß zwar die Erbgrenze mit der vom Hals ausgehenden Sippschaftszählung bestimmt werde, aber doch zumindest die Verwandtschaftsnähe mit Hilfe der Magschaftszählung berechnet würde.
Gegen eine solche Annahme spricht jedoch die Erbregel *„Diu twischen deme nagele unde deme hovede"*. Nach ihr erben alle Verwandten, die sich zwischen dem Nagel und dem Haupt zur Sippe gliedern, nach ihrer Nähe zum Erblasser. Zwischen Nagel und Haupt befindet sich aber auch der Hals, das heißt, auch die Verwandten, die am Halse stehen, sollen nach demselben Prinzip erben wie jene, welche an der Schulter oder am Ellenbogen stehen.
Mithin erben, wie bereits Stutz formuliert hat, die Geschwister nicht vor den Geschwisterkindern, weil sie dem engeren Erbenkreis angehören, in welchem die Gradnähe nicht relevant ist, sondern sie erben zuvor, weil sie sich näher zur Sippe ziehen können.[349]

---

[347] Ficker, Erbenfolge Bd. II, § 403 (S. 44f)

[348] Gedruckt bei Pufendorf, Observationes Juris universi Tom. III, Appendix, S. 3. Inhaltlich übereinstimmend die weiteren bei Pufendorf wiedergegebenen Gerichte des Amtes Hagen.

[349] Stutz, Verwandtschaftsbild, S. 21.

Weiterhin sprechen gegen die Magschaftszählung noch konstruktive Bedenken, die ihre analoge Anwendung auf den gesamten Kreis der Verwandten unwahrscheinlich macht. Der Begriff der Magschaft umfaßt alle Angehörigen, die nicht dem engeren Verwandtenkreis des Erblassers, gebildet von den Kindern, Eltern und Geschwistern, angehören. Letztere Personengruppe wird, da sie dem Erblasser besonders nahe ist, als am Haupt und Halse stehend, nach der Magschaftszählung nicht gezählt. Diese Prämisse führt bei der Übertragung des Gliederbildes auf den entfernteren Verwandtenkreis allerdings zu Unstimmigkeiten.
Beispielsweise kann der Vaterbruder des Erblassers sicherlich nicht als dessen „Mag" bezeichnet werden. Trotzdem nimmt er bei konsequenter Durchführung der Magschaftszählung als Sohn des Urgroßvaters, der als Stammvater das Haupt bildet, gemeinsam mit seinem Bruder, dem Großvater des Erblassers, im Gliederbild die Stellung des Halses und damit die eines „Magen" ein und wird folgerichtig nicht gezählt, obwohl er doch im Verhältnis zum Erblasser nicht dessen „Mage" ist.[350]

d) Die Magschaft als terminologischer Begriff ohne rechtliche Bedeutung

Faßt man das bisher Erörterte zusammen, so gelangt man zu dem Ergebnis, daß die Magschaftszählung für das Erbrecht des Sachsenspiegels weder im Hinblick auf die Berechnung der Verwandtschaftsnähe noch auf die der Erbgrenze von Bedeutung war.
Trotzdem findet sie in Ldr. I Art. 3 § 3 eingehend Behandlung und ist infolgedessen in der rechtsgeschichtlichen Forschung zum Ausgangspunkt verschiedener Theorien geworden.[351] Unzweifelhaft wurde mit Hilfe des Begriffes der Magschaft ein engerer Verwandtenkreis terminologisch von einem entfernteren Verwandtenkreis getrennt. Diese Differenzierung in zwei Kreise hatte dabei allerdings keinerlei Auswirkung auf die Erbenfolge gehabt. Damit sollen natürlich nicht die bestehenden Unterschiede in der erbrechtlichen Behandlung beider Personenkreise negiert werden, wie sie beispielsweise in der besonderen Ausgestaltung des Mannes- und Frauenerbrechts für den engeren Verwandtenkreis, wie ihn Ldr. I Art. 17 § 1 festlegt, deutlich werden.
Welche Gründe Eike nun dazu bewogen haben, die Magschaftszählung in den Sachsenspiegel aufzunehmen, von welchem sie in zahlreiche weitere sächsische Rechtsbücher übernommen wurde[352], wird mit letzter Sicherheit wohl nicht zu klä-

---

[350] Für die Einordnung als „Mage" kann auch nicht die Nähe des Großonkels zum Urgroßvater entscheidend sein, denn ist er zwar als dessen Sohn sein „Mage", so wird er dadurch doch nicht „Mage" des Erblassers. Vgl. auch Stutz, Verwandtschaftsbild, S. 45 Fn. 2.

[351] Amira und Schanz haben ihr Erbfolgesystem maßgeblich auf die Magschaftszählung gestützt. Aber auch Parentelisten wie Heusler, Institutionen Bd. II, S. 586 Fn. 2 u. S. 592 und Stobbe, Privatrecht Bd. V, § 286 (S. 67) gingen davon aus, daß Haupt und Hals erbrechtlich nicht zur Sippe zählen und daher außerhalb der Zählung stehen.

[352] Zumindestens die Rechtsbücher, welche eine Gesamtdarstellung der Sippe versuchen, enthalten auch die Magschaftszählung wie beispielsweise das Meißener Rechtsbuch, L. I, c. IV und

ren sein. Da aber die Magschaftszählung keinen eigenen rechtlichen Aussagegehalt besitzt, ist es wahrscheinlich, daß ihre Aufnahme in den Sachsenspiegel durch eine Überlieferungstradition bedingt war, welche Eike bei Abfassung des Sachsenspiegels bereits im wesentlichen vorfand.

In Ldr. I Art. 3 verbindet Eike die Darstellung der Weltalter, der Heerschildordnung und der Sippe als die drei maßgeblichen Ordnungsprinzipien für den mittelalterlichen Menschen: Zeit, Gesellschaft/Verfassung und Familie. Dabei läßt sich die Verbindung der Weltalterlehre mit der Darstellung der Verwandtschaft und insbesondere ihrer Grenze bis auf die Etymologiae Isidors von Sevilla aus dem frühen 7. Jahrhundert zurückverfolgen.[353] Dort wurde zwar die Grenze der Verwandtschaft noch auf den sechsten Grad festgelegt und dies mit der Sechszahl der Weltaltern erklärt, aber schon das dem Text beigegebene Stemma II stellte sieben Verwandtschaftsgrade dar.[354] Burchard von Worms führte dann zu Beginn des 11. Jahrhunderts in seinem Liber decretum als erster in die Isidor-Überlieferung die Magschaftszählung in der Gestalt ein, indem er von den sieben Graden der Verwandtschaft nur die sechs „Magen" zählte, so wie ja auch nur sechs Weltalter existierten.[355]

Jedoch sind die Dekretalen Burchards als unmittelbare Vorlage Eikes nicht wahrscheinlich. Zwar verbinden sie die Magschaftszählung mit der Verwandtschaftsglie-

---

das Zwickauer Rechtsbuch, Teil II, Art. 2. In der Ldr. I Art 3 § 3 entsprechenden Stelle des Schwabenspiegels ist die Magschaftszählung hingegen nicht mehr verwendet worden, allerdings nehmen die Kinder dort das Schultergelenk ein, der Hals wird nicht erwähnt: Schwsp. Ldr. 5: *„dew chint dy ane zwayung von vater und von muter geporenn sind das sint rechte gesbistereit. an den hebet sich die erst sipp ann. die stend auch von recht an dem nachsten gelid do die arm ann die schulternn stossent"*.

353 Eike selbst nennt in Ldr. I Art. 3 § 1 als Quelle der Weltalterlehre Origenes. Schon Stobbe, Rechtsquellen Bd. I, § 30 (S. 305) wies darauf hin, daß Eike hier das „Etymologiarum sive Originum" Isidors v. Sevilla, das im mittelalterlichen Sprachgebrauch häufig nur als Origenes bezeichnet wurde, mit dem Kirchenschriftsteller Origenes des 3. Jahrhunderts verwechselt hatte. Nachdem diese Theorie von Stutz, Verwandtschaftsbild, S. 24f eingehend begründet wurde, war sie lange Zeit unbestritten. Vgl. auch Schröder/Künßberg, § 54 (S. 722). Erst Mitte diesen Jahrhundert wurde diese Ansicht von Schmidt, Studien, S. 126f u. S. 266f und Gagnér, Niederdeutsche Mitteilungen Bd. 3 (1947), S. 83 (S. 99f) bestritten. Vor allem Schmidt versuchte darzulegen, daß sich der Hinweis Eikes tatsächlich auf den Schriftsteller Origenes bezieht. Dagegen aber mit überzeugenden Argumenten: Schadt, Verwandtschaftsbild, S. 406 (S. 421f). Vgl. allgemein zur Überlieferungstradition der Weltalterlehre seit Augustin, Schmidt, Studien, S. 141f.

354 Die Festlegung des für das Ehe- und Erbrecht maßgeblichen Verwandtschaftsgrades auf den siebenten Grad geht mit großer Wahrscheinlichkeit auf römisch-rechtlichen Vorstellungen zurück. So bestimmt Paulus, Rec. Sentt. IV. 11. § 7 u. 8, daß in der geraden Linie nur die ersten sechs Grade erben, in der Seitenlinie hingegen das Erbrecht sieben Grade römischer Komputation weit reiche. Paulus begründet diese Erbgrenze mit dem Hinweis, daß entferntere Verwandte auch keine Verwandtschaftsbezeichnung hätten. Eine Begrenzung in der Seitenverwandtschaft auf die *„sobrino et sobrini natum et natam"* findet sich ebenfalls bei Ulp. D. 38,8,1,3. Vgl. Freisen, § 33 (S. 382) und Schanz, S. 25 Fn. 84.

355 Vgl. S. 54f.

derung und beziehen diese auf die Weltalter; aber sowohl die Zahl als auch die Dauer der Weltalter entsprechen nicht der Darstellung des Sachsenspiegels. In Decr. lib. VII, c. 10 gibt Burchard nicht nur die Zahl der Weltalter mit sechs statt mit sieben an, sondern es fehlt auch ein Hinweis auf die 1000jährige Dauer der einzelnen Weltalter, wie der Sachsenspiegel sie kennt.
Scheidet somit Burchard zwar als unmittelbare Vorlage Eikes aus, so spricht die große Ähnlichkeit beider Textstellen doch gegen die Annahme, Eike habe die Magschaftszählung aus eigenem Antrieb, ohne Anregung durch eine in burchardischer Tradition stehende Vorlage, in die Verwandtschaftsgliederung eingefügt.[356]
Für die Zeit der Abfassung der Dekretalensammlung ist eine Entwicklung nachweisbar, die Zahl der Weltalter von sechs auf sieben zu erhöhen. So findet sich in zwei Handschriften aus dem 10./11. Jahrhundert eine Pseudo- Augustinus Stelle[357], in welcher neben der siebentägigen Schöpfungswoche, bestehend aus den sechs Werktagen und einem Ruhetag, die Zahl der Weltalter mit sieben angegeben wird und mit dieser Siebenzahl die sieben verbotenen Verwandtschaftsgrade begründet wird.[358] Bemerkenswert ist diese Stelle weiterhin deshalb, weil sie erstmals, wie dann später der Sachsenspiegel auch, die Dauer der Weltalter mit 1000 Jahren angibt und das siebente, welches zeitlich unbestimmt ist, mit Gottes Gericht enden läßt.[359]

---

[356] Vgl. Schadt, Verwandtschaftsbild, S. 406 (S. 412).

[357] *„Sex diebus fecit deus omnipotens coelum et terram, septimo requievit ab omni opere quod patrarat. Sic quoque per sex milia annos mundus concluditur, septimo autem dominus noster indicaturus est saeculum per ignem. Per hunc itaque modum seu numerum septenarium generationes carnales commemorandae sunt.“* Zitiert nach: Schadt, Verwandtschaftsbild, S. 406 (S. 424f).

[358] Schon zuvor hatte Papst Leo III um 800 unter Berufung auf Isidor das Eheverbot auf sieben Grade festgesetzt und diese mit der Schöpfungswoche in Verbindung gebracht. Erst im Anschluß daran verweist er kurz auf das römische Recht. MGH IV Abt. 1 [Epist] Bd. 5, S. 60 (S. 62): *„Repperimus quippe in beato Ysidoro Spaniensi episcopo usque in septimam generationem observare et sic copulare, quia in septimo die quievit Deus ex omnibus operibus suis, et in novellis Romanorum legibus instar invenitur.“*

[359] Die Tradition, die Dauer der Weltalter mit 1000 Jahren anzugeben, ist sicherlich älter. In einem Dialog zwischen einem Anhänger des Origenes und Methodicus v. Olympos wird eine, allerdings als unzutreffend bezeichnete, Auffassung mit den Worten wiedergegeben: *"Annum ergo sexies millesimum ab Adamo ad nos usque aiunt extendi, nam die septima, septimo inquam mundi millenario, iudicium futurum dicunt"* (Methodicus, Ex libro de creatis excerpta, gedruckt bei: Migne, Patrologiae, Ser. Graec., pars I, Bd. XVI, Sp. 331 (343). Ob diese Stelle aber die These begründen kann, Eike habe sich nicht auf Isidor, sondern auf Origenes bei Abfassung der Weltalterlehre berufen, wie Schmidt, Studien, S. 256f meint, ist eher zweifelhaft. Zum einen wird die Auffassung von der tausendjährigen Dauer der Weltalter in der genannten Stelle durch den Anhänger Origenes gerade abgelehnt, so daß Schmidt, Studien, S. 259 sich letztlich auf den Hinweis stützt, Origenes lehne an anderen Stellen seiner Werke die tausendjährige Dauer nicht ab und die herangezogene Stelle sei nicht so eindeutig formuliert, als daß sie nicht vielleicht doch die Auffassung des Origenes wiedergebe. Aber auch inhaltliche Erwägungen sprechen gegen eine Anlehnung der Weltalterlehre des Sachsenspiegel an Origenes. Nur die Zahl und Dauer der Weltalter in der zitierten Stelle stimmen mit den Angaben im Sachsenspiegel überein, wobei aber im übrigen das letzte auch 1000 Jahre währen soll, es nach

Demnach scheint es durchaus plausibel, daß Eike bei Abfassung von Ldr. I Art. 3 § 3 eine Vorlage vor Augen hatte, welche die Weltalter und die Sippe in isidorisch-burchardischer Überlieferungstradition in Form von sieben Weltaltern, von denen die sechs bestimmten 1000 Jahre dauerten, und sieben Verwandtschaftsgraden, welche nach der Magschaftszählung berechnet wurden, darstellte.

Auffallend an Ldr. I Art 3 sind die Eigenarten, welche die siebente Stelle in allen drei Ordnungen aufweist, die hingegen den ersten sechs fehlen und welche bis jetzt in anderen Quellen in dieser Form nicht nachgewiesen werden konnten. Die unbestimmte Dauer des letzten Weltalters läßt sich zwar noch in der Tradition Isidors sehen, die Zählung von sieben Verwandtschaftsgraden hingegen, von denen der letzte gezählte Grad nicht mehr zur Verwandtschaft gehört, ist erstmals im Sachsenspiegel nachweisbar und wird dort auch nur durch die Anwendung der Magschaftszählung ermöglicht. In dem Gliederbild drückt sich die Eigenart der siebenten Magschaft in der Weise aus, daß der Fingernagel zwar noch innerhalb des Verwandtschaftsbildes ist, aber trotzdem das Erbe nicht nehmen kann. Auch die erstmals von Eike dargestellte Heerschildordnung nennt sieben Heerschilde, aber nur die ersten sechs haben mit Sicherheit Lehn- und Heerschildrecht. Über den siebenten Heerschild heißt es in Ldr. I Art. 3 § 2: „*Alse diu kristenheit in der seveden werlt nene stedicheit ne wet, wo lange siu stan scole, also ne wet man ok an dem sevenden scilde, of he lenrecht oder herescilt hebben moge*". Und gleich darauf stellt Eike unter dem Zeichen der Siebenzahl die Verbindung von Heerschildordnung und Verwandtschaftsgliederung dar: „*Alse de herescilt in'me sevenden tosteit, also togeit diu sibbe in'me sevenden kne*".

Hält man sich diese Entwicklungsgeschichte vor Augen ist es naheliegend, die Bedeutung der Magschaftszählung im Sachsenspiegel allein in ihrer terminologischen Verwendung zu sehen. Ihre Darstellung ist demnach in erster Linie auf eine isidorisch-burchardische Überlieferungstradition der Weltalter und Verwandtschaftsgliederung zurückzuführen, welcher wohl auch der Text angehörte, den Eike unmittelbar als Vorlage benutzt hat.[360]

Eike aber von unbestimmter Dauer ist. Dessen ungeachtet zeigt sich die Schwäche der Origenes-These daran, daß bei Origenes die Verknüpfung von Weltalterlehre mit der Reichweite der Verwandtschaft nicht erfolgt, sie hingegen eines der die isidorisch-burchardische Überlieferungstradition prägenden Elemente ist. Vgl. Schadt, Verwandtschaftsbild, S. 406 (S. 428). Welche Vorlage Eike bei Abfassung des zweiten Teils von Ldr. I Art. 3 § 1, wo er die Weltalter unter Hinweis auf die heilige Schrift nach Personen und Ereignissen von Adam bis hin zum Untergang der Welt einteilt, benutzt haben mag, läßt sich noch schlechter bestimmen. Die Bibel kennt keine Einteilung der Weltalter in vergleichbarer Weise. Zwar findet man in der kirchlichen Literatur, die im Mittelalter ebenfalls unter dem Begriff der Heiligen Schrift fiel, sowohl bei Origenes als auch bei Isidor solche Personenketten, die aber niemals mit jener des Sachsenspiegels übereinstimmen. Vgl. Schadt, Verwandtschaftsbild, S. 406 (S. 429); Schmidt, Studien, S. 191.

[360] Stutz, Verwandtschaftsbild, S. 15; Schadt, Verwandtschaftsbild, S. 406 (S. 410f). Insoweit ist das Urteil von Jacob Grimm, Rechtsalterthümer, S. 469 zu relativieren, der die Magschaftszählung als „offenbar willkürlich" bezeichnet.

Die Verwirrung über Bedeutung und Aufgabe der Magschaftszählung im Sachsenspiegel hat ihren Grund in der Verknüpfung von Verwandtenzählung und Erbfolgeregeln, wie sie erstmals in dieser Form in Ldr. I Art. 3 § 3 erfolgte. So findet sich die Bestimmung über die Erbfolge nach Gradnähe unmittelbar in dem dem Gliederbild folgenden Satz. Die Behandlung der Schwippschwägerschaft und der Halbgeburt ist sogar in die Schilderung der Verwandtschaft als Einschub eingeflochten. Alle anderen Texten hingegen, welche die Magschaftszählung verwenden oder erwähnen, außer dem Sachsenspiegel und den unter seinem Einfluß entstandenen Büchern, behandeln ausschließlich Umfang und Grenze der Verwandtschaft, nicht aber auch die Erbenfolge.[361]
Will man daher den ursprünglichen Anwendungsbereich der Magschaftszählung umschreiben, so beschränkte sich dieser auf die Berechnung der Verwandtschaftsgrenzen beziehungsweise auf die Umschreibung des verwandtschaftlichen Eheverbotes.[362] Aber auch hier wurde sie schon bald durch das kanonische Recht der römischen Kirche verdrängt.[363] ursprünglichen Anwendungsbereich der Magschaftszählung umschreiben, so beschränkte Bereits im Sachsenspiegel fand sie nur noch Erwähnung, aber keine Verwendung mehr.

[361] Vgl. beispielsweise Burchard, Decr lib. VII, c. 10; Synode v. Theodonis Villan. 1003 und das Konzil v. Seligenstadt 1023. Vgl. S. 57.

[362] Wurden ungleiche Gliederreihen errechnet, so wurde eine dieser Reihen für maßgeblich erklärt. So bestand das Eheverbot der Verwandtschaft im 8. Jahrhundert bereits dann, wenn einer der Verlobten innerhalb des verbotenen Grades mit dem gemeinsamen Stammvater verwandt war (vgl. c. 3 u. 4 des Konzils v. Compiegne, oben S. 91). Das spätere Kirchenrecht hat dann bekanntermaßen die längere Seite entscheidend sein lassen.

[363] Die Anwendung der Magschaftszählung ist letztmalig auf dem Konzil v. Seligenstadt 1023 nachweisbar. Danach findet sie zwar im Corpus Iuris Canonici noch Erwähnung und auch die von Burchard verwendete Isidor-Stelle wird aufgenommen (vgl. S. 54f), jedoch wird ihre Anwendung nicht befürwortet und ist ab Mitte des 11. Jahrhunderts nicht mehr zu belegen.

§ 8 Die Gliederzählung als maßgebliches Erbfolgeprinzip

Nach dem bisher Gesagten dürfte daher die Magschaftszählung und die aus ihr gefolgerte Einteilung in einen engeren und einen weiteren Erbenkreis entgegen der Ansicht von Amira und Schanz als Grundlage des Erbrechts des Sachsenspiegels ausscheiden. Deswegen aber mit Stutz der Parentelenordnung den Vorzug zu geben, ist jedenfalls nicht zwingend.[364] Das Hauptargument gegen die Magschaftszählung betrifft die Stellung der ersten Deszendenten des Stammvaters, die im Gliederbild am Halse stehen, und nach der Auffassung von Schanz und Amira bei der Berechnung der Verwandtschaftsnähe nicht mitgezählt werden sollten, obwohl der Text des Sachsenspiegels dieses gerade erforderlich macht.
Nun ist aber durchaus eine Erbfolgeordnung denkbar, welche den Hals mitzählt, aber nicht auf die Zugehörigkeit zu einer bestimmten Parentel abstellt, sondern allein auf die Gradnähe der Verwandtschaft.

I. Bestimmung der Erbgrenze

Wendet man sich auf dieser Grundlage zuerst der Frage zu, wie der erbberechtigte Verwandtenkreis festgestellt werden kann, so sieht die Lösung wie folgt aus:
Von dem gemeinsamen Stammvater des Erblassers und des Erbprätendenten werden auf jeder Seite jeweils die sieben erbberechtigten Glieder gezählt. Beginnend beim Hals als dem ersten Glied bis hin zum dritten Glied des Mittelfingers als dem siebenten und letzten Glied. Der Nagelmage am Fingernagel, welcher kein Glied innehat, erbt nicht mehr. Der am Haupt plazierte gemeinsame Stammvater, der zu den erbberechtigten Verwandten gehört, nimmt allerdings ebenfalls kein Glied im eigentlichen Sinne ein.[365] Dieser Umstand kann hier aber insoweit vernachlässigt werden, da in Ldr. I Art. 3 § 3 allein der Ausschluß des Nagelmagens ausdrücklich mit den Worten begründet wird: *„An deme sevenden steit en nagel unde nicht en let"*. Entsprechend liegt die erbberechtigte Verwandtschaft zwischen den beiden Fingernägeln der Gliederfigur, deren Haupt von dem Stammvater gebildet wird. Graphisch umgesetzt stellt sich die gesamte erbberechtigte Verwandtschaft des Erblassers folgendermaßen dar:

[364] Stutz, Verwandtschaftsbild, S. 45 u. S. 59f. Auf den Umstand, daß die Überzeugungskraft der Parentelenordnung überwiegend auf den Schwächen der übrigen Theorien beruht und weniger auf inneren Gründen, wurde bereits hingewiesen.

[365] Aus diesem Grund fällt der Stammvater aus der eigentlichen Zählung heraus. Er erbt daher gemeinsam mit den am Hals stehenden Verwandten. Vgl. S. 113.

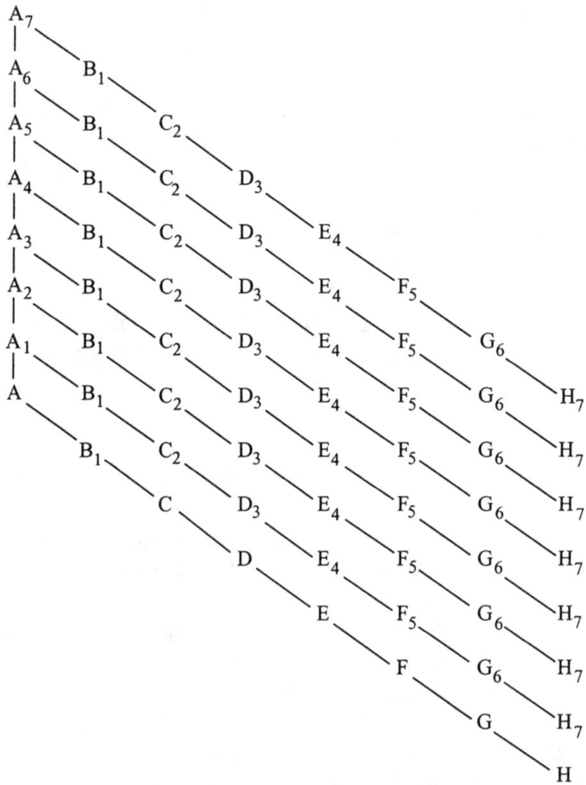

A ist der Erblasser. Für seine Nachkommenschaft von B bis H bildet er das Haupt. Die Vorfahren des A, die für sich selbst und ihre eigene Deszendenz die Stellung des Hauptes einnehmen, erben von A1, seinem Vater, bis theoretisch hinauf zu A7, seinem Ahnen siebenten Grades. B1 bis H7 nehmen jeweils die Glieder des Körpers ein: B1 den Hals, C2 die Schulter bis hin zu H7, welcher das letzte Glied des Mittelfingers inne hat; er repräsentiert damit den letztmöglichen Erben auf der Erbprätendentenreihe.

Alle Angehörigen, die mehr als sieben Grade zum Stammvater zählen und so den Fingernagel einnehmen oder gar gänzlich aus dem Gliederbild herausfallen, gelten als mit dem Erblasser nicht mehr verwandt. Das gleiche gilt für den Stammvater 8. Grades und dessen Nachkommenschaft. Zwar können diese mit dem Stammvater näher als sieben Grade verwandt sein; da aber schon der Stammvater als nicht

mehr mit dem Erblasser verwandt angesehen wird, gilt dieses auch für seine Kinder usw.[366]
Für die Berechnung der Erbgrenze ist mithin das Prinzip des relativen Vorranges der längeren Gliederreihe maßgeblich, welches zur Berechnung der Verwandtschaftsnähe zwar nicht taugt, aber zur Bestimmung des erbberechtigten Verwandtenkreises durchaus geeignet ist. Die Berechnungsweise ist dabei inhaltlich identisch mit der seit 1215 geltenden Berechnung des Eheverbotes im kanonischen Recht. Das kanonische Recht zählte allerdings nur die vier ersten Grade als Ehehindernis, wohingegen im Erbrecht des Sachsenspiegels weiterhin die Verwandtschaft sieben Grade weit gezählt wurde.
Bei einer solchen Ähnlichkeit der Zählung der Verwandtschaftsgrenze im Erbrecht mit der Berechnung des kirchlichen Eheverbotes ist es verständlich, daß im 13. Jahrhundert der Gedanke Raum greifen konnte, die Verwandtschaft im Erbrecht reiche, in Übereinstimmung mit dem kirchlichen Recht, ebenfalls nur noch vier Grade weit. In dieser Hinsicht ist der Zusatz zu Ldr. I Art. 3 § 3 verständlich, in welchem die Unabhängigkeit des weltlichen Erbrechts gegenüber dem kanonischen Eherecht betont wird.

II. Bestimmung der Verwandtschaftsnähe

Ist nun die Frage nach Umfang und Berechnung der Erbgrenze in Übereinstimmung mit den Aussagen des Sachsenspiegels mit dem Prinzip des relativen Vorranges der längeren Gliederreihe als hinreichend geklärt zu betrachten, so geht es im Weiteren um die Erbenfolge selbst.
Auch hierbei kann nur eine Lösung in Betracht kommen, welche zum einen den Hals, also die Kinder des Stammvaters, in die Zählung mit einbezieht, zum anderen aber auch beide Gliederreihen, jene vom Erblasser zum Stammvater ebenso wie jene vom Erbprätendenten als gleichberechtigt und gleichwertig berücksichtigt.
Die Lösung kann jetzt nur darin bestehen, alle Glieder vom Erblasser bis hin zum Erbanwärter oder umgekehrt durchgehend zu zählen. Dabei ist aber nicht, wie in der römischen Komputation, eine Seite bis zum Stammvater hinauf und dann die andere Gliederreihe hinab zu zählen, sondern der Scheitelpunkt der Zählung befindet sich am Hals der Gliederfigur. Die dort stehenden Kinder des Stammvaters fließen als Geschwister gemeinsam mit nur einer Ziffer in die Zählung mit ein.[367]
Der Gradabstand zwischen Geschwistern beträgt mithin nur eins, da direkt von Geschwister zu Geschwister gezählt wird und nicht wie im römischen Recht vom Bruder oder von der Schwester einen Grad hinauf zum Stammvater und von diesem einen weiteren Grad wieder hinab zum Bruder oder zur Schwester.

---

[366] Im Hinblick auf den Umfang des erbberechtigten Verwandtenkreises herrscht überwiegend Einigkeit, unabhängig davon welche Theorie man im übrigen für die Erbfolgeordnung zugrundelegt. Vgl. Stutz, Verwandtschaftsbild, S. 56; Heusler, Institutionen Bd. II, S. 593 Fn. 12. Zu abweichenden Lösungen vgl. Stutz u. a. oben Fn. 278 und Griesinger oben Fn. 294.

[367] Erstmals wurde eine solche Zählung zur Bestimmung der Verwandtschaftsnähe im sächsischen Erbrecht von Ficker, Erbenfolge Bd. II, § 410 (S. 56f) angenommen.

Bei Zugrundelegen dieser Zählung sind Eltern, Kinder und Geschwister mit dem Erblasser im ersten Grad verwandt. Im zweiten Grad stehen dann folglich die Großeltern, Enkel, Geschwisterkinder und Elterngeschwister. Im Ergebnis gelangt man zu einer identischen Erbentafel wie sie bereits von Schanz auf Grundlage der Magschaftszählung aufgestellt wurde. Die hier vorgeschlagene Zählung, bei welcher der Hals als ein Glied mit berücksichtigt wird, vermeidet jedoch die Widersprüche und Schwächen der Magschaftszählung und ist daher überzeugender.
Gegen die Magschaftszählung spricht dabei nicht nur, daß sie im Vergleich zu einer Zählung, nach welcher die Glieder in einem durchgezählt werden, als unpraktisch und daher als wenig volkstümlich und mithin als gewohnheitsrechtliche Ausbildung wenig wahrscheinlich erscheint.[368] Vielmehr ist auch ihre Hauptthese, nämlich daß Kopf und Hals außerhalb der Zählung stehen, mit dem Text des Sachsenspiegels nicht zu vereinbaren. Hingegen ist es durchaus vorstellbar, daß der Erbe nach sächsischem Landrecht durch das Abzählen anhand der Körperglieder ermittelt wurde, wie ja auch heutzutage noch bisweilen die 31-tägigen Monate an den Fingerknöcheln abgezählt werden.
Ldr. I Art. 3 § 3 nennt als Verwandte, welche sich zur Sippe zählen können, alle *„twischen deme nagele unde deme hovede"*. Sowohl der Nagelmage als auch der Stammvater sind demnach in der Zählung nicht zu berücksichtigen. Dies entspricht auch dem Umstand, daß beide keine Glieder in dem Verwandtschaftskörper einnehmen, jedoch in Ldr. I Art. 3 § 3 und in Art. 19 § 1 nur die Glieder gezählt werden, so wie ja auch der Hals als ein Glied bezeichnet wird. Da aber nur ein Halsglied vorhanden ist, kann es auch nur als eins gezählt werden.[369] Diese Überlegung steht im Einklang mit der Darstellung der Verwandtschaft mit Hilfe des menschlichen Körpers: Auch dieser kann nur einen Hals haben.
Diese Art der Komputation läßt sich weiterhin auch mit den Illustrationen der Bilderhandschriften zu Ldr. I Art. 3 § 3 in Einklang bringen.[370] Die Gliederfiguren in den Bilderhandschriften beschränken sich nicht darauf, den im Text beschriebenen Teil der Sippe darzustellen, sondern geben die erbberechtigte Verwandtschaft in ihrer größten Ausdehnung wieder. Der Kopf von Mann und Frau in der doppelköpfigen Figur stehen für die Stammeltern. Deren vollbürtige Kinder bilden den Punkt an der Schnittstelle der Häupter, wo sie in Ermangelung eines Halses plaziert wurden.[371] Die beiden Punkte an den beiden Schultern stehen für die halbbürtigen

---

[368] So Ficker, Erbenfolge Bd. I, § 305 (S. 405f) u. Bd. II, § 410 (S. 56).

[369] Auch bei der Berechnung der Erbgrenze wird der Hals nur einmal berücksichtigt. Zwar werden die Gliederreihen getrennt bis zum siebenten Grad gezählt, aber der Hals zählt immer nur den ersten Grad. Nach der hier vorgeschlagenen Komputation reicht die erbberechtigte Verwandtschaft dann maximal 13 Glieder weit.

[370] Vgl. die Illustration aus der Wolfenbütteler Bilderhandschrift auf S. 115.

[371] Eine Ausnahme stellt in dieser Hinsicht die Oldenburger Bilderhandschrift dar. Sie weist den Kindern zweifelsfrei die erste Stellung am Hals zu.

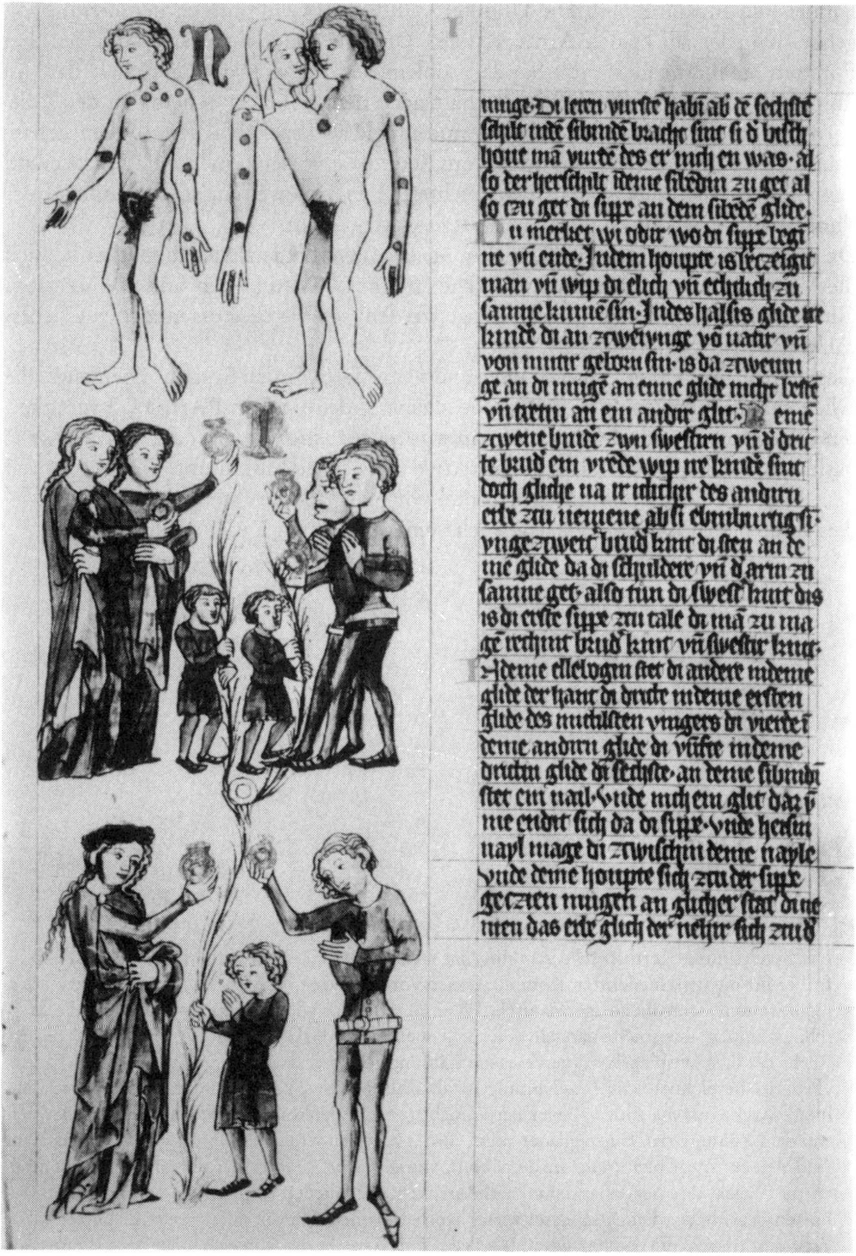

Illustration zu Ldr. I Art. 3 § 3 aus der Wolfenbütteler Bilderhandschrift des Sachsenspiegels

Kinder und für die Enkel. Die Urenkel und deren Nachkommen nehmen die folgenden Glieder auf beiden Armseiten ein. Die einköpfige Figur stellt mit den drei Punkten an ihrem Halse das Sonderproblem der Schwippschwägerschaft dar. Im übrigen gliedert sich die Verwandtschaft nach dem üblichen Schema an den Gliedern. An beiden Gliederfiguren ist es nun möglich, dem Erblasser und dem Erbanwärter, je nach ihrer Abstammung vom Stammvater, dem einen eine Position auf dem linken, dem anderen auf dem rechten Arm zuzuweisen, so daß anhand der Punkte der Verwandtschaftsgrad ermittelt werden kann.
Da nach dieser Zählung bei Berechnung der Verwandtschaftsnähe ausschließlich die Verwandten gezählt werden, welche an einem Glied stehen und die besetzten Glieder auch nur einmal berücksichtigt werden, soll sie im Folgenden als Gliederzählung bezeichnet werden.[372]
Gegenüber der Parentelenordnung und dem Drei-Linien-System überzeugt die Gliederzählung schon deswegen, da sie allein auf dem in Ldr. I Art. 3 § 3 verankerten Näheprinzip „*De sek naer to der sibbe gestoppen mach, de nimt dat erve to voren*" basiert und daher ohne deren konstruktive Schwächen auskommt. Die Frage nach dem Vorrang einer bestimmten Parentel vor einer anderen stellt sich bei der Gliederzählung ebensowenig, wie jene nach dem Vorrang der Des- vor der Aszendenz.

---

[372] Die Bezeichnung „germanische Zählung" ist wenig hilfreich. Zum einen ist der Begriff bereits früher für die verschiedensten Komputationen vorgeschlagen worden, zum anderen existierten mehrere unterschiedliche „germanische" Komputationen, wie ja beispielsweise auch die Magschaftszählung eine solche darstellt. Ficker, Erbenfolge Bd. II, § 410 (S. 57) hat die hier für das Recht des Sachsenspiegels vorgeschlagene Zählung als „zurückbleibende Zählung nach Einzelgliedern" bezeichnet. Die Bezeichnung ist allerdings insoweit ungenau, als eine weitere Zählung, welche nur die Einzelglieder berücksichtigt nicht denkbar ist, mithin kann die hier verwendete Zählung der Einzelglieder nicht hinter einer anderen Zählung der Einzelglieder zurückbleiben. Zwar bleibt die Gliederzählung immer einen Grad hinter der römischen Komputation zurück, dies liegt aber daran, daß dort nicht die Glieder, sondern die vermittelnden Geburten gezählt werden. Die Geschwister werden demnach zwar durch zwei Geburten, aber auch nur durch ein Glied, den Hals, getrennt. Durch die abweichende Bezeichnung als „Gliederzählung" soll allerdings kein inhaltlicher Unterschied zu Ficker in der Berechnung der Verwandtschaftsnähe behauptet werden.

§ 9 Die Bedeutung von Ldr. I Art. 17 § 1

Mit Hilfe der Gliederzählung läßt sich nun auch Sinn und Zweck von Ldr. I Art. 17 § 1 feststellen. So findet sich zwar die grundsätzliche Regelung über das Erbfolgesystem bereits in Ldr. I Art. 3 § 3 und wird in Ldr. I Art. 17 § 1 auch bestätigt, jedoch auch für bestimmte Verwandte zum Teil erheblich modifiziert.

I. *„Stirft de man..."*

„Stirft de man ane kint, sin vader nimt sin erve; ne hevet he des vader nicht, it nimt sin muder mit mereme rechte, den sin bruder. Vader unde muder, suster unde bruder erve nimt de sone, unde nicht de dochter, it ne si dat dar nen sone ne si, so nimt it de dochter.

Der erste Teil des Artikels *„Stirft de man ane kint, etc.. , so nimt it de dochter."* hat eine doppelte Funktion. Unbestritten bestimmt er für einen Kreis von Verwandten, nämlich Kinder, Eltern und Geschwister des Erblassers, einen relativen Vorzug des männlichen Geschlechts in der Erbfolge.[373]
Darüber hinaus schließt Ldr. I Art. 17 § 1 aber auch für diesen Verwandtenkreis die unerwünschte Simultansukzession aus, die bei bloßer Beachtung der Gradnähe die Folge wäre. Alle genannten Angehörigen stehen nach der Gliederzählung im ersten Glied und müßten daher nach der Regel des Ldr. I Art. 3 § 3 *„Dui ... sek to der sibbe gestoppen mogen an geliker stat, de nemet dat erve gelike"* zu gleichen Teilen erben.
Im Hinblick auf diese Besonderheiten rechtfertigt sich auch die Einteilung der Erben in einen engeren und einen weiteren Erbenkreis. Dem engeren Erbenkreis gehören grundsätzlich all die Verwandten an, die zum Erblasser im 1. Glied stehen, also im Gliederbild das Haupt oder den Hals einnehmen. Dabei sei hier nochmals darauf hingewiesen, daß sich die Erbenstellung von Kindern, Eltern und Geschwistern nicht aus ihrer Zugehörigkeit zum engeren Erbenkreis ergibt - wie Schanz behauptete -, sondern aus ihrer verwandtschaftlichen Nähe zum Erblasser.

Stutz allerdings hat bestritten, daß die Simultansukzession innerhalb des engeren Erbenkreises tatsächlich durch Ldr. I Art. 17 § 1 ausgeschlossen würde. Seiner Ansicht nach beschäftigen sich zwar alle Artikel zwischen Ldr. I Art. 3 § 3 und

---

[373] Vgl. Stutz, Verwandtschaftsbild, S. 61; Rummel, Stellung der Frau, S. 166. Die Bevorzugung der Söhne gegenüber den Töchtern ist in zahlreichen Volksrechten nachweisbar. Insbesondere die Lex Saxonum enthält in c. 41 und c. 44 eine entsprechende Regelung. Vgl. Kroeschell, Söhne und Töchter, S. 35 (S. 61). Ist bei der Lex Saxonum nicht eindeutig, ob unter der „hereditas", an welcher die Söhne ein vorrangiges Erbrecht besaßen, das gesamte nachgelassene Gut (so Gaupp, Recht und Verfassung, S. 161) oder nur liegender Grund zu verstehen ist, so umfaßt hingegen der Begriff „Erbe" im Sachsenspiegel an dieser Stelle das gesamte Gut. In der Dresdener und der Wolfenbütteler Bilderhandschrift werden dementsprechend das „Erbe" in den Illustrationen zu Ldr.I Art. 17 mit Ähren für das liegende Gut und Geldstücken für die Fahrnis symbolisiert. Zu der Deutung der Ähren in den Illustrationen, vgl. Hüpper, Funktionstypen, S. 231 (S. 234).

Art. 17 § 1 mit erbrechtlichen Fragen, die Erbfolgeordnung als solche sei aber dort bereits vorausgesetzt. Ihre endgültige und allgemeine Regelung habe sie nämlich bereits und ausschließlich in Ldr. I Art. 3 § 3 gefunden, daher sei nicht einzusehen, warum sie in Ldr. I Art. 17 § 1 nochmals behandelt werden sollte. Ldr. I Art. 17 treffe daher - nach Ansicht Stutz - keine Aussagen über die Erbfolge, vielmehr beginne mit ihm ein Abschnitt im Sachsenspiegel, in welchem die Besonderheiten für das weibliche Geschlecht im Erbrecht dargestellt werden. Dieser Abschnitt werde zwar durch Ldr. I Art. 17 § 2 *„De Swaf ne mach ok van wif halven nen erve nemen...“* unterbrochen, um eine allgemeine Darstellung des Unterschiedes des sächsischen und schwäbischen Rechts in Ldr. I Art. 18 und Art. 19 zu ermöglichen, aber schon mit Ldr. I Art. 20 werde dann wieder die Stellung der Frau im Erbrecht, dort namentlich das Recht der Morgengabe, aufgegriffen.[374]

Die von Stutz angeführten Erwägungen sind sicherlich richtig, aber die von ihm daraus gezogenen Schlüsse nicht zwingend. Dies gilt vor allem für die Behauptung, Ldr. I Art. 17 § 1 würde keine besondere Regelung hinsichtlich der Erbfolge enthalten.[375] Zutreffend ist, daß Ldr. I Art. 17 § 1 eine bestimmte Erbfolgeordnung bereits als bekannt voraussetzt, wobei aber diese sicherlich nicht, wie Stutz meinte, nur die Parentelenordnung sein kann. Es ist auch kein Grund ersichtlich, warum Ldr. I Art. 17 § 1 nicht bestimmte Modifikationen innerhalb der Erbfolge soll anordnen können. Die Berücksichtigung des Geschlechts bei Verwandten des ersten Gliedes stellt sich bei natürlicher Betrachtung ebenso als Ergänzung zur Erbfolge dar wie die Bestimmung, die Angehörigen dieses Erbenkreises erben trotz gleich naher Verwandtschaft nicht zugleich. Da beide Modifikationen denselben Kreis von Erben betreffen, ist die Behandlung innerhalb einer Stelle mehr als naheliegend. Dies gilt auch dann, wenn zur Darstellung der Besonderheiten dieses Verwandtenkreises tatsächlich nur die Berücksichtigung des Geschlechts Anlaß gegeben haben sollte. Keinesfalls aber lassen sich die Aussagen über die Erbenfolge, die in Ldr. I Art. 17 § 1 enthalten sind, allein damit erklären, sie seien als Mittel zum Zweck der Darstellung des bloß relativen Geschlechtsvorzuges aufgenommen worden.[376]

Gegen die Behandlung der Erbfolge in Ldr. I Art. 17 spräche, worauf Stutz hinwies, die Reihenfolge der dort genannten Verwandten. Diese Reihenfolge würde nämlich gerade der tatsächlichen Erbenfolge wie sie Ldr. I Art. 3 § 3 darstellt wi-

---

[374] Stutz, Verwandtschaftsbild, S. 62f. Vgl. auch Rummel, Stellung der Frau, S. 168f.

[375] Amira, Erbenfolge, S. 132 begründet die Bedeutung von Ldr. I Art. 17 § 1 für die Erbenfolge mit dem Hinweis, in dem Artikel würden zuerst die drei erbberechtigten Klassen, also Eltern, Geschwister und Kinder, ohne Rücksicht auf das Geschlecht dargestellt werden. Die relative Zurücksetzung des weiblichen Geschlechts erfolge dabei erst in zweiter Linie. Diese Interpretation ist allerdings nicht mit dem Wortlaut der Stelle in Einklang zu bringen. Vielmehr stellt Ldr. I Art. 17 § 1 durch die abwechselnde Erwähnung *von „vader“, „muder“* und *„bruder“* gleich zu Beginn den Einfluß des Geschlechts auf die Erbfolge klar. Vgl. Lewis, Krit. Vierteljahrschrift Bd. XVII (1875), S. 400 (S. 415), Stutz, Verwandtschaftsbild, S. 63.

[376] So Stutz, Verwandtschaftsbild, S. 64. Offengelassen bei Rummel, Stellung der Frau, S. 168.

dersprechen. Nach dieser müßten eigentlich die Kinder als erste Erben genannt werden. Ldr. I Art. 17 beginnt aber nicht mit diesen, sondern mit den Eltern und Geschwistern. Dieser Widerspruch von Erbfolge und Darstellung in Art. 17 Ldr. 1 § 1 wäre - so Stutz - hingegen nicht so relevant, wenn nur der Einfluß des Geschlechts Inhalt des Artikels wäre.[377]

Auch dieser Einwand Stutz' kann nicht überzeugen. Er setzt voraus, in Ldr. I Art. 3 § 3 werde ausschließlich die 1. Parentel wiedergegeben. Wie bereits festgestellt, läßt sich die Darstellung in Ldr. I Art. 3 § 3 aber gerade nicht auf eine Parentel beschränken. Gibt nun Ldr. I Art. 3 § 3 keine bestimmte Erbenreihe wieder, so kann Ldr. I Art. 17 § 1 keine davon abweichende Reihenfolge enthalten.

II. „Swen aber en erve..."

Swen aber en erve versusteret unde verbruderet, alle de sek gelike na to der sibbe gestoppen mogen, de nemet geliken del dar an, it si man oder wif; disse heten de Sassen gan erven.

Der zweite Teil von Ldr. I Art. 17 § 1 reicht von *„Swen aber en erve"* bis *zu „disse heten de Sassen gan erven"*. Dieser Abschnitt, dessen Regelungsinhalt dann greift, wenn das Erbe an entferntere Verwandte als Bruder oder Schwester geht, will offensichtlich, wie die Worte *„Swen aber"* zeigen, für die gradferneren Erben Bestimmungen treffen, welche von denen, die für die Erben 1. Grades gelten, abweichen.

Für die Erben 1. Grades wurden nun aber zwei Besonderheiten festgestellt; zum einen die Berücksichtigung des Geschlechts, zum anderen die Ausnahme von dem Prinzip der Gradnähe. Dementsprechend will nun der zweite Abschnitt des Artikels klarstellen, daß bei den gradferneren Verwandten sowohl das Geschlecht des Erben unerheblich ist, als auch, entsprechend der allgemeinen Regel, alle Verwandten gleichen Grades gleich erben. So findet der relative Vorzug des männlichen Geschlechts keine Fortsetzung, wie durch die Formulierung *„it si man oder wif"* in Ldr. I Art. 17 § 1 ausdrücklich festgestellt wird.

Nun fand Stutz gerade in dieser Formulierung ein Argument für seine Auffassung, der alleinige Inhalt des Abschnitts bestehe in der Beendigung des Geschlechtsvorzuges, hingegen sei eine Regelung über die interne Erbfolge Angehöriger gleichen Grades nicht bezweckt gewesen.[378]

Der zweite Abschnitt von Ldr. I Art. 17 § 1 beginnt mit der Regel: *„... alle de sek gelike na to der sibbe gestoppen mogen, de nemet geliken del dar an"*. Diese Formulierung greift das entsprechende Prinzip aus Ldr. I Art. 3 § 3 fast wortgleich, allerdings nur unvollständig wieder, auf. Denn während Ldr. I Art. 3 § 3 die Erbfolge sowohl bei Erbanwärtern gleichen Grades als auch bei solchen unterschiedlichen Grades festlegt, beschränkt sich Ldr. I Art. 17 § 1 auf die Frage der Erbfolge bei

---

[377] Vgl. Stutz, Verwandtschaftsbild, S. 65.

[378] Stutz, Verwandtschaftsbild, S. 69.

Verwandten gleichen Grades. Die unvollständige Wiedergabe dieser Erbregel scheint nun allerdings darauf hinzudeuten, die Erbfolgeordnung werde in Ldr. I Art. 17 § 1 nicht behandelt.[379]
Allerdings ist die Annahme, Ldr. I Art. 17 § 1 habe allein die Wendung *„it si man oder wif"* und damit die Beendigung des Geschlechtervorzuges zum Inhalt, nur dann aufrechtzuerhalten, wenn der erste Abschnitt des Artikels keine Ausnahme vom Prinzip der Gradnähe aufstellt. Dieses ist aber, wie festgestellt, mit der besonderen Erbfolgeregelung für die Verwandten des ersten Grades gerade der Fall. Folglich ist die Regel *„alle de sek gelike na.."* mehr als nur eine reine Wiederholung des Prinzips aus Ldr. I Art. 3 § 3. Sie betont vielmehr die Geltung des Prinzips der Gradnähe für die gradferneren Erben. Alle Verwandte gleichen Grades erben dort als *„gan erven"* gemeinsam zu gleichen Teilen.
Darüber hinaus zeigt der zweite Abschnitt durch das Aufgreifen der Regel *„alle de sek gelike na.."* in Verbindung mit dem Hinweis *„it si man oder wif"*, daß die Frage des relativen Vorzugs des männlichen Geschlechts nur bei den Verwandten gleichen Grades in Betracht kommen kann. Folglich erben die Verwandten unterschiedlichen Grades ausnahmslos nach Gradnähe ohne jede Rücksicht auf das Geschlecht. Um diese Aussagen zu treffen, war aber eine vollständige Wiedergabe des Erbfolgeprinzips aus Ldr. I Art. 3 § 3 nicht erforderlich, es wird in Ldr. I Art. 17 § 1 nur insoweit zitiert, als es für den angestrebten Zweck notwendig war. Daher kann man, entgegen der Ansicht von Stutz, aus der nur unvollständigen Wiedergabe der Erbregel nicht schließen, die Erbfolge werde in Ldr. I Art. 17 § 1 nicht behandelt.

III. „Doch nimt sones unde dochter kint..."

Doch nimt sones unde dochter kint erve vor vader unde vor muder unde vor bruder unde vor suster dorch dat: it ne geit nicht ut dem busmen, de wile de evenbordege busme dar is. Swe so deme anderen evenbordich nicht n'is, de ne mach sin erve nicht nemen."

In der Diskussion um die Erbfolgeordnung des Sachsenspiegels war schließlich der letzte Satz von Ldr. I Art. 17 § 1 seit jeher von zentraler Bedeutung.[380] Dies sicher nicht zu Unrecht, wird doch das Erbrecht von Sohnes- und Tochterkind, die noch vor den Eltern und Geschwistern des Erblassers erben sollen, mit den Worten *„Doch nimt"* eingeleitet. Eine Formulierung, die geradezu auf eine besondere Stellung der Enkelkinder im Erbrecht hinweist, mit welcher sie vom üblichen Erbfolgesystem abweichen.[381]

---

[379] Stutz, Verwandtschaftsbild, S. 68.

[380] So sah Wasserschleben, Successionsordnung, S. 34 hier den Vorrang der Deszendenten vor den anderen beiden Linien zum Ausdruck gebracht. Auch Amira, Erbenfolge, S. 129 und Schanz, S. 48 ziehen aus dieser Formulierung wesentliche Agumente für ihre Erbfolgeordnung.

[381] Erstmals auf die Bedeutung des *„Doch nimt"* als Anzeichen für eine Ausnahmeregel hat Boretius bei Lewis, Krit. Vierteljahrschrift Bd. IX (1867), S. 23 (S. 50) hingewiesen.

Amira und Schanz haben denn auch in dieser Bestimmung eine Bestätigung der Magschaftszählung gefunden. Nach dieser müßten die Enkel, da sie dem Erblasser an der Schulter stehen und Kopf und Hals nicht in die Zählung einbezogen werden, als Verwandte 1. Grades gemeinsam mit den Großeltern, Elterngeschwister und den Geschwisterkindern erben. Durch Ldr. I Art. 17 § 1 werde den Kindeskindern aber eine privilegierte Erbenstellung direkt nach den Kindern eingeräumt, die sie nach ihrer Verwandtschaftsnähe nicht hätten einnehmen können. Daher werde auf diese Ausnahme vom reinen Gradualsystem auch mit den Worten *„Doch nimt"* hingewiesen.[382]
Allerdings läßt sich, wie bereits festgestellt, die Annahme der Magschaftszählung als Grundlage der Erbfolgeordnung nicht aufrecht erhalten. Dementsprechend ist die Theorie, nach welcher mit *„Doch nimt"* eine Ausnahme vom Prinzip der Gradnähe statuiert würde, auch auf Widerstand gestoßen.

Wenig überzeugend ist allerdings die Annahme von Lewis, welcher darauf verwies, die Wendung *„Doch nimt"* könne schon deswegen keine Ausnahme zu einem zuvor aufgestellten Prinzip darstellen, da die Enkelkinder keine *„gan erven"* seien, der vorhergehende Satz sich aber nur auf solche beziehe.[383] Der Begriff *„gan erven"* solle sich - so Lewis - nämlich nicht auf Deszendenten erstrecken können. Daher würde der letzte Satz des Artikels nicht auf den unmittelbar vorhergehenden Bezug nehmen.
Hingegen stellt der Versuch von Lewis, die Annahme, daß die Deszendenten keine *„gan erven"* im Sinne des Ldr. I Art. 17 § 1 seien, gerade mit Ldr. I Art. 17 § 1 zu belegen, einen Zirkelschluß dar. Es spricht vielmehr nichts dagegen, auch die Enkelkinder unter dem Begriff *„gan erven"* zu erfassen.[384] Dies gilt vor allem, da die Bezeichnung *„gan erve"* nach der überwiegenden Ansicht in der etymologischen Literatur nicht anderes als Miterben bedeutet.[385]

Einen anderen Ansatzpunkt wählte Stutz. Seiner Ansicht nach soll die Stellung der Enkelkinder ihrer Position nach der Parentelenordnung entsprechen.[386] Als Angehörige der ersten Parentel erben sie vor den Eltern und Geschwistern des Erblassers, die erst der zweiten Parentel angehören. Sie erben allerdings innerhalb der ersten Parentel nach den Kindern des Erblassers, da diese einen näheren Grad innehaben.
Wenn nun aber die Erbenstellung der Enkel dem Erbfolgesystem im Prinzip entspricht, müßte die Formulierung *„Doch nimt"* auf eine andere Besonderheit hinweisen.

---

[382] Amira, Erbenfolge, S. 129; ders., Gött. gel. Anz. 1884, S. 38 (S. 41); Schanz, S. 37.
[383] Lewis, Krit. Vierteljahrschrift Bd. IX (1867), S. 23 (S. 50).
[384] Vgl. Schanz, S. 37f; Amira, Erbenfolge, S. 129.
[385] Lexer, Mhd. Wörterbuch Bd. II, Sp. 735f und Schiller/Lübler, Mnd. Wörterbuch Bd. II, S. 10 mit Hinweis auf Ldr. I Art. 17. Benecke/Müller/Zarncke, Mhd. Wörterbuch Bd. I, S. 439.
[386] Stutz, Verwandtschaftsbild, S. 74f.

Stutz sah die Aufgabe des letzten Satzes von Ldr. I Art. 17 § 1, wie die des ganzen Artikels überhaupt, ausschließlich in der Behandlung der Frage, welchen Einfluß das Geschlecht des Erbanwärters auf die Erbfolge hat. Allein diese Funktion soll auch die Einleitung *„Doch nimt"* innehaben. Stutz wies darauf hin, daß unmittelbar vor dem hier zu besprechenden Satz der Sachsenspiegel alle Angehörigen des weiteren Erbenkreises und damit auch die Enkelkinder als *„gan erven"*, als Miterben bezeichnet, also die Enkel, egal ob weiblichen oder männlichen Geschlechts, gleich erben. Nun würde sich aber, so Stutz, sofort die Frage stellen, ob nicht doch wenigstens das Geschlecht der Eltern der Enkel, also der Kinder des Erblassers, Einfluß auf die Erbenstellung der Kindeskinder soll nehmen können. So könnte man daran denken, den Sohneskindern, egal ob Tochter oder Sohn, eine gegenüber den Töchterkindern bevorzugte Erbenstellung einzuräumen, da doch der Sohn der Tochter im Erbe vorgehe. In Ldr. I Art. 17 § 1 stelle Eike hingegen klar, daß das Geschlecht der vorverstorbenen Eltern keinen Einfluß auf das Erbrecht ihrer Kinder an dem großelterlichen Vermögen hat. Diese Überlegung zu Inhalt und Zweck des Artikels sah Stutz in der Art und Weise der Darstellung begründet.
Eike habe den zweiten Satz des ersten Abschnitts *„Vader unde muder"*, in welchem das Erbrecht der Kinder und Geschwister behandelt wird, auch in wörtlicher Analogie zu dem ersten Satz des Abschnitts *„Stirft de man.."* formulieren können. Der Abschnitt hätte dann nach Ansicht von Stutz wie folgt lauten können:

„De sone (des Erblassers) nimt erve (seines Vaters, des Erblassers) vor vader unde vor muder unde vor bruder unde vor süster (alle des Erblassers); is dar nen sone, de dochter nimt dat erve vor vader unde vor" usw. oder „de dochter nimt it mit mereme rechte dan de vader"[387].

Eike habe sich aber nicht für diese Formulierung entschieden, da es ihm nicht darum ging, die Konkurrenz von Erblasserkinder mit den Erblassereltern- und geschwistern darzustellen, sondern um die Frage, wer das Erbe erhält, wenn Eltern oder Geschwister, diesmal die des Erben, versterben.[388] Hätte nun Eike dem Sohneskind einen relativen Vorrang vor dem Tochterkind einräumen wollen, so hätte er in der oben rekonstruierten Formel den „sone" durch „sones kint" und die „dochter" durch „dochter kint" ersetzt.[389] „Allein Eike entschied nicht für die Ungleichheit von Sohnes- und Tochterkindern, ..., er erklärte mithin, daß durch die Kindeskinder das Geschlecht ihres vorverstorbenen Elternteils nicht repräsentiert werde. Deshalb zog er einfach die beiden soeben formulierten Sätze in einen zusammen, beide, Sohnes- und Tochterkinder, nehmen Erbe vor Vater, Mutter, Bruder und Schwester des Erblassers."[390]

---

[387] Stutz, Verwandtschaftsbild, S. 73.
[388] Stutz, Verwandtschaftsbild, S. 73.
[389] Stutz, Verwandtschaftsbild, S. 74.
[390] Stutz, Verwandtschaftsbild, S. 74f.

Diese Konstruktion vermag indes nicht zu überzeugen. Hätte Eike tatsächlich den zweiten Satz des ersten Abschnitts in Entsprechung zum ersten Satz formulieren wollen, so hätte er doch „Stirft de man, sin son nimt sin erve; ne hevet he de sone nicht, it nimt sin dochter mit mereme rechte, den sin vader" gelautet. Die Aufzählung, daß der Sohn vor Vater, Mutter, Bruder und Schwester des Erblassers erbe, ist nach dem ersten Satz *„Stirft de man ane kint"* überflüssig, denn das bessere Erbrecht des Vater gegenüber der Mutter und den Geschwistern des Erblassers ist nach dem ersten Satz selbstverständlich. Aber auch dieser Satz ist, ebenso wie der von Stutz vorgeschlagene, nicht in der Lage, das Erbrecht der Geschwister untereinander zu behandeln, da in den vorgeschlagenen Formulierungen „bruder unde suster" (die Geschwister des Erblassers) als die mit dem Sohn des Erblassers konkurrierenden Erben auftreten. In dieser Hinsicht ist die von Eike verwendete Formulierung den hier entwickelten Alternativen überlegen, da dort Erblasser und Erben einander Geschwister sind. Insoweit ist schon die Grundlage der Stutzschen These, nach welcher die von ihm rekonstruierte Formulierung „De sone nimt..." als Ausgangspunkt bei der Schaffung des Artikels diente, nicht wahrscheinlich. Weiterhin hätte der relative Vorrang der Sohneskinder in Anlehnung an den ersten Satz ausreichend mit „Stirft de man ane kint, sin sones kint nimt sin erve; ne hevet he des sones kint nicht, it nimt sin dochter kint, mit mereme rechte, den sin vader" umschrieben werden können. Mit entsprechenden Worten kann auch die Gleichstellung von Sohnes- und Tochterkind im Erbrecht dargelegt werden. Letztlich erweckt die Argumentation von Stutz den Eindruck, er sei der Gefahr erlegen, die von ihm gewünschten Gedankengänge über die Entstehung des Artikels als gegeben zu unterstellen.

Nun legt die Formulierung in Ldr. I Art. 17 § 1 aber auch durchaus eine andere Interpretation nahe. Die Stellung der Enkel als Miterben, unabhängig von dem Geschlecht ihrer verstorbenen Eltern, ergibt sich bereits eindeutig aus der Formulierung: *„Swen aber en erve versusteret unde verbruderet..."*. Nach dieser Regel erben alle Verwandten, die ferner als die Geschwister mit dem Erblasser verwandt sind, also auch die Enkelkinder, als Miterben. Einer besonderen Klarstellung gerade für die Enkelkinder bedurfte es demnach nicht.

Die außer Frage stehende besondere Behandlung der Enkel ist vielmehr in dem Verhältnis ihrer erbrechtlichen Stellung zu jener der Angehörigen des engeren Erbenkreises zu finden. Dies übersieht Lewis, wenn er die Auffassung vertrat, das *„Doch nimt"* spreche keinen Gegensatz zum Gradualprinzip des entfernteren Erbenkreises aus, da die Enkel dort mit den Eltern und Geschwistern, nicht aber mit den entfernteren Verwandten verglichen werden.[391] Gerade in der Aufnahme der Enkel als Angehörige des entfernteren Erbenkreises in die Erbfolge innerhalb des engeren Erbenkreises zeigt sich die Durchbrechung des sonst für die entfernteren Verwandten geltenden Gradprinzips.

[391] Lewis, Krit. Vierteljahrschrift Bd. XVII (1875), S. 400 (S. 415).

Nach dem letzten Satz des Artikels nehmen *„sones unde dochter kint"* Erbe *„vor vader unde vor muder unde vor bruder unde vor suster"*. Die nachdrückliche Betonung des *„vor"* deutet darauf hin, daß diese Erbenstellung der Enkel im besonderen Maße erwähnenswert sei. Dies wäre sie aber nicht, wenn das bessere Erbrecht der Enkelkinder gegenüber jenem der Eltern und Geschwister als selbstverständlich anzusehen wäre.[392]

Hingegen kann der Einwand, in Ldr. I Art. 17 § 1 sei nicht das *„vor"* zu betonen, sondern vielmehr *„sones unde dochter kint"*, nicht überzeugen.[393] Aus der Wahl der Formulierung *„sones unde dochter kint"* kann man nur dann auf den Willen Eikes, das Geschlecht der Eltern der Enkel hervorzuheben, schließen, wenn ihm eine andere Umschreibung für Enkel zur Verfügung gestanden hätte. Aber da weder Begriffe wie „enkel" oder „enkelinc", noch die Umschreibung „kindeskint" im Sachsenspiegel Verwendung gefunden haben[394], ist es durchaus wahrscheinlich, daß *„sones unde dochter kint"* in Ermangelung anderer Bezeichnung gewählt wurden, ohne damit dem Geschlecht der Enkeleltern eine besondere Bedeutung zumessen zu wollen.

Darüber hinaus spricht noch eine weitere Überlegung für die Ansicht, die Erbenstellung der Enkel, wie sie in Ldr. I Art. 17 § 1 statuiert werde, stelle eine Ausnahme dar. Die privilegierte Stellung der Sohnes- und Tochterkinder in der Erbfolge vor den Eltern und Geschwistern wird ausdrücklich erklärt, und zwar mit den Worten *„dorch dat: it ne geit nicht ut dem busmen, de wile de evenbordege busme dar is"*. Ursprünglich umfaßte der Begriff „busme" nur das Verhältnis der Eltern zu ihren Kindern, erst in Ldr. I Art. 17 § 1 wird er ausdrücklich auch auf die Enkelkinder erweitert. Deren Zugehörigkeit zu dem „busme" soll dann ihre besondere erbrechtliche Stellung direkt nach den Kindern des Erblassers, noch vor den übrigen Angehörigen des engeren Erbenkreises, rechtfertigen. Diese besondere Begründung des Erbrechts der Kindeskinder rechtfertigt hier, worauf schon Stutz[395] hinwies, die Darstellung der Erbfolge, nicht nach seiner äußeren Wirkung, also entsprechend der tatsächlichen Reihenfolge, vielmehr wird das gegenüber den Eltern und Geschwister stärkere Erbrecht der Enkel nachgeschoben. Der privilegierten Stellung der Kindeskinder haftet durchaus etwas Systemfremdes an, so daß Eike eine ausdrückliche gesonderte Darstellung und Erläuterung erforderlich schien.

---

392 Vgl. Schanz, S. 39. Auch in den von Stutz, Verwandtschaftsbild, S. 73f vorgeschlagenen Formulierungen ist die besondere Betonung, daß der Sohn bzw. dasSohneskind vor der Tochter bzw. dem Tochterkind vor Vater, vor Mutter, vor Bruder und vor Schwester erben nicht erforderlich. Ausreichend wäre die Formulierung ein „mit mereme rechte den sin vader". Der besondere Akzent, der von Eike auf das „vor" gelegt wurde, ist ein Indiz dafür, daß das vorrangige Erbrecht der Kinder und mehr noch der Enkelkinder gegenüber den Eltern und Geschwister nicht als selbstverständlich anzusehen war.

393 So aber: Stutz, Verwandtschaftsbild, S. 72.

394 Vgl. Lexer, Mhd. Wörterbuch Bd. I, Sp. 560 u. Sp. 1537.

395 Stutz, Verwandtschaftsbild, S. 71.

Eine besondere Begründung der Erbenstellung der Enkel wäre aber nicht erforderlich, wenn ihre Stellung in der Erbfolgeordnung als Erben nach den Erblasserkindern selbstverständlich gewesen wäre. Stutz sieht die Begründung des Erbrechts der Enkel als Angehörige des „busme“ nicht als Ausdruck einer besonderen Erbenstellung an, sondern als Folge einer Motivverschiebung. Ursprünglich habe Eike nur ausdrücken wollen, die Tochter solle, als Angehörige des Busens in seiner engeren ursprünglichen Bedeutung, zwar nach dem Sohn, da weiblichen Geschlechts, aber noch vor dem Vater, der nicht mehr zum „busme“ gehöre, erben. Nun habe der Spiegler aber noch das Erbrecht der Kindeskinder behandeln wollen und so das Erbrecht des „Busens“, welches eigentlich nur Sohn und Tochter erfasse, auf Sohnes- und Tochterkind erweitert. Dabei habe er die ursprüngliche Formulierung, nach welcher der Sohn vor der Tochter, diese aber vor den Eltern erbe, durch ein „sones unde dochter kint“ erben vor den Eltern ersetzt.[396]
Zum einen ist aber nicht erklärlich, warum Eike den Vorrang der Tochter vor dem Vater habe begründen wollen, jenen der Mutter vor dem Bruder, wo sich doch das Problem der relativen Zurücksetzung des weiblichen Geschlechts noch schärfer stellt, da die Mutter nicht dem „busme“ zuzurechnen ist, aber unkommentiert lassen wollte. Weiterhin stellt Stutz[397] selbst die Hypothese auf, Eike habe den Begriff des „busme“ wissentlich auf die Enkelkinder erweitert, um mit der Formulierung, daß das Erbe nicht aus dem Busen gehen solle, den erbrechtlichen Vorrang der Sohnes- und Tochterkinder vor allen weiteren Verwandten auszudrücken. Diese Annahme unterstellt Eike aber, wenn man wie Stutz vom Parentelenprinzip ausgeht, daß er den selbstverständlichen Vorrang von Angehörigen der 1. Parentel umständlich mit dem strittigen Begriff des „busme“ begründen wollte. Dabei könne, nach Stutz, mit „busme“ durchaus die gesamte Deszendenz erfaßt sein und soll diese Bedeutung wohl auch für das sächsische Landrecht inne haben.[398] Diese Interpretation widerspricht aber seiner kurz zuvor geäußerten Auffassung, der Satz *„Doch nimt“* habe nicht die Erbfolge als solche, sondern nur den Einfluß des Geschlechts auf das Erbrecht zum Thema.
Die besseren Gründe sprechen daher für die Annahme, in Ldr. I Art. 17 § 1 werde nicht nur die Auswirkung des Geschlechts der potentiellen Erben, sondern auch die Erbfolge behandelt.
Mithin räumt der letzte Satz des Artikels den Enkeln eine privilegierte Erbenstellung ein, welche sie entsprechend ihrer Gradnähe nicht hätten einnehmen können. Daher ist der Auffassung zuzustimmen, welche die Formulierung *„Doch nimt“* als Hinweis darauf versteht, daß hier das Prinzip *„Dui twischen dem nagele, ...“* des Ldr. I Art. 3 § 3 für die Kindeskinder durchbrochen wird.
Gegen diese Annahme kann man auch nicht einwenden, die Regel, nach welcher der nähere Grad vor dem entfernteren Grad erbe, werde gerade nicht in dem zwei-

---

[396] Stutz, Verwandtschaftsbild, S. 77.
[397] Stutz, Verwandtschaftsbild, S. 78.
[398] Stutz, Verwandtschaftsbild, S. 78 Fn. 1.

ten Abschnitt des Artikels wiedergegeben, obwohl doch dieses Prinzip in Ldr. I Art. 17 § 1 zugunsten der Kindeskinder durchbrochen werde.
Die Regel des Ldr. I Art. 3 § 3 „*Diu twischen..*" wurde in Ldr. I Art. 17 § 1 nur insoweit zitiert, als es zur Erläuterung der Unterschiede des engeren vom weiteren Erbenkreis erforderlich war. Mit dem Hinweis, daß alle Angehörigen des entfernteren Erbenkreises, die mit dem Erblasser gleich nah verwandt sind, zu gleichen Teilen erben und zwar auch unabhängig von ihrem Geschlecht, war dieser Problemkreis abgehandelt. Mit „*Doch nimt*" beginnt ein neuer Abschnitt innerhalb des Artikels, der die Frage nach dem Erbrecht der Enkel behandelt. Mit ihm wird ausschließlich eine Besonderheit im Verhältnis zu dem ersten Satz des Artikels „*Stirft de man ane kint,..*" ausgesprochen, nicht aber zu dem zweiten Abschnitt „*Swen aber..*". Folglich kann das im zweiten Teil wiedergegebene Stück der Regel nicht auch auf den letzten Abschnitt bezogen werden, letzterer hat vielmehr die gesamte Erbregel des Ldr. I Art. 3 § 3 vor Augen, nicht nur deren verkürztes Zitat in Ldr. I Art. 17 § 1 .
Die Ausnahme vom Prinzip des Ldr. I Art. 3 § 3 kann man zwar nicht im Sinne der Magschaftszählung als Beweis für das Nichtzählen der Verwandten im engeren Erbenkreis verstehen, jedoch belegt die Formulierung „*Doch nimt*", daß die Enkel als Verwandte 2. Grades nur aufgrund einer ausdrücklichen Sonderregelung nach den Kindern, aber noch vor Eltern und Geschwister als Angehörigen des 1. Grades, erben können.[399]
Eine weitere Besonderheit in der Behandlung der Kindeskinder resultiert aus dem in Ldr. I Art. 5 § 1 enthaltenen Repräsentationsrecht für die Kinder nicht abgesonderter Söhne. Einzelheiten hierzu werden im Rahmen der Behandlung des Magdeburger Rechtes dargestellt.[400]

---

[399] Amira, Erbenfolge, S. 129 zog in Betracht, Eike habe mit Sohnes- und Tochterkind nur die Kinder unabgesonderter Kinder gemeint, da auch das Repräsentationsrecht der Kindeskinder in Ldr. I Art. 5 § 1 nur für die Söhne unabgesonderter Söhne galt. Aber selbst wenn man das Erbrecht der Enkelkinder als Entwicklung des Repräsentationsrecht ansieht, so bieten doch Wortlaut und Systematik der entsprechenden Stellen keinen Anhaltspunkt für eine Beschränkung auf die Kinder unabgesonderter Kinder. Vgl. Schanz, S. 52 Fn. 141; Stutz, Verwandtschaftsbild, S. 74 Fn. 2, Lewis, Krit. Vierteljahrschrift Bd. XVII (1875), S. 400 (S. 414).

[400] Vgl. S. 185.

§ 10 Die Behandlung der Halbgeburt

Eine weitere Besonderheit des Erbrechts des Sachsenspiegels stellt die Behandlung der Halbbürtigkeit dar. Ldr. I Art. 3 § 3 bestimmt:

„In des halses lede de kindere, de ane tweiunge vader unde muder geboren sin. Is dar tweiunge an, de ne moge an eneme lede nich bestan, unde scricket an en ander let".

Der Halbbruder steht daher nicht gemeinsam mit den vollbürtigen Geschwistern am Halse, sondern rückt ein Glied zurück an das Schultergelenk.
Für das Konkurrenzverhältnis von vollbürtigen und halbbürtigen Geschwistern des Erblassers bestimmt Ldr. II Art. 20 § 1 die allgemeine Regel des Ldr. I Art. 3 § 3 für den Einzelfall ausdrücklich konkretisierend:

„Bruder unde suster nemet eres ungetweieden bruder unde suster erve vor den bruder unde suster, de getweiet van vader unde van muder sint. Ungetweiede bruder kint sint ok gelike na dem getweiden bruder an deme erve to nemene".

Dementsprechend stehen die Halbgeschwister gemeinsam mit den Kindern der vollbürtigen Geschwister an der Schulter.

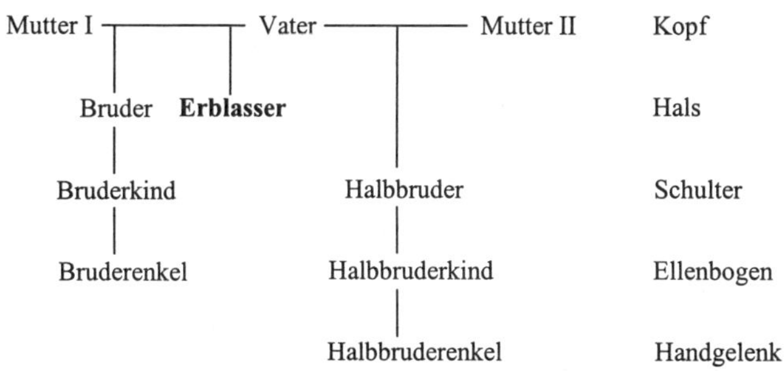

Die Wirkung der Halbgeburt erstreckt sich nach dem insoweit deutlichen Wortlaut von Ldr. I Art. 3 § 3 auf die gesamte erbberechtigte Seitenverwandtschaft, denn alle Kinder, die nicht von Vater und Mutter, also den Stammeltern, gemeinsam, sondern nur von einem Stammelternteil abstammen, treten ein Glied im Verhältnis zu ihren vollbürtigen Geschwistern zurück.[401] Die Ansicht, nach welcher die Halbgeburt nur für das Erbrecht der Erblassergeschwister und deren Kinder maßgeblich sei, für die übrige Verwandtschaft aber keine Bedeutung habe, kann nicht überzeugen.[402]

---

[401] Schanz, S. 52.

[402] Siegel, Erbrecht, S. 61f. Sydow, Erbrecht, S. 142f. Der Hinweis, mit welchem Sydow seine abweichende Ansicht begründete, nämlich dem Sachsenspiegels sei ein Verfangenschaftsrecht fremd, geht indes ins Leere. Die Zurücksetzung der Halbgeburt erfolgt unabhängig davon, ob

Gegen diese Auffassung sprechen schon erhebliche praktische Bedenken. Beschränkt sich die Wirkung der Halbgeburt nämlich nur auf die Halbgeschwister und deren Kinder, so würden die Halbgeschwisterkinder gemeinsam mit den Halbgeschwisterenkeln erben, da letztere ja von der Zurücksetzung der Halbgeburt nicht mehr betroffen sein sollen.
Aber auch die Annahme, die Zurücksetzung der Halbgeburt betreffe nur die Geschwister des Erblassers und deren gesamte Nachkommenschaft, nicht aber auch beispielsweise die halbbürtigen Erblasserelterngeschwister, findet in Ldr. I Art. 3 § 3 keine Stütze. Das Gliederbild beschränkt sich nicht auf die Darstellung einer bestimmten Parentel, sondern symbolisiert die Verwandtschaft als solche. Dies spricht dafür, daß auch die Aussagen über die Halbbürtigkeit für die gesamte Verwandtschaft gelten. Ldr. II Art. 20 § 1 konkretisiert dabei die Zurücksetzung der Halbgeburt für die Geschwister, ohne aber die Wirkung der Halbbürtigkeit auf diesen Kreis zu begrenzen.[403]
Trotzdem war es schon im 15./16. Jahrhundert umstritten, ob die Wirkung der Halbgeburt sich auf das Verhältnis der Geschwister und der Geschwisterkinder beschränkt, oder ob sie sich auf die gesamte Seitenverwandtschaft erstreckt. Diese Frage wurde bis in die Zeiten des sächsischen Privatrechts des 19. Jahrhunderts kontrovers diskutiert. Dabei neigte die überwiegende Ansicht wohl dazu, unter Hinweis auf den Sachsenspiegel und einen allgemeinen Gerichtsgebrauch die Wirkung der Halbgeburt auf alle Seitenverwandte zu erstrecken.[404]

Für die Wirkung der Halbgeburt kann hingegen nur entscheidend sein, ob die Vorfahren des Erbprätendenten aus derselben Ehe der Stammeltern stammen wie die Vorfahren des Erblassers. Ist dies nicht der Fall, so müssen alle Nachkommen im Verhältnis zu dem Normalfall ein Glied zurücktreten.
Der Umstand der Halbgeburt kann daher auch nur dann Bedeutung erlangen, wenn es Verwandte betrifft, welche den Stammeltern als deren Kinder am Halse stehen. Bei den übrigen an den anderen Glieder stehenden Angehörigen ist die eigene Halbbürtigkeit ohne Relevanz, da ihre Blutsverwandtschaft zum Erblasser ohnehin nur über ein Elternteil vermittelt werden kann.

---

das Erbgut ursprünglich von dem den Geschwistern gemeinsamen Elternteil herrührt oder von dem Stiefelternteil.

[403] Weitere Argumente für die hier geäußerte Ansicht ergeben sich bei einem Vergleich mit der entsprechenden Regelung im Magdeburger Recht, vgl. S. 304.

[404] Vgl. Haubold, Privatrecht, § 310 (S. 349). Nach Wasserschleben, Successionsordnung, S. 61 erstreckte sich die Wirkung der Halbgeburt nach dem Recht des Sachsenspiegels nur auf die Geschwister und deren Nachkommen. Erst später habe sich dann in den Ländern des sächsischen Rechts die Gewohnheit herausgebildet, die Halbgeburt bei allen Verwandten zu berücksichtigen. Vgl. S. 260.

§ 11 Zusammenfassung

Abschließend läßt sich zum Erbrecht des Sachsenspiegels folgendes feststellen: Ausgangspunkt für die Erbfolgeordnung ist Ldr. I Art. 3 § 3. Dort wird nicht nur der erbberechtigte Verwandtenkreis auf sieben Glieder, vom Stammvater ausgehend, einmal sieben Glieder hin zum Erblasser und ein weiteres Mal dieselbe Zahl hin zum Erbanwärter, beschränkt, sondern auch das Erbfolgeprinzip mit der ausschließlichen Maßgeblichkeit der Gradnähe angegeben. Die Berechnung der Gradnähe erfolgt mit Hilfe der Gliederzählung, welche nicht nur die einzig verbleibende Möglichkeit der Zählungdarstellt, sondern auch hinreichend im Wortlaut des Ldr. I Art. 3 § 3 angedeutet ist. Die in Ldr. I Art. 3 § 3 gefundenen Prinzipien finden in der Auslegung des Ldr. I Art. 17 § 1 Ergänzung und Bestätigung.

Unter Berücksichtigung der Besonderheiten im Falle der Halbgeburt gelangt man daher zu folgender Erbentafel:

A: Im engeren Erbenkreis unter Einbeziehung der Kindeskinder

I. Der Sohn bzw. die Söhne
II. Die Tochter bzw. die Töchter
III. Sohnes- und Tochterkinder
IV. Der Vater
V. Die Mutter
VI. Der Bruder bzw. die Brüder
VII. Die Schwester bzw. die Schwestern

B: Im weiteren Erbenkreis

als Verwandte zweiten Grades: die Großeltern, die Elterngeschwister, die Geschwisterkinder und die Halbgeschwister;

als Verwandte dritten Grades: die Urgroßeltern, die Urenkel, die Elterngeschwisterkinder, die Großelterngeschwister, die Geschwisterenkel, die halbbürtigen Elterngeschwister und die Kinder von halbbürtigen Geschwistern;

usw.

3. Teil
Die Erbfolgeordnung des Magdeburger Rechts

§ 12 Die Quellen des Magdeburger Rechts

Im Gegensatz zum Sächsischen Landrecht, welches im Sachsenspiegel eine umfangreiche Darstellung und Behandlung erfahren hat, fehlt es für das Magdeburger Recht an einer vergleichbaren Sammlung. Dabei hatte sich in Magdeburg bereits im Laufe des 11. und 12. Jahrhunderts ein eigenständiges Stadtrecht herausgebildet. Das Magdeburger Stadtrecht umfaßte anfangs, wie jedes andere Stadtrecht auch, ausschließlich das Recht der Stadt Magdeburg selbst und beanspruchte dementsprechend auch nur dort Geltung.

Über den Inhalt des ältesten Magdeburger Stadtrechts ist allerdings wenig bekannt. Grund dafür ist, daß das ältere Magdeburger Stadtrecht weder in einer amtlichen Rechtssammlung im Auftrag des Rates oder der Schöffen, noch in einem privaten Stadtrechtsbuch zusammengefaßt wurde.[405]

Die älteste bekannte Urkunde, die Auskunft über das Magdeburger Stadtrecht gibt, ist das Privileg Erzbischof Wichmanns aus dem Jahre 1188.[406] Es enthält neben einer Ordnungsvorschrift für Bürgerversammlungen ausschließlich Vereinfachungen des Prozeßrechts, welche insbesondere für ortsfremde Kaufleute die Prozeßführung erleichtern sollten.

Allerdings belegt die Formulierung *"ex antiqua constitucione multis modis in jure civile et aliis incommoditatibus constricta fuerit"* in der Urkunde, daß das bischöfliche Privileg nur ältere bereits vorhandene Regelungen modifizierte und nicht ein völlig neues städtisches Recht begründete. Dieses ältere Magdeburger Stadtrecht muß dabei schon Regelungen mit mehr als rein fragmentarischen Charakter enthalten haben, denn anders ist seine Vorbildfunktion für andere städtische Rechte, die es bereits zu diesem Zeitpunkt entfaltete, nicht zu erklären.[407] Bereits für die Mitte des 12. Jahrhunderts ist die Übertragung des Magdeburger Stadtrechts auf andere Städte zu belegen.[408]

So ist die Geltung des Magdeburger Rechts ca. 1160 für Stendal, ca. 1156 - 1170 für Leipzig und 1174 für Jüterbog nachweisbar. In den darauffolgenden Jahren wurden zahlreiche weitere Städte, vor allem Neugründungen, mit Magdeburger Recht bewidmet.

Insbesondere Herzog Heinrich I von Schlesien (vor 1174/1201-1238) übernahm für Siedlungen in seinem Territorium häufig das Magdeburger Recht. Bereits 1211

---

[405] Spätere Aufzeichnungen des Magdeburger Rechts erfolgten bereits vor dem Hintergrund, daß der Magdeburger Rechtskreis sich weit über die Stadtgrenzen hinaus erstreckte und das Magdeburger Recht für zahlreiche Städte von Bedeutung war.

[406] Gedruckt bei: Laband, Magdeburger Rechtsquellen, S. 1f.

[407] Vgl. Lieberwirth, Privileg, S. 3f; Claude, Geschichte des Erzbistums Bd. II, S. 129.

[408] Vgl. Stobbe, Rechtsquellen Bd. I, S. 512f u. 536f; Buchda, HRG Bd. III, Sp. 134 (135); Claude, Geschichte des Erzbistums Bd. II, S. 129.

wurde eine Kopie der Privilegien Wichmanns nach Goldberg gesandt.[409] Weiterhin ist eine undatierte Rechtsmitteilung der Magdeburger Schöffen über das von ihnen angewandte Recht an Herzog Heinrich I überliefert.[410] 1235 sandten die Schöffen von Halle auf Bitten Herzog Heinrichs ihr Recht an dessen städtische Neugründung Neumarkt.[411] Im Text wird das Recht ausdrücklich als Magdeburger Recht bezeichnet.[412] Aus diesem Umstand ist zu schließen, daß in Halle bereits vor 1235 von den Schöffen nach Magdeburger Recht geurteilt wurde.[413]
Es folgten weitere Rechtsmitteilungen an Breslau 1261 und 1295, an Görlitz 1304, an Kulm 1338, an Schweidnitz 1363, an Halle 1364 und an Jüterbog 1367.[414]
Infolge der Bewidmung fremder Städte mit Magdeburger Recht und den dorthin erfolgten Rechtsmitteilungen der Magdeburger Schöffen umschrieb der Begriff Magdeburger Weichbild[415] nicht mehr nur das in Magdeburg geltende Stadtrecht,

---

[409] Gaupp, Das alte Magdeburgische Recht, S. 80f.

[410] Ungeklärt ist, ob die Mitteilung ebenfalls für Goldberg bestimmt war, so Gaupp, Das alte Magdeburgische Recht, S. 85, oder ob es sich bei dem im Stadtarchiv von Goldberg aufgefundenen Exemplar nur um die Kopie einer an eine andere Stadt gerichtete Sendung handelt, in diesem Sinne Stobbe, Rechtsquellen Bd. I, S. 513 und Ortloff, Jb. d. ges. dtsch. jur. Literatur Bd. X (1829), S. 276 (S. 285).

[411] Meinardus, Halle-Neumarkter Recht, S. 6f und Sandow, Neumarkter Rechtsbuch, S. 116f vertraten die Auffassung, Halle habe schon 1181 eine Rechtsweisung nach Neumarkt geschickt. Diese Ansicht stützte sich auf eine in das Jahr 1181 datierte Abschrift einer Rechtsmitteilung von Halle an Neumarkt, die im Neumarkter Rechtsbuch aus dem 14. Jahrhundert aufgenommen wurde. Nach überwiegender Ansicht handelt es sich bei dieser Mitteilung im Neumarkter Rechtsbuch aber nur um eine abweichende Überarbeitung der Rechtsmitteilung von 1235, die, um ihr mehr Autorität beizumessen, zurückdatiert wurde. Vgl. Goerlitz in: ZRG (GA) Bd. 56 (1936), S. 378f.

[412] *„Hic continentur jura aliqua de Hallis et de Meydeburc"*. Vgl. Laband, Magdeburger Rechtsquellen, S. 7.

[413] Wann Halle mit Magdeburger Recht bewidmet wurde, ist unsicher. Allerdings muß in Halle Magdeburger Recht schon vor der Gründung Leipzigs, zwischen 1156 und 1170 (gedruckt: Cod. Dipl. Sax., 2. Theil, Bd. VIII, UrkB Leipzig Bd. 1, Nr. 2), in Geltung gestanden haben. Dies erschließt sich zum einem aus der Gründungsurkunde Leipzigs, in welcher die Stadt zu Hallischem und Magdeburgischem Recht ausgesetzt wurde - *„... distribuit sub Hallensi et Magdeburgensi iure..."* - zum anderen aus dem Umstand, daß in allen Hallischen Rechtsquellen Spuren des Magdeburger Rechts zu finden sind. Vgl. Lieberwirth, Privileg, S. 14. Zweifel an der Echtheit der Leipziger Urkunde äußert Lück, Sachsenspiegel und Magdeburger Recht, S. 37 Fn.113.

[414] Vgl. Stobbe, Rechtsquellen Bd. I, S. 512f; Laband, Magdeburger Rechtsquellen, S. 14f.

[415] Der Begriff Weichbild setzt sich aus dem Begriffspaar as. wîk bzw. ahd. weich (= Häusergruppe, selbständige Siedlung) und bilida (= Recht) zusammen. Der seit dem 12. Jahrhundert in Westfalen nachweisbare Begriff umschrieb anfangs eine besondere Form der Grundleihe, nach welcher mehrere einzelne Siedlungsplätze durch eine rechtlich gleichartig ausgestaltete Form der Überlassung zu einer Siedlung zusammengefaßt wurden. Ursprünglich hatte Weichbild demnach nichts mit einem besonderen städtischem Recht zu tun. Diese Bedeutung ist erst seit dem 14. Jahrhundert, vor allem für das ostelbische Gebiet, zu belegen. Mit Weichbild wurde nun nicht nur das besondere Stadtrecht bezeichnet, sondern auch dessen räumlichen Geltungsbereich. Der ursprünglichen Bedeutung von Weichbild war man sich im 14. Jahrhundert

sondern bezeichnete nun ein Recht, welches, mit gewissen Modifikationen, in zahlreichen weiteren Städten galt. Wenn die Magdeburger Schöffen daher in ihren Rechtssprüchen einfach von *„bynnen weichpilde"* sprachen, so umschrieben sie damit, daß der Streit nach Magdeburger Recht zu entscheiden sei.[416] Die Verbindung Magdeburgs als Mutterstadt des Magdeburger Rechts mit seinen Töchterstädten[417] wurde dadurch aufrecht erhalten und intensiviert, daß der Magdeburger Schöffenstuhl als Oberhof zahlreicher solcher Städte diesen auf Anfrage des örtlichen Gerichts oder auch einer Prozeßpartei Rechtsbelehrung zu konkreten Fällen in Form von Schöffensprüchen zusandte.[418]
Ein zusätzliches Indiz für die herausragende Stellung des Magdeburger Rechts ist weiterhin in dem Umstand zu erblicken, daß sich nicht nur die nach Magdeburger Recht lebenden Städte an den dortigen Schöffenstuhl um Rechtsbelehrung wandten, sondern auch solche, welche nach ihrem eigenem Recht lebten oder mit dem Recht anderer Städte bewidmet waren.[419] Dabei war eine Rechtsanfrage an den Magdeburger Schöffenstuhl nicht kostenfrei, sondern für den Rechtsuchenden mit erheblichen Ausgaben verbunden. Denn trotz des Rechtsatzes, daß „man ein Urteil nicht verkaufen soll", verlangte der Magdeburger Schöffenstuhl für sein Tätigwerden beträchtliche Gebühren und Erstattung seiner Auslagen. Diese Kosten traten neben die übrigen anfallenden Ausgaben wie Botenlohn und Schreibgebühren und waren von der unterliegenden Partei des Rechtsstreites zu tragen.[420]

Trotz dieser großen Bedeutung des Magdeburger Rechts ist in Magdeburg - wie bereits erwähnt - selbst nie ein Stadtrechtscodex geschaffen worden, der eine umfassende Sammlung der Rechtssätze enthalten hätte. Erst 1568 veröffentlichte der Rat eine Willkür der Stadt Magdeburg, die aber keineswegs eine umfassende Sammlung des Magdeburger Stadtrechts darstellte, da sie im Bereich des Erbrechts nur Zulässigkeit und Form des Testamentes regelte und auch im übrigen nur Bestimmungen über einzelne Teile des bürgerlichen Rechts und des Strafrechts enthielt.[421] Die in-

---

schon nicht mehr bewußt, so wird in Art. X § 5 des Sächsischen Weichbildes (Ausgabe v. Daniels) die tautologische Formulierung „wichbilderecht" verwendet. Vgl. Schmidt-Wiegand, HRG Bd. V, Sp. 1209f.

[416] Böhlau, Ztsch. f. RG, Bd. IX (1870), S. 1 (S. 4).

[417] Zu dem Phänomen der Stadtrechtsfamilie, vgl. Schröder/Künßberg, § 56 (S. 740ff).

[418] Der Magdeburger Schöffenspruch war, wenn nicht das Stadtrecht etwas anderes anordnete, für das anfragende Gericht nicht verbindlich. Häufig wurde daher - vor allem im Spätmittelalter - nicht nur bei einem Gericht, sondern gleich bei mehreren um Recht nachgefragt. Vgl. Ebel, F., Aufzeichnung von Ratsurteilen, S. 123 und Simm, Schöffensprüche, S. 24ff.

[419] Schelling, Mgdb. Schöffensprüche in: Hanse-Städte-Bünde, S. 118 (S. 122). Vgl. auch die nicht abschließende Aufzählung von Städten, die unmittelbar am Magdeburger Schöffenstuhl oder bei anderen nach Magdeburger Recht lebenden Städten um Recht nachsuchten bei Schröder/Künßberg, § 56 (S. 740ff); Lieberwirth, Privileg, S. 22f und Kauffungen, in: FS f. Dobenecker, S. 190 (S. 192).

[420] Böhlau, Ztsch. f. RG, Bd. IX (1870), S. 1 (S. 8).

[421] Gaupp, Das alte Magdeburgische Recht, S. 157.

ternen Aufzeichnungen des Magdeburger Schöffenstuhls, wie beispielsweise die umfassende Registratur der versendeten Rechtssprüche, sind 1631 vernichtet worden.[422]

Authentische und nicht-authentische Quellen

Aussagen über den Inhalt des Magdeburger Rechts sind daher nur unter Rückgriff auf einzelne Sprüche oder Spruchsammlungen möglich, die entweder von Magdeburg an andere Städte verschickt wurden oder bereits außerhalb Magdeburgs entstanden sind. In Betracht kommen insoweit die Rechtsmitteilungen und Schöffensprüche der Magdeburger Schöffen, aber auch die der anderen Schöffenstühle, welche nach Magdeburger Recht gesprochen haben. In diesem Zusammenhang sind vor allem die Schöffenstühle der Städte Leipzig und Halle zu nennen. Auch aus der Spruchtätigkeit der Dresdener Schöffen und der Mannschaft zu Dohna lassen sich Rückschlüsse auf den Inhalt des Magdeburger Rechts ziehen. Daneben sind die verschiedenen Rechts- bzw. Stadtrechtsbücher zu berücksichtigen.[423] Eine allgemeingültige und unter jedem Gesichtspunkt überzeugende Systematisierung dieser Rechtsquellen ist allerdings bislang noch nicht gelungen und dürfte wohl auch nicht möglich sein.[424] Daher muß die Klassifizierung der Quellen jeweils unter dem Aspekt der besonderen Fragestellung erfolgen.

Da es im Folgenden um den Inhalt des von den Magdeburger Schöffen gestalteten Magdeburger Rechts geht, sind solche Quellen bevorzugt zu behandeln, denen man die Spruchpraxis der Schöffen unverfälscht entnehmen kann.[425] Eine solche - im weiteren als authentisch bezeichnete - Quelle liegt vor, wenn die in ihr enthaltenen Rechtssätze und -sprüche von den Magdeburger Schöffen oder einem anderen nach Magdeburger Recht sprechenden Schöffenstuhl herrühren. Hinter diesem Merkmal tritt die Frage zurück, ob die in Betracht kommende Quelle, also die Handschrift oder das einzelne Rechtsbuch, im amtlichem Auftrage erstellt und gesammelt wur-

---

[422] Bei der Eroberung Magdeburgs 1631 durch die Truppen Tillys ist sowohl das Schöffenhaus wie auch das Archiv des Schöffenstuhls vernichtet worden. Daher ist ungewiß, ob oder in welchem Umfang die Magdeburger Schöffen Rechts- und Spruchsammlungen oder Abschriften ihrer Rechtsmitteilungen für den eigenen Gebrauch erstellt hatten. Vgl. Buchda, HRG Bd. III, Sp. 134 (135) und Ebel, Mgdb. Recht Bd. I, S. XI.

[423] Zu den Begriffen vgl. Munzel, HRG IV, Sp. 277f und Sp. 1873f. Die Rechts- bzw. Stadtrechtsbücher sind abzugrenzen von den reinen Stadt- und Schöffenbüchern, welche überwiegend oder ausschließlich der Dokumentation privater Rechtsgeschäfte dienten. Vgl. auch Rehme, Paul, Über Stadtbücher als Geschichtsquelle, Halle 1913.

[424] Vgl. die Gliederung bei Becker, Magdeburger Recht, S. 9f oder Oppitz, Rechtsbücher Bd. I, S. 46f. Wasserschleben, Successionsordnung, S. 71f ordnete die Quellen nach den Orten, wo sie entstanden oder wohin sie von Magdeburg aus entsandt wurden. Zutreffend dagegen Stobbe, Beiträge, S. 36 (S. 37) mit dem Hinweis, daß die Geographie in den Sprüchen der Schöffen keine Rolle gespielt hat.

[425] Vgl. Buchda, Schöffenspruchsammlung der Stadt Pößneck Bd. III, S. 5.

de oder nur als private Sammlung anzusehen ist.[426] Relevant ist daher weniger, wer die Niederschrift veranlaßt hat, sondern ob das niedergeschriebene Recht sich noch als unbearbeitetes Recht der Magdeburger Schöffen bezeichnen läßt, oder ob es im Rahmen der Systematisierung oder der Darstellung verändert wurde.[427]
Als authentische Quelle des Magdeburger Rechts kann man daher zweifelsfrei die zum Teil im Original oder doch als wortgetreue Abschriften erhaltenen Rechtsmitteilungen des Magdeburger Schöffenstuhls betrachten, welche dieser an die mit Magdeburger Recht bewidmeten Städte gesandt hat.
Weiterhin stellen die vom Magdeburger Schöffenstuhl ergangenen Sprüche eine authentische Quelle des Magdeburger Rechts dar. Die Schöffensprüche unterscheiden sich dabei in erster Linie von den Rechtsmitteilungen dadurch, daß ihnen ein zeitlich, örtlich und personell bestimmter Rechtsstreit zu Grunde lag, welcher zu entscheiden war. In den Rechtsmitteilungen wurden hingegen die Bestimmungen des Magdeburger Rechts in allgemeiner von einem einzelnen Rechtsstreit unabhängiger Form übermittelt.[428] Die Schöffensprüche nehmen aufgrund der Reichhaltigkeit des behandelten Rechtsstoffes einen besonderen Rang ein. Sie sind in großer Zahl überliefert, da der Magdeburger Schöffenstuhl als Oberhof der nach Magdeburger Recht lebenden Städte häufig von diesen um Rechtsfindung in einem konkreten Streit angegangen wurde. Entsprechendes gilt für die Schöffenstühle der mit Magdeburger Recht bewidmeten Städte, wie beispielsweise Leipzig und Halle.
Zum Teil sind einzelne dieser Schöffensprüche noch im Original vorhanden. Ein ergiebigere Quelle stellen jedoch die Spruchsammlungen dar, in welchen die Sprüche des Magdeburger Schöffenstuhls oder anderer nach Magdeburger Recht sprechenden Schöffenkollegien zusammengefaßt wurden, um so die Feststellung des Magdeburger Rechts für einen Schöffenstuhl zu erleichtern. Die Spruchsammlungen selber wurden wiederum ganz oder zum Teil abgeschrieben und an andere Schöffenstühle weitergeleitet. Beschränkten sich die Spruchsammlungen auf die wenn auch verkürzte Wiedergabe von Schöffensprüchen, so steht ihrer Einordnung als authentischer Quelle nichts im Wege. Zwar wird der Wert eines Schöffenspruches für die rechtshistorische Forschung regelmäßig gemindert, wenn die Anfrage oder der Sachverhalt durch den Schreiber der Sammlung weggelassen wurde. Das gleiche gilt, wenn der Empfänger oder der Absender des Spruches gestrichen oder verändert wurde, so daß letztlich nur die bloße Rechtsauskunft überliefert ist.[429] Als Beispiel für eine derartige Praxis seien hier die alphabetischen Sammlungen der Kodizes M 20a der SLUB Dresden und Hs. 1096 der UB Leipzig genannt. Für die vorliegende Arbeit sind solche Mängel allerdings nicht ganz so erheblich, da es hier in erster Linie um die Lösung einer materiell-rechtlichen Frage, nämlich

---

[426] Diese Eingrenzung ist weiter, als jene in amtlichen und privaten Quellen, wie sie beispielsweise Kisch, Schöffenspruchsammlung, S. 18* vornimmt.

[427] Vgl. allgemein zu der Aufzeichnung von Schöffensprüchen Ebel, F., Aufzeichnung von Ratsurteilen, S. 123f.

[428] Buchda, Die Schöffenspruchsammlung der Stadt Pössneck Bd. III, S. 9.

[429] Buchda, Die Schöffenspruchsammlung der Stadt Pössneck Bd. III, S. 12.

jener nach der Erbfolgeordnung geht. Demgegenüber tritt das Problem der grundsätzlichen Wirkung, welche die Spruchpraxis der Schöffenstühle auf das mittelalterliche Recht als solches gehabt haben mag, und die eventuell daraus zu ziehenden Schlußfolgerungen, zurück.
Authentische Quellen können, wie bereits erwähnt, auch dann vorliegen, wenn die Sammlungen eine private Arbeit darstellen. In der Regel wurden die Schöffensprüche von Stadtschreibern oder Schöffen im Auftrag der Stadt oder des Gerichts für die Spruchsammlung zusammengetragen. Aber auch wenn es sich ursprünglich um eine Privatarbeit handelte, erhielten solche Sammlungen, vor allem dort, wo es an amtlichen Niederschriften fehlte, im Laufe der Zeit durch die Benutzung im Gericht häufig einen offiziösen Charakter.[430]
Als nicht-authentische Quelle sind hingegen die Bücher Magdeburger Rechts und die Stadtrechtsbücher zu betrachten, da sie sich nicht auf eine Wiedergabe der ergangenen Magdeburger Sprüche beschränken, sondern versuchen, das Magdeburger Recht systematisch darzustellen. Zu diesem Zweck wurden aus den Artikeln des Sachsenspiegels, aus den Sprüchen der Schöffen und weiteren Quellen einzelne Abschnitte herausgesucht und unter einem übergeordneten Gesichtspunkt zusammengefaßt. Die sich dabei fast zwangsläufig ergebenden inhaltlichen Widersprüche versuchte man zum Teil durch Abänderungen der benutzten Texte zu verdecken, zum Teil blieben sie bestehen. Weiterhin wurden, vor allem in den Stadtrechtsbüchern, auch lokale Rechtsgewohnheiten aufgenommen. Wegen dieser Darstellungsweise, die den Charakter des Magdeburger Rechts als ein von Schöffen entwickeltes Recht überdeckte, und wegen der Benutzung zum Teil nicht-magdeburgischen Rechts verbietet sich die Einordnung dieser Rechtsbücher als authentische Quellen. Entsprechend ist bei der Benutzung und Interpretation solcher Arbeiten für die Auslegung des Magdeburger Rechts besondere Vorsicht geboten.
Ebenfalls zu den nicht-authentischen Quellen sind die sogenannten Sippzahl- und Erbrechtsregeln zu zählen. Zur Behandlung dieser schon eher lehrbuchartigen Darstellungen wird im Anschluß an die Bücher Magdeburger Rechts und Stadtrechtsbücher Stellung genommen.

Das Problem der Glaubwürdigkeit von Quellen, die für sich in Anspruch nehmen, das Magdeburger Recht wiederzugeben, stellte sich bereits im 15. Jahrhundert. In einer Anfrage aus Eisleben wird der Magdeburger Schöffenstuhl gebeten zu entscheiden, welches von zwei in der Stadt vorhandenen Rechtsbüchern nun Magdeburger Weichbild enthalte.[431] Die Magdeburger Schöffen bestätigten dem einen Rechtsbuch, einer Handschrift des Sächsischen Weichbildes, daß es Magdeburger Recht enthalte. Über das zweite Buch aber, einem Exemplar des Meißener Rechtsbuchs, urteilten die Schöffen: *„... süllet ir wißin, vmme das buch „distinctiones", das wir da nicht von halden, wen das nicht bestetigt ist von pawesen ader von keysern, und*

[430] Vgl. Munzel, HRG Bd. IV, Sp. 1873.
[431] Gedruckt bei Ebel, Mgdb. Recht Bd. I, VI Nr. 6 (S. 279).

ist körczlich vffkomen, daz man nicht en weyß, wy daz zcu houffe gesaczt, vnd ouch mennigerleye vnd vele artikele heldt, dy wedder vnse alde beschrebene vnd bestetigede recht sin."

1. Die authentischen Quellen

Im Folgenden werden zunächst aus dem Kreis der authentischen Quellen die in dieser Arbeit vorwiegend herangezogenen Spruchsammlungen kurz dargestellt und charakterisiert. Auf die Rechtsmitteilungen und auf die nicht in einer Spruchsammlung, sondern nur im Original überlieferten Rechtssprüche wird, falls erforderlich, in den einzelnen Erläuterungen eingegangen werden.

Das Stendaler Urteilsbuch[432]

Die Stadt Stendal wurde um 1160 von Albrecht dem Bären gegründet und dabei mit Magdeburger Recht bewidmet. Insofern stellt die Bewidmung Stendals den ältesten bekannten Nachweis für die Ausbreitung des Magdeburger Rechts überhaupt dar. Stendal gab das Magdeburger Recht an umliegende Städte weiter und wurde für diese zum Oberhof.[433] Die Stendaler Schöffen selbst suchten weiterhin beim Magdeburger Schöffenstuhl um Rechtsbelehrung nach.
31 Sprüche der Magdeburger Schöffen an Stendal aus der Zeit von 1329 bis 1340 finden sich im Stendaler Urteilsbuch, welches in der ersten Hälfte des 14. Jahrhunderts geschrieben wurde. Es wurde vom örtlichen Stadtschreiber zusammengestellt und war als offizielle Sammlung für den Gebrauch der Stendaler Schöffen bestimmt.[434]

Buch der Magdeburgischen Urteile[435]

1429 wurde vom Rat und von den Schöffen der Stadt Breslau das Buch der Magdeburgischen Urteile (BMU) angelegt. Als Grund für die Schaffung der Sammlung wird in einer dem Werk beigegebenen Sentenz bemerkt, es enthalte alle die von Magdeburg eingeholten und gekauften Urteile, zum ewigen Gedächtnis und zum Nutzen der Ratsherren und Schöffen, damit sie das Recht schnell und ohne Mühe finden können.[436] Die 233 in der Sammlung enthaltenen Schöffensprüche lassen sich anhand ihrer Entstehungszeit in sieben Gruppen einteilen. Kapitel. 1 - c. 5 sind wohl gleich bei Schaffung des Buches eingetragen worden und entstammen folglich dem ersten Drittel des 15. Jahrhundert. Das auch als Original erhaltene c. 6 ist von 1430. Die dritte Gruppe umfaßt c. 7 - c. 48 und wird der Zeit von 1432 - 1436 zugeordnet. Kapitel 49 - c. 219 lassen sich in die Zeit von 1437 - 1452 datieren. Die fünfte Gruppe, c. 220 - c. 228, ist wohl unmittelbar im Anschluß an die vorherige

[432] Vgl. Oppitz, Rechtsbücher Bd. II, Nr. 87; Hrsg. von: Behrend, Ein Stendaler Urteilsbuch, Berlin 1868.
[433] Vgl. Jacobs, HRG Bd. IV, Sp. 1959f.
[434] Behrend, Stendaler Urteilsbuxh, S. IV.
[435] Hrsg. von: Ebel, Mgdb. Recht Bd. II/1, Nr. 310 - 537, Köln, Wien 1989.
[436] Hierzu und zum Folgendem: Ebel, Mgdb. Recht Bd. II/1, S. XIXf.

Gruppe enstanden, denn c. 229 - c. 231 weisen als sechste Gruppe auf das Jahr 1452 hin. Die letzten Sprüche, c. 232 - c. 238, entstammen bereits dem 16. Jahrhundert. Bei der Aufnahme der Schöffensprüche wurden diese regelmäßig um Teile des Formulars, teilweise auch in der Antwort gekürzt. Die Einordnung des BMU als authentische Quelle rechtfertigt sich in erster Linie aus dem Umstand, daß die Ebel'sche Edition, wenn dies noch möglich war, unter Zuhilfenahme der Originale erfolgte.

Alt Weichbild Recht der Stadt Dresden[437]

Eine umfangreiche Sammlung von Schöffensprüchen enthält der Kodex "Alt Weichbild Recht der Stadt Dresden".

Dem Inhalt nach gliedert sich die Handschrift in zwei Teile. Der erste Teil umfaßt die Blätter 1 - 74. Er beginnt von Bl. 1 - Bl. 16 mit einem alphabetischen Register des Inhalts nach Überschriften geordnet. Auf den Blättern 17 - 74 beginnt die eigentliche Sammlung, die - eingeteilt in 247 Kapitel - eine systematische Darstellung Magdeburger Schöffensprüche enthält. Ein Teil der Sprüche läßt darauf schließen, daß bei ihrer Zusammenstellung zumindest das kulmische Recht eingearbeitet wurde.[438]

Aus der in verschiedenen Sprüchen verwendeten Formel *"Dis wart brocht von Magdeburg mit den andern artikeln die sich alzo anheben"* schließt Gottschalk[439], es handele sich bei den in dem ersten Teil des Kodex enthaltenen Schöffensprüche um eine direkt in Magdeburg erfolgte Zusammenstellung der dort ergangenen Sprüche, welche dann an Dresden übersandt und dort in den Kodex übertragen wurden. Der Formulierung, auf welche sich Gottschalk stützt, ist aber nur die Herkunft der Sprüche aus Magdeburg zu entnehmen. Sie schließt hingegen nicht aus, daß die in der Sammlung enthaltenen Schöffensprüche außerhalb Magdeburgs zusammengetragen worden sind. Die genannte Formel kann ebensogut die Einleitung eines aus mehreren Artikeln bestehenden Magdeburger Schöffenspruchs darstellen.[440] Folglich läßt sich Magdeburg als Entstehungsort der Sammlung nicht mit Sicherheit nachweisen. Die Verwendung des kulmischen Rechts deutet vielmehr auf Schlesien oder Preußen als Entstehungsort der Sammlung hin.[441]

Es ist außerdem noch nicht einmal sicher, ob die Sammlung ursprünglich überhaupt für Dresden erstellt wurde. Die in dem Dresdener Kodex enthaltenen Sprü-

---

437 Hs. M 34b der SLUB. Vgl. Oppitz, Rechtsbücher Bd. II, Nr. 452, gedruckt bei: Wasserschleben, Rechtsquellen Bd. I, II, S. 80 - S. 120 und IV, S. 128 - S. 354.

438 Wasserschleben, Rechtsquellen Bd. I, S. XII.

439 Gottschalk, Analecta codicis, S. 4.

440 Gaupp, Das alte Magdeburgische Recht, S. 181; Wasserschleben, Rechtsquellen Bd. I, S. XV. Im Ergebnis zustimmend Siegel, Österreichische Vierteljahrschrift Bd. VI (1860), S. 53, der zusätzlich darauf hinweist, daß die in c. CIII der Sammlung enthaltene Bestimmung über die fränkische Hufe für Dresden ohne Bedeutung gewesen wäre.

441 Wasserschleben, Rechtsquellen Bd. I, S. XV.

che könnten auch eine Abschrift einer für eine andere Stadt angefertigten Sammlung darstellen.[442]
Der zweite Teil der Sammlung, der die Blätter 75 - 257 umfaßt, entbehrt der systematischen Bearbeitung. Er stellt sich als bloße Aneinanderreihung von Schöffensprüchen aus Magdeburg, Halle, Dohna und Leipzig dar. Vermutlich nach Abschluß der Hauptsammlung wurden 30 Sprüche des Dresdener Schöffenstuhls von einem seiner Schöffen angefügt.
Die Magdeburger Sprüche des ersten Teils können wegen der Verwendung des kulmischen Rechts nicht vor Ende des 14. Jahrhundert entstanden sein.[443] Die Sprüche des zweiten Teils der Sammlung sind dagegen dem 14. und 15. Jahrhundert zuzuordnen.[444] Der Codex " Alt Weichbildrecht " selbst ist im 15. Jahrhundert geschrieben worden.[445]
Obwohl, wie festgestellt, der Codex nicht unbedingt für Dresden zusammengestellt worden ist, so wurde er doch von den Dresdener Schöffen benutzt und enthält Rechtssätze, die in Dresden gültig waren.[446] Das ergibt sich zum einem schon aus dem auf dem Rücken des Bandes befindlichen Titel "Alt Weichbildrecht der Stadt Dresden", zum anderen aus dem Umstand, daß der Codex von den Dresdener Schöffen weitergeführt wurde.
Nicht mit Sicherheit festzustellen ist, ob bei der Zusammenstellung der Schöffensprüche die Sammlung als ein amtliches Justizbuch oder als privates Rechtsbuch geplant war.[447] Jedoch ist davon auszugehen, daß spätestens mit der Verwendung der Sammlung am Dresdener Schöffengericht diese dort den Charakter eines Justizbuches hatte.

Kodex Bregensis bzw. Böhme'scher Kodex[448]
Zahlreiche Magdeburger Schöffensprüche finden sich weiterhin in der Hs. Dresden SLUB M. 25 aus dem 15. Jahrhundert. Die Handschrift bezeichnet sich selbst als Codex Briegensis, in der Literatur wird sie hingegen entweder als Codex Bregensis oder nach ihrem Herausgeber J.F. Böhme als Kodex Böhme bzw. als Böhme'scher Kodex bezeichnet.[449] Trotz der Hinweise auf Brieg hat der Kodex keinen nachweisbaren Bezug zu Brieg, vielmehr stammt er aus Liegnitz bzw. wurde für Liegnitz erstellt.
Neben den Schöffensprüchen enthält die Handschrift das Halle-Neumarkter Recht von 1235 und das Meißener Rechtsbuch in sechs Büchern. Die Schöffensprüche

---

[442] Gaupp, Das alte Magdeburgische Recht, S. 181; Wasserschleben, Rechtsquellen Bd. I, S. XV.
[443] Wasserschleben, Rechtsquellen Bd. I, S. XV.
[444] Gaupp, Das alte Magdeburgische Recht, S. 182.
[445] Gottschalk, Analecta codicis, S. 10.
[446] Wasserschleben, Rechtsquellen Bd. I, S. XI.
[447] Gaupp, Das alte Magdeburgische Recht, S. 181.
[448] Vgl. Oppitz, Rechtsbücher Bd. II, Nr. 444. Gedruckt bei: Böhme, Dipl. Beytr. II.2 Teil 5, S. 60, S. 61 und Teil 6, S. 90 - S. 157.
[449] Sandow, Halle-Neumarkter Recht, S. 10.

zerfallen in vier verschiedenen Sammlungen, was allerdings dem Druck Böhmes nicht zu entnehmen ist.[450]

Die erste Sammlung der Schöffensprüche stammt aus dem ersten Drittel des 14. Jahrhundert und ist bei Böhme, Dipl. Beytr. II.2 Teil 5, S. 60, S. 61 und Teil 6, S. 90 bis S. 97 Abs. 1 abgedruckt. Der Großteil der Sprüche wurde von Breslau in Magdeburg für Glogau eingeholt. Die zweite Sammlung reicht bei Böhme von Teil 6, S. 97 Abs. 2 bis S. 137. Sie ist überschrieben mit den Worten: *„Hie hebin sich an orteil die geholit sein zu Meideburgk"*. Die dritte Sammlung - Böhme, Teil 6, S. 127 bis S. 129 Abs. 3 - stammt von späterer Hand und enthält fast ausschließlich Sprüche, die bereits in der ersten Sammlung aufgenommen sind. Da die dritte Sammlung zum Teil textlich von der ersten Sammlung abweicht, ist davon auszugehen, daß sie mit den Originalen der Sprüche auf andere Weise als die erste Sammlung in Verbindung steht. Die letzte Sammlung umfaßt bei Böhme, Teil 6, S. 130 bis S. 158. Sie ist bei weitem nicht so sorgfältig geschrieben wie die ersten drei Sammlungen.

Die Sprüche der ersten drei Sammlungen finden sich fast alle im Systematischen Schöffenrecht und im Alten Kulm wieder, wohingegen zahlreiche Sprüche der vierten Sammlung in den Magdeburger Fragen wiederkehren.[451] Ob die vierte Sammlung des Böhmer'schen Kodex allerdings unmittelbar als Vorlage für die Magdeburger Fragen gedient hat oder auf welche Weise der Kodex und das Rechtsbuch mit der gemeinsamen Hauptquelle in Verbindung stehen, ist noch nicht endgültig geklärt.[452]

Dresdener Alt-Urtheilbuch[453]

Eine Sammlung von insgesamt ca. 231 numerierten Schöffensprüchen befindet sich im sogenannten "Alt-Urtheilbuch". Es enthält Schöffensprüche aus Leipzig und Magdeburg, die Mitte des 15. Jahrhunderts vom Dresdener Stadtschreiber Johannes Franck, der dieses Amt nachweisbar von 1451 bis 1464 innehatte, niedergeschrieben wurden.[454] Den Aufzeichnungen lagen wahrscheinlich noch die Originale zugrunde. Eine bemerkenswerte Anzahl der Entscheidungen erfolgte dabei nicht aufgrund der Anfrage eines Gerichtes, sondern eine der Prozeßparteien suchte bei den

---

[450] Vgl. Laband, Syst. Schöffenrecht, S. XVIIf.

[451] Nach Ansicht Stobbes, Ztsch. f. dtsch. Recht Bd. 17 (1857), S. 406 (S. 423f) beruhen diese Übereinstimmung nicht auf eine direkte gegenseitige Benutzung dieser Texte, sondern rühren von einer gemeinsamen Hauptquelle her.

[452] Laband, Syst. Schöffenrecht, S. XX und Stobbe, Ztsch. f. dtsch. Recht Bd. 17 (1857), S. 406 (S. 423).

[453] StadtA Dresden, Ratsarchiv A XXII 73 h, vgl. Oppitz Bd. II, Nr. 461. Zu der geplanten Veröffentlichung durch Liesegang ist es nicht mehr gekommen, vgl. Liesegang, ZRG GA Bd. 16 (1895), S. 281ff. Eine Edition der Magdeburger Sprüche der Handschrift ist von Ebel, F, Aufzeichnung von Ratsurteilen (1989), S. 123 (S. 132 Fn. 44) innerhalb der Reihe „Magdeburger Recht" angekündigt worden, jedoch laut Auskunft des Instituts für Deutsche Rechtgeschichte, FU Berlin in absehbarer Zeit nicht zu erwarten.

[454] Liesegang, ZRG GA Bd. 16 (1895), S. 281 (S. 291).

Schöffen um Recht nach. Ungefähr die erste Hälfte der nicht datierten Sprüche stammt - wie Liesegang annimmt - aus der Zeit vor dem Verbot des Rechtszuges nach Magdeburg für die Markgrafschaft Meißen, also von vor 1432.[455] Die zweite Hälfte der Sprüche ab Bl. 95 a ist - wie der Wechsel der Schrift zeigt - nicht mehr von Franck eingetragen worden und rührt vermutlich aus dem Beginn des 16. Jahrhunderts her. Einige der Rechtsweisungen sind bereits in der Sammlung "Alt Weichbildrecht" enthalten.
Die Sammlung wurde bis Mitte des 16. Jahrhunderts fortgeführt, die letze Eintragung rührt aus dem Jahr 1554 her. Dann wurde die Sammlung trotz noch zahlreicher verbleibender leeren Seiten beendet. Die Numerierung der einzelnen Sprüche ist erst später, wahrscheinlich im 19. Jahrhundert, erfolgt.

Pößnecker Schöffenspruchsammlung[456]
1474 erstellte der ehemalige Stadtschreiber von Neustadt an der Orla, Johann Jechte, der dieses Amt von 1451 bis 1468 ausübte, im Auftrag des Rates der Stadt Pößneck eine umfangreiche Spruchsammlung, welche für den Gebrauch in der Pößnecker Gerichtspraxis bestimmt war.[457]
Die Sammlung gliedert sich in drei Bücher, von denen das erste 158 Sprüche mit erbrechtlichem Inhalt enthält. Das zweite Buch umfaßt 68 Sprüche zum Strafrecht und das dritte 132 Sprüche über *„gemeyne sache"*, das heißt über alles, was sich nicht thematisch den beiden ersten Büchern zuordnen läßt. Läßt man die in die Sammlung aufgenommene Rechtsmitteilung der Magdeburger Schöffen an Halle von 1364, die beiden Richtersprüche von sächsischen Herzögen sowie die Dubletten und Fortsetzungen einzelner Sprüche außer Betracht, verbleiben 341 selbständige Schöffensprüche. Von diesen 341 Sprüchen stammen 264 vom Leipziger Schöffenstuhl, der Magdeburger Schöffenstuhl ist hingegen mit nur 71, der Hallische gar nur mit 3 Sprüchen vertreten. Die restlichen drei Sprüche rühren von Dohna, Dornburg und Neustadt her.
Die Dominanz der Leipziger Sprüche findet seine Erklärung in dem Umstand, daß Kurfürst Friedrich II von Sachsen und sein Bruder Sigismund gemeinsam mit dem Landgrafen Friedrich von Thüringen 1432 den Rechtszug nach Magdeburg untersagten und stattdessen anordneten, daß fortan *„...sentenciam, rechtis vndirwisunge vnde bescheidunge zcu Lipczk an vnsern doctoren, erbern vnde vorstendigin burgern da selbist adir an andern vorstentlichen leuthen in vnsern landis vnde nicht zcu Meyde-*

---

[455] Liesegang, ZRG GA Bd. 16 (1895), S. 281 (S. 291). Zu dem Verbot des Rechtzuges nach Magdeburg vgl. weiter unten.
[456] Hrsg. von: Grosch, Reinhold, Karl Theodor Lauter und Willy Flach, Die Schöffenspruchsammlung der Stadt Pößneck Bd. I, Weimar 1957.
[457] Siehe zur Pößnecker Spruchsammlung und zur Person des Johann Jechte, Flach, Die Schöffenspruchammlung der Stadt Pößneck Bd. II, S. 1ff und Buchda, Die Schöffenspruchammlung der Stadt Pößneck Bd. III, S. 10f.

borg alzo vormals geschen, irholen sollen, suchen vnde bekomen sollen..."[458]. Zumindest für das Gebiet der Stadt Pößneck scheint diese Anweisung Folgen gezeigt zu haben.[459]

Die Pößnecker Spruchsammlung baut auf einer Rechtssammlung für die Stadt Naumburg[460] auf, welche auch in anderen Handschriften verwendet wurde. So finden sich Übereinstimmungen mit dem „Alt Weichbild Recht der Stadt Dresden“, der Leipziger Schöffenspruchsammlung und dem Kodex Hs. 945 der UB Leipzig. Neben der genannten Naumburger Sammlung benutzte Jechte noch eine verlorengegangene Neustädter Sammlung, die wahrscheinlich von ihm selbst während seiner Amtszeit als Stadtschreiber angelegt worden war.

Die Pößnecker Spruchsammlung, deren Originalhandschrift seit 1945 verschollen ist, enthielt leere Blätter im Inhaltsverzeichnis und im Spruchtext, damit sie später fortgeführt werden konnte. Tatsächlich wurden in der Spruchsammlung vom Pößnecker Stadtschreiber Nicklas Bötel (1477-1486) und nochmals zu Beginn des 16. Jahrhunderts Sprüche hinzugefügt, welche sich allerdings nicht mehr an die ursprügliche Ordnung hielten.

Der Spruchsammlung sind unmittelbar hinter dem Vorderdeckel Blätter mit einem arbor consanguinitatis und einer Wiedergabe der Bockdorff'schen Sippzahlregeln[461] angefügt, die zwar nicht von Jechte herrühren, aber doch aus dem 15. Jahrhundert stammen.

Kodex M 20a der SLUB Dresden[462]

Die Papierhandschrift aus dem späten 15. oder frühen 16. Jahrhundert beginnt mit den Worten „*Hje hebet an die vorsprochenn urteil und sentencien die da gesprochenn sind zu Magdeburg unnd Leyptzk und sind ordenntlichen nach dem alphabeth gruntlichen albie geschriben wie volget*“. Entsprechend enthält der Kodex auf insgesamt 381 Blättern zahlreiche, alphabetisch gesammelte Schöffensprüche aus Magdeburg, Leipzig und Dohna.[463] Wo der Kodex entstanden ist, läßt sich nicht mehr feststellen. Allerdings ist mit großer Wahrscheinlichkeit anzunehmen, daß er nicht ursprünglich in oder für Dresden zusammengestellt wurde, da der Kodex in einer Be-

---

[458] Cod. Dipl. Sax., 2. Theil, Bd. VIII, UrkB Leipzig Bd. 1, Nr. 176. Nach einer anderen Handschrift gedruckt bei: Distel, ZRG (GA) Bd. VII (1886), S. 89 (S. 110).

[459] Flach, Die Schöffenspruchammlung der Stadt Pößneck Bd. II, S. 43.

[460] Oppitz, Rechtsbücher Bd. II, Nr. 1155.

[461] Vgl. S. 156.

[462] Vgl. Oppitz, Rechtsbücher Bd. II, Nr. 439. Die Sprüche mit erbrechtlichem Inhalt sind gedruckt bei: Wasserschleben, Successionsordnung, S. 164f.

[463] Entgegen der Mitteilung bei Oppitz, Rechtsbücher Bd. II, Nr. 439 enthalten die Blätter 376-381 keine Willkür der Stadt Dresden. Nach Einsicht, der mir 1996 von Hr. Dr. Mühlner von der SLUB Dresden freundlicherweise zugänglich gemachten, zwar beschädigten aber doch benutzbaren Handschrift, konnte ich auf Bl. 376 nur einen Leipziger Schöffenspruch auffinden, in welchem allerdings von einer Dresdener Willkür die Rede ist.

schreibung der Königlichen Bibliothek Dresden aus dem 19. Jahrhundert als eine neuere Erwerbung bezeichnet wird.[464]

Leipziger Schöffenspruchsammlung[465]
Der Kodex enthält eine Sammlung von 825 Schöffensprüchen, die überwiegend aus Leipzig und Magdeburg herrühren, daneben finden sich auch einige Sprüche aus Halle und sieben Entscheidungen der Leipziger Juristenfakultät. Die Handschrift, die eine reine Abschrift von älteren unbekannten Vorlagen darstellt, ist nach einem Eintrag des Schreibers des Titelregisters 1524 beendet worden. Die Spruchsammlung läßt sich in zwei deutlich voneinander scheidbare Bestandteile gliedern. Der 1. Teil, der von Spruch Nr. 1 bis Spruch Nr. 416 reicht, stammt wahrscheinlich von einem rechtskundigen Bearbeiter, welcher die Sprüche überarbeitet und ansatzweise in eine inhaltliche Ordnung gebracht hat.[466] Der zweite Teil umfaßt die Sprüche von Nr. 417 bis Nr. 825, wobei die Sprüche Nr. 815 bis Nr. 825 wahrscheinlich erst in späterer Zeit angefügt wurden. Der zweite Teil entbehrt jeder inhaltlichen Ordnung oder Bearbeitung, was dafür spricht, daß er von einem anderen - juristisch ungeschulten - Schreiber stammt. Die Vorlage für den zweiten Teil der Sammlung rührt wohl aus der Mitte des 15. Jahrhunderts her, wohingegen der erste Teil im letzten Drittel des 15. Jahrhunderts zusammengestellt wurde.[467] Bei der Sammlung handelt es sich vermutlich nicht um ein für die Benutzung an einem Schöffenstuhl bestimmtes Exemplar, sondern um eine für private Zwecke erstellte Abschrift.[468]

Kodex Hs. 1096 der UB Leipzig[469]
Die Handschrift enthält auf den Blättern 1-79r und 84r-157r eine in 474 Kapiteln gegliederte alphabetische Sammlung von Sprüchen des Magdeburger Schöffenstuhls, welche laut einer Bemerkung auf Bl. 157r der Handschrift 1518 beendet wurde. Die Sammlung wird auf den Blättern 79v-83v und 157-163 ergänzt durch von unterschiedlichen Schreibern eingefügten Sprüchen aus Magdeburg und Leipzig. Zahlreiche der Sprüche richten sich an Städte im Gebiet von Brandenburg und

[464] Vgl. Ebert, F.A., Notitia codicum praestantiorum bibliotheca regiae Dresdensis, 1823, S. 196; SLUB Dresden R 174

[465] SLUB Dresden M 20, vgl. Oppitz, Rechtsbücher Bd. II, Nr. 438; gedruckt bei: Kisch, Schöffenspruchsammlung, S. 1f und zum Teil bei: Wasserschleben, Successionsordnung, S. 168f.

[466] Vgl. Kisch, Spruchsammlung, S. 22* Fn. 1.

[467] So Beyerle, Ztsch. d. Vereins f. Thür. Gesch. N.F. Bd. 25 (1922/24), S. 100 (S. 103). Anders Kisch, Spruchsammlung, S. 107*f, der eine Identität des Autors des Titelregisters mit dem Verfassers des ersten Teils annimmmt und folglich dessen Enstehung in den Jahre 1522/24 vermutet.

[468] Kisch, Schöffenspruchsammlung, S. 18*f.

[469] Vormals Kodex Hs. 945c. Vgl. Oppitz, Rechtsbücher Bd. II, Nr. 898; gedruckt bei: Wasserschleben, Rechtsquellen Bd. II, S. 1f.

Pommern oder erwähnen solche. Entsprechend liegt die Vermutung nahe, daß die Handschrift in diesem Gebiet entstanden ist.[470]

Kodex Hs. 945 der UB Leipzig[471]
Insgesamt 409 Schöffensprüche, die überwiegend von Magdeburg, Leipzig und Halle an Naumburg gesandt wurden, finden sich in dem ca. 174 Bl. umfassenden Kodex Hs. 945 der Leipziger UB. Der wahrscheinlich in Naumburg entstandenen Spruchsammlung vorangestellt ist ein Landfriede Karls IV von 1371 mit Beitrittserklärungen und Formularen sowie einzelne Schöffensprüche und ein Urteil von Dietrich v. Bocksdorf. Die Hauptsammlung ist in 5 Teile untergliedert und zwischen 1450 und 1520 entstanden. Die ältesten mitgeteilten Schöffensprüche entstammen dem Ende des 14. Jahrhunderts, der Großteil der Sprüche dem 15. Jahrhundert. Die 184 Sprüche des Magdeburger Schöffenstuhls sind bei Friese/Liesegang, III B (S. 435f) abgedruckt.

Rechtsfragen und Urteile besonders der Schöppen zu Leipzig 1536 bis 1554[472]
Zahlreiche Sprüche der Leipziger und Magdeburger Schöffen sowie Entscheidungen des Wittenberger Hofgerichts finden sich in der Zwickauer Spruchsammlung „Rechtsfragen und Urteile besonders der Schöppen zu Leipzig 1536 bis 1554".[473] Die Handschrift, welche ihren Titel erst in neuerer Zeit erhalten hat und während der im Titel genannten Jahre erstellt wurde, enthält in sachlich ungeordneter Folge Sprüche der genannten Kollegien aus der Zeit von 1500 bis 1550, die entweder an Zwickau ergangen sind oder doch in Zwickau niedergeschrieben wurden. Die Sammlung ist mit großer Wahrscheinlichkeit im amtlichen Auftrag von verschiedenen Stadtschreibern geschrieben worden, welche die Sprüche zum Teil kürzten, indem sie die Anfrage an den Schöffenstuhl weggelassen haben. Zum Teil finden sich in der Handschrift aber auch nur die Anfragen ohne die Entscheidung der Schöffen. Das Buch ist nur zu einem Viertel beschrieben. Entsprechend ist die Vermutung naheliegend, daß eine umfangreichere Sammlung geplant war, aber nicht verwirklicht wurde.

Formulare und mancherley urteyl oder Urteilbuch[474]
Ebenfalls in der ersten Hälfte des 16. Jahrhunderts entstanden ist das von dem Zwickauer Stadtschreiber Stephan Rothe verfaßte Buch *„Formulare und mancherley*

---

[470] Wasserschleben, Rechtsquellen Bd. II, S. 1 Fn. 1.
[471] Vgl. Friese/Liesegang, S. 344f und Kisch, Spruchsammlung, S. 59*f.
[472] Die in der Sammlung enthaltenen Sprüche der Leipziger Schöffen sind herausgegeben von: Simm, Hans-Ludwig, Für Zwickau ergangene Leipziger Schöffensprüche zur Zeit der Rezeption, Zwickau 1941, S. 28ff.
[473] Hierzu und zum Folgenden vgl. Simm, Schöffensprüche, S. 7ff.
[474] Die in der Sammlung enthaltenen Sprüche der Leipziger Schöffen sind herausgegeben von: Simm, Hans-Ludwig, Für Zwickau ergangene Leipziger Schöffensprüche zur Zeit der Rezeption, Zwickau 1941, S. 107ff.

urteyl", welches allerdings in den Protokollen des Zwickauer Rates nur als Urteilbuch bezeichnet wird.[475] In der 370 Bl. umfassenden Handschrift versuchte Rothe eine systematische Sammlung der für eine Stadt wie Zwickau interessanten Rechtsmaterien zu erstellen. Zu diesem Zweck trug er unter anderem Sprüche der Schöffenstühle von Leipzig und Magdeburg und Urteile des Wittenberger Hofgerichts zusammen und versah sie zum Teil mit Belegstellen aus dem Sachsenspiegel und den Digesten. Die zu Beginn eingehaltene Ordnung gliedert die Materie in einen Abschnitt mit Formularen, einen über das Erbrecht, einen als Dilatoriae überschriebenen Teil, welcher Prozeß-, Erb- und Gastrecht enthält und schließlich einen mit peinlichen Sachen. Die geplante Systematisierung konnte aber nicht über das ganze Buch eingehalten werden, so daß im zweiten Teil der Handschrift, welche neben den Eintragungen Rothes auch Zusätze anderer Schreiber enthält, die Sprüche ohne sachliche Ordnung folgen. Die Entscheidungen, die im ersten systematischen Teil aufgenommen wurden, sind regelmäßig gekürzt und mit einer kurzen die Rechtsaussage umschreibenden Überschrift versehen worden. Vor allem im systematischen Teil der Handschrift finden sich Sprüche, welche keinen direkten Bezug auf Zwickau haben, wohingegen im zweiten ungegliederten Teil fast ausschließlich Entscheidungen aufgenommen wurden, welche Angelegenheiten Zwickaus betreffen.

Zahlreiche weitere Schöffensprüche finden sich auch in solchen Handschriften, die keine reine Spruchsammlungen darstellen, sondern neben der Wiedergabe der Schöffensprüche entweder den Versuch einer systematischen Bearbeitung des Magdeburger Rechts oder als Stadtrechtsbücher Niederschriften und Notizen über die städtische Willkür und Ratsgebote enthalten. Insoweit solche Sprüche Verwendung gefunden haben, wird auf diese in den Erläuterungen hingewiesen.[476]

---

[475] Hierzu und zum Folgenden, vgl. Simm, Schöffensprüche, S. 11ff.

[476] Dies gilt ebenfalls für jene Sprüche, welche von Wilhelm Weizsäcker aus mehreren tschechischen Handschriften für den Band: Magdeburger Schöffensprüche und Rechtsmitteilungen für den Oberhof Leitmeritz, Stuttgart/Berlin 1943 gesammelt und ediert wurden. Keine Verwendung haben hingegen die Rechtssprüche des polnischen Oberhofes, hrsg. von Ludwik, Lysiak unter Mitwirkung von K. Nehlsen-v. Stryk, Decreta iuris supremi Magdeburgensis castri Cracoviensis, Die Rechtssprüche des Oberhofes des dtsch. Rechts auf der Burg zu Krakau, Bd. 1 1456-1481, Ius Commune Sonderheft 68, Bd. 2 1481-1511, Ius Commune Sonderheft 104, gefunden. Die dort herausgegebenen Sprüche des Oberhofes der 1257 mit Magdeburger Recht bewidmeten Stadt enthalten für den hier allein interessierenden Bereich der Erbfolgeordnung nichts Relevantes.

2. Die nicht-authentischen Quellen

a) Die Bücher Magdeburgischen Rechts und Stadtrechtsbücher

Neben diesen authentischen und unmittelbaren Quellen läßt sich der Inhalt des Magdeburger Rechts weiterhin den zahlreichen privaten literarischen Verarbeitungen und Sammlungen, die das Magdeburger Recht in den Büchern Magdeburger Rechts und den Stadtrechtsbücher erfahren hat, entnehmen.[477] Ebenso wie die privaten Spruchsammlungen wurden zahlreiche dieser Rechtssammlungen und Darstellungen von den verschiedenen Schöffenstühlen übernommen und benutzt, so daß sie später durchaus auch amtlichen Charakter erhalten konnten.

Versuche, das durch Rechtsweisungen und Schöffensprüche übermittelte Magdeburger Recht zu erfassen und zu systematisieren, fanden ab dem 13. Jahrhundert statt. In den Rechtsbüchern Magdeburger Rechts wurden neben den direkt von den Magdeburger Schöffen stammenden Rechtssätzen und Sprüchen auch das aus dem Sachsenspiegel bekannte Landrecht sowie Sprüche anderer nach Magdeburger Recht urteilender Schöffenstühle verwendet.
In wechselseitiger Wirkung zu diesen Büchern Magdeburger Rechts standen die Stadtrechtsbücher. Sie dienten der Aufzeichnung des geltenden Rechts für bestimmte Städte oder Landesteile, so wie beispielsweise das Glogauer Rechtsbuch besonders die Rechtsverhältnisse in Schlesien berücksichtigte. In ihnen wurde unter Rücksichtnahme auf die örtlichen besonderen Rechtsgewohnheiten das Magdeburger Recht aufgenommen, mit dem die betreffenden Städte regelmäßig bewidmet waren. Von den Rechtsbüchern Magdeburger Rechts unterscheiden sich die Stadtrechtsbücher insoweit, als sie neben dem Magdeburger Recht nicht nur lokale Gepflogenheiten und Erfordernisse beachteten, sondern auch zum Teil Bestimmungen nicht-magdeburgischer Herkunft übernommen haben. Andererseits wurden Stadtrechtsbücher bei der Darstellung des Magdeburger Rechts benutzt, ebenso wie Bücher Magdeburger Rechts Stadtrechtsbüchern zugrundelagen. Wegen dieser gegenseitigen Beeinflussung erscheint - unberücksicht der ohnehin schwierigen Einteilung im Einzelfall - eine getrennte Darstellung nicht sinnvoll.
Im Folgenden wurden solche Quellen nicht miteinbezogen, welche zwar nach eigener Aussage Magdeburger Recht enthalten oder in deren Geltungsgebiet Magdeburger Recht zur Anwendung kam, die aber entweder außer einer Wiedergabe des Sachsenspiegel-Landrechts bzw. des Weichbildes und örtlichen Kanzleieintragungen keine zusätzliche Aussage über das Magdeburger Recht treffen[478], oder die außer

[477] Zu dem folgenden vgl. Markmann, Geschichte, S. 31f; Oppitz, Rechtsbücher Bd. I, S. 46f.

[478] Hierzu gehört das Silleiner Rechtsbuch von 1378. Hrsg. von Piirainen, Ilpo, Das Stadtrechtsbuch von Sillein, Berlin, New York 1972. Ebenso das sogenannte Danziger Schöffenbuch aus dem 15. Jahrhundert, hrsg. von Toeppen, M., Das Danziger Schöffenbuch, Danzig 1878. Seine erbrechtlichen Bestimmungen enstammen fast wortgetreu den Poelmann´schen Distinktionen und dem Meißener Rechtsbuch. Auch das Liegnitzer Stadtrechtsbuch des Nicolaus Wurm, hrsg. von Hans-Jörg Leuchte, Sigmaringen 1990, enthält keine weiterführenden Aussagen über

wenigen, für das Magdeburger Recht nicht typische Vorschriften kein Erbrecht enthalten.[479] Weiterhin wurden jene Quellen nicht berücksichtigt, welche noch nicht in einer gedruckten, allgemein zugänglichen Ausgabe vorliegen. Dies betrifft namentlich das Elbinger Rechtsbuch aus dem 14./15. Jahrhundert[480] und die „Summa der rechte Weg gnant“, das vom Breslauer Schöffen und Handelsherrn Kaspar Popplau um 1484 - 1493 verfaßt wurde[481].

Das Sächsische Weichbild oder Weichbildvulgata[482]

Das Anfang des 14. Jahrhunderts entstandene Sächsische Weichbild in 136 Artikeln oder „Weichbildvulgata“ besteht aus einer programmatischen Einleitung, welche die ersten 27 Artikel umfaßt. Die restlichen Artikel enthalten eine Zusammenstellung einer Weichbildchronik aus der ersten Hälfte des 13. Jahrhunderts, des Rechtsbuches von der Gerichtsverfassung (zum Teil auch als Weichbildrecht bezeichnet) aus der Mitte des 13. Jahrhunderts und des sogenannten Magdeburger Schöffenrechts.[483] Bei Letzterem handelt es sich um eine nicht offizielle Zusammenstellung der zu Magdeburg geltenden Rechtssätze, welche auf der Rechtsmitteilung nach Breslau von 1261 beruht. Daneben enthält die Weichbildvulgata Rechtssätze aus dem Magdeburg-Görlitzer Recht von 1304 und Auszüge aus dem Sachsenspiegel.[484]

Das Sächsische Weichbild wurde im 14. Jahrhundert unter starker Einbeziehung des römischen Rechts glossiert.

Das Unsystematische Schöffenrecht[485]

In der ersten Hälfte des 14. Jahrhunderts wurde auf Veranlassung des Breslauer Rates damit begonnen, das städtische Recht aufzuzeichnen. Diese Aufzeichnung, welche das älteste Breslauer Stadtrechtsbuch darstellt, enthält in 444 Kapiteln Magde-

---

das Magdeburger Erbrecht. Zwar behandelt es in einigen seiner Artikeln die Gerade, das Heergerät und das Erbe es werden aber keine Aussagen über die Erbfolgeordnung getroffen.

[479] Hierzu gehört das Ofener Stadtrecht aus dem 15. Jahrhundert Hrsg. von Mollay, Karl, Das Ofener Stadtrecht, Köln, Weimar 1959. In c. 313 bestimmt das Stadtrecht abweichend vom Magdeburger Recht, daß das Erbe des Mannes jeweils zur Hälfte an seine Frau und an die gemeinsamen Kinder fällt. Verstirbt nun eines der Kinder, so wird es nur dann von der Mutter neben den Geschwistern hälftig beerbt, wenn Mutter und Kinder eine ungeteilte Erbengemeinschaft am väterlichen Gute bildeten. Hatten Mutter und Kinder die Gemeinschaft aufgelöst, fiel das gesamte Erbe des Kindes an seine Geschwister.

[480] Vgl. Oppitz, Rechtsbücher Bd. I, S. 57.

[481] Vgl. Oppitz, Rechtsbücher Bd. I, S. 49. Eine Edition des Rechten Weges wird zur Zeit von F. Ebel, Berlin vorbereitet. Siehe dazu: Ebel. Mgdb. Recht, Bd. II/1, S. XX und Schelling-Schiewer, Jb. d. Schles. F.-W.-Universität zu Breslau Bd. XXX (1989), S. 293ff.

[482] Hrsg. von: v. Daniels/v. Gruben, Das Sächsische Weichbildrecht Bd. 1, Weltchronik und Weichbildrecht in 136 Artikel mit der Glosse, Berlin 1858. Vgl. zu den weiteren Ausgaben Schelling, Schöffensprüche, S. 118 (S. 121).

[483] Vgl dazu im Einzelnen: Oppitz, Rechtsbücher Bd. I, S. 47.

[484] Stobbe, Rechtsquellen Bd. I, S. 407f; Laband, Magdeburger Rechtsquellen, S. 109.

[485] Hrsg. von Ebel, Mgdb. Recht Bd. II/1, Nr. 3 - 280, Köln, Wien 1989.

burg-Breslauer Recht. Die Sammlung, welche erst in der zweiten Hälfte des 19. Jahrhunderts in der Breslauer Stadtbibliothek entdeckt wurde, wird als Magdeburg-Breslauer Unsystematisches Schöffenrecht (USR) bezeichnet.[486] Das USR basiert auf verschiedenen Zusammenstellungen des Magdeburger Rechts, die neben den Magdeburger Rechtsmitteilungen an Breslau von 1261 und 1295 in den c. 1 - c. 110, Magdeburger Schöffensprüche aus dem 14. Jahrhundert enthalten. Aus den zugrundeliegenden Handschriften läßt sich erschließen, daß die Sprüche von c. 111 bis c. 179 USR aus der Zeit von 1322 bis 1352 stammen[487] und die folgenden bis c. 186 USR zwischen 1352 und 1363 enstanden sind[488].[489] Mit c. 187 wurde das USR dann durch einen anderen Schreiber fortgesetzt. Im weiteren Text des USR lassen sich noch vier zusätzliche Textschichten abgrenzen, deren Entstehungszeit in der zweiten Hälfte des 14. Jahrhunderts zu vermuten ist. Das USR schließt mit der Eintragung der c. 413 - c. 444, die um 1410 erfolgte.

Die für das USR verwendeten Schöffensprüche wurden nicht in ihrer ursprünglichen Fassung übernommen, vielmehr ließen die Schreiber regelmäßig die Anfrage weg und beschränkten sich darauf, das rechtliche Problem und dessen Lösung in einer möglichst kurz gehaltenen Feststellung darzulegen.

Das USR wurde bei der Abfassung des Systematischen Schöffenrechts benutzt und wird, wenn auch unter Vermittlung einer Zwischenquelle, dem Glogauer Rechtsbuch von 1386 zugrunde gelegen haben.[490]

Das Systematische Schöffenrecht[491]

Auf Grundlage der Rechtsmitteilungen an Breslau von 1261 und 1295, der im USR enthaltenen Magdeburger Schöffensprüche und weiterer Rechtsquellen wie Willküren und Privilegien ist um 1370 das Systematische Schöffenrecht (SSR), vermutlich in Breslau, entstanden. Die Rechtsmitteilungen Magdeburgs an Görlitz von 1304 und der Sachsenspiegel wurden für das Schöffenrecht nicht benutzt. Unklar ist, ob die Rechtssammlung von vornherein offiziellen Ursprungs war oder ob sie eine private Sammlung darstellt, die später von den Schöffen zu Breslau übernommen

---

[486] Vgl. Bobertag, Ztsch. d. Vereins f. Geschichte u. Altertums Schlesiens, Bd. 14 Heft 1, S. 156 (S. 185f); Goerlitz, ZRG (GA) Bd. 59 (1939), S. 136f.

[487] Vgl. die Breslauer Rechtsmitteilung an Olmütz von 1352, Oppitz Bd. I, Nr. 1191 und entsprechend die Heinrichauer Handschrift, Oppitz Bd. I, Nr. 261.

[488] Vgl die der Heinrichauer Handschrift verwandte Oppelner Handschrift, Oppitz Bd. II, Nr. 447.

[489] Hierzu und zum Folgendem: Ebel, Mgdb. Recht Bd. II/1, S. XIVf.

[490] Ebel, Mgdb. Recht Bd. II/1, S. XVII. Der Stoff des USR wurde nicht lange nach 1363 von Breslau an Schweidnitz übersandt und diente dort, neben dem Magdeburg-Schweidnitzer Unsystematischen Schöffenrecht, welches im wesentlichen auf den Magdeburg-Breslauer Rechtsmitteilungen von 1261 und 1295 beruhte, als Vorlage für das Magdeburg-Schweidnitzer Systematische Schöffenrecht. Vgl. Goerlitz/Gantzer, Mgdb. Sprüche für Schweidnitz, S. 9f. Wegen der Übereinstimmung der Schweidnitzer Rechtsaufzeichnungen mit den entsprechenden Breslauer Rechten wird das Schweidnitzer Recht im weiteren nicht berücksichtigt.

[491] Hrsg. von: Laband, Systematisches Schöffenrecht, Berlin 1863.

wurde.[492] Das SSR gliedert sich in fünf Bücher, von denen die Bücher II - IV in sich noch einmal unterteilt sind.[493] Das erste Buch behandelt das städtische Verfassungsrecht, das zweite die Gerichtsverfassung und den Prozeßgang. Das dritte Buch erläutert die unterschiedlichen Klagen. Im ersten Teil des vierten Buches wird das Familien- und Eherecht, im zweiten das Erbrecht dargestellt. Das fünfte Buch enthält schließlich allgemeine Rechtsgrundsätze, die sich nicht ausschließlich einem der ersten vier Bücher zuordnen lassen.

Das Neumarkter Rechtsbuch[494]

Das Neumarkter Rechtsbuch aus der ersten Hälfte des 14. Jahrhunderts ist nur in einer unvollständigen Handschrift[495] überliefert. Das Rechtsbuch stellt eine private Bearbeitung des sächsisch-magdeburgischen Rechts dar, welche besonders die Eigenheiten Neumarkts berücksichtigt. Es enthält ein umfangreiches Register, wobei aber nicht alle dort erwähnten Artikel in dem Rechtsbuch eingetragen worden sind.

Das Rechtsbuch beginnt mit einer lateinisch gehaltenen Weltchronik in sechs Weltaltern, gefolgt von der Rechtsmitteilung Halles an Neumarkt. Der im Anschluß daran wiedergegebene Sachsenspiegel, das Landrecht und Teile des Lehnrechts, ist nicht frei von Auslassungen und Veränderungen. Das Buch bricht schließlich nach Eintragung des Magdeburg-Breslauer Rechts aus dem 13. Jahrhundert in 107 Kapiteln ab.

Der Verfasser des Rechtsbuches versuchte mit seinem Werk eine systematische Darstellung des Magdeburger Rechts. Zu diesem zählte er auch den Sachsenspiegel, insbesondere dessen landrechtlichen Teil, was dessen fast wörtliche Aufnahme im Rechtsbuch hinreichend erklärt.[496] Das Neumarkter Rechtsbuch stellte im Rahmen der Ostbesiedlung eine wichtige Rechtsquelle dar, es fand an zahlreichen Orten Schlesiens und Polens Verwendung.[497]

Das Zwickauer Rechtsbuch[498]

In der Mitte des 14. Jahrhunderts (1348-1358) verfaßte der Zwickauer Stadtschreiber und spätere Ratmann und Bürgermeister der Stadt, Heinrich der Schreiber, das sogenannte Zwickauer Rechtsbuch.[499] Das Rechtsbuch, welches nur in einer einzigen Handschrift überliefert ist, gliedert sich in drei Teile. Der erste Teil beinhaltet das Stadtrecht im engeren Sinne. Er enthält neben Bestimmungen über die Rats-

---

[492] Stobbe, Rechtsquellen Bd. I, S. 425f; Oppitz, Rechtsbücher Bd. I, S. 49.
[493] Vgl. Laband, Systematisches Schöffenrecht, S. XXXV.
[494] Hrsg. von: Meinardus, Das Neumarkter Rechtsbuch, Breslau 1906.
[495] Oppitz, Rechtsbücher Bd. I, Nr. 308.
[496] Meinardus, Neumarkter Rechtsbuch, S. 14.
[497] Munzel, HRG Bd. III, Sp. 955 (956).
[498] Hrsg. von: Planitz/Ullrich, Zwickauer Rechtsbuch, Weimar 1941.
[499] Dazu und zum Folgendem vgl. Planitz/Ullrich, Zwickauer Rechtsbuch, S. VIIf; Munzel-Everling, HRG Bd. V, Sp. 1859f.

und Schöffenwahl, der Entlohnung des Stadtschreibers und dergleichen auch verschiedene Handwerkerordnungen. Das Privatrecht wird im zweiten Teil des Buches zusammengefaßt. Im Gegensatz zum ersten Teil, welcher ausschließlich originäres Zwickauer Recht enthält, werden im zweiten Teil überwiegend fremde Quellen, vor allem der Sachsenspiegel und die Weichbildvulgata verarbeitet. Nur Zwickauer Rechtsbuch II, 7 und II, 81, welche Regelungen über das eheliche Güterrecht und das Ehegattenerbrecht enthalten, beruhen nicht auf einer fremden Vorlage. Der dritte Teil schließlich, der selbst wiederum in zwei Bücher zerfällt, enthält in seinem ersten Buch den Rechtsgang und in seinem zweiten das Strafrecht der Stadt Zwickau. Der dritte Teil gibt zwar überwiegend Zwickauer Recht wieder, doch ist seine Anlehnung an den Sachsenspiegel weiterhin erkennbar. Neben dem Sachsenspiegel und der Weichbildvulgata benutzte der Verfasser noch den Schwabenspiegel und das Freiberger Stadtrecht. In seiner Darstellung war er bemüht, die Unterschiede und Gemeinsamkeiten zwischen dem Zwickauer Recht auf der einen und dem sächsischen Landrecht und dem Weichbildrecht auf der anderen Seite herauszustellen.

Das Meißener Rechtsbuch[500]

Das Meißener Rechtsbuch[501], entstanden zwischen 1358 und 1387, stellt die private Rechtsaufzeichnung eines unbekannten Verfassers dar.[502] Das Rechtsbuch, welches in 76 vollständigen und 21 fragmentarischen Handschriften überliefert ist, ist als das am weitesten verbreitete Stadtrechtsbuch des 14. Jahrhunderts anzusehen. Sein Wirkungsraum erstreckt sich nicht nur über Mittel- und Norddeutschland, sondern auch über Preußen, Böhmen und Mähren. Es enthält Bestimmungen privat- und strafrechtlicher Natur ebenso wie Regelungen über die Gerichtsverfassung, das Stadtrecht und das Reichsrecht.

Das Rechtsbuch wird in den verschiedenen Handschriften in 5 bis 8 Büchern gegliedert, welche wiederum in Kapitel und Distinktionen eingeteilt sind. Dem Vorwort nach gibt das Rechtsbuch das Sächsische Weichbildrecht wieder, wie es in Magdeburg und in den Städten galt, die in Magdeburg, Halle und Leipzig um Recht nachfragten. Der Verfasser des Rechtsbuches hat sich zum Ziel gesetzt, das Landrecht, Weichbild (Stadt-)recht und das Kaiserlichen Recht in ihren jeweiligen Verschiedenheiten und Übereinstimmungen darzustellen.[503] Zu diesem Zweck ist das Rechtsbuch, wie der Verfasser im Vorwort betont *„geczogen unde gesichert usz keyserlichen buchern, usz deme lantrechte spigels der sachsen, wichbilde buchern, unde*

[500] Hrsg. von: Ortloff, Das Rechtsbuch nach Distinktionen, Jena 1836, Neudruck: Aalen 1967.

[501] Das Rechtsbuch wurde anfänglich als Schlesisches Landrecht, dann als Vermehrter Sachsenspiegel oder als Rechtsbuch nach Distinktionen bezeichnet. Zutreffender dürfte die Bezeichnung Meißener Rechtsbuch sein, da primärer Geltungsbereich und vermutlich auch Entstehungsort die Mark Meißen ist. Vgl. Munzel, HRG Bd. III, Sp. 461ff.

[502] Hierzu und zum Folgenden: Ortloff, Meißener Rechtsbuch, S. VIIf, Oppitz, Rechtsbücher Bd. II, S. 55f und Munzel, HRG Bd. III, Sp. 461.

[503] Ortloff, Meißener Rechtsbuch, S. XVI.

usz lantrechtes buchern...".[504] Mit den im Vorwort als kaiserliche Bücher bezeichneten Schriften ist dabei wohl das im erheblichen Umfang verwendete Goslarer Stadtrecht gemeint.[505] Denn obwohl das Recht der freien Reichsstadt Goslar nicht mit dem Magdeburger Recht identisch war, existieren doch gerade im Hinblick auf die Erbfolgeordnung - wie die weitere Untersuchung zeigen wird - große Übereinstimmung. Zusätzlich zu den bereits genannten Quellen wurde bei der Abfassung des Meißener Rechtsbuches ebenfalls das Zwickauer Rechtsbuch benutzt.
Die Magdeburger Schöffen standen dem Meißener Rechtsbuch, wie einem Schöffenspruch an Eisleben aus dem 15. Jahrhundert zu entnehmen ist, eher skeptisch gegenüber.[506]

Das Eisenacher Rechtsbuch[507]
In den Jahren 1374-1387 oder 1384-1397 wurde von dem Eisenacher Stadtschreiber Johannes Rothe das Eisenacher Rechtsbuch verfaßt.[508] Der Bezug zum Eisenacher Recht wird in dem Rechtsbuch selbst ausgesprochen, wenn zum Beispiel in Eisenacher Rechtsbuch, L. I, Art. 18 § 1 eine erbrechtliche Vorschrift ausdrücklich mit den Worten *„Dit ist Isenesch recht"* charakterisiert wird. Das Eisenacher Rechtsbuch ist in nur drei Handschriften überliefert. Schon die geringe Anzahl der erhaltenen Handschriften zeigt, daß das Rechtsbuch zu keiner Zeit sehr verbreitet war. Neben privatrechtlichen Bestimmungen enthält das Eisenacher Rechtsbuch noch Vorschriften über das Recht der Schöffen und der städtischen Verfassung.
Hauptquelle des Eisenacher Rechtsbuches ist vor allem das Meißener Rechtsbuch. Weiterhin wurde der Sachsenspiegel nebst Buch'scher Glosse, römisches und kanonisches Recht und das Eisenacher Stadtrecht des Landgrafen Albrecht von 1283 verwendet.[509]
Das Eisenacher Rechtsbuch wurde zu Beginn des 16. Jahrhunderts vom Eisenacher Stadtschreiber Johann Purgoldt unter Benutzung römischrechtlicher Quellen überarbeitet.

Glogauer Rechtsbuch[510]
In dem 1386 verfaßten Glogauer Rechtsbuch wurden die Magdeburger Rechtsmitteilungen an Breslau von 1261 und 1295 und an Görlitz von 1304 sowie die Weistümer, die Breslau in den Jahren 1304 und 1314 an Glogau gesandt hatte, verarbeitet. Daneben wurden Rechtssätze aus dem Sachsenspiegel und Schöffensprüche aus

[504] Meißener Rechtsbuch, Vorwort, Sp. 17f.
[505] Ortloff, Meißener Rechtsbuch, S. XXIII.
[506] Vgl. S. 136.
[507] Hrsg. von: Rondi, Peter, Eisenacher Rechtsbuch, Weimar 1950.
[508] Vgl. Rondi, Eisenacher Rechtsbuch, S. XIIf, Oppitz, Rechtsbücher Bd. II, S. 57; Benna, HRG Bd. I, Sp. 914.
[509] Rondi, Eisenacher Rechtsbuch, S. XXV.
[510] Hrsg. von Wasserschleben, Hermann, Rechtsquellen Bd. I, S. 1f, Gießen 1860.

Magdeburg, Breslau, Glogau und anderen Städten herangezogen.[511] Ob neben diesen Quellen auch das SSR dem Glogauer Rechtsbuch zugrunde lag, ist zwar umstritten, aber sehr wahrscheinlich.[512]
Die Rechtssammlung nimmt in zahlreichen Kapiteln ausdrücklich auf die Zustände im schlesischen Glogau Bezug[513], für welches sie zusammengestellt wurde. Insoweit ist die Bezeichnung als Glogauer Rechtsbuch durchaus gerechtfertigt. Für die Beurteilung des Magdeburger Rechts sind vor allem jene Kapitel von Interesse, in welchen den Magdeburger Rechtssätzen die abweichenden Bestimmungen der Breslauer Privilegien zur Abgrenzung gegenübergestellt werden. Im übrigen ist bei Heranziehung des Rechtsbuches immer zu bedenken, daß es häufig auf schlesische Rechtszustände abstellt und daher nicht ohne weiteres mit dem Magdeburger Recht gleichgesetzt werden kann.

Der Alte Kulm[514]
Bei dem sog. Alten Kulm handelt es sich um eine in fünf Bücher untergliederte Umarbeitung des Systematischen Schöffenrechts aus der zweiten Hälfte des 14. Jahrhunderts. In ihm wurde neben dem zugrundeliegendem Schöffenrecht Magdeburger Schöffensprüche für Kulm und Teile des Schwabenspiegels verwendet. Das ursprünglich an Breslauer Verhältnissen orientierte Schöffenrecht wurde den Kulmer Besonderheiten angepaßt.[515] Der Alte Kulm fand in Preußen und den übrigen Gebieten des Deutschen Ordens weite Verbreitung.[516]
Der Alte Kulm wurde im 15. Jahrhundert unter Verwendung des Sachsenspiegels und des Sächsischen Weichbildes zu den Landläufigen Kulmischen Rechten fortgebildet. Diese wiederum wurden in Verbindung mit dem Meißener Rechtsbuch und den Neun Büchern Magdeburger Rechts unter Einarbeitung des Danziger Lokalrechts zu dem sog. Danziger Schöffenbuch weiterverarbeitet.
Preußen und dort insbesondere Kulm und Thorn wurde bereits durch die Kulmer Handfeste von 1232 mit Magdeburger Recht bewidmet. Allerdings wurden die Güter ausdrücklich *„czv vlemischen erbe"* übertragen.[517] Aus diesem Umstand wurde geschlossen, daß gerade bezüglich der Erbfolge die Grundsätze des Magdeburger Rechts ausgeschlossen waren.[518] Dieser Annahme kann aber zumindest für die Erbfolgeordnung des Alten Kulms nicht mehr zugestimmt werden. Wie der Vergleich

---

[511] Wasserschleben, Rechtsquellen Bd. I, S. VI.
[512] Ebel, Mgdb. Recht Bd. II/1, S. XVIII, vgl. Oppitz, Rechtsbücher Bd. I, S. 62.
[513] Vgl. Wasserschleben, Rechtsquellen Bd. I, S. VI.
[514] Hrsg. von: Leman, C. K., Das Alte Kulmische Recht, Berlin 1838.
[515] Dazu gehört unter anderem die Reduzierung bestimmter Bußen von 8 auf 4 Schillinge. Vgl. Schweikart, Jb. f. d. Preuß. Gesetzgebung Bd. XXVI (1825), S. 241 (S. 260).
[516] Stobbe, Rechtsquellen Bd. I, S. 426f; ders., Ztsch. f. dtsch. Recht Bd. 17 (1857), S. 406 (S. 437f); Steffenhagen, Rechtsquellen, S. 201ff; Oppitz, Rechtsbücher Bd. I, S. 50.
[517] Vgl. Art. XIII der erneuerten Kulmer Handfeste von 1251. Gedruckt bei: Leman, Kulmisches Recht, S. 3f.
[518] Leman, Kulmisches Recht, S. XVIIf. Stobbe, Ztsch. f. dtsch. Recht Bd. 17 (1857), S. 406 (S. 434).

der einschlägigen Bestimmungen des Alten Kulms mit anderen Quellen Magdeburger Rechts zeigen wird, entspricht die Erbfolgeordnung des Alten Kulms den Prinzipien des Magdeburger Rechts.[519]

Die Magdeburger Fragen[520]

Die Magdeburger Fragen stellen eine Rechtssammlung dar, welche von einem unbekannten Verfasser[521] zwischen 1386 und 1402 erstellt wurde.[522] Laut der Vorrede soll in den Magdeburger Fragen das Recht der Magdeburger Schöffen, so wie es von ihnen gewiesen wurde, wiedergegeben werden. Dementsprechend werden die Schöffensprüche mit Anfrage und Urteilsformeln zitiert. Seit dem 19. Jahrhundert hat sich aber die Auffassung durchgesetzt, daß den Magdeburger Fragen nicht ausschließlich Schöffensprüche zugrundegelegen haben, sondern der Verfasser auch andere Quellen benutzte und diese dann in Form von Schöffensprüchen in die Sammlung aufgenommen hat.[523] Zu den weiteren benutzten Quellen gehören mittelbar die Magdeburger Rechtsmitteilungen, der Alte Kulm und der Schwabenspiegel. Die ältesten Überlieferungen der Magdeburger Fragen stellen sich noch als unsystematische Sammlungen in zwei Büchern dar. Sie wurden dann aber vermutlich noch vom selben Verfasser systematisiert und sind ab da in drei Büchern, die sich wiederum in Kapitel und Distinktionen unterteilen, gegliedert. Die hier vor allem interessierenden Aussagen, welche Rückschlüsse auf die Erbfolgeodnung zulassen, finden sich in L. I, c. VII.

Die Blume von Magdeburg[524]

Das prozessuale Verfahren nach Magdeburger Recht, eingeteilt in Klage, Klageantwort (pars I des Buches) und Urteil (pars II), wurde in der sog. Blume von Magdeburg durch Nicolaus Wurm gegen Ende des 14. Jahrhunderts (ca. 1386/87) dargestellt.[525] Der Titel wurde dem Werk von ihrem Verfasser beigegeben, der das Vorwort mit den Worten einleitete„*Diz buchelin ist dy Blume Magdeburch genant*". Die Blume von Magdeburg ist in nur einer Handschrift[526] überliefert, die neben der Blume auch lokale Notizen und Eidesformeln sowie das Sächsische Weichbild mit Glosse enthält. Wurm hat die Arbeit als Werk der Magdeburger Schöffen ausgegeben. So wurde pars II der Blume mit „*Vnd sint vurteille, dy geteillet sein von den*

[519] Schweikart, Jb. f. d. Preuß. Gesetzgebung Bd. XXVI (1825), S. 241 (S. 260).

[520] Hrsg. von: Behrend, J. Fr., Die Magdeburger Fragen, Berlin 1865.

[521] Die These von Stobbe, Rechtsquellen Bd. I, S. 423, die Magdeburger Fragen seien von Nicolaus Wurm erstellt worden, konnte sich in der Forschung nicht durchsetzen.

[522] Hierzu und zum Folgenden: Vgl. Behrend, Magdeburger Fragen, S. XXXf, Stobbe, Rechtsquellen Bd. I, S. 421f, Oppitz, Rechtsbücher, Bd. I, S. 50f.

[523] Stobbe, Ztsch. f. dtsch. Recht Bd. 17 (1857), S. 406 (S. 417); kritisch Wasserschleben, Successionsordnung, S. 53.

[524] Hrsg. von: Böhlau, Die Blume von Magdeburg, Weimar 1868.

[525] Dazu und zum Folgenden vgl. Böhlau, Blume von Magdeburg, S. 2f; Stobbe, Rechtsquellen Bd. I, S. 416f; Steffenhagen, Rechtsquellen, S. 138ff.

[526] Oppitz, Rechtsbücher Bd. II, Nr. 271.

schepfin" überschrieben. Tatsächlich stammt das Werk aber weder von den Magdeburger Schöffen, wie die häufige Benutzung der Autorenkennzeichnung „wir" im Text glauben machen will, noch hat Wurm ihm vorliegende Schöffensprüche verwendet. Vielmehr schöpfte er aus dem Richtsteig Landrechts, dem Sachsenspiegel und dem Weichbild. Daneben floß ebenfalls kanonisches und römisches Recht in die Arbeit ein. Wurm selbst bezeichnete die gelehrten Rechte in der Erläuterung der titelgebenden Blumenparabel dahingehend, daß *„der blumen stam ist her Ecke von repchow, dy wurcel abir sint leges, daz sint keiserrecht, und canones, daz sint geistliche recht"*. Die Blume von Magdeburg selber stellt sich als Vorarbeit zur Blume des Sachsenspiegels dar.
Da die Blume von Magdburg keine echten Schöffensprüche enthält, vielmehr intensiv durch das gelehrte Recht beeinflußt wurde, stellt sich die Frage, ob sie überhaupt als Quelle für das Magdeburger Recht taugt. Hierbei ist aber zu beachten, daß gerade die Erbfolge- und Sippzahlregeln eine umfangreiche Darstellung in der Blume von Magdeburg erfahren haben und sie sich, so zumindest nach einer Auffassung in der Literatur, am sächsisch-magdeburgischem Recht orientiert.[527] Daher ist auch die Blume von Magdeburg - bei gebotener Vorsicht in der Einschätzung - für die Erbfolgeordnung des Magdeburger Rechts durchaus von Interesse.

Die Neun Bücher Magdeburger Rechts oder die Poelmannschen Distinktionen
Zwischen 1400 und 1402 verfaßte der Thorner Walther Ekhardi, der als Stadtschreiber in Thorn seit 1385 nachweisbar ist, eine Sammlung Magdeburger Rechtssätze, welcher er als „Die Neun Bücher des Magdeburger Rechts" bezeichnete.[528] Bereits 1408 wurden die Bücher Magdeburger Rechts wahrscheinlich noch von Ekhardi selbst umgearbeitet. Im Rahmen dieser Bearbeitung wurde der Umfang des Werkes erheblich gekürzt und in eine für die Praxis nützlichere Form gebracht.[529] Die Bücher Magdeburger Rechts gliedern sich in neun Bücher, die wiederum in Artikel und Distinktionen unterteilt sind. Sie behandeln unter anderem das Personenrecht, dort insbesondere die Verwandtschaft, das Erb- und Strafrecht sowie die Gerichts- und Ratsverfassung. Ekhardi beabsichtigte eine Darstellung des geltenden Magdeburger Rechts. So heißt es in dem Prolog: *"hy hebet sich an das erste buch des kegenwortigen Rechtis nach Magdeb. ordenunge satzunge und kore ..."*. Zu den Quellen des Werkes zählen unter anderem die Magdeburger Fragen, der Alte Kulm, der glossierte Sachsenspiegel, das Sächsische Weichbild und das Meißener Rechtsbuch.[530]

---

[527] Darauf hat schon Böhlau, Blume von Magdeburg, S. 12 u. S. 20 hingewiesen.
[528] Die von Steffenhagen, Altpreußische Monatschrift Bd. II (1865), S. 11 (S. 37f) geplante Ausgabe der ursprünglichen Fassung der Neun Bücher Magdeburger Rechts ist nicht zur Ausführung gelangt, so daß man in erster Linie auf die Drucke aus dem Ende des 16. Jahrhunderts angewiesen ist.
[529] Steffenhagen, Alttpreußische Monatschrift Bd. II (1865), S. 11 (S. 36).
[530] Stobbe, Rechtsquellen Bd. I, S. 427f; Steffenhagen, Altpreußische Monatschrift Bd. II (1865), S. 11 (S. 27f); ders. Rechtsquellen, S. 157f.

1574 wurden die „Neun Bücher Magdeburger Rechts" in der Fassung von 1408 von dem Königsberger Notar Albert Poelmann herausgegeben, weswegen die Drucke häufig auch als „Poelmann'sche Distinktionen" bezeichnet werden.[531] Poelmann gab seiner Ausgabe von 1574 den Titel *„die IX Bücher Magdeburgischen oder Sechssischen Rechten, welche zuvor im Druck nie auszgangen..."*, zum Teil wurden in späteren Jahren die Neun Bücher unter dem Titel *„Hantbuch darinnen in der Kürtze zu befinden, was sich fast teglich bey Gerichte zutregt..."*, welches eigentlich ein anderes von Poelmann herausgegebenes Werk bezeichnet, gedruckt.[532] Auch die in dieser Arbeit verwendete Ausgabe der „Neun Bücher des Magdeburger Rechts" erschien unter diesem Titel.

Bei der Umarbeitung des Textes 1408 wurde dem Werk ein Verwandtschaftsbaum beigegeben, dessen Verwendung für die Zählung der Grade nach weltlichem und geistlichem Recht durch den Magister Johannes Andrea erläutert wird. Im Gegensatz dazu wird in den eigentlichen Distinktionen des Rechtsbuches das Gliederbild des Ldr. I Art. 3 § 3 zugrundegelegt.

Erbrechtliche Bestimmungen finden sich vor allem in L. I, Art. VII und Art. VIII. Grundsätzlich hat Ekhardi zur Berechnung der Verwandtschaftsnähe zwar die römische Komputation herangezogen, doch finden sich dort auch viele vom gelehrten Recht abweichende Bestimmungen, die Rückschlüsse auf den Inhalt Magdeburger Rechtsätze zulassen.

Posener Rechtsbuch[533]

Das Posener Rechtsbuch wurde 1389 vom Posener Stadtschreiber Bernhard von Peisern, der dieses Amt nachweislich von 1385 bis 1419 ausübte, begonnen.[534] Das Rechtsbuch, welches in nur einer Handschrift überliefert ist[535], besteht aus vier Büchern zu je 138, 88, 25 und 206 Artikeln. Im Anschluß an das vierte Buch wird das Meißener Rechtsbuch, L. V wiedergegeben. In dem Rechtsbuch werden Verfassung, Gerichtsbarkeit, Rechtsgang und Strafrecht sowie Schuld-, Familien- und Erbrecht behandelt. Zu den von Peisern vorwiegend herangezogenen Quellen gehört das SSR und ein Krakauer Vorgänger der Magdeburger Fragen. Vier Artikel entstammen dem Meißener Rechtsbuch. Die restlichen Bestimmungen beruhen auf nur leicht veränderten Sprüche der Magdeburger Schöffen aus der Zeit von 1400 bis 1453 an Posen, Gnesen, Kalisch und Buk, die dem Posener Rechtsbuch in der Folgezeit an verschiedenen Stellen eingefügt wurden.[536]

---

[531] Eine Bezeichnung, welche auch in dieser Arbeit verwendet wird.

[532] Vgl. Stobbe, Rechtsquellen Bd. I, S. 429f.

[533] Hrsg. von: Maisel, Witold, Das Posener Rechtsbuch des Magdeburger Rechts und Meissner Rechts, Krakau 1964.

[534] Vgl. Goerlitz, Mgdb. Sprüche für Posen, S. 32f; Munzel, HRG Bd. III, Sp. 1831f.

[535] Oppitz, Rechtsbücher Bd. II, Nr. 1218.

[536] Ausschließlich die Schöffensprüche sind herausgegeben von: Goerlitz, Theodor, Magdeburger Schöffensprüche für die Hansestadt Posen und andere Städte des Warthelandes, Stuttgart/Berlin 1944.

Neben diesen genannten Büchern Magdeburger Rechts werden ergänzend Bestimmungen der Goslarer Statuten herangezogen.[537] Die Statuten, welche sich in fünf Bücher gliedern, und deren erste Redaktion um 1330, die zweite erfolgte um 1350, enthalten allerdings kein Magdeburger Recht, sondern Goslarer Stadtrecht. Die Berücksichtigung der Statuten rechtfertigt sich aber aus der Erwägung, daß einerseits die im ersten Buch enthaltenen Erbrechtsregeln dem Sachsenspiegel entlehnt sind und andererseits daraus, daß die Goslarer Statuten im Meißener Rechtsbuch und wohl auch im Zwickauer Rechtsbuch Verwendung gefunden haben.[538]

b) Sippzahl- und Erbrechtsregeln

Eine besondere Stellung unter den Quellen sächsischen und magdeburgischen Rechts nehmen die sogenannten Sippzahl- und Erbrechtsregeln ein. Sie enthalten lehrbuchartig eine Darstellung des Erbrechts, insbesondere der Erbenfolge, sowohl in seinen allgemein abstrakten Grundzügen als auch an einzelnen Beispielen verdeutlicht. Die Regeln, welche ab der Mitte des 15. Jahrhunderts erstellt worden sind, zeigen bereits einen starken Einfluß des römischen und kanonischen Rechts.[539] Neben diesem Einfluß des gelehrten Rechts werden aber auch zahlreiche Bestimmungen angeführt, welche eindeutig magdeburgisches Recht enthalten. Dies rechtfertigt es, die genannten Regeln grundsätzlich zu den Quellen des magdeburgischen Rechts zu zählen.

Sippzahlregeln[540]

Als Verfasser der Sippzahlregeln gilt seit den Forschungen Kischs Dietrich v. Bocksdorf.[541] Bocksdorf (geb. Anfang des 15. Jh, gest. 9. März 1466) wurde 1439 als Doctor iuris utriusque Dozent und Rektor an der Universität Leipzig, ab 1445 dort Lehrer beider Rechte. Neben seiner Tätigkeit an der Universität war Bocksdorf unter anderem sowohl Gutachter und Advokat als auch Verfasser mehrerer juristischer Schriften. Zeit seines Lebens hatte Bocksdorf auch kirchliche Ämter inne, 1462 wurde er schließlich zum Bischof von Naumburg gewählt. Die Arbeiten Bocksdorfs zeichnen sich durch die Beherrschung und Verwendung sowohl des gelehrten kanonischen und römischen wie auch des heimischen sächsischen Rechts aus.[542]

[537] Hrsg. von: Ebel, Wilhelm, Das Stadtrecht von Goslar, Göttingen 1968 und Göschen, Otto, Die Goslarischen Statuten, Berlin 1840.

[538] Zu dem Verhältnis der erbrechtlichen Bestimmungen der Goslarer Statuten zu jenen des Sachsenspiegel, vgl. Schanz, S. 53f.

[539] Wasserschleben, Successionsordnung, S. 23.

[540] Gedruckt bei: Wasserschleben, Successionsordnung, Anhang A, S. 125f.

[541] Kisch, Rechtsliteratur, S. 26.

[542] Vgl. Ulmschneider in: Stammler, Verfasserlexikon Bd. I, Sp. 110f; Muther in: ADB Bd. II, Sp. 789f.

Dies zeigt sich auch in den Sippzahlregeln. Sie sind, nach Angabe des Verfassers, *„gesaczt ... nach sechsischem rechte nicht alleyne nach lantrecht sundern ouch nach wichbilde rechte"*[543]. Dabei wird aber betont, daß abweichende städtische Statuten und Gewohnheiten nicht berücksichtigt werden.
In Sippzahlregeln, Tit. III, überschrieben *„Von den dryen lyneen"* wird die Verwandtschaft in eine absteigende, eine aufsteigende und in die Seitenllinie gegliedert, die nacheinander zum Erbe gelangen. Capitel IV der Regel ist der Darstellung der kanonischen, die ausdrücklich als geistliche bezeichnet wird, und der weltlichen - also der römischen - Komputation, gewidmet.
Von besonderem Interesse ist nun Tit. VI. Dort werden eine Reihe von erbrechtlichen Aussagen, die überwiegend die Konkurrenz von Aszendenten mit Seitenverwandten betreffen, als unrichtig, weil gegen die Ordnung in drei Linien verstoßend, verworfen. Bemerkenswert dabei ist, daß die in den Sippzahlregeln verworfenen Rechtssätze in anderen Quellen als Magdeburger Recht bezeichnet werden. Insofern kann man mit Hilfe eines Umkehrschlußes die in den Sippzahlregeln als unzutreffend bezeichneten Rechtssätze durchaus als dem Magdeburger Recht zugehörig betrachten.[544] Entsprechendes gilt für die Behandlung der Halbgeburt. In den Sippzahlregeln werden nach Tit. V der Regel unter Berufung auf Ldr. II Art. 20 die landrechtlichen Grundsätze hinsichtlich der Zurückstellung der Halbgeburt angewendet und die abweichenden Magdeburger Rechtssätze als „Unrecht" verworfen.

Biener'sche Erbrechtsregeln[545]

In Hs. 2262 der Leipziger UB[546] von 1546 finden sich Erbrechtsregeln, welche auf den oben genannten Sippzahlregeln aufbauen. Diese Erbrechtsregeln werden im Folgenden zur besseren Abgrenzung von anderen Erbregeln nach dem früheren Besitzer der Handschrift F. A. Biener als Biener'sche Erbrechtsregeln bezeichnet.
Auch in den Biener'schen Erbrechtsregeln sind Einflüsse des gelehrten Rechts bemerkbar. Nicht zuletzt die Darstellung der Verwandtschaft, nicht mehr am Beispiel des menschlichen Körpers wie in den deutschen Rechtsbüchern[547], sondern anhand eines arbor consanguinitatis[548], belegt dies. Denn dieser wurde ab dem 14./15. Jahrhundert vornehmlich von gelehrten Juristen verwendet.[549] Daneben legen Übereinstimmungen einzelner Artikel der Erbrechtsregel mit jenen des Mei-

---

[543] Vgl. Sippzahlregeln, Tit. I.

[544] So auch Schanz, S. 97.

[545] Gedruckt bei: Wasserschleben, Successionsordnung, Anhang B, S. 134f.

[546] Oppitz, Rechtsbücher Bd. II, Nr. 904.

[547] Vor allem der Sachsenspiegel und der Schwabenspiegel schildern die Verwandtschaft am Beispiel des menschlichen Körpers. Hingegen verwendet das in der Mitte des 14. Jahrhunderts entstandene Kleine Kaiserrecht (Frankenspiegel) bereits den Verwandtschaftsbaum. Vgl. Wasserschleben, Prinzip, S. 25f.

[548] Der arbor consanguinitatis selbst hat seine Ursprünge im kanonischen Recht. Vgl. Stobbe, Privatrecht Bd. V, § 286 II (S. 64 Fn. 5).

[549] Zu der Geschichte der Darstellung der Verwandtschaft anhand des menschlichen Körpers und eines Baumes, vgl. Schadt, Verwandtschaftsbild, S. 417f.

ßener Rechtsbuch nahe, daß dieses zumindest teilweise bei Erstellung der Regeln verwendet wurde.[550]
Titel I der Erbrechtsregeln wiederholt im wesentlichen die Bestimmungen der Sippzahlregeln, Tit. III bis Tit. V. Titel II und III der Biener'schen Regeln erläutern einzelne Erbrechtskonkurrenzen, wobei Tit. III sich in seiner Überschrift ausdrücklich auf die Magdeburgischen Fragen stützt. Tatsächlich zeigen Tit. II und III der Erbrechtsregeln aber so große Übereinstimmungen mit den Poelmann'schen Distinktionen, L. I, art. VII und art. VIII, daß man mit Sicherheit behaupten kann, diese habe den genannten Stellen der Erbrechtssregeln als Vorlage gedient. Auch in Tit. IV dessen Überschrift *„Ein buchlein gemeiner regulen der angefelle des angestorbenen guttes noch Sechsischem vnd Colmschen Rechte"* lautet, werden die Angaben mit Hinweis auf die Magdeburger Fragen gestützt, daneben bezieht sich der Verfasser aber auch auf den Sachsenspiegel und auf das kulmische Recht. Die Erbrechtsregeln schließen in Tit. V mit der auszugsweisen Wiedergabe von Magdeburger Schöffensprüchen.

Die erfolgte Aufzählung authentischer und nicht-authentischer Magdeburger Rechtsquellen erhebt keinen Anspruch auf Vollständigkeit. Auch werden die genannten Quellen naturgemäß nicht im gleichen Umfang berücksichtigt werden können. Dies gebietet zum einen die Notwendigkeit, den Umfang dieser Arbeit in Grenzen zu halten, zum anderen sind nicht alle Rechtssammlungen und -bücher im Hinblick auf die erbrechtliche Fragestellung im gleichen Maße ergiebig, so daß sich bereits aus diesem Umstand eine Aufteilung in häufig und weniger häufig genutzte Quellen ergibt.

---

[550] Vgl. z. B. Meißener Rechtsbuch, L. I, c. VI, Dist. 8 mit der gleichlautenden Bestimmung in Biener'sche Erbrechtsregel, Tit. II, art. 8. Auf weitere Übereinstimmungen beider Texte wird bei Behandlung der erbrechtlichen Fragen in den Fußnoten hingewiesen.

§ 13 Die Erbenordnung des Magdeburger Rechts

Vergleicht man die zahl- und umfangreichen Quellen des Magdeburger Rechts mit den wenigen Artikeln des Sachsenspiegels, in denen sich Aussagen über die Erbfolgeordnung finden, stellt man fest, daß die grundlegenden Prinzipien der landrechtlichen Erbfolgeordnung in Ldr. I Art. 3 § 3 in abstrakter, allgemeiner Weise geregelt wurden. Ldr. I Art. 5 § 1 und Ldr. II Art. 20 § 1, die das Repräsentationsrecht der Sohneskinder und die erbrechtliche Gleichstellung der Brüderkinder mit den Halbbrüdern regeln, sowie Ldr. I Art. 17 § 1, welcher für den engeren Erbenkreis eine Ausnahme vom reinen Näheprinzip und die relative Zurücksetzung der weiblichen Verwandten begründet, erläutern beziehungsweise modifizieren nur das in Ldr. I Art. 3 § 3 festgelegte Prinzip. Dementsprechend konnte für das Recht des Sachsenspiegels nur deduktiv die erbrechtliche Stellung des einzelnen Verwandten ermittelt werden.
Anders stellt sich die Quellenlage für das Magdeburger Recht dar. An allgemeinen, über den zu regelnden Einzelfall hinausgehenden Aussagen fehlt es fast gänzlich. Letzteres gilt vor allem für die Sprüche der nach Magdeburger Recht sprechenden Schöffenstühle. Aber auch die Bücher des Magdeburgischen Rechts enthalten grundsätzlich keine eigenen abstrakten Erbregeln, allenfalls wird auf Ldr. I Art. 3 § 3 mehr oder weniger genau Bezug genommen. Folglich sind die dem Magdeburger Recht zugrunde liegenden Prinzipien nur durch die Auswertung dieser Vielzahl von Einzelentscheidungen zu ermitteln.

Kann man den Quellen des Magdeburger Rechts jedoch eine Erbfolgeordnung entnehmen, welche sich am ehesten mit dem für den Sachsenspiegel gefundenen Prinzip der Gliederzählung erklären läßt, so würde dies im Rückschluß eine zusätzliche Stütze für die Geltung dieses Prinzips auch im Landrecht darstellen. Für eine solche Schlußfolgerung spricht dann nicht nur die bereits erwähnte räumliche und zeitliche Nähe beider Rechte, sondern auch der Umstand, daß sich die Magdeburger Schöffen der Unterschiede ihres Weichbildes vom Landrecht, wo solche vorhanden, durchaus bewußt waren. Die in zahlreichen Quellen mit erbrechtlichem Inhalt verwendete Formulierung „aber nach Landrecht“ ist dafür ein sicherer Beleg. Fehlt hingegen regelmäßig in Bezug auf bestimmte Rechtsaussagen ein solcher Hinweis, liegt der Schluß nahe, daß in diesen Fällen Landrecht und Weichbild inhaltlich übereinstimmen.
Zum Teil wird allerdings gerade aus dem Zusatz „aber nach Landrecht“ bzw. „aber nach Weichbild“ der Schluß gezogen, es handele sich bei der entsprechenden Quelle nicht um einen originalen Schöffenspruch, vielmehr sei die zusätzliche Erläuterung auf eine Umarbeitung durch den Verfasser der Handschrift oder des Rechtsbuches zurückzuführen.[551] Hiergegen ist aber einzuwenden, daß durchaus originale Schöffensprüche überliefert sind, in welchen die Magdburger Schöffen das Recht

[551] So Stobbe, Ztsch. f. dtsch. Recht Bd. 17 (1857), S. 406 (S. 418) hinsichtlich der Magdeburger Fragen.

sowohl nach Landrecht als auch nach Magdeburger Recht wiesen und die bestehenden Unterschiede beider Rechte aufzeigten.[552] Und selbst, wenn es sich bei der Erläuterung um einen späteren Zusatz handeln würde, ist mit dieser Feststellung noch keine Aussage über die Qualität der Anmerkung getroffen. Denn wie sich zeigen wird, geben diese zusätzlichen Erläuterungen die Rechtslage regelmäßig zutreffend wieder.

Im Folgenden soll nun die Erbenordnung des Magdeburgischen Rechts geschildert werden. Grundlage dafür sind in erster Linie die Sprüche des Magdeburger Schöffenstuhls, wie sie in den Spruchsammlungen oder als Zusätze in den Rechtshandschriften überliefert worden sind. Zusätzlich werden dabei auch die Sprüche der nach Magdeburger Recht sprechenden Schöffenkollegien anderer Städte herangezogen. Die so gefundenen Ergebnisse werden dann mit den Aussagen der Bücher Magdeburger Rechts und der Stadtrechtsbücher verglichen bzw. durch diese ergänzt. Auf diese Weise wird die erbberechtigte Verwandtschaft in Erbengruppen verschiedener Ordnung untergliedert. Dabei ist der Begriff „Ordnung" jedoch untechnisch zu verstehen; keinesfalls soll mit seiner Verwendung die Geltung eines Parentelensystems für das Magdeburger Recht präjudiziert werden.

Ist die Erbfolgeordnung des Magdeburgischen Rechts festgestellt, gilt es anschließend, die dieser Erbfolgeordnung zugrunde liegende Systematik herauszuarbeiten.

I. Erben erster Ordnung - Die Kinder

Hinterließ der Erblasser oder die Erblasserin eheliche und ebenbürtige Kinder, so waren diese vor allen anderen zu gleichen Teilen als Erben berufen.[553]

Dieser Grundsatz wurde bereits in § 20 des Hallisch-Neumarkter Rechts von 1235 festgehalten:

„Si aliquis moriens bona dimiserit, si pueros habuerit, sibi pares in nacione, bona ipsius ad pueros spectabunt".[554]

Die Übersetzung von *„pueri"*, entsprechend der üblichen Bedeutung, als Kinder erscheint hier gegenüber der auch möglichen engeren Übersetzung als Knaben bzw. männliche Kinder vorzugswürdig. Es ist wenig überzeugend, wenn in der Rechtsmitteilung zwar in den §§ 25, 26 das eheliche Güterrecht behandelt wird, aber das Erbrecht der Töchter völlig außer acht gelassen worden wäre. Letztere sind daher ebenfalls in § 20 angesprochen.[555] Ein extensives Verständnis des Begriffes *„pueri"* auf die gesamte Deszendenz des Erblassers wurde - anders als bei *„kint"* in Ldr. I Art. 17 § 1 - auch von Wasserschleben nicht angenommen. § 20 der

---

[552] Vgl den Abdruck der Entscheidung im Erbfall v. Erpensen auf S. 253.

[553] Zur erbrechtlichung Stellung der unehelichen Kinder, vgl. Geipel, S. 29.

[554] Gedruckt bei: Laband, Magdeburger Rechtsquellen, S. 10.

[555] Vgl. Schanz, S. 86. Zweifelnd Sydow, Erbrecht, S. 84.

Rechtsmitteilung bezieht sich nur auf die unmittelbaren Nachkommen und nicht auf die gesamte Deszendenz des Erblassers.[556]
Dabei kannte das Magdeburger Recht keinen Vorzug des Sohnes vor der Tochter am elterlichen Nachlaß, wie ihn der Sachsenspiegel in Ldr. I Art. 17 § 1 bestimmt. Vielmehr wurde die Gleichrangigkeit des Erbrechts von Sohn und Tochter in zahlreichen Sprüchen betont[557], so in einer bei Wasserschleben, Successionsordnung, S. 172 Abs. 3 (= Friese/Liesegang, III B Nr. 182), mitgeteilten Entscheidung aus dem Codex M 20a der SLUB Dresden. Dort hatten sich die Söhne des Erblassers ausdrücklich auf Ldr. I Art. 17 § 1 berufen, mußten sich aber von den Schöffen belehren lassen:

„... *was der vater obgenant gelassen hat sollenn sie mit einander gleich teilenn V.R.W.*[558]

Ebenso wie in einem in der Leipziger Schöffenspruchsammlung mitgeteilten Spruch:

„*Sprechen wir schöpfen zu Leiptzk vor recht: Ist vor etzlicher zeit Hempel von Sande verscheiden und hat nach ime gelassen Nickel von Sande, seinen sun, an einem und Gerdrutt, seine tochter, .., am andern teil, so hat er auf denselben seinen sun und auf sein tochter geerbet und gebracht all sein erbe und gut, das er gelassen hat...*“.[559]

Die erbrechtliche Gleichstellung von Sohn und Tochter wurde auch in die Stadtrechtsbücher übernommen. So bestimmt Meißener Rechtsbuch, L. I, c. VI, Dist. 1:

„*Daz kint ist daz neste. Son unde tochter sin glich an erbe zcu nemen. Wo aber son unde tochter nicht en sin, alle dy sich dornoch an der sippe glich geczin mogen, dy nemen daz erbe glich...*“.[560]

Das gleichrangige Erbrecht der Tochter umfaßte grundsätzlich den gesamten Nachlaß, sei es nun fahrende Habe, stehendes Eigen oder Erbgut. Eine erbrechtliche Bevorzugung des Sohnes kam nur dann in Betracht, wenn die Besonderheiten des Lehnrechts dies erforderten:

„*Hierauf: Seint das gut erbzinsgut ist, so hat der vater dasselbe erbzinsgut geerbet auf seinen sone und tochter zu gleicher teilung, und der son kan daran keinen vorteil gehaben davon, das er von schwert halben geporn ist, nachdemmale das das gut erbzinsgut ist und nicht lehngut. Von rechtes wegen.*“[561]

---

[556] Wasserschleben, Successionsordnung, S. 59.
[557] Vgl. Schanz, S. 85 Fn. 217.
[558] Die Magdeburger Schöffen bestätigten diesbezüglich ein zuvor ergangenes Urteil des Gerichtes zu Groitzsch (= Friese/Liesegang, III B Nr. 182). Zu der Anfrage siehe S. 32. Vgl. auch den Schöffenspruch bei: Wasserschleben, Rechtsquellen Bd. II, I, Kap. 125 (S. 43).
[559] Lpz. Schöffenspruch bei: Kisch, Spruchsammlung, Nr. 81.
[560] Vgl. auch: Eisenacher Rechtsbuch, L. I, Art. 6.
[561] Schöffenspruch bei: Kisch, Spruchsammlung, Nr. 689.

Für das Erbrecht der Kinder war es weiterhin ohne Belang, ob die erbenden Geschwister derselben Ehe des Erblassers entstammten oder verschiedenen. So beerbten Halbgeschwister ihren gemeinsamen Elternteil zu gleichen Teilen:

„Hierauf: Was Pilgeram erbs und guts gelassen hat, das hat er geerbet auf seinen sone und und auf seine tochter ungezweit und auf sein tochter, die er mit einer andern frauen gehabt hat, zu gleicher teilung, ausgeschlossen das lehngut, daran sie kein recht gehaben kan; und was der gezweiten schwester aus ihres vaters guter worden is, das ir von irer muter nicht angestorben was, das sol sie wider in die teilung pringen. Von rechtes wegen."[562]

1. Verfangenschaft der Güter zugunsten der Kinder der ersten Ehe

Eng mit dem Erbrecht der Kinder verbunden, ist die Frage, inwieweit das Magdeburger Recht eine Verfangenschaft von Gütern zugunsten der Kinder aus der ersten Ehe des Erblassers kannte.

Mit dem Begriff Verfangenschaftrechts werden seit Ende des 16. Jahrhunderts solche Regelungen bezeichnet, nach welchen bestimmte Teile der Erbmasse zwar an den überlebenden Ehegatten des Erblassers fallen, dieser aber über die verfangenen Güter nicht frei verfügen kann und sie nach seinem Tode nur an die Kinder aus der Ehe mit dem erstverstorbenen Ehegatten vererbt.[563] Hatte sich daher der überlebende Ehegatte noch ein weiteres Mal verheiratet und entstammten der zweiten Ehe ebenfalls Kinder, so konnten diese bei dessen Versterben nicht gemeinsam mit ihren Halbgeschwister das verfangene Gut erben.

Ein ähliches Problem besteht, wenn der Erblasser allein von seinen Kindern beerbt wird, dann aber eines der Kinder erster Ehe stirbt und dessen Anteil am Erbe des bereits verstorbenen Elternteils an den überlebenden Elternteil fällt. Stirbt nun der überlebende Ehegatte, der aus einer zweiten Ehe ebenfalls Kinder hinterläßt, stellt sich die Frage, ob die Güter, die ursprünglich vom erstverstorbenen Ehegatten herrühren und über den Erbfall eines Kindes erster Ehe an den überlebenden Ehegatten gelangten, von diesem nun auf alle seine Kinder vererbt werden, oder ob das Gut nur an die Kinder erster Ehe gelangt.

Letzeres nimmt Sydow aufgrund zweier in der zweiten Sammlung des Böhmer'schen Kodex überlieferter Schöffensprüche an.[564] Der in den Dipl. Beytr. II.2

---

[562] Schöffenspruch bei: Kisch, Spruchsammlung, Nr. 654. Vgl. auch a.a.O, Nr. 160; Nr. 676; Nr. 704. Pößnecker Spruchsammlung, I Nr. 114. Ebenso die Biener'sche Erbrechtsregel, Tit. III, art. 6. Eine abweichende Regelung hat hier das Eisenacher Rechtsbuch, L. I, Art. 18 getroffen. Dort erbt das Kind nur das Gut, welches seine beiden Elternteile während ihrer Ehe erwirtschaftet haben. Güter aus der ersten Ehe des Mannes fallen nur an seine Kinder aus dieser Ehe, nicht auch an jene aus der zweiten Ehe. Die Bestimmung wird aber ausdrücklich als Eisenachisches Recht, welches sich vom Landrecht unterscheide, bezeichnet.

[563] Vgl. Erler, HRG Bd. V, Sp. 697f; Hübner, Privatrecht, § 95, 1 b) (S. 681f)

[564] Sydow, Erbrecht, S. 101.

auf S. 111 Abs. 4 unter der Überschrift „*Von kinder anevall*" abgedruckte Spruch lautet:

„Stirbit ein man vnd lisse echte kindir vnd auch wip vnd daz wip neme einen andirn man vnd hette auch mit dem kindir vnd der ersten kindir storbe eines des toten kindis teil stirbit billichir an sine mutir czu erem leibe vnd wenne ir nymme ist so sal das teil denne wedir fallin an die kind dies se mit erem irsten manne gehabit hot ap se die muter obirlebin vnd geuellet nicht an die kind die se mit dem andern manne gehabit hot."

Entsprechend bestimmt der Spruch auf S. 124 Abs. 3:

„... vnd stirbet dornoch die frawe so erbit se das anirstorbene guth vff alle ere kinder von des vaters das gut her komen ist is sei denne das daz se mit gifften bewarit ist also ap der irsten kinder eins adir me abestorbin das sin teil sulle vallen an die muter alleine czu erem libe czu besitczin. Ist die gifft darobir gegebin vnd geschen so sal das gut vallin vff das erste kind von des vaters das gut her komen ist Is en sei das die gifft andirs awswise von rechtis wegin."

Ob allerdings der zuletzt mitgeteile Schöffenspruch tatsächlich ein Argument für das Bestehen eines Verfangenschaftsrechtes zugunsten der Kinder erster Ehe darstellt, ist zweifelhaft.
Zum einen ist nicht eindeutig, welche Besonderheiten die Begabung der Ehefrau zur Folge hat, wenn bei erfolgter Begabung, ebenso wie bei einem Erbfall ohne Begabung, das Gut auf die Kinder erster Ehe fallen soll. Weiterhin deutet die Überlieferungsgeschichte dieses Spruches darauf hin, daß er entweder von dem Schreiber fehlerhaft in den Kodex eingetragen wurde, oder daß der Druck durch Böhme Mängel aufweist.
Der bei Böhme, Dipl. Beytr. II. auf S. 124 Abs. 3 mitgeteilte Spruch findet sich ebenfalls als c. 272 im USR. Die Wiedergabe im USR ist deswegen von großem Interesse, da der Böhmer'sche Kodex nicht zu den Vorlagen des USR gehört, sondern beide Sammlungen sich unabhängig voneinander aus derselben Quelle herleiten.[565]
C. 272 des USR lautet:[566]

„Stirbit ein man unde lesit kinder und ein elich weib: Sin umvorgoben [gut] und erbe stirbit und erbit uf sine kinder. Und nymyt die witewe eynen ander man, mit dem sy ouch kinder gewinnet, und stirbit der ersten kinder eins oder mer, der [selbin totin] kinder erbe stirbit uf dy muter czu irme libe und dy varnde habe czu tun und czu lossen. Unde stirbet dornoch dy vrowe, so erbet sy daz anirstorbene gut uf alle ire kinder ***und nicht alleyne uf daz kind****, von dez vatir daz <anirsturbene> gut herkomen ist, is ensy denne, daz daz mit giften bewarit sy also: Ob der ersten kinder eins oder mer abestorben, daz sin teil solde vallen uf dy muter alleyne czu irem libe czu besiczende. Ist dy gift dorobir gegeben und geschen, so sal daz gut vallen*

[565] Goerlitz, ZRG (GA) Bd. 59 (1939), S. 136 (S. 140); Ebel, Mgdb. Recht Bd. II, 1, S. XVI.
[566] Ebel, Mgdb. Recht Bd. II,1, Nr. 126 a).

uf daz erste kind, von dez vater daz gut herkomen <ist>, is ensy <denne> , daz dy gift andirs uswyze. Von rechtis wegene."(Herv. v. Verf.)

Demnach beerben gem. c. 272 USR grundsätzlich alle Kinder ihre Mutter zu gleichen Teilen. Ein Verfangenheitsrecht zugunsten der Kinder erster Ehe ist nicht festzustellen. In diesem Kontext machen auch die Ausführungen bezüglich der Begabung Sinn. Hat die Mutter den Erbteil des Sohnes nicht zu Eigentum erhalten, sondern nur zur lebenslangen Nutzung - *czu irem libe czu besiczende* -, so fällt das Gut allein an die Kinder erster Ehe. Die durch die Begabung erfolgte Abweichung von der üblichen Erbfolge rechtfertigt nun auch die Worte „*is ensy denne*", mit welchen der letzte Abschnitt eingeleitet wird.
Der maßgebliche Unterschied des Schöffenspruches in der Überlieferung des Böhmer'schen Kodex ist das Weglassen der markierten Worte „*und nicht alleyne uf daz kind*". Diese Worte, die das von Sydow gefundene Ergebnis des Spruches umkehren, finden sich neben c. 272 USR auch in den Wiedergaben des Spruches im SSR, IV, 2, 37 und im Alten Kulm, L. IV, art. LXXIX.

In einem Spruch der Leipziger Schöffen in der Pößnecker Spruchsammlung, I Nr. 50 aus der Mitte des 15. Jahrhunderts vererbt die Mutter den ihr von einem Sohn anerstorbenen Anteil am Erbe ihres ersten vorverstorbenen Ehemannes an ihre Kinder aus erster und aus zweiter Ehe zu gleichen Teilen. Von einer Verfangenschaft der Güter zugunsten der Kinder erster Ehe ist dabei nicht die Rede.[567]
Entprechendes bestimmen die Magdeburger Schöffen in einer privaten Rechtsbelehrung für einen Leitmeritzer Bürger aus dem letzten Drittel des 15. Jahrhunderts.[568] Der Erblasser hatte seine zweite Frau und aus seinen beiden Ehen jeweils Kinder hinterlassen. Sein Erbe fiel an alle seine Kinder zu gleichen Teilen. Als die Kinder aus zweiter Ehe verstarben, fiel deren Anteil am väterlichen Nachlaß auf ihre Mutter, der zweiten Frau des Erblassers. Nach dem Tod der Ehefrau stritten die überlebende Tochter aus der ersten Ehe des Erblassers und als nächster Angehörige der Frau deren Halbbrudertochter um das Erbe. Nach der Entscheidung der Schöffen hat die Stieftochter kein Recht an dem Gut, das einst im Eigentum ihres Vaters gewesen ist, vielmehr fällt der Anteil am Nachlaß des Erblassers an die Halbbrudertochter der zweiten Ehefrau.

Mithin findet sich nur ein Nachweis in den Quellen Magdeburger Rechts, der auf ein Verfangenschaftsrecht zugunsten der Kinder erster Ehe hindeutet, nämlich der zitierte bei Böhme, Dipl. Beytr. II.2, S. 111 Abs. 4 abgedruckte Spruch, wohingegen in den restlichen Textzeugnissen Magdeburger Rechts Hinweise auf ein Verfangenschaftsrecht nicht zu finden sind.

---

[567] Vgl. auch Pößnecker Spruchsammlung, I Nr. 113.
[568] Weizsäcker, Sprüche für Leitmeritz, Nr. 33.

Eine Lösung des Widerspruches ist dann möglich, wenn man sich den engen Zusammenhang der Verfangenschaft des väterlichen Erbes mit der erbrechtlichen Bevorzugung der Agnaten vergegenwärtigt. Mit beiden Instituten wurde der Erhalt des Gutes für die männliche Linie bezweckt, um eine zu große Zersplitterung des Erbes zu verhindern. Der Vorzug der agnatisch Verwandten, welcher sich in einzelnen frühen Quellen des Magdeburger Rechts findet, wurde allerdings später zugunsten der erbrechtlichen Gleichstellung der väterlichen und der mütterlichen Verwandten aufgegeben.[569] Naheliegend ist daher die Überlegung, ein gegebenenfalls früher bestehendes Verfangenschaftsrecht sei in der Rechtsentwicklung des Magdeburger Rechts nicht weiter verfolgt worden und dann außer Übung gekommen. Dafür spricht, daß in den späteren Quellen des Magdeburger Rechts von einer Verfangenschaft bestimmter Güter nicht die Rede ist.

Als Beleg dafür mag Posener Rechtsbuch, IV, c. 180 aus dem ersten Drittel des 15. Jahrhunderts gelten.[570] Ein Mann hatte seiner Schwester eine halbe Brotbank als ihren Anteil am väterlichen Erbe vor Gericht übergeben. Die Schwester verstarb und hinterließ zwei Kinder und ihren Ehemann. Nachdem ein Jahr nach dem Tode der Schwester auch die beiden Kinder starben, stritten der Bruder und der Ehemann um die halbe Brotbank. Der Bruder berief sich darauf, die Brotbank sei väterliches Erbe gewesen, wohingegen der Ehemann die Aufasssung vertrat, die Brotbank sei auf die gemeinsamen Kinder und von diesen an ihn gefallen. Die Magdeburger Schöffen traten der letztgenannten Ansicht bei:

„... *Sint nu dy kynder ouch gestorbin, zo habin sy dy selbige brotbang geerbit an erin vater, und ir mutter bruder hot dorczu keyn recht von rechtis wegin.*“

2. Die Wirkung der Ausradung auf das Erbrecht der Kinder

Ist die Herkunft des Erbe aus der väterlichen oder mütterlichen Linie für das Erbrecht der Kinder ohne Belang, so ist hingegen die Frage, ob ein Kind von seinen Eltern bereits ausgeradet, ausgestattet, beziehungsweise abgesondert[571] war, von erheblicher Bedeutung. Dabei ist die Ausstattung streng genommen weniger ein Pro-

---

[569] Vgl. S. 234.

[570] Gedruckt bei: Goerlitz, Mgdb. Sprüche für Posen, II Nr. 21.

[571] In den Quellen des Magdeburger Rechts wird nicht, wie zum Teil in der rechtsgeschichtlichen Literatur - vgl. Ogris, HRG Bd. I, Sp. 13f, Sp. 269f - eine Trennung zwischen den Instituten der Abschichtung und der Ausstattung durchgeführt. Vielmehr werden die Begriffe synonym benutzt, ohne daß sich an deren Verwendung eine sachliche Unterscheidung knüpfen lassen könnte, vgl. auch Siegel, Erbrecht, S. 126. Dementsprechend werden die Begriffe im Folgendem auch als gleichbedeutend benutzt. In den Magdeburger Quellen werden die Töchter ebenfalls gemäß Ldr. I Art. 13 § 1 als abgesondert bezeichnet. Vgl. Lpz. Spruch bei: Wasserschleben, Rechtsquellen Bd. I, IV, Kap. VII (S. 140); Sprüche bei: Kisch, Spruchsammlung, Nr. 81 und 621. Insoweit ist es unzutreffend, wenn die Möglichkeit der Abschichtung oder der Sonderung von Töchtern als praktisch bedeutungslos bezeichnet wird. So aber Ogris, HRG Bd. I, Sp. 13 (14).

blem der Erbfolgeordnung als des Familienrechts. Trotzdem soll diesem Punkt wegen seiner Konsequenzen für das Erbrecht der Kinder und jenes der Enkelkinder im weiteren nachgegangen werden.

Ein Kind, welches von seinen Eltern ausgeradet wurde, verlor sein Erbrecht an dem elterlichen Nachlaß im Verhältnis zu den anderen noch nicht ausgestatteten oder abgesonderten Kindern.[572] Diese Rechtsfolge findet sich schon in § 15 der Magdeburg-Breslauer Rechtsmitteilung von 1261:

„Habet die man vnde daz wip kint, swaz so der uzgesunderet sint: Stirbet der man, die kint, die in deme gute sint, die nemen daz gut. Die uzgesunderet sint, die haben daran nicht, ...“[573]

Dabei oblag es dem ungesonderten Kind, welches das Erbe für sich allein beanspruchte, zu beweisen, daß seine Geschwister von dem verstorbenem Elternteil ausgesondert waren.[574] Hatte der Eblasser hingegen sein gesamtes Gut an seine Ehefrau und an seine Kinder begabt, so fiel das Erbe an die Frau und an alle Kinder zu gleichen Teilen, unabhängig davon ob einige der Kinder bereits ausgeradet waren.[575] Das ausgestattete Kind wurde aber nur hinsichtlich der fahrenden Habe und der vom Erblasser erworbenen Immobilien von der Erbteilung ausgeschlossen. Die Immobilien, die der Erblasser selbst im Wege des Erbganges erlangt hatte, wurden zwischen allen Kindern, ob ausgeradet oder unausgeradet, geteilt. Dies galt allerdings dann nicht, wenn das ausgeradete Kind bei Gelegenheit der Ausradung auf sein gesamtes Erbe verzichtet hatte.
Repräsentativ für diese Rechtslage ist folgender bei Wasserschleben, Rechtsquellen Bd. I, IV, Kap. VI (S. 139) mitgeteilter Magdeburger Schöffenspruch aus dem „Alt Weichbild Recht der Stadt Dresden“:[576]

---

[572] Vgl. Stobbe, Beiträge, S. 36 (S. 41f). Biener'sche Erbrechtsregel, Tit. IV, reg. 18.

[573] Ebel, Mgdb. Recht Bd. II/1, Nr. 1. USR c. 168 (vor 1352), Ebel, a.a.O., Nr. 49; SSR IV, 2, 31. Vgl. auch Böhme, Dipl. Beytr. Bd. II.2, S. 116 Abs. 5.

[574] Lpz. Spruch aus der Mitte des 15. Jahrhunderts in der Pößnecker Spruchsammlung, I Nr. 121: *„Sundern kan danne Hanß Lingke erkunde unde bewisen selbdertte unbeschuldener lute an yrem rechten... daz Elbrechtis wip von ... yres vater guttern bestat unde geteylt sy...“*

[575] Mgdb. Spruch bei: Weizsäcker, Sprüche für Leitmeritz, Nr. 73.

[576] Vgl. auch Mgdb. Spruch bei: Wasserschleben, Rechtsquellen Bd. I, IV, Kap. CVI a (S. 248); Mgdb. Spruch aus dem Beginn des 15. Jahrhunderts bei: Ebel, Mgdb. Recht Bd. I, VI Nr. 8 (S. 277); Mgdb. Spruch vor 1436 bei: Stobbe, Beiträge, Nr. LI S. 90 (S. 121); Mgdb. Spruch von 1458 bei: Ebel, Mgdb. Recht Bd. II/2, Nr. 560; Lpz. Spruch bei: Wasserschleben, Rechtsquellen Bd. I, IV, Kap. VII (S. 140); Pößnecker Spruchsammlung, III Nr. 55; Lpz. Spruch bei Kisch, Spruchsammlung, Nr. 621. In letzterem stellen die Schöffen maßgeblich darauf ab, daß die Absonderung nicht vor Gericht erfolgt sei. Ein Erfordernis, auf welches in anderen Schöffensprüchen nicht eingegangen wird. Hingegen betonen SSR, IV, 2, Nr. 31 und Alter Kulm, L. IV, art. LXXIII, daß die Aussonderung des Sohnes durch den Vater vor Gericht zu erfolgen hat. Vgl. auch Magdeburger Fragen, L. I, c. VII, Dist. 23 und Biener'sche Erbrechtsregeln, Tit. IV, reg. 1. Ebenso Ldr. II Art. 19 § 1 für das Landrecht.

„...Hiruff spreche wir scheppin czu Magdeburg eyn recht das die tachter die unbestat yn eres vatir were bestorbin ist dorffe mit ir swestir die der vatir ausgeradit hat das vatir erbe nicht teylen hette abir der vatir stand erbe legende gut gelaszin die ym angeerbit und anirstorbin wern und hette die ausbestatte tachter doran erbeteil nicht vorlobet noch vor gerichte nicht vorczegin So mochte sie noch erbeteil an sulchem anirstorbin erbe nemen von rechtis wegen Des czu eynem geczeugnisze das dis recht recht sey habe wir vorgenannten scheppen zcu magdeburg unser ingesegil laszin druckin an diszen briff."

Welchen Umfang das Sachsenspiegel-Landrecht hingegen der Ausradung beimißt, ist nicht ganz so eindeutig zu entscheiden. Nach Ldr. I Art. 5 § 2 muß die ungesonderte Schwester mit der gesonderten Schwester nur die Gerade[577] nicht teilen, das Erbe hingegen schon *„Swat se aver erves an irstirft, dat mut se mit der suster delen"*.

Auf den ersten Blick könnte der Artikel dahingehend verstanden werden, daß nach Landrecht die abgesonderte Schwester nur von der Gerade, nicht aber auch von der Teilung des restlichen Erbes ausgeschlossen würde. Gegen eine solche Annahme spricht aber Ldr. I Art. 13 § 1. Demnach können die abgesonderten Geschwister nur dann mit den nicht abgesonderten das Erbe teilen, wenn sie zuvor das infolge der Ausradung erhaltene Gut wiedereinwerfen.[578] Eine Vorschrift, die sinnlos wäre, könnten die ausgeradeten Kinder trotz Absonderung ihren Erbteil fordern.

Ldr. I Art. 5 § 2 könnte daher dahingehend verstanden werden, die ungesonderte Tochter sei nur dann zur Erbteilung verpflichtet gewesen, wenn, wie es Ldr. I Art.13 § 1 voraussetzt, die abgesonderte Schwester ihr Ausradungsgut zuvor in die Erbteilung eingeworfen hat.

Daneben ist aber auch noch eine andere Interpretation der Vorschrift möglich. *„Erve"* wie es in Ldr. I Art. 5 § 2 verwendet wird, bedeutet zwar regelmäßig das hinterlassene Gut im allgemeinen; daneben kann *„erve"* aber auch nur die Bedeutung von Grundeigentum im Gegensatz zur beweglichen Habe zukommen.[579] In diesem Sinne wird es beispielsweise im Meißener Rechtsbuch, L. I, c. XVIII, Dist. 3 verwandt. Distinktion 3 entspricht seinem Wortlaut nach Ldr. I Art. 5 § 2 und benutzt daher ebenfalls das Wort *„erbez"*. Was aber unter *„erbez"* zu verstehen ist, wird in L. I, c. XVIII, Dist. 2 klar gestellt. Dort heißt es: *„...so erbet daz anerstorben gud, es sy erbe adder farnde habe..."*. Mit dem Begriff „Erbe" werden hier also nur die anerstorbenen Immobilien im Gegensatz zu dem ausdrücklich erwähnten beweglichem Gut bezeichnet.

Unterstellt man diese eingeschränkte Wortbedeutung auch Ldr. I Art. 5 § 2, würden sich Magdeburger Weichbild und Landrecht in der rechtlichen Auswirkung der Absonderung decken. Auch nach Landrecht wird dann das abgesonderte Kind,

---

[577] Zur Gerade zählten die Gegenstände, welche typischerweise dem Hausrat zugeordnet wurden. Vgl. die Aufzählung in Ldr. I Art. 24 § 3. Die Gerade unterlag als abgetrennte Vermögensmasse nach Ldr. I Art. 5 §§ 2, 3 einer Sondererbfolge.

[578] Zu dem Problem des Einwerfens nach Landrecht und Magdeburger Weichbild, vgl. S. 173.

[579] Vgl. Lexer, Mhd. Wörterbuch Bd. I, Sp. 609. Vgl. aber für Ldr. I Art. 17 § 1 Fn. 373.

ebenso wie im Magdeburger Recht, nur von der Erbteilung hinsichtlich der Fahrhabe und der vom Erblasser selbst erworbenen Immobilien ausgeschlossen, nicht aber von den anerstorbenen Grundstücken. Diese muß dann nach Ldr. I Art. 5 § 2 die ungeradete Tochter mit der ausgeradeten teilen.
Für eine solche Annahme spricht, daß das Meißener Rechtsbuch, L. I, c. XVIII, Dist. 3 am Ende lautet:

„... *Waz er abir erbez anersterbet, daz musz sy mit der swester teyln. Beyde in deme lantrechte unde wichbilde*".[580]

Die Ausradung erfolgte regelmäßig anläßlich der Verheiratung des Kindes.[581] Als Ausstattungsgut kamen sowohl Immobilien als auch fahrende Habe, insbesondere Geld[582], in Betracht. Hingegen galt das Gewähren allein von angemessener Kleidung zur Hochzeit und Wirtschaftskost oder anderer Zuwendungen mit Aussteuercharakter für die Tochter nicht als Absonderung.[583] Die Empfänger waren in der Regel noch nicht einmal verpflichtet, das ihnen so Zugewendete bei der späteren Erbteilung einzuwerfen oder sich den Wert des Empfangenen anrechnen zu lassen.[584] Entsprechendes galt auch, wenn der Erblasser zu seinen Lebzeiten seinen Söhnen Güter, die wirtschaftlich mit den Gaben für die Töchter im weitesten Sinne korrespondierten, beispielsweise eine Fleischbank, ein halbes Haus oder Pferde, zukommen ließ.[585]
Aus den letztgenannten Entscheidungen schloß Stobbe auf einen Widerspruch der Magdeburger Praxis mit den Grundsätzen des Sachsenspiegels. Die Magdeburger Schöffen würden hier mit dem bis dato streng beachteten Prinzip der Intestaterb-

[580] Ebenso: Eisenacher Rechtsbuch, L. I, Art. 40.

[581] Vgl. Lpz. Schöffenspruch bei: Wasserschleben, Rechtsquellen Bd. I, IV, Kap. VII (S. 140); Mgdb. Spruch a.a.O. Bd. II, I, Kap. 98 (S. 36) und Pößnecker Spruchsammlung, I Nr. 4.

[582] Mgdb. Spruch bei Wasserschleben, Rechtsquellen Bd. I, IV, Kap. CVI a (S. 248) und Mgdb. Spruch ebd. Bd. II, I, Kap. 98 (S. 36). Im Posener Rechtsbuch, IV, c. 197 (gedruckt bei Goerlitz, Mgdb. Sprüche für Posen, II Nr. 38) findet sich hingegen der gegenteilige Fall, wo trotz Heirat die Tochter von ihrem Vater noch nicht abgesondert war.

[583] Vgl. Lpz. Schöffensprüche bei: Kisch, Spruchsammlung, Nr. 41 und 86; Spruch bei: Wasserschleben, Rechtsquellen Bd. II, I, Kap. 136 (S. 46).

[584] Mgdb. Schöffenspruch bei: Friese/Liesegang, III B Nr. 43 (S. 488); Lpz. Sprüche bei: Wasserschleben, Successionsordnung, S. 168 Abs. 2 und Kisch, Spruchsammlung, Nr. 86. Hingegen bestimmen die Leipziger Schöffen in einer anderen Entscheidung, daß die unausgeradeten Töchter die erhaltene Mitgift wieder einbringen müssen. Kisch, Spruchsammlung, Nr. 471. Ähnlich die Magdeburger Schöffen in einem bei Wasserschleben, Successionsordnung, S. 177 wiedergegeben Spruch. Hier hatten die Töchter aber nicht nur Kost und Kleider empfangen, sondern waren darüber hinaus noch mit anderen Gütern ausgestattet worden. Die unterschiedlichen Entscheidungen können sich gegebenenfalls dadurch erklären lassen, daß die letzteren Sprüche nach Landrecht und nicht nach Magdeburger Recht gesprochen wurden. Einzelheiten zu dieser Differenzierung werden im weiteren Text dargelegt.

[585] Mgdb. Schöffensprüche bei: Wasserschleben, Successionsordnung, S. 177f und ders., Rechtsquellen Bd. I, IV, Kap. V (S. 138 = V, Kap. V, S. 357).

folge brechen und dem Erblasser eine größere Dispositionsbefugnis über die Verteilung seines Vermögens einräumen.[586] Dem Erblasser werde nun nämlich die Möglichkeit zugestanden, durch Verfügungen zu Lebzeiten einem seiner Kinder letztlich mehr zukommen zu lassen als seinem gesetzlichen Erbteil entspräche. Denn die Kinder, die über ihre anteilige Erbquote bereichert sind, müssen nichts von dem Erhaltenen in die Teilung einwerfen oder sich anrechnen lassen, so daß der Wert der Zuwendung endgültig bei ihnen verbliebe.

Hierbei ist aber zu berücksichtigen, daß Ldr. I Art. 10 dem Vater die Möglichkeit einräumt, seinem Sohn bestimmte Gegenstände wie Kleidung, Streitroß, Pferde zuzuwenden, ohne daß der Sohn nach dem Tod des Vaters diese mit seinen Brüdern oder dem Herrn seines Vaters teilen muß. Ebenso bestimmt Ldr. I Art. 13 § 1, daß jene Gegenstände, welche ihrer Natur nach der Gerade zugehören und welche die Töchter bereits zu Lebzeiten ihrer Eltern erhalten haben, nicht in die Erbteilung eingebracht werden müssen. Insoweit stellt die Rechtsansicht der Magdeburger Schöffen keinen Widerspruch, sondern eher eine Fortentwicklung bereits bestehender landrechtlicher Grundsätze dar, die in Gestalt einer erweiterten, den wirtschaftlichen Gegebenheiten des städtischen Lebens angepaßten Auslegung dieser Grundsätze erfolgte.

Der Umfang des bei der Ausradung an die Kinder gegebenen Gutes muß dabei nicht mit deren Erbteil übereinstimmen, es kann diesen im Wert sowohl unter- als auch überschreiten. In den Quellen findet sich häufig die Formulierung „*...unde gab or methe, wes her or gunde...*“[587]. Das Magdeburger Recht entspricht insoweit dem in Ldr. II Art. 19 § 1 festgelegten Grundsatz, nach welchem der Vater seinen Sohn mit jedem Gute, so klein es auch sei, absondern kann, wenn der Sohn der Sonderung nur zustimmt.

Diese Bestimmung wird aufgegriffen in den Biener'schen Erbrechtsregeln, Tit. IV, reg. 1:

„Du solt auch wissenn das der vater, so der sohn wil den sohn mit eynem stucke guttes, es sey cleyn oder groß gancz austeilen kahnn vor gericht das hastu li. 2 ar. 19.“

Von der Ausradung zu unterscheiden sind die Vergabungen des Erblassers auf den Todesfall. So heißt es in einem bei Böhme, Dipl. Beytr. Bd. II.1, S. 60 Abs. 8 mitgeteilten Spruch:

Gebit ein man in gehegitten dingen siner kinder eime sinen hoff mit allen hawsrote adir andir erbe das in der statgerichte gelegen ist noch sime tode czu thun vnd czu lassen dieweile her lebdte das her selbir domethe thun vnd lassen wil stirbit nu der man das her die gift nicht vorwandilt hot so ist das gut des kindes vnd die gifftsal vorgang han vnd solche gifft en hindert

[586] Stobbe, Beiträge, S. 36 (S. 43f).

[587] Magdeburger Spruch aus der 1. Hälfte des 15. Jahrhunderts bei: Friese/Liesegang, III B Nr. 142 (S. 612). Vgl. auch die Sprüche a.a.O. III B Nr. 29 (S. 459) und Nr. 39 (S. 484), sowie den Mgdb. Spruch von ca. 1430 bei: Ebel, Mgdb. Recht Bd. I, VI Nr. 17 (S. 285).

das kint nicht doran is moge wol mit anderem sime geswistere den czu teile gan des vater gut vnd erbe das her in der stat gerichte noch syme tode gelossin hot vnuorgebin.

Der Erblasser hatte sich an dem Gut zu seinen Lebzeiten noch die volle Verfügungsfreiheit vorbehalten, daher hat diese Zuwendung nicht die Wirkung einer Ausradung. Folglich erhält das Kind, trotz der Begabung, welche es vermögensmäßig gegenüber seinen Geschwistern begünstigt, neben diesen vom übrigen Erbe den gleichen Teil.

Für die Frage, ob ein Kind als ausgestattet galt oder nicht, war allein der Charakter der vermögensmäßigen Zuwendung relevant. Unerheblich war es hingegen, ob das Kind in einem eigenem Hausstand lebte, in der Gewere des Vaters verblieb oder später den anfänglich begründeten eigenen Haushalt wieder aufgab und in jenen der Eltern zurückkehrte.[588] Ähnlich betont Ldr. I Art. 13 § 1 für das Landrecht, daß es für die Absonderung unerheblich sei, ob nun Eltern und Kinder miteinander die Kost teilten oder nicht.

Die ausgeradeten Kinder wurden nur von dem Erbe des austattenden Elternteils ausgeschlossen. Waren die Kinder nur von einem Elternteil ausgeradet, so nahmen sie gleichen Erbteil an der Erbmasse des Elternteils, von dem sie nicht gesondert waren.
Hingegen wurde zum Teil behauptet, die Kinder hätten, wenn einige allein von der Mutter ausgeradet wurden, diese unabhängig davon, ob nun gesondert oder ungesondert, zu gleichen Teilen beerbt.[589] Demnach würde die Ausradung durch die Mutter nicht zu einem Verlust des Erbrecht an dem mütterlichen Nachlaß führen. Diese Ansicht beruft sich in erster Linie auf Art. 124 der Magdeburger Rechtsmitteilung an Görlitz von 1304. Der Artikel lautet:[590]

„Swar ein vrowe gut hat. daz ir ist. iz sie ir an erstorben von irme manne. oder von iren erben. oder von sweme iz er komen sie. daz ir ist. hat die vrowe kindere. die ir man geradet hat. oder die die vrowe selbe uz gegebben hat vnde ob die vrowe noch selben kindere hat in der were. stirbet die vrowe daz gut daz die vrowe lezet. daz get vffe ir aller kindere. sie sin geradet. oder vngeradet. ob sie ebenburtic sint. iz sie mit gift bewaret."

Tatsächlich scheint das Erbe der Mutter an die gesonderten wie an die ungesonderten Kindern, zu fallen. Diese Annahme setzt aber voraus, die Mutter habe die Kinder auch aus ihrem Gut gesondert. Tatsächlich wurden die Kinder aber nur aus ih-

---

[588] Vgl. Mgdb. Spruch bei: Wasserschleben, Rechtsquellen Bd. I, IV, Kap. XCVIII a (S. 244); Mgdb. Spruch aus der 1. Hälfte des 15. Jahrhunderts bei: Friese/Liesegang, III B Nr. 142 (S. 612) = Wasserschleben, Successionsordnung, S. 172 Abs. 3.

[589] Sydow, Erbrecht, S. 90.

[590] Zitiert nach: Gaupp, Das alte Magdeburgische Recht, S. 312. Vgl. auch den Spruch der Mgdb. Schöffen vor 1436 bei Stobbe, Beiträge, Nr. LI S. 90 (S. 121).

rem väterlichen Erbe gesondert. Die Mitteilung spricht davon, daß entweder der Mann die Kinder ausgeradet hat oder aber die Kinder, nach dem Tode des Vaters, von ihrer Mutter den väterlichen Erbteil erhalten haben. Von einer Absonderung aus dem mütterlichen Erbe ist hingegen nicht die Rede. Daher können alle Kinder, jene, die vom väterlichen Gute ungesondert sind, ebenso wie die gesonderten, in den Nachlaß ihrer Mutter sukzedieren.
Deutlich wird dies in Kap. 124 (S. 43) der bei Wasserschleben, Rechtsquellen, Bd. II, I abgedruckten alphabetischen Spruchsammlung Magdeburger Urteile aus dem 15. Jahrhundert. Ein Mann hatte seine Frau mit der Hälfte seiner Güter begabt und eine seiner Töchter abgesondert. Einige Zeit nach dem Tod des Mannes verstarb auch die Frau. Nun stritt die abgesonderte Tochter mit den ungesonderten Töchtern um ihren Anteil am mütterlichen Erbe. Die Schöffen entscheiden:

„.... Hyr up etc...De dochter, de by des vaders leuende beraden ys, de scal met den anderen bolecken an erer moder erue to geliker delinge gan meth den, de unberaden syn, van rechtes wegen."

Demnach konnte die vom väterlichen Erbe abgesonderte Tochter nach dem Tod ihrer Mutter an deren Nachlaß partizipieren, obwohl dieser wahrscheinlich im konkreten Fall zum größten Teil aus der Begabung des Vaters an seine Frau bestand.

a) Kollation, wenn alle Kinder ausgesondert waren?

Waren alle Kinder des Erblassers von ihm ausgeradet, so fiel das Erbe zu gleichen Teilen auf alle Kinder.[591] Dabei bestand weder die Pflicht noch die Möglichkeit, die als Ausstattung erhaltenen Güter wieder in die Teilung einzubringen.[592] Das Interesse der beteiligten Kinder, ob im konkreten Fall eine Kollation stattfinden sollte oder nicht, war davon geprägt, ob das als Ausstattung erhaltene Gut unter der Erbquote lag, dann wurde eine Einwerfung angestrebt, oder diese überstieg, dann wurde sie abgelehnt.
Kennzeichnend ist ein Spruch der Magdeburger Schöffen für Naumburg von ca. 1400.[593] Sämtliche Kinder des Erblassers Hermann Becker waren abgesondert; trotzdem wollten die Söhne mit ihren Schwestern das Erbe erst dann teilen, wenn diese ihr zuvor empfangenes Gut eingeworfen hätten. Das zuerst angerufene Landgericht zu Groitzsch entschied mit Hinweis auf Ldr. I Art. 13 § 1, daß das Ausstattungsgut wieder in die Teilung einzubringen sei. Da aber auch nach der erfolgten Einbringung keine Einigung über die Erbteilung zwischen den Geschwistern er-

---

[591] Vgl. Mgdb. Spruch um 1400 bei Friese/Liesegang, III B Nr. 182 (S. 665) und aus der 1. Hälfte des 15. Jahrhunderts; a.a.O, III B Nr. 142 (S. 612).

[592] Vgl. Mgdb. Schöffenspruch vor 1436 bei: Stobbe, Beiträge, Nr. LI S. 90 (S. 121).

[593] Der vollständige Vorgang mit dem Spruch der Groitzscher Schöffen ist abgedruckt bei: Wasserschleben, Successionsordnung, S. 172 Abs. 3; nur der Spruch der Magdeburger Schöffen bei: Friese/Liesegang, III B Nr. 182 (S. 665).

zielt werden konnte, rief der Ehemann einer Tochter als deren Vormund die Magdeburger Schöffen an. Diese entschieden daraufhin, nach Weichbild und Magdeburgischem Recht sollen die Kinder die Güter, mit denen sie ausgeradet wurden, behalten und hätten diese nicht in die Teilung einzubringen und nur das übrige Erbgut sei zwischen allen Kindern gleich zu teilen. Die Magdeburger Schöffen verzichteten hier bewußt auf die Möglichkeit, den männlichen Kindern einen Anteil an dem anfallenden Erbe zu sichern, welcher ihrer gesetzlichen Erbquote entsprochen hätte.[594] Hier verhalf das Magdeburger Recht den Verfügungen des Erblassers, die dieser zu seinen Lebzeiten, hier in Form der Ausradung, getroffen hatte, zur endgültigen Geltung. Die vom Erblasser angestrebte Aufteilung seines Vermögens wurde verwirklicht, indem die Schöffen eine spätere Neuaufteilung des Erbes im Wege der Einwerfung verhinderten.

Ob der Ausschluß der Einwerfung der zuvor erhaltenen Ausstattung nach Aussonderung aller Kinder von landrechtlichen Grundsätzen abweicht, wie zum Teil unter Hinweis auf Ldr. I Art. 13 § 1 behauptet wurde[595], erscheint hingegen zweifelhaft. Ldr. I Art. 13 § 1 behandelt nicht die Konkurrenz von ausgeradeten Kindern untereinander, sondern nur jene von ausgeradeten und unausgeradeten Kindern. Dies wird für die Schwestern ausdrücklich im Text klargestellt: *„...de gemannede dochter an der umbestadeden suster..."* Aber auch für die Söhne gilt nichts anderes. Der Artikel geht davon aus, daß nur ein Sohn ausgesondert wurde: *„Sundert vader oder muder enen eren sone..."*. Folglich muß der konkurrierende zweite Sohn ungesondert gewesen sein. Ziel des Ldr. I Art. 13 § 1 ist es daher nicht, den Kindern einen gleich großen Teil am Erbe zu sichern, sondern mit der Kollation des erhaltenen Gutes wird den ausgesonderten Kindern nur ermöglicht, überhaupt wieder an der Erbteilung teilzunehmen. Läge dem Landrecht die Auffassung zugrunde, alle Kinder sollten grundsätzlich einen gleichen Anteil am elterlichen Erbe erhalten[596], so wäre nicht verständlich, warum die Absonderung nach Ldr. II Art. 19 § 1 überhaupt mit einer Zuwendung, welche den Erbteil unter- oder übersteigt, möglich war.

Hinterließ der Erblasser Kinder aus mehreren Ehen, wobei aber nur die Kinder aus einer Ehe ausgeradet waren, hingegen die anderen Kindern vom Erblasser etwas aus seinem Gut als Voraus erhalten hatten, so wurden alle Kinder behandelt, als wären sie ausgeradet.[597] Auch in diesem Fall sah das Magdeburger Recht eine Einwerfung des abgesonderten Gutes nicht vor.

---

[594] Sydow, Erbrecht, S. 92.

[595] So Stobbe, Beiträge, S. 36 (S. 43).

[596] Dies nahm wohl Stobbe, Beiträge, S. 36 (S. 43) an.

[597] § 12 des Magdeburg-Breslauer Recht von 1295; Art. 51 des Magdeburg-Görlitzer Recht von 1304 (gedruckt bei Laband, Magdeburger Rechtsquellen S. 14f und S. 27f) SSR, IV, 2, 30; Glogauer Rechtsbuch c. CXVII; Alter Kulm, L. IV, art. LXXII; Böhme, Dipl. Beytr. II.2, S. 139 Abs. 5; Biener'sche Erbrechtsregeln, Tit. III, art. 20. Vgl. auch Stobbe, Beiträge, S. 36 (S. 42f). Die Bestimmung findet sich allerdings nur in den Magdeburger Rechtsmitteilungen und in den

b) Kollation beim Zusammentreffen von gesonderten mit ungesonderten Kindern?

Zu den strittigen Fragen gehört, ob und in welchem Maße es dem bereits ausgeradeten Kind nach Magdeburger Recht möglich war, durch Einwerfen des Empfangenen in den Nachlaß nun doch an der Teilung des elterlichen Erbes gemeinsam mit seinen unausgeradeten Geschwistern teilzunehmen. Dieses Problem war Anlaß für zahlreiche Anfragen bei den nach Magdeburger Recht sprechenden Schöffenstühlen.

Dabei wurde die Behandlung dieses Punktes durch die Magdeburger Schöffen in der rechtsgeschichtlichen Literatur durchaus kritisch beurteilt. So fand beispielsweise Stobbe, daß die Aussprüche der Magdeburger Schöffen zu diesem Thema keine klare inhaltliche Linie aufwiesen und sich auch nicht untereinander in Einklang bringen ließen.[598]

Der Sachsenspiegel verhält sich zu dieser Frage eindeutig. Ldr. I Art. 13 § 1 bestimmt:

Sundert vader unde muder enen eren sone oder ene ere dochter van en mit erme gude, se twein sek mit der kost oder ne dun, willet se na des vader dode oder na der muder dode an er erve del spreken, de bruder an der brudere, oder de gemannede dochter an der unbestadeden suster; se moten in de dele brengen mit erme ede al dat gut, dar se mede af gesundert waren, of it is varende gut sunder rade. Is it aver andere gut, dat men bewisen mach, dar ne mogen se nicht vore sweren.

Nach Landrecht konnte demnach das ausgesonderte Kind mit seinen unausgeradeten Geschwistern das elterliche Erbe nehmen, wenn es im Gegenzug das als Ausstattung erhaltene Gut in die Teilung bringt.

Hingegen waren die Kinder gem. Ldr. I Art. 13 § 2 dann völlig von der Erbfolge ausgeschlossen, wenn sie auf ihr Erbteil verzichtet hatten. Auch einem im Zusammenhang mit der Ausstattung erklärtem Verzicht konnte durch Einwerfen der Ausstattungsgüter seine Wirkung nicht wieder genommen werden. Die Bedeutung des Verzichtes für die Erbfolge wird auch an der in Ldr. I Art. 13 § 2 enthaltenen differenzierten Beweisregel erkennbar, welche den Fall regelt, daß es zwischen den Erben streitig ist, ob einer von ihnen auf sein Erbe verzichtet hat. Behauptet eine Partei, die andere habe auf ihr Erbe verzichtet, so kann diese der Behauptung mit einem Eid auf die Heiligen entgegentreten, es sei denn, der Verzicht wurde vor Gericht erklärt. In diesem Fall kann der Verzicht trotz des Eides anhand von Zeugen nachgewiesen werden.

Rechtsbüchern Magdeburger Rechts. Ein Schöffenurteil, in welchem dieser Satz Anwendung fand, konnte hingegen nicht gefunden werden.

[598] Stobbe, Beiträge, S. 36 (S. 40f).

In der Biener'schen Erbrechtsregel, Tit. III, art. 24, die an dieser Stelle die landrechtlichen Grundsätze wiederholt, wird die Einwerfung wie folgt begründet:

„So abgesunderte kinder wollen mit denn andrenn czur teilung gehenn so sollen sie bey yren eidenn widder einbrengen alles was vor empfangenn habenn, wenn es ist ein offenbar recht, der wil mit genissen, der sal och mitte geldenn vnnd den halb vnnd halb mit denn andrenn die nochgelassene gutter teylen von R.“

Daß Ldr. I Art. 13 § 1 nur die Konkurrenz von Brüdern mit Brüdern und die von Schwestern mit Schwestern erwähnt, findet seine Erklärung in dem privilegierten Erbrecht des Sohnes gegenüber der Tochter. Nach Landrecht erbte auch noch der ausgestattete Sohn vor der unausgestatteten Tochter.
Von der Pflicht zur Kollation ausgenommen waren die Gegenstände, welche zur Gerade gezählt wurden.[599] Diese Ausnahme ist vor dem Hintergrund zu sehen, daß nach Ldr. I Art. 5 § 2 die unausgestattete Tochter die Gerade ihrer Mutter nicht mit der ausgestatteten Tochter teilen muß. Die unausgeradete Tochter darf deshalb die verbleibende Gerade für sich allein behalten, da die ausgeradete Tochter nicht verpflichtet ist, ihre bereits erhaltene Gerade in die Erbteilung einzubringen. Entsprechendes wird man vor dem Hintergrund von Ldr. I Art. 10 auch für das Heergerät[600] annehmen können, wenn es auch an ausdrücklichen Regelungen dahingehend fehlt.[601]

Betrachtet man nun die Entscheidungen des Magdeburger Schöffenstuhls, stellt man fest, daß in diesen den ausgestatteten Kindern regelmäßig die Möglichkeit versagt wird, durch Kollation an der Erbteilung teilzuhaben. So besagt ein von Wasserschleben, Rechtsquellen Bd. I, IV, Kap. XCVIIIa, (S. 244) aus dem „Alt Weichbild Recht der Stadt Dresden“ mitgeteilter Magdeburger Schöffenspruch:

„Die scheppen zcu Magdeburg spreche vor recht das die bestatte tachter mit erem manne yn der gewere eres vatirs bestorbin ist das kan en doczu nicht gehelffen das sie mit den unbestatten kindern moge teylen adir zcu der teylunge gehn zundir was ir vatir ir gegeben hat domitte ist sie bestat und awsgerodz und ir man darff das ouch nicht ynbrengen von des rechten wegen.“[602]

[599] Vgl. die nicht abschließende Aufzählung in Ldr. I Art. 24 § 3.

[600] Bei dem Heergerät handelte es sich um die zur Kriegsführung erforderliche Ausstattung mit u.a. Waffen, Harnisch, Pferd aber auch mit Kochgeschirr und Bettzeug. Vgl. Ldr. I Art. 22 § 4. Das Heergerät unterlag ebenso wie die Gerade einer Sondererbfolge. Das Heergerät wurde an den Schwertmagen, dem nächsten männlichen Verwandten von Vaterseite, vererbt (Ldr. I Art. 23 § 1).

[601] In diesem Sinne auch Wiesner, Rechtsstellung, S. 30.

[602] Vgl. auch die aus diesem Spruch resultierende Regeln bei: Wasserschleben, Successionsordnung, S. 164 Abs. 1 und S. 168 Abs. 1.

Damit übereinstimmend ordnen die Magdeburger Schöffen in einem Rechtsspruch für Eisleben von ca. 1430 an:

„.. *Hir vp spreke wy scheppin to magdeburg eyn recht: Wat dy vader erffelikes gutes und varende haue na syme dode gelaten hefft, dy hefft he geeruet vppe synen son, dy in der were bestoruen is, vnd dy uthgeraden brüder hebben dar neyne deyl ane, sunder sint menlike lehinguder adir vorbriuede guder, dy ome vnd synen eruen to geschreuen sin, dy hefft he geruet vp syne dry sone nach personental, und dy utgeraden bruder döruen denn nicht wedder inbringen, dar sy mede utgeraden synt nach meydeborgischen rechte. Von rechtis wegen. Vorsegilt mit unserem ingesegele.*"[603]

Die Leipziger Schöffen entschieden in dieser Frage regelmäßig nicht anders:

„... *Hiruff spreche wir scheppin czu lypczk eyn recht die tachter die von erem vatir aus zcu eynem manne gegeben und beradit ist mag keyn teil gehabin mit erem geswister die yn die teilunge nicht komen das sie wedir ynbringin wil sulch gut alz ir von erem vatir und von ir muter wordin ist das is geswistere leyden dorffe von rechtis wegen...*".[604]

Gegen dieses bisher festgestellte Ergebnis für die Magdeburger Praxis scheinen aber solche Schöffensprüche zu sprechen, in welchen die Zulässigkeit der Kollation ausdrücklich eingeräumt wird.

Unproblematisch sind dabei allerdings solche Entscheidungen, die sich maßgeblich darauf stützen, daß bei der Absonderung der ausgeradeten Tochter vor Gericht die Möglichkeit des Einwerfens und damit der gleichberechtigten Teilnahme am Erbe vorbehalten wird.

„*Hiruff spreche wir scheppin zcu Magdeburg eyn recht... Is en zey denne das die sunderunge und die XXX schog wedir yn brenge vor gerichte alzo bescheydin und gemacht sey das sie moge en brengen und denne vatir erbe nemen...*".[605]

Hier wird der Ausnahmecharakter der Kollation, die nur bei besonderer Vereinbarung zulässig sein soll, gerade betont.

Hingegen finden sich auch zahlreiche Sprüche, in welchen ohne Hinweis auf einen gerichtlich vereinbarten Vorbehalt die Einwerfung mit all ihren erbrechtlichen Konsequenzen für statthaft gehalten wird. So bestimmt ein bei Wasserschleben, Successionsordnung, S. 177f mitgeteilter Spruch der Magdeburger Schöffen[606] aus dem 15. Jahrhundert:

---

[603] Ebel, Mgdb. Recht Bd. I, VI Nr. 16 (S. 284f).

[604] Wasserschleben, Rechtsquellen Bd. I, IV, Kap. VII (S. 140). Vgl. auch Lpz. Spruch bei: Wasserschleben, Successionsordnung, S. 167 Abs. 8.

[605] Wasserschleben, Rechtsquellen Bd. I, IV, Kap. CVI a (S. 248) und die aus dieser Entscheidung gefolgerten Regel bei: Wasserschleben, Successionsordnung, S. 164 Abs. 2. Vgl. auch Kisch, Spruchsammlung, Nr. 522 und Pößnecker Spruchsammlung, I Nr. 17.

[606] Aus dem Codex Rep. II. f. 20 der UB Leipzig, vgl. Oppitz, Rechtsbücher Bd. II, Nr. 910.

„... *Wollen denn dy uszberaten zcwu tochter mit den dreyen sonen iren brudern in den erblichen gutern dy sich zcu dem erbe getzihen mogenn vnnd zcu dem erbe gehorenn also der vater seliger gehat vnd nach seynem tode vnvorgebenn hinder sich gelasszenn hat zcu gleichem erbeteil gehin und komen So musszen sie auch eyn sulchsz was sy an koste kleidunge mittegabe und andern stucken zcu der uszberatunge gekost habenn ader die wirderunge sulchsz gutes der uszberatunge zcum ersten wider inbrengen ader den genanten iren dren brudern itzlichin besundern von den erblichenn gutern zcu vorusz so vil lasszen wegnemen als der swester eyne zcu der uszberatunge gekost hat Vnd mogen dann nach inbrengunge ader an dem oberigenn der erblichen gutter wenn dy bruder auch so vil weg habenn mit den selben iren brudern wol gleichenn teil nemen und fordern von rechtis wegenn...*“.[607]

In der Tat deuten diese widersprüchlichen Entscheidungen der Schöffen auf eine inkonsequente und uneinheitliche Lösung der Frage hin, ob und inwieweit die Kollation nach Magdeburger Recht zulässig war oder nicht hin.
Zu dieser scheinbar mangelnden Stringenz der Spruchpraxis paßt es, wenn in Kap. III des Glogauer Rechtsbuches dem vor gehegtem Ding ausgestatteten Kind grundsätzlich die Teilhabe am Erbe verweigert wird. Erfolgte die Ausstattung hingegen nicht vor dem gehegten Ding, so soll das ausgestattete Kind durch Einbringen des Gutes seinen Teil am elterlichen Nachlaß erhalten können. Diese Rechtsansicht dürfte aber nicht repräsentativ für das Magdeburger Recht sein. Die Rechtsweisungen des Glogauer Rechtsbuches sind an schlesische Städte gerichtet und berücksichtigen daher in einem hohen Maße die Eigenarten und Modalitäten, welche das Magdeburger Recht zum Teil dort erfahren hat.[608] Weiterhin wird in keinem Schöffenspruch bei der Frage, ob die Kollation zulässig sei, darauf abgestellt, ob die Ausradung vor Gericht erfolgte oder nicht.[609] Insoweit wird man davon ausgehen können, daß Kap. III des Glogauer Rechtsbuches die Rechtspraxis des Magdeburger Schöffenstuhls nicht unverfäscht wiedergibt.
Vielmehr ist es für die Lösung der anstehenden Frage notwendig, sich zu vergegenwärtigen, daß die Rechtsprechung des Magdeburger Schöffenstuhls eine Schnittstelle von Weichbild und Landrecht darstellte. Betrachtet man daher die Schöffensprüche, welche eine Kollation ermöglichen, so stellt man fest, daß häufig danach getrennt wurde, ob der Erbfall nach Magdeburger Recht oder nach sächsischem Landrecht zu entscheiden war. Auch wenn zweifelhaft ist, ob und in welchem Umfang die Magdeburger Schöffen anfangs auch Fälle nach Landrecht entschieden haben, so sind solche Urteile ab dem 15. Jahrhundert doch häufig zu finden. Nur wenn der Rechtsspruch auf Grundlage des Landrechts erging, räumten die Schöffen, gemäß dem Recht des Sachsenspiegels, die Möglichkeit der Einwerfung ein.

607 Vgl. Lpz. Sprüche bei: Wasserschleben Successionsordnung, S. 181 (S. 184f) und Kisch, Spruchsammlung, Nr. 86 und Nr. 522.

608 Wasserschleben, Rechtsquellen Bd. I, S. IV.

609 SSR IV, 2, 31 setzt zwar eine vor gehegtem Ding erfolgte Ausradung voraus, knüpft aber daran keine Folgen für die Einwerfung. Vgl. Fn. 576.

Deutlich wird dies in einem bei Friese/Liesegang, III A Nr. 7, abgedruckten Brief der Magdeburger Schöffen an den Rat und die geschworenen Leuten der Stadt Naumburg aus der 1. Hälfte des 15. Jahrhunderts:

„... Is daz erbe und gut, daz Gunther Tamme gelassen had, bynnen wichbilde vorstorben, so ne mogen dy töchtere, dy der vater myt syme gute uzgeraten had by syme lebende, myt der inbringunge keynen teyl nemen mit deme sonen, dy umberaten in des vater were und gute bestorven is, nach Magdeburschen rechte. Is es abir in lantrechte bestorben, und willen dy uzgeraten tochter uff ire erbeteil sprechen und by yiren eyden weddir inbringen, dar sye dy vater mete uzgerathen had, daz mogen sye wol thun. So muz yn yr ungesunderte bruder darnach, wan sye ingebracht haben, lassen volgen yren teyl an eygen, an liggenden grünten und an varnder habe, daz ir vater gelassen had, daz tzu erbe hort. V.r.w....“

Auch die Leipziger Schöffen ließen die Einwerfung des als Ausstattung mitgegebenen Gutes nur dann zu, wenn der Erbfall nach Landrecht zu beurteilen war.

„Sprechen wir schöpfen zu Leipzig vor recht:.... Ist dan Conradt Töpfer im landrecht gesessen, so mag sie (d. i. die ausgeradete Tochter des Erblassers) *solchen iren teil wol fordern; sie muß aber in die teilung pringen alles gut, das ir ir vater mitgegegeben hat....“.*[610]

Biener'sche Erbrechtsregeln, Tit. IV, reg. 1 bestimmt:

„Bey disser regel saltu wissen vnnd mercken so eczlichen kinder vom vater abgesundert sein, so mussenn sie in das erbe widderumb einbrengenn des was sie empfangen habenn ader das von dem vollen gutte abschlagen lossen Sach. li. 1 ar. 13. Das ist och noch Colmsches rechte Sunder noch weichbildes rechte mussen die abgesunderten kinder vor gerichte an irem gegebenem teil ein genugen habenn vnd mogen nicht widderumb einbrenghenn...“

Für weitere Sprüche, in denen die Kollation zugelassen wurde, läßt sich ebenfalls nachweisen oder doch zumindestens die begründete Vermutung äußern, daß sie nach Landrecht entschieden wurden.[611] Nach dem bisher Gesagten ist daher wohl anzunehmen, auch die oben aufgeführten Entscheidungen, in denen die Einwerfung gestattet wurde, beruhten auf Landrecht, auch wenn dies den Rechtssprüchen selbst nicht zu entnehmen ist.

Wurde das Recht zur Einwerfung nach Landrecht zugestanden, so konnte es nicht nur von der ausgeradeten Tochter selbst ausgeübt werden, sondern auch von ihren Erben. In dem bei Kisch, Spruchsammlung, Nr. 423, wiedergebenen Spruch hatte die Erblasserin eine ihrer drei Töchter ausgeradet. Nach dem Tod der Mutter ver-

[610] Kisch, Spruchsammlung, Nr. 42.

[611] Vgl. Schöffensprüche bei: Wasserschleben, Successionsordnung, S. 172 Abs. 1 *„N gesessen auf dem Lande ist gestorben..“* und S. 177 *„...zcwu tochtern in lantrechte vszgeradet...“*; Lpz. Sprüche bei: Kisch, Spruchsammlung, Nr. 86 *„... ein man von ritters art...“*; Nr. *654 „Pilgeram, gesessen auf dem lande, ist gestorben...“* und Nr. *423 „Eine frau ist gestorben auf dem lande...“*; Pößnecker Spruchsammlung, I Nr. 88 *„...an rittermessigen guttern hinder sich gelaßen...“*.

starb die ausgeradete Tochter und hinterließ ein Kind, welches ebenfalls verstarb und von ihrer Halbschwester beerbt wurde. Die Halbschwester kann nach der Entscheidung der Schöffen am Nachlaß der als erste verstorbenen Großmutter teilnehmen, wenn sie alles, was der Kindesmutter zu ihren Lebzeiten aus dem großmütterlichem Gute als Ausstattung gegeben wurde, wieder einbringt.

Bemerkenswert ist, daß, wenn von den Magdeburger Schöffen - da der Erbfall nach Landrecht zu entscheiden war - die Einwerfung nach Ldr. I Art. 13 § 1 gestattet wurde, die Töchter des Erblassers, trotz Ldr. I Art. 17 § 1, gemeinsam mit ihren Brüdern sukzedieren konnten. Die Anwendung des Landrechts durch die Magdeburger Schöffen führte niemals zur Billigung eines besseren Erbrechts des Sohnes gegenüber der Tochter, wie es Ldr. I Art. 17 § 1 vorsieht. Das vorrangige Erbrecht des männlichen Nachkommens spielte demnach in der sächsischen Rechtspraxis, zumindest in der des bürgerlichen Erbrechts, ab dem 13. Jahrhundert keine Rolle mehr.

Allerdings verwies Stobbe auf einen bei Wasserschleben, Successionsordnung, S. 171 Abs. 2 wiedergegeben Schöffenspruch aus der Leipziger Spruchsammlung, nach welchem die Tochter nicht nur ihr Erbrecht durch die Ausstattung nicht verlieren würde, sondern auch das Empfangene nicht einzuwerfen bräuchte.[612]

„.. *Hierauf... was der tode man vnd sein Eelich wirtin an Erb vnd gut vnd farend habe gelassen haben das haben sie auf ire Sune vnd auf ire Tochter von voller gepurt zu gleicher Tayllung Sintmall des mannes wirtin* (d. i. die Tochter) *ires vaters vnd muters angefelle sich nie verziegen hat an keiner stat das craft ader macht gehaben mocht als recht ist Hat auch der vater seiner tochter icht gegebenn an seinen erarbeiten oder gewunnen gute oder farender hab damit er sie von sich gesundert hat es entdarf sie nicht nach Magdeburgischem Recht wider einlegenn*“.

In der Tat scheint nach dieser Entscheidung die ausgestattete Tochter gemeinsam mit ihren ungesonderten Geschwistern erben zu können, ohne daß sie das empfangene Gut einwerfen müßte. Eine Lösung, die im Widerspruch zu der übrigen überlieferten Rechtssprechung zu diesem Thema steht. Aber allein aufgrund dieses Spruches der Magdeburger Spruchpraxis Inkonsequenz vorzuwerfen, ist nicht zulässig.[613] Zum einen ist die Interpretation des Spruches in dem oben genannten Sinne nicht zwingend. Hier ist zu bedenken, daß der zugrundeliegende Sachverhalt nur unvollständig mitgeteilt wurde.[614] Dementsprechend könnten die Schöffen ihre Rechtsauskunft für zwei unterschiedliche Tatbestände gegeben haben. Der Beginn der Antwort unterstellt, die Tochter sei unbestattet geblieben und könne daher zu gleicher Teilung mit den übrigen Kindern kommen. Mit den Worten „.. *Hat auch*

---

[612] Stobbe, Beiträge, S. 36 (S. 42).

[613] So aber Stobbe, Beiträge, S. 36 (S. 41f).

[614] Insbesondere enthält die Wiedergabe der Anfrage keinen Hinweis auf eine Ausradung; diese wird nur in der Antwort der Schöffen erwähnt.

der vater.." gehen die Schöffen von der Annahme aus, die Tochter sei abgesondert und könne auch durch Einwerfung nicht mehr an der Erbteilung teilnehmen. Der Ausschluß vom Erbe wird allerdings in dem Spruch nicht mehr ausdrücklich erwähnt, sei es, weil es die Schöffen als selbstverständlich und daher als nicht erwähnenswert angesehen haben, daß die ausgestattete Tochter nicht neben ungesonderten Kindern erben kann[615], sei es, weil der Schreiber bei Aufnahme des Textes in der Spruchsammlung den entsprechenden Passus versehentlich nicht übernommen hat. Für eine solche Interpretation des Spruches spricht auch die Verwendung der Formulierung „ *entdarf sie nicht ... wider einlegenn*".
In einigen Sprüchen der alphabetischen Sammlung des Kodex SLUB Dresden M 20a wird mit denselben Worten umschrieben, die ausgeradete Tochter sei mit dem erhaltenen Gut abgeteilt worden, folglich könne sie zwar nicht mehr an der Erbteilung teilnehmen, aber sie dürfe auch das Empfangene behalten.[616] Die Wendung ist mithin für Sachverhalte verwendet worden, in denen eine ausgeradete Tochter nicht gemeinsam mit ihren ungesonderten Geschwistern erben konnte.[617] Dies legt den Schluß nahe, daß der zitierte Schöffenspruch einen ebenso gelagerten Fall zum gegenstand hatte.
Zum anderen, selbst wenn man sich der hier vorgeschlagenen Auslegung des Spruches verschließt, kann es sich bei dieser Rechtsauskunft angesichts der überwältigenden Vielzahl der sonstigen Sprüche, die ein Erbrecht des ausgeradeten Kindes neben seinen ungesonderten Geschwistern ablehnen, nur um eine vereinzelt gebliebene Entscheidung handeln, welche für die Beurteilung des Magdeburger Rechts unerheblich ist.

c) Ergebnis

Faßt man die gefundenen Ergebnisse zusammen, so gelangt man bezüglich der Absonderung für das Magdeburger Recht zu folgendem Befund:
Die Eltern konnten ihre Kinder aussondern, unabhängig davon, ob das Ausstattungsgut dem Wert des zu erwartenden Erbteils des Kindes entsprach oder von ihm abwich. Das ausgestatte Kind verlor mit der Absonderung sein Erbrecht an der Fahrhabe und an dem durch den Erblasser selbst erworbenen Liegenschaften, hingegen verblieb ihm sein Anteil an den anererbten Immobilien und am stehendem Eigen. Daneben hatten die Eltern die Möglichkeit, dem Kind zu ihren Lebzeiten

[615] So könnte nach Ansicht der Schöffen die Frage, ob die Tochter gemeinsam mit ihrem Bruder erben könne, bereits mit dem Hinweis, sie könne das Ausstattungsgut nicht wieder einwerfen, verneinend beantwortet sein.

[616] Wasserschleben, Successionsordnung, S. 164 Abs. 1 und S. 168 Abs. 1.

[617] Die Formulierung mit „*entdarf*" findet sich weiterhin in einer Entscheidung, in welcher alle Kinder ausgeradet waren. Die Magdeburger Schöffen bestimmten, in solchen Fällen müßten die Kinder das voraus empfangene Gut nicht wieder einwerfen. Vgl. Wasserschleben, Successionsordnung, S. 172 Abs. 3. Auch hier wird es aber einem ausgestattetem Kind nicht erlaubt, unter Einbehalt des Ausstattungsgutes an der Erbteilung mit ungesonderten Geschwistern teilzuhaben.

Zuwendungen mit Aussteuercharakter zukommen zu lassen, ohne daß dies die Wirkung der Absonderung zur Folge hatte. Die Art der so zugewendeten Güter war unterschiedlich, sicherlich zählte zu ihnen Wirtschaftskost für einen bestimmten Zeitraum und angemessene Kleidung. Allerdings konnten auch andere Vermögenswerte den Kindern mitgegeben werden, ohne daß sich aus den überlieferten Rechtssprüchen dabei ein abschließender Katalog solcher Güter bilden lassen könnte.

Eine Einwerfung des als Ausstattung empfangenen Gutes ließ das Magdeburger Weichbild im Gegensatz zum Landrecht in keinem Fall zu. Die Kollation war unzulässig, sowohl wenn der Erblasser ausgeradete und unausgeradete Kinder hinterließ, aber auch dann, wenn nur ausgeradete Kinder miteinander bezüglich des verbleibenden Erbes konkurrierten. Der völlige Ausschluß der Einwerfung bildet dabei im Bereich der Ausradung die bemerkenswerteste Eigenart des Magdeburger Rechts im Verhältnis zum Recht des Sachsenspiegels.

Die Ablehnung der Magdeburger Schöffen gegenüber dem Einwerfen von zuvor empfangenem Gut wird weiterhin in einem rechtlichen Sonderfall deutlich. In dem den Schöffen zur Beurteilung vorgelegten Sachverhalt hatte der Erblasser Güter im Landrecht und im Weichbild hinterlassen. Von seinen Kindern war ein Teil ausgeradet, der andere nicht. Der Schöffenspruch lautet:

„H. sp. w. sch. cz. M. r.: Dy ungeratten kindere nemen orez vather erbguter noch wichbildez rechte, dy bynnen wichbild bestorbin sind, und dorfen mit den usgeratten kindern nicht teylen. So behaldin ouch dy usgeratten kindere noch landrechte or gud, dor sy mete beradin sind, czuvorn. Und dy kindere nemen alle glichen teyl an den guthern, dy in dem landgerichte gelegin sind, nochdemmal daz sy mid czweyerleye rechten, noch wichbild und noch landrechte, beerbid sind, und mid eynerleye nicht. V.r.w.“[618]

Der Spruch der Magdeburger Schöffen ist hier allerdings in der Behandlung der Ausradung weder nach Weichbild noch nach Landrecht schlüssig.

Nach Magdeburger Recht hat die Absonderung den völligen Ausschluß des ausgestatteten Kindes von der Erbteilung zur Folge. Daß die Güter im vorliegenden Fall anererbtes Grundeigen sind, in welche auch die abgesonderten Kinder sukzedieren, wird nicht erwähnt. Folglich müßten sich die ausgeradeten Kinder mit dem zuvor erhaltenen Gut zufrieden geben und könnten weder bezüglich der Güter im Weichbild noch jener im Landgericht Teilhabe verlangen. Eine solche Lösung würde jedoch das Recht der abgesonderten Kinder auf Kollation aus Ldr. I Ar. 13 § 1 bezüglich der auf dem Land gelegenen Güter mißachten. Das Landrecht läßt sich hier auch nicht einfach übergehen, da für die Güter im Landgerichtsbezirk Landrecht maßgeblich ist. In Betracht kommt, daß man die Wirkung der Einwerfung auf das ländlichen Erbe beschränkt und eine Erbteilung unter allen Kindern nur hinsichtlich dieser Güter zuläßt. Aber auch dieses Ergebnis ist nicht zufrieden-

[618] Friese/Liesegang, III B Nr. 58 (S. 499).

stellend. Unterstellt man beispielsweise, die Gegenstände, mit welchen die Kinder abgesondert wurden, lägen im Weichbild, so würde nach erfolgter Einwerfung doch nur die landrechtliche Habe des Erblassers geteilt werden dürfen, denn hinsichtlich des Erbes im Weichbild ist eine Kollation nach Magdeburgischem Recht nicht zulässig. Entsprechend müßten die einwerfenden Kinder im Hinblick auf das Weichbildgut weiterhin als abgesondert gelten und würden so ihr gesamtes Ausstattungsgut an ihre Geschwister verlieren.

Eine konsequente Lösung dieses Falles ist anscheinend nicht möglich. Die Ausradung läßt sich eben nicht in eine landrechtliche Seite - wo die Einwerfung zulässig ist - und eine nach Magdeburger Recht - ohne diese Möglichkeit - aufteilen.

Dieser Widerspruch wurde bei der Behandlung der Kollision von Weichbild und Landrecht im USR c. 169 (vor 1352) vermieden.[619] Dort wird das in der Stadt gelegene Erbe den ungesonderten Kindern allein zugewiesen. Bezüglich der Ansprüche der ausgeradeten Kinder auf die im Landgericht gelegenen Güter wird nur festgestellt: *„..das schullin sy vordrin vor deme gerichte, do is inneleyt, unde dovor nemen unde geben, was ein recht ist.“*

Im oben wiedergegebenen Spruch hatten sich aber die Magdeburger Schöffen, unter Verstoß des forum rei sitae[620], dafür entschieden, auch bezüglich der Güter im Landgericht das Recht zu weisen. Eine Möglichkeit zur Lösung des Falles wäre gewesen, ausnahmsweise auch für das Weichbild die Einwerfung zuzulassen. Die abgesonderten Kinder hätten das zuvor Empfangene in die Teilung eingebracht und alle Güter, die im Landgericht und jene im Weichbild, wären zu gleichen Teilen auf die Kinder gekommen. Die Magdeburger Schöffen lassen aber bezeichnenderweise die Kollation auch als Ausnahme nicht zu. Vielmehr gestehen sie den abgesonderten Kindern ihr Ausstattungsgut als Voraus *„noch landrechte“* zu und teilen nur noch die verbleibenden Güter auf dem Lande unter den Kindern auf. Die Güter im Weichbild fielen ausschließlich an die ungesonderten Kinder. Bemerkenswert ist, daß hier eher ein in dieser Form bei der Ausradung gar nicht bestehender landrechtlicher Grundsatz angenommen[621], als daß eine Einwerfung nach Weichbild zugelassen wurde.

---

[619] Ebel, Mgdb. Recht Bd. II/1, Nr. 50. Entsprechend auch: SSR, IV, 2, 32; Alter Kulm, L. IV, art. LXXIV; Böhme, Dipl. Beytr. II.2, S. 117 Abs. 8.

[620] Nach Magdeburger Recht galt bei Klagen gestützt auf ein behauptetes Erbrecht an einem Grundstück der dingliche Gerichtsstand. Vgl. Friese in Friese/Liesegang, S. 798f und USR c. 134 (vor 1352) bei: Ebel, Mgdb. Recht Bd. II/1, Nr. 24.

[621] Einen erbrechtlichen Voraus kannte das Landrecht nur bei der Gerade und dem Heergerät, nicht aber bei den Gütern, mit denen das Kind abgesondert wurde. Vgl. Ldr. I Art. 13 § 1 und Ldr. I Art. 10. In einem bei Wasserschleben, Successionsordnung, S. 177f mitgeteilten Magdeburger Spruch aus dem Ende des 15. Jahrhunderts haben die Schöffen die nach Landrecht ausgeradeten Töchter vor die Wahl gestellt, entweder ihr Gut einzubringen oder den Brüdern einen entsprechenden Voraus zuzugestehen. Auch diese Entscheidung läßt sich nicht mit Ldr. I Art. 13 § 1 vereinbaren. Vgl. auch Kisch, Spruchsammlung, Nr. 423. Ein erbrechtlicher Voraus wird in Magdeburger Fragen, L. I, c. VII, Dist. 19 behandelt. Dort wird die Wirksamkeit

d) Dogmatische Einordnung des Ausschlusses vom Erbrecht aufgrund der Absonderung

Mit erfolgter Absonderung war dem Kind nach Magdeburgischem Recht ebenso wie nach Landrecht jeder erbrechtliche Zugriff auf die Fahrhabe und selbsterworbenen Grundstücke und Standeigen des Erblassers versagt.
Ungeklärt ist, wie dieser Ausschluß vom Erbe rechtstechnisch herbeigeführt wurde. Naheliegend ist die Annahme, die Absonderung, vor allem wenn das abgesonderte Gut dem Erbteil entsprach, sei mit einem Erbverzicht verbunden gewesen.[622] Zwingend ist diese Vermutung aber nicht, denn nach Ldr. I Art. 13 konnte das ausgestattete Kind durch Einwerfen an der Erbteilung wie ein ungesondertes Kind teilnehmen.[623] Letzteres war ihm nur dann nach Ldr. I Art. 13 § 2 nicht mehr möglich, wenn es auf sein Erbteil verzichtet hatte. In diesem Fall konnte das gesonderte Kind weder durch Einwerfen am gesamten Nachlaß partizipieren noch an den anerstorbenen Immobilien teilhaben, denn der Erbverzicht führte zu einem völligen Ausschluß vom Erbe. Auch nach Weichbild wurde das Kind, welches auf seinen Erbteil verzichtet hatte, vom Erbe völlig ausgeschlossen, auch von den anerstorbenen Grundstücken, an welche grundsätzlich auch gesonderte Kinder noch ein Erbrecht hatten.
Demnach unterschied das Magdeburger Recht und das Landrecht die Absonderung, welche das Kind nur von einem bestimmten Teil der Erbmasse ausschloß, von dem Erbverzicht, nach welchem das Kind überhaupt keinen Teil am Erbe mehr erhalten konnte.
Entsprechend wird man die rechtliche Wirkung der Aussonderung eher im Bereich einer gewohnheitsrechtlich anerkannten Erbabfindung zu suchen haben und weniger in einem willentlichen Verzicht auf das Erbe seitens des ausgeradeten Kindes.[624]

Nicht eindeutig ist allerdings, ob dieser Abfindung absolute Wirkung zuzusprechen ist. Absolute Wirkung der Absonderung als Abfindung würde bedeuten, das abgesonderte Kind werde nicht nur dann vom Erbe ausgeschlossen, wenn es mit anderen, aber ungesonderten Kindern konkurrierte, sondern auch dann, wenn es mit weiteren Verwandten, beispielsweise den Eltern oder den Geschwistern des Erblassers, um das Erbe stritte. Dementsprechend wird zum Teil angenommen, mit der

der Zuwendung aber davon abhängig gemacht, daß der Erblasser noch zu Lebzeiten die Gegenstände vor gehegtem Ding aus seiner Gewere gibt.

[622] Vgl. Bungenstock, HRG, Bd. I, Sp. 949.

[623] Ogris, HRG, Bd. I, Sp. 13 (17).

[624] Vgl. auch Heusler, Institutionen Bd. I, S. 242. Dazu paßt, daß der Erbverzicht nur vor Gericht erfolgen konnte (vgl. den Spruch der Magdeburger Schöffen abgedruckt auf S. 178), die Absonderung hingegen regelmäßig formlos möglich war. Vgl. die Nachweise in Fn. 576.

Ausstattung sei das Kind endgültig bezüglich seines gesamten Erbrechts abgefunden und könne daher überhaupt nicht mehr zum Kreis der möglichen Erben gehören.[625] Nach anderer Ansicht ist demgegenüber die Wirkung der Ausstattung nicht absolut, sondern nur relativ. Das abgesonderte Kind galt nur im Hinblick auf andere, noch ungesonderte Kinder als abgefunden. In Konkurrenz mit anderen Verwandten erbte das ausgeradete Kind dann als nächster Erbe vorrangig.[626]

Da die Ausstattung keinen Einfluß auf die verwandtschaftliche Position des Kindes hat, kann die Frage allein danach entschieden werden, welche erbrechtliche Wirkung der Ausradung gemeinhin durch die Beteiligten beigemessen wurde. Der Ausschluß vom Erbrecht, welcher mit der Ausradung einherging, zielte zwar nicht in erster Linie darauf ab, daß das elterliche Erbe zu gleichen Teilen an die Kinder fiel, aber da das ausgestattete Kind mit dem empfangenen Gut bereits einen Teil des Erbes erhalten hatte, konnte es doch nicht noch einmal mit seinen ihm bezüglich des elterlichen Erbes gleichgestellten Geschwistern die Eltern beerben.

Daher beerbten die ungesonderten Kinder die Eltern vor den gesonderten. Hinterließ der Erblasser aber nur abgesonderte Kinder, fiel der Grund für deren Ausschluß vom Erbrecht weg, denn nun hatten alle Kinder bereits zuvor einen Teil empfangen.[627] Auch wird in den Quellen die Einwerfung des Ausstattungsgutes nur dann diskutiert, wenn gesonderte mit ungesonderten Kindern konkurrierten. Dies spricht dafür, daß bei einem Zusammentreffen von gesonderten Kindern mit gradferneren Verwandten sich die Frage nach einer Einwerfung nicht gestellt hat, weil auch die abgesonderten Kinder als die gradnäheren Verwandten vor allen anderen geerbt haben. Folglich galt das ausgestattete Kind nur bei Konkurrenz mit ungesonderten Kindern als abgefunden, bei Konkurrenz mit allen anderen Verwandten hatte die Ausradung nicht die Wirkung einer Abfindung.[628]

---

625 Behrend, Stendaler Urteilsbuch, Anm. zu Nr. XXIX, S. 115. Behrend spricht das Problem dort im Hinblick auf die Gerade an. Seiner Ansicht nach konnte im dort besprochenem Urteil Nr. XXIX die Tochter der Erblasserin die Gerade nicht erhalten, weil sie ausgestattet war. Daher fiel die Gerade an die Großmutter und die Schwestertöchter zu gleichen Teilen. Vgl. die Entscheidung auf S. 238.

626 Vgl. Bungenstock, HRG, Bd. I, Sp. 949. Vgl. aber zu der Auswirkung der Ausradung auf das Erbrecht der Eltern S. 205.

627 Daher erbten, wenn der Erblasser nur gesonderte Kinder hinterließ, diese alle zu gleichen Teilen. Vgl. S. 171.

628 Siegel, Erbrecht, S. 128 u. S. 175. Auch Behrend, a.a.O. räumte ein, der Ausschluß der Tochter im genannten Erbfall müsse nicht unbedingt allein durch deren Ausstattung begründet sein. Vielmehr könne die Tochter auch ausdrücklich auf ihr gesamtes Erbrecht verzichtet haben. Warum die Tochter die Gerade ihrer Mutter nicht erhält, muß letztlich angesichts der fehlenden Angaben in der Entscheidung offen bleiben. Neben dem von Behrend vorgeschlagenem Erbverzicht kann der Ausschluß der Tochter auch seinen Grund in deren Erbunfähigkeit (vgl. Ldr. I Art. 4) gehabt haben.

3. Erbrecht der Enkelkinder bei Konkurrenz mit noch lebenden Kindern des Erblassers - Repräsentationsrecht

Die Gruppe der Erben erster Ordnung ist prinzipiell mit den Kindern des Erblassers abgeschlossen. Dieser Grundsatz erleidet aber eine Durchbrechung, wenn den Kindern eines vorverstorbenen Kindes im Rahmen eines Repräsentations- oder Eintrittsrechtes[629] gestattet wird, an Stelle seines bereits verstorbenen Elternteiles dessen Erbteil am großelterlichen Nachlaß für sich zu beanspruchen. Hierbei sind zwei Konstellationen denkbar. Zum einen kann das Kindeskind gleichberechtigte Teilhabe mit den Geschwistern seines vorverstorbenen Vaters oder der vorverstorbenen Mutter, also den noch lebenden Kindern des Erblassers, verlangen. Zum anderen kommt in Betracht, daß das Enkelkind mit den Eltern oder Geschwistern des Erblassers konkurriert, wenn dieser keine lebenden Kinder hinterlassen hat.

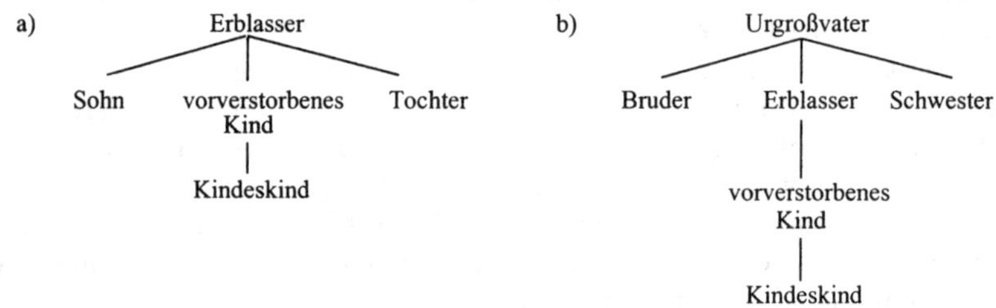

An dieser Stelle soll vorerst nur dem Repräsentationsrecht des Kindeskindes im Verhältnis zu den noch lebenden Erblasserkindern, wie es in der Skizze a) dargestellt ist, nachgegangen werden.

Diese Fragestellung darf nicht mit dem Problem vermengt werden, ob nach Magdeburger Recht der gesamten Deszendenz ein gegenüber den Aszendenten und Seitenverwandten vorrangiges Erbrecht zusteht. Ein solcher Ansatz wäre schon deswegen verfehlt, da alle konkurrierenden Erbprätendenten der Deszendenz angehören. Vielmehr geht es hier darum, ob ein Enkelkind als ein im Verhältnis zu den übrigen Kindern entfernterer Verwandter unter Durchbrechung des Näheprinzips mit diesen gemeinsam zum Erbe gelangen kann. Zwar wurde verschiedentlich angeführt[630], das Repräsentationsrecht stelle nicht eine Durchbrechung, sondern eine Bekräftigung des Näheprinzips dar, denn die Enkel würden nicht als Gradfernere,

---

[629] Der Begriff Eintrittsrecht umschreibt im Gegensatz zu dem des Repräsentationsrechts den rechtlichen Vorgang, nach welchem das Kind die erbrechtliche Stellung seines vorverstorbenen Elternteils einnimmt, genauer und ist daher grundsätzlich vorzugswürdig. Allerdings ist die Formulierung Eintrittsrecht erst für den Anfang des 17. Jahrhunderts in den Quellen zu belegen, vgl. Erler, HRG Bd. I, Sp. 908. Gerade für den hier interessierenden Bereich der magdeburgischen Quellen des Mittelalters und der frühen Neuzeit wird das Erbrecht der Kinder vorverstorbener Kinder, wenn es überhaupt mit einem Terminus umschrieben wird, als Repräsentationsrecht bezeichnet.

[630] Siegel, Erbrecht, S. 52.

sondern an Stelle ihrer Eltern erben. So gesehen würden sie dann mit den noch lebenden Kindern den gleichen Grad inne haben. Hierzu ist aber zu bemerken, daß zwar die Enkel an Stelle ihrer vorverstorbenen Eltern deren Erbteil nehmen, dies aber nichts an ihrer Gradnähe zum Erblasser ändert, was in den Quellen daran deutlich wird, daß die Enkel als ferner gesippt bezeichnet werden.[631]

a) Die Entwicklung des Repräsentationsrechtes bis zum Sachsenspiegel-Landrecht

Einigkeit besteht darüber, daß ein Repräsentationsrecht der Enkelkinder oder anderer Verwandter dem germanischen Recht fremd war.[632] Auch noch in dem überwiegenden Teil der Volksrechte läßt sich ein Repräsentationsrecht nicht mit Sicherheit nachweisen.[633] Wo es anerkannt war, beschränkte es sich regelmäßig auf Sohnessöhne.[634] Das Edikt Childeberts II aus dem Jahre 595, welches den Sohnes- und Tochterkindern einen Anspruch auf das großelterliche Erbe neben den Geschwistern ihrer vorverstorbenen Eltern zugesteht[635], konnte sich in der Rechtspraxis nicht durchsetzen.[636] Eine Änderung dieses Zustandes erfolgte erst ungefähr vier Jahrhunderte später. So berichtet Widukind von Corvey in seiner res gestae Saxonum II, 10, daß auf dem Reichstag zu Stela 942 Otto dem Großen und der Reichsversammlung der Streitfall vorgebracht wurde, ob die Söhne eines vorverstorbenen Sohnes noch zu den Söhnen zählen würden und dementsprechend mit den noch lebenden Söhnen des Erblassers das großväterliche Erbe teilen könnten oder nicht. Auf Vorschlag Kaiser Ottos und mit Zustimmung der Versammlung sollte die Streitfrage durch ein Gottesurteil in Form eines gerichtlichen Zweikampfes berufsmäßiger Gladiatoren entschieden werden.[637] Der Kampf ging zugunsten der für die Enkelkinder streitenden Partei aus. Damit stand nun fest, daß es dem Recht entsprach, die Sohnessöhne zu den Söhnen zu zählen und ihnen ein Erbrecht neben den Brüdern ihres Vaters zuzugestehen.[638] Die Entscheidung auf dem Reichstag

---

631 Vgl. Glogauer Rechtsbuch Kap. DCXL, hier teilweise abgedruckt auf S. 191.

632 Amira/Eckhardt, Germanisches Recht Bd. II, § 27 (S. 69).

633 Vgl. Stobbe, Privatrecht Bd. V, § 289 II (S. 87); Heusler, Institutionen Bd. II, S. 579f.

634 L. Gundobada LXXV, §§ 1-3, LXXVIII, §§ 1,2 gesteht den Sohnessöhnen ein Repräsentationsrecht zu, wenn auch nur im Verhältnis zu Töchtern des Erblassers. Nach c. 46 der Lex Saxonum erbt der Sohn des vorverstorbenen Sohnes vor der Tochter. Diese Bestimmung beruht aber eher auf dem erbrechtlichen Vorrang des männlichen Geschlechts und weniger auf der Anerkennung eines Repräsentationsrechts; denn daß die Sohnessöhne nach der Lex Saxonum mit anderen Erblassersöhnen konkurrierten, ist auszuschließen. Vgl. Amira, Erbenfolge, S.123; Heusler, Institutionen Bd. II, S. 582.

635 *„Ita convenit ut nepotes ex filio vel ex filia ad aviaticas res cum avunculos vel amitas sic venirent, tamquam si pater aut mater vivi fuissent.“* Zitiert nach Erler, HRG Bd. I, Sp. 908 (909).

636 Mittermaier, Privatrecht, § 386 (S. 377); Erler, HRG Bd. I, Sp. 908 (909); Kaufmann, E., HRG Bd. I, Sp. 959 (960).

637 Planck, Der Bericht Widukinds, S. 155f.

638 *„Vicit igitur pars, qui filios filiorum computabant inter filios, et firmatum est, ut aequaliter cum patruis hereditatem dividerent.“* Zitiert nach Erler, HRG Bd. I, Sp. 908 (909). Ob die vorver-

beschränkte sich aber auf die Sohnessöhne, über ein Repräsentationsrecht der Töchterkinder, wenn im 10. Jahrhundert ein solches überhaupt in Erwägung gezogen wurde, wurde auf dem Reichstag keine Entscheidung getroffen.
Der Sachsenspiegel kennt ein Repräsentationsrecht ebenfalls nur mit den Einschränkungen, wie sie aus der Entscheidung des Reichstages zu Stela bekannt sind. Ldr. I Art. 5 § 1 lautet:

Nimt de sone wif bi des vaders live de eme evenburdich is, unde wint sone bi ire unde stirft he dar na er sineme vadere umbedelt von dem erve, sine sone[639] *nemet dele in ires eldervader erve, gelike irme veddern in ires vaders stat. Alle nemet se aver enes mannes deil. Disses ne mach den dochter kinderen nicht geschin, dat se gelike dele nemen der dochter in des eldervader oder in der eldermuder erve.*[640]

Ein Repräsentationsrecht wird nach Landrecht nur den Söhnen von ungesonderten Söhnen zugestanden[641], ein entsprechendes Recht der Tochterkinder oder auch nur der Tochtersöhne am großelterlichen Erbe wird hingegen ausdrücklich ausgeschlossen.
Obwohl das Repräsentationsrecht der Kindeskinder sich bald allgemein durchsetzen konnte, fand es in einigen Gebieten erst vergleichsweise spät Anerkennung. So wurde erst 1336 durch Markgraf Ludwig von Brandenburg eine in dem ca. 50 km nordöstlich von Magdeburg gelegenem Jerichow geltende Landesgewohnheit, nach welcher die Nachkommenschaft durch noch lebende Onkel und Tanten von ihrem großväterlichen Erbe ausgeschlossen wurde, aufgehoben, da sie mit dem „*iure imperiali et privilegio Saxinoco*" nicht vereinbar sei.[642]

---

storbenen Söhne von ihrem Vater ungesondert sein müssen oder nicht, wird nicht ausgesprochen. Es ist aber anzunehmen, daß der vorverstorbene Sohn nicht abgesondert sein darf, will der Enkelsohn seine erbrechtliche Stellung einnehmen. Der mit der Absonderung einhergehende Verlust des Erbrechts am väterlichen Nachlaß betrifft nicht nur den abgesonderten Sohn, sondern auch dessen Nachkommen, da anderenfalls der Stamm des gesonderten vorverstorbenen Sohnes gegenüber den ungesonderten Söhnen bevorzugt werden würde.

639 In einigen Handschriften steht hier statt „*sone*" „*kindere*". Vgl. Homeyer, Sachsenspiegel, Art. 5 § 1 Fn. h. Ob mit dieser Formulierung eine Ausweitung des Repräsentationsrechts auf Sohnestöchter ausgesprochen werden sollte, ist allerdings zweifelhaft. In den 25 von Homeyer benutzten Sachsenspiegelausgaben ersetzen nur 7 „*sone*" durch „*kindere*". Von diesen sieben Handschriften bestimmen weiterhin vier zu Beginn: „*Nimt de son wif... unde wint sone bi ire*". Vgl. Homeyer, Sachsenspiegel, Art. 5 § 1 Fn. b. Auch in diesen Handschriften steht daher ein Repräsentationsrecht nur den Sohnessöhnen zu. Weiterhin spricht die erbrechtliche Bevorzugung des Sohnes gegenüber der Tochter gegen die Gleichstellung der Enkelin mit einem Sohn, auch wenn es sich um die Tochter eines Sohnes handelt.

640 Zitiert nach: Homeyer, Sachsenspiegel, Art. 5 § 1.

641 Die Äußerung von Schanz, S. 117f, nach welcher der Sachsenspiegel den Kindern vorverstorbener Söhne ein Repräsentationsrecht zugesteht und zwar unabhängig davon, ob letztere von ihren Eltern gesondert waren oder nicht, ist angesichts des Wortlautes von Ldr. I Art. 5 § 1 nicht erklärlich. Vgl. auch Sydow, Erbrecht, S. 77f.

642 Vgl. Riedel, Cod. Dipl. Brand. Bd. II/2, Nr. 722.

b) Repräsentationsrecht der Kindeskinder nach Magdeburger Recht bei Konkurrenz zu Erblasserkindern

In den Quellen des Magdeburger Rechts aus dem 13. Jahrhundert, insbesondere in den Rechtsmitteilungen des Magdeburger Schöffenstuhls, finden sich keine Hinweise auf ein Repräsentationsrecht der Kindeskinder. Das Erbrecht eines Kindeskindes neben den übrigen Erblasserkindern wird vielmehr erstmals in der 2. Hälfte des 14. Jahrhunderts nachweisbar in Schöffensprüchen behandelt.[643] In einem Privileg König Johanns von Böhmen für Breslau aus dem Jahre 1339 wird das geltende Magdeburgische Recht zu dieser Frage mit den Worten umschrieben: „.. *quod pueri puerorum mortuis parentibus ab Avis et Avabus nullam sumpserunt devolucionies porcionem..*"[644]. In Kap. CLXIV des Glogauer Rechtsbuches wird die Aussage des Privilegs über das Repräsentationsrecht nach Magdeburger Weichbild noch einmal wiederholt.[645] Dort wird das Erbrecht der Kinder eines ungesonderten Sohnes neben einem Erblassersohn als *„noch gnadin der bresslawer"* bezeichnet, und im Gegensatz dazu *„ader es ist nicht noch meydeburgischim rechte"*. Kap. CLXV des Rechtsbuches erläutert weitergehend:

„Item noch meydeburgissim rechte haben tochter kinder nicht recht in des eldern vatir vnde elder muter gute vnde ouch sons kinder wenne erbe stirbit an dy nestin."

Dies alles spricht dafür, daß das ältere Magdeburger Recht ein Repräsentationsrecht der Kindeskinder nicht anerkannt hat.[646] Dies galt auch - anders als im Sachsenspiegel - für die ungesonderten Sohnessöhne.

Das Prinzip der konsequenten Ablehnung eines jeglichen Repräsentationsrechts für Kindeskinder ist dann etwa ab der Mitte/Ende des 14. Jahrhunderts durchbrochen worden. Aus dieser Zeit finden sich die ersten Hinweise darauf, daß ein Repräsen-

---

[643] Glog. Rb. Kap. DCXXXIX u. DCXL; Mgdb. Spruch um 1383 bei: Ebel, Mgdb. Recht Bd.II/1, Nr. 286 (S. 179f).

[644] Zitiert nach: Gaupp, Schlesisches Landrecht, S. 94.

[645] In den Kap. CLXIV bis CLXVI des Glogauer Rechtsbuches wurden die erbrechtlichen Bestimmungen des Privilegs König Johanns eingearbeitet. Infolgedessen wurde das Magdeburger Recht, wie es zur Zeit der Abfassung des Privilegs 1339 und nicht wie es zur Zeit der Abfassung des Rechtsbuches bekannt war, wiedergegeben. Dieser Umstand erklärt den Widerspruch in welchen die genannten Kapitel mit den inhaltlich abweichenden Kap. DCXXXIX und DCXL stehen. Letztere geben das Magdeburger Recht aus dem Ende des 14. Jahrhunderts wieder. Insoweit ist die Kritik von Stobbe, Beiträge, S. 36 (S. 46) und Schanz, S. 87, welche dem Glogauer Rechtsbuch an oben genannter Stelle Unzuverlässigkeit vorwerfen, in dieser Form nicht zutreffend.

[646] Gaupp, Schlesisches Landrecht, S. 96f; Schanz, S. 87. Noch in den Goslarer Statuten aus dem 14. Jahrhundert finden sich keine Spuren eines Repräsentationsrechts. Ein Nachklang dieser restriktiven Handhabung des Repräsentationsrecht könnte man arg. e contraria aus den Sippzahlregeln, Tit. VI, § 2 herauslesen. Dort wird eine Rechtsansicht, vermutlich Magdeburgisches Recht, welche den ungesonderten Sohneskindern kein Erbrecht neben ihren Vaterbrüdern zubilligt, als unrichtig bezeichnet.

tationsrecht der Kinder nun nicht mehr pauschal abgelehnt wurde, sondern danach differenziert wurde, ob es sich um Sohnes- oder Tochterkinder handelte.[647]

aa) Repräsentationsrecht der Sohneskinder

So bestimmten die Magdeburger Schöffen im 15. Jahrhundert bezüglich des Erbrechts von Kindern eines ungesonderten Sohnes bei Konkurrenz zu noch lebenden Erblasserkindern:

„...*Hiruff spreche wir scheppin zcu magdeburg eyn recht noch demmale ewir man*[648] *unbegabit und unbestat yn seynes vater gewere irstorben ist zo sullen ewir kinder an eres vatir erbeteil an eres eldervatir gute nemen von rechtis wegen vorsegeilt mit unserm Sigil.*"[649]

Der Einwand der beklagten Brüder, ihr Bruder sei vor dem Tod des gemeinsamen Vaters verstorben und dessen Kinder könnten deswegen nicht am Erbe partizipieren, wurde von den Schöffen nicht beachtet.
Auch die Leipziger Schöffen erkannten ein Repräsentationsrecht der ungesonderten Sohneskinder an:

„*Ist der son uszwendig seyns vatern gutern vnabgesundert vnd vnbestat vorscheydenn ehir syn vater vorstorben ist vnd hat der son furder kindt gelassen daz ist noch syns eldern vatern tode gleich nahe an sins vatern stat mit sins vatern brudern des elderen vatter gelassen erbe tzu nehmen.*"[650]

Folgerichtig wurde ein Repräsentationsrecht der Kinder gesonderter Söhne abgelehnt:

„*H. sp. w. sch. z. M. e. r.: Kan uwer frauwe das erwisen selbdritte fromer lute, fulkomen an oren rechte, dy man von geczuge nicht vorlegen mag, das ore vater synen sonen mid sotanen gesitzen von sich gesaczt had, und haben dy sone eyn iczlich darynne syne sunderliche kost gehad, so mogen syney sones kindere keynen teyl nemen an ores eldervather guthe in orer vater stad. Sunder wes juwes wybes vater an gute gelaszen had, das zcu erbe gehort, das had her geer-*

[647] In der Überschrift des Meißener Rechtsbuch, L. I, c. XVI heißt es: „*Nu sullen wir lernen... Wy sons unde tochterkint erbe nemen*". Leider wird in dem folgendem Kapitel das Erbrecht von Kindeskindern gar nicht angesprochen, so daß das Meißener Rechtsbuch zu dieser Frage auch keine umfassende Auskunft gibt.

[648] Geklagt hatte die Witwe des vorverstorbenen Sohnes gegen die Brüder ihres Mannes in Vormundschaft für ihre Kinder.

[649] Wasserschleben, Rechtsquellen Bd. I, IV, Kap. XXX (S. 164). Vgl. auch Mgdb. Spruch von 1468 bei: Neumann, Mgdb. Weisthümer, Nr. XXXVII (S. 93). Ebenso der Magdeburger Schöffenspruch von ca. 1389 im Posener Rechtsbuch, III, c. 2 (gedruckt bei: Goerlitz, Mgdb. Sprüche für Posen, I Nr. 7).

[650] Lpz. Spruch (15. Jahrhundert) bei: Wasserschleben, Successionsordnung, S. 166 Abs. 9.

bed uff syne tochter, uwir frauwe, mid besseren rechten, wen synes sones kindere sie daran gehindern mogin. V. r. w. V. m. u. i."[651]

Maßgebliches Kriterium für die Schöffen war, daß die vorverstorbenen Söhne vom Erblasser abgesondert waren und sich die durch die Ausstattung erfolgende Erbabfindung auch auf die Nachkommenschaft der Söhne erstreckte.
In der Pößnecker Spruchsammlung I Nr. 76 legen die Leipziger Schöffen - ebenso wie die Magdeburger in der zitierten Entscheidung - dabei den Erblasserkindern die Pflicht auf, zu beweisen, daß ihr vorverstorbener Bruder vom väterlichen Erbe abgeteilt war und deshalb dessen Sohn nicht von ihnen Erbteilung fordern kann.

Untersucht man die Sprüche der nach Magdeburger Recht sprechenden Schöffenstühle ab dem 15. Jahrhundert, fällt auf, daß das Geschlecht des Kindeskindes, welches ein Erbrecht für sich in Anspruch nimmt, nicht relevant ist. Häufig ist den Quellen noch nicht einmal zu entnehmen, ob es sich bei dem Enkelkind um einen Sohnessohn oder um eine Sohnestochter handelt. So konnte in dem gesamten ausgewerteten Quellenmaterial weder ein Schöffenspruch noch eine sonstige Aussage gefunden werden, welche sich allein auf den Sohn eines ungesonderten Sohnes bezieht. Zwar kann man bei einem Magdeburger Schöffenspruch aus dem Jahre 1468[652] aus der Anfrage erschließen, daß es sich bei der Erbprätendentin um die Tochter eines ungesonderten Sohnes handelt, die Entscheidung der Schöffen hingegen erwähnt das Geschlecht des Sohneskindes nicht, sondern stellt ganz auf die fehlende Absonderung ab und bejaht daher die Teilhabe der Sohnestochter.

Das Magdeburger Recht gab daher nicht nur seine völlige Ablehnung eines Repräsentationsrechts der Sohneskinder auf, sondern ließ nun alle Kinder eines ungesonderten Sohnes bei Tod des Großvaters an die Stelle ihres Vaters treten.
Im Meißener Rechtsbuch L. I, c. VI, Dist. 3 heißt es folglich:

„Sterbet der son unde led kinder, er he abgesundert wert von sinen vater, dy kinder nemen erbeteyl an ores eldervater gute mit enander...".[653]

Mit dieser Auffassung ging das Magdeburger Recht über die Bestimmung von Ldr. I Art 5 § 1 hinaus, der ein Repräsentationsrecht nur für die Söhne ungesonderter Söhne kannte. Mit der Ausweitung des Repräsentationsrechtes auch auf Töchter ungesonderter Söhne entspricht das Magdeburger Recht in diesem Punkt seinem Grundsatz, nach dem ein erbrechtlicher Vorzug des männlichen Geschlechts in der Nachkommenschaft nicht stattfand.

---

[651] Mgdb. Spruch bei: Friese/Liesegang, III B Nr. 118 (S. 578). Vgl. auch die Sprüche bei: Kisch, Spruchsammlung, Nr. 725 und bei: Wasserschleben, Successionsordnung, S. 165 Abs. 9.
[652] Mgdb. Spruch von 1468 bei: Neumann, Mgdb. Weisthümer, Nr. XXXVII (S. 93).
[653] Vgl. Eisenacher Rechtsbuch, L. I, Art. 7.

bb) Repräsentationsrecht der Tochterkinder

Es stellt sich nun noch die Frage, inwieweit das Magdeburger Recht den Töchterkindern ein Repräsentationsrecht zugestanden hat. In diesem Zusammenhang überrascht es nicht, daß, entsprechend der Rechtslage bei den Sohneskindern, auch bei den Kindern einer Tochter, die Frage nach deren Geschlecht unerheblich war, sondern allenfalls das Problem relevant wird, ob die vorverstorbene Tochter ausgeradet war oder nicht.

Einigkeit bestand darüber, daß die Kinder einer gesonderten Tochter nicht mittels eines Repräsentationsrechts an Stelle ihrer Mutter am großelterlichen Nachlaß teilhaben konnten.

So lautet ein in der Leipziger Spruchsammlung, Nr. 50 überlieferter Schöffenspruch.[654]

„Spricht Leiptzk: Seintmal das euer vater seiner tochter, do sie sich zu der eh verlobt hat, VI schock zu narung geben, so hat er damit bestatet; und also sie eher dan ir vater verschieden ist, so haben ire kinder keinen teil an ires großenvaters [gutern] an irer muter stat. Von rechtes wegen. Versigilt."

Nach einem Leipziger Spruch aus der Mitte des 15. Jahrhunderts aus der Pößnecker Spruchsammlung, I Nr. 1 war es Aufgabe der Erblasserkinder zu beweisen, daß ihre vorverstorbene Schwester zu Lebzeiten des Erblassers von ihm bestattet und ausgeradet war, anderenfalls mußten sie das Erbe mit den Tochterkindern teilen. Die Beweislast für die Ausstattung des vorverstorbenen Erblasserkindes lag demnach regelmäßig bei den noch lebenden Erblasserkindern, welche die Kinder des vorverstorbenen Erblasserkindes am Erbe nicht teilhaben lassen wollten.

Umstritten war hingegen, ob den Kinder einer nicht gesonderten Tochter ein Repräsentationsrecht zuzubilligen war.

Die Leipziger Schöffen entschieden in solchen Fällen regelmäßig zugunsten des Tochterkindes und ließen es am Erbfall teilhaben:

„Die vorstorbene frauwe hat ir gut nehir vf die sone geerbet dan vf irer tochter kinder Es were den dz die tochter nicht uszgeradt wer vnd auch nicht genuge gehabt hette ann irem vetterlichen erbe. Lyptzk."[655]

---

[654] Vgl. auch die Sprüche bei: Kisch, Spruchsammlung Nr. 56 und Nr. 423; bei: Wasserschleben, Successionsordnung, S. 165 Abs. 4 und den Dresdener Spruch bei: Wasserschleben, Rechtsquellen Bd. I, IV, Kap. CLXXV (S. 322f). Ebenso Pößnecker Spruchsammlung, I Nr. 26 dort wird dem Sohn aber das Erbe nur dann zugesprochen, wenn er beweisen kann, daß seine Schwester vor der gemeinsamen Mutter, der Erblasserin, verstorben ist.

[655] Wasserschleben, Successionsordnung, S. 167 Abs. 6. Vgl. auch Lpz. Spruch bei: Kisch, Spruchsammlung, Nr. 41; Simm, Schöffensprüche II, Nr. 7 (S. 121) und Pößnecker Spruchsammlung, I Nr. 86. Demzufolge spricht vieles dafür, daß in dem Lpz. Spruch bei: Kisch, Spruchsammlung, Nr. 34, wo einer Tochtertochter einen Anteil an dem großväterlichen Erbe neben ihren Onkeln eingeräumt wird, die vorverstorbene Tochter nicht abgesondert war. Hingegen be-

Die Leipziger Schöffen teilten das Erbe zwischen den ungesonderten Tochterkindern und den Erblasserkindern nicht nach Stämmen, sondern, wie bei der Konkurrenz gleichberechtigter Erben, nach Köpfen[656], obwohl Ldr. I Art. 5 § 1 und die Magdeburger und Leipziger Spruchpraxis zu dem Repräsentationsrecht der Sohneskinder allen Sohneskindern nur den Erbteil ihres vorverstorbenen Vaters zusprachen.

Im Gegensatz dazu lehnt der Magdeburger Schöffenstuhl eine Beteiligung der Tochterkinder am großelterlichen Erbe, auch wenn die Mutter ungesondert war, ab.[657] In Kap. DCXXXIX des Glogauer Rechtsbuches wird eine Anfrage an den Magdeburger Schöffenstuhl wiedergegeben, in welcher der Sohn einer ungesonderten Tochter Anspruch auf den Erbteil seiner Mutter am großväterlichen Nachlaß neben einem Bruder seiner Mutter begehrt. In der in Kap. DCXL enthaltenen Antwort entscheiden die Schöffen:

„Item. Hyr off sprechen wir scheppen czu maydeburgk eyn recht, nach dem mal dy fraw nach yres vater tode nicht gelebit hat So habin yre kinder kein recht an daz eldervater gut mer wenne dy andern die geledes neher dem vater sint gesippet seyn sullen daz gut vnde erbe vnfellig behalden...“

Auffallend ist, daß die Schöffen mit keinem Wort auf die nicht erfolgte Absonderung der Vorverstorbenen eingehen, sondern ihre Entscheidung ausschließlich damit begründen, die Mutter habe den Erbfall selber nicht erlebt und ihr Kind sei ferner gesippt als der Sohn des Erblassers.
Folglich war nach der Rechtspraxis der Magdeburger Schöffen bei der Ablehnung des Repräsentationsrechts der Tochterkinder die Frage nach der Absonderung der Tochter irrelevant. Entsprechend beschränkten sich die Magdeburger Schöffen in einer Vielzahl ihrer Sprüche mit der Feststellung, Tochterkinder könnten nicht gemeinsam mit noch lebenden Kindern des Erblassers das Erbe teilen.[658]

---

ruht die Teilnahme des Tochterkindes, und nach ihrem Tode die ihrer Erben, am großmütterlichen Nachlaß in dem bei Kisch, Spruchsammlung, Nr. 423 abgedrucktem Spruch nicht auf einem Repräsentationsrecht. Dort hatte die Mutter des Enkelkindes den Erbfall noch erlebt und daher selber ihren Erbteil am Nachlaß auf ihr Kind vererbt.

656 Lpz. Sprüche bei: Simm, Schöffensprüche II, Nr. 7 (S. 121) und Pößnecker Spruchsammlung, I Nr. 86.

657 Friese in Friese/Liesegang, S. 778 betont, das Mageburger Recht habe anfänglich das Repräsentationsrecht nur den Sohneskindern, nicht aber auch den Tochterkindern zugestanden. Die in diesem Satz unausgesprochene Ansicht, Tochterkinder hätten dann später nach Magdeburger Recht im Wege eines Repräsentationsrechts sukzdieren können, wird im weiteren Text weder aufgegriffen noch belegt.

658 Vgl. die Magdeburger Sprüche aus dem 15. Jahrhundert bei: Friese/Liesegang, II Nr. 49 und III B Nr. 62 und bei Ebel, Mgdb. Recht Bd. II/1, Nr. 367 (=Nr. 468). Ebenso der Spruch der Dohnaer Schöffen bei: Wasserschleben, Successionsordnung, S. 167 Abs. 3 und der Spruch bei Wasserschleben, Rechtsquellen Bd. I, II, Kap. CLXXXVIII (S. 102). Ebenso Posener Rechtsbuch, IV, c. 197 (gedruckt bei: Goerlitz, Mgdb. Sprüche für Posen, II Nr. 38).

Ein bemerkenswerter Kommentar zu dieser Rechtsauffassung der Schöffen findet sich in Poelmann'sche Distinktionen, L. I, art. VIII, Dist. 17. Dort heißt es, nachdem der Text von Ldr. I Art. 5 § 1 zitiert wurde:

„Nach dem so wären alle Töchter erblos Sage das was bey den alten Rechten unnd sei nun abgelegt Aber die von Magdeburg schreiben schlechts das es der Tochter Kind nicht geschehen mag dz es Erbtheilung nemen in des Eltervatter Gutte an der Mutter stad gleich des Sones Kinde: Magd"

Auch hier zeigt sich der Streit über die Ausweitung des Repräsentationsrechts auf Tochterkinder, wie er sich in der unterschiedlichen Spruchpraxis der Leipziger und der Magdeburger Schöffen wiederspiegelt. Inwieweit jedoch das zum Teil anerkannte Repräsentationsrecht für Tochterkinder bereits auf den Einfluß des gelehrten Rechts zurückzuführen ist, oder ob es sich noch um eine eigenständige Fortbildung des heimischen Rechts handelt, muß hier unentschieden bleiben.

In diesem Zusammenhang ist wohl auch Magdeburger Fragen, L. I, c. VII, Dist. 13 einzuordnen.[659] Die Distinktion behandelt allerdings nicht die Konkurrenz eines Kindeskindes mit Erblasserkindern, auch nicht jene mit Erblassergeschwistern, sondern ausschließlich das Zusammentreffen von Sohneskindern und Tochterkindern. Ihre Aussage bestätigt aber aus einem anderen Blickwinkel das bisher Festgestellte. Die Stelle lautet:

„Hiruff sprechen wir scheppin zcu Magdeburg recht: Hat der son eyn wip genomen by des vatirs leben unde stirbet ee sin vatir ungesundert von syme erbe, so nympt des selbin sones kint ires eldir vatir gut unde nicht der tochter kinder. Hat abir der eldir vatir synen son von ym geteilet und gesundert, so sint des sones <unde tochter> kinder gliche nohe zcu des eldir vatir gute adir erbe. Adir zcu der eldir muter erbe unde gut sint sy glich nahe."

Als gleichnah Verwandte erben Sohnes- und Tochterkinder grundsätzlich gemeinsam.[660] Nur, wenn ein Enkelkind kraft eines Repräsentationsrechtes an Stelle seines vorverstorbenen Elternteiles das Erbe nehmen kann, gelangt es auch vor den übrigen Enkelkindern zum Erbe. Magdeburger Fragen, L. I, c. VII, Dist. 13 beschränkt dabei, wie auch die obigen Quellen des Magdeburger Rechts, ein solches Repräsentationsrecht auf die Kinder ungesonderter Söhne.

Bemerkenswert ist weiterhin, daß in den bislang verwendeten Texten das Repräsentationsrecht nur im Zusammenhang mit dem Erbfall eines Großvaters, nicht auch mit dem einer Großmutter behandelt wurde. So ist der Schluß naheliegend,

---

[659] Vgl. auch Böhme, Dipl. Beytr. II.2, S. 144 Abs. 1 und Poelmann'sche Distinktionen, L. I, art. VIII, Dist. 16.

[660] Vgl. Kisch, Spruchsammlung, Nr. 419.

ein Repräsentationsrecht war nur dann anerkannt, wenn ein Mann verstarb und Kinder vorverstorbener Söhne hinterließ, hingegen nicht beim Tode einer Frau. In diesem Sinn könnte der letzte Satz der Magdeburger Fragen, L. I, c. VII, Dist. 13 verstanden werden, denn nach seinem Wortlaut beerben die Sohnes- und Tochterkinder die Großmutter immer zu gleichen Teilen, das heißt ein Repräsentationsrecht der Sohneskinder, aufgrund dessen sie vor den Tochterkindern erben können, ist nicht vorgesehen. Noch deutlicher ist der Schlußsatz der Poelmann'schen Distinktionen, L. I, art. VIII, Dist. 16:

„Aber zu der Eltermutter Gute sind Sones Kinder und Tochter Kinder gleich nahe ihr Gut zu nemen“

Gegen ein solches Prinzip spricht auch nicht ein bei Wasserschleben, Successionsordnung, S. 88, abgedruckter Spruch der Magdeburger Schöffen.[661] Nach ihm werden zwar den Kindern einer Tochter ein Erbrecht an dem Gut ihrer Großmutter eingeräumt, aber der Spruch behandelt die Konkurrenz von Tochterkindern mit Erblassergeschwistern, nicht jene mit Erblasserkindern. Und wie die weitere Untersuchung noch zeigen wird, weicht die Regelung des Repräsentationsprinzips in beiden Konstellationen erheblich von einander ab.
Demnach beschränkt sich das Repräsentationsrecht der ungesonderten Sohneskinder, wenn diese mit Erblasserkindern oder mit Tochterkindern konkurrieren, ausschließlich auf den Erbfall eines ihrer Großväter. Beim Tode einer Großmutter können auch die Kinder eines ungesonderten Sohnes nicht neben den noch lebenden Kindern der Erblasserin erben, vielmehr sukzedieren sie gemeinsam mit den übrigen Kindeskindern.[662]
Eine solche Spruchpraxis steht auch nicht im Gegensatz zu Ldr. I Art. 5 § 1. Auch dieser gesteht dem ungesonderten Sohnessohn ein Repräsentationsrecht nur am Nachlaß des Großvaters zu. Ein entsprechendes Recht der Sohneskinder beim Tode der Großmutter wird nicht erwähnt. Hingegen wird ausdrücklich klargestellt, daß die Tochterkinder weder am Nachlaß des Großvaters noch an dem der Großmutter neben überlebenden Kindern partizipieren können.

Ein Repräsentationsrecht der Kindeskinder am Nachlaß der Großmutter wird allerdings - wie die noch folgenden Beispiele zeigen werden - dann von den Schöffen thematisiert, wenn eine der Parteien sich auf eine örtliche Willkür oder auf das gemeine Kaiserrecht berief.

cc) Das Repräsentationsrecht in schlesischen Rechtsquellen

In dem bereits erwähnten Privileg König Johanns von Böhmen für Breslau von 1339 wird die Behandlung des Repräsentationsrechts durch die Magdeburger Schöf-

[661] Vgl. den Abdruck der Entscheidung auf S. 220.

[662] Vgl. aber die Schweidnitzer Willkür, nach welcher ein Repräsentationsrecht auch am großmütterlichen Nachlaß besteht, S. 195.

fen als „*erronium ius et deviam consetudinem*" bezeichnet.[663] Demzufolge bestimmte König Johann in dem Privileg: „*.. ut pueri puerorum vtriusque sexus mortuis parentibus equam et consimilem quantum parentes eorum contingere posset, ab Auis et Auabus diuoluciariam sumere debeant porcionem.*"[664]

Kap. CLXVI des Glogauer Rechtsbuches gibt die durch das Privileg geschaffene Rechtslage wieder, in dem es das Repräsentationsrecht der Tochterkinder als nach Gnaden der Breslauer bezeichnet.[665]

In einem bei Wasserschleben, Successionsordnung, S. 73f. abgedruckten Magdeburger Schöffenspruch für Breslau aus dem Jahre 1453[666] beriefen sich die Kinder der vorverstorbenen Tochter der Erblasserin auf „*Stat recht gnade vnd wilkor*" und wollten nun gemeinsam mit den Söhnen der Erblasserin zum Erbe kommen. Diese beriefen sich unter anderem darauf, die Enkelkinder seien ferner gesippt und deren Mutter habe den Erbfall nicht erlebt. Weiterhin sei ihre Mutter, die Erblasserin, keine Mitbürgerin gewesen und ihnen daher die Willkür und das Stadtrecht an ihrem Rechte unschädlich. Die Magdeburger Schöffen entschieden:

„*Ersamen besunders guten frunde Had de Stad zcu Breslaw ennige gnade ader wilkor dar vff en behoret vns In rechte nicht zcu derkennen Sunder wir Scheppen zcu Magdeburgk sprechen vff die sache vor recht, was frawe Anna Crigkynne erbes vnd gutes Is sy an standen eygen, liggenden grunden vnd an farnder habe, das zcu erbe horet vnd vorerben mochte, hinder sich gelassen hat, das had se allis gebracht vnd vorerbet vff hans vnd Erasmus ore sone vnd der selbte hans vnd Erasmus Crigk sint dar nehir vnd mit besserin rechten by zcu bliben wen daz se Barbara Ryntfleischynne vnd Nickel ryntfleisch orer swester kinder dar ane vorhinderen mogen, nach deme das der selbten Barbaren vnd Nickels muter vor frawen annen de or muter was gestorben ist vnd oren tod nicht erlebit had v. r. w. vorsigelt mit vnserem Ingesigel.*"

Die Entscheidung stimmt völlig mit der Spruchpraxis der Magdeburger Schöffen überein. Diese weigerten sich regelmäßig ihr Urteil auf besondere städtische Statuten oder Willküren zu stützen.[667] Sie orientierten sich alleine an dem von ihnen praktizierten Recht. Daher konnte der Hinweis von Barbara auf das für sie günstige Stadtrecht, hier das Privileg von 1339, nicht helfen. Nach Magdeburger Recht

---

[663] Vgl. Wasserschleben, Successionsordnung, S. 59; Stobbe, Beiträge, S. 36 (S. 47).

[664] Zitiert nach Gaupp, Schlesisches Landrecht, S. 95.

[665] Schanz, S. 87.

[666] Ebenfalls gedruckt bei: Ebel, Mgdb. Recht Bd. II/2, Nr. 539. Die Entscheidung wurde von den Schöffen kurze Zeit später noch einmal bestätigt. Vgl. Ebel, Mgdb. Recht Bd. II/2, Nr. 541.

[667] Vgl. dazu den bei Böhme, Dipl. Beytr. II.2, S. 147 Abs. 3 wiedergegebenen Schöffenspruch, in welchem betont wird, die Schöffen würden nicht nach Willküre, auch nicht nach solchen, die vom König bestätigt wurden, sprechen. Zu Beginn des 16. Jahrhunderts haben die Magdeburger Schöffen ihre anfangs strikte Haltung aufgegeben und berücksichtigten dann auch Willküre und städtische Gewohnheiten. Vgl. dazu den Mgdb. Spruch für Schweidnitz von 1502 in welchem die Schöffen betonen, eine Gewohnheit müsse um wirksam zu sein, dreißig Jahr und Jahr und Tag in Übung und vom König bestätigt worden sein (gedruckt bei: Goerlitz/Gantzer, Mgdb. Sprüche für Schweidnitz, II Nr. 84).

konnten Barbara und Nickel als Kinder einer Tochter der Erblasserin nicht gemeinsam mit deren Söhnen zum Erbe gelangen.

In der Sache identisch, wenn auch in dem Ausspruch abweichend, entschieden die Magdeburger Schöffen in einem Spruch für Schweidnitz aus der Zeit von 1387 bis 1389.[668] Der Erblasser, Hans Kloczil, hinterließ drei Töchter und einen Enkel, Hans Herdan, den Sohn einer vorverstorbenen Tochter. Der Enkel verlangte nun gleiche Teilung des Nachlasses, da *„...von gewilkortem rechte vnser stat, daz der stat vorbriefet ist von vnser frawen der herczoginnen, daz tochtirkinder gleichen teil sullen haben mit irre muterswester an irre muter stat, die genant ist in ires eldervaters guet gleich irre muter swester...“*.
Die zuvor um ein Urteil angegangenen Ratmänner der Stadt Schweidnitz haben zu Gunsten des Enkelkindes entschieden. Die Magdeburger Schöffen antworteten in ihrem Brief:

„Hiruff sprechen wir schepphen von Meideburg eyn recht. Waz Hannos Kloczil erbegutes gelazzen hat, do sunderliche briefe nicht obir geschriben sint[669]*, daz sal man halden noch der stat buch vnd noch der .. ratmannen entscheidung..“.*

In dieser Entscheidung lehnten die Magdeburger Schöffen ein Repräsentationsrecht des Tochterkindes als dem Magdeburger Recht entgegenstehend zwar nicht ausdrücklich ab, es kann aber kein Zweifel daran bestehen, daß Hans Herdan nur aufgrund der bestätigten städtischen Willkür gemeinsam mit den Schwestern seiner Mutter am großväterlichen Erbe partizipieren kann.

Noch 1525, also nach Einführung des Repräsentationsrechts als gemeines geschriebenes kaiserliches Recht durch § 37 des Abschieds des Reichstages von Freiburg 1498[670], betonen die Magdeburger Schöffen, ein Repräsentationsrecht der Kindeskinder widerspreche dem Sächsischen Recht und sei nur dann möglich, wenn es kraft besonderer Regelung eingeführt worden sei. So bestimmen die Schöffen in einem weiteren Spruch für Schweidnitz:

„... wes dan dyselbige frawe erbes vnd guttes gehapt..., dasselbige hot sy auch nach verordnunge Sechsicher vnd mit mehrerem rechten auf ire kinder, dy iren todt erlebt, alleine gebracht, gefelt vnd vorerbt, dan das mit denselbigen yren leiplichen kyndern kyndeskynder noch icztberurten

---

[668] Gedruckt bei: Goerlitz/Gantzer, Mgdb. Sprüche für Schweidnitz, II Nr. 28.

[669] Streitig war in erster Linie, wem 10 Mark Geldes, die in einem gesiegelten Stadtbrief verbrieft waren, gebühren sollten. Nach Auskunft der Magdeburger Schöffen fallen die verbrieften 10 Mark an die in dem Brief genannten Personen, das waren im konkreten Fall nur die überlebenden Töchter, nicht aber auch der Enkel.

[670] Die Bestimmung erklärt alle entgegenstehenden Gewohnheiten für unwirksam und nichtig. Das Repräsentationsrecht der Enkelkinder wurde im weiteren auf den Reichstagen von Augsburg 1500 (Art. XIX) und von Worms 1521 (§ 18) nochmals bestätigt, da es sich offensichtlich nur sehr schwer durchzusetzen vermochte.

Sechsischen rechten eynige teyle nehmen oder erfurdern mogen, es were dan, das dy inwohner der stat Schweydnitz, wye der itzige cleger antzeigt, mit einem ßunderlichen bestetigtem privilegio, wilkhur oder vorworter, vnuorruckter gewonheit in dysem falle gefreyhet, das kyndeskynt in dy stat seyner eldern beneben eins vatern- ader mutter- bruedern ader - schwestern gleichen erbteyl zu nehmen gelassen wurde; desselbigen genossen alßden dy kyndeskynder kegenwertigs fallis auf ir recht auch billich."[671]

Diese Rechtsauffassung wird in einem Spruch der Magdeburger Schöffen an Helmstedt aus der 2. Hälfte des 16. Jahrhundertes bestätigt. Die Erblasserin hatte zwei Kinder und Kinder einer vorverstorbenen Tochter, von welcher nicht mitgeteilt wurde, ob sie ungesondert war oder nicht, hinterlassen. Die Schöffen entschieden:

„ ... *so hat auch dieselbige verstorben mutter die angetzogene jerliche rocken pacht vff ihren sohnen vnnd tochter, nach sechsischen rechte, allein gebracht vnnd gefellet. Wo aber des orts die erbschaft nach gemeinem keiser recht gewontlich vorfellet vnnd genohmen, so wehren auch ewr als der verstorbenen tochter kinder, nach ordenung berurter keiserlichen rechte, zw obberurter pacht, mit dem gemelten sohne und tochter, als irer mutter bruder vnnd schwester gleich nahe. Von rechts wegen. Vorsiegelt mit vnserm insiegel.*"[672]

Stobbe, Beiträge, S. 36 (S. 47) erwähnt allerdings einen in dem Codex der Wallenrodtschen Bibliothek Hs. 1[673] enthaltenen Spruch der Magdeburger Schöffen, nach welchem die Kinder einer ungesonderten Tochter kraft des Repräsentationsrechtes gemeinsam mit den unmittelbaren Erblasserkindern erben würden. Die Entscheidung ist leider ungedruckt, so daß sich nicht überprüfen läßt, ob sie wirklich einen Spruch der Magdeburger oder, was der Inhalt nahelegt, einen Spruch der Leipziger Schöffen darstellt. Aber selbst wenn man die Magdeburger Herkunft des Spruches zugesteht, so würde es sich, angesichts des restlichen Quellenmaterials, um ein derart vereinzeltes Urteil handeln, daß es an der grundsätzlichen Behandlung des Repräsentationsrechts für Tochterkinder durch den Magdeburger Schöffenstuhl nichts ändern würde.

c) Ergebnis

Die Behandlung des Repräsentationsrecht nach Magdeburger Recht läßt sich demnach wie folgt zusammenfassen:

Die Kinder beiderlei Geschlechts eines ungesonderten Sohnes nahmen die Stelle ihres vorverstorbenen Vaters ein und sukzedierten gemeinsam mit den noch lebenden ungesonderten Erblasserkindern. Entsprechend konnten die Kinder eines abgesonderten Sohnes nicht zum Erbe gelangen. Waren die lebenden Kinder des Erblas-

[671] Goerlitz/Gantzer, Mgdb. Sprüche für Schweidnitz, II Nr. 110.

[672] Ebel, Mgdb. Recht Bd. I, I Nr. 5, Nr. 15 b (S. 127).

[673] Oppitz, Rechtsbücher Bd. II, Nr. 792.

sers bereits ausgeradet, so gingen ihnen die Kinder der ungesonderten Sohnes im Erbe vor, da diese die Stelle ihres noch ungesonderten Vaters einnahmen.[674]
Auch die Kinder einer gesonderten Tochter konnten in keinem Fall an dem großväterlichen Nachlaß partizipieren. Nach den Leipziger Schöffen scheiterte das Erbrecht an der Ausradung der verstorbenen Tochter, für die Magdeburger Schöffen genügte es schon, daß es sich um das Kind einer Tochter handelte, um den Anspruch zu versagen.
Hingegen war die Behandlung des Repräsentationsrecht der Kinder einer ungesonderten Tochter durch den Magdeburger Schöffenstuhl auf der einen und durch den Leipziger auf der anderen Seite unterschiedlich. Nach der Praxis der Magdeburger Schöffen wurde den Kindern der ungesonderten Tochter ein Repräsentationsrecht nicht zugestanden.[675] Im Gegensatz dazu entschieden die Leipziger Schöffen regelmäßig zugunsten der ungesonderten Tochterkinder und ließen sie mit den übrigen Erblasserkinder gemeinsam erben.
Hingegen ist ein Repräsentationsrecht in Bezug auf den Nachlaß der Großmutter weder von den Magdeburger noch von den Leipziger Schöffen praktiziert worden. Ein solches ist nur dann in Betracht gezogen worden, wenn der Erbfall auch in Hinblick auf städtische Willküre oder gemeines Kaiserrecht entschieden wurde.

II. Erben zweiter Ordnung - Die Eltern

Starb der Erblasser, ohne Kinder zu hinterlassen, wurde er von seinen Eltern beerbt. In zahlreichen Schöffensprüchen wird das bessere Erbrecht eines Elternteils, insbesondere jenes der Mutter, gegenüber weiteren Verwandten ausgesprochen. Nach den Biener'schen Erbrechtsregeln, Tit. IV, reg. 8 erbt die Mutter vor den Halbgeschwistern. Nach einer Entscheidung der Dresdener Schöffen[676] erbt sie weiterhin vor den verwandtschaftlich nicht näher bezeichneten übrigen Angehörigen des Erblassers und nach einer bei Kisch in der Leipziger Spruchsammlung unter Nr. 53 mitgeteilten Entscheidung vor dem Bruder des Vaters. Aus dem Ende des 14. Jahrhunderts ist ein Spruch des Magdeburger Schöffenstuhls für Eisleben erhalten, in welchem der Mutter das Erbe ausdrücklich vor den Söhnen des Vaterbruders zugesprochen wird.[677]

1. Die erbrechtliche Konkurrenz der Eltern untereinander - Zugleich eine Auseinandersetzung mit Tirschler

Weniger eindeutig ist die Frage nach der erbrechtliche Konkurrenz beider Elternteile, also Vater und Mutter im Verhältnis zueinander, zu entscheiden. Berücksichtigt man, daß die Kinder des Erblassers nach Magdeburger Recht unabhängig von ihrem Geschlecht zu gleichen Teilen erben, ist es naheliegend anzunehmen, auch

---

[674] Friese in Friese/Liesegang, S. 716.
[675] Schanz, S. 86.
[676] Wasserschleben, Rechtsquellen Bd. I, IV, Kap. CLXXXV (S. 334f).
[677] Ebel, Mgdb. Recht Bd. I, VI Nr. 4 (S. 274).

Vater und Mutter des Erblassers beerbten ebenfalls gemeinsam zu gleichen Teilen ihr verstorbenes Kind.
Dies wird namentlich von Schanz[678] vertreten, der sich für diese Auffassung auf Titel III, art. 1, der Biener'schen Erbrechtsregeln stützt. Titel III der Regeln wird mit den Worten überschrieben:
„Hir ervolget sich die sibbeczal noch clerlicher mit yren exemplen noch meyde:frogenn".
Art. 1 des Titels lautet:

„Stirbt ein mahn vnd lest gut vnd erbe vnvorgeben das erbet her uff seyne kinder ob sie ym ebenbortig sein, vnd stirbet der kindere eins, sein teil fellet uff den vater vnnd mutter"

Auch Tit. II, art. 2 und Tit. IV, reg. 6 der genannten Erbrechtsregeln, welche bestimmen, daß Vater und Mutter das Erbe vor Bruder und Schwester des Erblassers nehmen, deuten darauf hin, daß der Vater nach Magdeburgischem Recht, anders als nach Ldr. I Art. 17 § 1, im Erbgang nicht der Mutter vorgezogen wurde.

Trotz dieser Argumente, die für eine erbrechtliche Gleichstellung von Vater und Mutter sprechen, hat nach Magdeburger Recht, ebenso wie nach dem Sachsenspiegel, der Vater die Kinder vor der Mutter beerbt, und nur, wenn der Vater bereits verstorben war, ging das Erbe an die Mutter.
Für diese Auffassung ist die Biener'sche Erbrechtsregel in Tit. III, art. 2, welche unter Hinweis auf Ldr. I Art. 17 der Mutter nur dann das Erbe der Kinder zuspricht, wenn der Vater nicht mehr lebt, nicht so entscheidend.[679] Denn wenn auch art. 2, ebenso wie der zitierte art. 1, nach der Überschrift des III. Titels Magdeburgisches Recht wiedergeben soll, so könnte die Aufnahme des Artikels hier doch in erster Linie der Darstellung eines vermeintlichen Unterschiedes von Magdeburger Weichbild und Landrecht gedient haben. Zudem ist die Aussagekraft der Erbrechtsregeln, was die Authentizität der dort als Magdeburger Recht bezeichneten Rechtsregeln angeht, zurückhaltend einzuschätzen.
Die maßgeblichen Bedenken ergeben sich vielmehr bei Berücksichtigung weiterer Quellen. So bestimmt das auf 1363 zu datierende c. 247 des USR bezüglich des Erbrechts der Eltern folgendes:

„Stirbet eyn man und lesit gut und erbe unde lesit ouch vater unde muter <blibende> noch syme tode: Dez toten mannis gut und erbe vellit an den vater, unde dy muter kan dorczu nicht komen. Von rechtis wegene."[680]

---

[678] Schanz, S. 87 Fn. 226. Ebenso Stobbe, Beiträge, S. 36 (S. 49 u. S. 55). Die von Stobbe angeführten Belegstellen beweisen aber allenfalls, daß die Kinder auch von ihrer Mutter beerbt wurden, nicht aber, daß beide Elternteile gemeinsam sukzedieren.
[679] Entsprechendes gilt auch für Poelmann'sche Distinktionen, L. I, art. VIII, Dist. 2.
[680] Ebel, Mgdb. Recht Bd. II/1, Nr. 103. Dieser Spruch findet sich fast wortgleich in dem Böhmer'schen Kodex bei Böhme, Dipl. Beytr. Bd. II.1, S. 60 Abs. 4.

Hier wird zweifelsfrei ein Vorrang des Vaters vor der Mutter ausgesprochen und die Formulierung des Spruches, welche deutlich von der korrespondierenden Sachsenspiegelstelle abweicht, belegt, daß es sich nicht um ein Zitat von Ldr. I Art. 17 §1 zwecks Darstellung des Landrechts handelt, sondern um die Wiedergabe Magdeburger Rechtsgrundsätze.
Auch nach einem Spruch an Görlitz aus dem Jahre 1469 betonen die Magdeburger Schöffen, wenn auch im Rahmen eines obiter dictums, die Mutter könne ihr Kind erst dann beerben, wenn der Vater nicht mehr lebt.[681] In dem Erbstreit hatte die Großmutter das Erbe für sich beansprucht, da sie im rechten „Busen" stehe, hingegen die anderen Erbprätendenten, Geschwister des Erblasservaters, nur Seitenverwandte seien. Darauf entgegnen die Schöffen:

„.. unde de groſse mutter mag des erbgutes von orer vorgebunge alleyne nicht fordern noch nemen, nach dem daz der buſsen nach Sachsischem rechten nicht ferner geyt wen von dem vater ader van der mutter uff daz kint und wydder umme van dem kinde uff den vater ader uff der mutter, ap dar keyn vater ist..."

Im 16. Jahrhundert wurde, in erster Linie im Hinblick auf Ldr. I Art. 17 § 1, die Auffassung geäußert, Vater und Mutter beerben ihre Kinder gleichberechtigt, aber das Erbrecht der Mutter trete nicht in Erscheinung, da ihr Erbteil von ihrem Ehemann als ihrem Vormund genommen würde.[682] Dieser Ansatz könnte grundsätzlich auch die Magdeburger Rechtssätze erklären.
Eine solche „vormundschaftliche" Deutung der einzelnen Quellenzeugnisse kann aber nicht überzeugen. Ließe sich das elterliche Erbrecht nach Ldr. I Art. 17 § 1 vielleicht noch über die Vormundschaft des Ehemannes verstehen, so versagt diese Lösung bei dem ebenfalls in Ldr. I Art. 17 § 1 statuierten Vorzug des Sohnes vor der Tochter und des Bruders vor der Schwester. Denn weder sind die Söhne des Erblassers regelmäßig die Vormünder von dessen Töchtern, noch die Erblasserbrüder von den Erblasserschwestern. Daß nun aber Ldr. I Art. 17 § 1 den Vorzug der männlichen Verwandten bei den Kindern und Geschwistern des Erblassers bestimmt, hingegen trotz des eindeutigen Wortlautes nicht bei den Eltern, ist wenig wahrscheinlich.
Daher wird man Ldr. I Art. 17 § 1 und die Magdeburger Sprüche wörtlich so zu verstehen haben, daß der Vater die Kinder noch vor der Mutter allein beerbt hat.

Vor dem Hintergrund dieser Schöffensprüche stellt sich nun die Frage, welche Bedeutung den genannten Stellen der Biener'schen Erbrechtsregeln zuzumessen ist.

---

[681] Neumann, Mgdb. Weisthümer, Nr. XL (S. 108f). Gedruckt auch bei: Wasserschleben, Successionsordnung, S. 96f.

[682] Vgl. die zu den Vorarbeiten zu den Kursächsischen Konstitutionen in den Wittenberger Gutachten geäußerte Rechtsansicht bei: Kunkel, Quellen Bd. I Hb. 2, S. 383 Fn. 73 zu const. sax. pars III, art. XVII.

Da die Biener'schen Erbrechtsregeln eindeutig zu den Quellen gehören, in welchen bereits der Einfluß des gelehrten Rechts spürbar ist, liegt die Annahme nahe, die erbrechtliche Gleichstellung von Vater und Mutter, wie sie in Tit. III, art. 2 ausgesprochen wird, rühre aus einem an römischen Grundsätzen orientiertem Vorverständnis her. Denn nach c. 2 Nov. 118 erben beide Elternteile als Angehörige der zweiten Erbenklasse gemeinsam.
Allerdings sind die Indizien, welche für den Einfluß römischen Rechts auf Tit. I der Erbrechtsregeln sprechen[683], nicht pauschal auf die gesamten Erbrechtsregeln zu übertragen. So finden sich in Tit. II und III der Erbrechtsregeln Bestimmungen, die charakteristisch für das Magdeburger Recht sind.[684] Daher ist es naheliegend die Gründe für die unkorrekte Wiedergabe des elterlichen Erbrechts in Tit. III, art. 1 der Biener'schen Erbrechtsregeln nicht in der Übernahme römischen Rechts, sondern an anderer Stelle zu suchen.
Untersucht man die Aussage des Tit. III, art. 1 genauer, stellt man fest, daß sein Inhalt in sich widersprüchlich ist. Der Artikel behandelt eine Konstellation, in welcher zunächst der Vater verstirbt. Sein Erbe fällt auf die ebenbürtigen Kinder. Stirbt nun eines der Kinder, soll sein Teil(!), also der Anteil am väterlichen Erbe, auf Vater und Mutter fallen. Eine Anordnung, welche sich nicht verwirklichen läßt, da der Vater des Kindes bereits vorverstorben ist, denn sonst könnte das Kind seinen Teil am väterlichen Erbe im Wege des Erbganges noch gar nicht erhalten haben.[685]
Der ursprüngliche Sinn der Regel läßt sich jedoch bei einem Vergleich ähnlich lautender Entscheidungen und Sprüche nachzeichnen.
Dabei ist zu berücksichtigen, daß in einer der ältesten Quellen des Magdeburger Rechts das Erbe eines kinderlos verstorbenen Erblassers nicht zu gleichen Teilen auf die Verwandtschaft väterlicher und mütterlicher Seite fiel, sondern das Erbe vorrangig an die Verwandten der väterlichen Seite ging. So heißt es in § 21 der Hallisch-Neumarkter Rechtsmitteilung von 1235:

Si pueros vero non habuerit, proximus ex parte gladii bona ipsius possidebit.

Dabei kann es an dieser Stelle offen bleiben, ob der Vorzug der väterlichen Verwandtschaft eine typische Erscheinung des älteren Magdeburger Rechts darstellt, oder ob es sich nicht doch nur um eine Besonderheit der Hallischen Spruchpraxis handelt.[686] Denn auch in der erwähnten Rechtsmitteilung bestimmt § 27 bezüglich des Erbrechts der Mutter:

---

[683] Vgl. S. 157.

[684] Stobbe, Beiträge, S. 36 (S. 39) sieht in den Tit. II und III der Biener'schen Erbrechtsregeln gleichfalls Magdeburger Recht.

[685] Dieser Widerspruch findet sich bereits in den Poelmann'schen Distinktionen, L. I, art. VIII, Dist. 1, welche aller Wahrscheinlichkeit der Stelle in den Erbrechtsregeln zum Vorbild diente.

[686] Meißener Rechtsbuch, L. I, c. XVI, Dist. 1 bestimmt ebenfalls den erbrechtlichen Vorrang der väterlichen Linie, läßt aber auch die Mutter zuvor erben. Bezeichnend ist, daß Dist. 2 des Ka-

Item, si aliqui puerorum predictorum moriuntur, bona ipsius pueri, qui moritur, spectabunt ad gremium matris.

Die hier als *puerorum predictorum* Bezeichneten sind die Kinder, welche nach § 20 des Schöffenbriefes ihren Vater beerben. In § 27 der Rechtsmitteilung betonen die Schöffen nun, das Gut, welches ein Kind nach § 20 erbt, obwohl es der väterlichen Linie entstammt, falle beim Tode des Kindes nicht an die väterlichen Verwandten, sondern an seine Mutter.
Entsprechende Bestimmungen finden sich in zahlreichen weiteren Zeugnissen Magdeburger Rechts.[687] So entschieden die Dresdener Schöffen in einem Spruch aus dem 15. Jahrhundert die Streitfrage, ob ein Kind, welchem Gut von seinem Großvater väterlicherseits anerstorben war, dieses auf die Geschwister des vorverstorbenen Vaters oder auf seine Mutter erbt, dahingehend:

„... *Wir Burger und schepphin der stad dresden die gerechtigkeit der frauwin kinder yn seynes eldervatir guter irlebit und gehad had das kind noch synem tode mit merem rechte syner elichin muter in die schosz geerbit wenn sie ire wedersachin mit sulcher wedirrede also disze sache uszweiset gehindern mogin von rechtis wegin.*“[688]

Noch deutlicher wird die erbrechtliche Bevorzugung der Mutter vor den Geschwistern des Erblassers in Magdeburger Fragen, L. I, c. VII, Dist. 1 ausgesprochen.[689] Dort wird entgegen der Regelung in § 21 der Hallischen Rechtsmitteilung klargestellt, das ursprünglich väterliche Gut falle nicht wieder in die agnatische Linie zurück, sondern werde von der Mutter, die zu Lebzeiten grundsätzlich über die ererbte Fahrhabe frei verfügen kann, an ihre nächsten Angehörigen weitervererbt. Die Stelle lautet:

„*Hiruff sprechen wir scheppin zcu Magdeburg recht: Stirbet der kinder eyns adir alle, so erben sy ir gut allis vort uff dy muter. Stirbet dornoch dy muter, so erbit sy ir gut allis vort uff ere nehisten erbin, dy ir geboren sint, is sey von vater adir von muter. Ouch mag dy muter mit sulchen anirstorben gute an varnder habe thun unde lossen. Abir anirstorbin leginde grunt unde erbe unde eygen mag sy an ire nestin erbin gelob unde willen nicht vorgebin. Von rechtis wegen.*“

---

pitels diese Anordnung mit den Worten kommentiert: „*Dit zcweyget sich in deme wichbilde, also in den capitteln vor beschreben ist.*“

687 Vgl. § 48 des Magdeburg-Breslauer Rechts von 1261 (gedruckt bei: Laband, Magdeburger Rechtsquellen, S. 14f), SSR IV, 2, 29, sowie die Sprüche bei Kisch, Spruchsammlung, Nr. 57, 427, 692, und Nr. 704.

688 Wasserschleben, Rechtsquellen Bd. I, IV, Kap. CLXXXVI (S. 335).

689 Poelmann'sche Distinktionen, L. I, art. VIII, Dist. 7; Biener'sche Erbrechtsregeln, Tit. III, art. 8. Vgl. auch SSR IV, 2, 29; Alter Kulm, L. IV, art. LXXI; Pößnecker Spruchsammlung, I Nr. 16 und Posener Rechtsbuch, III, c. 25 (gedruckt bei Goerlitz, Mgdb. Sprüche für Posen, II Nr. 49). Friese in Friese/Liesegang, S. 778.

In diesem Zusammenhang ist wohl auch dann Tit. III, art. 1, der Biener'schen Erbrechtsregeln zu verstehen. Der Artikel will klarstellen, daß das Gut, welches ein Kind von seinem Vater erbt, nach seinem Tode an die Mutter fällt. Ob es sich bei der Formulierung *„uff den vater vnnd mutter"* um ein Redaktionsversehen oder um einen Schreibfehler handelt, läßt sich nicht klären. Mit Sicherheit läßt sich aber feststellen, daß die Stelle nicht ein gleichrangiges Erbrecht von Vater und Mutter behandelt.
Auch die bereits erwähnten c. II, art. 2, und c. IV, reg. 6, zielen nicht auf eine Gleichstellung der Eltern, sondern betonen nur, daß die Eltern, also Vater und Mutter, vor den Geschwistern erben, ohne dabei eine Aussage über die erbrechtliche Konkurrenz der Eltern untereinander treffen zu wollen.[690] Zweck dieser Artikel ist es wohl, den Unterschied des Magdeburger Rechts vom römischen Recht, nach c. 2 Nov. 118 sukzedierten ebenfalls Eltern und Geschwister gemeinsam, in diesem Punkt klarzustellen.

Einen anderen Lösungsansatz vertritt allerdings Tirschler in seiner Arbeit über die Breslauer Statuten von 1577/88. In den Statuten in der Fassung von 1588 werde in Art. 2 Abs. 2 betont, daß der erbrechtliche Vorzug des Vaters vor der Mutter nun aufgehoben sei. Die Stelle lautet in der hier vorerst interessierenden Passage:[691]

„... Wann aber das verstorbene Kind keine vollbürtige / sondern halbe Geschwister hinter sich vorlest / so soll den Eltern alßdann die Erbschafft eygenthümblich vorbleiben : Und wann des verstorbenen Kindes / Ehe leibliche Eltern / noch beyde am Leben / der Vater die Mutter an der Erbschafft nicht außschliessen / sondern dieselbige auff sie beyde / zu gleich theil stammen und fallen / der genieß aber in allewege des Mannes sei."

Trotzdem sei, so Tirschler, die Schlußfolgerung auf einen früher bestehenden erbrechtlichen Vorzug des Vaters unzulässig, vielmehr haben Vater und Mutter seit jeher ihre Kinder zu gleichen Teilen beerbt.[692] Der Grund für die Aufnahme des Artikels in die Statuten solle vielmehr eine Reaktion auf die im 16. Jahrhundert kontrovers diskutierte Frage über die Bedeutung des Ldr. I Art. 17 § 1 sein, nach dessen Wortlaut die Mutter ihre Kinder nur dann beerben kann, wenn der Kindesvater vorverstorben war. Dieser Streitpunkt kam auch im Rahmen der Vorarbeiten zu den Kursächsischen Konstitutionen auf dem Leipziger Konvent von 1571 zur

---

690 So sind wohl auch Meißener Rechtsbuch, L. I, c. VI, Dist. 2; Poelmann'sche Distinktionen, L.I, art. VII, Dist. 2 und Elbinger Rechtsbuch, L. I Art. 5 § 2 zu verstehen. Auch in Ldr. II Art. 20 wird dem Bruder und der Schwester ein gegenüber dem Halbbruder vorrangiges Erbrecht eingeräumt, ohne daß mit dieser Bestimmung Ldr. I Art. 17 § 1, nach welchem der Bruder vor der Schwester erbt, beeinträchtigt werden soll.

691 Nicht verständlich ist, warum Tirschler in diesem Punkt soviel Wert auf die Statuten in der Fassung von 1588 legt. Die Statuten von 1577 sind in diesem Artikel wortgleich.

692 Tirschler, Breslauer Statuten, S. 28f.

Sprache. Dort entschieden die Leipziger und Wittenberger Professoren, Ldr. I Art. 17 § 1 sei außer acht zu lassen und die Kinder sollen nunmehr von ihrem Vater und ihrer Mutter gemeinsam beerbt werden, wie es c. 2 Nov. 118 vorsehe. Dieser Kompromiß ist dann als const. sax. pars III, art. XVII in die Konstitutionen aufgenommen worden.[693] Vor dem Hintergrund dieser Diskussion und unter Verwendung von const. sax. pars III, art. XVII sei dann Art. 2 Abs. 2 der Breslauer Statuten formuliert worden. Folglich sei er als Beleg für eine ältere Rechtspraxis, nach welcher der Vater vor der Mutter erbe, nicht brauchbar.[694]

Bei seiner Argumentation geht Tirschler allerdings nicht darauf ein, daß der von ihm herangezogene Abschnitt des Art. 2 Abs. 2 nur die Konkurrenz von Eltern mit Halbgeschwistern des Erblassers behandelt. Nur wenn der Erblasser ohne vollbürtige Geschwister verstirbt, wird er von seinen Eltern zu gleichen Teilen beerbt. Aber auch in diesem Fall soll allein dem Vater unter Ausschluß der Mutter der Nießbrauch an der Erbschaft zustehen. Hinterläßt hingegen der Erblasser neben seinen Eltern auch vollbürtige Geschwister, so bestimmt Art. 2 Abs. 2 zu Beginn:

„... *so soll auf den fall / wann das verstorbene Kind vollbürtige Geschwister / eins oder mehr hat / der Vater oder die Mutter an solcher ihres Kindes heimgefallener Erbschafft / allein den Usus fructus zu ihren Lebtagen haben / das Eigenthumb aber / ausserhalb der Legitima ... des verstorbenen Kindes volbürtigem Geschwister zustehen...*"

Der hier ausgesprochene Vorrang der vollbürtigen Geschwister vor den Eltern und die Aufteilung der Erbschaft in Eigentum und Nießbrauch zeigen, daß die Breslauer Statuten des 16. Jahrhunderts sich bereits derart vom Boden des Magdeburger Rechts gelöst haben und soviel Eigentümliches enthalten, daß aus ihnen sichere Rückschlüsse auf den früheren Zustand nur noch schwerlich möglich sind. Allerdings kann die Bestimmung in Art. 2 Abs. 2 der Statuten von 1588, nach welcher der Vater den Nießbrauch an der Erbschaft allein erhält[695], auch als ein Hinweis auf eine erbrechtliche Bevorzugung des Vaters vor der Mutter verstanden werden, die sich in früheren Zeiten durchaus auch auf das Eigentum an der Erbschaft erstreckt haben mag.

Vielmehr haben die oben angeführten Quellen aus dem 14. und 15. Jahrhundert eindeutig belegt, daß dem Magdeburger Recht ein erbrechtlicher Vorzug des Vaters bekannt war und dieses Recht in Breslau auch zur Anwendung kam. Daher kann

[693] Vgl. Kunkel, Quellen Bd. I Hb. 2, S. 383 Fn. 73 zu const. sax. pars III, art. XVII.

[694] Tirschler, Breslauer Statuten, S. 28f.

[695] Dies wird wohl auch bei der Konkurrenz der Eltern mit Vollgeschwistern gelten. Die Eltern erhalten in diesem Fall zwar nur den usus fructus, doch die Formulierungen in Art. 2 Abs. 2 „..., *es sei Vater oder Mutter, inn die Schoß fiele, ... der Vater oder die Mutter*", schließen insoweit eine Simultansukzession beider Elternteile aus, denn anders ließe sich die Betonung von „Vater oder Mutter" nicht erklären.

man entgegen der Auffassung Tirschlers in Art. 2 Abs. 2 der Breslauer Statuten von 1588 allemal die statutarische Aufhebung der früher praktizierten erbrechtlichen Bevorzugung des Vaters vor der Mutter erblicken.

Im Ergebnis läßt sich daher Folgendes festhalten: Nach Magdeburger Recht beerbte der Vater, entsprechend der Regelung in Ldr. I Art. 17 § 1, die Kinder vor der Mutter.[696] Dieses Ergebnis wird nicht nur durch die oben mitgeteilten Sprüche der Magdeburger Schöffen gestützt, sondern ebenfalls durch den Mangel an eindeutigen Rechtsweisungen, nach welchen Vater und Mutter zu gleichen Teilen erben sollten. Hätte das Magdeburger Recht eine solche Gleichstellung gekannt, wäre sie mit Sicherheit in einen der zahlreichen Quellen Magdeburger Rechts aufgenommen worden.

2. Der Vorzug der Eltern vor den Geschwistern

Die Eltern bildeten nach den Kindern des Erblassers die nächste Verwandtenklasse und erbten dementsprechend vor den Geschwistern des Erblassers, unabhängig davon, ob es sich nun um dessen Voll- oder Halbgeschwister handelte.[697]
Dabei verblieb das Erbe auch dann allein bei der Mutter, wenn der Vater des Erblassers vorverstorben war. Es kam nicht zu einer Aufteilung des Erbes nach mütterlichem und väterlichem Stamm, so daß die Erblassergeschwister wenigstens den Erbteil ihres Vaters neben ihrer Mutter hätten erhalten können. Als nächste Verwandte erbte die Mutter allein.[698]

Mit diesem Ergebnis unvereinbar erscheint hingegen ein in der Leipziger Schöffenspruchsammlung gleich zweimal mitgeteilter Spruch, nach welchem der Halbbruder vor der Mutter und vor der Großmutter sukzedierte.[699]

„...Hierauf.... was der tode man Erbs vnnd guts gelassenn hat, das hat er mit merem Rechte auf seinen bruder von halber gepurt, wan auf sein muter oder Eldermuter pracht. V: R. W.“[700]

Allerdings läßt sich der Widerspruch lösen, wenn man zur Interpretation des Spruches dessen Überschriften aus der Leipziger Spruchsammlung heranzieht. So lautet die eine Überschrift:

---

[696] Auch Kap. LXXX des Glogauer Rechtsbuches beschränkt sich im wesentlichen auf die Wiedergabe des Ldr. I Art. 17 § 1.

[697] Nach Lübischen Recht hingegen erbten die Eltern erst nach den Voll-, aber noch vor den Halbgeschwistern. Vgl. Pauli, Abhandlungen Bd. III, S. 57.

[698] Vgl. Nachweise für das mütterliche Erbrecht S. 197 und Pößnecker Spruchsammlung, I Nr. 34; Mgdb. Spruch bei Ebel, Mgdb. Recht Bd. I, VI Nr. 8 (S. 277).

[699] Vgl. Stobbe, Beiträge, S. 36 (S. 49 Fn. 18).

[700] Ohne Überschrift gedruckt bei: Wasserschleben, Successionsordnung, S. 172 Abs. 2. Die Überschriften bei: Kisch, Spruchsammlung, Nr. 424 und 625.

Ap ein halber bruder von vater halb seins halben erstorben bruders erbe neher sei oder des erstorben muter muter, die sein eldermuter ist.“

Die zweite Überschrift spricht lapidar von:

„Von gut, darzu sich zeucht ein eldermuter und bruder von halber gepurt“

Entsprechend behandelt der Rechtsspruch die Konkurrenz eines Halbbruders nicht mit der Mutter des Erblassers, sondern mit der Großmutter. Im Text müßte es daher statt *„muter“* *„mutermuter“* lauten.[701]
Ein Vorrang des Halbbruders vor der Mutter ist dem Schöffenspruch demnach gerade nicht zu entnehmen.

Das Erbrecht der Eltern mußte allerdings in bestimmten Fällen hinter den Ansprüchen der Erblassergeschwister zurücktreten.
Hatte der Vater zum Beispiel alle seine Kinder mit einem Gute von sich abgesondert und verstarb später eines der Kinder, bestimmt Kap. CXXVIII des Glogauer Rechtsbuches:[702]

„Ap eyn man kindern gebe erblich gut ane vnderscheit czu thun vnde czu laszin vor gehegittem dinge vnde dor nach eyn kind abestorbe So sal daz kindes teyl erbin an seyne geswistern mit grosserm rechte wen an seynen vater wenne der vater hat das gut an dy kinder mit willen lasin komen ane vnderscheid...“.

Sind hingegen nicht alle, sondern nur ein Teil der Kinder abgesondert worden, so beerben die Eltern ein noch ungesondertes Kind vor den abgesonderten Geschwistern des Verstorbenen.
Meißener Rechtsbuch, L. I, c. XVIII, Dist. 1:

„Had eyn man kinder, der he eyn teyl had ussbestad, und sterbet daz kinth ane erben, der vater adder dy muter nemen daz erbe unde sin gud mit groserme rechte wan sine geswistere. Daz ist zcu lantrechte unde zcu wichbilde.“[703]

In den angeführten Entscheidungen war der maßgebliche Gesichtspunkt bei der Frage, wer den Erblasser beerbt, nicht, wie Stobbe vermutet, ein gebildetes Gesamteigentum der Geschwister an den Gütern[704], sondern der Umstand, daß die Kinder das Gut zuvor im Wege der Ausradung erhalten haben. Die Ausradung hat-

---

[701] Ob diese Ungenauigkeit auf einen Transskriptionsfehler Wasserschlebens beruht oder auf einer Nachläßigkeit des Schreibers, ist hier nicht zu entscheiden.
[702] Eine ähnliche Regelung findet sich auch in Tit. IV, reg. 3 der Biener`schen Erbrechtsregeln.
[703] Vgl. auch: Eisenacher Rechtsbuch, L. I, Art. 26 und Biener´scher Erbrechtsregeln, Tit. IV, reg. 3.
[704] So insbesondere zu Glogauer Rechtsbuch, c. CXXVIII Stobbe, Beiträge, S. 36 (S. 49 Fn. 18).

te hier nicht nur das Erlöschen des Erbrechts der Kinder am elterlichen Nachlaß zur Folge, auch die Eltern konnten ihre Kinder nun nicht mehr beerben.

Hatte der Vater hingegen das Gut auf seine Kinder vererbt und sind diese gemeinsam in dem väterlichem Erbe geblieben, ohne sich voneinander zu sondern, so fiel der Anteil eines nun versterbenden Kindes regelmäßig nicht an seine Geschwister, sondern an seine Mutter.[705]
In einem Spruch der Magdeburger Schöffen für Lüneburg aus dem frühen 15. Jahrhundert heißt es:[706]

„Vortmeer hebbe gy gefraget alsus: Der kinder, dy in den gudern bestoruen bleuen, der sterue nun eyns, vp wen stirfft des kindes deyl, entwer vp die muder eder vp dy vngedelten brüder adir swester, adir wat recht darvumme sy?
Hir vp spreke wir vorgnantin scheppin eyn recht: Is nu der kinder welk gestoruen, sin deyl erues, dat öme von synen vader bören möchte, hefft yt geeruet vp sine muder vnd nicht vp sine suster vnd broder. Von rechtis wegen."

Hingegen wird in den Poelmann'schen Distinktionen, L. I, art. VIII, Dist. 5[707] in Abweichung zur Magdeburger Spruchpraxis das Erbe den Geschwistern zugesprochen, wenn sie mit dem Erblasser in noch ungeteilter Erbengemeinschaft standen.

„Stirbet auch ein kind nach der Mutter Tode das der Vater helt in vormundschafft Es erbet sein theil dieweil sie ungesondert sein von der Mutter Gutte an sein geschwister das ist darumb das das Erbe aus den ebenbürtigen bosem nicht entgeht dieweil es ebenbürtig sie keiner da ist, sondern sich aber die kinder unnd stirbet denn ir einer nach der theilung so hat ihrer keins an dem Gute nicht sondern es nimmet der Vater oder Mutter vor den Bruder oder Schwester"

Die Argumentation mit dem Begriff *„ebenbürtigen bosem"*, wie sie sich in der angeführten Distinktion findet, hat sich offensichtlich völlig von der Bedeutung gelöst, in welcher der Begriff in Ldr. I Art. 3 § 3 oder in der Mehrzahl der Schöffensprüche verwendet wurde. Beschränkte sich der *„ebenbürtigen bosem"* ursprünglich nur auf das Verhältnis von Eltern zu Kindern und wurde erst später auch auf Enkelkinder ausgedehnt, so umschreibt er nun die ungeteilte Erbengemeinschaft der Kinder. Denn nur diese ungeteilte Erbengemeinschaft kann im Verhältnis zur Mutter noch im „Busen" stehen. Das heißt, das Erbe wird letztlich so behandelt, als rühre es nicht von einem der Kinder, sondern noch von der Mutter her.

---

[705] Vgl. Pößnecker Spruchsammlung, I Nr. 34. Dort bezeichnen die Leipziger Schöffen das bessere Erbrecht der Mutter als *„nach gemeynem rechte"* um es von einer in dem Spruch erwähnten städtischen Gewohnheit abzugrenzen, nach welcher der Bruder vor der Mutter das Erbe erhält. Vgl. auch Pößnecker Spruchammlung, I Nr. 75 und Nr. 83.

[706] Gedruckt bei: Ebel, Mgdb. Recht Bd. I, VI Nr. 8 (S. 277). Ebenso für einen nach Landrecht zu entscheidenden Fall der Spruch bei: Kisch, Spruchsammlung, Nr. 663.

[707] Auch bei Biener'sche Erbrechtsregeln, Tit. III, art. 5.

Umstritten war hingegen, ob der Vater, der seine Kinder testamentarisch zu Erben eingesetzt hatte, wirksam anordnen konnte, daß, falls nach Eintritt des Erbfalles ein Kind versterbe, dessen väterliches Erbteil nicht an die Mutter, sondern an seine Geschwister oder an andere Verwandte fallen solle.
In c. VIII, pars III der Kursächsischen Konstitutionen von 1572 wird der Streit mit einer Kompromißformel entschieden. Die Anordnung des Erblassers bleibt grundsätzlich wirksam, der Mutter steht jedoch in jedem Fall ein Drittel von der Erbschaft des Kindes als nicht entziehbarer Pflichtteil zu.

Eine besondere Ausbildung erfuhr das Erbrecht der Mutter im Zwickauer Stadtrecht. Dabei wurde dort von einem Erbrecht der Mutter nur dann gesprochen, wenn der Vater bereits vorverstorben ist. Dies deutet darauf hin, daß im Zwickauer Recht, ebenso wie im Magdeburger Weichbild, der Vater gegenüber der Mutter einen erbrechtlichen Vorrang genoß. Nach den Bestimmungen der Zwickauer Willkür von 1357/58[708] konnte die Mutter ihre Kinder nicht beerben, wenn sie sich wieder verheiratet hatte. Das Erbe eines Kindes fiel dann an seine Geschwister, wobei auch die Halbgeschwister der Mutter im Erbe vorgingen. Der Ausschluß der sich wiederverheiratenden Mutter vom Erbe ist durch eine Eigenheit des Zwickauer Rechts begründet, in welcher es sich vom Magdeburger Recht erheblich unterschied. In Zwickau galt Dritteilsrecht[709], dementsprechend erhielt die Frau nach dem Tod ihres Mannes ein Drittel seiner Güter und an die Erben des Mannes, regelmäßig seine Kinder, fielen nur die verbleibenden zwei Drittel. Das Drittel des Mannesvermögens, welches seiner Witwe zufällt, wird nun, worauf Nr. 6 der Willkür ausdrücklich hinweist, bei einer zweiten Heirat der Mutter den Kindern erster Ehe entzogen, da es bei dem Tod der Mutter nicht ihren Kindern, sondern dem neuen Mann zufällt. Dieser Entzug des ursprünglich väterlichen Guts durch die Heirat der Mutter hat nun zur Folge, daß die Mutter durch Erbanfall seitens eines Kindes ebenfalls kein weiteres Gut mehr erhalten kann.[710] Aus dieser Regelung kann man dann im Umkehrschluß, auch wenn dies in der Willkür nicht ausdrücklich erwähnt wird, schließen, daß die unverheiratete Witwe ihre Kinder vor deren Geschwistern beerbt hat.
In einer Entscheidung der Leipziger Schöffen aus der Zeit zwischen 1536 - 1554 wird die erbrechtliche Zurücksetzung der Mutter gegenüber den Geschwistern des

[708] Vgl. Zwickauer Rechtsbuch, I 16.

[709] Zwickauer Rechtsbuch, I 16, Nr. 4 und II, 81. Vgl. auch den bei Simm, Schöffensprüche I, Nr. 17 (S. 91f) mitgeteilten Leipziger Schöffenspruch aus dem 16. Jahrhundert, welcher der Witwe ein Wahlrecht zwischen ihren in die Ehe eingebrachten Gütern und dem dritten Teil ihrer beider Güter eingeräumt.

[710] Im Jahr 1392 wurde die alte Willkür in Zwickauer Rechtsbuch, I 16a dahingehend abgeändert, daß nunmehr das Drittel der Frau bei ihrem Tod nur dann an ihren zweiten Mann fällt, wenn sie es ihm vor Gericht vergabt und aufgelassen hat, anderenfalls falle es an ihre Kinder oder an ihre sonstigen Erben. Ob nach dieser Neuregelung die Mutter nun auch im Falle der Wiederheirat vor den Geschwistern erbte, ist dem Rechtsbuch allerdings nicht zu entnehmen.

Erblassers als eine zu Recht bestehende, von alters her eingeführte Zwickauer Gewohnheit bezeichnet, die auch weiterhin zu beachten sei.[711]
Zwar wurde bereits in einem Entscheid des Kurfürsten Johann Friedrich vom 22. April 1545 die Zwickauer Gewohnheit zugunsten des Erbrechts der Mutter aufgehoben, letztlich durchsetzen konnte sich diese Lösung aber erst in der revidierten Stadtrechtsreformation von 1569.[712]

III. Erben dritter Ordnung - Die Geschwister

Hinterließ der Erblasser weder Kinder noch Eltern, fiel sein Erbe an seine Geschwister.
So erbten die Geschwister vor den Großeltern des Erblassers. Eisenacher Rechtsbuch, L. I, Art. 10:

„Jo, ungezcwweigite brudir und swestir nemen erbe vor den eldirvater und vor die eldirmutir"[713]

Bemerkenswert ist, daß nach Magdeburger Recht bei den Geschwistern wie bei den Kindern das Geschlecht keine Rolle spielte. Brüder und Schwestern des Erblassers beerbten diesen zu gleichen Teilen. Keinen Einfluß auf das Erbrecht der Geschwister hatte es auch, wenn der Erblasser mit einem Teil seiner Geschwister ungesondert im väterlichen Erbe saß, wohingegen weitere, zuvor vom Vater abgesonderte Geschwister, nicht Teil dieser Erbengemeinschaft waren.
§ 39 der Magdeburg-Breslauer Rechtsmitteilung von 1261 bestimmt:

„Swar kint an eime erbe besturben sint, stirbet ir dichein, daz gut teilen sie geliche, beide, die binnen unde buzen sint."[714]

In einem bei Friese/Liesegang III B, Nr. 48, wiedergegeben Magdeburger Schöffenspruch heißt es:

„.... *Unde daz Ulrich mit Ditteriche* (dem Erblasser) *in sampten gutern geblebin ist, do sy Hansze von sich sunderten, unde Ulrich daz alzo unde dy czinsze in uffname unde in nuczlichin geweren gehabt had, do myte mag des nicht vorantwerten unde Hansze sinen teyl vorbehalden...*"

[711] Vgl. Simm, Schöffensprüche I, Nr. 21 (S. 104). In der Entscheidung wird die Trennung zwischen unverheirat gebliebener und wiederverheirateter Witwe allerdings nicht angesprochen. Die Zwickauer Gewohnheit wurde auch vom Wittenberger Hofgericht und vom sächsischen Oberhofgericht als gültig anerkannt. Vgl. Berthold/Hahn/Schultze, Zwickauer Stadtrechtsreformation, S. 78*

[712] Berthold/Hahn/Schultze, Zwickauer Stadtrechtsreformation, S. 82*.

[713] Vgl. auch: Meißener Rechtsbuch, L. I, c. VI, Dist. 7; Poelmann'sche Distinktionen, L. I, art. VII, Dist. 11 und Biener'sche Erbrechtsregel, Tit. II, art. 7.

[714] Gedruckt bei Laband, Magdeburger Rechtsquellen, S. 14f. Entsprechend auch Art. XLVIII § 5 des Sächsischen Weichbildes (Ausg. v. Daniels).

1. Kein Repräsentationsrecht in der Seitenlinie

Ein Repräsentationsrecht, wie es das Magdeburger Recht zumindest für die Kinder eines ungesonderten Sohnes anerkannte, war in der Seitenlinie unbekannt. Entsprechend konnten die Kinder der zuvor verstorbenen Erblassergeschwister nicht an Stelle ihres Elternteils gemeinsam mit den noch lebenden übrigen Geschwistern des Erblassers sukzedieren.

„Der bruder erbet sein erbeygen nehir an die schwester wen an synes brudern kint“[715]

Zwar wurde auf dem Reichstag zu Worms von 1521 mit § 19 das Repräsentationsrecht für die Geschwisterkinder eingeführt:

„Nachdem auch in gemeinen Rechten versehen, wie Brüder oder Schwester Kinder, mit ihres abgestorbenen Vatter oder Mutter Brüdern oder Schwester, die andern Abgestorbenen ihres Vaters oder Mutter Brüdern oder Schwestern in Stamtheil erben sollen, und aber solches aus Unwissenheit und Mißbrauch in viel Enden nicht gehalten. So wollen Wir, daß bemeldte Unser Stadthalter und Regiment, bei jeden Obrigkeiten im Reich verfügen, solches ihren Unterthanen zu verkünden, mit gleicher Derogation vernichten, und Abthuung der Gebräuch und Gewonheiten an jeden Orten zu verschaffen.“

Dieser Beschluß hatte jedoch keine Auswirkung auf das Magdeburgische Recht. So bestimmt ein Spruch der Leipziger Schöffen aus der Zeit vor 1524:

„Wol ist es war, das zu keiserrecht schwester tochter mit den schwestern und brudern gleichen teil nimpt in des verstorben bruder guter, aber nicht zu sechsischen rechten, des wir uns dan in diesem furstentumb halden; in aller maß helt sich des rechten erkennen des bruder kint, das sie mit den brudern kein erbteil nemen in des verstorben bruders gutern, so die einer gesippe weiter seint; desgleichen wir itzund gesagt, ist auch recht“.[716]

Mit dem Hinweis auf das vom sächsischen Recht abweichende Kaiserrecht bezieht sich der Spruch auf den oben zitierten Reichstagsabschied. Zwar beruht diese Entscheidung auf sächsischem Landrecht, es bestehen aber keine Bedenken, diese Spruchpraxis auf das Magdeburger Recht zu übertragen. Es sind dementsprechend auch keine Quellen Magdeburger Rechts bekannt, in welchen ein solches ius re-

---

[715] Spruch der Mannschaft zu Dohna bei: Wasserschleben, Successionsordnung, S. 165 Abs. 5 und S. 167 Abs. 1.

[716] Kisch, Spruchsammlung Nr. 29. Vgl. auch Kisch, a.a.O., Nr. 28 und Simm, Schöffensprüche II, Nr. 9 (S. 126). Simm, Schöffensprüche II, Bspr. zu Nr. 9 (S. 126f) verkennt die Bedeutung des unter Nr. 9 mitgeteilten Spruches, wenn er ihn allein als Bestätigung dafür ansieht, nach der Drei-Linien-Ordnung schließe in der Seitenlinie die gradnäheren Geschwister die Kinder einer vorverstorbenen Schwester vom Erbe aus. Die Aussage der Leipziger Schöffen erschließt sich schon offenkundig aus der dem Spruch vom Schreiber gegebenen Überschrift: *„Filii fratrum in locum praemortuorum fratrum non succedunt in collateralibus“*.

praesentationis für die Seitenlinie ausgesprochen wird.[717] Noch in pars III, c. XVIII der Kursächsischen Konstitutionen von 1572 heißt es in dieser Hinsicht:

„Wir wollen aber mit diesem unserm Gesetze und Constitution das ius repraesentationnis auf sächsischem Boden unserer Lande nicht eingeführet haben, sondern unsere Meinung und Gemüt ist, das es solches iuris repraesentandi, auch anderer Personen und Felle Succession halben auf Gleichheit oder Ordenunge der Graden allenthalben gehalten, gesprochen und erkant werden sol, wie es nach sächsischen Rechten vorsehen und in unsern Landen gebreuchlich und herkommen ist.“

Auch die Entscheidung in den Magdeburger Fragen, L. I, c. VII, Dist. 7 beruht nicht auf einem Repräsentationsrecht des Schwesterkindes. Dort wird zwar dem Sohn einer vorverstorbenen Schwester gestattet, anstatt seiner Mutter gemeinsam mit den übrigen Erblassergeschwistern das Erbe zu teilen. Der Ausspruch stützt dieses Ergebnis aber auf den Umstand, daß die Schwester, die Mutter des erbenden Neffen, erst nach dem Tod des Erblassers verstorben ist:

„Hiruff sprechen wir scheppin zcu Magdeburg recht: Was dy frauwe dem toden manne so noe gesippt, der das erbe gelossen hat, als dy, dy sich zcu dem erbe geczogen habin, unde sy noch dem manne gestorben ist der dat erbe gelossen hat, so sal der toten vrouwen kint erbe nemen an der muter stat. Von rechtis wegen.“

Der Einfluß des Wormser Reichstagsabschiedes auf die Spruchpraxis - zumindest der Leipziger Schöffen - läßt sich erstmals in einem Spruch aus der Mitte des 16. Jahrhunderts im Zwickauer Urteilbuch nachweisen.

„Unser freundlich dinst zuvor, ersamer, besunder gueter freund, auf euer an uns getane frag sprechen wir schopfen zu Leipczigk vor recht: Ist Hanns Roth verstorben und hat nach sich vorlassen euer weib seine halbe schwester an einem, seiner halben schwester kinder am andern, seins vatern bruder kinder und seins weibes schwester am dritten teil, so hat er sein erbschaft uf euer weib seine halbe schwester und irer schwester kinder, die so treten an ihrer mutter statt, zugleich nach der wurzel, naemlich das sie alle sovil nehmen, als ihr mutter hette nemen sollen, zu keiserlichen gemeinen rechten gebracht und vorerbet, aber die oben benumpten parteien haben daran kein geechtigkeit. Von rechts wegen.“[718]

[717] Auch Eisenacher Rechtsbuch, L. I, Art. 12 dürfte wohl kein Repräsentationsrecht für die Seitenlinie aussprechen. Dort heißt es: *„Brudir und brudirkint, swestir und sewestirkint, di sullin glich teil nemen an erbe, an eigin und an varender habe.“* Wahrscheinlich handelt es sich bei dieser Norm nur um eine Ausprägung des Grundsatzes, daß alle die sich gleich nah zur Sippe ziehen, gleich erben. Im übrigen beruht Art. 12 des Eisenacher Rechtsbuches auf den Eisenacher Gerichtsläuften aus dem 14. Jahrhundert und spiegelt damit in erster Linie typisch Eisenacher Recht und weniger Magdeburger Recht wider.

[718] Gedruckt bei: Simm, Schöffensprüche II, Nr. 99 (S. 26). Zu dem erbrechtlichen Vorrang der Halbgeschwister vor den Elterngeschwisterkindern, vgl. auch S. 231.

2. Erbrecht der Enkelkinder bei Konkurrenz zu den Geschwistern des Erblassers

Im Bereich des Magdeburger Rechts stellt das Erbrecht der Kindeskinder bei Konkurrenz mit Geschwistern des Erblassers die wohl schwierigste Frage dar. Diese Problematik wird allerdings nur dann relevant, wenn der Erblasser außer den Kindern eines vorverstorbenen Sohnes oder einer vorverstorbenen Tochter keine unmittelbaren Nachkommen hinterlassen hat, anderenfalls scheitert das Erbrecht der Geschwister schon am Vorhandensein der Kinder.[719]

Es gibt zwei Möglichkeiten, das bessere Erbrecht der Kindeskinder zu begründen. Zum einen kann man das Enkelkind kraft eines Repräsentationsrechts in die Stellung seines vorverstorbenen Elternteils aufrücken lassen, so daß das Kindeskind an der Stelle des vorverstorbenen Erblasserkindes steht und als dann nächster Verwandter vor den Geschwistern des Erblassers erbt. Die zweite Möglichkeit besteht darin, daß man einen generellen Vorzug der geraden Linie oder doch der Deszendenz behauptet und daher die Enkelkinder als direkte Nachkommen vor den Erblassergeschwistern als Seitenverwandte erben. Letztere Argumentation findet sich fast ausschließlich in den Anfragen, wohingegen die Entscheidungsgründe der Sprüche regelmäßig auf den ersten Gesichtspunkt abstellen. Im folgenden wird das Erbrecht der Kindeskinder, entsprechend der Praxis der Magdeburger Schöffen, nur unter dem Aspekt eines Repräsentationsrechts untersucht. Die Frage nach dem erbrechtlichen Vorrang der geraden Linie oder Deszendenz soll später bei der dogmatischen Einordnung der Erbfolgeordnung des Magdeburger Rechts erfolgen. Bedeutungslos für das Erbrecht der Enkelkinder war jedenfalls deren Geschlecht, und das gilt sowohl bei der Konkurrenz der Kindeskinder mit weiteren Erblasserkindern als auch bei jener mit Erblassergeschwistern. Entscheidend war in beiden Fällen nur das Geschlecht des vorverstorbenen Elternteils.

a) Lösungen nach Magdeburger Recht

Bei Behandlung der Frage, ob und unter welchen Bedingungen nach Magdeburger Recht die Kindeskinder vor den Geschwistern des Erblassers zum großväterlichen Erbe kommen, läßt sich die Spruchpraxis der nach Magdeburger Recht sprechenden Schöffenstühlen in drei Gruppen einteilen.

aa) 1. Gruppe: Repräsentationsrecht der Kinder ungesonderter Söhne

Die erste Gruppe der Urteile orientiert sich an jenen Voraussetzungen, die erfüllt sein müssen, damit ein Kindeskind kraft seines Repräsentationsrechts neben den Geschwistern seines vorverstorbenen Vaters oder seiner vorverstorbenen Mutter in das großelterliche Erbe nachfolgen kann. Nach Magdeburger Recht stand nur den

[719] Beanspruchen Kinder und Enkelkinder des Erblassers den Nachlaß, so liegt die auf S. 184 unter a) behandelte Konstellation vor. Im Folgenden wird der unter b) beschriebene Sachverhalt erörtert.

Kindern eines ungesonderten Sohnes ein solches Repräsentationsrecht zu; Kinder eines gesonderten Sohnes oder einer Tochter, egal ob letztere ausgeradet war oder nicht, konnten nicht gemeinsam mit den noch lebenden Erblasserkinder sukzedieren.[720]

Tatsächlich finden sich in den Quellen des Magdeburger Rechtes Nachweise, daß die Kinder eines ungesonderten Sohnes vor den Erblassergeschwistern das Erbe zugesprochen erhielten.

Ein bei Friese/Liesegang, III B Nr. 2 wiedergegebener Spruch der Magdeburger Schöffen aus dem 15. Jahrhundert bestimmt bezüglich des Erbrechts der Enkelkinder:[721]

„[D]y schepphen von Meydeburg sprechin vor recht: Daz halb bruder unde swester, von vater halb unde von mutir halb, sint neher erbe adir hergewete ader gerade czu nemende, wanne bruder kint unde swester kint von vullir geburd. Ouch ist dy neste sippe uszewendig deme rechten boseme deme erbe, hergewete adir gerade neher, wen die, die verner sippit in dem rechten bosame unde in der rechten lineen, noch Meydeburschem rechtin. Is were denne, das eyn man eynen ungesundirten son mit yme husze hette; were daz [d]er abeginge unde kinder lisze, dy in der gewere bestorbin weren, dy weren neher czu deme erbe ires eldervaters, wenne dy, die sich neher sippen uszewendig deme rechten bosem, ab sy sinen tot lebinten. Were dar ouch eyn son mete, der neme ouch des eldervater hergewete an sines vater stad. V.r.w.“

Auffällig ist die für den Magdeburger Rechtskreis ungewöhnliche Bedeutung, die in diesem Spruch dem Begriff *„bosame“* beigemessen wird. Gewöhnlich umfaßt der „Busen“ im Magdeburger Recht nur das Verhältnis der Eltern zum Kind. In dieser Hinsicht weichen Magdeburger Weichbild und Sachsenspiegel von einander ab, denn nach Ldr. I Art. 17 § 1 reicht der „Busen“ vom Großvater zum Enkelkind.[722] In der vorliegenden Entscheidung der Magdeburger Schöffen hat der „Busen“ eine weitere Ausdehnung erfahren, er beschränkt sich nicht mehr nur auf das Verhältnis zweier oder dreier Verwandte zueinander, sondern wird mit der *„rechten lineen“* gleichgesetzt. „Busen“ bezeichnet demnach hier die gesamte Verwandtschaft in ab- und aufsteigender Linie.[723]

Allerdings wird der Zugehörigkeit zum „Busen“ keine erbrechtliche Relevanz zugesprochen. Entscheidend ist allein das Näheprinzip, so daß auch Angehörige, die

[720] Zu dieser Frage und der abweichenden Rechtssprechung der Leipziger Schöffen, vgl. S. 190f.

[721] Dieser Spruch der Magdeburger Schöffen findet sich neben der hier zitierten Stelle aus dem Cod Hs. 945 der UB Leipzig, noch in Cod. M 20 der SLUB Dresden (Wasserschleben, Successionsordnung, S. 170 Abs. 2) und teilweise im Cod. M 20a der SLUB Dresden (Wasserschleben, a.a.O., S. 168 Abs. 3). Die Entscheidung wurde hier vollständig aufgeführt, da sie für die Frage nach dem Erbfolgeprinzip des Magdeburger Recht noch von Relevanz sein wird.

[722] Vgl. S. 72f.

[723] A.A. Sydow, Erbrecht, S. 72 Fn. 233a, der den „Busen“ hier nur als Bezeichnung für die Nachkommen der vorverstorbenen Kinder verstanden wissen will. Gegen ein solches Verständnis spricht aber schon die Gleichsetzung von *„rechten boseme“* und *„rechten lineen“*.

als Seitenverwandte außerhalb des „Busens“ stehen, vor denjenigen erben, die zwar im „Busen“ stehen, aber entfernter verwandt sind. Dieser Grundsatz wird nun in einem Punkt durchbrochen. Hinterläßt der Erblasser Kinder eines ungesonderten Sohnes, so erben diese als ferner gesippte Angehörige innerhalb des „Busens“ vor den näher verwandten Erbprätendenten, die außerhalb des „Busens“ stehen.
Die Konkurrenz der Sohneskinder mit noch lebenden Erblasserkindern kann in dieser Entscheidung nicht angesprochen worden sein, da die Kinder des Erblassers ebenfalls innerhalb des „Busens“ stehen.[724] Folglich kommt nur ein Erbstreit zwischen Kindeskindern und Erblassergeschwistern in Betracht. Denn nur in dieser Konstellation ist die in Satz 3 des Spruches vorausgesetzte Konkurrenz eines Sohneskindes mit einem Seitenverwandten, welcher sich näher zum Erblasser sippen kann als das Sohneskind, denkbar. Nach der hier im Ergebnis übereinstimmenden kanonischen Komputation und der Gliederzählung stehen der Enkel im zweiten und Bruder oder Schwester des Verstorbenen im ersten Grad oder Glied. Nach der römischen Komputation hingegen würden Enkel und Erblassergeschwister beide im zweiten Grad mit dem Erblasser verwandt sein. Es ist im übrigen auch kein Fall denkbar, in welchem nach der römischen Komputation ein Seitenverwandter einen näheren Grad zum Erblasser einnimmt als der Enkel. Der Magdeburger Schöffenspruch setzt aber gerade eine solche Konstellation voraus. Ein Umstand, welcher darauf hinweist, daß dem Magdeburger Recht nicht die römische Zählweise zugrunde gelegen haben kann.[725]
In der zitierten Entscheidung wird von einem grundsätzlich besseren Erbrecht der Erblassergeschwister ausgegangen. Nur die Kinder eines ungesonderten Sohnes können an die Stelle ihres vorverstorbenen Vaters treten und vor den Geschwistern sukzedieren.
Der letzte Satz des Spruches unterstützt die Feststellung, daß das Geschlecht des Sohneskindes unerheblich ist. Mit der Formulierung „*Were dar ouch ein son mete..*“ wird eingeräumt, daß sich das Repräsentationsrecht nicht nur auf Sohnessöhne, sondern auch auf Töchter eines ungesonderten Sohnes erstreckt, da anderenfalls der Schlußsatz keinen Sinn ergäbe.

Der Entscheidung bei Friese/Liesegang III B Nr. 2 läßt sich allerdings ausdrücklich nur das Repräsentationsrecht der Kinder ungesonderter Söhne entnehmen. Auf den Ausschluß eines solchen Rechts für die Kinder abgesonderter Söhne und der Töchterkinder konnte man hingegen nur aus deren fehlender Nennung in dem Schöffensspruch schließen.
Insoweit eindeutiger - da umfassender - ist SSR, IV, 2, 36:[726]

---

[724] A.A. Friese in Friese/Liesegang, S. 775, welcher in diesem Spruch das Repräsentationsrecht des Enkelkindes bei Konkurrenz zu noch lebenden Erblasserkindes ausgesprochen sieht. Zu der von Friese vorgeschlagenen Interpretation und deren Folgerungen für das Erbfolgesystem. Vgl. S. 275.
[725] Vgl. S. 280.
[726] Vgl. auch: Magdeburger Fragen, L. I, c. VII, Dist. 15.

Ouch stirbit eyn man und lesit eynis sonis kint, den her von ym nicht hatte gesundirt alzo recht ist, und eynyn brudir, zo hot daz kint bessir recht czu des eldirvatir gute, wenne des eldirvatir brudir; wenne stirbit der ungesundirte zon, syn kint nympt daz erbe an synir stat. Stirbit abir der man unde lesit synis zonis kint, den her gesundirt hatte von em, adir synir tochter kint, zo hot des eldirvatir brudir recht czu nemyne des totin mannis gute, wenne dez kindis kint.

bb) 2. Gruppe: Kein Repräsentationsrecht aller Kindeskinder

Nach den bisher angeführten Texten gesteht das Magdeburger Recht nur den Kindern eines ungesonderten Sohnes ein Repräsentationsrecht zu. Diese Rechtsansicht findet sich auch in den Poelmann'schen Distinktionen wieder. Allerdings hat der Verfasser, der mit seinem Werk das Magdeburger Recht wiedergeben will, in den entsprechenden Artikeln auf eine abweichende Behandlung dieser Frage durch die Magdeburger Schöffen hingewiesen: L. I, art. VIII, Dist. 8:[727]

„Stirbet auch ein Man vnd lesset seines sones kind vnd einen ganzen bruder, so er den son von im gesondert hat, so hat des todten vater bruder besser recht, den des sones kind. Ist aber des Sons Vatter nicht abgesondert gewest, so hat des kindes kind besser recht vnnd nicht der Bruder. Aber die von Magdeburg schreiben vor ein Recht, das des Todten ganze Brüder recht dazu haben vnd nicht des kindes kind, sein vater sey abgesondert oder nicht."

Bezüglich des Repräsentationsrecht der Tochterkinder bestimmt L. I, art. VIII, Dist. 9:[728]

„Eine Fraw lesset nach ihrem Tode einen Bruder Ebenbürtig vnd ihrer Tochter kind, der ganze bruder voller geburt hat recht zu ihrem Gute vnd nicht der Tochter kind also die von magdeburg schreiben die Tochter sey abgesondert oder nicht."

Nach Aussage der zitierten Artikel wird nach Magdeburger Recht den Kindeskindern in keinem Fall ein Erbrecht vor den Geschwistern des Erblassers eingeräumt. Dies gilt ausdrücklich auch für die Kinder ungesonderter Söhne.

Neben diesem indirekten Hinweis in den Poelmann'schen Distinktionen finden sich in den Spruchsammlungen zahlreiche Belege für diese zweite Gruppe der Magdeburger Sprüche.

Einer in der Leipziger Spruchsammlung unter Nr. 620 enthaltenen Entscheidung der Leipziger Schöffen lag folgender Sachverhalt zugrunde:

Gertrud, die Erbanspecherin, hatte eine verheiratete Tochter gehabt. Der Ehemann der Tochter war zu seinen Lebzeiten nicht aus den Gütern seiner Eltern gesondert worden. Aus der Ehe der Tochter sind mehrere Kinder hervorgegangen. In der

[727] Diese Textstelle findet sich fast wortgleich in den Biener'schen Erbrechtsregeln, Tit. III, art. 9.

[728] Vgl. Biener'schen Erbrechtsregeln, Tit. III, art. 10.

Folgezeit verstarben sowohl der Mann der Tochter, als auch alle Kinder bis auf ein Mädchen. Nachdem auch die Tochter gestorben war, wurde das Mädchen von seiner Großmutter väterlicherseits aufgenommen. Schließlich verstarb die Großmutter väterlicherseits und dann auch das Mädchen. Um das Erbe der Großmutter väterlicherseits stritten sich deren Bruder und Gertrud. Gertrud machte geltend, die Großmutter väterlicherseits sei von dem Mädchen, da sie die Tochter eines ungesonderten Sohnes war, beerbt worden und diese habe nach ihrem Tode das Erbe auf Gertrud, ihre Großmutter mütterlicherseits, vererbt.

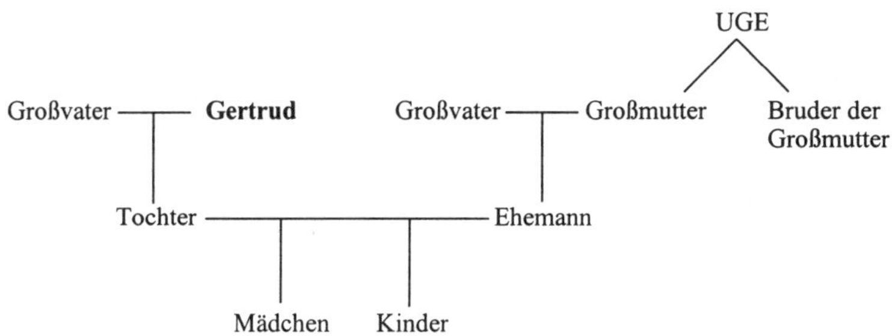

Die Antwort der Leipziger Schöffen lautete:

„Hierauf: Was des kindes eldermuter erbs und guts nach irem tode gelassen, das hat die eldermuter geerbet auf iren bruder mit merem rechten dan auf das kind. Ist aber dem kinde icht von seinen eldern erbes oder guts anerstorben nach seinem tode, das hat das kind geerbet nach seinem tode auf seiner muter muter mit merem rechten den auf etc.“

Die Leipziger Schöffen gehen davon aus, das Erbe der verstorben Großmutter sei nicht an deren Enkeltochter gefallen, sondern an ihren Bruder. Entsprechend kann das Mädchen nur das ihr von ihren Eltern anerstorbene Gut auf ihre Großmutter mütterlicherseits weiter vererben, nicht aber auch das Gut der Großmutter väterlicherseits. Dieses Ergebnis entspricht auch dem Befund beim Repräsentationsrecht der Enkelkinder in Konkurrenz zu anderen Erblassergeschwistern. Auch dort wurde ein Repräsentationsrecht in den großmütterlichen Nachlaß nicht anerkannt.

In einem den Magdeburger Schöffen vorgetragenen Rechtsstreit[729] begründeten die Vormünder des Enkelkindes dessen Anspruch auf das großväterliche Erbe vor den Brüdern des Erblassers mit zwei Argumenten. Zum einen sei das Enkelkind das Kind eines ungesonderten Sohnes, zum anderen müsse der Enkel schon deshalb vor

[729] Gedruckt bei: Wasserschleben, Rechtsquellen Bd. I, IV, Kap. LIII (S. 191).

dem Bruder des Erblassers erben, da nach Ldr. I Art. 17 § 1[730] das Erbe nicht aus dem ebenbürtigen „Busen" gehe, solange ein solcher vorhanden sei.
Die Magdeburger Schöffen entschieden:

„Hiruff sprече wir scheppen zcu magdeburg eyn recht des vorstorbin mannes brudir von voller geburt synt neir seyne erbe zcu nemen denne seynes zons kind was abir des kindes vatir noch seynem tode gutis das seyn was gelossin hatte das were geerbit an das kind von des ebinbortigen bosems wegin und is wegen des busems an seynis eldirnvatir gut keyn recht hat wenn der ebinbortige bosem do nicht ist von rechtis wegin vorsegilt mit u.i."

Bezeichnend ist, daß die Schöffen in ihrer Antwort mit keinem Wort auf die nicht erfolgte Ausradung des vorverstorbenen Erblassersohnes eingehen, sondern die Forderung des Sohneskindes allein mit dem Hinweis ablehnen, der *„bosem"* reiche nicht weiter als von dem Vater auf das Kind und daher könne das Enkelkind in den großväterlichen Nachlaß nicht sukzedieren.[731] Ein Erbrecht des Sohneskindes kraft Repräsentation an des Vaters Statt wird dabei nicht in Erwägung gezogen.

Auch in weiteren Sprüchen spielte die Frage nach der Absonderung des Sohnes oder der Tochter für die Ablehnung des Erbrechts des Kindeskindes keine Rolle.
In einem Spruch des Mageburger Schöffenstuhls aus der ersten Hälfte des 15. Jahrhunderts[732] war der Sohn des Erblassers anläßlich seiner Heirat mit 100 Schock Groschen und einem Hof ausgeradet worden. Der Sohn verstarb vor seinem Vater, dem späteren Erblasser, und hinterließ leibliche Erben. Als der Vater verstarb, erhielt seine Frau - die Mutter des Sohnes - eine Hufe Land als Leibgedinge. Als die Kinder des vorverstorbenen Sohnes in finanzielle Schwierigkeiten gerieten, verkaufte die Witwe ihr Leibgedinge mit Billigung der Verwandten und bezahlte aus dem Erlös einen Teil der Schulden ihrer Enkelkinder. Zur Wiedererstattung ihres Leibgedinges überschrieben die Sohneskinder ihrer Großmutter einen halben Weingarten mit der Vereinbarung, nach dem Tode der Großmutter solle der Weingarten dem folgen, welcher ein Recht dazu habe. Die Vereinbarung wurde in das Gerichtsbuch eingetragen.
Nach dem Tod der Frau verlangten die Sohneskinder unter Hinweis auf Ldr. I Art. 17 § 1 den Weingarten für sich. Dagegen meinte der Bruder des Erblassers, also

---

[730] In der Anfrage berufen sich die Vormünder auf *„XLIII c. yn dem ersten buche des lantrechtis"*. Dem Inhalt nach kann es sich aber nur um Ldr. I Art. 17 § 1 handeln. Vgl. Wasserschleben, Rechtsquellen Bd. I, S. 192 Fn.*.

[731] In den Sippzahlregeln, Tit. VI, § 9 kann der Sohnesohn nur deshalb vor dem Bruder erben, da nach den Sippzahlregeln, Tit. III, § 1 die Deszendenz unbedingten Vorrang genießt. In Sippzahlregeln, Tit. VI, § 9 wird aber zuvor eine Ansicht, nach welcher der Bruder vor dem Sohnesohn erben würde, als unrichtig bezeichnet. Nach dem bisher Festgestellten wird die hier verworfene Auffassung - ebenso wie in den anderen Stellen der Sippzahlregeln, Tit. III - Magdeburger Recht enthalten. Für den Vorrang des Bruders spricht sich auch Biener'sche Erbrechtsregeln, Tit. II, art. 10 aus.

[732] Gedruckt bei: Friese/Liesegang, III B Nr. 44.

des Großvaters der Sohneskinder, die Vereinbarung im Stadtbuch sei so zu verstehen, daß der Weingarten nach dem Tod der Frau an den nächsten Erben des Mannes fallen solle und, da der Sohn den Tod des Erblassers nicht erlebt habe, erbe er als Bruder vor den Sohneskindern.
Die Magdeburger Schöffen entschieden zu Gunsten des Erblasserbruders:

„H. sp. w. sch. cz. M. e. r.:......., unde is dy teding unde scheydunge darumme alzo geschen unde geschreben, daz der halbe wingarte nach der frouwen tode sal gevallin an ires mannis negesten erben, so ist er, nu dy frouwe tod ist, dorch recht unde ouch nach lute der scheidungen gevallin mit merem rechten an des mannes bruder, denne an sins sons kinder, noch dem mal daz der kinder vater sines vaters tod nicht irlibet had. V. r. w. V. m. u. s.“[733]

Um das bessere Erbrecht des Erblasserbruders zu begründen, genügt den Schöffen der Hinweis, der Vater der Erblasserenkel sei vor dem Erbfall verstorben und daher erbe der Bruder des Erblassers als nächster Verwandter. Auf die erfolgte Absonderung, welche auch nach der ersten Variante der Magdeburger Rechtsprechung über das Repräsentationsrecht eine Sukzession der Sohneskinder verhindert hätte, gehen die Schöffen nicht ein.[734]

Insoweit ist es dann konsequent, wenn die Magdeburger Schöffen ein Repräsentationsrecht der Tochterkinder ebenfalls unabhängig von der Absonderung der vorverstobenen Erblassertochter verneinen.

„Wir S. der Stat Magdeburg. Ein man ist gestorbenn in Weichpilde Rechte der hatt einen Bruder auf dem Lande sitzenn einen Rechten Bruder mit dem er gesundert ist vor vill Jarn irs guts das ine von iren eldern ankomen ist. Auch hat er ein Tochter auszgeben. der gab er mitt was er ir gonte. die ging ime abe vnd liesz ein kindt das ist sein tochter kindt. die nam er zw ime nach seiner muter tode mit irem gute in sein gewere do sie noch inne ist. Also die muter vnd das kindt vor gericht nie auszgeratt noch Erbteils muterlichs noch vaterlichs nie verzuicht gethann habenn als recht ist. Ap ich dasselbe Tochter kindt ausz dem Buseme seines Elder Va-

[733] Die unterlegenen Sohneskinder wendeten sich in derselben Angelegenheit anschließend nochmals an die Magdeburger Schöffen. Sie verwiesen darauf, sie hätten den halben Weingarten auch nach Überlassung an ihre Großmutter in Lehen und Gewere behalten. Auch solle der Weingarten nach Ausweisung des Stadtbuches nicht an des Mannes nächste Erben fallen, sondern an jene, die ein Recht dazu hätten. Die Magdeburger Schöffen sprechen nun den Weingarten den Sohneskindern zu und erklären, bei ihrer erste Entscheidung sei ihnen der Sachverhalt nicht vollständig und eindeutig mitgeteilt worden. Vgl. Friese/Liesegang, III B Nr. 45.

[734] Vgl. auch den Magdeburger Spruch auf Bl. 74 des Posener Rechtsbuch (gedruckt bei Goerlitz, Mgdb. Sprüche für Posen, III Nr. 57). Dort fiel das Erbe an den Bruder und nicht an das abgesonderte Tochterkind, weil *„so hot sie ouch solche nachgelossenen bawde uff eren naturlichen rechten fuller brueder alze eren nehstenn erben nach erbganges rechte vorerbit unnd gebracht“*.

ters in der rechten Linien gesippt vnd geporn ist. wann der abgesondert Bruderr auf dem Lande gesessenn jeins darein gesprechen moge. oder was Recht sey."[735]

Der Anfrage läßt sich nicht eindeutig entnehmen, ob die vorverstorbene Tochter nun ausgeradet war oder nicht. Die Formulierung „*der gab er mit, was er ir gonte*" deutet auf eine erfolgte Ausradung hin. Hingegen betont das Tochterkind, es sei weder eine Ausradung noch ein Erbverzicht je vor Gericht erfolgt. Letzteres kann man dahingehend interpretieren, zumindestens nach Ansicht des Tochterkindes hätte die Ausradung vor Gericht erfolgen müssen, um als Erbabfindung Wirkung entfalten zu können. Allerdings begründet das Tochterkind sein Erbrecht weniger mit der fehlenden Ausradung seiner Mutter als mit dem Hinweis auf ihre Zugehörigkeit zu dem „Busen" und der rechten Linie des Erblassers, wohingegen dessen Bruder nur ein Seitenverwandter sei. In dieser Anfrage wird, wie in der oben zitierten Entscheidung der Magdeburger Schöffen bei Friese/Liesegang, III B Nr. 2, der „*Buseme*" ebenfalls auf die gesamte Des- und Aszendenz des Erblassers ausgedehnt. Aber auch hier entscheiden die Magdeburger Schöffen gegen das Enkelkind, wobei sie sich zur Begründung auf die ursprüngliche und engere Bedeutung von „*Buseme*" beziehen.

„*Hierauf.... Was der tode man Erbes vnd guts gelassenn hatt, das hat er geerbet mit pesserem Rechten auf seinen ebenbortigen Bruder wan auf seiner Tochter kindt vnd der Buseme nicht forder geet dan von dem Vater auf das kindt. V. R. W.*"

Faßt man die in dieser Gruppe vorgestellten Entscheidungen zusammen, gelangt man zu dem Ergebnis, daß die Kindeskinder allein deswegen nicht vor oder neben den Geschwistern des Erblassers im Erbe nachfolgen konnten, da sie einen ferneren Verwandtschaftsgrad als diese innehatten. Die Frage nach der Absonderung war unerheblich. Daher kann man zu dieser zweiten Gruppe von Schöffensprüchen über das Repräsentationsrecht auch jene Entscheidungen rechnen, in welchen gar keine Mitteilung mehr darüber gemacht wird, ob die vorverstorbenen Kinder des Erblassers ausgesondert waren oder nicht.[736]
Die Kindeskinder mußten allerdings nicht nur hinter den vollbürtigen Geschwistern zurücktreten, sie konnten nach Magdeburger Recht auch bei Konkurrenz zu halbbürtigen Geschwistern des Erblassers nicht sukzedieren.[737] Auch schadete es den Geschwistern nicht, wenn sie und der Erblasser von ihrem gemeinsamen eige-

[735] Mgdb. Spruch aus dem 15. Jahrhundert bei: Wasserschleben, Successionsordnung, S. 55f. Die Überschrift „*Ap der tochter kind, die nie ausgerat ist, icht neher sei [zu] ires eldernvaters gute wan abgesonderte brudere*" nur bei: Kisch, Spruchsammlung, Nr. 752.

[736] Vgl. Schöffenspruch bei: Wasserschleben, Rechtsquellen Bd. I, II, Kap. CLXXXVIII (S. 102); IV, Kap. XXVIII (S. 163); V, Kap. LXXXII (S. 425f); ders., Rechtsquellen Bd. II, I, Kap. 122 (S. 43); Kisch, Spruchsammlung, Nr. 51 und Nr. 425; Poelmann'sche Distinktionen, L. I, art. VII, Dist. 14; Biener'sche Erbrechtsregeln, Tit. II, Art. 10.

[737] Vgl. S. 231.

nem elterlichen Erbe gesondert waren, also kein Gemeinschaftseigentum mehr besaßen.[738]

cc) 3. Gruppe - Repräsentationsrecht für die Kinder ungesonderter Söhne und Töchter

Wurde nach der zweiten angeführten Gruppe von Schöffensprüchen ein Repräsentationsrecht der Kindeskinder in keinem Fall zugelassen, so gibt es eine dritte Gruppe von Entscheidungen, welche das Repräsentationsrecht der Enkel bei Konkurrenz zu Erblassergeschwistern nicht nur in einem größeren Rahmen anerkennt als die erste angeführte Gruppe, sondern es auch im Vergleich zu dem von den Magdeburger Schöffen anerkannten Repräsentationsrecht der Kindeskinder in Konkurrenz zu Erblasserkindern ausdehnt.
C. 269 des USR von 1363 bestimmt:

„Stirbit eyn man unde lest nicht kinder, sundir eins sonis adir eyner tochter kint, di her von ym nicht hat gescheyden adir gesundirt, als recht ist, unde lest ouch eynen brudir adir eyne swester, dez ungesundirten sonis adir tochter kind hat bessir recht czu des eldirvater gute wenne dez eldirvatir brudir adir swestir: Wenne stirbit der ungesundirte son adir tochtir, ir kint nemen erbe an ire stat an dez eldirvatir gute. Stirbit abir ein man unde lest sins sons adir syner tochteir kinde, dy he von im gesundirt hatte, als recht ist, so hat dez eldirvatirs brudir unde swestir bessir recht czu nemen des toten mannis gute, wenne dez gesundirten sonis adir tochtir kind, Von rechtis wegen."[739]

In Anlehnung an dieses Kapitel lauten Kap. DLXXIV und DLXXV des Glogauer Rechtsbuches:

Kap. DLXXIV
Item von kindes absunderunge. Stirbet eyn man vnde lest kindes kint der eldern von seyme gute abegesundert seyn vor gehegtem dinge vnde lest eynen bruder, zo hat des toten mannes bruder ader swester groszer recht czu dem gute wenne seynes abegesunderten kindes kint gehaben mag. v. r. w.
Kap. DLXXV
Item. Weren ore elderen nicht abegesundert zo nemen sy teyl in der elderen vater gut billicher wen eres eldern vater geswigere.

Nach Aussage dieser Texte wird das Repräsentationsrecht jedem Kind eines ungesonderten Erblasserkindes eingeräumt, seien es nun Sohnes- oder Tochterkinder.
Zu dieser dritten Gruppe von Rechtsquellen zählen auch jene Schöffensprüche aus dem 15./16.Jahrhundert, welche dem Kind einer ungesonderten Tochter das Erbe vor den Schwestern des Erblassers zusprechen. So heißt es in einem bei Was-

---

[738] Vgl. Mgdb. Spruch bei: Friese/Liesegang, III B Nr. 49 und bei: Wasserschleben, Successionsordnung, S. 55f.

[739] Ebel, Mgdb. Recht Bd. II/1, Nr. 123. Ebenso Alter Kulm, L. IV, art. LXXVIII und Böhme, Dipl. Beytr. II.2, S. 126 Abs. 1.

serschleben, Successionsordnung, S. 88 abgedrucktem Spruch der Magdeburger Schöffen vom Jahre 1524 aus dem Codex der Wallenrodtschen Bibliothek Hs. 1[740]:

„Sprechenn wir Scheppen zu Magdeburg vor recht, Ist eine frawe gestorbenn, vnd hat hinnder ir eine rechte schwester vnnd irer rechtenn tochter kinndt gelassen, welche frawe ir tochter durch schicht vnnd teilung wie recht, nihe abgesundert Sonnder im vollen gutte gebliebenn So hat auch dieselbige verstorbene frawe, dieweil ir tochter durch erbteilunng, nihe ausberat ader abgesunndert worden alle ir nachgelassenne erbe vnnd gutter, Noch Magdeburgische weichbilde vnnd Sechsischem Rechtenn vff irer unausberattenenn tochter kinndt welche ann stadt der mutter dieses falles gesatzt wird, alleine, Vnnd mit merem recht gebracht vnnd vorerbet, denn das, mit solchem tochter kinndt, der verstorbenenn frawenn rechte schwester, Vonn rechts wegen, Vorsiegelt."

In dieser Entscheidung sprechen die Schöffen allein deswegen dem Tochterkind das Erbe zu, weil seine Mutter von der Erblasserin nicht abgesondert war.[741]

Das Repräsentationsrecht der ungesonderten Tochterkinder wird auch in den Biener'schen Erbrechtsregeln, Tit. V behandelt.[742] Dort heißt es unter der Überschrift *„Tochter kindt vnd rechte schwester wer der nehste ist"*:

„Ist eine fraw gestorben vnd hot hinter yhr vorlassen eyne rechte schwester vnd yrer rechten tochter kindt, welche frawe yre tochter durch schicht vnnd teilung wie recht nie abgesundert Sunder im vollen gutte geblibenn, So hot auch die selbe vorstorbene fraw dieweil ire tochter durch erbteilung nie aufberaten oder abgesundert worden alle ire nachgelassene erbe vnd gutter noch Meydeburgschem weichbilde vnd Sechsischen rechten auff ire vnaufberatenn tochter kindt welchs an stadt der mutter disfals gesatz wirt alleine vnd mit mehren rechten gebracht vnd vorerbett dan das der frawen rechte schwester einigen will dorahn erforderenn moge. V. R. wegen."

Dem Urteil angefügt ist eine Bemerkung des Verfassers der Erbrechtsregeln. Sie lautet:

„Dis capitell ist auch Im virden Colmschen buche vnrecht, vnd vnvorstendig gewesth vnd nu corrigiert, dan wen wir eigentlich warhnehmen der absteigenden linea, dorinnen tochter, tochter kindt begriffen vnd befundenn werdenn, so befindet sichs das man aus der selben rechten absteigenden lineen nicht gehen muß, die weil Imant dorynnen befunden wirt, auch nicht in auffsteigender oder tzwerch lineen."

---

[740] Oppitz, Rechtsbücher Bd. II, Nr. 792. Spruch gedruckt bei Wasserschleben, Successionsordnung, S. 88.

[741] Vgl. auch Kisch, Spruchsammlung, Nr. 616. In dieser Entscheidung war die vorverstorbene Tochter von ihrem Vater bezüglich des Erbes der als erstes verstorbenen Mutter gesondert. Dieser Umstand hinderte aber nicht, die Tochter im Hinblick auf das väterliche Vermögen als ungesondert zu betrachten. Daher hat nach dem Tod des Vaters dessen Tochterkind das Erbe vor seiner Schwester angetreten.

[742] Gedruckt bei: Wasserschleben, Successionsordnung, S. 152 Abs. 3.

Bei dem so gescholtenen Artikel des Kulmer Rechts handelt es sich um Alter Kulm, L. IV, art. LXXVIII, in welchem ein Repräsentationsrecht der Tochterkinder ausdrücklich abgelehnt wird. Der Verfasser der Anmerkung findet den Grund für das Erbrecht der Tochterkinder allerdings nicht in einem Repräsentationsrecht derselbigen, sondern in dem erbrechtlichen Vorzug der absteigenden Linie, so wie er in den Biener'schen Erbrechtsregeln und den ihnen zugrundeliegenden Sippzahlregeln ausgesprochen wird. Hier zeigt sich, daß die Erbrechtsregeln den Boden des Magdeburger Rechts schon verlassen haben und nun um eine inhaltliche Angleichung der Rechtssätze bemüht sind.

dd) 4. Gruppe - Repräsentationsrecht für alle Sohneskinder?

Schanz[743] vermeinte noch eine vierte Lösungsgruppe aus den Quellen herauslesen zu können. Nach dieser erben alle Sohneskinder vor den Geschwistern des Erblassers, unabhängig davon, ob der vorverstorbene Sohn gesondert war oder nicht. Schanz berief sich für diese Ansicht ausschließlich auf Tit. IV, Reg. 12 der Biener'schen Erbrechtsregeln. Dort heißt es:

„Ob auch der verstorbene lest seines sohnes kinth vnd eynen bruder ader schwester von voller geburt so hot das kint besser recht czu dem erbe vnd gutte seines grosvaters den des grosvatrenn bruder. Ibid. dist. 15. Colm. li. 4. ar. 77."

Zieht man aber die in der Regel zitierten Belegstellen zum Vergleich heran, stellt man fest, daß es dort nicht um den Vorrang der Sohneskinder allgemein, sondern nur um jenen der Kinder ungesonderter Söhne geht. Sowohl Alter Kulm L. IV, art. LXVIII[744] als auch Mgdb. Fragen L. I, Kap. 7, Dist. 15 beruhen ihrem Wortlaut nach eindeutig auf SSR IV, 2, 36. Alle die genannten Stellen lassen aber entsprechend der ersten Lösungsgruppe nur die Kinder ungesonderter Söhne vor den Geschwistern erben, die Kinder gesonderter Söhne und alle Tochterkinder treten hinter die Erblassergeschwister zurück. Insoweit wird in c. IV, Reg. 12 der Erbrechtsregeln die fehlende Absonderung des Sohneskindes wohl versehentlich ausgelassen worden sein. Daß in Reg. 12 keine praktizierte Übung des Magdeburger Rechts beschrieben worden sein wird, ergibt sich weiterhin aus dem Fehlen jeglicher Schöffensprüche, nach welchen Sohneskinder unabhängig von der Absonderung vor den Geschwistern sukzedieren können.

b) Ergebnis

Faßt man die erbrechtliche Situation bei einer Konkurrenz von Kindeskindern mit Erblassergeschwistern zusammen, lassen sich die Quellen in drei Gruppen einteilen:

---

[743] Schanz, S. 89.

[744] Nach der Ausgabe des Kulmischen Rechts von Leman wird das Erbrecht der Kindeskinder in Art. LXXVIII behandelt, nicht wie Reg. 12 zitiert in Art. LXXVII.

1. Gruppe: Grundsätzlich gehen die Geschwister des Erblassers den Kindeskindern im Erbe vor. Nur die Kinder eines ungesonderten Sohnes sukzedieren vor den Geschwistern des Erblassers.
2. Gruppe: Die Erblassergeschwister erben immer vor den Kindeskindern, unabhängig davon, ob die vorverstorbenen Kinder des Erblassers abgesondert waren oder nicht.
3. Gruppe: Die Kinder eines vorverstorbenen ungesonderten Kindes des Erblassers, es sei Sohn oder Tochter, sukzedieren vor den Geschwistern des Erblassers. Nur die Kinder eines gesonderten Erblasserkindes werden von den Geschwistern verdrängt.

Betracht man die unterschiedliche und sich widersprechende Behandlung, welche das Erbrecht der Enkelkinder bei Konkurrenz zu den Erblassergeschwistern erfahren hat, liegt es nahe, eine Entwicklung innerhalb des Magdeburger Rechts anzunehmen, in Folge derer sich das Repräsentationsrecht der Kindeskinder langsam ausformte. Entsprechend hätte anfangs das Magdeburger Recht keinem Enkelkind ein Erbrecht vor den Geschwistern des Erblassers zugestanden. Erst später, gegebenenfalls unter dem Einfluß des Repräsentationsrecht bei Konkurrenz mit übrigen Erblasserkindern, wäre den Kindern eines ungesonderten Sohnes ein solches Recht auch bei Konkurrenz mit Geschwistern des Erblassers eingeräumt worden. Im weiteren, unter dem Einfluß der erbrechtlichen Gleichstellung der Geschlechter, wie es das Magdeburger Recht praktizierte, wäre es dann auf alle Kinder ungesonderter Erblasserkinder ausgedehnt worden.

Zu dieser Ansicht neigte Stobbe, der meinte, anderenfalls herrsche die reine Prinzipienlosigkeit vor.[745] Auch Schanz glaubte den Quellen entnehmen zu können, daß „wir es mit einer materiellen, zu Gunsten der Kindeskinder sich vollziehenden Rechtsentwicklung zu tun haben“[746]. Dabei sollte aber die Entwicklung aufgrund der unterschiedlichen Zusammensetzung der Schöffenkollegien nicht kontinuierlich verlaufen sein.
Diese Theorie von dem langsam Platz greifenden Repräsentationsrecht der Kindeskinder läßt sich hingegen aus den gefundenen Rechtstexten nicht belegen.
Gerade die nachweislich ältesten Stellen, nämlich c. 269 des USR von 1363 und Kap. DLXXIV, DLXXV des Glogauer Rechtsbuches aus dem Ende des 14. Jahrhunderts, gestehen sowohl den Kindern eines ungesonderten Sohnes als auch jenen einer ungesonderten Tochter das Erbe zu, wohingegen zahlreiche Sprüche des 15. Jahrhunderts aus Magdeburg und Leipzig die Geschwister des Erblassers auch vor den ungesonderten Sohneskindern erben lassen. Im Widerspruch dazu existiert eine Entscheidung der Magdeburger Schöffen aus dem Jahr 1524, welche inhaltlich wieder mit dem USR und dem Glogauer Rechtsbuch in Einklang steht.

[745] Stobbe, Beiträge, S. 36 (S. 46).
[746] Schanz, S. 90.

Die unterschiedliche Behandlung des Repräsentationsrecht der Enkelkinder läßt sich auch nicht überzeugend mit dem Hinweis auf besondere lokale Rechtsgewohnheiten erklären. Zwar scheint der Gedanke naheliegend, die weitreichende Einräumung des Repräsentationsrechts auf alle Kinder ungesonderter Kinder im USR und im Glogauer Rechtsbuch, sei als eine Besonderheit des schlesischen Rechtsraums zu verstehen. Dies um so mehr, da man in dem bereits erwähnten Privileg König Johanns von 1339 einen Anknüpfungspunkt für die Gleichbehandlung von Sohnes- und Tochterkindern finden kann.[747] Allerdings vermag der Hinweis auf das Privileg nicht c. 269 des USR erklären, welches wie das gesamte USR auf Sprüchen des Magdeburger Schöffenstuhls beruhen soll. Zwar erstreckt c. 269 des USR das Repräsentationsrecht auch auf Sohnes- und Tochterkinder, diese Ausweitung kann ihren Grund aber nicht in dem königlichen Privileg gefunden haben, denn die Magdeburger Schöffen orientierten sich ausschließlich an ihrem Recht und ließen Privilegien und Statuten bei ihren Entscheidungen grundsätzlich außer acht. Nur wenn man annimmt, c. 269 USR sei vom Schreiber den Gewohnheiten Breslaus angepaßt worden, kann man diesen Widerspruch lösen. Klärungsbedürftig bleibt dann aber immer noch der Umstand, daß SSR IV, 2, 36 das Repräsentationsrecht auf die Kinder der ungesonderten Söhne beschränkt, wo doch das SSR ebenso wie das USR in Breslau zusammengestellt wurde. Eine besondere schlesische Variante des Repräsentationsrechts ist daher nicht ohne weiteres nachweisbar.
Eine einheitliche Handhabung des Repräsentationsrechts läßt sich aber wenigstens für den Bereich der Ordensgründungen Thorn und Kulm nachweisen. Dort erstreckt sich das Repräsentationsrecht nur auf die ungesonderten Sohneskinder.[748]

Insgesamt betrachtet ist es aufgrund der in dieser Hinsicht ungenügenden Quellenlage daher nicht möglich, die Behandlung des Repräsentationsrecht der Enkel in Konkurrenz zu den Geschwistern des Erblassers in eine zeitliche oder in eine geographische Ordnung zu bringen. Es bleibt aber auffällig, daß die Mehrzahl der authentischen Quellen, also die Wiedergabe von Schöffensprüchen in den unterschiedlichen Sammlungen, ein Repräsentationsrecht der Kindeskinder in Konkurrenz zu Erblassergeschwister verneinen.[749] Nur der bei Friese/Liesegang III B Nr. 2 abgedruckte Spruch der Magdeburger Schöffen weicht davon ab.
Eine Aussage läßt sich aber mit Sicherheit den ausgewerteten Texten entnehmen: Die Kinder eines abgesonderten Erblasserkindes nehmen niemals kraft eines Repräsentationsrechtes das Erbe vor den Geschwistern des Erblassers. Die Wirkung der Absonderung der vorverstorbenen Kinder als Erbabfindung verhindert ein Nachrücken der Enkelkinder.

---

[747] Vgl. Stobbe, Beiträge, S. 36 (S. 48).

[748] Alter Kulm, L. IV, art. LXVIII.

[749] Vgl. Lpz. Spruch bei: Kisch, Spruchsammlung Nr. 620, Mgdb. Sprüche bei: Wasserschleben, Rechtsquellen Bd. I, IV, Kap. LIII (S. 191f); ders., Successionsordnung, S. 55f, Friese/Liesegang, III B Nr. 44.

Im übrigen verbleibt die unbefriedigende Möglichkeit, die widersprüchlichen Aussagen über das Repräsentationsrecht mit der jeweils unterschiedlichen Zusammensetzung der einzelnen Schöffenkollegien zu erklären.[750]

3. Konkurrenz der Enkelkinder zu den Eltern des Erblassers

Abschließend soll noch zu dem Verhältnis der Enkelkindern zu den Eltern des Erblassers Stellung genommen werden. Der Frage, ob die Kindeskinder vor oder nach den Eltern sukzedierten, kann erst jetzt nachgegangen werden, denn sie hängt mit dem Problem zusammen, inwieweit den Kindeskindern ein Repräsentationsrecht zugestanden wurde oder nicht.

Dabei stellt sich das Problem, daß die Konkurrenz von Kindeskindern mit den Erblassereltern weder Gegenstand eines Schöffenspruches war[751], noch sonst in irgendeiner Weise in den Stadtrechtsbüchern oder Büchern Magdeburger Rechts behandelt wurde. Anders hingegen Ssp. Ldr. I Art. 17 § 1; dort wird der Vorrang der Sohnes- und Tochterkindern vor den Eltern ausdrücklich ausgesprochen.

Unstrittig ist allerdings der Vorrang der Kinder eines ungesonderten Sohnes, welche nach Magdeburger Recht kraft eines Repräsentationsrechts gemeinsam mit den übrigen Erblasserkindern vor den Eltern des Erblassers sukzedierten.[752]

Fraglich ist demnach nur noch, ob auch die Kindeskinder, welchen mittels eines Repräsentationsrechts der Vorrang vor den Erblassergeschwistern eingeräumt wurde, auch vor den Eltern zum Erbe gelangen konnten. In Betracht kommen hier in erster Linie die Kinder eines ungesonderten Sohnes. Aber wie aufgezeigt, wurde zum Teil auch den Kindern einer ungesonderten Tochter (vgl. oben 3. Gruppe) ein gegenüber den Erblassergeschwistern besseres Erbrecht eingeräumt.

Hier sind zwei Lösungen denkbar. Entweder das den Kindern eines ungesonderten Kindes bei Konkurrenz mit Erblassergeschwistern zugebilligte Repräsentationsrecht erstreckt sich auch auf die Konkurrenz mit Erblassereltern - dann nimmt das Kindeskind das Erbe anstatt seines vorverstorbenen Elternteils und damit auch vor den Eltern; oder die Ausweitung des Repräsentationsrechts galt nur bei der Konkurrenz der ungesonderten Kindeskindern mit den Geschwistern, nicht aber auch bei Konkurrenz zu den Eltern: Dann gingen die Eltern dem Enkelkind im Erbe vor. Nicht überzeugend ist es hingegen, die letztgenannte Lösung mit dem Hinweis zu begründen, die Quellen behandelten nur die Konkurrenz der Enkelkinder mit Erblassergeschwistern und da die Geschwister erst nach den Eltern erben, könnten folglich die Kindeskinder, auch wenn sie vor noch den Geschwistern zum Erbe gelangen, wie diese doch auch erst nach den Erblassereltern sukzedieren.[753]

Allein das Schweigen der Quellen zu diesem Problem präjudiziert keine bestimmte Lösung. Welche von beiden Möglichkeiten nun dem Magdeburger Recht ent-

[750] Schanz, S. 90.
[751] Vgl. Schanz, S. 88.
[752] Schanz, S. 88.
[753] Dies nimmt Schanz, S. 88 u. S. 114 an.

spricht, wenn es denn in diesem Punkt überhaupt eine einheitliche Lösung gab, läßt sich vielmehr nach dem aktuellen Stand der Quellen nicht eindeutig bestimmen. Dabei dürfte aber für die erstgenannten Alternative die konsequentere Behandlung zumindest der erbrechtlichen Stellung der ungesonderten Sohneskinder sprechen. Es ist nicht ganz einsichtig, warum die Sohneskinder gegenüber den vor den Eltern erbenden Erblasserkindern und gegenüber den nach den Eltern erbenden Geschwistern ein Repräsentationsrecht innehaben, nicht aber gegenüber den Eltern des Erblassers. Wird aber zumindest den Sohneskindern ein Repräsentationsrecht zugestanden und nehmen sie kraft dessen die Stellung ihres vorverstorbenen Vaters ein, so müssen sie auch vor den Eltern des Erblassers sukzedieren.
Festzuhalten bleibt aber, daß grundsätzlich die Eltern als zweite Erbengruppe vor den gradferneren Enkelkindern sukzedierten. Eine Durchbrechung dieses Prinzips kann nur im Rahmen eines Repräsentationsrechtes erfolgen.

IV. Erben vierter Ordnung - Die Halbgeschwister

Die vierte Erbengruppe - nach den Kindern, Eltern und Geschwistern des Erblassers - wird gebildet von den halbbürtigen Erblassergeschwistern.

1. Konkurrenz von Vollgeschwistern zu den Halbgeschwistern

Für das Erbrecht der Geschwister war es von besonderer Bedeutung, ob der Erbprätendent mit dem Erblasser beide Elternteile gemeinsam hatte, also vollbürtig war, oder ob er mit dem Erblasser nur einen gemeinsamen Elternteil hatte.
Ebenso wie im Sachsenspiegel-Landrecht, dessen Ldr. I Art. 3 § 3 die Halbgeburt ein Glied zurücktreten läßt, konnten auch nach Magdeburger Recht die Halbgeschwister nicht zusammen mit den Vollgeschwistern erben.
Capitel 184 des USR (ca. 1352-1363) lautet:

„Di kinder, di von eime vatir unde von enir mutir sint: Stirbet der kinder eins, di andern nemen sin erbe unde nicht di kinder, di sine bruder unde swester sin von vatir wegin alleyne.“[754]

Auf die Frage *„ab nicht halbe Bruder die von einem rechten naturlichen vater kommen seint gleich erbtheil nhemen“* antworteten die Leipziger Schöffen:[755]

„...So hat der selbige vorstorbene man alle sein gut das Er nach sich gelassenn hat, Es sei farende oder unfarende oder wie es namen hat ader gehaben mag, nach seinem tode geerbt vnnd

[754] Ebel, Mgdb. Recht Bd. II/1, Nr. 64; SSR IV, 2, 34; Böhme, Dipl. Beytr. Bd. II.1, S. 60 Abs. 5; Alter Kulm, L. IV, art. LXXVI; Posener Rechtsbuch, IV, c. 60. (gedruckt bei: Goerlitz, Mgdb. Sprüche für Posen, I Nr. 9); Kap. CXVIII des Glogauer Rechtsbuches ergänzt den letzten Halbsatz klarstellend mit: *„vnde nicht dy kinde dy seyne geswistrin syn von vater vnde von muter aleyne“*. Vgl. auch Poelmann'sche Distinktionen, L. I, art. VII, Dist. 9; Biener'sche Erbrechtsregel, Tit. II, art. 6.

[755] Gedruckt bei: Wasserschleben, Successionsordnung, S. 169 Abs. 2.

gefellet auf seine rechte bruder vngezweit von vater vnnd von mutter vnd der gezweite bruder von der mutter mag an sulchem gut keinen teill erlangen. Ime ist auch unhülflich das er mit dem verstorbenen bruder einen vater gehabt Sunder der vngezweite Bruder vom Vater vnnd von muter behelt sulch gut allein V.R.W.

2. Konkurrenz der Halbgeschwister zu den Geschwisterkindern

War demnach die Zurücksetzung der Halbgeschwister hinter den Vollgeschwistern ein dem Sachsenspiegel und dem Magdeburger Recht gemeinsamer Grundsatz, so war die Stellung der Halbgeschwister bei Konkurrenz zu den weiteren Verwandten in beiden Rechtskreisen unterschiedlich ausgestaltet. Dieser Gegensatz wurde besonders dann offenbar, wenn Halbgeschwister mit den Kindern bereits verstorbener Vollgeschwister um das Erbe stritten.
Nach Sachsenspiegel Ldr. II Art. 20 § 1 erben die Halbgeschwister, welche ein ganzes Glied in der Verwandtschaft zurückfallen, gemeinsam mit den ihnen um ein Glied ferner stehenden Vollgeschwisterkindern.
Dieser landrechtliche Grundsatz ist auch in einige Stadtrechtsbücher übernommen worden. So findet sich die Gleichstellung von halbbürtigen Geschwistern mit den Kindern vollbürtiger Geschwister im Meißener Rechtsbuch, L. I, c. VI, Dist. 4 und c. XXVII, Dist. 1 ausgesprochen.[756] Dort wird diese Gleichstellung allerdings mit *„unde ist lantrecht unde wichbilde"* bezeichnet. Gemeinhin wird mit *„wichbilde"* im Meißener Rechtsbuch das Recht der Städte umschrieben[757], in welchen, da der ursprüngliche Geltungsbereich des Rechtsbuches hauptsächlich die Mark Meißen umfaßte, Magdeburger Recht zur Anwendung kam. Mit dieser Beschreibung des Magdeburger Rechts ging der Verfasser des Rechtsbuches hingegen fehl.

Die Bestimmungen des Magdeburger Rechts wichen nämlich von denen des Landrechts in diesem Punkte ab:
Ein Schöffenspruch aus Codex M 20a der SLUB Dresden aus dem 15. Jahrhundert regelt das Verhältnis der Prätendenten folgendermaßen.[758]

„Geswister von halber gebortt sint nehir erb tzu nehemen wen swester vnd bruder kinth voller gebort noch madeburgischen rechte. noch gemeynen landrechte do sint sie gleich."

Daß sich das Magdeburger Recht in dieser Hinsicht von dem Erbrecht des Sachsenspiegels unterschied, war den Magdeburger Schöffen und den mit Magdeburger Recht bewidmeten Städten durchaus bewußt. Entsprechend häufig wird in den Quellen auf die allgemeine erbrechtliche Besserstellung der Halbgeschwister gegen-

[756] In Anlehnung an Meißener Rechtsbuch, L. I, c. VI, Dist. 4 bestimmt Biener'sche Erbrechtsregel, Tit. IV, reg. 9 ebenfalls die erbrechtliche Gleichstellung des Halbbruders mit dem Sohn der Halbschwester.
[757] Vgl. Ortloff, Meißener Rechtsbuch, S. XXXII.
[758] Gedruckt bei: Wasserschleben, Successionsordnung, S. 166 Abs. 1.

über den Geschwisterkindern verwiesen.[759] Zahlreich sind aber auch die Texte, in welchen ausdrücklich die Konstellation von Ldr. II Art. 20 § 1, nämlich die Konkurrenz von Halbbrüdern mit vollbürtigen Bruderkindern, behandelt wird.

„*Stirbit eyn man unde lesit eynen geczweyten brudir unde eynis ungeczwetes brudirs kint, so hat des toten mannis geczweten brudir bessir recht czu des toten mannis gute unde erbe, wen synis ungeczweten brudirs kindir. Von rechtis wegen.*“[760]

Die Magdeburger Sprüche, welche das Erbe zwischen den Halbgeschwistern und den Geschwisterkindern teilen, beruhen ausschließlich auf Sachverhalten, welche nach Landrecht zu entscheiden waren:

„*H. sp. w. r.: Dez toten mannes halbe swester und sinez ungeczweyeten bruder son und bruder tochter sind sinem erbe gliche nahe czu nemene noch landrechte, noch dem mal daz dy halbe gebord von der halben swester wegin schrygked an eyn ander gled. V. r. w.*“[761]

Die Bevorzugung der Halbgeschwister gegenüber den vollbürtigen Geschwisterkindern wird dabei zum Teil ausdrücklich mit dem Hinweis begründet, die Halbgeschwister seien dem Erblasser näher gesippt. So heißt es in einem bei Kisch, Spruchsammlung, Nr. 465 mitgeteilten Schöffenspruch:

„*Hierauf: Seintmal der verstorben mann nicht weibs gehabt hat, so seint seine schafe erb, und hat die schaf mit merem rechten geerbt auf seinen halben bruder, dan ime seiner schwester tochter darein gesprechen moge, nachdemmal der halb bruder neher das erbe zu nemen gesipt ist. Von rechtis wegen*“.

---

[759] Vgl. Mgdb. Spruch für Namburg bei Wasserschleben, Successionsordnung, S. 170 Abs. 2 auch gedruckt bei: Friese/Liesegang, III B Nr. 2 (S. 441f). Ferner die Mgdb. Sprüche bei: Wasserschleben, Rechtsquellen Bd. I, IV, Kap. XXXIXb (S. 172); ders., Successionsordnung, S. 164 Abs. 4, ebenso die Mannschaft zu Dohna bei: Wasserschleben, Rechtsquellen Bd. I, IV, Kap. CXVII (S. 255); Poelmann'sche Distinktionen, L. I, art. VII, Dist. 4. Nach dem Mgdb. Spruch bei Wasserschleben, Rechtsquellen Bd. I, IV, Kap. LXXXVI (S. 238) erbt die Halbschwester vor dem Sohn der vollbürtigen Schwester, ebenso Magdeburger Fragen, L. I, c. VII, Dist. 20. Nach Magdeburger Fragen, L. I, c. VII, Dist. 8 erbt auch der Halbbruder vor dem Schwesterkind. Ebenso Poelmann'sche Distinktionen, L. I, art. VIII, Dist. 14; arg. e. contrario Sippzahlregeln, Tit. VI, § 3; Biener'sche Erbrechtsregeln, Tit. III, art. 13. Auch nach den Goslarer Statuten, L. I, c. I § 6 gingen die Halbgeschwister den Geschwisterkindern im Erbe vor.

[760] USR c. 295 (1363-1386) bei: Ebel, Mgdb. Recht Bd. II/1, Nr. 141. Vgl. auch die Sprüche bei: Stobbe, Beiträge, Nr. XXX S. 90 (106); Ebel, Mgdb. Recht Bd. I, VI Nr. 4 (S. 274); Wasserschleben, Successionsordnung, S. 165 Abs. 3; Alter Kulm, L. IV, art. XCV.

[761] Mgdb. Spruch bei: Friese/Liesegang, III B Nr. 74. Entsprechendes gilt wohl auch für Pößnekker Spruchsammlung, I Nr. 143, obwohl es dort aus dem Sachverhalt nicht ersichtlich ist.

3. Konkurrenz der Halbgeschwister zu den Großeltern

Die Halbgeschwister gingen aber nicht nur den Vollgeschwisterkindern im Erbe vor, vielmehr erbten sie auch vor den Großeltern.[762]

Einer Entscheidung der Magdeburger Schöffen für Görlitz von ca. 1450 lag folgende Konstellation zugrunde:

Die Erblasserin hatte auf der einen Seite eine Halbschwester mütterlicherseits und auf der anderen Seite den Großvater väterlicherseits und einen Bruder seiner Mutter hinterlassen. Die Hinterbliebenen stritten nun darüber, ob eine Partei näher gesippt sei als die andere oder ob alle gleich nah mit der Erblasserin verwandt seien. Die Schöffen sprachen das Erbe, Hundert Mark Groschen, der Halbschwester vor dem Großvater und dem Onkel des Erblassers zu.

„... *so had das vorstorbene kind de selbten ... uff sine halbe swestir, mutter halben, gebracht vnd vorerbet, vnd dy ist dar nehir vnd mit besserenn rechten by zcu bliben, den sy des vorstorbn kindes vater vater vnd siner mutter bruder dar an vorhindern mogen, vnd das der grosse vater in der rechten linien uffwort stehet, das kan der gnanten halben swester an irer gerechtickeyt nicht hinderlich noch schedelich gesin nach Magdeburgischenn rechtenn*".[763]

Nach einem Leipziger Spruch von ca. 1464 erbte der Halbbruder väterlicherseits vor der Vatermutter und dem Muttervater auch dann, wenn er zum Zeitpunkt des Erbfalls zwar noch nicht geboren, aber schon gezeugt war.[764]

In diesem Punkt unterscheidet sich das Magdeburger Recht ebenfalls vom Sachsenspiegel. Nach der Gliederzählung sind die Großmütter des Erblassers zwei Glieder vom Erblasser entfernt, die Geschwister des Erblassers hingegen nur ein Glied.[765] Fällt nun die halbbürtige Schwester oder der halbbürtige Bruder aufgrund der Halbgeburt um ein Glied zurück, so erben sie nach Landrecht gemeinsam mit den Großmüttern. Nach Magdeburger Weichbild hingegen gehen die Halbgeschwister den Großeltern im Erbe vor.

„... *Hyr vp spreken wy scheppen tho Magdeburg vor recht: Iß mit jw tho Lunenborch als jnn wichbelde rechte eyne jungfowe vorstoruen, die vnder anderen nha sick gelaten hefft twey grotemodere vnd dar tho einen haluen broder vnd suster etc., wes denn de sulue vorstoruen jungfrowe erues vnd gudes, dat tho erue gehort vnd sie nach rechte voreruen mochte, hinder sick gelatenn, dat hefft sie alles nha oltherkommen vnd lantlewffigen wichbilde rechte alleynn vp oren haluen broder vnd suster gebracht vnd voreruet. Wo auer de sulue jungfrowe tho*

[762] Mgdb. Spruch für Halle: Halbbruder- und schwester mütterlicherseits erben nach Magdeburgischem Recht vor dem Vater der Mutter. Gedruckt bei: Wasserschleben, Successionsordnung, S. 174 Abs. 1 (= Kisch, Spruchsammlung, Nr. 599).

[763] Neumann, Mgdb. Weisthümer, Nr. XIII (S. 24). Auch gedruckt bei: Wasserschleben, Successionsordnung, S. 96.

[764] Pößnecker Spruchammlung, I Nr. 116. Vgl. auch Pößnecker Spruchsammlung, I Nr. 114.

[765] Der Frage, welche Komputation der Magdeburger Erbfolgeordnung nun letztlich zugrunde gelegen hat, wird weiter unten nachgegangen.

lantrechte vorstoruen, ßo werenn ock ore beyden grotemoder sampt dem haluen broder vnnd suster nha gemeinem lantrechte gelik nha dar tho. Von rechteß wegenn. Vorßegelt mit vnnßerm jngesegell."[766]

In dieser Hinsicht weder mit Magdeburger Recht noch mit Landrecht vereinbar ist Meißener Rechtsbuch, L. I, c. VI, Dist. 8:

„*Der eldervater unde eldermuter nemen erbe vor swester unde bruder dy geczweyget sin von vater unde von muter*"[767]

Der Vorrang der Großeltern vor den halbbürtigen Geschwistern kann seine Grundlage nach dem bisher Festgestelltem nicht im sächsischen Recht gefunden haben. Meißener Rechtsbuch, L. I, c. VI, Dist. 8 beruht vielmehr auf Goslarer Statuten, L. I, c. I § 10, welcher ebenfalls das Erbe den Großeltern zuspricht.
Als Vorbild für diese Bevorzugung der Großeltern vor den Halbgeschwistern in den Goslarer Statuten und im Meißener Rechtsbuch kommt dabei durchaus das römische Recht in Betracht. Nach c. 2, Nov. 118 erben die Halbgeschwister erst in der dritten Erbenklasse, also nach den Großeltern, welche der zweiten Klasse angehören.

4. Konkurrenz von Halbgeschwistern zu den Elterngeschwistern

Das für die Konkurrenz von Halbgeschwistern mit Großeltern Gesagte gilt ebenfalls für die Konkurrenz zu den Elterngeschwistern. Auch hier war die Erbenfolge unterschiedlich je nach dem, ob der Erbfall nach Weichbild oder nach Landrecht zu entscheiden war:

„*Hir upp spreke wy schepen to Magdeburch ein recht: Nach magdeburgisschem wikbilde rechte so is des doden haluesuster neger vnd mit betheren rechte sin erue vnde gud to nemende wenn siner ander vulsuster* (d.i. „des doden mudder vullesuster van vader unde van mudder" der Anfrage). *Auer na sasseschem lantrechte so is dy halue suster von vader wegen vnd der moder vulsuster dem doden like na. Von rechts wegen. Besegelt mit vnsim jngesegel.*"[768]

Entsprechend beurteilt ein bei Friese/Liesegang, III B Nr. 132 wiedergegebener Magdeburger Rechtsspruch aus dem Anfang des 15. Jahrhunderts das Verhältnis von Halbbruder zu Vaterbruder:

„*Vortmer umb dy mageschaft sp. w. sch. z. M. e. r.: Der juncfrauwin, des unmundigen kindes, vatherbruder von vuller bord ist nach landrechte om also nahe besippet, alse sin bruder von*

---

[766] Mgdb. Spruch für Lüneburg ca. Ende des 15. Jahrhunderts bei: Ebel, Mgdb. Recht Bd. I, I, Nr. 6 (S. 10).
[767] Vgl. auch: Eisenacher Rechtsbuch, L. I, Art. 15; Poelmann'sche Distinktionen, L. I, art. VII, Dist. 12 und Biener'sche Erbrechtsregeln, Tit. II, art. 8.
[768] Mgdb. Spruch für Lündeburg ca. 1410 bei: Ebel, Mgdb. Recht Bd. I, I, Nr. 2 (S. 3).

halber bord. Wen dy halbe bord schricket noch lantrechte in eyn ander leet. Aber nach wigbilderechte ist der halbe bruder neher, wen des vater bruder. V.r.w. B.m.u.i."[769]

In der Pößnecker Spruchsammlung, I Nr. 118 bezeichnen die Leipziger Schöffen das bessere Erbrecht der Halbgeschwister vor den Elterngeschwister sogar ganz allgemein als sächsisches Recht.

„*... deshalbin des vater swester an der vorstorbin kindere gute keyne gerechtikeyt mag gehabin, sundern der halbe bruder unde dye halbe swester behalden daz nach Sechschen rechten billich alleyne.*"

Mitte des 16. Jahrhunderts fragte der Rat der Stadt Zwickau beim Leipziger Schöffenstuhl an, ob nach landläufigem sächsischen Recht der Halbbruder des Erblassers das Erbe alleine erhält oder es mit der Schwester seiner Mutter teilen müsse. Die Irritationen des Zwickauer Rates waren in erster Linie durch zwei voneinander abweichende Urteile des sächsischen Oberhofgerichtes, auf welche sich die Parteien jeweils beriefen, hervorgerufen worden. In dem einen Urteil wird für Recht erkannt, daß „*des verstorbenen halber Bruder und seiner mutter rechte schwester in gleichem grade seint und zugleich das erbe nemen*" in dem anderen wird hingegen für Recht erkannt, daß „*des verstorbenen halber bruder neer zum erbe sei, dan seiner mutter rechte schwester und sie ausschliße...*".[770]

Die Leipziger Schöffen entschieden mit Spruch von 1554:

„*Sprechen wir schopfen zu Leipczick vor recht: ist einer verstorben und hat nach sich seinen halben bruder von vater an einem ond seiner mutter rechte schwester von voller gepurt am andern teil verlassen, so hat er sein niederlassen erbe uff seinen halben bruder von wegen der nehern blutsverwantnus mit mehrem rechten, dan uff seiner mutter schwester verfelt. Von rechts wegen.*"[771]

---

[769] Vgl. auch: Mgdb. Spruch bei: Wasserschleben, Rechtsquellen Bd. I, IV, Kap. XL (S. 172); Lpz. Sprüche bei Kisch, Spruchsammlung, Nr. 67 (= Wasserschleben, Successionsordnung, S. 170 Abs. 1); Poelmann'sche Distinktionen, L. I, art. VII, Dist. 5; Urteil des Rats der Stadt Goslar bei Ebel, W., Sudien, Anh. Nr. 46; Biener'sche Erbrechtsregeln, Tit. II, art. 3.

[770] Zitiert nach Simm, Schöffensprüche I, Nr. 19 (S. 96). Im Ergebnis ebenso die mitgeteilte Sentenz eines Leipziger Spruches bei Simm, Schöffensprüche II, Nr. 19 (S. 143), in welcher der Vorzug der Halbgeschwister mit Ldr. II Art. 20 § 1 begründet wurde.

[771] Gedruckt bei: Simm, Schöffensprüche I, Nr. 19 (S. 97). Simm, Schöffensprüche I, Bspr. zu Nr. 19 (S. 98) erklärt das bessere Erbrecht des Halbbruders in Anschluß an Wasserschleben mit der Anwendung der Drei-Linien-Ordnung in Verbindung mit der kanonischen Komputation innerhalb der Seitenverwandtschaft.

Mit dem Magdeburger Recht stimmt in diesem Punkt auch Eisenacher Rechtsbuch, L. I, Art. 8 § 2 Hs. 1 überein:[772]

„Halbbrudir adir halbswestir habin bessir recht und sint neher eyme gevelle an guthe adir erbe wan wase, oheme adir vetter..."

Folgerichtig erbte der Halbbruder auch vor dem Sohn der Mutterschwester.[773]

5. Konkurrenz von Halbgeschwistern zu den Kindeskindern

Entsprechend ihrer erbrechtlichen Stellung unmittelbar nach den vollbürtigen Geschwistern erbten die Halbgeschwister auch vor den Kindeskindern, wenn letztere nicht ausnahmsweise mittels des Repräsentationsrechtes der ersten Erbengruppe zugeordnet werden.

Kap. 122 der alphabetischen Spruchsammlung des Codex Hs. 1096 der UB Leipzig lautet:[774]

„Eyne vrowe ys ghestoruen unde leth eyne halue suster na van der moder weghen, unde leth ock eyner dochter kynth, we nu dath erue nemen moge effte baren under en beyden. Hyr up: dath de sulue halue suster neger ys, dath erue to barende wen der dochter kyndt, van rechtes weghen."

Zum Teil wurde, vor allem aus dem Vorzug der Halbgeschwister vor den Geschwisterkindern, geschlossen, daß „die Zurücksetzung der halben Geburt ... dem Weichbilde unbekannt" sei, vielmehr „die vom Weichbildrechte durchgeführte Gleichstellung der halben und vollen Geburt" das bessere Erbrecht der Halbgeschwister stütze.[775] Eine solche Feststellung läßt sich aber nicht mit dem im Magdeburger Recht mehrmals ausgesprochenen Grundsatz vereinbaren, nach welchem die Vollgeschwister vor den Halbgeschwistern zum Erbe gelangen.[776]

Charakteristisch für die Behandlung der Halbgeburt im Magdeburger Recht ist vielmehr die Zurücksetzung der halbbürtigen Geschwister nur im Verhältnis zu den ihnen gleich nah gesippten Vollgeschwistern. Bei Konkurrenz mit gradferneren Verwandten behaupten die Halbgeschwister ihr besseres Erbrecht, welches ih-

---

[772] Der Artikel hat seine Grundlage nicht wie sonst zahlreiche Bestimmungen des Rechtsbuches im Meißener Rechtsbuch, sondern in Art. 106 der Eisenacher Gerichtsläufte aus dem 14. Jahrhundert

[773] Mgdb. Spruch bei: Wasserschleben, Rechtsquellen Bd. I, IV, Kap. XXVII (S. 162). In der Anfrage wurde allerdings nicht die nähere Verwandtschaft des Halbbruders angezweifelt. Das Erbrecht des Halbbruders wurde vielmehr deswegen bestritten, da er erst 16 Wochen nach dem Erbfall geboren wurde. In der Entscheidung weisen die Schöffen dem Halbbruder aber trotzdem das Erbe zu, da er der nächste Verwandte sei.

[774] Gedruckt bei: Wasserschleben, Rechtsquellen Bd. II, I, Kap. 122 (S. 43).

[775] Friese in Friese/Liesegang, S. 779 zu dem a.a.O. unter III B 2 mitgeteiltem Schöffenspruch.

[776] Friese in Friese/Liesegang, S. 778f hat bei der Darstellung des Erbrechts der Geschwister diese Konstellation nicht behandelt.

nen als näheren Verwandten zusteht. Entsprechend kann man die sich aus der Halbbürtigkeit ergebende Benachteilung auch als eine relative bezeichnen, da sie sich nur bei der Konkurrenz mit gradgleichen Verwandten auswirkt.[777] In der Literatur wurde diese für das Magdeburger Recht typische Erscheinungsform mit der Formulierung umschrieben, daß die Halbgeburt im Weichbild, im Gegensatz zum Landrecht, nur ein halbes Glied bzw. einen halben Grad zurücktritt.[778]

Hinterließ der Erblasser Halbgeschwister väterlicher- und mütterlicherseits, so fiel das Erbe an diese zu gleichen Teilen nach Köpfen. Zu einer Aufteilung des Erbes nach Gütern, welche der Erblasser zum einen von seines Vaters Seite und zum anderen von seines Mutters Seite erhalten hat, kam es nicht. Diese Rechtspraxis wurde in den Kursächsischen Konstitutionen const. sax, pars. III, art. XIV als Sachsenrecht ausdrücklich bestätigt und beibehalten.

V. Erben fünfter Ordnung - Die Großeltern, Elterngeschwister, Geschwisterkinder und Kindeskinder

Mit zunehmender Gradferne vom Erblasser wächst der Umfang der Erbengruppe. Zu der fünften Erbengruppe zählen die Großeltern des Erblassers, die Geschwister der Erblassereltern, also Onkel und Tanten, die Kinder der Erblassergeschwister, sprich Neffen und Nichten, sowie die Kindeskinder, soweit sie nicht kraft eines praktizierten Repräsentationsrechts den Erblasserkindern gleichgestellt wurden.
Für alle genannten Angehörigen ist aus den Quellen zu belegen, daß sie erst nach den Halbgeschwistern sukzedierten, folglich auch den Kindern, Eltern und Vollgeschwistern im Erbe nachgingen.
Ihre Zugehörigkeit zu einer Erbengruppe ist allerdings erst dann sicher, wenn sich nachweisen läßt, daß sie bei ihrem Aufeinandertreffen als Erbprätendenten gemeinsam das Erbe erhalten haben.

1. Konkurrenz von Großeltern zu den Elterngeschwistern

Zu den gesicherten Kenntnissen über das Magdeburger Erbrecht gehört die Simultansukzession der Großeltern und der Elterngeschwister des Erblassers.[779]
Entsprechend erbte die Muttermutter gemeinsam mit dem Vaterbruder:

„...Hir vp spreke wy scheppen to Magdeburg eyn recht: Der kinder vaderbruder vnde orer muder muder scholen der kinder erue, dat sy laten hebben, like deylen von rechtes wegen....“[780]

---

[777] Wasserschleben, Successionsordnung, S. 61.

[778] Siegel, Österreichische Vierteljahrschrift Bd. 6 (1860), S. 21 (S. 24); Schanz, S. 93.

[779] Anders aber Eisenacher Rechtsbuch, L. I, Art. 20. Dort erben die Großeltern vor den Elterngeschwistern. Diese Anordnung wird aber ausdrücklich als Stadtrecht bezeichnet und geht auf Eisenacher Gerichtsläufte Art. 95 zurück.

[780] Mgdb. Spruch für Eisleben aus dem Ende des 14. Jahrhunderts bei: Ebel, Mgdb. Recht Bd. I, VI Nr. 1 (S. 272). Die von Ebel, F. dem Spruch vorangestellte Überschrift „Erbrecht der Nef-

und die Vatermutter neben der Schwester der Erblassermutter:

„..Wir burger und schepphin der stad dresden etc. was das vorstorbenin meidichin ... noch seyme tode geloszin had.....das is gelaszin had theilin das kindes muter swester und vater muter gleich mittenander noch personenczal von rechtis wegin.“[781]

Weiterhin erbten der Vatervater mit den Brüdern der Mutter[782], der Vater der Mutter mit der Schwester des Vaters[783] und die Großmutter mit der Vaterschwester zusammen[784].

Betrachtet man die bislang genannten Quellen, liegt die Vermutung nahe, zumindest das Erbrecht bei Konkurrenz der Großeltern mit den Elterngeschwistern sei vom Linienprinzip geprägt gewesen. Das heißt, der Nachlaß hätte sich hier in einen mütterlichen und einen väterlichen Erbteil geteilt und fiele in dieser Form an die jeweils nächsten Verwandten der väterlichen und der mütterlichen Seite. Die in den Quellen fast ausschließlich anzutreffende Konkurrenz der Großeltern der einen Seite mit Elterngeschwistern der anderen Seite gibt der weiteren Vermutung Raum, die Elterngeschwister hätten als Gradfernere gegebenenfalls nur vermittels eines Repräsentationsrechts mit den Großeltern der anderen Linie sukzedieren können.
Diese Vermutung findet eine Stütze in einem als c. 75 einer Danziger Handschrift[785] mitgeteiltem Rechtssatz. Dort heißt es:

Ein kindt ist gestorben, vnd lest zwu elder mutter, die eine von dem vater, die annder von der mutter. vnnd liesz seins vater halb bruder. die zwu elder mutter nehmen gleiche teile an des kindes gutte, vnnd geben seines vater halb bruder von dem gutte nicht, dorumme das seine eldern beide auff die zeitt lebettenn; wenne den kindern kein gutt nicht anersterben magk, die weile die eldern lebenn.

Das bessere Erbrecht der Großmütter wird ausdrücklich mit dem Hinweis darauf begründet, die Kinder würden durch ihre noch lebenden Eltern von der Erbfolge ausgeschlossen.

---

fen und Großeltern“ ist insoweit unzutreffend, als, wie Anfrage und Entscheidung verdeutlichen, es hier um das Erbrecht der Großmutter und des Vaterbruders geht.

[781] Dresdener Spruch aus dem 15. Jahrhundert bei: Wasserschleben, Rechtsquellen Bd. I, IV, Kap. CLXXVIII (S. 325f).

[782] Mgdb. Spruch vor 1436 aus einer Königsberger Handschrift bei: Stobbe, Beiträge, Nr. LII S. 90 (S. 121).

[783] Mgdb. Spruch für Zerbst von 1524 bei: Friese/Liesegang, II Nr. 53. Mgdb. Spruch für Schweidnitz von 1506 (gedruckt bei: Goerlitz/Gantzer, Mgdb. Sprüche für Schweidnitz, II Nr. 96) wo die Sukzession als nach *„lantlewftigen sechsischen rechten“* bezeichnet wird.

[784] Wasserschleben, Successionsordnung, S. 175 Abs. 3.

[785] Gedruckt bei: Steffenhagen, Rechtsquellen, S. 101 (Oppitz, Rechtsbücher Bd. II, Nr. 366).

Gegen die Geltung des Liniensystems sprechen aber jene Texte, welche von einer gemeinschaftlichen Nachfolge aller Großeltern mit allen Elterngeschwistern, unabhängig welcher Linie, ausgehen.
C. 186 USR[786] von ca. 1352 - 1363 und das ihm weitgehend wörtlich entsprechende SSR IV, 2, 35 bestimmen:

„Stirbit ein kint unde lest lebende czw<u> eldirmutir, eine von dem vatir, di ander von der mutir, unde lest ouch lebende <synis vatir brudir und> sines vatir swestir unde <ouch> siner mutir swestirn alle: <Di vorgenantin lute beyde> di eldermutir unde sines vatir bruder unde sines vatir swestir <und synir mutir swestir>, neme <mit> rechte alle glich des vorgenanten kindes gut.“

In dem Alt-Urtheilbuch der Stadt Dresden ist auf Bl. II Abs. 2 folgende Sentenz eingetragen:

Vater geswester von Vollergebort vnd groter vatir nemen gleich erbe in verstorbenem kinder gutte nach personen anzall also wyeter es ist Jungfrawe verstorben, und hat ihrer muter elderen als man grottvatter vnd grossmuter eynes Ihrer muter geswester des andir teyls und deß-gleichen Ihres Vatern geswestere des dritte teyles hindir sich gelassen nemen alle zcu gleich nach personen zcal

Folglich erben die Großeltern, sowohl väterlicher- wie auch mütterlicherseits, gemeinsam mit allen Geschwistern der Erblassereltern.[787]

Hervorzuheben ist der Umstand, daß die Geschwister der Erblassereltern gemeinsam mit ihren eigenen Eltern, den Großeltern des Erblassers, sukzedieren und nicht nur in den Fällen zum Erbe gelangen, wenn die entsprechenden Großeltern vorverstorben sind.
So beerben nach einem Leipziger Schöffenspruch die Großeltern mütterlicherseits gemeinsam mit ihren eigenen Kindern und der Mutter des Vaters und deren zwei Söhne den Erblasser:

„Der vorstorbene knabe hat sin guth geerbet vff sinen eldervater vnd eldermuter syner muter halben vnd vff ire kinder vnd uff sins vatern mutter vnd auch vff ire tzwene sone tzu gleichin teylle noch personen tzall...“[788]

---

[786] Ebel, Mgdb. Recht Bd. II/1, Nr. 66. Dieser Spruch ist auch in dem Böhmer'schen Kodex bei Böhme, Dipl. Beytr. Bd. II.1, S. 60 Abs. 5 aufgenommen worden.

[787] Vgl. auch: Glogauer Rechtsbuch, Kap. DLXXII; Spruch bei: Wasserschleben, Rechtsquellen Bd. II, I, Kap. 141 (S. 49); Lpz. Spruch bei: Wasserschleben, Successionsordnung, S. 166 Abs. 6; Mgdb. Schöffenspruch von 1469 bei Neumann, Nr. XL (S. 108) auch gedruckt bei Wasserschleben, Successionsordnung, S. 96f; Magdeburger Fragen, L. I, c. VII, Dist. 14; Alter Kulm, L IV, art. LXXVII; Poelmann'sche Distinktionen, L. I, art. VII, Dist. 13, art. VIII Dist. 10 und Biener'sche Erbrechtsregeln, Tit. III, art. 11.

Die Erbquote wird ebenfalls nicht nach den Linien geteilt, sondern es gilt das Kopfprinzip.[789] Jeder Erbe erhält denselben Anteil.[790]

In einem im Dresdener Alt-Urtheilbuch Bl. 104 Abs. II (Nr. CII) mitgeteilten Magdeburger Schöffenspruch wird das gleichrangige Recht der Großeltern mütterlicherseits - Jacob Mohnez und seine Frau - und der Elterngeschwister damit begründet, alle seien der Erblasserin gleich nah besippt:

Sprechenn wir Scheppin zcu Magdburk uff dy selbige schriffte vor recht, was Wirkell Vndyezs eurez vorstorbn bruderß nachgelassene tochter dy in deßen <... ...> todehalben ist abgegangen an verstorbenen Erbez vnd gutes, das zcu erbe gehortt vnd vorerben mochte. Es sey ir von irem vater addir sunst ankomme gehabt vnd unvorgabit nach iren tode hinder irn gelaßen das hatt sy alles uff irez groſsvater vn groſsmutter vnd uff euch vnd eure geswister als des vater bruder vnd swester voller geburt Vnd auch upp Jacuff Mohnez kinder also vnd mutter geswisteren voller geburt alle alßo uff ires gleichmaße besibten auch zcu gleichenn teile nach personen zcal zcu erbganges rechte gebracht vnd vererbet vnd ir mit euren geswistere seytt also dy andern alßo großevater, vnd großemutter mit iren kindern also die verstorbem mutter geswistere gleich vnd neben euch an synen gelassenen erbgüttern obgemelt zu gleichen teyle nach personen zcal komen zcu lassen verpflichtet. Von rechts wegen. Versigelt mit unserem Ingesygell.

Der ebenfalls in dieser Sache um Rat befragte Leipziger Schöffenstuhl entschied wie die Magdeburger Schöffen.[791]

---

[788] Gedruckt bei: Wasserschleben, Successionsordnung, S. 167 Abs. 4. Vgl. auch: Kisch, Spruchsammlung, Nr. 693 (= Wasserschleben, Successionsordnung, S. 174 Abs. 2), Wasserschleben, Rechtsquellen Bd. I, I Kap. 123 (S. 43) und Pößnecker Spruchsammlung, I Nr. 117. Auch in der Entscheidung bei Kisch, Spruchsammlung, Nr. 620 begehrt die Großmutter das Erbe für sich und ihren Sohn, vgl. zur Entscheidung S. 214.

[789] Hingegen nimmt Heymann, Grundzüge, S. 24, an, die hälftige Aufteilung des Erbes nach der väterlichen einerseits und der mütterlichen Linie andererseits sei ein Charakteristikum des sächsischen Rechts. Die von Heymann, Grundzüge, S. 24 Fn. 6, herangezogene Stelle des Bremer Stadtrechts von 1303 kann diese Ansicht aber nicht stützen. Dort wird nur festgestellt, daß gleichnahe Verwandte, egal ob nun von väterlicher oder von mütterlicher Seite, das Erbe gleich teilen, ohne daß nun damit die hälftige Teilung des Erbes nach Linien ausgesprochen würde.

[790] Mgdb. Spruch für Lüneburg aus dem Ende des 15. Jahrhunderts bei Ebel, Mgdb. Recht, Bd. I, I Nr. 8 (S. 12f); Mgdb. Spruch bei: Kisch, Spruchsammlung, Nr. 684, dort hatte der einzige Bruder der Mutter den halben Teil der Erbschaft gefordert und wollte die andere Hälfte den drei Geschwistern des Vaters überlassen. Die Magdeburger Schöffen ordneten ausdrücklich Teilung nach Personenzahl an. Von diesem dem Magdeburger Recht eigentümlichen Grundsatz weichen allerdings Poelmann'sche Distinktionen, L. I, art. VIII, Dist. 20 und Biener'sche Erbrechtsregeln, Tit. III, art. 17 ab, in dem sie für das Erbe, welches an Geschwisterkinder fällt, Teilung nach Stämmen anordnen.

[791] Dresdener Alt-Urtheilbuch, Bl. 103 a Abs. II (Nr. CI).

Von der erbrechtlichen Gleichbehandlung der Großeltern mit den Elterngeschwistern scheint jedoch ein ebenfalls im Dresdener Alt-Urtheilbuch Bl. 132 (Nr. CXXXXVI) enthaltene Entscheidung der Leipziger Schöffen abzuweichen. Gestorben war das letztüberlebende Kind des vorverstorbenen Paul Erisch. Um das Erbe stritten die Großmutter väterlicherseits, M. Erisch, der Bruder der Mutter des verstorbenen Kindes sowie ein Hans Anlaiser, dessen Verwandtschaft jedoch nicht näher bezeichnet wird. Die Leipziger Schöffen entschieden:

Vnnsere Fruntliche dinste zuvore Ersamenn weisen bsunder guten frunden Vff zugeschigkte etlicher parteyenn gerechtikeit. Szo itzlicher vor sich an den gelassenn guttern Paul Erisch zeligen letzt verstorbenn kindis zuhalden vormeinen vnd euch ingebracht etc. Sprechen wir Scheppen zu Leipzig das alle solche gelassene guter farnde ader ligende Zu erbe vnd erbrecht gehorende so paul erisch kindt hinder sich gelassen Vff M erischen seine grosse muter gebracht vnd vorerbt hat Vmb der prieder von p von wegen seins bruders als des vorstorben kindes muter brudere auch hans anliaser von wegen seiner stiff vnd eigen bruders mogen dere grosse muter an solchem erbfal kein Intzugk tun. Sondern die guter volgen der grosse muter allenn. In allenn billich von Rechts wegen.

Diese Entscheidung der Leipziger Schöffen, welche das Erbe der Großmutter allein zugesprochen hat und den Mutterbruder des Erblassers völlig vom Erbe ausschloß, ließe sich auf Grundlage der Drei-Linien-Ordnung zwanglos herleiten.[792] Als Angehörige der aufsteigenden geraden Linie würde die Großmutter dem Mutterbruder als Seitenverwandten im Erbe vorgehen. Vorliegend gilt es jedoch zu berücksichtigen, daß das Erbe des Mutterbruders von einem *„prieder von p von wegen seins bruder"* geltend gemacht wird. Der Mutterbruder war demnach Geistlicher oder doch Angehöriger eines Ordens. Im Gegensatz zum Weltgeistlichem, dem „paphe", ist der Mönch jedoch vom Erbe stets ausgeschlossen. Dieser Grundsatz des Sachsenspiegels aus Ldr. I Art. 25 § 1 *„De pape delet mit deme brudere, unde nicht de monik"* war von den Magdeburger Schöffen bereits in § 60 der Rechtsmitteilung von 1261 an Breslau übernommen worden. Der Ausschluß des Ordensgeistlichen vom Erbe war mithin ein dem Sachsenspiegel-Landrecht und dem Magdeburger Recht gemeinsamer Grundsatz. Das bessere Erbrecht der Großmutter M. Erisch beruht demnach nicht auf einer Bevorzugung der geraden Linie - für welche der Text des Spruches zudem keinerlei Anhaltspunkte bietet - , sondern ist allein darin begründet, daß der Mutterbruder als Ordensgeistlicher vom Erbe seines Neffen ausgeschlossen ist. Aus welchen Gründen Hans Anlaiser der Großmutter im Erbe nachgeht, läßt sich nicht feststellen, da die verwandtschaftliche Beziehung Hans Anlaiser zum Erblasser dem Spruch nicht zu entnehmen ist.

[792] Die später dem Spruch in der Handschrift angefügte Randglosse erläutert die Entscheidung dann auch unter Hinweis auf Ldr. I Art. 17 § 1 und der extensiven Auslegung des Begriffes *„bußen"* auf Grundlage des Drei-Linien-Systems. Vgl. S. 273.

Die erbrechtliche Gleichstellung der Großeltern mit den Elterngeschwistern wird folgerichtig in den Sippzahlregeln und in den Biener'schen Erbrechtsregeln angegriffen. In beiden Texten wird das Drei-Linien-System als maßgebliches Erbfolgesystem des Magdeburger und des Sächsischen Rechts zugrundegelegt. Folglich müßten die Großeltern als Angehörige der geraden aufsteigenden Linie vor den Elterngeschwistern als Seitenverwandte allein sukzedieren. Sippzahlregeln, Tit. VI, § 1 verwirft dementsprechend anderslautende Rechtsauskünfte:

„Etzliche sagen das der eldervater unde des vatir bruder addir swester von voller geburt solden gliche nahe syn erbe zcu nemen dye sagen unrecht. Wenne myn eldervater ist nehr myn erbe zcu nemen denne mynes vater bruder addir swester. Darumme das myn eldervater stet in rechter lyneen darusz man nicht geen sal dye wyle sich ymant in der rechten lyneen vyndet...“[793]

Großeltern und Elterngeschwister werden nur dann nicht gleich behandelt, wenn es um die Sondererbfolge in Heergerät oder Gerade oder um die Frage nach dem nächsten Vomund geht.

So fällt die Gerade der Erblasserin allein an die Schwester der Mutter unter Ausschluß der Vatermutter, da letztere keine Niftel sei.[794] Und die Vormundschaft für ein unmündiges Kind erhält nach Posener Rechtsbuch, IV, c. 183[795] der Bruder des Vaters als nächster Schwertmage vor dem Vater der Mutter.

2. Konkurrenz von Großeltern zu den Geschwisterkindern

Die Großeltern sukzedierten nicht nur mit den Elterngeschwistern gemeinsam, sondern teilten sich das Erbe ebenfalls mit den Geschwisterkindern des Erblassers. Im Stendaler Urteilsbuch findet sich unter der Nummer XXIX ein Spruch der Magdeburger Schöffen für Stendal aus der 1. Hälfte des 14. Jahrhunderts, in welchem ein Erbstreit zwischen der Muttermutter und zwei Schwestertöchtern um die Gerade der Erblasserin behandelt wird. Nach der Entscheidung der Schöffen sind alle Prätendentinnen gleich nah zu der Gerade und sollen sie gleich teilen:

---

[793] Vgl. auch Biener'sche Erbrechtsregeln, Tit. V (Wasserschleben, Successionsordnung, S. 152 Abs. 1), wo die dem Magdeburger Recht entsprechende Bestimmung des Alten Kulms, L. IV, art. LXXVII als unrichtig bezeichnet wird. Bezeichend ist, daß in den Titeln II, III und IV der Biener'schen Erbrechtsregel, welche die Magdeburger Grundsätze unkommentiert und unverändert wiedergeben, die Gleichstellung der Großeltern und der Elterngeschwister mehrfach ausgesprochen wird. Vgl. Biener'sche Erbrechtsregeln, Tit. II, art. 9; III reg. 11 u. 21; IV reg. 11. Zweifelhaft ist, ob Tit. IV, reg. 31 tatsächlich den Vorrang der Großeltern vor den Elterngeschwister aussprechen will, wie es nach dem Wortlaut den Anschein hat. Der Zusammenhang mit dem restlichen Text der Regel, im welchen ausschließlich die Konkurrenz mit halbbürtigen Verwandten behandelt wird, legt die Vermutung nahe, es sollten nicht die Elterngeschwister, sondern die Elternhalbgeschwister angesprochen werden.

[794] Dresdener Spruch aus dem 15. Jahrhundert bei: Wasserschleben, Rechtsquellen Bd. I, IV, Kap. CLXXVIII (S. 325f).

[795] Gedruckt bei: Goerlitz, Mgdb. Sprüche für Posen, II Nr. 24.

„Hir up spreke wy vor eyn recht: Dat de vrowe ver Konegunt (d. i. die Muttermutter) *unde Jacobs dochter under deme Overe* (d. s. die Geschwisterkinder), *de sint Heydekens vrowen van Scartow de vorstorven is* (d. i.die Erblasserin*), like na to der radeleghe unde scolen de like delen on dren van rechtes weghen."*

Der noch lebende gradnähere Sohn der Erblasserin, der als angehender Priester grundsätzlich geeignet war, die Gerade zu empfangen (Ldr. I Art. 5 § 3), scheidet hier aus, da er die geistliche Schule erst nach dem Erbfall zu besuchen begonnen hat und nicht, wie erforderlich, bereits vor dem Erbfall.[796]

Folgerichtig lehnen die Sippzahlregeln in Abweichung vom Magdeburger Recht eine Gleichstellung der Großeltern mit den Geschwisternkindern mit dem Hinweis, letztere seien nur Seitenverwandte, ab.[797] Sippzahlregeln, Tit. VI, § 4 lautet:

„Item eczliche sagen das der eldervater unde bruder kynder von voller gebort solden gliche nahe syn erbe zcu nemen dye sagen ouch unrecht wen myn eldervater addir myn eldermutter ist nehir myn erbe zcu neme dnne genne dye von sythalben darczu kommen..."

3. Konkurrenz von Elterngeschwister zu den Geschwisterkindern

Auch die Geschwister der Erblassereltern und die Geschwisterkinder des Erblassers erbten gemeinsam zu gleichen Teilen.

Einer Sentenz der Magdeburger Schöffen lag folgender Sachverhalt zugrunde: Werner Schertelczan hatte die gesamte Breslauer Erbvogtei und damit auch den dritten Pfennig des Erbgerichts von seinem Vater Theoderich geerbt. Bei seinem Tode hinterließ Werner drei Brüder seines Vaters und den Sohn seiner Schwester. Der Neffe beanspruchte nun das Erbe mit dem Hinweis, er sei, anders als die Onkel des Erblassers, ein direkter Nachkomme Theoderichs, der das Erbgericht allein besessen habe.[798]

Die Magdeburger Schöffen lehnten mit der Entscheidung vom 8. Dezember 1322 ein alleiniges Erbrecht des Neffen ab:

„....Das die rechten vettern Wernheris, uwers burgers, der gestorbi[n] ist, unde desselbin Wernheris swester son sal glich recht haben czu dem dritten pfenninge des erbegerichtes, dem derelbe Wernher nach syme tode gelasin hat. Das spreche wir mit rechte."[799]

---

[796] Vgl. Behrend, Stendaler Urteilsbuch, Anm. zu Nr. XXIX, S. 116.

[797] Schanz, S. 93, welcher den mitgeteilten Spruch aus dem Stendaler Urteilsbuch nicht mitberücksichtigt hat, stützt die Gleichstellung der Großeltern mit den Geschwisterkindern allein auf den Umkehrschluß aus den Sippzahlregeln. Vgl. Amira, Gött. gel. Anz. 1884, S. 38 (S. 47).

[798] Laband, Systematisches Schöffenrecht, S. 28 Fn. zu II, 2, 24. Etwas abweichend aber Magdeburger Fragen, L. I, c. VII, Dist. 18: Dort wird das Erbgericht dem nächsten Schwertmagen zugesprochen, ohne eine konkrete Entscheidung zwischen den Vaterbrüdern und dem Schwestersohn herbeizuführen. Vgl. auch: SSR, II, 2, 25, Alter Kulm, L. II, art. XLI, Böhme, Dipl. Beytr. II.2, S. 112 Abs. 5 und Poelmann'sche Distinktionen, L. I, art. VIII, Dist. 13.

[799] USR c. 164 bei: Ebel, Mgdb. Recht II/1, Nr. 4a. Ebenso SSR, II, 2, 24 und Alter Kulm, L. II, art. LX.

Der Spruch der Magdeburger für diesen Erbstreit wurde dann 1324 durch Herzog Heinrich VI von Schlesien ausdrücklich bestätigt.[800]

Auch die Leipziger Schöffen ließen Elterngeschwister und Geschwisterkinder gemeinsam im Erbe nachfolgen, wobei das Erbe auch hier nach Köpfen und nicht nach Stämmen bzw. Linien aufgeteilt wurde.[801]

„Der vorstorbene Jorge hat sin gut geerbet vff tzwu frauwen syner mutter schwestern vnd vff sechs personen syns vatern bruder vnd schwestern vnd vff syns bruder kinth.“[802]

In einer bei Wasserschleben, Successionsordnung, S. 176 Abs. 1, mitgeteilten Entscheidung wird ausdrücklich erwähnt, Elterngeschwister und Geschwisterkinder erbten deshalb gemeinsam, weil sie alle dem Erbe gleich nahe stehen.

„Das N. rechte Eeliche Schwester kinde vnd seiner muter Eelicher Bruder vnd seins vater Eeliche Schwesteren dem Erbe das er gelassen hatt gleich nahen sein zw nemen vnd zw teilenn das zw Recht gleich vnter sich itzlichen ein teill. V.R.W.“

Der Grundsatz des gleichrangigen Erbrechts von Elterngeschwistern und Geschwisterkinder findet sich auch im Meißener Rechtsbuch, L. I, c. VI, Dist. 9:

„Mines fettern adder myner mumen, mynes ohemen adder myner wassen, bruder adder swester kinth, dy ungeczweyget sin von vater adder von mutter, dy sin alle glich an erbe zcu nemen. Do abir zcweygunge an ist, dy sin deme erbe verner zcu nemen.“[803]

Mit dem ermittelten Ergebnis stimmt auch folgender - nicht leicht verständlicher - Leipziger Schöffenspruch aus dem Dresdener Alt-Utheilbuch, Bl. 111 Abs. II (Nr. CXIII) überein:

---

800 Sommersberg, Siles. rerum script. Bd. I, S. 336f; Laband, Systematisches Schöffenrecht, S. 28 Fn. zu SSR, II, 2, 24

801 Das Kopfprinzip galt folgerichtig auch, wenn der Erblasser nur Geschwisterkinder hinterließ. Vgl. Mgdb. Spruch für Schweidnitz von 1519 (gedruckt bei: Goerlitz/Gantzer, Mgdb. Sprüche für Schweidnitz, II Nr. 102). Daß sich die Schöffen mit ihrer Entscheidung dem Glossator Azo anschlossen, wie Goerlitz/Gantzer in ihrer Bemerkung zu diesem Spruch vermerken, ist mißverständlich. Die Magdeburger Schöffen sprachen auch hier nur nach ihrem Recht, unbeeinflußt von der Glossierung des Corpus Iuris Civilis.

802 Wasserschleben, Successionsordnung, S. 167 Abs. 5.

803 Die angeführte Stelle behandelt nachweislich die Konkurrenz von Elterngeschwistern zu den Geschwisterkindern und nicht, wie es vielleicht der Wortlaut nahelegen könnte, die Konkurrenz von Elterngeschwisterkinder mit Geschwisterkindern. Dies ergibt sich unter anderem, neben dem Vergleich mit dem zugrundeliegenden Goslarer Statuten, L. I, c. I § 12, schon daraus, daß die Erbenstellung der Elterngeschwisterkinder im Meißener Rechtsbuch, L. I, c. VI, Dist. 11 behandelt wird. Vgl. S. 93 und S. 282. Vgl. auch Poelmann'sche Distintionen, L. I, art. VII, Dist. 8 und Dist. 15; Biener'sche Erbrechtsregeln, Tit. II, art. 5 und. 11, Tit. III, reg. 15.

Unsere freuntliche grusse zuvor. Erßame weißer besunders gutter freundt Nach deme ir vns geschreben euch uff dy froge in den selbygin euer schrifften furbracht des rechtes zu bezuigen gebeten habtt. Eurez selbst yn vormundeschafft eures eheweibes eins vnde des selbyenn eures weibes vorstorben wybes bruder vnd swester kinder des andern teyll betreffende:
Sprechenn wir schöffen zcu lyptzk daruff vor recht. Syntt des bemelten eures eheweibes bruder kyndez von voller geburtt nach tode ohne eldernn vorstorbenn Vnd habenn des gnantte eure weyb also des selbigen verstorben vaters schwester von voller geburtt an eine auch selbige Verstorbene mutter schwester vnd bruder kinder auch von voller geburtt, vnd dorneben Erbe vnd gutt daß ßy von dem bemelten iren eldern ankomme war zcum andern teylle nach sich gelassin So haben ßy alle ire gelaßenen erbe vnd gutt das yn irem munde vorstorben ist vnd daß ßy haben vorerben mogen uff des gedachte eure eheweip dez selbigen vorstorbin vaters schwester von voller geburtt Nach Erbfalls rechte gebracht geerbet vnd gefellet vnd irez mutter schwester vnd bruder kinder von voller geburtt nach deme ßy den selbyenn kindes einß glydes verrer denn euer weip verwandt gewest syndtmogen von eyren Waibe kein teyll daran gehaben Von rechtes wegen Vorsigelt mit vnßeren Insigell

Es ist zuzugeben, daß die angeführte Entscheidung das Erbe des verstorbenen Kindes der Schwester des Vaters noch vor der Schwester der Mutter und den Bruderkindern zuzusprechen scheint. Eine solches Verständnis erklärt aber nicht, warum die Vaterschwester dem Erblasser ein Glied näher verwandt sein soll als die übrigen Prätendenten. Alle anderen bisher gefundenen Schöffenspüche ließen die Elterngeschwister von Vater- und Mutterseite gemeinsam und neben den Geschwisterkindern sukzedieren, auch finden sich sonst keine Hinweise auf einen Vorrang der agnatischen Linie. Aber nur letzterer könnte das bessere Erbrecht der Vaterschwester vor der Mutterschwester motivieren, denn daß die vollbürtigen Geschwister der Erblassereltern dem Erblasser gleich nah verwandt sind, ist evident. Der Spruch wird erst verständlich, wenn man in ihm nicht die Konkurrenz der Elterngeschwister väterlicher- und mütterlicherseits zu Geschwisterkindern behandelt sieht, sondern jene der Vaterschwester zu den Kindern der Geschwister - Schwester und Bruder - der Erblassermutter. Demnach sieht die für die Entscheidung maßgebliche Erbetafel wie folgt aus:

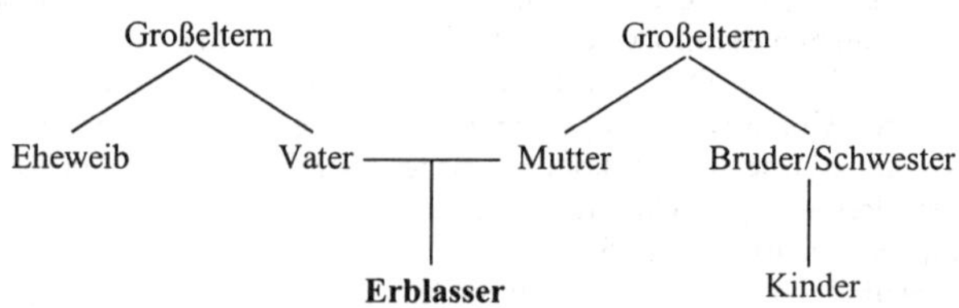

Die Elterngeschwisterkinder sind - wie sich noch zeigen wird - dem Erblasser ein Glied ferner gesippt als die Schwester des Vaters.
Die Leipziger Schöffen sprachen das Erbe daher in Übereinstimmung mit den Grundsätzen des Magdeburger Rechts der Vaterschwester vor den Elterngeschwisterkindern zu.

4. Konkurrenz von Geschwisterkindern zu den Kindeskindern

Wurden die Kindeskinder nicht aufgrund eines ihnen zugebilligten Repräsentationsrechtes der ersten Erbengruppe zugeordnet, erbten sie gemeinsam mit den Kindern der Erblassergeschwister.[804]

Ein Magdeburger Schöffenspruch aus der ersten Hälfte des 15. Jahrhunderts ordnet die Konkurrenz von Tochterkindern mit einem Schwesterkind folgendermaßen:

„[F]runtlichin gruz sy vore. Wir sint umme recht gefraget noch diszen worten: Ein burger bynnen wichpilde ist gestorben. Der had gelaszen tochterkind von vater unde van muter wywol unde swestir kint von vater unde van muter wywol; der selbe irstorben man mit siner swestir vor czwenczig jaren ader lenger mit oren gutern gesundert unde geteilt waren, daz ir iczlicher sin sunderliche gut hatte, zcu gewinnen unde czu vorliszene. Nu meynen dez irstorbin mannes swestirkint, an sinen gutern erbeteil czu nemen glich der tochter kindern unde czihen sich zcu glicher sippe mit dez irstorbin mannes tochterkindern. Ap nu die swestirkint gliche sippe mit dez erstorbin mannes tochtir kindern gesin moge unde glichen teil den tochtirkindern an sinen gutern genemen mogen, sind der man unde sin swester manig jar in gesundirten gutern gesessen haben, alzo vorgeschreben stet, ader waz recht hir umme sy.
[H.] sp. w. sch. cz. M. e. r.: Daz dez toten mannes swester kint unde tochter kind sint eme gliche na gesippet, unde schullen syn erbe unde gut nach personen czal gliche teylen. V. r. w. B. m. u. i.“[805]

Auch nach einem Spruch der Magdeburger Schöffen aus der 2. Hälfte des 15. Jahrhunderts an Zerbst[806] fällt das Erbe zu gleichen Teilen an den Sohn der Erblasserschwester und an die Tochterkinder. Die Schöffen betonen, die Prätendenten seien *„na ordenunge der Sassenrechte deme gemelten Andreas Schulten* (d. i. der Erblasser) *gelike nahe angeboren unde besibbet“*.

Gegen eine Gleichheit des Verwandtschaftsgrades von Tochter- und Geschwisterkindern scheint aber ein bei Wasserschleben, Successionsordnung, S. 175 Abs. 2, abgedruckter Schöffenspruch des Codex M 20a der SLUB zu sprechen.[807] Dort heißt es:

„... Was der tode man Erbes vnd guts gelassen hatt das hat er geerbet auf seiner tochter kindt mit merem Rechten dan ine seins Bruder Son darein gesprechenn moge V. R. W.“

---

[804] Nach Wasserschleben, Successionsordnung, S. 58 beruht die erbrechtliche Stellung der Enkelkinder auf eine Fehlinterpretation der Bestimmungen des Sachsenspiegels, welche die Deszendentenfolge regeln. Die Magdeburger Schöffen hätten, da der Sachsenspiegel nur von Söhnen und Töchter spricht und nur den Sohnessöhnen ein Repräsentationsrecht einräumt, alle übrigen Nachkommen den ferneren Verwandten zugerechnet, welche ausschließlich nach Gradnähe erben würden.

[805] Friese/Liesegang, III B Nr. 27.

[806] Gedruckt bei: Friese/Liesegang, II Nr. 33.

[807] Vgl. auch den Spruch bei Wasserschleben, Successionsordnung, S. 175 Abs. 1.

Dieser Widerspruch läßt sich aber dann lösen, wenn man unterstellt, daß das in der angeführten Entscheidung erbende Tochterkind das Kind einer ungesonderten Tochter ist. Nach den zur Konkurrenz von Enkelkindern zu Erblassergeschwistern gemachten Ausführungen werden nach den in der dritten Gruppe zusammengefaßten Entscheidungen die Kinder ungesonderter Kinder kraft des Repräsentationsrechtes zur ersten Erbengruppe gezählt. Berücksichtigt man, mit welcher Entschiedenheit die Magdeburger Schöffen in ihren oben angegebenen Entscheidungen die Gleichheit des Verwandtschaftsgrades von Enkel und Geschwisterkind betonen, drängt sich die Annahme geradezu auf, daß in der Entscheidung aus dem Codex M 20 das vorrangige Erbrecht des Tochterkindes mit einem Repräsentationsrecht begründet wird. Vor allem wird dort nur *von „merem Rechten"* gesprochen, nicht aber von einer näheren Verwandtschaft des Tochterkindes zu dem Erblasser.

Den überlieferten Quellen kann man allerdings ausdrücklich nur die Gleichstellung von Tochterkindern mit Schwesterkindern entnehmen. Rechtssprüche, die die Gleichbehandlung von Geschwisterkindern - seien es nun Kinder des Erblasserbruders oder der -schwester - mit Sohneskindern anordneten, können nicht angeführt werden. Ein Grund für diesen Umstand ist sicher darin zu sehen, daß das Repräsentationsrecht für die Kinder ungesonderter Söhne am ehesten anerkannt war und diese entsprechend häufig den Geschwisterkindern im Erbgang vorgezogen wurden.
Prinzipiell hatten aber auch die Sohneskinder, ebenso wie die Tochterkinder, dasselbe Recht zum Erbe wie die Geschwisterkinder. Eine Durchbrechung dieser Gleichstellung infolge Berücksichtigung des Geschlechts des Prätendenten fand im Magdeburger Recht nicht statt. So ist die Gleichbehandlung von Bruder- und Schwesterkindern[808] in den Quellen ebenso nachweisbar wie jene von Tochter- und Sohneskindern[809].
Daher erbten Kindeskinder entsprechend ihres Verwandtschaftsgrades zum Erblasser gemeinsam mit den Geschwisterkindern.

5. Konkurrenz von Kindeskindern zu den Großeltern und Elterngeschwistern

Entscheidungen von Schöffenstühlen, welche sich mit der Konkurrenz von Enkelkindern mit den Großeltern und Elterngeschwistern des Erblassers beschäftigen, sind nicht überliefert. Dieser Umstand ist für das Zusammentreffen von Großeltern mit Enkelkindern nicht überraschend, müßten doch vier Generationen überbrückt werden. Aber auch ein Erbstreit von Elterngeschwistern mit Kindeskindern, welche von nur drei Generationen getrennt werden, dürfte die Ausnahme gewesen sein. So ist überhaupt nur ein Fall aus den Quellen bekannt, nämlich die oben angeführte Konkurrenz von Großeltern mit Geschwisterkindern, wo ein solcher Abstand zwischen den Prätendenten bestand.

---

[808] Vgl. Mgdb. Spruch bei: Wasserschleben, Successionsordnung, S. 165 Abs. 1 und S. 168 Abs. 6.
[809] Kisch, Spruchsammlung, Nr. 419.

Daß aber die Kindeskinder in demselben Verwandtschaftsverhältsnis zum Erblasser standen wie die Großeltern und Elterngeschwister, läßt sich ungezwungen aus den vorhandenen Quellen erschließen. Sowohl die Großeltern als auch die Elterngeschwister werden in mehreren Rechtssprüchen als dem Erblasser gleich nah wie die Geschwisterkinder bezeichnet. Die Geschwisterkinder stehen aber nun nach oben Gesagtem in demselben Verhältnis zum Erblasser wie die Enkelkinder. Folglich müssen auch die Enkelkinder, Großeltern und Elterngeschwister derselben Erbengruppe angehört haben.[810]

VI. Erben sechster Ordnung - Die Halbgeschwisterkinder und die Elternhalbgeschwister - Zugleich eine Stellungnahme zur Theorie Wasserschlebens und Ebels vom „Stille stehen" der Halbgeburt

Die grundsätzliche Relevanz der Halbgeburt für die Erbfolge wurde bereits bei dem Erbrecht der Erblassergeschwister festgestellt. Es stellt sich nun die Frage, inwieweit das Merkmal der Halbgeburt die Erbfolge der Angehörigen der fünften Erbenklasse beeinflußt hat.

Da Halbbürtigkeit nicht im Verhältnis von Verwandten gerader Linie auftreten kann, kommen hier nur die Geschwisterkinder und die Elterngeschwister in Betracht. So müssen letztere nicht beide Elternteile mit dem Erblasservater oder der -mutter gemeinsam haben, sondern können mit diesen nur über den Vater oder über die Mutter verwandt sein. Sie wären dann der Halbbruder oder die Halbschwester des Erblasservaters oder der -mutter (Elternhalbgeschwister). Bei den Geschwisterkindern kann die Halbgeburt dann relevant werden, wenn sie die Kinder eines Halbbruders oder einer Halbschwester des Erblassers sind (Halbgeschwisterkinder). Dabei ist für die Erbfolge unerheblich, ob die Geschwisterkinder selbst voll- oder halbbürtig sind, denn ihre Verwandtschaft zum Erblasser kann ja nur über ein Elternteil, sei es nun der Vater oder die Mutter als Geschwister des Erblassers, herrühren. Sind zwei Bruderkinder des Erblasser, da sie aus verschiedenen Ehen ihres Vaters stammen, im Verhältnis zueinander halbbürtig, ändert dies doch nichts an ihrer durch den einen gemeinsamen Vater vermittelten Verwandtschaft zum Erblasser.

Wasserschleben hat nun erstmals auf Grundlage der von ihm herausgegebenen Quellen in seiner Untersuchung über das Prinzip der sächsischen Successionsordnung die These formuliert, daß nach Magdeburger Recht die Halbgeburt „Stille stehe". Demnach soll die Halbgeburt, mit Ausnahme der Konkurrenz von Vollgeschwistern mit halbbürtigen Geschwistern, keinerlei Einfluß auf die Erbenfolge ausüben.[811]

---

[810] Vgl. Schanz, S. 94.

[811] Wasserschleben, Successionsordnung, S. 68. Ihm aufgrund eines Mgdb. Spruchs zustimmend: Ebel, Ztsch. f. hist. Forsch. Bd. 9 (1982), S. 47 (S. 55f).

Er stützt seine Auffassung vornehmlich auf die rechtliche Erörterung eines Erbfalls, welcher in den Kapiteln 4a bis 6 des Anhanges zu der alphabetischen Sammlung Magdeburger Schöffensprüche in dem Codex 1096 der Leipziger UB dargestellt ist.[812]
Kap. 4a enthält ein Rechtsgutachten von Benedict Pauli und Sebald Minestere, beide Doktoren beider Rechte. Die der rechlichen Beurteilung vorausgehende Sachverhaltsdarstellung lautet wie folgt:[813]

„Casus. Claws Gabell ist vorstorben unde hatt nach sich gelassen auff eyner sytten seynes groszvattern Henninck Dorgelow genanth schwester von voller geburt kindt als die Bartram Sonnenbergsche, zur andern seiten seyner groszmutter, welche ghedachts Henningks Dorgelaw ehelich weib gewesen, schwester von der mutter, unde von halber geburt kinder, als die Michell Dramkesche sampt iren geschwistern. Nu ist die frage, ob die Michell Dramkesche sampt irem anhang mit gedachter Bartram Sonnenbergesche Claws Gabels erbe zw gemeinen rechten zu entpfahen, nach personenzall gleich, oder aber die Bartram Sonnenbergesche darumb das ihr mutter der verstorbenen Claws Gabels groszmutters schwester von voller geburt neher sein, dan die Michell Dramkesche sampt irem anhangk, welche desselben Claws Gabels groszmutter schwester von halber geburt kinder sein unde was also darumb recht sey....“

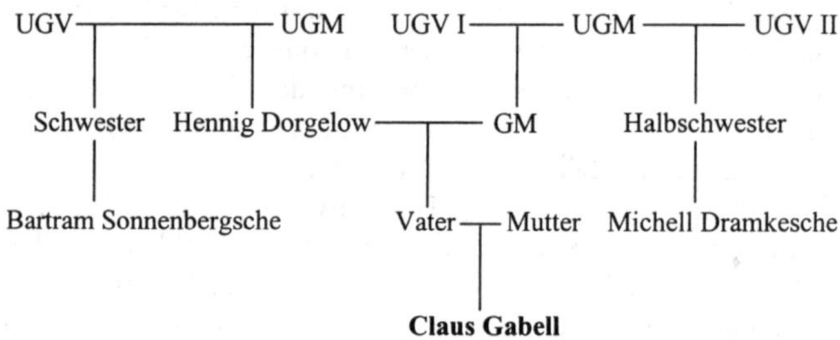

Der Erbfall Gabell berührt nicht direkt die Frage nach der Bedeutung der Halbgeburt für Elterngeschwister und Geschwisterkinder, vielmehr sind hier die Erbprätendenten die Enkel der Urgroßeltern des Erblassers. Jedoch ist die Behandlung der Halbgeburt für alle entfernteren Verwandten als Geschwister dieselbe. Folglich kann man grundsätzlich aus der Lösung des angeführten Erbfalles Rückschlüsse auf die Auswirkung der Halbgeburt bei Geschwisterkindern und Erblassergeschwistern ziehen.

[812] Kap. 4a und 5 gedruckt bei: Wasserschleben, Rechtsquellen Bd. II, I, (S. 135f); Kap. 6 gedruckt bei: Wasserschleben, Successionsordnung, S. 67f.

[813] Die Grafik unterstellt, daß Hennig Dorgelow Claus Gabells Großvater väterlicherseits war. Diesbezüglich ist der mitgeteilte Sachverhalt offen, aber auch die Annahme der Dorgelows als Großeltern mütterlicherseits würde an der rechtlichen Würdigung nichts ändern.

Die beiden um das Gutachten gebetenen Juristen sollten nun entscheiden, ob zum einen das gemeine Recht einen Vorrang der vollen Geburt kenne und, falls dieses nicht der Fall sei, ob nach Sächsischem Recht ein solcher Vozug gegeben sei.
Zu Beginn des Gutachtens untersuchten Pauli und Ministere die Rechtslage nach *„gemeinen beschriebenen keyserrechten"*. Entsprechend ihrer Ausbildung verstanden sie darunter das römische Recht, wie es durch das Corpus Iuris und dessen Glossierung und Kommentierung nach Deutschland gekommen war. Unter Berufung auf c. 2, Nov. 118 und dessen Erläuterung durch Bartolus verneinten die Juristen eine Wirkung der Halbgeburt. Diese habe nach Kaiserrecht nur Bedeutung für Geschwister und deren Kinder, alle anderen Angehörigen würden bei gleich naher Verwandtschaft unabhängig von einer etwaigen Halbgeburt zu gleichen Teilen erben. Da nach römischer Gradrechnung alle Erbanwärter mit dem Erblasser im fünften Grad verwandt sind, erbten sie nach Kaiserrecht zu gleichen Teilen.
Zur Beurteilung der Rechtslage nach Sächsischem Recht zogen die Gutachter den Sachsenspiegel heran. Sie betonen, daß im vorliegenden Fall das Erbe sich verschwestert und verbrüdert habe, und daher nach Ldr. I Art. 17 grundsätzlich alle gleich nahen Verwandten, es sei Mann oder Weib, das Erbe zu gleichen Teilen nehmen. Allerdings habe sich, so die Juristen, eine Gewohnheit herausgebildet, nach welcher die Zurücksetzung der Halbgeburt um ein Glied, die Ldr. II Art. 20 § 1 ausdrücklich im Verhältnis der Halbgeschwister zu den vollbürtigen Geschwistern und deren Kindern anordnet, auf alle Grade anzuwenden sei. Nach dieser Gewohnheit erbe nach Sächsischem Recht die Bartram Sonnenbergsche vor der Michell Dramkesche und ihren Geschwistern.

Die als Kap. 5 in der Handschrift aufgenommene Entscheidung der Magdeburger Schöffen, denen man diese Frage ebenfalls vorgelegt hatte, lautet hingegen wie folgt:

„Scheppen to magdeburg. Sprechen wir sch. zu M. vor recht: Wehre Clawes Gobel (eweren itzigen schreiben nach)[814] *zcu wichbilde recht in godt vorstorben, so hette er auch vormoge des gedachten weichbilde rechts, darinne die halbe gebort stille steit, seine gutter, souil er der gehapt unde unurgeben hinter ime vorlassen, uff die Bartram Sonnenbergesche als seiner groszmutter schwester tochter von voller geburt an einer unde die Michel Dranckesche sampt iren geschwistern, als des verstorben groszmutter schwesterkinder halber geburth, zcu geleichen teile nach personenzcall gebracht, gestammet unde vorerbet, v. r. w."*

Der Schöffenspruch unterstützt in der Tat die Vermutung Wasserschlebens. Die Schöffen lassen mit dem Argument, daß nach Weichbild die Halbgeburt „stille steht", alle Prätendenten zu gleichen Teilen erben.

---

814 Die eingeklammerte Bemerkung deutet daraufhin, daß die Schöffen zuvor schon einmal in dieser Sache um Rat angegangen worden sind, aber im Zweifel darüber waren, welches Recht sie anzuwenden hatten. Letztlich muß diese Frage aber offen bleiben, da in der Handschrift keine weitere Entscheidung des Magdeburger Schöffenstuhls zu dieser Frage enthalten ist.

Für die Interpretation dieses Spruches ist allerdings eine ihm unmittelbar nachfolgende Bemerkung, deren Verfasser nicht erkennbar ist, von Interesse.[815]
Der Text beginnt mit der Feststellung, zwischen Sächsischem Weichbild und Landrecht bestehe in vielen Fällen und vor allem in erbrechtlichen Fragen ein großer Unterschied. Weiter heißt es:

„Denn die halve geburt steit nha Wigbildenn Rechte vnnd so Jmanth darinne vorsterueth gantz stille als nemlick, wo Jemants nha sinem dode na sick vorleth halue vnnd fulle broeder edder suster kinder de nemen vnd deilen des dodenn guder nha personen thall to gelike Allein vthgeschloten thwischen brudern vnnd Sustern da geit de fulle gebort vor der haluen vor.
Auerst nha Sassenn Lanthrechte vnd so jemanth dar Inne vorsteruet vnnd leth nha sick fulle vnd halue bolicken kinder so schrickt die halue geburt In ein ander gelitt vnnd mach mit der fullenn geburth de eins ledes neger is, in dissem falle nicht gelickformige deylunge nehmen noch erfordern So werdt idt ock in andern mehr fellenn na landtrechte anders den na wigbilde edder stadrechte gehaldenn.
Darvmb kan men In gemeine ane sunderlicke specification effte vthdruckinge der felle hirinne kein eigentlicken edder grunthlicken bescheit geuen, den ein iglicher fall hefft sine sunderlicke vorcleringe.
Alleine is dit to merken dat erstlich Magdeburgisch darnach wigbilde, thom drudden Landtrecht alles Sechsisch Recht genomet vnnd geheitenn wert Wer na gebruck inholde vnnd gewonheit desser drei Rechte eins geordelt vnnd erkandt, dat is alles Sassen Recht allene dath jewelick in ethlickenn fellenn sinen sunderlicken vnderscheit hefft vnndt werdt nicht glickheit hir inne geholdenn."

Die Aussage zu Beginn des Textes über die erbrechtliche Gleichstellung von Geschwisterkindern und Halbgeschwisterkindern scheint völlig mit der Annahme Wasserschlebens übereinzustimmen. Eigenartig an dieser Bemerkung ist jedoch die Dreiteilung in Magdeburger Recht, Weichbild und Landrecht, welche sich in dieser Form sonst nirgends findet. Der Verfasser des Textes betont, nur nach Weichbild werde die Halbgeburt nicht berücksichtigt und stellt diesem Sächsischem Weichbild das Magdeburger Recht und das Landrecht gegenüber. Magdeburger Recht und Weichbild werden hier als etwas, auch inhaltlich, Unterschiedliches dargestellt, wobei das Weichbild im Text auch als Stadtrecht bezeichnet wird. In diesem Zusammenhang könnte der Umstand Bedeutung erlangen, daß die Magdeburger Schöffen bei ihrer Entscheidung so großen Wert auf die Feststellung gelegt haben, der Erblasser sei zu Weichbildrecht verstorben. Nach der in der Erläuterung geäußerten Auffassung wird das Magdeburger Recht dementsprechend das Problem der Halbgeburt in den ferneren Graden anders lösen als jenes Recht, welches dort als Weichbildrecht bezeichnet wurde. Zumindest ist nach der Bemerkung zweifelhaft, ob man aus dem unter Kap. 5 mitgeteilten Schöffenspruch, der nach „Weichbild" erging, schließen kann, auch das Magdeburger Recht lasse die Halbgeburt grundsätzlich „stille stehen".

[815] Vollständig abgedruckt bei: Wasserschleben, Successionsordnung, S. 67f.

Wasserschleben vermutete nun, die Differenzierung von Magdeburger Recht und Weichbild beruhe auf einem Irrtum des Verfassers, denn gerade die Nichtberücksichtigung der Halbgeburt sei ein typisches Merkmal des Magdeburger Rechts. Mithin würde hier mit Weichbild und Magdeburger Recht, wie gemeinhin üblich, dasselbe Recht gemeint sein.
Um diese Behauptung zu überprüfen und um letztlich die Behandlung der Halbgeburt im Magdeburger Recht zu klären, ist es unerläßlich, weitere als die von Wasserschleben in die Diskussion eingeführte Quelle in die Betrachtung miteinzubeziehen.

Zu Beginn soll dabei das Verhältnis von Erbprätendenten untersucht werden, die zwar mit dem Erblasser im gleichen Grad verwandt sind, von denen aber einer halb-, der andere vollbürtig ist.

1. Konkurrenz von vollbürtigen Elterngeschwistern zu den halbbürtigen Elterngeschwistern

Die Konkurrenz eines vollbürtigen Onkels mit einem halbbürtigen Onkel wird in c. 274 USR (1363) behandelt:[816]

„Stirbit ouch ein kind und lesit gut und erbe unde <lest ouch> czwene vettir, den eynen eynthalben synis vater bruder, den andern synis vatir brudir von vater und von muter <ungeczweit>: Czu des toten kindis gute hat recht sin vettir, der synis vater bruder was beydirthalb, vaters und muter. Und dez kindis vettir, der synis vater brudir waz eynenthalben geburt, mag daczu nicht komen. Von rechtis wegene."

Dieser Spruch wurde dann, mit nur geringfügigen Abweichungen im Wortlaut, in SSR IV, 2, 38, in Alter Kulm, L. IV, art. LXXX und in das Glogauer Rechtsbuch c. CXIX aufgenommen.[817]

In einer Entscheidung des Magdeburger Schöffenstuhls für Schweidnitz von 1395 heißt es:[818]

„Hiruf spreche we schepphen czu Magdeburch ein recht. Sint de vrowen des kindes vaterswester gewest alleyne von vater halbin vnd ist Peter des kindes muterbruter gewest beide von vatir vnd von mutir, so hat her bessir recht czu des kindes erbe vnd gute wen di vrowen. Von rechtis wegen. Besegelt mit vnsem ingesigle."

---

[816] Gedruckt bei: Ebel, Mgdb. Recht Bd. II/1, Nr. 126c.

[817] Vgl. auch Böhme, Dipl. Beytr. II.2, S. 125 Abs. 2 und den Mgdb. Spruch aus dem 16. Jahrhundert bei: Ebel, Mgdb. Recht, Bd. I, I Nr. 11 (S. 16); Magdeburger Fragen, L. I, c. VII, Dist. 16; Poelmann'sche Distinktionen, L. I, art. VIII, Dist. 11 und Biener'sche Erbrechtsregeln, Tit. III, art. 12 und Tit. IV, reg. 13.

[818] Gedruckt bei: Goerlitz/Gantzer, Mgdb. Sprüche für Schweidnitz, II Nr. 37.

2. Konkurrenz von vollbürtigen Geschwisterkindern zu den halbbürtigen Geschwisterkindern

Ebenso verhält es sich mit den Kindern halbbürtiger Geschwister. In c. 83 des BMU wird folgender Erbfall behandelt.[819] Der Erblasser, der Polnische Georg, hinterließ auf der einen Seite Lorenz Sacheris, den Sohn seiner vollbürtigen Schwester, und auf der anderen Seite Langemerten, Hanns Merten und Stefan Maczke, die Söhne seiner Schwester nur von Vatersseite. Die Schöffen entschieden:

„Ist Lorencz Sacheris Polnische Jorgens rechte swesterson von vuller bort von vater und von muter und Langmertin, Hans Mertin und Steffan Maczke des genanten Polnischen Jorgen swestirzon eynenthalben von dem vater von halbir bort, so ist Lorencz Sacheris bey dem erbe und gute, das der genante Polnische Jorge noch seinem tode gelassen hot, nehir zu bleibin, wen im Langemertin, Hans Mertin von iren und von Staffan Maczken wegin ane hindern moge als ferre, als her seine mogeschaft zu den hilgen erhalden darn, alz recht ist.... “

Auch die Leipziger Schöffen ließen die Kinder einer vollbürtigen Schwester unter sich nach Häuptern erben und schlossen dabei den Sohn einer halbbürtigen Schwester völlig vom Erbe aus.[820]

3. Konkurrenz von vollbürtigen Elterngeschwistern zu den halbbürtigen Geschwisterkindern oder von vollbürtigen Geschwisterkindern zu den halbbürtigen Elterngeschwistern

Bei einem Zusammentreffen von Geschwisterkindern mit Elterngeschwistern kann die halbe Geburt ebenfalls nicht neben der vollen bestehen. So bestimmt Kap. 131 der alphabetischen Sammlung Magdeburger Schöffensprüche aus dem Codex 1096 der Leipziger UB:[821]

„Suster kindere unde broder kindere van vuller borth syn neger erue tho nemende, wan vader brodere under sustere, de getwigeth sint, van r. wegen.“

Ebenso Eisenacher Rechtsbuch, L. I, Art. 8 § 2 Hs. 2:

„....adir eyn halbis brudirs adir swestirkint di sint verrer danne recht oheme, wase adir vettir.“[822]

---

[819] Gedruckt bei: Ebel, Mgdb. Recht Bd. II/1, Nr. 452.

[820] Lpz. Spruch bei: Wasserschleben, Successionsordnung, S. 169 Abs. 1. Ebenso Wasserschleben, Rechtsquellen Bd. II, I, Kap. 129 (S. 45). Vgl. auch Eisenacher Rechtsbuch, L. I, Art. 11; Magdeburger Fragen, L. I, c. VII, Dist. 12; Posener Rechtsbuch, IV, c. 168 (gedruckt bei: Goerlitz, Mgdb. Sprüche für Posen, II, Nr. 9); Poelmann'sche Distinktionen, L. I, art. VII, Dist. 7; Biener'sche Erbrechtsregeln, Tit. IV, reg. 10 und reg. 31 a. E.

[821] Wasserschleben, Rechtsquellen Bd. II, I, Kap. 131 (S. 45).

[822] Vgl. auch Biener'sche Erbrechtsregeln, Tit. IV, reg. 31 a.E.

Von einem „Stillestehen“ der halben Geburt kann nach den angeführten Quellen nicht mehr die Rede sein.[823] Wäre die Halbgeburt wirklich ohne Bedeutung, so hätten alle angeführten Erbprätendenten zu gleichen Teilen erben müssen.
Nun verweist Wasserschleben zur Stützung seiner Auffassung auf das bessere Erbrecht, welches die halbbürtigen Angehörigen der fünften Erbengruppe vor den einen Grad ferneren Verwandten genießen.[824] Diese Besserstellung, so Wasserschleben, könne man sich nur aus der Außerachtlassung der Halbgeburt für die Erbfolge erklären.[825]

Tatsächlich läßt sich die von Wasserschleben gemachte Beobachtung aus den Quellen bestätigen.

4. Konkurrenz der Elternhalbgeschwister zu den Elterngeschwisterkindern
So heißt es in einem bei Wasserschleben, Successionsordnung, S. 175 Abs. 4 abgedrucktem Spruch der Leipziger Spruchsammlung:

„*Was der tode man an Erbe vnd guter gelossen hatt das hatt er geerbt auf seiner muter Bruder vnd Schwester von Vater halb mit merem rechten dan ine seines Vater Bruder Son darein gesprechenn mogen. V. R. W.*“

Ebenso ein Spruch der Leipziger Schöffen an den Rat der Stadt Dobeln:

„*Zw dem gut das Jacob gelassenn hatt, hat recht Jacobs muter Schwester von halber gepurt vnd seins Vater Bruder kinder voller gepurt en konnen darzw nicht komen. V. R. W.*“[826]

Entsprechend bestimmen die Magdeburger Fragen, L. I, c. VII, Dist. 17, der Alte Kulm, L. IV, art. LXXXI und das Glogauer Rechtsbuch, c. DLXIV, daß der halbbürtige Bruder des Vaters vor den Kindern eines vollbürtigen Vaterbruders das Erbe nimmt.[827]

---

[823] Nach einem bei Steffenhagen, Rechtsquellen, S. 101 abgedruckten Rechtsatz aus einer Danziger Handschrift erben die Goßmütter vor dem Halbbruder des Erblasservaters. Dieses Ergebnis wird allerdings damit begründet, daß die Kinder im Sinne unseres modernen Repräsentationsrechts durch ihren Eltern vom Erbe ausgeschlossen werden. Eine Begründung, die mit den bisherigen Ergebissen in keiner Weise zu vereinbaren ist, was an ihrer Authentizität zweifeln läßt. Vgl. S. 233.

[824] Wasserschleben legt dem Magdeburger Recht dieselbe Komputation zugrunde, wie er sie für die Berechnung der Gradnähe in der Seitenverwandtschaft nach dem Sachsenspiegel annimmt. Dementsprechend stünden die Elterngeschwister im ersten Grad, die Kinder der Elterngeschwister im zweiten, denn die Gradzählung hätte nur auf der Seite des Prätendenten zu erfolgen. Zu Einzelheiten vgl. S. 281.

[825] Wasserschleben, Successionsordnung, S. 65f.

[826] Wasserschleben, Successionsordnung, S. 176 Abs. 2; Vgl. auch Mgdb. Spruch bei: Wasserschleben, a.a.O., S. 167 Abs. 7.

[827] Vgl. auch Poelmann'sche Distinktionen, L. I, art. VIII, Dist. 12; Sippzahlregeln, Tit. VI, § 5 arg. e contrario und Biener'sche Erbrechtsregeln, Tit. III, art. 12.

5. Konkurrenz der halbbürtigen Geschwisterkinder zu den Elterngeschwisterkindern

Auch die Kinder der halbbürtigen Erblassergeschwister wurden in der Erbfolge den Kindern der vollbürtigen Elterngeschwister vorgezogen.

So heißt es in einem bei Wasserschleben, Successionsordnung, S. 176 Abs. 3, abgedruckten Spruch der Leipziger Schöffen:

„*Was Mattes an Erbe vnd gut gelassen hat das hat er geerbet auf seins halben Bruder kindt mit besserm Rechtenn den auf seiner muter Bruder kindt. V. R. W.*“[828]

In einer anderen Entscheidung hatte der Erblasser, der selber im Weichbilde verstorben war, Güter hinterlassen, welche zum Teil im Weichbild, zum Teil im Landrecht gelegen waren. In ihrer Entscheidung legten die Schöffen ausschließlich Weichbild zugrunde:

„*Hierauf... Was der tode man Erbs vnd guts gelassen hatt das hat er geerbet auf seins halben bruder tochter mit merem Rechten den des toden mannes vater bruder Sone oder Schwester Vater Sone V. R. W.*“[829]

In dem Codex der Wallenrodtschen Bibliothek Hs. 1 wird unter der Nummer 64 eine Entscheidung der Magdeburger Schöffen aus dem 14. Jahrhundert wiedergegeben:[830]

„*Hirauff sprechenn wir S. zu Magdeburg vor ein Recht. Des todtenn mannes halben schwester kinndt hat recht zu dem erbe vnnd gutte, vnnd des todtenn mutter bruder kinndt kan darzu nicht kommen...*“[831]

---

[828] Nach Biener'sche Erbrechtsregeln, Tit. II, art. 4 erbt das Kind des Halbbruders vor dem Kind des Vaterbruders und nach Poelmann'sche Distinktionen, L. I, art. VIII, Dist. 15 und Biener'sche Erbrechtsregeln, Tit. III, art. 14 das Kind der Halbschwester vor dem Mutterbruderkind.

[829] Wasserschleben, Successionsordnung, S. 174 Abs. 3. Statt „*Schwester Vater Sone*“ muß es allerdings wie in der Anfrage korrekt „*Vater Schwester Sone*“ heißen.

[830] Die Entscheidung mit Anfrage abgedruckt bei: Wasserschleben, Successionsordnung, S. 86f.

[831] Ebenso die Magdeburger Fragen, L. I, c. VII, Dist. 22; Poelmann'sche Distinktionen, L. I, art. VII, Dist. 6 und Biener'sche Erbrechtsregeln, Tit. III, art. 14. Dieser Spruch wurde auch von Wasserschleben gesehen. Da nach der von ihm zugrundegelegten kanonischen Komputation beide Prätendenten mit dem Erblasser im zweiten Grad verwandt sind, müßten sie eigentlich, wenn die Halbgeburt „Stille steht“, gemeinsam erben. Die abweichende Entscheidung der Schöffen erklärt er nun allerdings damit, daß, da nach Magdeburger Recht die Halbgeschwister vor den Elterngeschwistern erbten, dieses Verhältnis zwischen den beiderseitigen Kindern beibehalten werden müsse. Vgl. Wasserschleben, Successionsordnung, S. 64f. Der Schöffenspruch läßt sich allerdings dann problemlos in das Magdeburger Erbfolgesystem einfügen, wenn man eine andere Gradzählung als die von Wasserschleben angenommene zugrundelegt.

6. Konkurrenz der Halbgeschwisterkinder zu den Geschwisterenkeln

Der Vorrang des Halbbrudersohnes vor den Enkelkindern der Vollgeschwister wird in Biener'scher Erbrechtsregel, Tit. IV, reg. 24 ausgeprochen:

„Des todten halber bruder sohn ist czu des verstorbenen gutte neher wen des todten voller schwester kindes kynnth Sachs. li. 3 ar. 20"

Der Hinweis in der Erbregel auf den Sachsenspiegel, gemeint ist Ldr. II Art. 20 § 1, ist allerdings verfehlt. Würde die Halbgeburt ein ganzes Glied zurückfallen, so müßten beide Prätendenten gleichberechtigte Erben sein. Stattdessen erbt der halbbürtige, aber gradnähere Erbansprecher zuvor.

Noch im ersten Drittel des 16. Jahrhunderts entschied der Rat der Stadt Goslar:[832]

„Dat dewile gedachte Henningk Nauwe des verstorvenen Hans Hardenbarges zeligen Halff Suster Sohne is, so is he dat nagelatene erve vhilgedachten Hans Hardenbarges zeligen neger tho nemen, dan vilgedachtes Hans Hardenbarges Suster dochter kindere oder ock mutter broder kindere, ungeacht de tweyninge van Rechtes wegen"

Hingegen ist die Schlußfolgerung Wasserschlebens, die angeführten Urteile seien ein Beleg für seine These, die Halbgeburt habe grundsätzlich keinerlei Wirkung in der Erbfolge, nicht zwingend.
Der erbrechtliche Vorrang der Halbgeschwisterkinder und der Elternhalbgeschwister vor den Elterngeschwisterkindern läßt sich auch anders als mit dem völligen „Stillestehen" der Halbgeburt erklären. Die angeführten Urteile der Magdeburger und Leipziger Schöffen können vielmehr auch darauf beruhen, daß die halbe Geburt nicht um ein ganzes Glied wie im Landrecht, sondern nur um ein halbes Glied zurückfiel. Die Wirkung der Halbgeburt bei den Elterngeschwister und den Geschwisterkindern entspricht damit der bei den Geschwistern. Folglich macht sich die Auswirkung der Halbgeburt nur bei der Konkurrenz von gradgleichen Verwandten bemerkbar.[833] Dort kann der nur halbbürtige Prätendent aber nicht gemeinsam mit dem vollbürtigen zum Erbe gelangen. Daher ist es unzutreffend zu behaupten, das Magdeburger Recht habe der Halbgeburt in den ferneren Verwandtschaftsgraden keinerlei Wirkung beigemessen.[834]

Vereinzelt finden sich in den Quellen abweichende Aussagen, nach denen die halbbürtigen Verwandten mit den um einen Grad entfernteren Erbanwärtern das Erbe zu teilen haben.

---

[832] Urteil vom 9. Juli 1522. Gedruckt bei Ebel, W., Studien, Anh. Nr. 6.

[833] Dies räumt Wasserschleben, Successionsordnung, S. 61 ein. Allerdings gesteht er der Halbgeburt nur Wirkung im Verhältnis von Voll- und Halbgeschwistern zu.

[834] Stobbe, Beiträge, S. 36 (S. 52f). Zustimmend zumindest für die Konkurrenz von voll- und halbbürtigen Elterngeschwistern, Ziekow, Rechtsgang, S. 77f.

„Mutter bruder sone vnd halbschwester sone sint gleich nahe erbe tzu nehemen.“[835]

Da sich ein solches Ergebnis aber nur dann finden läßt, wenn man die Halbgeburt um ein ganzes Glied zurücksetzt, kann man mit Sicherheit vermuten, daß diese Entscheidungen nach Landrecht ergingen.[836]
Die Biener'schen Erbrechtsregeln Tit. IV, reg. 32 bestimmen zwar:

„Meines vatren halbbruder ist gleich nahend mit meines vatren schwester kinder von voller geburt vnd so auch meines halben bruders sohnn ist gleich nohe mein erbe czu nehmen mit meines vatren bruders sohn. Wente sie seint gleiche nahenn Meide. Fragen li. 3 in fine.“

Der Hinweis auf die Magdeburger Fragen, welche das Ergebnis stützen sollen, ist aber irreführend. Die Magdeburger Fragen bestimmen an den entsprechenden Stellen durchaus den Vorzug der halbbürtigen Prätendenten. Folglich wird die zitierte Regel auf Landrecht und nicht auf Magdeburger Recht beruhen.[837]
Entsprechendes gilt für Sippzahlregel, Tit. VI, § 7 wo die Kinder der halbbürtigen Geschwister erbrechtlich den Elterngeschwisterkindern gleichgestellt werden. Die Regelung des Magdeburger Rechts, die den Vozug der Halbgeschwisterkinder ausspricht, wird als Unrecht zurückgewiesen.

Deutlich wird die Differenzierung nach Landrecht und Weichbild in Biener'sche Erbrechtsregeln, Tit. IV, reg. 14:

---

[835] Mgdb. Spruch bei: Wasserschleben, Successionsordnung, S. 166 Abs. 7. Vgl. auch den Auszug aus einem Leipziger Schöffenspruch bei Simm, Schöffensprüche II, Nr. 27 (S. 165).

[836] Vgl. Stobbe, Beiträge, S. 36 (S. 53 Fn. 28). Schanz, S. 96 Fn. 253 bezweifelt aufgrund des vom Magdeburger Recht abweichenden Ergebnisses, daß der bei Wasserschleben mitgeteilte Schöffenspruch wirklich von Magdeburg ausgegangen ist und nimmt eher einen Irrtum des Schreibers an. Hingegen scheint die Gleichstellung der Schwesterkinder mit den Halbgeschwistern, die in einem bei Simm, Schöffensprüche II, Nr. 104 (S. 303) mitgeteilten Leipziger Entscheid ausgesprochen wurde, auf einer testamentarischen Anordnung des Erblassers zu beruhen. Vgl. Simm, Schöffensprüche II, Nr. 105 (S. 304) und die Bspr. zu Nr. 104 und 105. Letzte Gewißheit kann hier aber nicht erreicht werden, da die Anfrage zu den Sprüchen fehlt.

[837] Stobbe, Beiträge, S. 36 (S. 53 Fn. 28); Schanz, S. 96 Fn. 253. Auf Landrecht beruht auch Biener'sche Erbrechtsregel, Tit. V, nach welcher die halbbürtigen Elterngeschwister mit den Elterngeschwisterkindern zu gleichen Teilen erben. Die Bezeichnung der halbbürtigen Elterngeschwister zu Beginn des Spruches als *„vaters aders mutter bruder von voller geburt“* kann nur auf einem Fehler beruhen, da anderenfalls vollbürtige Elterngeschwister mit Elterngeschwisterkinder gemeinsam sukzedieren könnten. Ein Ergebnis, welches sowohl dem Landrecht als auch dem Magdeburger Recht widerspricht.

„Lest auch der vorstorbene noch ym seynes vatren halb bruder vnd seynes vatren ganczen bruder kint. Disse beide sint gleiche nahen noch lantrechte Sunder noch meideburgschem vnd Colmschen rechte gefelt es vff des vatren halben bruder eod. li. dist. 17. Colm. li. 4 ar. 81.“[838]

Der Einfluß von Ldr. I Art. 3 § 3 macht sich auch in der Entscheidung des Rats der Stadt Goslar vom 30. August 1536 bemerkbar.[839] Nach „Sachsenrecht“ soll die Tochter des Halbbruders gemeinsam mit den Tochterkindern des vollbürtigen Bruders erben, allerdings nicht nach Köpfen, sondern nach Stämmen. W. Ebel betrachtet dabei die Erbfolge als altes Recht und sieht nur in der ungewöhnlichen Teilung nach Stämmen ein Indiz dafür, daß sich das Repräsentationsrecht auch in der Seitenlinie zumindest als Teilungsmaßstab etabliert habe.[840] Aber gerade die Zurücksetzung der halben Geburt um ein volles Glied läßt sich weder den alten Goslarer Statuten, noch bekannten Urteilen des 16. Jahrhunderts entnehmen. Bei dem von den Ratmännern herangezogenem Sachsenrecht dürfte es sich daher wohl um den Sachsenspiegel handeln.[841]

7. Der Erbfall Johan van Erpensen - Gleichbehandlung der Halbgeburt und Bevorzugung des männlichen Geschlechts? - Auseinandersetzung mit F. Ebel

Mit den bisher gefundenen Ergebnissen stimmt auch ein Magdeburger Schöffenspruch an den Rat der Stadt Lüneburg aus dem Jahre 1410 überein. Der Spruch ist bereits eingehend von F. Ebel in einer Einzeluntersuchung erörtert worden.[842] Da aber die hier vertretene Interpretation der Entscheidung in wesentlichen Punkten von jener Ebels abweicht, soll der Spruch hier nochmals kritisch betrachtet werden.

Zu der Vorgeschichte des Spruches ist folgendes vorauszuschicken:[843] 1401 wurde das Lüneburger Stadtrecht in zahlreichen Punkten überarbeitet. Dabei wurde unter anderem eine Subsidiaritätsklausel eingefügt, nach welcher man hilfsweise auf das Sächsische Landrecht zurückgreifen sollte, wenn das Stadtrecht für die Lösung eines Streites keine Antwort bot.

Als nun der Rat von Lüneburg einen Erbstreit zu entscheiden hatte, welcher nicht mit dem Stadtrecht zu lösen war, schrieben die Lüneburger Ratsmänner nachweis-

---

[838] Vgl. auch den Spruch aus dem Kodex Böhme bei Böhme, Dipl. Beytr. II.2, S. 130 Abs. 2, wo das Erbe nach Landrecht den Elternhalbgeschwistern und dem Sohn des vollbürtigen Vaterbruders zu gleichen Teilen zugesprochen wird.

[839] Gedruckt bei: bei, Ebel, W., Studien, Anh. Nr. 23.

[840] Ebel, Studien, S. 47.

[841] Ob die Teilungsanordnung des Erbes tatsächlich auf eine Ausdehnung des Anwendungsbereichs von Ldr. I Art. 5 § 1 beruht oder nicht vielleicht doch durch das Nürnberger Edikt von 1521 beeinflußt wurde, nach welchem Geschwisterkinder mit den Geschwistern nach Stämmen erben, kann hier offenbleiben.

[842] Ebel, Ztsch. f. hist. Forsch. Bd. 9 (1982), S. 47f.

[843] Ausführlich vgl. Ebel, Ztsch. f. hist. Forsch. Bd. 9 (1982), S. 47f.

bar mindestens fünf andere Städte an, um sich dort zu erkundigen, wie der anstehende Rechtsstreit nach Sächsischem Landrecht zu entscheiden sei.[844]
Der ebenfalls angeschriebene Rat der Stadt Magdeburg[845] leitete die Anfrage an den Magdeburger Schöffenstuhl weiter und dieser entschied wie folgt:[846]

„Scheppen der stad Madgeburch
Vnsen grot to voren. Wy synt gevraget vmme recht nach dissen na gescreuen worden: „Eyn geheten Johan van Erpensen ist gestorven, de heft nagelaten de Westualeschen vnde Stoteroggeschen, de sulue vruwen twe vnde de Johan vorbenomed sint vuller broder vnd suster kindere, vnde de vruwen mene, dat se rechte eruen vnde de negesten sin to seynem nagelaten gude. Ok heft de benomede Johan na gelaten enen, geheten Albert Hoyke, vnde de is syner half suster sone, vnde de menet, he sy en recht erue to dem vorscreuenen nagelaten gude. Wer nv de vorbenomeden vruwen twe, alse se vnde de sulue Johann vuller broder vnd suster kinder sint neger erue sin to synem nagelaten gude, edder wer sin halfsuster sone dar neger erue to sy, edder wer se alle like na eruen dar to sin na bescreuen sasseschen lantrechte?"
Hir vpp spreken wy scheppen to Madgeburch eyn recht: Nach magdeburschem wykbelde rechte so scrikket de halue bort nicht, so ist des doden halue sustersone des doden erue neger to nemende wen de vruwen twe, vnde de dode dede weren broder vnde suster kinder van vullerbort. Von rechtes wegen. Sunder nach bescreuen sasseschen lantrechte so kan de halue bort in eynem lede nicht bestan, so ist des doden halue sustersone vnde de twe vruwen, de vnde de dode weren broder vnde suster kindere van vullerbort des doden erue alle dre like na. Van rechtes wegen. Besegeld mit vnsem jngesegel."

Nach Ebel sieht die diesen Erbstreit widerspiegelnde Verwandtschaftstafel wie folgt aus:[847]

[844] Neben dem Magdeburger Rat wurde die Räte der Städte Minden, Göttingen, Goslar und Erfurt angeschrieben. Goslar gab keine Rechtsauskunft, da es nur sein eigenes Stadtrecht mitteile. Die übrigen Räte entschieden nicht allein aus eigenem Wissen, sondern zogen verständige und gelehrte Leute zu Rate. In Erfurt wurde ein Doktor beider Rechte der dortigen Universität herangezogen.

[845] Die Antwort des Magdeburger Rates an den Lüneburger Rat, in welcher sie erklären warum sie nicht selber entschieden haben, sondern die Bitte an die Schöffen weitergeleitet haben ist gedruckt bei: Ebel, Mgdb. Recht Bd. I, I 1 Nr. 1a (S. 1f) und ders., Ztsch. f. hist. Forsch. Bd. 9 (1982), S. 47 (S. 61).

[846] Gedruckt bei: Ebel, Mgdb. Recht Bd. I, I Nr. 1, Nr. 1 (S. 1f) und ders., Ztsch. f. hist. Forsch. Bd. 9 (1982), S. 47 (S. 61f).

[847] Vgl. Ebel, Ztsch. f. hist. Forsch. Bd. 9 (1982), S. 47.

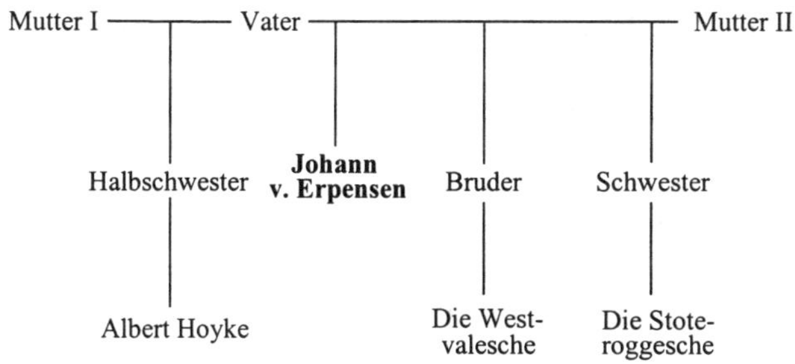

Nach Ansichts Ebels streiten sich um das Erbe Johann v. Erpensens auf der einen Seite der Sohn einer Halbschwester, Albert Hoyke, und auf der anderen Seite die Töchter von Vollgeschwistern des Erblassers, nämlich die Westvalesche und die Stoteroggesche.
Die Magdeburger Schöffen lassen nach Weichbildrecht den Sohn der Halbschwester allein erben. Ebel erklärt dieses Ergebnis wie folgt:
„Die Magdeburger entscheiden nach Weichbildrecht, daß die halbe Geburt nicht schrekke. Deshalb sei des Toten halber Schwester Sohn näher daran Erbe zu nehmen als die zwei Frauen.“[848] Mit diesem Hinweis wäre aber nur erklärt, warum Albert Hoyke nicht *nach* den Vollgeschwistertöchtern erbt, nicht aber warum er *vor* ihnen erben solle. Das bessere Erbrecht des Halbschwestersohnes beruhe nun, so Ebel, auf einer Bevorzugung des männlichen Geschlechts. Denn „aus der hier vorgeführten Quelle ergibt sich zunächst, daß die allgemeine Ansicht jedenfalls in der regelmäßig geäußerten Totalität nicht richtig sein kann, wonach das Magdeburger Recht einen Vorzug der Männer vor den Frauen beseitigt habe...“[849]
Zwei Aspekte wären demnach für die Entscheidung der Magdeburger Schöffen im vorliegenden Fall entscheidend gewesen. Zum einen die grundsätzliche Irrelevanz der Halbgeburt, wie sie auch Wasserschleben für Fälle wie den vorliegenden annimmt[850], zum anderen eine Bevorzugung des männlichen Erbprätendenten vor den gradgleichen Anwärterinnen.

Allerdings widersprechen diese Ergebnisse allem bisher zum Magdeburger Recht Festgestellten.[851] Eine erbrechtliche Bevorzugung der männlichen Verwandten ließ sich nur beim Erbrecht der Eltern, wo der Vater der Mutter vorging, nachweisen, und die völlige Unbeachtlichkeit der Halbgeburt steht im Widerspruch zu den

[848] Ebel, Ztsch. f. hist. Forsch. Bd. 9 (1982), S. 47 (S. 55).
[849] Ebel, Ztsch. f. hist. Forsch. Bd. 9 (1982), S. 47 (S. 55).
[850] Entsprechend sieht Ebel, Ztsch. f. hist. Forsch. Bd. 9 (1982), S. 47 (S. 55f) die Annahme Wasserschlebens durch den behandelten Schöffenspruch, zumindest für die Konkurrenz von Geschwisterkindern, gestützt. Ebenso Ziekow, Rechtsgang, S. 78, der sich für die Konkurrenz der Elterngeschwisterkinder der Auffassung F. Ebels anschließt.
[851] Vgl. dazu die Sprüche, welche ebenfalls die Konkurrenz von Vollgeschwisterkindern mit Halbgeschwisterkindern behandeln auf S. 248.

oben angeführten Quellen. Geben diese Erwägungen zum Magdeburger Weichbild bereits hinreichenden Anlaß, die Auslegung des Spruches neu zu überdenken, so drängen sich im Hinblick auf die landrechtliche Lösung der Schöffen die Zweifel geradezu auf.

Denn nach geschriebenem Landrecht, so die Schöffen, kann die Halbgeburt neben der Vollgeburt nicht im selben Glied bestehen, daher erbe nach Landrecht Albert Hoyke gemeinsam mit den beiden Frauen. Diese Entscheidung ist aber mit der von Ebel zugrundegelegten Verwandtschaftstafel nicht in Einklang zu bringen. Nach Ebel stehen alle Prätendenten im selben Verwandtschaftsgrad zum Erblasser. Würde nun Albert Hoyke wegen der Halbbürtigkeit seiner Mutter um einen Grad zurückfallen, so müßte das Erbe ausschließlich an die Westvalesche und die Stoteroggesche fallen.[852] Daß die Magdeburger Entscheidung hier ebenfalls von der zu erwartenden Lösung abweicht, bestätigt die bereits oben angeführten grundsätzlichen Bedenken.[853]

Das Problem läßt sich aber dann lösen, wenn man den von Ebel angenommenen Ausgangspunkt verläßt. Ebel sieht in der vorliegenden Entscheidung einen Erbstreit zwischen dem Sohn einer Halbschwester und den Töchtern von Vollgeschwistern des Erblassers. Diese Annahme beruht aber auf einer Fehlinterpretation der Entscheidung.

Vielmehr sind die Westvalesche und die Stoteroggesche keine Geschwisterkinder, also Nichten, des Erblassers, sondern Elterngeschwisterkinder, also Basen bzw. Cousinen des Erblassers Johann v. Erpensen.[854]

Für eine solche Annahme spricht bereits der Wortlaut der Anfrage des Lüneburger Rates und jener der Magdeburger Antwort. In beiden Stellen wird das Verwandtschaftsverhältnis der Frauen zum Erblasser mit den Worten „*...de sulue vruwen twe vnde de Johan vorbenomed sint vuller broder vnd suster kindere*" umschrieben.[855]

---

[852] Die denkbare Erwägung, die Halbgeburt und die durch sie begründete Rückstellung Albert Hoykes werde durch einen Vorzug des männlichen vor dem weiblichen Erbprätendenten ausgeglichen und deswegen sei Albert Hoyke wieder gradgleich mit den Frauen, ist ausgeschlossen. Selbst in den Rechten, welche eine erbrechtliche Bevorzugung der Männer kennen, kann diese dort nie die Halbbürtigkeit kompensieren. In den Quellen des sächsischen Rechts finden sich dementsprechend auch keine Anhaltspunkte, welche eine solche These zu stützen vermögen.

[853] Ebel, Ztsch. f. hist. Forsch. Bd. 9 (1982), S. 47 (S. 56) räumt ein, die Lösung der spezifisch erbrechtlichen Fragen dieser Entscheidung könne auch durch mögliche Mißverständnisse über den Sachverhalt beinflußt sein.

[854] Ebel, Ztsch. f. hist. Forsch. Bd. 9 (1982), S. 47 (S. 56) bezeichnet an einer Stelle die Prätendenten ebenfalls als Kinder der Elterngeschwister. Als Ausgangspunkt für diese Bezeichnung nimmt er aber nicht den Erblasser, sondern umschreibt mit der Formulierung nur die Beziehung der Erbansprecher zueinander.

[855] In einem Spruch der Leipziger Schöffen in der Pößnecker Spruchsammlung, I Nr. 148, in welcher ebenfalls ein Halbbrudersohn mit Elterngeschwisterkindern um das Erbe streitet, wird das Verhältnis von Elterngeschwisterkindern zueinander wie folgt beschrieben: „*...dy abgegan-*

Demnach stehen die beiden Frauen und Johann v. Erpensen zueinander im Verhältnis von Vollgeschwisterkinder, das heißt die Eltern der Prätendenten waren Vollgeschwister und nicht Johann v. Erpensen und die Eltern der beiden Frauen. Dies ist um so naheliegender, da in dem Spruch die Verwandtschaft eines Geschwisterkind mit der einfachen Formel *„vnde de is syner half suster sone"* beschrieben wurde. Wären die beiden Frauen tatsächlich die Kinder von Vollgeschwistern des Erblassers, ist es nicht einsichtig, warum ihr Verwandtschaftsverhältnis nicht als *„fulle broeder edder suster kinder"*[856] wie in anderen Sprüchen bezeichnet wurde.[857]
Die diesen Erbfall darstellende Verwandtschaftstafel sieht demnach wie folgt aus:

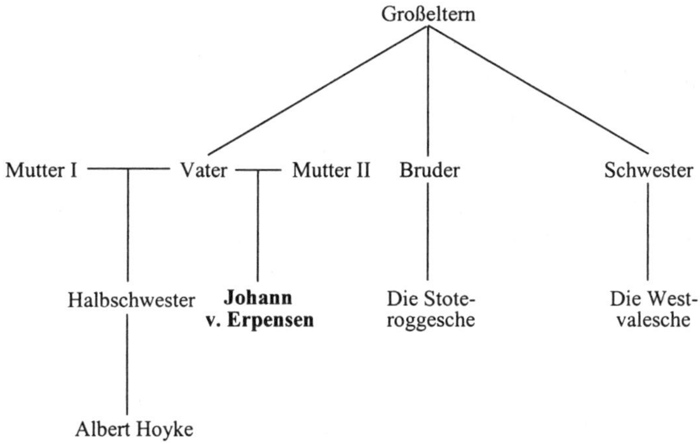

gene frouwe unde dy kegen myr sich zcu deme gelaßin gute sippen, sint mit der abgegangenen frouwen gewest zcweyer bruder kint." Die Schöffen verstanden diese Formulierung allerdings so, daß es sich hier um Vollbruderkinder der Erblasserin handelte. Kritisch dazu: Buchda, Die Schöffenspruchsammlung der Stadt Pößneck Bd. III, Anhang I Nr. 17 (S. 146), der die genannten Prätendenten ebenfalls als Elterngeschwisterkinder ansieht.

[856] Vgl. Wasserschleben, Succesionsordnung, S. 67f.

[857] Diese Formulierung verwenden auch der Rat der Stadt Erfurt und der um Rat angegangene Doktor. Gedruckt bei: Ebel, Ztsch. f. hist. Forsch. Bd. 9 (1982), S. 47 (S. 60). Daraus kann man schließen, auch in Erfurt verstand man den Sachverhalt ebenfalls als einen Erbstreit zwischen halbbürtigen und vollbürtigen Geschwisterkindern. Der Jurist hat dann in seinem Gutachten auf Grundlage des gemeinen Kaiserrechts dem Halbschwestersohn das Erbe zugesprochen. In einem Nachsatz fügte der Gutachter dann noch an, seines Wissens stimme dieses Ergebnis mit dem sächsischen Landrecht überein, denn er habe von einem entsprechenden Urteil der Magdeburger Schöffen gehört.

Betrachtet man die beiden Frauen nicht als Vollgeschwisterkinder des Erblassers, sondern als dessen Elterngeschwisterkinder[858], steht die Entscheidung der Magdeburger Schöffen im Einklang zu den bisher getroffenen Feststellungen:
Nach Magdeburger Recht fällt die Halbgeburt bei Konkurrenz von Verwandten unterschiedlichen Grades nicht zurück. Daher erbt Albert Hoyke, obwohl seine Mutter nur eine Halbschwester des Erblassers war, vor den Elterngeschwisterkindern des Erblassers. Der Annahme Ebels, das vorrangige Erbrecht Albert Hoykes beruhe auf der erbrechtlichen Bevorzugung des Mannes, bedarf es dann nicht mehr. Auch im Hinblick auf das Landrecht ist die Entscheidung der Schöffen stimmig. Nach Ldr. I Art. 3 § 3 fällt die Halbgeburt ein ganzes Glied zurück. Daher erbt der Sohn einer Halbschwester gemeinsam mit den Kindern der Elternvollgeschwister. Die in dem Spruch benutzte Formel *„de halue bord scrikket nicht"* bedeutet demnach nicht, nach Magdeburger Recht sei die Halbgeburt völlig ohne Bedeutung. Denn die halbbürtigen Prätendenten können, wie oben aufgezeigt, nicht gemeinsam mit ihren gradgleichen vollbürtigen Konkurrenten erben. Die Formel ist hier vielmehr als Abgrenzung des Magdeburger Rechts vom Sächsischen Landrecht zu verstehen. Nach Magdeburger Recht tritt die Halbgeburt, anders als es Ldr. I Art. 3 § 3 bestimmt, nicht um ein ganzes Glied zurück. Um dies zu verdeutlichen, betonen die Schöffen unter Aufgreifen der Wortwahl des Ldr. I Art. 3 § 3, daß nach Magdeburger Recht *„de halue bord scrikket nicht"*.

Von diesem System scheint allerdings ein Spruch der Hallischen Schöffen aus dem „Alt Weichbild Recht der Stadt Dresden" abzuweichen. Auf Anfrage der Dresdener Räte und Geschworenen entschieden die Schöffen die Konkurrenz von halbbürtigen Elterngeschwistern und Elterngeschwisterkindern wie folgt:

„Hiruff spreche wir scheppen zcu Halle eyn recht die frawe die des todin kindes vatir swestir ist von halber gebort und die des toden kindes vatir brudir kinder sint von voller gebort und die kinder die des toden kindes muter swestir kinder synt ouch von halbir gebort die sullen alle des todin kindes gut das zcu dem erbe gehort gleyche teylen vorsegilt mi unserm ingesegil"[859]

Dieser Spruch ist insoweit auffällig, als nach ihm auf der einen Seite die halbbürtige Vaterschwester ein ganzes Glied zurücktritt und gemeinsam mit den Vaterbruderkindern erben soll, auf der anderen Seite hingegen die Halbgeburt bei den Kindern der halbbürtigen Mutterschwester unbeachtlich ist und diese mit den anderen Prätendenten das Erbe gleich teilen soll.

---

[858] Von dieser Annahme sind wohl auch die Räte der übrigen um Entscheidung angefragten Städte, Minden, Göttingen und Goslar, ausgegangen. Zumindestens läßt sich die Sachverhaltswiedergabe in ihren Antwortschreiben eher in diese Richtung interpretieren. Allerdings lassen die mitgeschickten Entscheidungen und ihre Begründungen keinen eindeutigen Schluß zu, welche Erbkonkurrenz zugrunde gelegt wurde. Vgl. Ebel, Ztsch. f. hist. Forsch. Bd. 9 (1982), S. 47 (S. 58f).

[859] Gedruckt bei: Wasserschleben, Rechtsquellen Bd. I, IV, Kap. LVI (S. 194).

Zumindest die scheinbar hier ausgesprochene Gleichbehandlung der Kinder halbbürtiger Elterngeschwister mit denen von vollbürtigen Elterngeschwistern beruht offensichtlich auf einem Fehler, der entweder dem Schreiber der Handschrift unterlaufen ist oder der bei Transkription und Druck der Handschrift erfolgte.[860]
Denn in der Anfrage der Dresdener Schöffen heißt es: *„Eyn kind ist gestorbin und hat gelassen eyne wase die des todin kindes vatir swestir was von mutir halbin und nicht von vatir halbin und hat gelassen seyner mutir swestir kinder und vatir brudir kinder von voller gebort...“*[861] Mit der Annahme, daß die Mutterschwesterkinder ebenfalls vollbürtig sind, erklärt sich auch ungezwungen das *„ouch“* in der Antwort, denn die Mutterschwesterkinder sind auch, wie die Vaterbruderkinder, vollbürtig. Auch die Magdeburger Schöffen, welche ebenfalls um Rechtsauskunft gebeten wurden, sprechen von *„und mutir swestir kinder von voller gebort“*.
Handelt es sich bei der scheinbaren Gleichstellung der Kinder vollbürtiger Elterngeschwister mit jenen von halbbürtigen Elterngeschwister daher um einen Überlieferungsfehler, ist noch das Verhältnis der halbbürtigen Vaterschwester zu den Kindern der Elterngeschwister zu klären.
Die Erbteilung, welche die Hallischen Schöffen ausgesprochen haben, beruht zweifelsfrei auf dem landrechtlichen Grundsatz, nach welchem die halbe Geburt ein ganzes Glied zurückfällt. In diesem Zusammenhang paßt es, wenn die ebenfalls von den Dresdenern in derselben Sache um Belehrung angegangenen Magdeburger Schöffen in Einklang mit dem Magdeburger Recht den Streit anders als die Hallischen Schöffen zugunsten der halbbürtigen Vaterschwester lösen:

„Hiruff spreche wir scheppin zcu Magdeburg eyn recht zcu dem gute daws das tode kind hat gelassen hat recht des todin kindes vatir swestir von halbir gebort und seynes vatir brudir kinder und mutir swestir kinder von voller gebort konnen dorczu nicht komen von rechtis wegen vorsegilt mit unserm ingesegil.“[862]

Auch diese Entscheidung der Magdeburger Schöffen bestätigt die Annahme, nach Magdeburger Recht wurde die Halbgeburt nicht um ein ganzes, sondern nur um ein halbes Glied zurückgesetzt.

Keine Abweichung von diesem Grundsatz stellt ein bei Kisch, Spruchsammlung, Nr. 757, abgedruckter Leipziger Schöffenspruch dar:[863]

---

[860] Ein weiterer offensichtlicher Schreibfehler findet sich in der Anfrage der Dresdener Schöffen. Dort wird einmal von den Mutterschwesterkindern, das andere Mal von Mutterbruderkinder gesprochen, ohne daß damit unterschiedliche Personen bezeichnet werden sollten.

[861] Gedruckt bei: Wasserschleben, Rechtsquellen Bd. I, IV, Kap. LVI (S. 194)

[862] Gedruckt mit der Überschrift Contradictio in eadem causa bei: Wasserschleben, Rechtsquellen Bd. I, IV, Kap. LVII (S. 194f).

[863] Identisch bei: Kisch, Spruchsammlung, Nr. 486.

„...Hierauf: Was das kind an gerade gelassen hat, das hat es geerbet an sein eltermuter schwester mit merem rechten, dan auf seiner muter schwester von dem vater [halb] oder irer tochter. Von rechtes wegen“

Zwar ist die Schwester der Großmutter mit der Erblasserin ferner gesippt als die halbbürtige Vaterschwester, das bessere Erbrecht der Großmutterschwester beruht aber nicht auf einer Zurücksetzung der Vaterschwester, welche diese aufgrund ihrer Halbgeburt erleidet, sondern liegt darin begründet, daß die Vaterschwester - im Gegensatz zu der Großmutterschwester - keine Niftel - ist. Folglich gehört sie schon gar nicht dem Kreis der Verwandten an, welcher bezüglich der Geradegegenstände als Erbe in Betracht kommen kann.

8. Ergebnis

Faßt man das Bisherige zusammen, gelangt man zu folgendem Ergebnis:

1. Die Wirkung der Halbgeburt nach dem Magdeburger Recht beschränkt sich nicht nur auf das Verhältnis der Vollgeschwister zu Halbgeschwistern, sondern erfaßt den gesamten erbberechtigten Verwandtenkreis. Insoweit kann ein „Stillestehen“ der Halbgeburt nicht festgestellt werden. Die Ansicht Wasserschlebens ist daher abzulehnen.
2. Im weiteren Erbenkreis entfaltet die Halbgeburt ebenso wie bei den Geschwistern nur eine relative Wirkung. Der Prätendent, dessen Verwandtschaft mit dem Erblasser über einen halbbürtigen Angehörigen vermittelt wird, tritt nur bei Konkurrenz mit gradgleichen Erbprätendenten zurück. Im Verhaltnis zu gradferneren Erbansprechern schadet die Halbbürtigkeit nicht. Der Halbbürtige, der sich näher zur Sippe ziehen kann, erbt vor den gradferneren vollbürtigen Verwandten.

Nur der zu Beginn des Abschnitts mitgeteilte Spruch der Magdeburger Schöffen in Kap. 5 des Leipziger Codex Hs. 1096, auf den Wasserschleben seine These von dem „Stillestehen“ der Halbgeburt stützt, scheint diesem Ergebnis zu widersprechen. Die Schöffen haben dort das Erbe zwischen der Großelternschwestertochter und der Großelternhalbschwestertochter geteilt, obwohl letztere sowohl nach Magdeburger Recht als auch nach Landrecht als Abkömmling eines halbbürtigen Verwandten im Erbe hätte zurücktreten müssen.
Dieser Widerspruch könnte hingegen wie folgt zu lösen sein: Die Magdeburger Schöffen führen in ihrer Entscheidung aus, daß das Erbe auf *„die Bartram Sonnenbergesche als seiner* (d.i. der Erblasser Claus Gabell) *groszmutter schwester tochter von voller geburt an einer unde die Michel Dranckesche sampt iren geschwistern, als des verstorben groszmutter schwesterkinder halber geburth, zcu geleichen teile nach personenzcall gebracht, gestammet unde vorerbet.“* werde. Die Bezeichnung der Bartram Sonnenbergesche als Großmutterschwesterkind voller Geburt und der Michel Dranckesche als Großmutterschwesterkind halber Geburt legt die Annahme nahe, die Magdeburger Schöffen haben die Halbbürtigkeit nicht auf die Eltern der beiden Erbprätendentinnen - den Geschwistern der Erblassergroßeltern -, sondern auf die

Erbprätendentinnen selbst bezogen. Demnach wären sowohl die Sonnenbergesche als auch die Dranckesche Kinder von vollbürtigen Erblassergroßelterngeschwister und nur die Drankesche selbst wäre halbbürtig.[864]

Die Halbbürtigkeit der Drankesche ist dann aber nach Magdeburger Recht irrelevant. Da beide Prätendentinnen mit dem Erblasser als Großelterngeschwisterkinder gleich nah verwandt sind, erben sie folglich auch zu gleichen Teilen. Der Spruch stimmt dann mit den Grundsätzen des Magdeburger Rechts überein. Die Halbgeburt kann ihre Wirkung ausschließlich bei den Kindern der dem Erblasser und dem Erbprätendenten gemeinsamen Stammeltern entfalten. Für alle anderen Verwandten des Erblassers steht die Halbgeburt dann tatsächlich „still".

Demnach beruht die Entscheidung der Schöffen auf einem Fehlverständnis des in der Anfrage mitgeteilten Sachverhaltes.[865] In der Anfrage wird die Mutter der Sonnenbergsche als *„der verstorbenen Claws Gabels groszmutters schwester von voller geburt"* bezeichnet, die Dramkesche hingegen als *„desselben Claws Gabels groszmutter schwester von halber geburt kind..."*. Halbbürtig war demnach entgegen dem Verständnis der Magdeburger Schöffen nicht die Dramkesche, sondern ihre Mutter als Halbschwester der Großmutter des Erblassers.

Aber selbst wenn man davon ausgeht, die Entscheidung behandele tatsächlich die Konkurrenz von Großelterngeschwisterkindern mit Großelternhalbgeschwisterkindern, so ist sie doch völlig vereinzelt geblieben. Angesichts des im übrigen vorhandenen Quellenmaterials, welches einheitlich die Halbgeburt um ein halbes Glied zurücksetzt, kann sie die These Wasserschlebens von dem „Stille stehen" der Halbgeburt nicht ausreichend begründen.

Zu berücksichtigen ist weiterhin, daß die Entscheidung der Magdeburger Schöffen bereits im 15. Jahrhundert als erläuterungsbedürftig betrachtet wurde. Darauf weist der bereits erwähnte, im Codex 1096 der Leipziger UB als Kap. 6 aufgenommene, Zusatz hin. In ihm wird dem Weichbildrecht das Sächsische Landrecht und das Magdeburger Recht gegenübergestellt. So soll im Weichbildrecht die Halbgeburt nur bei den Geschwistern relevant sein, hingegen im Landrecht und im Magdeburger Recht in allen Verwandtschaftsgraden von Bedeutung sein. Der Verfasser der Erläuterung erliegt daher auch keinem Irrtum, wenn er das Weichbildrecht vom Magdeburger Recht in diesem speziellen Fall entgegen dem üblichen Verständnis der Begriffe unterscheidet.[866] Denn das in dem Schöffenspruch als Weichbild bezeichnete Recht deckt sich nicht mit den Rechtssätzen, die hier als Magdeburger Recht nachgewiesen wurden.

---

[864] Im Erbfall v. Erpensen wird das Kind der Halbschwester, Albert Hoyke, als *„des doden halue sustersone"* bezeichnet.

[865] Dem Schöffenspruch ist zu entnehmen, daß die Schöffen zuvor um eine Erläuterung des Sachverhaltes gebeten hatten. Die Anfrage nach Magdeburg war also schon von Beginn an nicht frei von Komplikationen.

[866] Dies unterstellt aber Wasserschleben, Succesionsordnung, S. 68. Dagegen, Stobbe, Beiträge, S. 36 (S. 53).

Es stellt sich nun noch die Frage, ob es dann neben dem Sächsischen Landrecht und dem Magdeburger Recht noch ein spezielles Weichbildrecht, wie es Kap. 6 der Handschrift annimmt, gab.[867] Dagegen spricht sicherlich, daß in den unzähligen Schöffensprüchen, in welchen die Schöffen nach Weichbild entschieden, mit diesem Weichbild nichts anderes gemeint war als das Magdeburger Recht. Die Entscheidung in Kap. 5 und dessen Erläuterung in Kap. 6 der Handschrift deuten vielmehr auf die Meinungsverschiedenheiten hin, welche bereits im 15. Jahrhundert über die Reichweite der Zurücksetzung der Halbgeburt bestanden. Vor diesem Hintergrund ist auch der Passus in dem Gutachten von Pauli und Minestere zu verstehen, in welchem sie auf eine sich entwickelnde Gewohnheit hinweisen, nach welcher im Sächsischen Landrecht der Satz „die halbe Geburt schreitet in ein weiteres Glied“, der ursprünglich nach Ldr. II Art. 20 § 1 nur im Verhältnis von Voll- und Halbgeschwistern gelten sollte, nun über alle Grade erstreckt werde. Eine Streitfrage, die sich in dieser Form auch für das Magdeburger Recht stellte.

Offen muß bleiben, ob die von den Doktoren beim Landrecht beobachtete Entwicklung - wenn sie denn dort tatsächlich überhaupt stattfand - auch im Magdeburger Recht erfolgte.[868]

In den bekannten Quellen des Magdeburger Rechts ist die Halbgeburt allerdings stets bei allen Seitenverwandten berücksichtigt worden. Dies spricht gegen die Annahme, zumindest im älteren Magdeburger Recht habe sich die Wirkung der Halbgeburt auf die Geschwister beschränkt.

Zudem wird die These von der beschränkten Wirkung der Halbgeburt für das frühe Magdeburger Recht regelmäßig mit einem Hinweis auf Ldr. II Art. 20 § 1 gestützt. Dabei ist aber gerade mehr als zweifelhaft, ob Ldr. II Art. 20 § 1 überhaupt die Wirkung der Halbgeburt nur auf die Geschwister beschränkt oder ob er nicht vielmehr nur den in Ldr. I Art. 3 § 3 genannten Grundsatz von der Zurücksetzung der Halbgeburt beispielhaft verdeutlicht.[869]

Im Ergebnis war daher die Halbgeburt nach Magdeburger Recht in allen Graden von Bedeutung. Wird in den Magdeburger Quellen von einem „Stillestehen“ der Halbgeburt gesprochen, so ist damit die Zurücksetzung der Halbgeburt nicht um ein ganzes, sondern nur um ein halbes Glied gegenüber der Vollgeburt umschrieben.

---

[867] Davon geht wohl auch Stobbe, Beiträge, S. 36 (S. 53) aus. Ablehnend Schanz, S. 110 Fn. 288.

[868] Dies nehmen Wasserschleben, Successionsordnung, S. 101 und Siegel, Österreichische Vierteljahrschrift Bd. 6 (1860), S. 21 (S. 26) an.

[869] In diesem Sinn: Vgl. S. 128.

VII. Erben siebenter Ordnung - Die Urgroßeltern, die Großelterngeschwister, die Elterngeschwisterkinder, die Geschwisterenkel und die Urenkel

Die siebente Erbengruppe wird gebildet aus den Urgroßeltern, den Großelterngeschwistern, den Elterngeschwisterkindern, den Geschwisterenkeln und den Urenkeln.

Dabei wird mit der zunehmenden verwandtschaftlichen Gradferne auch die Quellenlage schwieriger.

So läßt sich in der absteigenden Linie kein Nachweis für ein Erbrecht des Urenkels finden.[870] Zwar spricht Sippzahlregeln, Tit. III, § 5 von den „*kyndes kynt unde ouch forder nyderwart in der rechten lyneen*", aber damit soll nur der gundsätzliche Vorrang der Deszendenz ausgesprochen werden. Für die Behandlung des Erbrechts eines einzelnen Deszendenten nach Magdeburger Recht ist die Stelle indessen wertlos.

Daß nach Magdeburger Recht die Elterngeschwisterkinder erst nach den Elternhalbgeschwistern erbten, hingegen nach Landrecht, wo die Halbgeburt ein ganzes Glied zurücktritt, die Elterngeschwisterkinder gemeinsam mit dem Halbschwestersohn sukzedierten, ist bereits festgestellt worden.[871]

Darüber hinaus konnten nur folgende Schöffensprüche, welche sich mit dem Erbrecht von Angehörigen der siebenten Erbengruppe beschäftigen, gefunden werden.

Nach einem Magdeburger Spruch für Breslau aus dem Jahre 1461 geht der Schwestersohn der Mutterbrudertochter im Erbe vor[872] und nach einem Spruch bei Böhme, Dipl. Beytr. Bd. II.2, S. 95 Abs. 4 (ebd. S. 128 Abs. 3) die Mutterschwester den Vaterschwesterkindern.

Laut Biener'sche Erbrechtsregel, Tit. IV, reg. 30 erben auch die Großeltern vor den Kindern der Elterngeschwister.

Weiterhin findet sich ein Spruch der Magdeburger Schöffen aus der Mitte des 15. Jahrhunderts an Helmstedt, nach welchem die Tochter eines Vaterbruders gemeinsam mit der Tochter der Mutterschwester den Erblasser beerbt.[873] Ein Vorzug der agnatischen Verwandten fand demnach auch nicht in der ferneren Verwandtschaft statt.[874]

Allerdings lautet Sippzahlregel, Tit. VI, § 8:

---

[870] Vgl. Schanz, S. 99.

[871] Vgl. S. 249 und S. 258.

[872] Ohne Anfrage gedruckt bei: Wasserschleben, Successionsordnung, S. 77f, mit Anfrage bei: Ebel, Mgdb. Recht, Bd. II/2, Nr. 579.

[873] Gedruckt bei: Ebel, Mgdb. Recht Bd. I, I Nr. 6 (S. 108f).

[874] Die Vaterschwestertochter begründet ihr vermeintlich besseres Erbrecht denn auch nicht mit dem Hinweis, sie entstamme der väterlichen Linie, sondern sie bezweifelt, daß die Mutterschwestertochter ihre Verwandtschaft hinreichend bewiesen habe.

„Item eczliche sagen das mynes vater bruder son sy neher myn erbe zcu nemen denne myner mutter swester tochter. Dye sagen ouch unrecht wen sye synt gliche nahe unde czyhen sich glich zcu der syppe....“

In der bisherigen Darstellung ist davon ausgegangen worden, die in den Sippzahlen als Unrecht bezeichnete Auffassung sei mit dem Magdeburger Recht identisch. Dies würde hier zu der Annahme eines Vorranges der männlichen Linie führen. Hier ist aber zu berücksichtigen, daß in allen anderen Fällen, in welchen mittels eines argumentum e contrario aus den Sippzahlen das Magdeburger Recht erschlossen wurde, das gefundene Ergebnis regelmäßig durch andere Quellen gestützt werden konnte. Bezüglich Sippzahlregel, Tit. VI, § 8 widersprechen aber alle anderen Textzeugnisse dem Ergebnis. Demnach gibt die in der genannten Stelle als Unrecht bezeichnete Ansicht ausnahmsweise keinen Satz des Magdeburger Rechts wieder.

Etwas ergiebiger für das Erbrecht fernerer Verwandten sind die Stadtrechtsbücher, die Magdeburger Rechtsbücher sowie die Sippzahl- und Erbrechtsregeln - wohl nicht zuletzt deshalb -, weil sie zumindest auch den Versuch einer systematischen Darstellung des Rechts unternahmen und somit nicht nur Entscheidungen der Schöffenstühle wiedergeben.

1. Konkurrenz von Urgroßeltern zu den Großelterngeschwistern

Die Konkurrenz des Urgroßvaters mit dem Großvaterbruder wird in Sippzahlregeln, Tit. VI, § 6 erörtert.

„Item eczliche sagen das myn oberelderväter unde myns eldervater bruder von voller gebort solden gliche nahe syn myn erbe zcu nemen dye sagen ouch unrecht. Wenne myn oberelder vater stet mit mir in der rechten lyneen unde darumme sal ma das erbe usz der rechten lyneen nicht nemen..“

Das bessere Erbrecht des Urgroßvaters wird mit dessen Zugehörigkeit zur geraden Linie begründet. Ein solcher Vorrang der geraden Linie ist den übrigen Quellen des Magdeburger Rechts allerdings nicht zu entnehmen. Die in den Sippzahlregeln, Tit. VI als unrichtig bezeichneten Aussagen werden mithin Magdeburger Recht wiedergeben. Daher kann man der zitierten Stelle die erbrechtliche Gleichstellung von Urgroßeltern und Großelterngeschwistern entnehmen.

2. Konkurrenz von Großelterngeschwistern zu den Elterngeschwisterkindern

Die Großelterngeschwister wiederum haben gemeinsam mit den Elterngeschwisterkindern geerbt. So heißt es in den Biener'schen Erbrechtregeln, Tit. IV, reg. 29:

„Der verstorbene hot gelossen seines vatern mutter bruder von voller geburt vnd seines vatren bruder kinder vnd seyner eigenen mutter halben bruder, disse alle seint des vorstorbenen erbe vnd gutte gleiche nahe Mey. Frag. li. 3 ar. 9.“

Die Gleichstellung der Großelterngeschwister mit den Elterngeschwisterkindern entspricht den Grundsätzen des Magdeburger Rechtes. Nicht mit den Grundsätzen des Magdeburger Rechtes zu vereinbaren ist hingegen die Einordnung der halbbürtigen Mutterschwester.[875] Vollbürtige Elterngeschwister gehören der fünften Erbengruppe an, halbbürtige Elterngeschwister der sechsten. Halbbürtige Elterngeschwister würden demnach nur dann gemeinsam mit den Kindern vollbürtiger Elterngeschwister erben, wenn die Halbgeburt um ein ganzes Glied zurückfallen würde. Dieser Grundsatz ist aber bezeichnend für das Sachsenspiegel-Landrecht und nicht für das Magdeburger Recht. Folglich entspricht zumindest die Stellung der halbbürtigen Mutterschwester in den Biener'schen Erbrechtsregeln, Tit. IV, reg. 29 dem Landrecht und nicht dem Magdeburger Recht.[876]

3. Konkurrenz von Elterngeschwisterkindern zu den Geschwisterenkeln

Meißener Rechtsbuch, L. I, c. VI, Dist. 11, behandelt die Konkurrenz der Geschwisterenkel mit den Kindern der Elterngeschwister.[877]

„Mines bruder adder swester kindeskinth, adder myns vettern adder wasszen, ohemen adder mumen kinth, dy sin alle glich erbe zcu nemen, do nicht zweygunge an ist von vater unde von muter."

Da die Geschwisterenkel gemeinsam mit den Elterngeschwisterkindern erben, letztere aber auch mit den Großelterngeschwister und diese wiederum mit den Urgroßeltern, so sukzedieren folglich auch die Geschwisterenkel und die Elterngeschwisterkinder mit den Urgroßeltern, ebenso wie die Großelterngeschwister mit den Geschwisterenkeln.[878]

Auch die Angehörigen der siebenten Erbengruppe haben nach Köpfen und nicht nach Stämmen geerbt. In einem Erbfall, den die Magdeburger Schöffen 1565 auf Anfrage des Zerbster Stadtrates zu entscheiden hatten, hatte der Erblasser dreizehn Kinder von Geschwistern seines Vaters und eine Tochter des Bruders seiner Mutter hinterlassen. Die Schöffen entschieden:[879]

„...Ist Gories Schuler ohne testament unde leibes erben mit dem thode vorblichen, seines vatern bruders unde schwester kidere, der dreytzehende am leben, eins, unde seiner mut

---

[875] Schanz, S. 98 Fn. 257.

[876] In Betracht kommt auch die Überlegung, daß Erbrechtsregel, C. IV, reg. 29 gänzlich Landrecht wiedergibt. Dies könnte dann der Fall sein, wenn die Erbfolgeordnung des Sachsenspiegels und Magdeburger Rechts übereinstimmen würden.

[877] Vgl. auch: Goslarer Statuten, L. I, c. I § 14; Poelmann'sche Distinktionen, L. I, art. VII, Dist. 16; Biener'sche Erbrechtsregeln, Tit. II, art. 12.

[878] Schanz, S. 98.

[879] Gedruckt bei: Friese/Liesegang, II, Nr. 102.

ter bruder tochter, Jacob Jhenen eheliche hausfraw, anders theils nach sich gelassen, so hat auch gedachter Gories Schuler alle sein guth... uff seines vatern bruder unde schwester kindere, desgleichen uff der mutter bruder tochter nach personen anzahl als geleiche erben gebracht, vorfellet unde vorerbet. Von rechtes wegen. Urkundtlich mit unserm insiegel vorsiegeldt.“

VIII. Erben achter Ordnung

Nach den Grundsätzen des Magdeburger Rechts über die Behandlung der Halbgeburt muß die folgende Erbengruppe aus den halbbürtigen Seitenverwandten der Erben siebenter Ordnung bestehen. Folglich wird die achte Erbengruppe gebildet aus den Halbgeschwistern der Großeltern, aus den Kindern der Elternhalbgeschwister und den Enkeln der Halbgeschwister.
Die achte Erbengruppe kann allerdings nur aus den angeführten Grundsätzen erschlossen werden, denn Angehörige dieser Gruppe werden in den Quellen des Magdeburger Rechtes nicht erwähnt.[880]

IX. Erben neunter Ordnung

Als Mitglieder der neunten Erbenklasse hat man sich die Ururgroßeltern, die Urureenkel, die Urgroßelterngeschwister, die Großelterngeschwisterkinder, die Elterngeschwisterenkel und die Geschwisterurenkel vorzustellen. Daß sich bezüglich des Erbrechts der Ururgroßeltern und der Ururenkel keine Nachrichten finden lassen, ist nicht verwunderlich, setzt doch ein solcher Erbfall das Erreichen eines biblischen Alters voraus. Aber auch bezüglich der übrigen Angehörigen ist die Quellenausbeute gering.

Das Erbrecht der Elterngeschwisterenkel und der Großelterngeschwisterkinder wird im Meißener Rechtsbuch, L. I, c. VI, Dist. 10 behandelt. Dort heißt es:

„Mines vettern adder mumen, myns ohemen adder waßsen kinth, adder myns vater adder mutter vetter ader mumen adder ohemen adder waßsen kinth, dy ungeczweyget sint von vader unde von mutter, sin alle glich sippe von erbe zcu nemen“

Dem Wortlaut nach handelt die Stelle allerdings gerade nicht vom Erbrecht der Elterngeschwisterenkel, sondern von dem der Elterngeschwisterkinder. Dies ist aber insoweit unschädlich, da die Formulierung *„adder myns vater adder mutter vetter ader mumen adder ohemen adder waßsen kinth,..“* mit ziemlicher Sicherheit auf einen Überlieferungsfehler in den Handschriften beruht.[881]

---

[880] Vgl. Schanz, S. 98.

[881] In den Biener'sche Erbrechtsregeln, Tit. II, art. 13 wird ebenfalls die Gleichberechtigung der Elterngeschwisterkindern statt der Elterngeschwisterenkel mit den Großelterngeschwisterkinder ausgesprochen. Wohingegen in den Poelmann'sche Distinktionen, L. I, art. VII. Dist 17, welche aller Wahrscheinlichkeit nach den Biener'schen Erbrechtsregeln, Tit. II,

In den dem Meißener Rechtsbuch zugrundeliegenden Goslarer Statuten heißt in Liber I, c. I § 13:

„Enes vedderen oder medderen oder veseken oder omes kindes kint oder sines vader oder moder vedderen oder medderen oder veseken oder omes kint; de unghetweyet sin van vader oder van moder, sint like sibbe, sin erve to nemende."

Auch in dem Eisenacher Rechtsbuch, welches das Meißener Rechtsbuch zu seinen Hauptquellen zählt, wird unter L. I, Art. 17 § 1 die Gleichstellung von Elterngeschwisterenkeln mit den Großelterngeschwisterkindern ausgesprochen. Folglich sprechen die besseren Gründe dafür, die Stelle des Meißener Rechtsbuches, L. I, c. VI, Dist. 10 als *„adder myns vater adder mutter vetter ader mumen adder ohemen adder waßsen <kindes> kinth,..."* zu lesen.[882]

Daneben findet sich in den Quellen nur noch die Konkurrenz der Elternvollgeschwisterenkel mit den Geschwisterurenkeln. Die Poelmann'schen Distinktionen L. I, art. VII, Dist. 18 bestimmen dahingehend:

„Meines Vater Bruder Kindeskind unnd meines Bruderkindes kindes kind sind in dem fünfften Gliede gleich nahen"

Diese Stelle ist allerdings entgegen der Annahme von Schanz[883] für das Magdeburger Recht nicht ergiebig, da in ihr die Gradnähe eindeutig nach römischer Zählung bestimmt wird, was allerdings nicht notwendig gegen ihre inhaltliche Übereinstimmung mit der Magdeburger Erbenordnung spricht.
Für die übrigen potentiellen Angehörigen der neunten Erbenklasse läßt sich hingegen kein Beleg anführen.

X. Erben zehnter Ordnung

Über die Angehörigen der zehnten Erbengruppe läßt sich ebenfalls kaum eine quellenmäßig begründete Aussage treffen. Zu ihr würden gehören: Die Halbgeschwisterurenkel, die Elternhalbgeschwisterenkel, die Großelternhalbgeschwisterkinder und die Urgroßelternhalbgeschwister.

Die erbrechtliche Zurückstellung der Halbgeburt auch in den entfernteren Verwandtenkreisen belegt für die Erben zehnter Ordnung Eisenacher Rechtsbuch, L. I, Art. 16:

---

art. 13 als Vorlage diente, korrekt von den Elterngeschwisterenkeln spricht. Zu ähnlichen Ungenauigkeiten im Meißener Rechtsbuch, vgl. S. 93.

[882] Göschen, Goslarische Statuten, S. 139 Fn. 3. Vgl. auch die Angaben zu den abweichenden Handschriften in den Anmerkungen zu L. I, c. VI, Dist. 10.

[883] Schanz, S. 98.

„Mynes vettirn adir mynes wasin, myns ohemen adir myner mumen kindiskint, di sint alle gliche nahe erbe zcu nemen. Do abir zcweigunge ist, do sint si deme erbe deste verrer zcu nemen"

Diese Zurücksetzung ist aber nach Magdeburger Recht auch hier nur eine relative, wohingegen nach Landrecht die Halbgeburt ein ganzes Glied zurückfällt.

Ähnlich wie in dem oben angeführten Rechtsfall van Erpensen[884] hatte der Rat der Stadt Lüneburg im späten 15. Jahrhundert die Magdeburger Schöffen um Auskunft gebeten, wie ein Erbstreit nach dem *„beschreuen saßen lantrecht"* zu entscheiden sei.[885] In ihrem Antwortschreiben erteilten die Schöffen die gewünschte Auskunft nach Landrecht, freilich nicht ohne auch die Entscheidung nach Weichbild mitzuteilen.

Verstorben war Hans Krüger, er hatte auf der einen Seite die Kinder des Halbbruders seiner Großmutter und auf der anderen Seite die Kinder des Bruders seines Urgroßvaters hinter sich gelassen. An einer Skizze verdeutlicht, stellt sich der Erbfall wie folgt dar:[886]

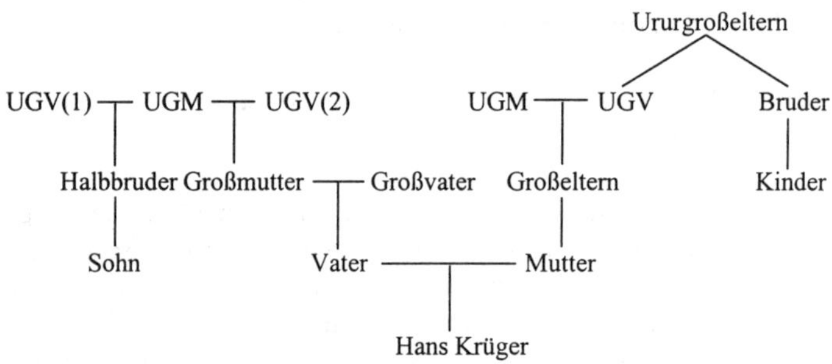

Die Entscheidung lautet:

„...spreken wy scheppene tho Magdeborch vp den grundt jwer fragen vor recht: Dath deß vorstoruen oldervaders fulle bruder kynder vnnd syner grotemoder halue broder sohne na beschreuen sachsisseschem landtrechte tho synen nagelathen gudern unnd erue, ßo he neyne negere hinder sick gelathen, gelick na erffnehmen vnnd besibbett syndt. Wo auerst die genante Hans Kroger tho wichbildenn rechte vorstoruen, ßo wehren ock de vorberurden syner grotemoder halue broder ßone eynes geledes nach wichbildenn rechte tho synen nachgelaten gudernn neger, den sie des vorstoruen oldervaders fulle bruder kynder dar von gedringen mochten. Von rechts wegen. Vorsegeltt mitt unßem jngesegell."

---

[884] Vgl. oben S. 253f.

[885] Gedruckt bei: Ebel, Mgdb. Recht Bd. I, I Nr. 9 (S. 13f).

[886] Der Entscheidung läßt sich nicht entnehmen, welcher Prätendent zu welchem Stamm des Erblassers gehört. Da das Magdeburger Recht aber der Zugehörigkeit zu der väterlichen oder der mütterlichen Linie keine Bedeutung beimaß, erfolgt die Zuordnung in der Skizze willkürlich.

Nach Weichbild erbt demzufolge der Großmutterhalbbrudersohn vor dem Urgroßvatervollbrudersohn, da ersterer sich ein Glied näher zum Erblasser zählen kann. Nach Landrecht jedoch, wo die Halbgeburt ein ganzes Glied zurückfällt, erben beide Prätendenten gemeinsam.

Zweifel könnten sich an dieser Auslegung nur an einem Punkt ergeben. Die Übersetzung des *„oldervaders"* als Urgroßvater ist nicht problemlos. Nach der etymologische Fachliteratur[887] gehört *„oldervader"* zu derselben Bedeutungsgruppe wie elder-, aldervater, bzw. eltervater, die gemeinhin mit Großvater übersetzt wird.[888] Allerdings schließt die Verwendung des Begriffes *„oldervader"* die Deutung als Urgroßvater auch nicht zwingend aus. So ist zu fragen, warum, wenn tatsächlich in diesem Text der Großvater gemeint war, dieser als *„oldervader"* und nicht als *„grotevader"* bezeichnet wird, so wie ja auch die Großmutter *„grotemuder"* und nicht *„eldermuder"* genannt wird. Denkbar ist daher, daß vorliegend die Vorsilben *„grote-"* und *„older-"* unterschiedliche Grade der Verwandtschaft umschreiben sollen.

Letztlich ausschlaggebend für die Deutung als Urgroßvater ist allerdings der inhaltliche Zusammenhang. Würde man *„oldervader"* mit Großvater übersetzen, konkurrierten in dem Streit der Großmutterhalbbrudersohn mit den Großvatervollbrüderkindern. Könnte man die erbrechtliche Gleichstellung der Parteien nach Landrecht noch mit einem „Stillestehen" der Halbgeburt in den entfernteren Graden zu erklären suchen, so ist die Lösung nach Weichbild abwegig. Denn der Sohn des Halbbruders der Großmutter würde vor den im selben Verwandtschaftsgrad stehenden Kindern eines vollbürtigen Großvaterbruders erben. Dies hätte im Ergebnis eine Bevorzugung der Halbgeburt gegenüber der Vollgeburt zur Folge. Eine Schlußfolgerung, welche allen Aussagen der Magdeburger Rechtsquellen über die Halbgeburt klar widerspricht.

Folglich ist die Rechtsweisung der Schöffen dahingehend zu verstehen, daß nach Magdeburger Recht der Großmutterhalbbrudersohn vor den Urgroßvatervollbruderkindern erbt.

Mit den Urgroßvaterbruderkindern, welche zu den Erben elfter Ordnung zu zählen sind, ist die Grenze der mit den Quellen zu belegenden erbberechtigten Verwandten erreicht.

XI. Zusammenfassung

Nach der Auswertung der herangezogenen Quellen stellt sich die Erbenordnung nach Magdeburger Recht wie folgt dar:

---

[887] Vgl. Lexer, Mhd. Wörterbuch Bd. I, Sp. 542.

[888] Der Urgroßvater wird hingegen als „obereldervater" bezeichnet. Vgl. Sippzahlregeln, Tit. VI, art. 6.

1. Erben erster Ordnung -> Die Kinder und die Kinder eines ungesonderten Sohnes

In erster Linie wurde der Erblasser von seinen Kindern beerbt, dabei erbten Söhne und Töchter gleichberechtigt. Von den Kindern gingen die ungesonderten den gesonderten Kindern im Erbe vor.
Die Kinder eines ungesonderten Sohnes konnten kraft eines Repräsentationsrechtes gemeinsam mit den noch lebenden ungesonderten Erblasserkindern erben. Hingegen mußten die abgesonderten Kinder den ungesonderten Sohneskindern im Erbe nachstehen, da letztere die Stelle ihres ungesonderten Vaters einnehmen, wohingegen die abgesonderten Kinder hinsichtlich ihres Erbes als abgefunden galten. Nach der Spruchpraxis der Leipziger Schöffen wurde auch den Kindern einer ungesonderten Tochter ein Repräsentationsrecht bei Konkurrenz zu Erblasserkindern zugestanden.

2. Erbe zweiter Ordnung -> Die Eltern

Hinterließ der Erblasser keine Kinder, so fiel das Erbe an seine Eltern. Hier ging allerdings nach der Spruchpraxis der Magdeburger Schöffen der Vater der Mutter vor.

3. Erben dritter Ordnung -> Die Geschwister

Nach den Kindern und den Eltern fiel das Erbe an die Geschwister des Erblassers. Dabei konnten aber, je nach nicht einheitlicher Ausgestaltung des Repräsentationsrechts im Einzelfall, die Geschwister - und dann auch die Eltern -, von den Enkelkindern verdrängt werden.

4. Erben vierter Ordnung -> Die Halbgeschwister

Nach den Geschwistern, aber noch vor allen anderen Verwandten, fiel das Erbe an die Halbgeschwister.

5. Erben fünfter Ordnung -> Die Großeltern, die Elterngeschwister, die Geschwisterkinder und die Enkelkinder

Hinterließ der Erblasser nur fernere Verwandte als Halbgeschwister, so fiel das Erbe zu gleichen Teilen an die Großeltern, an die Elterngeschwister, an die Geschwisterkinder und an die Enkelkinder.

6. Erben sechster Ordnung -> Die Elternhalbgeschwister und die Halbgeschwisterkinder

Den genannten Angehörigen folgten in der Erbenordnung die Halbgeschwister der Eltern und die Kinder der Halbgeschwister.

7. Erben siebenter Ordnung -> Die Urgroßeltern, die Großelterngeschwister, Elterngeschwisterkinder und die Geschwisterenkel

Den Elternhalbgeschwistern und den Halbgeschwisterkindern folgten im Erbe ausweislich der Quellen die Urgroßeltern, die Großelterngeschwister, die Elterngeschwisterkinder und die Geschwisterenkel.

8. Erben achter Ordnung -> Die Großelternhalbgeschwister, die Elternhalbgeschwisterkinder und die Halbgeschwisterenkel

Die genannten Verwandten finden in den Quellen zwar keine Erwähnung, jedoch läßt sich ihre erbrechtliche Stellung aus dem in allen Verwandtschaftsgraden angewandten Grundsatz, daß die Halbgeburt ein halbes Glied zurücktritt, erschließen.

9. Erben neunter Ordnung -> Die Großelterngeschwisterkinder, die Elterngeschwisterenkel und die Geschwisterurenkel

Zu den Erben der neunten Ordnung gehörten nachweisbar die Großelterngeschwisterkinder, die Elterngeschwisterenkel und die Geschwisterurenkel.

10. Erben zehnter Ordnung -> Die Elternhalbgeschwisterenkel und die Großelternhalbgeschwisterkinder

Für die Gruppe der Erben zehnter Ordnung lassen sich nur die Elternhalbgeschwisterenkel und die Großelternhalbgeschwisterkinder nachweisen.

11. Erben elfter Ordnung -> Die Urgroßvaterbruderkinder

Mit den Urgroßvaterbruderkindern sind die entferntesten mit den Quellen zu belegenden erbberechtigten Verwandten genannt.

Bei dieser Aufzählung ist zu berücksichtigen, daß sie - abgesehen von den Angehörigen der Erben achter Ordnung - nur die in den einschlägigen Quellen vorkommenden Angehörigen enthält. Auf Grundlage der nun im folgenden zu entwikkelnden Erbfolgeordnung lassen sich den einzelnen Erbengruppen weitere Verwandte hinzufügen, deren erbrechtliche Stellung allerdings mit Hilfe der Quellen nicht zu belegen ist.

§ 14 Das Erbfolgesystem

In Anbetracht der Neigung des mittelalterlichen deutschen Rechts zur kasuistischen Fallösung könnte man vermuten, ein Erbfolgesystem, im Sinne eines dogmatischen Ordnungsprinzips, habe zu keiner Zeit existiert. Dann wären die Erbengruppen nichts anderes als das Ergebnis einer sich zum Gewohnheitsrecht verfestigten Spruchpraxis.
Gegen eine solche Annahme sprechen aber zwei Gründe. Zum einen erscheint die Zusammensetzung der einzelnen Erbengruppen, in welchen zum Beispiel die Geschwisterkinder neben den Elterngeschwister und den Großeltern sukzedieren, viel zu willkürlich, als daß sie sich im Wege der Kasuistik hätte herausbilden können. Zum anderen enthalten der Sachsenspiegel und die Quellen des Magdeburger Rechts deutliche Hinweise auf ein die Erbenfolge bestimmendes Prinzip.

I. Unbedingter Vorrang der Erblasserdeszendenz?

1. Bedeutung des „Busens" in den Quellen Magdeburger Rechts

Ebenso wie für die Erbfolgeordnung des Sachsenspiegels wird hinsichtlich der Magdeburger Erbfolgeordnung in der rechtsgeschichtlichen Literatur überwiegend ein Vorrang der gesamten Deszendenz angenommen. Dementsprechend soll das bessere Erbrecht der Nachkommenschaft, insbesondere der Enkelkinder, gegenüber allen anderen Angehörigen des Erblassers nicht auf ein wie auch immer ausgestaltetem Repräsentationsrecht beruhen, sondern sich allein auf ihre Zugehörigkeit zur Deszendenz stützen können.
Dabei wird eine solche erbrechtliche Bevorzugung der Nachkommenschaft in der älteren Literatur, wenn sie überhaupt begründet wird[889], mit dem Hinweis auf den aus Ldr. I Art. 17 § 1 entnommenen Rechtssatz, daß das Erbe nicht aus dem „Busen" gehe solange ein solcher bestehe, welcher auch im Magdeburger Recht Geltung gehabt haben sollte, erklärt.[890] Voraussetzung für eine solche Argumentation ist aber, daß der Begriff „Busen" die gesamte Nachkommenschaft des Erblassers umfaßt.
Wie bereits bei der Erläuterung von Ldr. I Art. 17 § 1 festgestellt wurde, reicht nach dem Recht des Sachsenspiegels der „busme" nur von den Großeltern bis zu den Enkelkindern.
In den authentischen Quellen des Magdeburger Rechts läßt sich - soweit ersichtlich - die Verwendung des Begriffes „bosems" bzw. „buseme" nur an vier Stellen nachweisen. In den Büchern Magdeburger Rechts bzw. in den Stadtrechtsbüchern findet sich der Begriff „busme" zwar häufiger, allerdings wird er dort nur im Zusammenhang mit der zumeist wörtlichen Übernahme von Ldr. I Art. 17 § 1 be-

---

[889] Vgl. Stobbe, Beiträge, S. 36 (S. 49 u. S. 56) räumt zwar der gesamten Deszendenz ein vorrangiges Erbrecht ein, nennt für einen solchen Vorzug aber weder Belege noch Gründe. Göschen, S. 138, der für das Goslarer Recht ebenfalls einen Vorrang der Deszendenz annimmt, sieht in der Nennung der Kinder und Kindeskindern die gesamte Deszendenz ad infinitum repräsentiert, da nirgends alle Verwandtschaftsgrade aufgezählt sind.
[890] Sydow, Erbrecht, S. 72f; Siegel, Erbrecht, S. 45f.

nutzt, so daß diese Stellen nicht geeignet sind, das Verständnis, welches die Magdeburger Schöffen vom „bosem“ hatten, zu erhellen.
In zwei Schöffensprüchen, welche die Konkurrenz von Kindeskindern mit Erblassergeschwistern behandeln - der eine findet sich im „Alt Weichbild Recht der Stadt Dresden“, der andere in der Leipziger Schöffenspruchsammlung[891] - betonen die Schöffen, der „Busen“ gehe nicht weiter als von den Eltern auf das Kind, und schon der Enkel stehe zu seinen Großeltern nicht mehr im *„bosme“*.[892] Mit diesen Entscheidungen widersprachen die Schöffen ausdrücklich der von den Kindeskindern zum Teil mit Hinweis auf Ldr. I Art. 17 § 1 vorgetragenen Ansicht, auch die Enkelkinder würden zum *„evenbordege busme“* gehören.

In einem bei Neumann, Nr. LX mitgeteiltem Magdeburger Schöffenspruch für Görlitz aus dem Jahre 1469 forderte die Großmutter des Erblassers das Erbe für sich allein und wollte die Geschwister des Erblasservaters nicht am Nachlaß teilhaben lassen. Die Großmutter begründete ihre Ansicht laut der Anfrage der Görlitzer Schöffen an den Magdeburger Schöffenstuhl mit der Erwägung, daß *„...sy in der rechten linie uffwarts stehe, den des kindes vater bruder ader swester ouch von follir geburt vnd ouch neher wen des kindes leiblicher bruders, so der wer, wen das erbe gehet nicht usz dem busem vnd usz der rechten linien uffwert vnd nyderwert dy weyle der ebenburtige busem do ist, vnd zceugt sich an den Sachssenspigel b. 1, art. XVII...“*.
Hier wird der ebenbürtige „Busen“ von einer der Parteien sogar auf die gesamte gerade Linie, das heißt auf alle Des- und Aszendenten, erstreckt. Aber auch in dieser Entscheidung lehnen die Magdeburger Schöffen die Forderung der Großmutter nach dem gesamten Nachlaß mit dem Hinweis ab, daß *„..der buszem nach Sachssischem rechten nicht verrner geyt wen von dem vater ader von der muter vff das kynd vnd wydder vmme von dem kinde vff den vater ader vff der mutter, ap dar keyn vater ist...“*.

Die umfassende Bedeutung als gesamte gerade Linie wurde dem Begriff *„bußen“* unter Hinweis auf Ldr. I Art. 17 § 1 auch in der Glossierung eines Leipziger Schöffenspruches in dem Dresdener Alt-Urtheilbuch Bl. 132 (Nr. CXXXXVI) beigemessen. Dort heißt es:

„Mein grosmutter nimbt billicher mein Erb dan meiner mutter bruder. Vrsach dan das Erbe gehet nich aus dem bußen vnd aus der rechten linien vffwart oder niderwart dyweil der ebenbortige bußem da ist ar. XVII li. I Spr. Sax. dersalbe ist mein elder vater ader elder mutter dyweil sy in rechter linien stehen / neher mein erbe zu nhemen dan meins vatern geschwistern dy do seinhalben herkomen“

---

891 Wasserschleben, Rechtsquellen Bd. I, IV, Kap. LIII (S. 191f) und ders. Successionsordnung, S. 55f. Hier wiedergegeben auf S. 216 und S. 217.

892 Vgl. auch den Mgdb. Spruch bei: Weizsäcker, Sprüche für Leitmeritz, Nr. 71. Dort wird der Erbgang auf die Kinder mit den Worten *„in den ebenbürtigen Busen ... gebracht und vererbt“* kommentiert.

Die Glossierung rührt jedoch von einer deutlich anderen Handschrift her, als der Schöffenspruches, welchen sie erläutert. In diesem findet sich bemerkenswerterweise auch weder ein Hinweis auf den *„bußen"* noch auf den Sachsenspiegel. Dies legt zumindest die Vermutung nahe, daß die Glossierung erhebliche Zeit nach Eintragung des Schöffenspruches erfolgte.[893]

Allerdings schlägt sich der Bedeutungswandel, dem der Begriff „Busen" im Laufe der Zeit unterlag, auch in der Diktion der Magdeburger Schöffen nieder. Umfaßte der „Busen" anfangs nach der Magdeburger Spruchpraxis nur das Verhältnis der Eltern zu den Kindern und umgekehrt[894], so erstreckte er sich nach Ldr. I Art. 17 § 1 bereits auf die Großeltern und die Enkelkinder, um später dann die Bedeutung als gesamte Nachkommenschaft oder als gesamte gerade Linie zu erhalten.[895]
Die letztere umfassende Bedeutung legten die Magdeburger Schöffen in einem bei Friese/Liesegang III B Nr. 2 mitgeteiltem Spruch aus dem Leipziger Kodex Hs. 945 dem Wort *„Bosem"* bei.[896]
Der entscheidende Passus lautet:

„...Ouch ist dy neste sippe uszewendig deme rechten boseme deme erbe, hergewete adir gerade neher, wen die, die verner sippit in dem rechten bosame unde in der rechten lineen, noch Meydeburschem rechtin. Is were denne, das eyn man eynen ungesundirten son mit yme husze hette; were daz [d]er abeginge unde kinder lisze, dy in der gewere bestorbin weren, dy weren neher czu deme erbe ires eldervaters, wenne dy, die sich neher sippen uszewendig deme rechten bosem, ab sy sinen tot lebinten..."

Wie bereits an anderer Stelle ausgeführt[897], erstreckt sich der *„bosem"* nach dieser Entscheidung zwar auf die gesamte gerade Linie, aber die Zugehörigkeit zum rechten „Busen" hatte keinerlei Auswirkung auf die erbrechtliche Stellung. Entscheidend ist nur die Gradnähe, so daß die gradnäheren Verwandten außerhalb des „Busens" vor den entfernteren innerhalb des „Busens" erben. Von einem erbrechtlichen Vorrang der Deszendenz, trotz ihrer Zugehörigkeit zum „Busen", kann also nicht die Rede sein.
Hiergegen wurde nun eingewandt, es sei mit *„bosem"* in dieser Entscheidung gerade nicht die gesamte Deszendenz gemeint, sondern der „Busen" meine hier nur das Verhältnis der Erblasserkinder zu ihren eigenen Kindern. Der Spruch behandele nämlich nicht die Konkurrenz des Kindes eines vorverstorbenen Erblassersohnes mit Geschwistern des Erblassers[898] sondern jene des Enkelkindes mit noch anderen

---

[893] Zu dem Spruch selbst vgl. S. 236.
[894] Stobbe, Beiträge, S. 36 (S. 45); Stutz, Verwandtschaftsbild, S. 76 Fn. 4, Heusler, Institutionen Bd. II, S. 583.
[895] Amira, Erbenfolge, S. 126f.
[896] Vollständig wiedergegeben auf S. 212.
[897] Vgl. S. 213.
[898] vgl. Skizze b) S. 184.

lebenden Erblasserkindern.[899] Da sich der „Busen" hier nur auf den vorverstorbenen Erblassersohn und dessen Kinder erstrecke, stehen die übrigen Kinder des Erblassers außerhalb dieses „Busens".[900]
Wie schon dargelegt, ist eine solche Interpretation der Entscheidung aber weder mit dem Wortlaut noch der Systematik des Spruches in Einklang zu bringen. Zusätzlich sei hier noch auf Folgendes hingewiesen. Will man den Spruch als Nachweis für das Repräsentationsrecht des Kindes eines ungesonderten Sohnes neben noch lebenden Erblasserkindern ansehen, so müßten die Erblasserkinder, welche außerhalb des rechten „Busens" stehen würden, abgesondert sein.[901] Denn anderenfalls würden die Sohneskinder nicht vor ihnen, sondern nur gemeinsam mit ihnen erben. Von einer Absonderung der außerhalb des „Busens" Stehenden ist in dem Spruch aber nirgends die Rede.

Abschließend ist daher festzustellen:
Der Begriff „bosem" kann nicht zur Begründung eines erbrechtlichen Vorranges der Deszendenz herangezogen werden. Ihm kann regelmäßig nicht die Bedeutung als gesamte Nachkommenschaft beigemessen werden und selbst wo er alle Verwandten der geraden Linie bezeichnet, begründet er keinen Vorrang der direkten Nachkommen vor den gradnäheren Seitenverwandten.

2. Vorrang der Deszendenz aus anderen Gründen?

Verschiedentlich wurde angenommen, zumindest für das erste Drittel des 16. Jahrhunderts sei die erbrechtliche Bevorzugung der Nachkommen vor den Seitenverwandten nachweisbar.[902] Als Beleg wird ein Spruch der Magdeburger Schöffen aus dem Jahre 1524 aus dem Kodex der Wallenrodtschen Bibliothek Hs. Nr. 1 angeführt. In der Entscheidung sprechen nämlich die Schöffen das Erbe dem Kind der Tochter noch vor der Schwester des Erblassers zu.
Als Nachweis für den Vorzug der Deszendenz taugt dieser Spruch aber schon deswegen nicht, weil die Schöffen das Erbrecht des Tochterkindes nicht mit dessen Zugehörigkeit zur direkten Nachkommenschaft begründen, sondern allein darauf abstellen, daß die vorverstorbene Tochter von ihrer Mutter nicht abgesondert gewesen war. Folglich belegt der Spruch nur ein Repräsentationsrecht für Kinder ungesonderter Töchter, nicht aber einen Vorrang der Deszendenz.[903]

---

[899] vgl. Skizze a) S. 184.

[900] Sydow, Erbrecht, S. 72 Fn. 233a; Friese in Friese/Liesegang, S. 774. Die Auslegung, die der Spruch durch Friese erfährt, ist erkennbar von dem Wunsch geprägt, die Entscheidung mit dem Parenetelenprinzip in Einklang bringen zu können.

[901] Dies unterstellt denn auch Friese in Friese/Liesegang, S. 775.

[902] Wasserschleben, Successionsordnung, S. 87f; Siegel, Österreichische Vierteljahrschrift Bd. 6 (1860), S. 21 (S. 25).

[903] Vgl. S. 220.

Ein Vorrang der gesamten Nachkommenschaft des Erblassers vor allen anderen Verwandten findet sich hingegen in den Poelmann'schen Distinktionen, L. I, art. VI, Dist. 14. Dort heißt es:

„Merke auch eine gemeine meisterliche regel, auff die vorgenannten Stücke der Syppe, das alle die, die sich zwischen dem Haupte und Nagel in gleicher stad zu der Syppe zelen mögen, die nemen das Erbe gleich. Wer sich aber neher zu der Syppe zelen mag, der nimmet das Erbe zuvor. Also erbet man alle Wege vor sich auff den Nehesten. Es gehet auch der Erbgang vor sich ab, das ist, Ob in der niedrigsten Linien keiner gefunden wird. So erbet es ober sich und neben sich, Wo es die Worczel kan erreichen, als den Stam, darzu man alle Syppe und Magenschafft zehlet. Von Gliede zu glieden"

In der Distinktion wird zwar die grundsätzliche Geltung des Näheprinzips für die gesamte Sippe ausgesprochen, doch soll es nur dann zum Tragen kommen, wenn in der absteigenden Linie kein Prätendent zu finden ist. Damit setzt sich die angegebene Stelle in Widerspruch zu L. I, art. VII, Dist. 8, 9, 16 und 17. Diese Artikel enthalten Magdeburger Schöffensprüche, in denen das Erbrecht der Kindeskinder neben Geschwistern des Erblassers an ein Repräsentationsrecht geknüpft wird. Folglich dürfte der in Poelmann'schen Distinktionen, L. I, art. VI, Dist. 14 ausgesprochene Vorrang der Deszendenz auf den Einfluß des gelehrten Rechts beruhen, wie er ja auch in der Verwendung der römischen Gradzählung in L. I, art. VII, Dist. 18 - 25 offenkundig wird.

Die erbrechtliche Bevorzugung der Deszendenz läßt sich daher weder begrifflich noch aus den Quellen, welche frei vom gelehrten Recht sind, ableiten und belegen. Es ist mithin festzuhalten, daß ein solcher Vorzug nach dem Magdeburger Recht nicht existiert hat.[904]

II. Die Parentelenordnung als Grundlage des Magdeburger Erbfolgesystems

Nach der Parentelenordnung erbt die Nachkommenschaft des Erblassers als erste Parentel vor allen anderen Verwandten. Nun ist aber gerade ein solcher Vorzug der Deszendenz im Magdeburger Recht nicht nachzuweisen, vielmehr spricht die Quellenlage eindeutig gegen eine solche Bevorzugung.
Dementsprechend ist die Überlegung, das Parentelensystem als Erbfolgeordnung dem Magdeburger Recht zugrundezulegen, in der Literatur fast einhellig auf Ablehnung gestoßen.[905]
Soweit ersichtlich, versuchte nur Friese die Erbfolgeordnung des Magdeburger Rechts mit der Parentelenordnung zu erklären.[906] Dabei räumte er allerdings ein,

---

[904] Schanz, S. 115; Pauli, Abhandlungen Bd. III, S. 51.

[905] Wasserschleben, Successionsordnung, S. 70; Stobbe, Beiträge, S. 36 (S. 55), Lewis, Krit. Vierteljahrschrift Bd. IX (1867), S. 23 (S. 55); Heymann, Grundzüge, S. 16; Meyers, Tijdschr. RG Bd. 6 (1925), S. 1 (S. 12f).

[906] Friese in Friese/Liesegang, S. 774f

die Parentelenordnung sei „hier und da - ob bewusst oder unbewusst, soll unentschieden bleiben - durchbrochen....“[907].
So wurde unternommen, die erbrechtliche Gleichstellung der Tochterkinder mit den Kindern der Erblasserschwester[908] damit zu erklären, die erste Parentel habe sich ursprünglich nicht aus allen Deszendenten sondern nur aus den Kindern des Erblassers und den Sohneskindern, welche kraft eines Repräsentationsrechts die Stelle ihres vorverstorbenen Vaters einnehmen konnten, zusammengesetzt. Hingegen seien die Kinder einer Tochter bereits zur zweiten Parentel gerechnet worden und sukzedierten deshalb gemeinsam mit den Geschwisterkindern.[909]
Nicht mit den Regelungen der Parentelenordnung in Einklang zu bringen, ist ebenfalls der bei Friese/Liesegang III B Nr. 132 mitgeteilte Schöffenspruch.[910] Dort wird zwar dem Halbbruder vor dem vollbürtigen Bruder des Vaters das Erbe zugesprochen, die Schöffen begründen ihre Ansicht aber nicht mit der Zugehörigkeit des Halbbruders zur zweiten Parentel und damit zu einer näheren als jener des Onkels, welcher erst der dritten Parentel angehört, sondern mit dem Hinweis, nach Weichbild falle die Halbgeburt, anders als im Landrecht, nicht um ein ganzes Glied zurück.[911]
Überhaupt spricht mehr gegen die Parentelenordnung als für sie. Die Angehörigen der fünften Erbengruppe entstammen überwiegend unterschiedlichen Parentelen, so sind die Großeltern und die Elterngeschwister der dritten, die Geschwisterkinder hingegen der zweiten und die Enkel der ersten Parentel zuzuordnen, sie erben aber ausweislich der Quellen alle gemeinsam. Auch in der siebenten Erbengruppe sukzedieren zu gleichen Teilen Mitglieder der vierten Parentel (die Urgroßeltern), der dritten (Elterngeschwisterkinder) und der zweiten (Geschwisterenkel).
Entspricht schon die gemeinsame Erbfolge von Angehörigen verschiedener Parentelen, wie sie nach Magdeburger Recht praktiziert wurde, nicht dem Prinzip der Parentelenordnung, so sind auch die Regelungen des Magdeburger Rechts bezüglich der Erbenfolge innerhalb derselben Parentel nicht mit der Parentelenordnung in Einklang zu bringen. Nach dieser bestimmt sich die Reihenfolge innerhalb derselben Parentel nach dem Näheprinzip. Der gradnähere Angehörige erhält das Erbe vor dem gradferneren.
Nun gehört es aber zu den sicheren Erkenntnissen über das Magdeburger Erbrecht, daß die Großeltern und die Elterngeschwister, beide mit dem Erblasser in der dritten Parentel verwandt, gemeinsam sukzedierten. Innerhalb des Systems der Parentelenordnung ist nun aber keine Berechnung der Grade denkbar, nach welcher die Großeltern mit den Elterngeschwister gradgleich wären. Auch nach der von Friese für die Seitenlinie angenommenen kanonischen Komputation sind die Großeltern mit dem Erblasser näher verwandt als die Elterngeschwister.

[907] Friese in Friese/Liesegang, S. 774.
[908] Vgl. S. 241.
[909] Friese in Friese/Liesegang, S. 780. Kritisch: Meyers, Tijdschr. RG Bd. 6 (1925), S. 1 (S. 13).
[910] Hier wiedergegeben auf S. 229.
[911] Vgl. Friese in Friese/Liesegang, S. 779.

Diese Widersprüche lassen sich nun weder mit dem Hinweis auf mögliche vereinzelte Fehlurteile der Magdeburger Schöffen erklären, denn dazu sind die genannten Ergebnisse für die Praxis der Schöffen zu charakteristisch, noch kann man sie allein mit dem Hinweis auf die Durchbrechung des Parentelenprinzips erklären. Bei einer Gesamtbetrachtung der Erbfolgeordnung würden dann die Durchbrechungen des Prinzips häufiger anzutreffen sein als dessen Bestätigung.
Anhand der überlieferten Schöffensprüche kann man daher mit Sicherheit ausschließen, daß das Parentelenprinzip die dem Magdeburger Recht zugrundeliegende Erbfolgeordnung darstellte.

III. Die Gradualordnung

Nach dem bisher Festgestelltem scheidet die Parentelenordnung als Prinzip der Magdeburger Erbfolgesystems aus. Auch das Modell der Drei-Linien-Ordnung, welche zum Teil dem Erbrecht des Sachsenspiegels zugrundegelegt wurde, kann die Magdeburger Erbenfolge nicht erklären.[912] Zu regelmäßig sukzedierten Deszendenten und Aszendenten gemeinsam mit Seitenverwandten, als daß von einem Vorrang der geraden Linie die Rede sein könnte.
Mithin verbleibt als mögliches Erbfolgeprinzip des Magdeburger Rechts nur eine der Varianten der Gradualordnung. Dabei stellt sich nun die Frage, auf welche Weise die Magdeburger Schöffen die Grade - bzw. nach eigener Diktion die Sippe - gezählt haben.

1. Die römische Komputation

Namentlich Stobbe hat die Auffassung vertreten, die Magdeburger Schöffen berechneten die Grade nach der römischer Komputation.[913] Dabei läßt er allerdings offen, ob die Magdeburger Schöffen die Komputation bewußt aus dem römischen Recht rezipierten, oder ob sie die Berechnungsart selbständig entwickelt hatten und sie nur zufällig mit der römischen übereinstimmte.
Allerdings sieht Stobbe die römische Gradberechnung als Prinzip nicht ausnahmslos verwirklicht. So würden die Großeltern, mit dem Erblasser im zweiten Grad römischer Komputation verwandt, nicht mit dessen Geschwistern, ebenfalls zwei-

[912] So ging auch Wasserschleben, Successionsordnung, S. 50, der für den Sachsenspiegel die Drei-Linien-Ordnung annahm, für das Magdeburger Recht von einem anderem System aus. Nur Simm, Schöffensprüche I, Bspr. zu Nr. 19 (S. 98); II, Bspr. zu Nr. 7 (S. 123) und II, Bspr. zu Nr. 104 (S. 304) legte der Erbfolgeordnung des Weichbildrechts die Drei-Linien Ordnung zugrunde. Die Auffassung Simm's begündete sich in erster Linie aber auf der Argumentation Wasserschlebens hinsichtlich des Erbfolgesystems des Sachsenspiegels, die Simm unreflektiert anhand einiger Leipziger Sprüche auf das Stadtrecht übertragen hatte.

[913] Stobbe, Beiträge, S. 36 (S. 55); zustimmend: Heymann, Grundzüge, S. 15 Fn. 4. Wasserschleben, Successionsordnung, S. 77f ging davon aus, die Magdburger Schöffen hätten zumindest seit Mitte des 15. Jahrhunderts römisch gerechnet.

ter Grad, sondern gemeinsam mit den im dritten Grad stehenden Elterngeschwistern und Geschwisterkindern erben.[914]
Entsprechendes müßte dann wohl auch für die Enkelkinder gelten, die, wenn sie nicht kraft eines Repräsentationsrechtes die Stelle ihrer vorverstorbenen Eltern einnahmen, gemeinsam mit den Verwandten dritten Grades sukzedierten.
Aber gerade diese erheblichen Modifikationen zeigen, daß die Berechnung der Gradnähe durch die Magdeburger Schöffen nicht nach der römischen Komputation erfolgte.[915]
Weiterhin können sich nach Magdeburger Recht - wie der bei Friese/Liesegang, III B Nr. 2 abgedruckte Schöffenspruch zeigt - die Geschwister als außerhalb des rechten „Busens" stehend näher zu dem Erblasser sippen als die Enkelkinder - ein Ergebnis, welches nicht mit der römischen Komputation erzielt werden kann. Nach dieser sind Geschwister und Enkelkinder beide mit dem Erblasser im 2. Grad verwandt und müßten demnach gemeinsam sukzedieren.
Auch der Hinweis auf Sippzahlregeln, Tit. IV § 4, in welcher die römische Komputation erläutert wird, vermag die Theorie Stobbes nicht stützen.[916] Denn die Sippzahlregeln geben in Tit. IV gerade nicht das von den Schöffen praktizierte Magdeburger Recht wieder. Daher ist diese Stelle für die Magdeburger Erbfolge ohne jede Aussagekraft. Dies gilt auch für die Poelmann'schen Distinktionen, L. I, art. VII, Dist. 18 - 25. Dort werden die Verwandten zwar auch nach römischer Komputation gezählt, so steht nach Dist. 19 der Großvaterbruder im vierten und nach Dist. 25 der Urgroßvaterbruderenkel im siebenten Grad, jedoch sind diese Stellen eher als gelehrte Ausführung des Verfassers zu verstehen, die in keinem direkten Zusammenhang mit dem in L. I, art. VII, Dist. 1 - 17 und L. I, art. VIII dargestellten Magdeburger Recht stehen.
Entgegen der Annahme Stobbes kann man die römische Komputation auch nicht aus der Benutzung des römisch-rechtlichen arbor consanguinitatis in den Erbrechtsregeln und Schöffensprüchen herleiten.[917] Denn soweit der Verwandtschaftsbaum in den Sippzahl- und Erbrechtsregeln dargestellt wird, entsprechen die Bestimmungen nicht den Grundsätzen des Magdeburger Rechts, und in ihren Sprüche erbrechtlichen Inhalts haben sich die Magdburger Schöffen gerade nicht auf den arbor consanguinitatis bezogen.
Daher kommt die römische Komputation für die Zählung der Verwandtschaftsgerade nicht in Betracht.

[914] Stobbe, Beiträge, S. 36 (S. 56).
[915] Lewis, Krit. Vierteljahrschrift Bd. IX (1867), S. 23 (S. 60); Schanz, S. 105f.
[916] Vgl. Stobbe, Beiträge, S. 36 (S. 55 Fn. 34).
[917] Stobbe, Beiträge, S. 36 (S. 57).

2. Die kanonische Komputation

Vor allem Wasserschleben vertrat die Auffassung, die Magdeburger Schöffen hätten, ebenso wie die Leipziger, kanonisch komputiert.[918] Dabei wird allerdings nicht ganz deutlich, ob Wasserschleben die kanonische Komputation in ihrer späteren Ausführung meint, nach welcher beide Seiten gezählt werden, aber nur die längere entscheidend sei, oder ob, wie es Wasserschleben für die Zählung der Seitenverwandtschaft nach Sachsenspiegel-Landrecht annahm, nur die Seite des Erbpätendenten zu zählen sei.[919] Für die kanonische Zählung, wie sie seit Papst Gregor IX galt, sprach sich hingegen ausdrücklich Siegel aus.[920] Letztere Annahme kann sich darauf stützen, daß sich mit ihrer Hilfe die erbrechtliche Gleichstellung von Großeltern und Elterngeschwister, beide stehen im 2. Grad kanonischer Komputation, zwanglos erklären läßt, die von Wasserschleben als „höchst eigenthümlich" bezeichnet wurde.[921]

Den Grund für die Anwendung der kanonischen Komputation sah man zum Teil in dem Einfluß des erzbischöflichen Stadtherren begründet, welcher zur Übernahme der kirchlichen Berechnungsart durch die Magdeburger Schöffen geführt habe.[922] Eine solche Annahme ist aber wenig überzeugend. Bereits im 12. Jahrhundert hatten sich Bevölkerung und Schöffen der Stadt Magdeburg eine vom Erzbischof weitgehend unabhängige Stellung erkämpft, auf deren Erhaltung genau geachtet wurde. Dies macht die Übernahme einer fremden Komputation, welche zudem erst Mitte des 13. Jahrhunderts kraft Papstdekret eine feste Gestalt angenommen hat, eher unwahrscheinlich.[923]

Daher wird es sich, wenn die Berechnungsart der Magdeburger Schöffen tatsächlich mit der kanonischen Komputation übereinstimmen sollte, eher um eine zufällige Übereinstimmung, nicht aber um die bewußte Rezeption dieser Komputation handeln.[924] Trotzdem soll in den Fällen dieser Übereinstimmung wegen der besseren Begrifflichkeit hier weiterhin von der kanonischen Komputation gesprochen werden.

---

918 Wasserschleben, Successionsordnung, S. 51 und S. 69 Fn.*. Zustimmend für die Seitenverwandten, Simm, Schöffensprüche I, Bspr. zu Nr. 19 (S. 98).

919 Zu einem entsprechenden Lösung kommt auch Friese in Friese/Liesegang, S. 780, der die kanonische Komputation auf Grundlage der Parentelenordnung für die Berechnung der Gradnähe von Angehörigen derselben Parentel annimmt.

920 Siegel, Verwandtschaftsberechnung, S. 31 u. S. 26.

921 Wasserschleben, Successionsordnung, S. 68. Allerdings sah auch Wasserschleben, a.a.O., S. 69 Fn. * in der Gleichstellung von Großeltern und Elterngeschwister gerade die Bestätigung der kanonischen Komputation, was dafür spricht, daß auch er die päpstlich autorisierte Zählung zugrundelegte.

922 Wasserschleben, Successionsordnung, S. 51.

923 Vgl. Martitz, Güterrecht, S. 12f, Schanz, S. 101.

924 Darauf wies auch Siegel, Österreichische Vierteljahrschrift Bd. 6 (1860), S. 21 (S. 24 Fn. 1) hin, wenn er Wasserschleben vorwarf, er würde die wahre deutsche Verwandtschaftsberechnung verkennen.

In der Tat lassen sich eine Reihe von erbrechtlichen Konstellationen zufriedenstellend mit der kanonischen Komputation erklären. So erbt der Halbbruder, der nach Weichbild nicht wie im Landrecht ein ganzes Glied zurückfällt, als Angehöriger des ersten Grades kanonischer Komputation vor dem Kind der Schwester, welches im zweiten Grad steht.[925] Weiterhin wird die kanonische Komputation durch die erbrechtliche Stellung von Großeltern, Elterngeschwistern, Geschwisterkinder und Kindeskinder, welche alle im 2. Grad mit dem Erblasser verwandt sind, bestätigt.[926] Hinzufügen kann man noch die Konkurrenz von Urgroßeltern, Großelterngeschwistern und Geschwisterenkeln, welche alle den 3. Grad kanonischer Komputation inne haben und das Erbe auch zu gleichen Teilen nehmen.

Nicht mit den Grundsätzen der kanonischen Komputation vereinbar ist hingegen die erbrechtliche Stellung der Elterngeschwisterkinder.[927]

Nach der kanonischen Komputation stehen die Elterngeschwisterkinder im 2. Grad, nach der ermittelten Erbentafel erben sie aber nicht gemeinsam mit den übrigen Verwandten 2. Grades, also mit den Großeltern, Elterngeschwistern, Geschwisterkindern und Kindeskindern, sondern erst nach diesen gemeinsam mit den Verwandten 3. Grades kanonischer Komputation.

Siegel verweist nun angesichts dieser Feststellung auf das Meißener Rechtsbuch, L. I, c. VI, Dist. 9.[928], dem er für diese Frage die größte Bedeutung beimißt. Nach der Lesart Siegels soll zumindest diese Stelle die erbrechtliche Gleichstellung der Elterngeschwisterkinder mit den Geschwisterkindern beinhalten und dementsprechend die Anwendung der kanonischen Zählung auch bei den Elterngeschwisterkindern beweisen.[929]

Wie aber festgestellt, behandelt die zitierte Passage nicht die Konkurrenz von Elterngeschwisterkindern mit Geschwisterkindern, sondern die von Elterngeschwistern mit Geschwisterkindern.[930] Bezüglich der Elterngeschwisterkinder stellt das Meißener Rechtsbuch, L. I, c. VI, Dist. 11 vielmehr fest, daß sie gemeinsam mit den Geschwisterenkeln erben. Daher wird die Anwendung der kanonischen Komputation nicht durch das Meißener Rechtsbuch bestätigt.

Wasserschleben hingegen akzeptierte, daß die Stellung der Elterngeschwisterkinder eine Durchbrechung des Gradualprinzips, so wie er es verstand, darstellt. Seiner Ansicht nach sei diese Ausnahme aber in der bevorzugten Erbenstellung, welche

---

925 Wasserschleben, Successionsordnung, S. 62.

926 Vgl. Wasserschleben, Successionsordnung, S. 69 Fn. *; welcher sich allerdings dort nur ausdrücklich auf die Konkurrenz der Großeltern mit den Elterngeschwistern bezog. Siegel, Österreichische Vierteljahrschrift Bd. 6 (1860), S. 21 (S. 24).

927 Lewis, Krit. Vierteljahrschrift Bd. IX (1867), S. 23 (S. 60); Stobbe, Beiträge, S. 36 (S. 57); Schanz, S. 102. Auch Wasserschleben, Successionsordnung, S. 64 und Siegel, Österreichische Vierteljahrschrift Bd. 6 (1860), S. 21 (S. 24 Fn. 1) räumten ein, die Stellung der Elterngeschwisterkinder lasse sich nicht zufriedenstellend mit der kanonischen Komputation erklären.

928 Hier wiedergegeben auf S. 239.

929 Siegel, Verwandtschaftsberechnung, S. 31; ders. Österreichische Vierteljahrschrift Bd. 6 (1860), S. 21 (S. 24 Fn. 1).

930 Vgl. S. 93.

die Geschwister des Erblassers gegenüber den Elterngeschwistern einnehmen, begründet gewesen. Diese Bevorzugung soll auch im Verhältnis ihrer Nachkommen fortbestehen.[931] Nach der kanonischen Komputation müßten die Erblassergeschwister gemeinsam mit den Geschwistern der Erblassereltern sukzedieren, da alle im 1. Grad mit dem Erblasser verwandt sind.[932] Allerdings werden die Geschwister durch die Regelung des Ldr. I Art. 17 § 1, der - so Wasserschleben - zumindest sinngemäß auch im Weichbild galt, den Elterngeschwistern vorgezogen. Daher würden auch die Kinder der Geschwister trotz gleichen Grades vor den Kindern der Elterngeschwister erben.

Hingegen hat schon Schanz[933] darauf hingewiesen, die von Wasserschleben unterstellte Ausnahme vom Gradualprinzip müsse dann auch für das Verhältnis der Großelterngeschwisterkinder zu den Großelterngeschwistern und zu den Geschwisterenkeln gelten. Nach Wasserschleben müßten die Großelterngeschwisterkinder gemeinsam mit den Geschwisterenkeln erben, denn die Großelterngeschwisterkinder stehen im 2. Grad kanonischer Komputation[934] und die Geschwisterenkel wegen der privilegierten Stellung der Geschwister ebenfalls. Eine Simultansukzession von Großelterngeschwisterkinder mit Geschwisterenkeln ist in den Quellen des Magdeburger Rechts allerdings nicht nachweisbar. Vielmehr zählen die Geschwisterenkel zu den Erben siebenter Ordnung, die Großelterngeschwisterkinder zu jenen neunter Ordnung.

Der Vorrang der Geschwisterenkel vor den Großelterngeschwisterkindern ist zwar dann zu erklären, wenn man nicht nur die Linie des Erbprätendenten zum Stammvater, sondern die längere der beiden Linien berücksichtigt. Dann stünden die Großelterngeschwisterkinder im 3. Grad und die Geschwisterenkel, wegen der Bevorzugung der Geschwister, im 2. Grad. Nach dieser Lösung müßten dann aber die Großelterngeschwisterkinder gemeinsam mit ihren Eltern, den Großelterngeschwistern, erben, denn alle sind mit dem Erblasser im 3. Grad kanonischer Komputation verwandt. Die Auswertung der Magdeburger Rechtsquellen hat aber ergeben, daß die Großelterngeschwister ebenso wie die Geschwisterenkel Erben siebenter Ordnung sind. So kann die These Wasserschlebens nicht plausibel erklären, warum die Großelterngeschwister trotz gleichen Grades vor den Großelterngeschwisterkindern, aber gemeinsam mit den Geschwisterenkeln erben, obwohl diese im 2. Grad kanonischer Komputation stehen.

---

[931] Wasserschleben, Successionsordnung, S. 64f. Wasserschleben behandelte dort zwar nur die Konkurrenz der Halbgeschwisterkinder vor den Elterngeschwisterkindern, aber die Erwägungen gelten auch für das Verhältnis der Vollgeschwisterkinder zu den Elterngeschwisterkindern.

[932] Diese Annahme Wasserschlebens läßt sich allerdings nur aufrechterhalten, wenn zur Ermittlung der Verwandtschaftsnähe allein die Linie des Prätendenten zum Stammvater relevant ist. Denn berücksichtigt man die längere beider Linien, stehen die Elterngeschwister im 2. Grad kanonischer Komputation.

[933] Schanz, S. 102.

[934] Dies setzt allerdings voraus, daß nur die Linie des Erbprätendenten relevant ist.

An anderer Stelle räumte denn auch Wasserschleben - wenn auch nur indirekt - ein, die Bevorzugung der Geschwisterkinder vor den Elterngeschwisterkindern sei mit seinem System nicht vereinbar. Ein Magdeburger Schöffenspruch an Breslau aus dem Jahre 1461[935] spricht das Erbe dem Sohn der Schwester vor der Tochter des Mutterbruders zu, weil dieser ein Glied näher mit dem Erblasser verwandt sei als die Konkurrentin. Hieraus zog Wasserschleben, da dieses Ergebnis mit der kanonischen Zählung nicht vereinbar ist, den Schluß, die Magdeburger Schöffen hätten nun nicht mehr kanonisch, sondern römisch komputiert.[936] Von einer Ausnahmestellung der Geschwisterkinder ist hier nicht mehr die Rede.
Im Ergebis ist daher festzuhalten, daß die Magdeburger Schöffen weder die kanonische Komputation übernommen, noch in einer ähnlicher Weise die Verwandtschaft gezählt haben.

3. Die Magschaftszählung

Schanz, der für die Erbfolgeordnung des Sachsenspiegels die Zählung nach Magschaften annahm, legte diese auch dem Erbfolgesystem des Magdeburger Rechts zugrunde, so daß „die Computation des Magdeburger Rechts mit der des Sachsenspiegels vollständig übereinstimmte“[937].
Demnach hätten auch die Magdeburger Schöffen unter Benutzung des Gliederbildes als Abbild der Sippe, die Verwandten, welche an Haupt und Hals zu lokalisieren wären, nicht mitgezählt. Vielmehr hätten erst die am Schultergelenk stehenden Angehörigen den ersten Grad eingenommen.[938]
Gegen die Annahme der Magschaftszählung kann dabei nicht eingewandt werden, mit ihr könnten die Verwandten gerader Linie nicht gezählt werden.[939] Wie an anderer Stelle bereits dargelegt wurde, kann auch die Gradnähe der Angehörigen gerader Linie grundsätzlich mit Hilfe der Magschaftszählung bestimmt werden.[940]
Vielmehr kann man mit Hilfe der Magschaftszählung im Gegensatz zu allen anderen bislang diskutierten möglichen Erbfolgeordnungen die für das Magdeburger Recht erarbeitete Erbentafel zwanglos erklären.[941] So wären beispielsweise alle Angehörigen der siebenten Erbengruppe, also die Urgroßeltern, die Großelterngeschwister, die Elterngeschwisterkinder und die Geschwisterenkel, mit dem Erblasser im zweiten Grad verwandt und würden deswegen alle gemeinsam zu gleichen Teilen sukzedieren. Eine Erbenfolge, die sich weder mit der Parentelenordnung

[935] Ebel, Mgdb. Recht Bd. II/2, Nr. 579.
[936] Wasserschleben, Successionsordnung, S. 77f. Krit. Stobbe, Beiträge, S. 36 (S. 58) und Schanz, S. 102.
[937] Schanz, S. 109. Für die Erbenfolge des Magdeburger Rechts trat Amira, Gött. gel. Anz. 1884, S. 38 (S. 48) Schanz ausrücklich bei.
[938] Vgl. S. 98.
[939] So aber Ficker, Erbenfolge Bd. II, § 410 (S. 59).
[940] Vgl. S. 102.
[941] Dies räumt auch Ficker, Erbenfolge Bd. II, § 410 (S. 59) ein.

noch mit einer Gradualerbfolge, welche auf der römischen oder der kanonischen Komputation beruht, begründen läßt.
Aus der Vereinbarkeit der Magschaftszählung mit der Erbentafel kann man aber nur schließen, daß die Magschaftszählung eine mögliche Form der Gradzählung darstellt. Als Grundlage der Magdeburger Erbenordnung ist die Magschaftszählung damit aber noch nicht bewiesen. Diesen positiven Beweis findet Schanz nun darin, daß in den Magdeburger Rechtsquellen häufig auf jene Passagen des Sachsenspiegels Bezug genommen werde, in welchen die Geltung der Magschaftszählung für das Landrecht zum Ausdruck gekommen sei.[942]
So verweist Schanz auf Art. 28 § 7 des Sächsischen Weichbildes (Ausg. v. Daniels), in welchem sich die aus Ldr. I Art. 17 § 1 übernommene Formulierung, wenn sich das Erbe verschwestert oder verbrüdert, alle, die sich gleich nah zur Sippe ziehen können, das Erbe gleich nehmen, findet.[943] Daneben bezieht er sich auf die Poelmann'schen Distinktionen L. I, art. 6, Dist. 1- 10. Dort werden die aus Ldr. I Art. 3 § 3 bekannten Prinzipien der Verwandtschaftszählung wörtlich aufgenommen.
Zu Recht betonte Schanz dabei, in den genannten Rechtsbüchern werde trotz wörtlicher Übernahme von Artikeln des Sachsenspiegels in erster Linie nicht Landrecht, sondern das Magdeburger Recht dargestellt.[944] Trotzdem ist der Versuch, die Magschaftszählung für das Magdeburger Recht allein mit dem Hinweis auf die Übernahme von Ldr. I Art. 3 § 3 bzw. Art. 17 § 1 in Magdeburger Rechtsquellen zu beweisen, schon deswegen zum Scheitern verurteilt, da - wie bereits dargelegt wurde - aus den genannten Artikeln die Geltung der Magschaftszählung für das Sachsenspiegel-Landrecht nicht begründet werden konnte. Um so weniger sind sie geeignet, die Magschaftszählung für das Magdeburger Recht wahrscheinlich zu machen.
Bezeichnend ist, daß Schanz in seinen Ausführungen zum Erbfolgesystem des Magdeburger Rechts mit keinem Wort auf das Charakteristikum der Magschaftszählung, nämlich die Nicht-Zählung von Kopf und Hals, einging.
Die praktische Unbrauchbarkeit der Magschaftszählung zur Berechnung der Verwandtschaftsnähe wird daran deutlich, daß sich Schanz bei Darstellung der Erbenfolge zu seiner eigenen Theorie in Widerspruch setzt. So gesteht er den Kindern, den Eltern und den Geschwistern den ersten Verwandtschaftsgrad zu und setzt die

---

[942] Schanz, S. 111.

[943] Schanz, S. 111 fand in Art. 28 des Sächsischen Weichbildes (Ausg. v. Daniels) allerdings in erster Linie Ldr. I Art. 3 § 3 zitiert. Diese Annahme ist allerdings unzutreffend, da zum einen das für Ldr. I Art. 3 § 3 so typische *„De sek nar to der sibbe gestoppen mach, de nimt dat erve to voren"* fehlt, zum anderen Art. 28 § 8 mit *„Doch nimt sones unde dochter kint..."* aus Ldr. I Art. 17 § 1 fortfährt.

[944] Schanz, S. 112. Bezüglich des Sächsischen Weichbildes muß diese Aussage allerdings eingeschränkt werden. So bestimmt Art. 28 § 6, daß die Halbgeburt entsprechend dem Landrecht um ein ganzes Glied und nicht nur um ein halbes, wie es das Magdeburger Weichbild vorsieht, zurückfällt.

Enkelkinder - dann allerdings folgerichtig - in den zweiten Grad.[945] An anderer Stelle bezeichnet er die Kinder, die Eltern und die Geschwister als an erster Stelle stehend.[946] Diese der Magschaftszählung widersprechende Einbeziehung der nächsten Angehörigen des Erblassers in die Zählung belegt, daß eine Berechnung der Verwandtschaftsnähe ohne Zählung der Kinder, Eltern und Geschwister für ein Erbfolgesystem nicht geeignet ist.

Will man beispielsweise den erbrechtlichen Vorrang der Geschwister vor den Enkelkindern, deren Stellung durch kein Repräsentationsrecht verbessert wird, entsprechend der Magschaftszählung ohne Zählung des engeren Erbenkreises zum Ausdruck bringen, so müßte man die Geschwister deshalb vor den Enkeln erben lassen, weil sie zu dem engeren ungezählten Erbenkreis gehören, die Enkelkinder hingegen erst zu dem gezählten ferneren. Eine solche Begründung findet sich aber weder in den Magdeburger Rechtsquellen noch in dem Schrifttum, welches die Magschaftszählung zugrundelegt.

All diese Bedenken zeigen, daß die Verwendung der Magschaftszählung zur Feststellung der Nähe der erbberechtigten Verwandten wenig wahrscheinlich ist.[947]

Ebensowenig wurde die Magschaftszählung im Magdeburger Recht zur Bestimmung des überhaupt erbberechtigten Verwandtenkreises verwendet. Eine solche Funktion der Magschaftszählung läßt sich entgegen der Auffassung Fickers[948] auch nicht aus Ldr. I Art. 3 § 3 für das Landrecht herleiten.[949]

Ob man allerdings deshalb so weit gehen kann, die Existenz einer Erbrechtsgrenze im Magdeburger Recht überhaupt zu verneinen, ist jedoch mehr als zweifelhaft.[950]

Schon die vollständige Aufnahme der Bestimmung des Ldr. I Art. 3 § 3, das heißt auch mit seiner Erbrechtsgrenze von sieben Gliedern, in einzelnen Stadtrechtsbüchern Magdeburger Rechts zeigt, daß die Beschränkung des Kreises potentieller Erben grundsätzlich auch im Magdeburger Rechtskreis bekannt war.

Zugegebenermaßen spielte jedoch in der Spruchpraxis der Schöffen eine Erbrechtsgrenze keine maßgebliche Rolle. In keiner Entscheidung der Schöffen wurde jemals ein Prätendent mit seinem Anspruch zurückgewiesen, weil er nicht mehr zu den erbberechtigten Verwandten gehören würde. Um so beachtenswerter ist eine bei Weizsäcker, Sprüche für Leitmeritz, Nr. 115 mitgeteilte Magdeburger Rechtsbelehrung an Leitmeritz aus dem 15. Jahrhundert[951], in welcher die Schöffen das Erb-

---

945 Schanz, S. 108f.

946 Schanz, S. 113.

947 Ficker, Erbenfolge Bd. II, § 402 (S. 44).

948 Ficker, Erbenfolge Bd. II, § 402 (S. 44).

949 Vgl. S. 103.

950 Schanz, S. 99.

951 Der Spruch ist nicht vor dem ersten Drittel des 15. Jahrhunderts ergangen, wie man der Formulierung „sprechen wir Schöffen zu Magdeburg für bzw. vor Recht“ entnehmen kann, welche die ältere Wendung „sprechen ein Recht“ abgelöst hat. Vgl. Ebel, Ztsch. f. hist. Forsch. Bd. 9 (1982), S. 47 (S. 55); Weizsäcker, Sprüche für Leitmeritz, S. 15.

recht an der Gerade der Erblasserin davon abhängig machen, daß die Prätendentin der Erblasserin „im siebenten oder unter dem siebenten Grade der Sippzahl angeboren ist".[952]
Demnach besaß die Erbrechtsgrenze von sieben Glieder auch im Magdeburger Recht grundsätzlich Geltung, wenn sie auch praktisch nie von Relevanz war.

Nach diesen Ausführungen dürfte feststehen, daß die Magschaftszählung im Magdeburger Recht keine Funktion hatte.

IV. Die Gliederzählung

Auf die Gleichartigkeit von Sachsenspiegel und Magdeburger Recht in zahlreichen Bereichen des Erbrechts ist bereits hingewiesen worden. Dementsprechend ist der Gedanke naheliegend, auch das Erbfolgeprinzip beider Rechte beruhe auf identischen Grundsätzen.[953]
Für den Sachsenspiegel wurde eine Erbfolgeordnung, die auf einer Gliederzählung basiert, wahrscheinlich gemacht. Dabei sollte die Nähe der einzelnen Verwandten anhand einer Zählung der Glieder des die Sippe darstellenden Gliederbildes bestimmt werden. Die Besonderheit der Gliederzählung im Vergleich mit der Magschaftszählung besteht dabei darin, daß nach ihr der Hals als ein Glied mitgezählt wird. Folglich nehmen bei der Zählung der Verwandten nicht erst die Enkel des gemeinsamen Stammvaters das erste Glied ein, sondern bereits dessen Kinder. Dabei werden, obwohl der Hals von zwei Personen gebildet wird, diese nicht wie nach römischer Komputation beide, sondern gemeinsam als nur ein Glied gezählt.
Nun stellt sich die Frage, ob für die Erbfolgeordnung des Magdeburger Rechts eine ebensolche Zählung nachgewiesen werden kann.
Die anhand der Magdeburger Rechtsquellen entwickelte Erbentafel widerspricht der Annahme der Gliederzählung nicht. Im Gegenteil, die nachgewiesene Erbenfolge läßt sich mit der Gliederzählung ebensogut erklären wie mit der Magschaftszählung.[954] So würden die Angehörigen der siebenten Erbengruppe nun alle im dritten Glied mit dem Erblasser verwandt sein und nicht mehr, wie nach der Magschaftszählung, im zweiten Glied.

Ebenso wie bei der Magschaftszählung stellt sich bei der Gliederzählung die Frage nach ihrer Beweisbarkeit aus den zur Verfügung stehenden Quellen.

---

[952] Das genaue Verwandtschaftsverhältnis der Prätendentin zur Erblasserin läßt sich dem Spruch allerdings nicht entnehmen. Die Erblasserin Katharina wird zwar als Tante der Prätendentin bezeichnet, sie soll aber zugleich die Schwester der Goßmutter der Prätendentin gewesen sein. Möglich ist daher, daß sie eine Goßmutterschwester der Erbansprecherin war und die Bezeichnung als Tante in diesem Sinn und nicht als Mutterschwester zu verstehen ist.
[953] So Schanz, S. 119 in der Annahme, beiden Rechten habe die Magschaftszählung zugrundegelegen.
[954] Vgl. Ficker, Erbenfolge Bd. II, § 410 (S. 58).

Die Bücher Magdeburger Rechts und die Stadtrechtsbücher sind in diesem Punkt allerdings, soweit sie sich nicht auf die - wenn auch verkürzte - Wiedergabe von Schöffensprüchen beschränken, völlig unergiebig.

1. Begründung der Gliederzählung nach Ficker

Hingegen vermeinte Ficker aus einigen Bestimmungen der Blume von Magdeburg die Verwendung der Gliederzählung herauslesen zu können.[955]

So fand Ficker in der Blume von Magdeburg, pars II, c. 24 den Satz ausgesprochen, der Ururenkel des Erblassers habe ebenso wie der Urenkel des Erblasserbruders das vierte Glied inne. Eine Zählung, welche nur dann möglich ist, wenn man bei Bestimmung der Gradzahl des Bruderurenkels den Erblasser und seinen Bruder, als am Hals stehende, nur als ein Glied zählt.

Bedenkt man aber die zum Teil etwas „wirren" Formulierungen, derer sich Wurm bei Abfassung der Blume von Magdeburg bediente, scheint eine solch eindeutige Interpretation, wie sie Ficker von pars II, c. 24 bietet, zweifelhaft. Die Stelle lautet unter der Überschrift *„Von dem virden glyde der sibbeczal"*:

„Eygintlich czu uornemen nyderwart von dem czweigin, daz ist von dem kinden, vint man kindes kint daz sint ururenenkil vnd heisin abnepos abneptis vnd rechin sich ufwart ururel-dervater, und sten auch mit dez ururanherren bruder und swester vrenkel, ufwart czu czelin, in dem funftin gelyde, nyderwart in dem virdin, vnde nemen glych na erbe, ob da nymandes nehir sy. Wen worum? kindes kindes kint stehin in dem irstin gelide dez mytestin vingers, und ist dy virde sibbe."

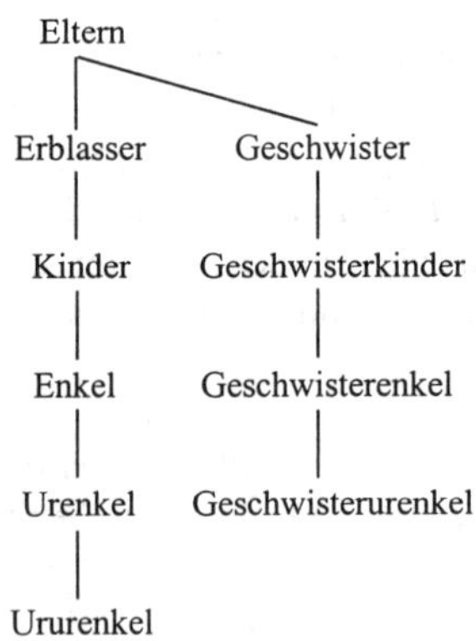

Unproblematisch ist die Zählung der Ururenkel als im vierten Glied stehend. Diese Position nehmen sie aber nicht nur nach der Gliederzählung ein, sondern auch nach der kanonischen und der römischen Komputation. Interessanter ist vielmehr die Zählung des Seitenverwandten, bezeichnet als *„dez ururanherren bruder und*

[955] Ficker, Erbenfolge Bd. II, § 410 (S. 57).

swester vrenkel". Ficker glaubte ihm ebenfalls das vierte Glied einräumen zu können, da er bei Zählung niederwärts eben dieses Glied einnimmt. Dabei läßt er aber außer Acht, daß ihm bei der Zählung aufwärts von Wurm nun nicht mehr das vierte, sondern das fünfte Glied zugewiesen wird. Nicht ganz einsichtig wird, was Wurm an dieser Stelle unter niederwärtiger und aufwärtiger Zählung verstanden wissen wollte. Zählt man von den Geschwisterurenkeln aufwärts zum Erblasser, gelangt man nur mit Hilfe der römischen Komputation zum fünften Glied, wohingegen man bei abwärtiger Zählung sowohl nach der Gliederzählung als auch nach der kanonischen Komputation dem Bruderurenkel das vierte Glied zuweisen kann. Entsprechendes gilt für pars II, c. 25:

„Funfte grad, eigintlich czu nemen, stet in dem anderen gelyde dez myttelstin vingers, vnde heisin atnepos atneptis, vnd habin ubir sich czu dem stamme vir gelid, und sy stehin in dem funftin und stehin mit dez urrururelderuater swestir und bruder kindes kindes kint in dem funftin."

Die Ururenkel nehmen hier in Bezug auf den Erblasser das fünfte Glied ein, ein Ergebnis, welches sowohl mit der Gliederzählung als auch mit der römischen und der kanonischen Komputation zu erklären ist. Die Zählung der Geschwisterururenkel als ebenfalls im vierten Glied stehend ergibt sich nicht nur bei Verwendung der Gliederzählung, sondern auch wenn man die kanonischen Zählung anwendet. Daher ist auch die Zählung der Geschwisterururenkel kein Beweis für die Gliederzählung, da sich die Ergebnisse auch mit der kanonischen Komputation erzielen lassen.

Daß Wurm sich bei Abfassung des erbrechtlichen Teils der Blume von Magdeburg an der Gliederzählung orientiert hat, wird gänzlich unwahrscheinlich, wenn man die übrigen Kapitel, die die Erbfolgeordnung beziehungsweise die Berechnung der Sippe zum Inhalt haben, zum Vergleich heranzieht. Die Zählung der Verwandtschaft, wie sie sich in pars II, c. 15 - 20 darstellt, entspricht völlig der römischen Komputation.[956] So stehen Eltern und Kinder im ersten Grad (c. 15), die Großeltern und die Enkel im zweiten (c. 16), in c. 17 wird den Geschwistern ebenfalls der zweite und den Urgroßeltern, den Urenkeln, den Elterngeschwistern und den Geschwisterkindern der dritte Grad zugewiesen. Folgerichtig nehmen die Urgroßeltern, die Ururenkel, die Geschwister der Großeltern und die Geschwisterenkel den vierten Grad ein (c. 18). Die römische Gradzählung wird in den c. 19 und c. 20 dann konsequent bis zum sechsten Grad durchgeführt. Auch c. 23, *der „von deme drittin gelyde der sibbecal"* handelt und die Gleichstellung der Geschwisterkinder mit den *„enkelin"* bestimmt, da alle im dritten Gliede stehen würden, läßt sich vor

[956] Dies meint Schanz, S. 112 Fn. 294 wohl, wenn er davon spricht, daß die Blume von Magdeburg „Beeinflussung durch das römische Recht zeigt".

dem Hintergrund der römischen Komputation erklären, wenn man zugesteht, daß es statt *„enkelin"* korrekterweise wie in c. 17 *„urenkelin"* heißen müßte.[957]
Im Ergebnis dürfte die Blume von Magdeburg daher wohl kaum geeignet sein, als Beleg für die Gliederzählung zu dienen. Der erbrechtliche Teil stellt sich, soweit es sich um die Verwandtschaftszählung handelt, als ein Gemisch von römischen und kanonischen Elementen dar, welches die Ausbildung Wurms widerspiegelt.[958]
Mithin bleibt es bei dem Befund, daß aus den Stadtrechtsbüchern und den Büchern Magdeburger Rechts kein Beweis für die Gliederzählung zu führen ist.

Auch die überlieferten Schöffensprüche können nur begrenzt weiterhelfen.[959] Fast ausnahmslos fehlen Angaben darüber, wie die Entfernung der Verwandten zum Erblasser bestimmt wurde oder welches Glied der einzelne Prätendent nun genau nach dem Magdeburger Recht einnahm. Trotzdem stellen sie die einzige Möglichkeit dar, genauere Erkenntnisse über die Berechnung der Verwandtschaft zu gewinnen.
Einen Hinweis auf die genaue Komputationsart der Magdeburger Schöffen gibt nur der bereits mehrfach zitierte Spruch der Magdeburger Schöffen aus dem Leipziger Codex Hs. 945.[960]
Nach dieser Entscheidung, welche das Repräsentationsrecht der Kinder ungesonderter Söhne bei Konkurrenz zu Erblassergeschwistern behandelt, erben die Enkelkinder grundsätzlich erst nach den Geschwistern, da sie sich *„verner sippit in dem rechten bosame"*, als die Geschwister, welche *„dy neste sippe uszewendig deme rechten boseme"* sind. Hieraus ergibt sich, wie bereits dargelegt, daß die Enkelkinder das zweite Glied eingenommen haben müssen, denn hätten sie entsprechend der Magschaftszählung das erste Glied inne gehabt, so hätten die Geschwister, da sie zu dem ungezählten engeren Erbenkreis gehörten, sich nicht näher zur Sippe als diese zählen können. Stehen die Enkelkinder nun aber im zweiten Glied und sind die Geschwister näher mit dem Erblasser als die Enkelkinder verwandt, so müssen sie das erste Glied eingenommen haben. Zu diesem Schluß ist auch Schanz[961] gekommen, indem er die Kinder der ungesonderten Söhne in den zweiten Grad der rechten Linie setzt und den Geschwistern den ersten Grad zuordnet. Die Konsequenz, die eine solche Zählung der Geschwister für die Magschaftszählung hat, wurde von ihm hingegen nicht gesehen.

---

[957] Folgt man der Überlegung, daß „enkelin" in c. 23 auf einem Fehler beruhe, geht diesbezüglich die Kritik von Schanz, S. 112 Fn. 294, der Wurm hier Inkonsequenz vorwirft, ins Leere.
[958] Insoweit ist die Einschätzung von Schanz, S. 112 Fn. 294 a.E., daß „das in der „Blume" zu Tage tretende Erbfolgesystem mit dem von uns für den Sachsenspiegel und das Magdeburger Recht festgestellten" im wesentlichen übereinstimme, wohl verfehlt.
[959] Schanz, S. 109.
[960] Abgedruckt bei: Friese/Liesegang, III B Nr. 2, hier auf S. 212.
[961] Schanz, S. 108f.

Zu prüfen ist daher, welche Schlußfolgerungen, die über die bereits ermittelte Erbentafel hinausgehen, man aus den Schöffensprüchen und den übrigen Quellen für die Erbfolgeordnung des Magdeburger Rechts ziehen kann und darf.

2. Die Begründung in den Schöffensprüchen

Von Interesse sind hierbei besonders die Formulierungen, mit welchen die Schöffen im Einzelfall einem Prätendenten das Erbe zu- oder absprachen. Zum Teil nahmen diese Wendungen durchaus den Charakter einer Entscheidungsbegründung an. Dabei bedienten sich die Schöffen aber keiner durchgehend einheitlichen Diktion, sondern motivierten ihre Sprüche von Fall zu Fall unterschiedlich. Trotz dieser Vielzahl von Formulierungen läßt sich aus den Entscheidungen aber doch eine gewiße Typisierung herauslesen.

a) „mit besserm Rechtenn“ - „mag daczu nicht komen“

Eigentlich nichts über die erbrechtliche Stellung der Prätendenten erfährt man aus jenen Entscheidungen, welche einer der Parteien das Erbe zusprechen, weil diese ein besseres oder mehr Recht habe als die andere.
So entscheiden die Leipziger Schöffen[962], daß das hinterlassene Erbe vererbt wird *„...auf seins halben Bruder kindt mit besserm Rechtenn den auf seiner muter Bruder kindt“*. In einem anderen Spruch heißt es, *„...das hat er geerbet auf seins halben bruder tochter mit merem Rechten den des toden mannes vater bruder Sone oder Schwester Vater Sone.“*[963]
Entsprechendes gilt für Alter Kulm, L. IV, art. LXXXI, in welchem die Konkurrenz des halbbürtigen Bruders des Vaters mit den Kindern eines vollbürtigen Vaterbruders mit den Worten gelöst wird:

„Des kyndes gut sal gevallen vf synes vatir bruder eynenthalben vnd nicht vf synes vettirn kynt der synes vatir brudir was vngetzweyget. v. r. w.“[964]

In zahlreichen Quellen findet sich auch die Formulierung *„hat Recht - mag dazu nicht kommen“*. So wird in c. 274 USR dem vollbürtigen Vaterbruder das Erbe vor dem halbbürtigen Bruder des Vaters wie folgt zugesprochen:[965]

„Czu des toten kindis gute hat recht sin vettir, der synis vater bruder was beydirthalb, vaters und muter. Und dez kindis vettir, der synis vater brudir waz eynenthalben geburt, mag daczu nicht komen. Von rechtis wegene.“[966]

---

[962] Wasserschleben, Successionsordnung, S. 176 Abs. 3. Hier gedruckt S. 250.
[963] Wasserschleben, Successionsordnung, S. 174 Abs. 3. Hier gedruckt S. 250.
[964] Ebenso Magdeburger Fragen, L. I, c. VII, Dist. 17.
[965] Gedruckt bei: Ebel, Mgdb. Recht Bd. II/1, Nr. 126c. Hier gedruckt S. 247.
[966] Entsprechende Formulierungen finde sich ebenfalls in den auf c. 274 USR beruhenden SSR, IV, 2, 38; Alter Kulm, L. IV, art. LXXX und Böhme, Dipl. Beytr. II.2, S. 125 Abs. 1, aber auch in vom USR textlich unabhängigen Magdeburger Schöffensprüchen aus dem 14. und 15. Jahrhundert Vgl. die Sprüche aus dem Codex der Wallenrodtschen Bibliothek Hs. 1,

Keines der angeführten Beispiele bietet einen Hinweis auf das arithmetische Verhältnis der Beteiligten zueinander oder zum Erblasser. Es wird nur angeführt, wer das Erbe erhält und wer nicht.

b) „nemen geliken deyl" - „synt gelick tho dem erve"

Entsprechendes gilt, wenn die Schöffen bestimmen, alle Erbprätendenten nehmen gleichen Teil an dem Erbe oder sie seien gleich zu dem Erbe.
In der alphabetischen Sammlung des Leipziger Kodex Hs. 1096 heißt es in dem Spruch Kap. 141:[967]

„Vortmer grotevader unde grotemoder, vader broder unde moder suster, de nemen geliken deyl an deme erve, van rechtes weghen"[968]

Oder in einem Spruch der Magdeburger Schöffen, der in der obiger Sammlung unter Kap. 123 aufgeführt ist:[969]

„...Hyr up: Des kindes vader susteren unde moder susteren unde moder vader synt gelick tho deme erue, van rechtes weghen"[970]

Die Gleichrangigkeit der Angehörigen einer Erbengruppe bezieht sich dabei nicht nur auf das Recht überhaupt, neben den anderen Erbnehmern am Erbe teil zu haben, sondern auch auf die jeweils anfallende Erbquote. Jeder Erbe erhält den gleichen Teil am Nachlaß, es wird nach Personen, nicht nach Stämmen oder Linien geteilt.

Konnte man aus den bislang angeführten Stellen keine Rückschlüsse auf die Motivierung der Entscheidung ziehen, so finden sich doch auch zahlreiche Textzeugnisse, in welchen die mitgeteilte Lösung des Erbstreits zumindest im Ansatz begründet wird.

Nr. 64 bei Wasserschleben, Successionsordnung, S. 86f *„hat recht zu dem erbe ... kan darzu nicht kommen..."* und aus dem Alt Weichbild Recht der Stadt Dresden bei Wasserschleben, Rechtsquellen Bd. I, IV, Kap. LVII (S. 194) *„zcu dem gute hat recht... konnen dorczu nict komen"*. Ebenso die Magdeburger Fragen, L. I, c. VII, Dist. 22.

[967] Gedruckt bei: Wasserschleben, Rechtsquellen Bd. II, I, Kap. 141 (S. 49).

[968] Vgl. auch: Spuch bei Wasserschleben, Successionsordnung, S. 174 Abs. 2 *„nach personen zall zw gleicher teylung"*; Hallischer Spruch bei Wasserschleben, Rechtsquellen Bd. I, IV, Kap. LVI (S. 194) *„die sullen alle... gleyche teylen"*; Mgdb. Spruch bei Friese/Liesegang II Nr. 102 *„nach personen anzahl als geleiche erben gebracht, vorfellet unde vorerbet"*; u.a.m.

[969] Gedruckt bei: Wasserschleben, Rechtsquellen Bd. II, I, Kap. 123 (S. 43).

[970] Vgl. auch: C. 186 USR *„nemen <mit> rechte alle glich des vorgenanten kindis gut."* (gedruckt bei Ebel, Mgdb. Recht Bd. II/1 Nr. 66); SSR, II, 2, 24 *„sal glich recht habin"* u.a.m.

c) „neher und mid besserme rechten“ - „like na“ - „deste verrer czu nemen“

So wird in einem bei Friese/Liesegang III B Nr. 60 mitgeteiltem Magdeburger Schöffenspruch aus der zweiten Hälfte des 15. Jahrhunderts entschieden, daß *„Sopphia by dem erbe und gute, daz Kele, dy tote frouwe, gelazen had an dem erbe und an eygin, neher und mid besserme rechten do by czu blibne, wen Wolffeld von Jhene. V.r.w.“*[971]

In Kap. 131 der alphabetischen Sammlung des Leipziger Kodex Hs. 1096 wird die Konkurrenz der Geschwisterkinder mit Elternhalbgeschwistern deswegen zugunsten ersterer gelöst, weil *„Suster kindere unde broder kindere van vuller borth syn neger erue tho nemende, wan vader brodere under sustere, de getwigeth sint, van r. wegen“*[972]

In der Entscheidung des Stendaler Urteilsbuch Nr. XXIX aus der 1. Hälfte des 14. Jahrhunderts wird der Muttermutter und den Töchtern der Erblasserschwestern die Gerade gemeinsam zugesprochen, da sie der Verstorbenen *„like na der radeleghe unde scolen de like delen“*.[973]

Hingegen wird im Eisenacher Rechtsbuch, L. I, Art. 8 § 2 Hs. 2 betont, *„eyn halbis brudirs adir swstirkint di sint verrer danne recht oheme, wase adir vettir“*. Auch können nach Eisenacher Rechtsbuch, L. I, Art. 16 die Enkel der halbbürtigen Elterngeschwister nicht gemeinsam mit den Enkelkindern der vollbürtigen Elterngeschwister erben, *„do sint si dem erbe deste verrer zcu nemen“*.

Folglich richtet sich die Entscheidung, an wen das Erbe fällt, danach, ob der einzelne Prätendent im Verhältnis zu seinen Konkurrenten näher, ferner oder gleich nah zu dem Erbe steht. Dabei bestehen keine Bedenken, daß das Erbe hier für den Erblasser selbst steht, es also auf die Verwandtschaftsnähe des einzelnen Prätendenten zu dem Erblasser ankommt.

d) „glich gesibben“ - „gliche na gesippet“

In einem Spruch der Magdeburger Schöffen für Görlitz aus dem Jahre 1469 wird der Großmutter und dem Bruder des Vaters das Erbe zu gleichen Teilen zugespro-

---

[971] Vgl. auch: C. 83 BMU aus dem 15. Jahrhundert *„bey dem erbe und gute... nehir zu bleibin“* (gedruckt bei Ebel, Mgdb. Recht Bd. II/1, Nr. 452); Eisenacher Rechtsbuch, L. I, Art. 8 § 2 Hs. 1 *„bessir recht und sint neher eyme gevelle an guthe adir an erbe wan ...“*

[972] Wasserschleben, Successionsordnung, S. 169 Abs. 1 *„vnnd seint auch neher das allein zu nehemen“*; Mgdb. Spruch für Lüneburg bei Ebel, Mgdb. Recht Bd. I, I Nr. 2 (S. 3) *„neger vnd mit betherem rechte sin erue vnde gud to nemende wenn...“* u.a.m.

[973] Vgl. Wasserschleben, Successionsordnung, S. 176 Abs. 1 *„gleich nahen sein zw nemen vnd zw teilenn“*; Magdeburger Fragen, L. I, c. VII, Dist. 14 *„sint gliche nahe des kindes gut zcu teilen noch personen czal“*.

chen, weil *„wer sich ... glich gesibben kann, der nymmet mit den andern glychen erbeteyl“*.[974]

Mit dem *„glich gesibben“* wird dabei nicht nur festgestellt, daß Großeltern und Elterngeschwister gemeinsam erben, sondern auch, daß sie nach der Zählung denselben Verwandtschaftsgrad einnehmen.[975]

Gegen diesen Schluß wehrte sich allerdings Schanz mit der Behauptung, das *„sächsische Rechte“*, nach welchem der Spruch nach eigener Aussage ergangen sei, sei nicht identisch mit dem Magdeburger Recht oder dem Sachsenspiegel-Landrecht, sondern es handele sich dabei um ein „anderes sächsisches Recht“.[976]

Nun sind allerdings keine Gründe ersichtlich - und Schanz nannte auch keine - warum in dieser Entscheidung die Magdeburger Schöffen der Stadt Görlitz ein anderes Recht als das Magdeburger Recht hätten weisen sollen. Zum einen entsprach es nicht der Praxis der Magdeburger Schöffen, nach einem anderen Recht als dem heimischen Magdeburgischen Recht oder allenfalls noch nach Landrecht Recht zu finden[977], zum anderen stimmt die Rechtsfolge, erbrechtliche Gleichstellung der Großeltern mit den Elterngeschwistern, völlig mit dem Magdeburger Recht überein.[978]

Auch in weiteren Entscheidungen der Magdeburger Schöffen wird maßgeblich auf die Verwandtschaftsnähe abgestellt.

In einem bei Friese/Liesegang III B Nr. 27 mitgeteilten Spruch der Magdeburger Schöffen aus dem 15. Jahrhundert an Naumburg erkennen die Schöffen für Recht:

„Daz dez toten mannes swester kint unde tochter kind sint eme gliche na gesippet, unde schullen syn erbe unde gut nach personen czal gliche teylen“[979]

[974] Gedruckt bei: Neumann, Magdeburger Weisthümer, Nr. XL (S. 108) und Wasserschleben, Successionsordnung, S. 96f. Vgl. auch den Spruch der Leipziger Schöffen bei Wasserschleben, Successionsordnung, S. 166 Abs. 6.

[975] Stobbe, Beiträge, S. 36 (S. 57 Fn. 39); Wasserschleben, Successionsordnung, S. 69.

[976] Schanz, S. 100 Fn. 262 fügte dann noch hinzu, der Spruch gehöre „jedenfalls einer späteren Zeit“ an. Eine Bemerkung, welche nicht nachzuvollziehen ist, da Schanz an keiner Stelle seiner Arbeit eine Änderung in der Spruchpraxis des Magdeburger Schöffenstuhls im 15. Jahrhundert in Abweichung zur früheren behauptete.

[977] Amira, Gött. gel. Anz. 1884, S. 38 (S. 48).

[978] Die Vehemenz, mit welcher sich Schanz gegen die rechnerische Gradgleichheit von Großeltern und Elterngeschwister wendet, ist um so unverständlicher, da sie sich durchaus mit der Magschaftszählung in Einklang bringen läßt. Die Großeltern, die in entsprechender Anwendung des Gliederbildes den Kopf bilden, und die Elterngeschwister, welche am Hals zu stehen kommen, sind nach der Magschaftszählung beide ein Glied vom Erblasser entfernt, welcher das Schultergelenk einnimmt.

[979] Vgl. auch: Magdeburger Spruch an Zerbst aus der 2. Hälfte des 15. Jahrhunderts (gedruckt bei Friese/Liesegang, II Nr. 33) *„gelike nahe angeboren unde besibbet“*; Meißener Rechtsbuch, L. I, c. VI, Dist. 10 *„sin alle glich sippe von erbe zcu nemen“*.

Und in einem bei Kisch, Spruchsammlung Nr. 465 abgedrucktem Schöffenspruch wird der Vorzug des Halbbruders vor der Tochter der Erblasserschwester mit den Worten begründet:

„... *nachdemmal der halb bruder neher das erbe zu nemen gesipt ist. Von rechtis wegen*".[980]

Relevant für den Ausgang des Erbstreits war demnach allein und ausschließlich die Nähe der Verwandtschaft des Prätendenten zum Erblasser. Dies gilt auch für jene bereits angeführte Schöffensprüche, in welchen die Schöffen nicht ausdrücklich auf die Nähe oder die Sippe abstellen, sondern das Erbe einem Verwandten zuweisen, da er mehr oder besseres Recht an dem Nachlaß habe.

Dabei war dieses Näheprinzip in allen denkbaren Konstellationen von erbberechtigten Verwandten ausschlaggebend. Die Großeltern beerbten den Toten gemeinsam mit den Elterngeschwistern, weil alle gleich nah mit dem Erblasser verwandt waren, obwohl die Großeltern der geraden Linie angehörten und die Elterngeschwister Seitenverwandte waren. Das Kind einer Erblasserschwester teilte sich den Nachlaß mit dem Kind einer vorverstorbenen Tochter ebenso wie mit der Großmutter, weil alle sich gleich nah zur Verwandtschaft mit dem Erblasser rechnen konnten, obwohl alle verschiedenen Parentelen entstammten.

Das Nähe- oder Gradualprinzip galt demnach nachweislich nicht nur innerhalb einer bestimmten Linie oder innerhalb einer bestimmten Parentel, sondern bestimmte als alleiniger Maßstab die verwandtschaftliche Stellung eines jeden Angehörigen zum Erblasser.

e) „eynes geledes neger" oder „einß glydes verrer"

Offen bleibt demnach nur noch die Frage, auf welche Weise die verwandtschaftliche Nähe bestimmt wurde.

Hinweise geben hierzu zwei Magdeburger Schöffensprüche aus dem 15. Jahrhundert:

In einem Spruch der Magdeburger Schöffen für Lüneburg sprechen die Schöffen das Erbe des Hans Kroger dessen Großmutterhalbbrudersohn vor dem Sohn des Urgroßvaterbruders mit folgenden Worten zu:[981]

Wo auerst die genante Hans Kroger tho wichbildenn rechte vorstoruen, ßo wehren ock de vorberurden syner grotemoder halue broder ßone eynes geledes nach wichbildenn rechte tho synen nachgelaten gudernn neger, den sie des vorstoruen oldervaders fulle bruder kynder dar von gedringen mochten. Von rechts wegen. Vorsegeltt mitt unßem jngesegell."

[980] Vgl. auch den Leipziger Spruch in der Pößnecker Spruchsammlung, I Nr. 118, in welchem der Vorrang der Halbgeschwister gegenüber der Vaterschwester wie folgt begründet wird: „...*an der mageschafft neher gesipt sint*"

[981] Vgl. S. 268 mit Skizze. Gedruckt bei: Ebel, Mgdb. Recht Bd. I, I Nr. 9 (S. 13f).

Und in einer Entscheidung der Magdeburger Schöffen für Breslau aus dem Jahre 1461, in welcher der Sohn der Erblasserschwester, Merten Hantke, mit der Tochter eines Mutterbruders, Orthe Kwmeiserynne, um das Erbe des Steffan Polanewitz stritten, heißt es:[982]

„... so ist Merten Hanke dem gnanten Steffan Polanewitz eynes geliedes nehir besippet wen Orthe Kwmeiserynne, vnd Merten Hantke, Steffan Polanewitz swester sone, ist by sinen nachgelassenen erbe vnd gute, das czu erbe gehoret vnd vorerben mochte, nehir vnd mit besserem rechten czu bleiben, wen das jn Orthe Kwmeiserynne, dy des toden mutter bruder tochtir ist, daran vorhinderen moghe. Von rechtis wegen. Vorsigilt mit vnseren jngesigle."

In beiden Entscheidungen betonen die Schöffen, der eine Prätendent sei dem Erblasser um ein Glied näher verwandt als der andere. Die Verwandtschaft wurde also mittels einer Zählung der Glieder bestimmt. Konnte bislang die Verwendung des Gliederbildes als Sinnbild der Verwandtschaft durch die Magdeburger Schöffen nur vermutet werden, so zeigen die angeführten Sprüche, daß noch im 15. Jahrhundert die Schöffen das aus dem Sachsenspiegel bekannte Bild sprachlich dem arbor consanguinitatis des gelehrten Rechts vorzogen.[983]

Einer Zählung nach Glieder stand - wie der oben erwähnte Erbfall Hans Krüger zeigt - auch nicht entgegen, daß die Verwandtschaft eines der Prätendenten mit dem Erblasser durch Halbbürtigkeit beeinflußt war.

Auch die Leipziger Schöffen verwendeten zur Bestimmung der Verwandtschaftsnähe die Zählung nach Gliedern. So heißt es in einem Leipziger Spruch im Dresdener Alt-Urtheilbuch, Bl. 111 Abs. II (Nr. CXIII), um das bessere Erbrecht der Vaterschwester vor den Muttergeschwisterkindern zu begründen:[984]

Nach Erbfalls rechte gebracht geerbet vnd gefellet vnd irez mutter schwester vnd bruder kinder von voller geburtt nach deme ßy den selbyenn kindes einß glydes verrer denn euer weip verwandt gewest syndt

In diesen Zusammenhang fügt sich auch Pößnecker Spruchsammlung, I Nr. 8 (1452/53) ein. Der Erblasser hatte seine beiden Töchter ausgeradet. Nach seinem Tode gelangte das gesamte Erbe an seine Witwe als deren Leibzucht. In Folge ver-

[982] Gedruckt bei: Ebel, Mgdb. Recht, Bd. II/2, Nr. 579, ohne Anfrage bei Wasserschleben, Successionsordnung, S. 77f.

[983] Dabei soll nicht geleugnet werden, daß man auch bei Benutzung der römischen Komputation die Verwandten als im vierten, fünften usw. Glied stehend bezeichnen kann, wie es in den Poelmann'schen Distinktionen, L. I, art. VII, Dist. 17 - 25 der Fall ist. An dieser Stelle hat der Verfasser jedoch bereits den Boden des heimischen Rechts verlassen und benutzt nur noch die althergebrachte Terminologie, auch wenn sie vor dem Hintergrund des neuen-gelehrten Rechts ihren ursprünglichen Sinn eingebüßt hatte.

[984] Hier vollständig abgedruckt auf S. 239.

starb erst eine der Töchter, die zwei Kinder hinterließ, und schließlich die Witwe. Als nun der Ehemann der verstorbenen Tochter in Vormundschaft seiner Kinder die überlebende Tochter um Teilhabe an dem großväterlichen Erbe anging, antwortete deren Ehemann in Vormundschaft für sie:

„...daz habe sy[985] *an Ilsen, yre tochter, syn elich wip, geerbeth unde gebracht mez meherme rechten danne uff Dorothean, yrer tochter kindere, wanne sy eynes geledes neher gesippit ist...“*

Eine Anwendung der Gliederzählung auch in der geraden Linie schien insoweit keine Probleme zu bereiten. Folgerichtig sprachen die Leipziger Schöffen der Tochter und nicht den Tochterkindern das Erbe zu.
Bemerkenswert ist auch Folgendes: Die Leipziger Schöffen bezeichnen die Tochter als ein Glied näher gesippt als die Enkeltöchter. Folgerichtig kann die Tochter nur das erste und die Enkeltochter das zweite Glied inne haben.

Diese Beobachtung wird durch Kap. DCXL des Glogauer Rechtsbuches bestätigt. In der Entscheidung verweigern die Magdeburger Schöffen - entsprechend ihrer vom Leipziger Schöffenstuhl abweichenden Behandlung des Repräsentationsrechts der ungesonderten Tochterkinder[986] - den Kindern einer ungesonderten Tochter einen Erbteil und sprechen es den noch lebenden Erblasserkindern mit den Worten zu:

„So habin yre kinder kein recht an daz eldervater gut mer wenne dy andern die geledes neher dem vater sint gesippet seyn sullen daz gut vnde erbe vnfellig behalden...“

Wird die Tochter aber als erstes Glied gezählt, ist die Annahme, im Magdeburger Recht habe die Magschaftszählung Verwendung gefunden, der Boden entzogen.

Die Verwendung des Gliederbildes zur Bestimmung der Verwandtschaftsnähe erklärt, warum in einigen Rechtsbüchern Magdeburger Rechts und Stadtrechtsbüchern Ldr. I Art. 3 § 3 übernommen oder doch sinngemäß zitiert werden konnte.[987]
In diesem Zusammenhang sei noch kurz auf einen Einwand Stobbes eingegangen: Stobbe äußert die Auffassung, das Gliederbild dürfe in seiner Bedeutung für ein Erbfolgesystem nicht überschätzt werden, da es in allen Quellen, welche nicht unmittelbar vom Sachsenspiegel beeinflußt seien, keine Aufnahme oder Verwendung

---

985 Offensichtlich gehen die Parteien davon aus, es handele sich um einen Erbfall der Witwe, obwohl sie das Gut ihres Mannes nicht zu Eigentum, sondern nur zu Leibgedinge erhalten hatte. Vgl. zur Leibzucht: Schröder, Geschichte des Güterrecht, Teil 2, Abt. 3 (S. 349f).

986 Vgl. S. 191.

987 Schanz, S. 111 und nochmals S. 122 nennt dabei ausdrücklich das Sächsische Weichbild, Art. 28 (Ausg. v. Daniels). Die genannte Stelle greift aber nicht Ldr. I Art. 3 § 3, sondern Ldr. I Art. 17 § 1 auf.

gefunden habe.[988] Dieser sicherlich zutreffende Befund hat jedoch keine Auswirkungen auf die hier vertretene Ansicht.
Auf die Geschichte und Bedeutung des menschlichen Körpers zur Darstellung der Verwandtschaft ist bereits an anderer Stelle eingegangen worden. Zudem zeigt gerade die Übernahme des Gliederbildes in die sächsischen und magdeburgischen Rechtsquellen, daß es zumindest in diesem Bereich noch von Bedeutung war. Demnach mag das Gliederbild in anderen deutschen Rechtsgebieten vor allem ab dem 15. Jahrhundert auf Unverständnis gestoßen sein und wurde durch den arbor consanguinitatis ersetzt. In dem hier interessierenden Rechtskreis des Magdeburger Rechts ist das Gliederbild und die Zählung anhand von Gliedern als Grundlage des Erbfolgesystems noch erkennbar.

Darüber hinaus läßt die Benutzung des Gliederbildes in beiden Rechten den begründeten Rückschluß zu, das Erbfolgesystem des Magdeburger Rechts habe weitestgehend mit dem des Sachsenspiegels übereingestimmt.

So findet sich in dem Neumarkter Rechtsbuch aus der ersten Hälfte des 14. Jahrhunderts in den c. 32 und 33 die aus dem Sachsenspiegel bekannte Darstellung von Beginn und Ende der Sippe. Allerdings ist Ldr. I Art. 3 § 3 im Neumarkter Rechtsbuch nicht vollständig überliefert worden, da die einzige Handschrift des Rechtsbuches von der zweiten Hälfte des c. 33 bis zu c. 63 eine Lücke aufweist.
Vollständig findet sich Ldr. I Art. 3 § 3 in c. 2 des zweiten Teils des Zwickauer Rechtsbuches aus der Mitte des 14. Jahrhunderts, ebenso wurde er in das Meißener Rechtsbuch, L. I, c. IV, in die Poelmann'schen Distinktionen, L. I, art. VI, Dist. 1 - 12 und in das Silleiner Stadtrechtsbuch c. 25 aufgenommen.
Die Verfasser dieser Rechtsbücher entlehnten dabei den Text zwar dem Sachsenspiegel-Landrecht, aber sie taten es in dem Bewußtsein und mit dem Willen, Magdeburger Recht darzustellen.[989]

In diesem Zusammenhang von Interesse ist auch pars II, c. 28 der Blume von Magdeburg. Die Stelle lautet:

„Alle dy sich gelyche na czu der sippe gestoppfin mugin, sy sein in dem irstin odir in dem anderin odir in dem drittin odir in dem firdin odir in dem funftin odir in dem sechstin odir yoch halt in dem sebindin, dy nemen geliche erbe; welchir abir eins gelydes neher ist, der ist dem erbe neher.“

Allerdings wird Wurm bei Abfassung dieser Stelle wohl eher die römische oder die kanonische Komputation vor Augen gehabt haben als die Gliederzählung. Die in pars II, c. 28 getroffenen Aussagen stimmen aber inhaltlich mit der Gliederzählung überein. Dies erklärt zum Teil auch, warum Wurm in seiner Arbeit die Zählung

[988] Stobbe, Privatrecht, Bd. V, § 286 (S. 64 Fn. 6).
[989] Vgl. Schanz, S. 120.

nach römischen oder kanonischen Recht verwenden konnte, ohne daß der Widerspruch zu den Grundsätzen des Magdeburger Rechts auffiel.
Nach pars II, c. 28 galt das Näheprinzip demnach grundsätzlich in allen Gliedern, und da die Verwandten im siebenten Glied ebenfalls noch erben können, muß die Zählung am Hals beginnen, da anderenfalls die siebente Stelle an den nicht mehr erbberechtigten Nagelmagen fallen würde.[990]

Die Goslarer Statuten, L. I, c. I § 1 nennen als Grundsatz für die Erbfolge:

„De neyste nimt dat erve"

und in § 3 ergänzend:

„War dochter noch sone ne is, alle de ghelic an der sibbe sin an liker stat, de nemet dat erve ghelike."

Nach dem bisher Gesagten dürfte feststehen, auch für die Erbfolgeordnung des Magdeburger Rechts galt grundsätzlich allein und ausschließlich die Formel aus Ldr. I Art. 3 § 3:

„Diu twischen deme nagele unde deme hovede sek to der sibbe gestoppen mogen an geliker stat, de nemet dat erve gelike. De sek naer to der sibbe gestoppen mach, de nimt dat erve to voren"[991]

3. Besonderheiten für die Verwandten 1. Gliedes

Die konsequente Durchführung dieses Prinzips würde aber zu einer Simultansukzession der Eltern, Kinder und Geschwister des Erblassers führen, da alle mit diesem im ersten Glied verwandt wären. Eine solche Erbfolge fand aber nach der für das Magdeburger Recht ermittelten Erbentafel nicht statt. Vielmehr erbten - die Besonderheiten, welche sich durch das Repräsentationsrecht der Enkelkinder ergeben, einmal außer Acht gelassen - die Kinder vor den Eltern, dort der Vater vor der Mutter, und diese vor den Geschwistern - eine Erbenfolge, die völlig mit jener übereinstimmt, die sich aus Ldr. I 17 § 1 ergibt, wenn man einmal von der Sonder-

---

[990] Ficker, Erbenfolge Bd. II, § 410 (S. 57) fand in der angeführten Stelle allerdings die Erbgrenze anhand der Magschaftszählung - nach seiner Diktion Zählung nach Sippschaften - festgestellt und folgert daraus, daß „die Sippzahl für die Folge - gemeint ist die Erbfolge, Anm. d. Verf. - ohne Bedeutung ist; massgebend für diese ist nur die Nähe des Einzelknie - also der Glieder, Anm. d. Verf. -, gleichviel in welchen verschiedenen Sippzahlen die danach zugleich Berufenen stehen; nur darf die Sippzahl und damit die Erbgränze nicht überschritten sein". Die Interpretation Fickers widerlegt sich dadurch, daß nach der Magschaftszählung die siebente Stelle schon nicht mehr erben kann, da sie vom Nagel des Mittelfingers gebildet wird.

[991] In Poelmann'schen Distinktionen, L. I, art. VI, Dist. 14 wird diese Bestimmung als eine *„gemeine meisterliche regel"* bezeichnet.

stellung der Kindeskinder und der prinzipiellen Bevorzugung der männlichen Verwandten in diesem Erbenkeis absieht.
Insoweit ist es nicht weiter überraschend, wenn man auch Ldr. I Art. 17 § 1 in zahlreichen Quellen des Magdeburger Rechts wiederfindet.

So bestimmt Glogauer Rechtsbuch c. LXXX in enger Anlehnung an Ldr. I Art. 17 § 1, aber mit den für das Magdeburger Recht charakterischen Änderungen:

„Stirbit der man ane kind seyn vater nympt das erbe mit grossirm rechte wen seyne muter hat er aber des vaters nicht so nympt seyn teyl seyne muter billicher wenne seyne bruder ader swester...“

Der Vorrang der Eltern vor den Geschwistern findet sich ausgesprochen im Meißener Rechtsbuch, L. I, c. VI, Dist. 2:

„Vater unde muter nemen erbe vor swester unde bruder“[992]

Ebenso Neumarkter Rechtsbuch c. 66, wo es, nachdem das bessere Erbrecht des Vaters gegenüber der Mutter und deren erbrechtlicher Vorzug vor dem Bruder ausgesprochen wurde, heißt:

„... vatir unde von mutir, swestir unde von brudir erbe nymt der son unde ouch di tochtir“

Hier wurde Ldr. I Art. 17 § 1, der noch den Vorzug des Sohnes vor der Tochter aussprach, zugunsten eines gleichrangigen Erbrechts der Tochter geändert.
Entsprechende Bestimmungen finden sich ebenfalls im Meißener Rechtsbuch, L. I, c. VI, Dist. 1 und im Eisenacher Rechtsbuch, L. I, Art. 6.
Eine Besonderheit stellt in dieser Hinsicht nur das Zwickauer Rechtsbuch, Teil II, Art. 15 dar, in welchem Ldr. I Art. 17 wörtlich wiedergegeben wurde, ohne auf die vom Landrecht abweichenden Magdeburger Gewohnheiten einzugehen.
Noch häufiger findet sich aus Ldr. I Art. 17 § 1 jene Passage in den Rechtsbüchern und Stadtrechtsbüchern wieder, welche das Erbrecht der entfernteren Verwandten, das wären alle die im zweiten oder einem noch ferneren Glied mit dem Erblasser verwandt sind, regelt.
So heißt in § 20 der Magdeburg-Breslauer Rechtsmitteilung von 1261:

„Of sich ein erbe vorswesteret oder vorbruderet, die sich geliche na dazu gezien mugen, die nemen daz erbe geliche“

---

[992] Ebenso Eisenacher Rechtsbuch, L. I, Art. 6. Nicht ganz eindeutig ist, ob die Textstellen tatsächlich eine Gleichstellung von Vater und Mutter beinhalten, oder nur das bessere elterliche Erbrecht gegenüber den Geschwistern betonen wollen. In der Spruchpraxis der Schöffen hat sich jedenfalls der Vorrang des Vaters vor der Mutter behauptet. Vgl. S. 197f.

Dieselbe Regelung findet sich weiterhin in § 26 der Magdeburger Rechtsmitteilung an Görlitz von 1304, in c. I des Glogauer Rechtsbuches, in c. 67 des Neumarkter Rechtsbuches, im Meißener Rechtsbuch, L. I, c. XVI, Dist. 3, im Eisenacher Rechtsbuch, L. I, Art. 31[993] und im Alten Kulm, L. IV, art. LXV.

Bezeichnend ist, daß alle diese Stellen sich am Wortlaut des Ldr. I Art. 17 § 1 orientieren, aber dessen letzten Halbsatz *„it si man oder wif"* fortlassen. Denn, stellt die erbrechtliche Gleichbehandlung der Geschlechter bei den ferneren Verwandten im Landrecht eine Abweichung zu der Regelung für die Verwandten des ersten Gliedes dar, so ist nach Magdeburger Recht die Gleichstellung der weiblichen mit den männlichen Verwandten, einmal abgesehen von den Eltern, die Regel.

Auch wurde der letzte Satz des Artikels *„Doch nimt sones unde dochter kint ..."*, nach welchem die Kindeskinder vor den Eltern und Geschwistern erben, regelmäßig nicht übernommen.

Eine Ausnahme bilden in dieser Hinsicht allerdings c. 68 des Neumarkter Rechtsbuches und Zwickauer Rechtsbuch, Teil II, Art. 15 sowie Sächsisches Weichbild Art. 28 §§ 7 und 8[994], welche die Regelung des Sachsenspiegels wörtlich übernehmen.

Aber auch diese Stellen, wo der Verfasser in der Absicht, das Magdeburger Weichbild darzustellen, unreflektiert auf die Bestimmungen des Sachsenspiegels zurückgriff, zeigen doch die große Übereinstimmungen, welche das Landrecht mit dem Magdeburger Recht verband.

---

[993] Zwar wird Art. 31 als Eisenacher Stadtrecht bezeichnet, inhaltlich weicht es aber in diesem Punkt nicht von dem Magdeburger Recht ab.

[994] Ausg. v. Daniels.

Schluß

§ 15 Übereinstimmung der Erbfolgeordnungen des Sachsenspiegels und des Magdeburger Rechts

Nach der bisherigen Untersuchung bestätigt sich die von Schanz aufgestellte These über die grundsätzliche Übereinstimmung der Erbfolgeordnungen des Sachsenspiegels und jener des Magdeburger Rechts.

Die Identität beider Rechte in diesem Punkt zeigt sich dabei in erster Linie in der fast vollständigen Kongruenz der Erbenordnungen.
Aber auch noch ein weiterer Gesichtspunkt spricht für das hier gefundene Ergebnis. Es wurde bereits erwähnt, daß die Magdeburger Schöffen auf Anfrage zum Teil das Recht nicht nur nach Weichbild, sondern auch zugleich nach Landrecht wiesen. Zahlreiche dieser Entscheidungen betrafen dabei die Behandlung der Halbgeburt, die nach Landrecht und Magdeburger Recht unterschiedlich ausgestaltet war. So entschieden die Magdeburger Schöffen gegen Ende des 15. Jahrhunderts in einem Spruch für Lüneburg, daß nach Weichbild die Halbgeschwister vor den Großeltern erben würden, hingegen nach Landrecht die Halbgeschwister und die Großeltern dem Erbe gleich nahe seien.[995]
Die Entscheidung beruht auf dem Grundsatz, nach welchem im Landrecht der Halbbürtige im Verhältnis zum gradgleichen vollbürtigen Verwandten ein ganzes Glied zurücktritt, im Magdeburger Recht indessen die Wirkung der Halbgeburt nur relativ ist. Der halbbürtige Prätendent erbt zwar nicht gemeinsam mit den gradgleichen vollbürtigen, aber noch vor dem gradferneren vollbürtigen Verwandten. Diese differenzierte Behandlung der Halbgeburt setzt aber voraus, daß im übrigen die Erbfolgeordnung beider Rechte übereinstimmte. Anderenfalls ließe sich die unterschiedliche Beurteilung der Halbbürtigkeit in beiden Rechten nicht allein mit dem Hinweis auf ein Zurücktreten um ein „halbes" beziehungsweise ganzes Glied erklären, sondern es wären grundsätzlichere Ausführungen auch in anderer Hinsicht erforderlich gewesen.
Diese Übereinstimmung in der Zählung beschränkt sich dabei nicht nur auf die Erbfolge der Seitenverwandten. Der zitierte Spruch für Lüneburg behandelt gerade die Konkurrenz von Seitenverwandten mit Aszendenten und zeigt demnach, daß auch bei solchen Erbkonstellationen eine übereinstimmende Zählweise beiden Rechten zugrundegelegt wurde.
Anders als mit einer Kongruenz der Erbfolgeordnungen läßt sich auch nicht schlüssig erklären, was die Magdeburger Schöffen zu den zweifachen Rechtsweisungen nach Weichbild einerseits und nach Landrecht andererseits bewogen haben mag.

---

[995] Gedruckt bei: Ebel, Mgdb. Recht Bd. I, I, Nr. 6 (S. 10), hier wiedergegeben auf S. 228.

Schließlich kann aufgrund des Vergleiches beider Rechte auch abschließend zur Erbfolgeordnung des Sachsenspiegels Stellung genommen werden. Die Auswertung der einschlägigen Artikel des Rechtsbuches haben ergeben, daß mit diesen Bestimmungen sowohl die Gliederzählung als auch die Parentelenordnung grundsätzlich vereinbar ist.[996] Im weiteren Verlauf der Untersuchung wurde dann die Übereinstimmung der Erbfolgeordnung des Sachsenspiegels in seinen wesentlichen Grundzügen mit jener des Magdeburger Rechts festgestellt. Die Parentelenordnung hat aber nachweisbar im Magdeburger Recht keine Anwendung gefunden. Dies läßt die Schlußfolgerung zu, auch dem Sachsenspiegel habe die Parentelenordnung nicht zugrundegelegen. Demnach ist die Geltung der Gliederzählung für das Sachsenspiegel-Landrecht nicht nur in Ldr. I Art. 3 § 3 und Art. 17 § 1 angedeutet, sondern kann auch mittels eines Rückschlußes aus dem Magdeburger Recht nachgewiesen werden.
Auch die Frage wie weit die Zurücksetzung der Halbgeburt im Sachsenspiegel-Landrecht reicht, kann nun mit Hilfe des Magdeburger Rechts beantwortet werden. Wie die Untersuchung gezeigt hat, erstreckte sich die Wirkung der Halbgeburt im Magdeburger Recht auf alle Seitenverwandte und nicht nur auf die Geschwister des Erblassers oder deren Nachkommen. Dies legt die begründete Vermutung nahe, entsprechendes habe auch nach dem Recht des Sachsenspiegels gegolten. Zudem ist auch in keinem bekannten Schöffenspruch auf eine unterschiedliche Behandlung dieses Punktes nach Weichbild einer- und Landrecht andererseits hingewiesen worden.

Hinsichtlich der Erbfolgeordnung ist daher folgendes festzuhalten:
Für die Erbfolge war allein ausschlaggebend, welcher Angehörige des Erblassers näher mit diesem verwandt war, wer sich also näher zur Sippe ziehen konnte. Bedeutungslos war dabei, ob der Prätendent einer bestimmten Linie, sei es nun die ab- oder aufsteigende, oder einer bestimmten Parentel angehörte. Das Gradual- oder Näheprinzip galt unabhängig von den verwandtschaftlichen Linien oder Parentelen.
Die Nähe der einzelnen Verwandten wurde durch eine Zählung der Glieder ermittelt, wobei das Gliederbild des Ldr. I Art. 3 § 3 zur Darstellung der Sippe diente.
Zur Berechnung der Verwandtschaftnähe wurde der dem Erblasser und dem jeweiligen Erbprätendenten gemeinsame Stammvater gesucht und in das Haupt gesetzt. Im Folgenden wurden nun die einzelnen Glieder, sei es vom Erblasser hin zum Prätendenten oder umgekehrt, gezählt, wobei die unmittelbaren Nachkommen des Stammvaters gemeinsam den Hals bildeten und deshalb als nur ein Glied gezählt wurden.
Auf Grundlage der Gliederzählung ergibt sich nun - bei Außerachtlassen der Halbgeburt - folgende Gliederung:

[996] Vgl. S. 88.

1. Glied
Das erste Glied haben die Kinder, die Eltern und die Geschwister des Erblassers eingenommen.

2. Glied
Die Großeltern, Enkelkinder, Elterngeschwister und Geschwisterkinder standen im zweiten Glied.

3. Glied
Das dritte Glied hatten die Urgroßeltern, die Urenkel, die Großelterngeschwister, die Elterngeschwisterkinder und die Geschwisterenkel inne.

4. Glied
Die Ururgroßeltern, die Ururenkel, die Urgroßelterngeschwister, die Großelterngeschwisterkinder, die Elterngeschwisterenkel und die Geschwisterurenkel bildeten das vierte Glied. Usw.

Dabei wichen sowohl der Sachsenspiegel als auch das Magdeburger Recht bei den Angehörigen ersten Gliedes von dem Prinzip, daß gleich nah Angeborene zu gleichen Teilen erben, ab. Kraft ausdrücklicher Regelungen wurde die Simultansukzession der Kinder mit den Eltern und den Geschwistern ausgeschlossen und dahingehend abgewandelt, daß die Kinder vor den Eltern und diese wiederum vor den Geschwistern zum Erbe gelangten.

Hingegen unterschied sich das Magdeburger Recht in folgenden Punkten vom Sachsenspiegel-Landrecht.

1. Relativer Vorzug der männlichen Verwandten
Kannte der Sachsenspiegel in Ldr. I Art. 17 § 1 noch innerhalb der Verwandten ersten Gliedes den relativen Vorzug der männlichen vor den weiblichen Verwandten, so findet sich in den Quellen des Magdeburger Rechts nur der Vorzug des Vaters vor der Mutter, Sohn und Tochter erbten ebenso wie Bruder und Schwester zu gleichen Teilen.

2. Umfang des „Busens“
Nach dem „älteren“ Magdeburger Recht reichte der „Busen“ nur von den Eltern auf die Kinder, wohingegen nach Ldr. I Art. 17 § 1 auch die Sohnes- und Tochterkinder zum ebenbürtigen „Busen“ gehören und daher, obwohl mit dem Erblasser nur im zweiten Glied verwandt, noch vor den näher besippten Eltern und Geschwistern zum Erbe gelangten.

3. Repräsentationsrecht der Enkelkinder bei Konkurrenz zu noch lebenden Erblasserkindern

Nach Ldr. I Art. 5 § 1 konnten nur die Söhne ungesonderter Söhne neben noch lebenden Erblassersöhnen an Stelle ihres vorverstorbenen Vaters dessen Erbteil nehmen. Nach Magdeburger Recht wurde allen Kindern eines vorverstorbenen ungesonderten Sohnes ein Repräsentationsrecht zugestanden, kraft dessen sie neben den noch lebenden Kindern des Erblassers zum Erbe gelangen konnten. Den Töchterkindern wurde weder im Landrecht noch nach Weichbild ein Repräsentationsrecht zugebilligt. Eine Ausnahme bildete in dieser Hinsicht die Spruchpraxis des Leipziger Schöffenstuhls, nach welcher regelmäßig auch die Kinder einer ungesonderten Tochter neben den lebenden Erblasserkindern erben konnten.

4. Repräsentationsrecht der Enkelkinder bei Konkurrenz zu noch lebenden Erblassergeschwistern

Ein Repräsentationsrecht der Enkelkinder, die mit Geschwistern des Erblassers zusammentreffen, wird im Sachsenspiegel nicht angesprochen. Die Behandlung im Magdeburger Recht ist uneinheitlich. Zum Teil wird den Enkelkindern ein solches Repräsentationsrecht in Gänze abgesprochen, zum Teil wird es in Anlehnung an das Repräsentationsrecht bei Konkurrenz mit Erblasserkindern nur den Kindern ungesonderter Söhne eingeräumt, oder aber es wird in seinem größten Anwendungsbereich allen Kindern vorverstorbener ungesonderter Erblasserkinder zugestanden.

5. Die Halbgeburt

Sachsenspiegel-Landrecht und Magdeburger Recht stimmen darin überein, die halbbürtigen Verwandten nicht gemeinsam mit den ihnen gradgleichen vollbürtigen Verwandten erben zu lassen. Nach Ldr. I Art. 3 § 3 tritt die Halbgeburt um ein ganzes Glied zurück. Der halbbürtige Verwandte erbt demnach gemeinsam mit dem ihm um ein Glied entfernteren vollbürtigen Angehörigen. Nach Magdeburger Recht fällt die Halbgeburt nur um ein „halbes Glied" zurück, daher erhält der halbbürtige Verwandte das Erbe zwar erst nach dem ihm gradgleichen vollbürtigen Verwandten, aber noch vor dem ihm um ein Glied entfernteren Konkurrenten.

6. Aussonderung und Einwerfen des Absonderungsgutes

Nach dem Sachsenspiegel und dem Magdeburger Recht verlor das abgesonderte Kind im Verhältnis zu seinen Geschwistern sein Erbrecht an der Fahrhabe und an den durch den Erblasser selbst erworbenen Immobilien, sein Anteil an den ererbten Immobilien und stehendem Eigen behielt es hingegen. Die Wirkung der Absonderung war dabei nur eine relative, das heißt, das abgesonderte Kind konnte nur neben seinen Geschwistern nicht mehr zum Erbe gelangen, hingegen erbte es trotz Absonderung vor gradferneren Verwandten.

Hinsichtlich der Möglichkeit, mittels Einwerfen des Ausstattungsgutes an dem Erbe wieder teilnehmen zu können, unterschieden sich Sachsenspiegel-Landrecht und

Magdeburger Recht. Nach Magdeburger Recht war das Einwerfen in jedem Fall unzulässig. Der Sachsenspiegel gestattete es in den Fällen, in welchen gesonderte mit ungesonderten Kindern um das elterliche Erbe konkurrierten.

Mit Ausnahme der hier angeführten Sonderprobleme stimmten die Erbfolgeordnungen des Sachsenspiegels und des Magdeburger Rechts jedoch überein. Daher läßt sich durchaus für die Zeit vom frühen 13. Jahrhundert bis Mitte/Ende des 16. Jahrhunderts von einer einheitlichen sächsisch-magdeburgischen Erbfolgeordnung sprechen.

§ 16 Ausblick auf die weitere Entwicklung der Erbfolgeordnung in den Gebieten des sächsisch-magdeburgischen Rechts, insbesondere Kursachsens, ab Mitte des 16. Jahrhunderts

Wie die vorangegangene Untersuchung gezeigt hat, basierte die Erbfolgeordnung des sächsischen Landrechts, ebenso wie die des Magdeburger Rechts, auf dem Prinzip der Gliederzählung.
Dieses Prinzip fand seit dem 14. Jahrhundert, wenn auch nicht immer ausdrücklich, Niederschlag in allen maßgeblichen Rechtsaufzeichnungen sächsischer und anderer Städte des sächsisch-magdeburgischen Rechtskreises. Eine Abänderung dieses Systems durch städtische Gewohnheit oder landesherrliches Privileg war die Ausnahme und betraf regelmäßig nur einzelne Punkte. Hierzu gehören beispielsweise die erbrechtliche Bevorzugung der Erblassergeschwister gegenüber der Erblassermutter in der Zwickauer Willkür von 1357/58[997] ebenso wie die Ausdehnung des Repräsentationsrechts auf alle Kindeskinder durch das Privileg König Johanns von Böhmen für Breslau von 1339.[998]

Schon nicht mehr auf dem Boden der Giederzählung befanden sich allerdings die gelehrten kommentierenden Bearbeitungen des sächsisch-magdeburgischen Rechtes. So legte Dietrich von Bocksdorf in seinen Sippzahlregeln aus der Mitte des 15. Jahrhunderts in Tit. III der Erbfolgeordnung das Drei-Linien-System zugrunde:

§ 1 Dye erste regele ist dysze
Alle dye da nyderwart steen dye nemen der uffwart erbe vor alle dye da uffwart ader sythaben darzu geboren synt. Als in demme sachsenspigel in deme erste buche in dem dritte artigkel...

§ 4 Dye vierde regele
Stirbet ymandes ane kyndere also das her nyderwart nymandes nach om lest denne geth das erbe uffwart dye nemen denne erbe vor allen den dye da sythalben darzu geboren syn von rechte... Als in deme sachsenspiegel in deme ersten buche in deme XVII artigkel etc.

§ 5 Dye funffte regele
Dye wyle sich nymant[999] *nyderwart adder uffwart in deme stamme zcu deme erbe mag gesyppen dye wyle haben dye dye da sythalben darczu geboren synt keyn recht darczu von rechtes wegen...*"

Dabei lehnte sich Bocksdorf in Tit. III, § 1 der Sippzahlen eng an die entsprechende Formulierung der Buch'schen Glosse an, fügt aber das *„alle dye da uffwart"* ein und ordnete damit die Erbfolge eindeutig in drei Linien. In der Glosse des Sachsenspiegels im Codex Quakenbrugensis von 1422 heißt es hingegen nur:

---

[997] Vgl. S. 207.
[998] Vgl. S. 193.
[999] Statt *„nymant"* muß es wohl richtig *„ymant"* heißen.

„Desse nederwert nemen der upwart erue vor allen den, de dar van sit haluen, de dar to boren syn...“

Ob mit dieser Feststellung schon eine Drei-Linien-Ordnung postuliert werden sollte, oder doch nur allein der erbrechtliche Vorrang der Deszendenz ausgesprochen wurde, läßt sich anhand des Wortlautes nicht zweifelsfrei entscheiden.[1000]

Bocksdorf wollte mit seinen Sippzahlregeln dabei durchaus das sächsisch-magdeburgische Erbfolgerecht darstellen. In der Einführung zu den Sippzahlregeln heißt es, *„sulche lere unde regeln die hyr nach folgen gesaczt synt nach sechsischem rechte nicht alleyne nach lantrecht sundern ouch wichbilde rechte unde wye wol eczliche lute underwylen anders sprechen dye sprechen ... nicht nach beschribenem gemeynen sechsischeme rechte“*.
Die Einführung der Drei-Linien-Ordnung in den Sippzahlregeln als sächsisches Recht ist dabei mit an Sicherheit grenzender Wahrscheinlichkeit unter dem Einfluß der Nov. 118, c. 2 erfolgt; eine Regelung, welche Bocksdorf als studiertem Jurist bekannt war. Nach dieser erben in der zweiten Erbenklasse direkt nach den Deszendenten, welche die erste Erbenklasse bilden, alle Aszendenten des Erblassers. Von den Seitenverwandten werden nur die vollbürtigen Geschwister ebenfalls der zweiten Klasse zugerechnet, alle übrigen Seitenverwandte werden erst nach den Des- und Aszendenten in der dritten beziehungsweise vierten Erbenklasse zum Erbe berufen. Mit den Sippzahlregeln versuchte Bocksdorf nunmehr, das sächsisch-magdeburgische Recht mit den Grundsätzen des Corpus Iuris in Einklang zu bringen - ein Unterfangen, welches für die Aufnahme und Anwendung des gelehrten Rechtes im Zeitalter der Frührezeption bezeichnend ist.

Festzustellen ist, daß dieses Verständnis der Erbfolgeordnung des sächsisch-magdeburgischen Rechts, wie es in den Sippzahlregeln und der Buch'schen Glosse zum Ausdruck kommt, keinen nachhaltigen Einfluß auf die Rechtspraxis jener Zeit hatte. Weder in den Niederschriften des städtischen Rechts noch in den Rechtssprüchen der maßgeblichen Leipziger und Magdeburger Schöffenstühle über die Erbfolge finden sich Spuren einer Drei-Linien-Ordnung. Ein grundsätzlicher Vorrang der Angehörigen gerader Linie vor den Seitenverwandten wurde von den Magdeburger Schöffen vielmehr ausdrücklich abgelehnt.[1001]

Bislang ist nur ein einziger Schöffenspruch bekannt, in welchem ein Erbfall nach der Drei-Linien-Ordnung entschieden wurde. Es ist dies ein Spruch der Leipziger Schöffen für Zwickau aus der 1. Hälfte des 16. Jahrhunderts. Die Entscheidung ist

---

[1000] Es ist nicht auszuschließen, daß Wasserschleben, als er 1860 in seinem „Prinzip der Successionsordnung“ als Erbfolgeordnung des Sachsenspiegels das Drei-Linien-System vorschlug, sich von diesem Rechtsverständnis des 15. Jahrhundert hat beeinflussen lassen.

[1001] Vgl. S. 273.

nur in der Zwickauer Spruchsammlung „Rechtsfragen und Urteile besonders der Schöppen zu Leipzig“ überliefert.[1002]

Die in der aufsteigenden linien seint neher erbe zu nehmen, dan die collaterales und andere blutsfreunde.
Zum andern bitten wir uns in volgenden erbfall auch des rechten zu berichten, stürbe ein man und liß hinder ime seine rechte bruder und schwester von voller gepurt an einem, seinen großvater und großmutter oder aber in mangel derselben seine ureltern und also sein eldervater und eldermuttern am andern teil oder aber der verstorbene man liße hinder ime seine halbe geschwistere am drittenteile, welche in solchen vellen nach ordenung landlaufiger sechsischer oder andern dieser lande gebrauchlicher rechte neher seint, des verstorbenen mannes erbe zu nehmen und sonderlich, ap nicht die colaterales oder seitlinien in diesen fellen von denen von der aufsteigenden linien, sovil und lang dero vorhanden seint, ausgeschlossen werden, gleich wie die von der aufsteigenden und seitlinien von denen in der nidersteigenden linien, soferne jemants von derselben befunden oder aber wer sonst sich disfals neher zum erbe zihen möchte. Von rechts wegen.
Urteil
Unser freundlich dinste zuvorn, ersame und weise, gute freunde. Uff euer an uns getane frag spreche wir schoppen zu Leipczik vor recht: Sturbe ein man und ließe hinder sich bruder oder schwester von voller oder halber gepurt oder aber andere blutsverwandte freunde seitshalben an einem und einem großvater oder andere großeldern in aufsteigender linien des andern, dritten aber weitern grats am andern teil, so nehmen die großeldern des verstorbenen guters, zu erbe gehorig, vor den collateralibus, solang der jemants in aufsteigenden linien befunden. Von rechts wegen. Zu urkund mit unserm insigel versigelt.
Schopfen zu Leipczick

Der Rechtsspruch der Leipziger Schöffen läßt sich weder mit dem Zwickauer Stadtrecht - auch nicht mit dessen Reformation 1539/69[1003] - noch mit dem gemeinen römischen Recht erklären. Nov. 118, c. 2 ordnet vielmehr für das Zusammentreffen von vollbürtigen Erblassergeschwistern mit Aszendenten Simultansukzession der Geschwister mit den gradnächsten Aszendenten an. Der von den Leipziger Schöffen getroffenen Entscheidung liegt daher - einzigartig für einen Schöffenspruch des Magdeburger Rechts - die Drei-Linien-Ordnung zugrunde.
Dabei scheinen die Leipziger Schöffen eher als der Magdeburger Schöffenstuhl eine Modifizierung der althergebrachten Erbfolgeordnung durch das gelehrte Recht oder der Reichsgesetzgebung praktiziert zu haben. So waren es - wie gezeigt - Leipziger Schöffen, welche erstmals die Drei-Linien-Ordnung anwendeten. Aber auch die Ausdehnung des Repräsentationsrechtes auf ungesonderte Tochterkinder in Konkurrenz zu Erblasserkinder[1004] und die Anerkennung eines Repräsentations-

[1002] Gedruckt bei Simm, Schöffensprüche I, Nr. 18 (S. 94).
[1003] Vgl. unten S. 313.
[1004] Vgl. S. 190.

rechtes in der Seitenlinie durch den Leipziger Schöffenstuhl[1005] bestätigen diese Annahme.

Gegen Mitte des 16. Jahrhunderts verlor die Gliederzählung allerdings insgesamt ihre vorherrschende Stellung im sächsischen Erbfolgerecht.
Bis dahin lag die Rechtsfindung überwiegend in den Händen der Schöffenstühle, welche - vor allem in ihrer Anfangszeit - ausschließlich mit Laien besetzt waren. Die rechtskundigen, aber nicht rechtsgelehrten Schöffen wendeten das sächsische Recht an, wie es im Sachsenspiegel und in den Quellen des Magdeburger Rechts niedergeschrieben und durch anhaltenden Gerichtsgebrauch überliefert war.
Ab dem 15. Jahrhundert ging die Rechtsfindung dann zunehmend in die Hände von gelehrten Juristen über, welche das römische und kanonische Recht anfangs nur in Italien, später dann an den in ganz Europa entstehenden Universitäten studiert hatten. Diese geschulten Juristen fanden zu Beginn in erster Linie als Stadtsyndici oder Berater in den landesherrlichen Kanzleien Verwendung, in der folgenden Zeit dann auch als Anwälte und Richter in den Stadt- und Hofgerichten.[1006] Mit ihrer Tätigkeit fand das gelehrte Recht zunehmend Anwendung und Verbreitung.
Auf Reichsebene findet diese Entwicklung in der Ordnung des 1495 installierten Reichskammergerichts anschaulich Niederschlag. So heißt es dort hinsichtlich der 16 Urteiler, daß *„... ye der halbteil der urteyler der recht gelert und gewirdigt und der ander halbteyl auf das geringist aus der ritterschaft geporn sein sullen.“* [1007] In § 3 der RKGO werden die Besitzer angewiesen *„...nach des Reichs gemainen rechten, auch nach redlichen, erbern und leydenlichen ordnungen, statuten und gewonheiten der fürstenthumb, herrschaften und gericht, die fur sy gebracht werden...“*[1008] zu richten. Die Formulierung *„des Reichs gemainen Rechten“* umschrieb dabei das durch Glossatoren und Kommentatoren fortgebildete Corpus Iuris Civilis.[1009]

Dieses Mit-, Neben- und Gegeneinander der althergebrachten Rechte und Gewohnheiten auf der einen und des römisch-gelehrten Rechts auf der anderen Seite mußte zwangsläufig zu zahlreichen Zweifelsfragen und Unklarheiten führen.
In Süddeutschland hatten bereits ab dem Ende des 15. Jahrhunderts Städte wie Nürnberg (1479), Worms (1498), Frankfurt a.M. (erstmals 1509) und Freiburg (1520) mit einer umfangreichen Reformation ihrer Stadtrechte auf den wachsenden Einfluß des gelehrten Rechtes reagiert. Der Umfang und Einfluß des einbezogenen römischen Rechtes war allerdings von Stadt zu Stadt verschieden. In welchem Maße das gelehrte Recht letztendlich Beachtung fand, hing vom Vorliegen älterer

---

[1005] Vgl. S. 210.

[1006] Zu dem vielschichtigen und vieldiskutierten Vorgang der Rezeption des römischen Rechts in Deutschland vgl. Kiefner, HRG Bd. IV, Sp. 970 (975f) m.w.N.

[1007] Zitiert nach Laufs, HRG Bd. IV, Sp. 655 (656f). Nach Teil I, Tit. III, § 2 der RKGO von 1555 müssen alle 24 Beisitzer im gelehrten Recht geschult sein.

[1008] Zitiert nach Laufs, HRG Bd. IV, Sp. 655 (658). Ebenso Teil I, Tit. LVII der RKGO von 1555.

[1009] Schlosser, Privatrechtsgeschichte, S. 53.

Niederschriften des Stadtrechts, von der Persönlichkeit des Verfassers und den Vorgaben des Rates ab.[1010] So wurde in den reformierten Stadtrechten von Worms und Frankfurt das römische Recht in erheblichem Umfange berücksichtigt, hingegen konnte es sich in den Reformationen von Nürnberg und Freiburg gegen die alten Gewohnheiten und eigenständigen Neuregelungen nur in einigen Bereichen durchsetzen.[1011]
Im Gebiet des sächsisch-magdeburgischen Rechts läßt sich eine entsprechende Entwicklung ab Mitte des 16. Jahrhunderts nachweisen. In dieser Zeit wurde in zahlreichen Städten das noch aus dem Mittelalter herrührende Stadtrecht einer grundlegenden Umarbeitung unterzogen, wie beispielsweise in den Zwickauer Stadtrechtsreformationen von 1539 und 1569. Zum Teil wurde bei dieser Gelegenheit erstmals das städtische Recht ausführlich und systematisch niedergeschrieben, wie im Falle des Dresdener Stadtrechts von 1559. Der Rat der Stadt begründete im Vorwort zu den Statuten deren Niederschrift ausdrücklich damit, in der Stadt seien seit Jahren zwischen den Bürger in *„erb- und anderer gemeynner felle halben allerley getzenck, irrungenn und zwitrachten furgefallen"* und die Parteien hätten sich *„zum teill uff gemeynne kayserliche landleufftige rechte, zum teill aber uff diser stadt sonderliche statuten und gewohnheiten beruffen"*.

Diese Stadtrechtsaufzeichnungen können wegen ihrer prinzipiellen Berücksichtigung des sächsisch-magdeburgischen Rechts durchaus auch als sächsischer Typ der Stadtrechtsreformation bezeichnet werden.[1012]
Der Versuch jedoch, aus diesen sächsischen Stadtrechtsreformationen eine gemeinsame charakteristische Erbfolgeordnung herauszulesen, wie sie die Gliederzählung für das mittelalterliche sächsische Recht darstellte, ist zum Scheitern verurteilt. Weder das Gradualsystem in Form der Gliederzählung noch das Justinianische 4-Klassensystem oder die Drei-Linien-Ordnung treten in einer solchen Häufigkeit auf, als daß man sie als für die sächsische Stadtrechtsreformation typisch bezeichnen könnte. Dies soll im weiteren an einigen Bespielen von Stadtrechten aus dem sächsisch-magdeburgischen Rechtskreis verdeutlicht werden. Auch die Kursächsischen Konstitutionen von 1572 konnten und sollten mit ihren erbrechtlichen Bestimmungen keinen bestimmten Typ eines sächsischen Erbfolgesystems prägen. Vielmehr rekurrierten die Konstitutionen auf das Erbfolgesystem des Sachsenspiegels, welches im 16. Jahrhundert jedoch bereits überwiegend im Sinne einer Drei-Linien-Ordnung verstanden wurde.

I. Die Zwickauer Stadtrechtsreformation von 1539/69

Die durch die Edition von Hildegard Berthold, Karl Hahn und Alfred Schultze bekannteste Stadtrechtsreformation sächsischen Typs ist die Zwickauer Stadtrechtsre-

[1010] Kunkel, Quellen Bd. 1 Hb. 1, S. XVIIf und Dilcher, HRG Bd. IV, Sp. 1863 (1871).
[1011] Kunkel, Quellen Bd. 1 Hb. 1, S. XXV.
[1012] Vgl. Berthold/Hahn/Schultze, Zwickauer Stadtrechtsreformation S. VII.

formation von 1539/69. Einer Aufnahme des römischen Rechtes, wie sie beispielsweise in der ersten Frankfurter Reformation von 1509 durch die Übernahme der Justinianischen Erbfolgeordnung erfolgte[1013], stand auch hier das sächsisch-magdeburgische Recht mit seiner ca. 300 Jahre währenden Überlieferungstradition entgegen. Dem Redakteur der Zwickauer Reformation von 1539, Antonius Beuther[1014], waren sowohl das gelehrte römische Recht, das sächsische Landrecht des Sachsenspiegels als auch das Zwickauer Rechtsbuch bekannt. So versuchte er zum Teil, ähnlich wie Zasius kurz zuvor in Freiburg, durch originelle Neuschöpfungen - vor allem im Bereich des Erbrechts - einen Ausgleich zwischen dem gelehrten Recht und der alten Stadtgewohnheit zu finden.
Hinsichtlich der Erbfolge der Deszendenten bestimmt Teil III, Tit. I, Art. VIII der Reformation von 1539 deren unbedingten Vorrang vor den übrigen Verwandten:

„Dieweil aber vorhanten seint in apsteigender linien, mag sich niemands weder in aufsteigender nach der seitlinien zum erbe ziehen.“

Weiterhin wurde in der Beuther'schen Arbeit das Repräsentationsrecht auf alle Grade der Nachkommenschaft ausgedehnt. So traten nicht nur die Enkelkinder an die Stelle ihres verstorbenen Elternteils (Teil III, Tit. I, Art. II), sondern auch die Urenkel nahmen neben den lebenden Enkelkindern den Erbteil ihrer Eltern am Nachlaß ihrer Urgroßeltern (Teil III, Tit. I, Art. IV). Die Bestimmungen über die Erbfolge ausgeradeter Kinder entspricht weitestgehend Ldr. I Art. 13. Die mit ihrem Erbteil abgesonderten Nachkommen konnten durch Kollation des Empfangenen am Erbe teilhaben, es sei denn, sie hatten anläßlich der Ausradung auf ihr Erbe verzichtet (Teil III, Tit. I, Art. V und VI).
Die Konkurrenz von Eltern mit Vollgeschwistern des Erblassers wird in Teil III, Tit. II, Art. II der Statuten von 1539 geregelt. Die Zurücksetzung der Erblassermutter gegenüber den Geschwistern des Erblassers, die in der Zwickauer Willkür von 1357/58 enthalten ist, wird aufgegeben.[1015] Vielmehr sollen sich die Eltern oder ein Elternteil das Erbe nun mit den vollbürtigen Geschwistern hälftig teilen. Diese Regelung weicht sowohl von der justinianischen Erbfolge, die für solche Fälle in Nov. 118, c. 2 die Teilung nach Köpfen anordnet, als auch von jener des sächsisch-magdeburgischen Rechts und des Drei-Linien-Systems ab. In der Tradition des sächsisch-magdeburgischen Rechts steht hingegen die Zählung der Eltern und Vollgeschwistern als im erstem Grad stehend.[1016] Hiervon wird erst in der Überarbei-

---

[1013] Kunkel, Quellen Bd. 1 Hb. 1, S. XXIV.

[1014] Zu Antonius Beuther vgl. Berthold/Hahn/Schultze, Zwickauer Stadtrechtsreformation, S. 47*f.

[1015] Berthold/Hahn/Schultze, Zwickauer Stadtrechtsreformation, S. 78f*.

[1016] Vgl. Berthold/Hahn/Schultze, Zwickauer Stadtrechtsreformation, S. 80*, welche allerdings von einer Identität der germanischen mit der kanonischen Komputation ausgehen. Vorstellbar ist zwar auch, daß sich die Zählung der Geschwister hier nach kanonischem Recht richtete,

tung der Reformation von 1569 zugunsten der römischen Komputation abgewichen.[1017] Die weitere Erbfolge zwischen Aszendenten und Seitenverwandten bestimmt sich gem. Teil III, Tit. II, Art. III und IV allein nach der Gradnähe. In Teil III, Tit. II, Art. IV heißt es denn auch:

„... Welches aber das nehiste were, das sal das erbe vor den weitern in aufsteigender und seitlinien allein nehmen, und die ferner gesipten [aufwarts und in der seit][1018] *sollen dieses valles keinen teil daran haben."*

In Teil III, Tit. III, pars III wird entsprechend § 19 des Reichsabschieds zu Worms das Repräsentationsrecht zugunsten der Geschwisterkinder bei Konkurrenz mit Vollgeschwistern eingeführt.
Für die verbleibenden Zweifesfälle bestimmen die Statuten, daß sie *„vormöge gemeiner landleuftiger sachsischer rechte geörtert werden"* sollen.

Vergleicht man die Erbfolgeordnung der Zwickauer Stadtrechtsreformation von 1539/69 mit der sächsisch-magdeburgischen Erbfolgeordnung kann man abschließend feststellen, daß die Gemeinsamkeiten beider Systeme noch überwiegen. Zu den signifikantesten Abweichungen des Zwickauer Rechts zählen sicherlich der unbedingte Vorrang der Deszendenz und die Simultansukzession von Eltern und Geschwistern. Für die Konkurrenz der Aszendenten mit den Seitenverwandten galt hingegen weiterhin das Gradualsystem. Dabei rechtfertigt die Zählung der Geschwister als 1. Grad der Seitenlinie durchaus die Vermutung, zumindest noch Beuther selbst habe der Berechnung der Verwandtschaftsnähe die Gliederzählung zugrundegelegt.

II. Wilkuer Statuta und Ordenunge der Stadt Dreßden 1559

Hingegen findet sich das Drei-Linien-System[1019] in reiner Form in der Erbenordnung der „Wilkuer Statuta und Ordenunge der Stadt Dreßden 1559". [1020] Dort heißt es unter anderem:

---

jedoch lassen sich Einflüsse des kanonischen Rechts in der Beuther'schen Arbeit nicht nachweisen.

[1017] Daß die Überlegungen Beuthers schon 30 Jahre nach seinem Werk nicht mehr verstanden wurden, zeigt sich an Teil III, Tit. II, Art. 2a, welcher durch die Reformation von 1569 eingefügt wurde. Demnach sollen die Großeltern das Erbe mit den Vollgeschwistern teilen, da alle mit dem Erblasser im zweiten Grad verwandt seien.

[1018] Der in Klammer gefaßte Teil ist ein Zusatz aus der Bearbeitung der Reformation 1569.

[1019] Weitere Stadtrechte des 16. Jahrhunderts, welche die Drei-Linien-Ordnung enthalten, nennt Wasserschleben, Successionsordnung, S. 111 Fn.*.

[1020] Kersten bezeichnete im 18. Jahrhundert in seiner Arbeit über die Dresdener Statuten, die Drei-Linien-Ordnung als billig und dem natürlichen Rechte gemäß. Denn die Güter sollten bei der gesetzlichen Erbfolge an diejenigen fallen, die dem Erblasser am liebsten gewesen seien. Vgl. Kersten, Erbfolge, S. 3f.

„Wie das Erbe inn der auffsteigenden Linien nach lanndtleuffig vnnd gemeinen Rechten inn dieser Stadt vorfellet wirdet"

„Stirbet einer und lest keine erben inn absteigender linien, als söhne, töchternn, kindes kind vnd so ford, sondernn vather oder mutter oder derselbigen eine persohn. Als dann erben sie ader der ein das kind allein, also daß schwestern vnd brüdern mit vater vnd mutter zu gleich nicht zugelassen werden..."

„Von der seitliniенn"

„Stirbet einer vnnd lest niemandts inn ab oder austeigennder liniенn als söhne, töchter, vathern, müttern und so ford, sondern brüdern vnd schwesternn ...als dan erben dieselbigen..."

Im übrigen erbten die Angehörigen derselben Linie untereinander nach Gradnähe. Dabei galt in der absteigenden Linie ein Repräsentationsrecht, welches sich auf alle Generationen erstreckte. So konnten nicht nur der Enkel neben den Erblasserkindern, sondern auch Urenkel neben den Enkelkindern die Stelle ihres vorverstorbenen Elternteils einehmen.
In der Seitenlinie wurde die Zurücksetzung der halben Geburt beibehalten, ohne daß sich aber eindeutig erkennen läßt, ob die Halbgeburt grundsätzlich nun um einen ganzen oder nur um einen halben Grad zurückfällt. Nach den Statuten erben, entsprechend Ldr. II Art. 20, die Halbgeschwister gemeinsam mit den Geschwisterkindern, was für eine Zurücksetzung um einen ganzen Grad sprechen würde. Damit nicht vereinbar ist allerdings, daß die Halbgeschwister noch vor den Elterngeschwistern zum Erbe gelangen sollen.
Das mit keiner bekannten Zählweise zu vereinbarende bessere Erbrecht der Geschwisterkinder im Verhältnis zu den Elterngeschwistern, wie es die Statuten anordnen, wird ausdrücklich als Ausnahme vom Grundsatz der Gradnähe bezeichnet. Da für die Erbfolge innerhalb der Seitenverwandtschaft im übrigen nur auf die Gradnähe verwiesen wird, ohne daß eine bestimmte Zählung genannt wird und die Erbenordnung der Seitenverwandten nicht weiter ausgeführt wird, bleibt es unklar, ob die Gradnähe mit der römischen oder der kanonischen Komputation oder mit der Gliederzählung bestimmt wurde.
Die in den Statuten von 1559 niedergelegte Erbfolgeordnung wurde später ohne wesentliche Änderungen in die Dresdener Stadtrechte von 1660 übernommen. In diesen erfolgt die Zählung der Seitenverwandten allerdings nachweislich nach römischer Komputation, auch fällt die Halbgeburt nun eindeutig um ein ganzes Glied zurück, wie sich unter anderem aus der Gleichstellung der Großelterngeschwister mit den halbbürtigen Elterngeschwistern in Cap. IV, § 12 ergibt. Beibehalten wurde hingegen mit dem Hinweis auf die Kursächsischen Konstitutionen (const. sax, pars III, art. XVIII) und die städtischen Statuten die besondere Stellung der Halbgeschwister, die weiterhin vor den Elterngeschwistern zum Erbe gelangten.

III. Privileg und Statuten der Stadt Zeitz über die Succession der Erbschaft von 1562[1021]

In Art. 18 der Statuten wird der Vorrang der Erblasserdeszendenz vor allen anderen Verwandten bestimmt. Dabei sollen auch hier die Kindeskinder vermöge des Repräsentationsrechtes die Stelle ihrer vorverstorbenen Elternteile einnehmen und gemeinsam mit den noch lebenden Erblasserkindern sukzedieren können.
Für die Konkurrenz der Aszendenten und der Seitenverwandten bestimmt Art. 25, daß *„... allwege der nechste Blutsverwante Freund des verstorbenen Erbe erben, oder da ihr viel ihme gleich nahe verwandt, sollen dieselbigen ihnen alle zugleich erben"*
In Art. 16 heißt es an einer Stelle, an welcher die Verwandtschaftnähe von Bedeutung ist:
„...den bis uff den dritten Grad der angebohrnen Freundschaft incl. nach Sächsischen Rechten zu rechnen..."
Angaben, auf welche Weise die Verwandtschaftsnähe nach dem hier zitierten sächsischem Recht konkret berechnet wurde, ist den Statuten hingegen nicht zu entnehmen.

Von dem Prinzip der Gradnähe ist dann abgewichen worden, wenn die Eltern oder die Großeltern mit Seitenverwandten konkurrierten. Art. 16 der Statuten behandelt den Fall, daß der Vater des Erblassers vorverstorben ist und nur noch die Mutter den Erbfall erlebt. Hinterläßt der Erblasser neben seiner Mutter noch Geschwister, so fällt das Erbe an Mutter und Geschwister zu gleichen Teilen. Sind keine Geschwister des Erblassers vorhanden, fällt die eine Hälfte der Erbschaft an die Mutter, die andere Hälfte an den nächsten Verwandten väterlicherseits. Eine entsprechende Regelung trifft Art. 17 für die Großeltern des Erblassers, wobei irrelevant ist, ob sie mit dem Erblasser von der Mutter oder vom Vater her verwandt sind. Auch hier teilen sie sich das Erbe mit den nächsten Verwandten von der väterlichen beziehungsweise, wenn es sich um die Großeltern väterlicherseits handelt, mit den nächsten Verwandten der mütterlichen Seite. Diese Bestimmungen galten aber nur dann, wenn der nächste Verwandte mit dem Erblasser maximal bis zum dritten Grad verwandt war. Fehlte ein solcher Angehöriger, *„... so sollen die Mutter und Groß Eltern, vermöge gemeiner Sachsen-Rechte, das verstorbene Kind oder Kindes-Kind allein erben"*.
Man war sich also in Zeitz durchaus bewußt, daß die Einführung des Liniensystems, wie sie in Art. 16 und Art. 17 erfolgte, einen Bruch mit dem bisher praktizierten sächsisch-magdeburgischen Recht darstellt.

Eine Abweichung vom dem alten sächsisch-magdeburgischen Recht beinhaltet auch die Bestimmung über die Erbteilung der Halbgeschwister untereinander.[1022] Ent-

---

[1021] Gedruckt bei: Schott, Sammlungen Bd. I, S. 263f.
[1022] Vgl. S. 232.

sprechend der herrschenden Lehre des gemeinen kaiserlichen Rechts[1023] sollen nach Art. 23, wenn der Erblasser nur Halbgeschwister hinterläßt, die Halbgeschwister, die mit dem Erblasser den Vater gemeinsam haben, allein jene Güter erben, die der Erblasser vom Vater ererbt hat, jene, welche mit dem Erblasser eine gemeinsame Mutter haben, die Güter, die er von ihr ererbt hat. Nur das übrige Erbe war zwischen den Halbgeschwistern unabhängig davon, welchen Elternteil sie mit dem Erblasser gemeinsam haben, zu teilen. In const. sax, pars III, art. XIV der Kursächsischen Konstitutionen von 1572 wurde eine solche Trennung des Erbes nach seiner Herkunft von der Vaters- oder Muttersseite als mit dem Sachsenrecht nicht vereinbar ausdrücklich abgelehnt.

Das Repräsentationsrecht zugunsten der Geschwisterkinder, entsprechend § 19 des Reichsabschieds zu Worms, wurde in Art. 20 eingeführt.

Die Zeitzer Privilegien und Statuten von 1562 wurden 1573 durch Kurfürst August von Sachsen, nachdem Zeitz bereits 1565 aufgrund des Todes des letzten Naumburger Bischofes Julius faktisch an Kursachsen gefallen war, bestätigt. Dabei hat sich der Kurfürst eine Änderung der Statuten in der Bestätigung ausdrücklich vorbehalten.

IV. Stadt-Rechte, Alt-Herkommen und Willkür auch Löbliche Ordnung und Statuten der kaiserlichen und königlichen Stadt Zittau vom Jahre 1567

Für Zittau hatte bereits Kaiser Karl IV den Rechtszug nach Magdeburg und Halle untersagt. Ob diesem Gebot hingegen tatsächlich Folge geleistet wurde, wird in der Literatur angezweifelt.[1024] Die älteste bekannte Sammlung der Stadtrechte, stammt aus dem Jahr 1510. Die Statuten wurden 1547 durch Kaiser Ferdinad I im Zuge der Ächtung des Sechsstädtebundes aufgehoben und am 12. April 1548 durch die Regelung ersetzt, daß sich die Stadt nach *„gemeinen Weltlichem und Sachsen Recht“* zu richten habe. 1566 setzte Kaiser Maximilian, der Nachfolger Ferdinands, die Stadt Zittau wieder in ihre alten Rechte und Privilegien ein. Im Jahre 1567 wurden dann die Stadtrechte in enger Anlehnung an die Sammlung von 1510 erneut aufgezeichnet.[1025]

[1023] Die Ansicht gründete sich unter anderem auf die Glosse zur Auth. de hered. C. 6, 58 3 *filii eorum*. Die Übernahme dieser gemeinrechtlichen Regelung in die Konstitutionen stand zur Diskussion. Vgl. Kunkel, Fn. 70 zu const. sax, pars III, art. XIV (S. 382).

[1024] Schott, Sammlungen Bd. I, S. 97. Hingegen weist Distel, ZRG (GA) Bd. 7 (1887), S. 89 (S. 93f) zutreffend darauf hin, zumindest die wachsende Zahl der Leipziger Schöffensprüche aus dem 15. Jahrhundert zeige, daß die Anordnung nicht völlig folgenlos geblieben sei, vielmehr nun verstärkt auch bei den Leipziger Schöffen um Recht nachgefragt wurde.

[1025] Schott, Sammlungen Bd. I, S. 99.

Im Ehegattenerbrecht hielt Zittau im Grundsatz an der Morgengabe, wie sie das sächsische Landrecht kannte, fest.[1026] Die Ehegatten konnten aber auch für sich die Geltung des Dritteilsrecht vereinbaren.
Die weiteren Regelungen über die Erbfolgeordnung entsprechen in einem für das 16. Jahrhundert erstaunlich hohem Maß noch den Grundsätzen des Magdeburger Rechts. Vorlage für den entsprechenden Abschnitt der Zittauer Statuten war c. VI, L. IV des Meißener Rechtsbuches. Die erbrechtliche Gleichstellung der Großeltern mit den Elterngeschwistern und dieser mit den Geschwisterkindern wie sie sich auch in den Zittauer Statuten findet, ist charakteristisch für das Magdeburger Erbfolgesystem.[1027] Gemäß dem Zittauer Recht von 1567 erben nicht nur die Geschwister, sondern auch die Halbgeschwister vor den Großeltern. Eine Bestimmung, die von ihrer Vorlage, dem Meißener Rechtsbuch, L. IV, c. VI, Dist. 8, abweicht, aber im übrigen mit den Grundsätzen der Gliederzählung und der nur relativen Zurücksetzung der Halbgeburt wie sie das Magdeburger Recht handhabte, übereinstimmt.[1028]
Aber auch die reformierten Stadtrechte von 1567 konnten nicht alle Zweifelsfragen beseitigen, sie führten im Gegenteil gerade zu neuen Rechtsstreitigkeiten.[1029] So stand das bessere Erbrecht der Geschwister bei Konkurrenz zu den Großeltern in Widerspruch zu den Regelungen der Landesordnung für das Markgrafentum Ober-Lausitz von 1551. Noch zu Beginn des 18. Jahrhunderts war streitig, ob die Großeltern nach Zittauer Stadtrecht völlig von den Geschwistern aus dem Erbe verdrängt werden oder ob ihnen nicht doch zumindest ein Pflichtteil gebührt. Im letzteren Sinne entschied 1747 das Oberappellationsgericht zu Dresden, da städtisches Sonderrecht nicht zu einem völligen Ausschluß des Erbrechts führen dürfte. Ein solches Pflichtteilsrecht war aber sowohl dem Zittauer Recht von 1567 als auch dem sächsisch-magdeburgischen Recht völlig fremd.

V. Die Kursächsischen Konstitutionen von 1572

Auch die Kursächsischen Konstitutionen von 1572 konnten zur Herausbildung beziehungsweise zum Aufrechterhalten eines einheitlichen sächsischen Erbfolgesystems nichts beitragen. Ein solches Anliegen war den Konstitutionen ihrem Wesen nach auch völlig fremd. Mit ihnen war kein umfassendes Gesetzeswerk beabsichtigt, sondern sie sollten ausschließlich die in der unterschiedlichen Rechtspraxis - vor allem jener der Hofgerichte zu Leipzig und Wittenberg - zu Tage tretenden Streitigkeiten und divergierenden Rechtsansichten beseitigen und ausgleichen.[1030] Die von der zeitgenössischen Rechtswissenschaft des späten 16. Jahrhunderts als

[1026] Zur Morgengabe vgl. Schröder, Geschichte des Güterrecht, Teil 2, Abt. 3 (S. 337f) und Martitz, Güterrecht, S. 216f.
[1027] Vgl. S. 232
[1028] Vgl. S. 228.
[1029] Vgl. zum Folgenden: Schott, Sammlungen Bd. I, S. 106.
[1030] Stobbe, Rechtsquellen Bd. II, § 84 (S. 369f); Buchda, HRG Bd. II, Sp. 1304f.

allgemeines Sachsenrecht verstandene Drei-Linien-Ordnung sollte als Erbfolgesystem nicht in Frage gestellt werden.
Mit der Intestaterbfolge beschäftigen sich daher gerade drei Artikel. Es sind dies const. sax, pars III, art. XIV, nach welchem in den Fällen, in denen das Erbe an die Halbgeschwister des Erblassers fällt, es nicht zu einer Aufteilung des Vermögens nach von Vaters beziehungsweise von Mutters Seiten herrührend kommt.[1031]
Const. sax, pars III, art. XVII hebt den, auch im Magdeburger Recht geltenden auf Ldr. I Art. 17 § 1 beruhenden, erbrechtlichen Vorrang des Vaters vor der Mutter auf.
Schließlich werden in Const. sax, pars III, art. XVIII verschiedene Streitfälle in Bezug auf das Erbrecht der Seitenverwandten behandelt. So erben kraft ausdrücklicher Anordnung nun die Halbgeschwister und die Geschwisterkinder vor den Elterngeschwistern, letztere aber vor den Halbgeschwisterkindern und den Geschwisterenkeln. Entsprechend Ldr. II Art. 20 § 1 erben die Halbgeschwister gemeinsam mit den Geschwisterkindern nach Köpfen. Die Bestimmung bestätigt im wesentlichen daher die Erbfolge nach dem Sachsenspiegel, nur die gegenüber den Elterngeschwister verbesserte Stellung der Geschwisterkinder ist nicht mit der sächsisch-magdeburgischen Erbfolgeordnung zu vereinbaren. Weiterhin wird in dem Artikel betont, daß durch seine Anordnungen das „ius repraesentandi" nicht eingeführt werden soll. Dies steht im Einklang nit dem sächsischen Rescript von 1522, welches die Einführung des Repräsentationsrechts durch Reichsgesetz auf sächsischem Boden ablehnt.[1032]
Die genannten Artikel sind demnach - wie gezeigt - für die Erbfolgeordnung von eher sekundärer Bedeutung und ohne Einfluß auf deren weitere Gestaltung.[1033]

Abschließend ist daher Folgendes festzustellen: Die ursprünglich einheitlich sächsisch-magdeburgische Erbfolgeordnung geriet ab Mitte des 16. Jahrhunderts außer Gebrauch. Dies lag zum einen an dem zunehmenden Ansehensverlust, den der Magdeburger Schöffenstuhl, welcher maßgeblich die einheitliche Rechtspraxis garantierte, im 16. Jahrhundert erlitt.[1034] Zum anderen konnten die Magdeburger Schöffen durch das Verbot des Rechtzugs nach Magdeburg von 1432 keinen Einfluß mehr auf die Spruchpraxis der Schöffenstühle in einem Großteil des sächsischen Gebietes nehmen.[1035]
Auch der wachsende Einfluß der gelehrten Rechte ließ die Interpretation des Sachsenspiegels und des Magdeburger Rechts, wie sie durch die Schöffenstühle erfolgte,

---

[1031] Vgl. S. 232.
[1032] Schletter, Constitutionen, S. 246.
[1033] Schletter, Constitutionen, S. 247.
[1034] Vgl. Becker, Magdeburger Recht, S. 59f und S. 103f.
[1035] Bereits 1315 hatte der Markgraf von Brandenburg den Rechtszug nach Magdeburg für seine Städte untersagt. Auch Konig Kasimir der Große schränkte im Zuge der Gründung des Krakauer Oberhofes den Rechtszug 1356 nach Magdeburg ein. Vgl. Nehlsen-von Stryk, Das sächsisch-magdeburgische Recht, S. 829 (S. 830f).

in Vergessenheit geraten, oder man begegnete ihr mit völligem Unverständnis oder Ablehnung. Da das alte Erbfolgesystem nicht mehr verstanden wurde, konnte es dazu kommen, daß bereits in den Sippzahlregeln zahlreiche magdeburgischen Rechtssätze als Unrecht bezeichnet wurden. Und auch nur so ist es erklärlich, daß sich eine Interpretation von Ldr. I Art. 17 § 1 und Ldr. I Art. 3 § 3 durchzusetzen vermochte, welche im Sachsenspiegel das Drei-Linien-System verankert sah. Dieser Irrtum konnte sich über die Jahrhunderte bis in das 19. Jahrhundert und in allen deutschen Ländern sächsischen Rechtes behaupten. So galt die Drei-Linien-Ordnung nicht nur in Kursachsen[1036], sondern prägte unter Hinweis auf Ldr. I Art. 17 § 1 beispielsweise auch im Herzogtum Sachsen-Gotha[1037] und im Großherzogtum Sachsen-Weimar-Eisenach[1038] die Erbfolgeordnung.

Zudem führten die zahlreichen Stadtrechtsreformationen im Laufe des 16. Jahrhunderts zu einer weiteren Zersplitterung des Erbfolgerechts. In vielen städtischen Rechten wurde mit dem sächsisch-magdeburgischen Recht gebrochen und die Erbfolgeordnung durch besondere städtische Bestimmungen modifiziert.

Von einer einheitlichen sächsisch-magdeburgischen Erbfolgeordnung, wie sie die Gliederzählung für beinahe drei Jahrhunderte gewährleistete, kann daher ab Mitte/Ende des 16. Jahrhunderts keine Rede mehr sein.
Erst zu Beginn des 19. Jahrhunderts wurden in dem inzwischen zum Königreich gewordenen Sachsen die ersten Schritte zu einer (Wieder-)Vereinheitlichung des Erbfolgerechts unternommen. Mit Verordnung vom 24. 05. 1814 wurden unter § 1.2. alle bis dato geltenden das Erbrecht betreffende Local-Statuten und besondere örtliche Gewohnheiten aufgehoben. Nach § 25 des sogenannten Erbfolgemandats vom 31. 01. 1829 galt im Königreich Sachsen dann eine Vier-Klassen-Erbfolgeordnung, nach welcher die jeweiligen Klassen sukzessiv zum Erbe gelangten. Dabei wurde die erste Klasse von den Deszendenten und die zweite von den Aszendenten des Erblassers gebildet. Die dritte Erbenklasse bestand aus den Geschwistern des Erblassers und deren Nachkommenschaft. Die restlichen Seitenverwandten wurden schließlich in der vierten Klasse zusammengefaßt. Innerhalb der Erbenklassen schlossen die gradnäheren die entfernteren Verwandten vom Erbe aus, gleichnahe Verwandte des Erblasser erbten zu gleichen Teilen. § 41 des Erbfolgemandats regelte die Behandlung der Halbgeburt, beschränkte deren Relevanz aber auf die Angehörigen der dritten Erbenklasse. Demnach wurden die Halbgeschwister von den Vollgeschwistern nicht mehr vom Erbe ausgeschlossen, letztere erhielten aber bei der Erbteilung eine doppelt so große Erbquote wie die Halbgeschwister. Diese Erbfolgeordnung ist dann im wesentlichen unverändert[1039] in das

[1036] Haubold, Privatrecht, § 307 (S. 344).

[1037] Brückner, Sachsen-Gotha, § 593 (S. 127).

[1038] Sachse, grossherz.-sächs. Privatrecht, §§ 441f (S. 416f).

[1039] Nur § 2031 SächsBGB erstreckte nunmehr die Wirkung der Halbgeburt wieder auf alle Seitenverwandte.

am 01. 03. 1865 in Kraft getretene Sächsische BGB übernommen worden und galt im Königreich Sachsen bis zur Einführung der Parentelenordnung durch das Bürgerliche Gesetzbuch vom 18. 08. 1896.[1040]

Hingegen kam das Gradualprinzip in Form der Gliederzählung als ursprüngliches Erbfolgesystem des sächsisch-magdeburgischen Rechtes in der weiteren Rechtsentwicklung nicht mehr zu Geltung.

[1040] In den Motiven zum BGB wurde allerdings hinsichtlich der Erwägung, die Parentelenordnung beruhe auf deutschnationaler Grundlage festgestellt: Dies sei „theils von zweifelhaftem Werte, theils nicht unbestritten und kann deshalb nicht entscheidend sein". Vgl. Mugdan, Materialien Bd. V, S. 188.

Quellen- und Literaturverzeichnis

A: Quellen

Alter Kulm	Das alte kulmische Recht mit einem Wörterbuche, hrsg. von C. K. Leman, Berlin 1838
Alt-Urtheilbuch der Stadt Dreßden	Stadtarchiv Dresden (Ratsarchiv) A XXII 73h
Blume von Magdeburg	Die Blume von Magdeburg, hrsg. von Hugo Böhlau, Weimar 1868
Böhme, Johann Ehrenfried	Diplomatische Beyträge zur Untersuchung der schlesischen Rechte und Geschichte, Bd. II/1 oder fünfter Teil, S. 60 und S. 61; Bd. II/6 oder sechster Teil, S. 90 - S. 157, Berlin 1775/76
Cod. Dipl. Brand.	Codex diplomaticus Brandenburgensis, hrsg. von Adolph Friedrich Riedel, Berlin 1843
Cod. Dipl. Sax.	Codex Diplomaticus Saxoniae Regiae, hrsg. von E.G. Gersdorf und K. Fr. von Posern-Klett, 2. Hauptheil, VIII. Band, Urkundenbuch der Stadt Leipzig Bd. 1, Leipzig 1868
Codex Quakenbrugensis	Der Quakenbrücker Sachsenspiegel von 1422, hrsg. von Otto zu Hoene, San Francisco 1969
Corpus Iuris Canonici	hrsg. von Ämilius Friedberg, Leipzig 1879, ND Graz 1955
Corpus Iuris Civilis	hrsg. von Paul Krüger, Rudolf Scholl und Wilhelm Kroll, Berlin 1892f
Dresdener Bilderhandschrift	Die Dresdener Bilderhandschrift des Sachsenspiegels, hrsg. von Karl v. Amira, Bd. I: Facsimile der Handschrift, Stutt-

gart 1902, ND Osnabrück 1968; Bd. II/1: Erläuterungen, Stuttgart 1925/26, ND Osnabrück 1969

Ebel, Friedrich (Hrsg.) — Magdeburger Recht, Bd. I: Die Rechtssprüche für Niedersachsen, Mitteldtsch. Forschungen, Bd. 89/I Köln/Wien 1983; Bd. II: Die Rechtsmitteilungen und Rechtssprüche für Breslau Teil 1: Die Quellen von 1261 - 1452, Mitteldtsch. Forschungen, Bd. 89/II/1, Köln/Wien 1989; Teil 2: Die Quellen von 1453 bis zum Ende des 16. Jahrhunderts, Mitteldtsch. Forschungen, Bd. 89/II/2, Köln/ Wien 1995

Eckhardt, Karl August (Hrsg.) — Sachsenspiegel, Bibliotheca Rerum Historicarum, Rechtsbücher Bd. 1, Sachsenspiegel-Landrecht, 3. Bearbeitung Göttingen 1955, ND Aalen 1973

ders. — Schwabenspiegel, Kurzform, Erster Landrechtsteil, Germanenrechte Neue Folge, Göttingen 1960

Eichmann, Eduard (Hrsg.) — Quellensammlung zur kirchlichen Rechtsgeschichte Bd. II, Paderborn 1914

Eisenacher Rechtsbuch — Das Eisenacher Rechtsbuch, hrsg. von Peter Rondi, Germanenrechte Neue Folge, Abt. Stadtrechtsbücher Bd. 3, Weimar 1950

Freisinger Rechtsbuch — Das Freisinger Rechtsbuch, hrsg. von Hans-Kurt Claußen, Germanenrechte Neue Folge, Weimar 1941

Friese, Viktor und Erich Liesegang (Hrsg.) — Die Magdeburger Schöffensprüche für Groß-Salze, Zerbst und Anhalt, Naumburg und aus dem Codex Harzgerodanus Magdeburger Schöffensprüche Bd. I (Abt. I - IV), Berlin 1901

Glogauer Rechtsbuch — Das Glogauer Rechtsbuch, hrsg. von Hermann Wasserschleben Deutsche Rechtsquellen Bd. I, S. 1 - S. 79, Gießen 1860, ND Aalen 1969

Goerlitz, Theodor (Hrsg.) — Magdeburger Schöffensprüche für die Hansestadt Posen und andere Städte des Warthelandes, Magdeburger Schöffensprüche und Rechtsmitteilungen: Reihe VIII, Wartheland Bd. 1, Stuttgart/Berlin 1944

Goerlitz, Theodor und Paul Gantzer — Magdeburger Schöffensprüche für Schweidnitz, Magdeburger Schöffensprüche und Rechtsmitteilungen, Reihe VII: Schlesien Bd. 1, Stuttgart/Berlin 1940

Goslarische Statuten — hrsg. von Otto Göschen, Die Goslarischen Statuten mit einer systematischen Zusammenstellung der darin enthaltenen Rechtssätze und Vergleichung des Sachsenspiegels mit dem vermehrten Sachsenspiegel, Berlin 1840

Das Stadtrecht von Goslar — hrsg. von Wilhelm Ebel, Göttingen 1968

Heidelberger Bilderhandschrift — Die Heidelberger Bilderhandschrift des Sachsenspiegels, hrsg. von Walter Koschoreck, Bd. I: Faksimile, Bd. II: Kommentar, Frankfurt a.M. 1970

Homeyer, Carl Gustav (Hrsg.) — Des Sachsenspiegels erster Theil oder das sächsische Landrecht, nach der Berliner Handschrift v.J. 1369, Berlin 1835

Kisch, Guido (Hrsg.) — Leipziger Schöffenspruchsammlung, Quellen zur Geschichte der Rezeption Bd. 1; Leipzig 1919

Kunkel, Wolfgang, Hans Thieme und Franz Beyerle (Hrsg.) — Ältere Stadtrechtsreformationen, Quellen zur Neueren Privatrechtsgeschichte Deutschlands Bd. I, Halbband 1, Weimar 1936 Landrechte des 16. Jahrhunderts

Quellen zur Neueren Privatrechtsgeschichte Deutschlands Bd. I, Halbband 2, Weimar 1938

Laband, Paul (Hrsg.) — Magdeburger Rechtsquellen, Königsberg 1869, ND Aalen 1967

Lex Gundobada — Gesetze der Burgunden, hrsg. von Franz Beyerle, Germanenrechte Texte und Übersetzung Bd. 10, Weimar 1936

Lex Saxonum — Die Gesetze des Karolingerreiches 714 - 911, Sachsen, Thüringer, Chamaven und Friesen, hrsg. von Karl August Eckhardt, Germanenrechte Texte und Übersetzung Bd. 2, Weimar 1934

Magdeburger Fragen — Die Magdeburger Fragen, hrsg. von J.F. Behrend, Berlin 1865

Mansi, Giovanni Domenico (Hrsg.) — Sacrorum conciliorum nova et amplissima collectio, Florenz 1760f, ND Graz 1960

Meißner Rechtsbuch — hrsg. von Friedrich Ortloff unter dem Titel: Das Rechtsbuch nach Distinktionen, Jena 1836, ND Aalen 1967

Migne, Jaques Paul (Hrsg.) — Ejusdem ex libro de creatis excerpta in: Patrologiae cursus completus, Series Graeca et orientalis, pars I, Bd. XVI, Sp. 331 - Sp. 343, Paris 1857f

Neumarkter Rechtsbuch — Das Neumarkter Rechtsbuch und andere Neumarkter Rechtsquellen, hrsg. von Otto Meinardus, Breslau 1906

Neumann, Theodor (Hrsg.) — Magdeburger Weisthümer aus den Originalen des Görlitzer Rathsarchives, Görlitz 1852

Oldenburger Bilderhandschrift — Der Oldenburger Sachsenspiegel, hrsg. von Ruth Schmidt-Wiegand, Bd. I:

Facsimile, Bd. II: Textband, Bd. III: Kommentar, Codices Selecti, Phototypice Impressi, Facsimile Vol. CI, Graz 1995

Pertz, Georg Heinrich (Hrsg.) — Pippini principis regis capitularia in: MGH II Abt. 1 [LL-LL in fol.], Bd. 1, Hannover 1835

Poelmann'sche Distinktionen — Handtbuch darinnen zu finden was sich fast teglichen bey Gerichte zutreget und was die Beptische Keyserlichr und Sächsische Rechte davon sagen durch den Achtbaren und wohlgelahrten Herrn Albertum Polman, Magdeburg 1603

Pößneck, Schöffenspruchsammlung — Die Schöffenspruchsammlung der Stadt Pößneck, hrsg. von Reinhold Grosch, Karl Theodor Lauter und Willy Flach, Bd. I: Der Text der Sammlung, Thüringische Archivstudien Bd. 7, Weimar 1957

Richtsteig Landrechts — Richtsteig Landrechts nebst Cautela und Premis, hrsg. von Carl Gustav Homeyer, Berlin 1857

Reichskammergerichtsordnung von 1555 — Die Reichskammergerichtsordnung von 1555, hrsg. von Adolf Laufs, Quellen und Forschungen zur Höchsten Gerichtsbarkeit im Reich, Köln/Wien 1976

Sächsisches Weichbildrecht — Dat buk wichbelde recht. Das sächsische Weichbildrecht nach einer Handschrift der königlichen Bibliothek zu Berlin von 1369, hrsg. von Alexander von Daniels, Berlin 1853

Das Sächsische Weichbildrecht. Jus municipale saxonicum Bd. 1: Weltchronik und Weichbildrecht in 126 Artikeln mit der Glosse, hrsg. von Alexander von Daniels und Franz von Gruben, Berlin 1858

Schannat, Johann Friedrich und Joseph Hartzheim — Concilia Germaniae, Tomus I: Concilia 358 - 816, Tomus II: Concilia 817 - 1000, Tomus III: Concilia 1000 - 1290; Köln 1790, ND Aalen 1970

Senckenberg, Heinrich v. — Neue vollständige Sammlung der Reichsabschiede Bd. 2, 1747

Silleiner Stadtrechtsbuch — Das Stadtrechtsbuch von Sillein, hrsg. von Ilpo Tapani Piirainen, Berlin/New York 1972

Simm, Ludwig (Hrsg.) — Für Zwickau ergangene Leipziger Schöffensprüche zur Zeit der Rezeption, Diss. Jur., Zwickau 1941

Sommersberg, Friedrich Wilhelm v. — Silesiacarum rerum scriptores Bd. I, Leipzig 1729

Stendaler Urteilsbuch — Ein Stendaler Urteilsbuch aus dem 14. Jh. als Beitrag zur Kenntnis des Magdeburger Rechts, hrsg. von J.F. Behrend, Berlin 1868

Systematisches Schöffenrecht — Das Magdeburg-Breslauer Systematische Schöffenrecht aus der Mitte des XIV. Jahrhunderts, hrsg. von Paul Laband, Berlin 1863, ND Aalen 1967

Wasserschleben, Hermann (Hrsg.) — Die Bußordnungen der abendländischen Kirche, Halle 1851, ND Graz 1958

ders. — Sammlung deutscher Rechtsquellen,
Bd. I Gießen 1860, ND Aalen 1969
Bd. II Leipzig 1892, ND Aalen 1969

Weizsäcker, Wilhelm (Hrsg.) — Magdeburger Schöffensprüche und Rechtsmitteilungen für den Oberhof Leitmeritz, Magdeburger Schöffensprüche und Rechts-mitteilungen: Reihe IX: Sudetenland Bd. 1

Wolfenbütteler Bilderhandschrift — Die Wolfenbütteler Bilderhandschrift Cod. Guelf. 3.1 Aug. 2° hrsg. von Ruth Schmidt-Wiegand, Bd. I: Facsimile; Bd. II: Textband; Bd. III: Kommentar, Berlin 1993

Zeitzer Stadtrecht — Privilegium und Statuta in der Succession der Erbschafft auch Gerade und Heergeweite betrr. uffgerichtet anno 1562 von Bischoff Julio in: Friedrich August Schott, Sammlungen zu den Deutschen Land- und Stadtrechten Bd. I, S. 278 - S. 288, Leipzig 1772

Zittauer Stadtrecht — Stadt-Rechte, Alt-Herkommen und Willkür auch Löbliche Ordnung und Statuten der kaiserlichen und königlichen Stadt Zittau vom Jahre 1567 in: Friedrich August Schott, Sammlungen zu den Deutschen Land- und Stadtrechten Bd. I, S. 116 - S. 144, Leipzig 1772

Zwickauer Rechtsbuch — Das Zickauer Rechtsbuch, hrsg. von Günther Ullrich und Hans Planitz Germanenrechte Neue Folge, Abt. Stadtrechtsbücher Bd. 2, Weimar 1941

Zwickauer Stadtrechtsreformation — Die Zwickauer Stadtrechtsreformation von 1539/69, hrsg. von Hildegard Berthold, Karl Hahn und Alfred Schultze, Quellen zur Geschichte der Rezeption Bd. III, Leipzig 1935

B: Literatur

Amira, Karl v. — Erbenfolge und Verwandtschaftsgliederung nach den Alt-Niederdeutschen Rechten, München 1874

ders. — Rezension zu: Schanz, Franz, Das Erbfolgeprinzip des Sachsenspiegels und des Magdeburger Rechts, Tübingen 1883 in:

Göttinger gelehrte Anzeigen 1884 Heft 1, S. 38 - S. 48

ders. — Rezension zu: Ficker, Julius, Untersuchungen zur Erbenfolge der Ostgermanischen Rechte Bd. 1, Innsbruck 1891 in: Göttinger gelehrte Anzeigen 1892 Heft 7, S. 249 - S. 280

Amira, Karl v. und Karl August Eckhardt — Germanisches Recht Bd. II Rechtsaltertümer, Berlin 1967

Becker, Walter — Magdeburger Recht in der Lausitz, Deutschrechtliche Forschungen Heft 3, Stuttgart 1931

Beier, Käthe Ingeborg — Die Systematik des Sachsenspiegels (Landrecht), Kiel 1962

Benna, A. H. — -> Bilderhandschriften in: HRG Bd. I, Sp. 422 - Sp. 424, hrsg. v. Adalbert Erler und Ekkehard Kaufmann, Berlin 1971

-> Eisenacher Rechtsbuch in: HRG Bd. I, Sp. 914 - Sp. 915, hrsg. v. Adalbert Erler und Ekkehard Kaufmann, Berlin 1971

Bernardi Papiensis — Summa Decretalium, hrsg. von Theodor Laspeyres, Graz 1956

Beseler, Georg — System des gemeinen deutschen Privatrechts, Erste Abtheilung, 4. Aufl., Berlin 1885

Beyerle, Franz — Rezension zu: Kisch, Guido, Leipziger Schöffenspruchsammlung, Leipzig 1919 in: Zeitschrift des Vereins für Thüringische Geschichte und Altertumskunde N.F. Bd. 25 , (1922/24), S. 100 - S. 104

Bluntschli, Johann Kaspar — Zur Lehre von dem deutschen Erbrecht in: Kritische Überschau der deutschen

Gesetzgebung und Rechtswissenschaft Bd. 1 (1853), S. 387 - S. 404

ders. Deutsches Privatrecht Bd. II, München 1854

Bobertag, Georg Die Rechtshandschriften der Stadt Breslau in: Zeitschrift für Geschichte und Altertum Schlesiens Bd. 14, Heft 1 (1878), S. 156f

Böhlau, Hugo Aus der Praxis des Magdeburger Schöffenstuhl in: Ztsch. f. RG, Bd. IX (1870), S. 1 - S. 49

Brunner, Heinrich Das anglo-normannische Erbfolgesystem, Ein Beitrag zur Geschichte der Parentelenordnung, Leipzig 1869

Buchda, Gerhard Die Schöffenspruchsammlung der Stadt Pößneck, Bd. III: Die Bedeutung der Sammlung für die allgemeine Rechtsgeschichte, Thüringische Archivstudien Bd. 9, Weimar 1962; Bd. IV: Wort und Sachregister, Thüringische Archivstudien Bd. 10, Weimar 1971,

ders. -> Magdeburger Recht in: HRG Bd. III, Sp. 134 - Sp. 138, hrsg. v. Adalbert Erler und Ekkehard Kaufmann, Berlin 1984

ders. -> Kursächsische Konstitutionen in: HRG Bd. II, Sp. 1304 - Sp. 1310, hrsg. v. Adalbert Erler und Ekkehard Kaufmann, Berlin 1978

Bungenstock, W. -> Erbabfindung in: HRG Bd. I, Sp. 949 - Sp. 950, hrsg. v. Adalbert Erler und Ekkehard Kaufmann, Berlin 1971

Burchard v. Worms Liber decretorum in: Patrologiae Cursus Completus, Series Latina, mus/X, Bd. CXL

Brückner, Moritz — Handbuch des Herzoglich Sachsen-Gotha-ischen Privatrechts, Gotha 1830

Carpzov, Benedict — Jurisprudentia Forensis Romano Saxonica, Leipzig 1674

Claude, Dietrich — Geschichte des Erzbistums Magdeburg bis in das 12. Jahrhundert Bd. II, Mitteldeutsche Forschungen Bd. 67/II, Köln, Wien 1975

Danz, Wilhelm August Friedrich — Versuch einer Entwicklung der gemeinrechtlichen Erbfolgeart in Lehen, Stuttgart 1793

Dedekind, Julius Laevinius Ulrich — Commentatio de ordine succedendi, quo legibus et moribus Germanorum antiqui et medii aevi successio ex iure cognationis delata sit, Göttingen 1822

Dilcher, Gerhard — „Hell, verständig, für die Gegenwart sorgend, die Zukunft bedenkend" in: ZRG (GA) Bd. 106 (1989), S. 12 - S. 45

ders. — -> Stadtrecht in: HRG Bd. VI, Sp. 1863 - Sp. 1873, hrsg. v. Adalbert Erler und Ekkehard Kaufmann, Berlin 1990

Distel, Theodor — Beiträge zur älteren Verfassungsgeschichte des Schöppenstuhls zu Leipzig in: ZRG (GA) Bd. VII (1886), S. 89 - S. 115

Ebel, Friedrich — „Halue Bord scikket nicht" Bemerkungen zu einer Lüneburger Rechtsanfrage aus dem Jahre 1410 in: Ztsch.f. hist. Forsch. Bd. 9 (1982), S. 47 - S. 62

ders. — Aufzeichnung von Ratsurteilen und Schöffensprüchen im Lübecker und Magdeburger Rechtskreis, S. 123 - S. 141 in: John H. Baker, Judicial records law reports and the growth of case law, Berlin 1989

ders. -> Sächsisches Recht in: HRG Bd. IV, Sp. 1248 - Sp. 1250, hrsg. v. Adalbert Erler und Ekkehard Kaufmann, Berlin 1990

ders. -> Sachsenspiegel in: HRG Bd. IV, Sp. 1228 - Sp. 1237, hrsg. v. Adalbert Erler und Ekkehard Kaufmann, Berlin 1990

Ebel, Wilhelm Studien über ein Goslarer Ratsurteilbuch des 16. Jahrhunderts (nebst einem Urkundenanhang), Göttingen 1961

ders. Lübisches Recht Bd. 1, Lübeck 1971

Eckhardt, Karl August Die Textentwicklung des Sachsenspiegels von 1220 bis 1270, Rechtsbücherstudien Bd. III, Abhandlungen der Gesellschaft der Wissenschaften zu Göttingen, Philologisch-Historische Klasse Dritte Folge Nr. 6, Berlin 1933

Eichhorn, Karl-Friedrich Über das geschichtliche Studium des deutschen Rechts in: Zeitschrift für geschichtliche Rechtswissenschaft Bd. 1 (1815), S. 124 - S. 144

ders. Einleitung in das deutsche Privatrecht, Göttingen 1825

Eichmann, Eduard Die Stellung Eikes von Repgau zu Kirche und Kurie in: Historisches Jahrbuch Bd. XXXVIII (1917), S. 718 - S. 757

Erler, Adalbert -> Klenkok, Johannes in: HRG Bd. II, Sp. 875 - Sp. 876, hrsg. v. Adalbert Erler und Ekkehard Kaufmann, Berlin 1990

ders. -> Eintrittsrecht in: HRG Bd. I, Sp. 908 - Sp. 910, hrsg. v. Adalbert Erler und Ekkehard Kaufmann, Berlin 1971 ders. -> Verfangenschaft in: HRG Bd. V, Sp. 697 - Sp. 698, hrsg. v. Adalbert Erler und Ekkehard Kaufmann, Berlin 1998

Ficker, Julius Untersuchungen zur Erbenfolge der Ostgermanischen Rechte in 6 Bänden, Innsbruck 1891f

Fischer, Friedrich Christoph Jonathan Versuch über die Geschichte der teutschen Erbfolge Bd. I, 1778

ders. Erbfolgegeschichte der Seitenverwandten in Teutschland, Leipzig 1782

Flach, Willy Die Schöffenspruchsammlung der Stadt Pößneck Bd. II: Studien über die Entstehung und die landesgeschichtlichen Bedeutung, Thüringische Archivstudien Bd. 8, Weimar 1958

Freisen, Joseph Geschichte des kanonischen Eherecht bis zum Verfall der Glossenliteratur, Paderborn 1893, ND Aalen 1963

Gagnér, Sten Sachsenspiegel und Speculum ecclesiae in: Niederdeutsche Mitteilungen Bd. 3 (1947), S. 82 - S. 103

Gaupp, Ernst Theodor Das alte Magdeburgische und Hallische Recht, Breslau 1826, ND Aalen 1966

ders. Das schlesische Landrecht, Leipzig 1828, ND Aalen 1966

ders. Recht und Verfassung der alten Sachsen, Breslau 1837, ND Aalen 1968

ders. Über einige Grundzüge des deutschen Erbrechts, besonders über das Verhältnis von Niftelgerade, Aussteuer und Witwengerade in: Germanistische Abhandlungen, S. 62 - S. 92, Mannheim 1853

Geipel, Waldemar Siegfried — Die Stellung der unehelichen Kinder in den Magdeburger Rechten, Diss. Jur., Jena 1924

Gerber, Carl Friedrich v. — System des deutschen Privatrechts, Jena 1848

Gierke, Otto — Erbrecht und Vicinenrecht im Edikt Chilperichs in: Zeitschrift für Rechtsgeschichte Bd. XII (1876), S. 430 - S. 491

Goerlitz, Theodor — Zum Jahr 1181 der Hallischen Rechtsmitteilung an Neumarkt in: ZRG (GA) Bd. 56 (1936), S. 378 - S. 380

ders. — Die Breslauer Rechtsbücher des 14. Jahrhunderts in: ZRG (GA) Bd. 59 (1939), S. 136 - S. 164

Gottschalk, Karl August — Analecta codicis Dresdensis, quo ius Magdeburgense et scabinorum sententen-tiae medio aevo latae continentur, Dresden 1824

Griesinger, — Fortsetzung zum Handbuch des deutschen Privatrechts Bd. IX und X von Wilhelm August Friedrich Danz, Stuttgart 1822/23

Grimm, Jacob — Deutsche Rechtsalterthümer, Göttingen 1835, ND Goldbach 1985

Gudian, Gunter — Gemeindeutsches Recht im Mittelalter? in: Ius Commune Bd. II (1969), S. 33 - S. 42

Heusler, Andreas — Institutionen des Deutschen Privatrechts Bd. II, Leipzig 1886

Heymann, Ernst — Die Grundzüge des gesetzlichen Verwandtenerbrechts nach dem Bürgerlichen

Gesetzbuch für das Deutsche Reich, Breslau 1896

Hoffmann, Christian Gottfried — Dissertatio de Jurisprudentiae Germanicae Principiis & Fontibus in: Georgii Beyeri, Delineatio Juris Germanici Opus posthumum, editio secunda, Leipzig 1723

ders. — Exercitatio Prima quae de Verborum in Iure Germanico Ac Saxonico, Leipzig 1721

Hofmeister, H. — -> Parentel, Parentelenordnung in: HRG Bd. III, Sp. 1502 - Sp. 1510, hrsg. v. Adalbert Erler und Ekkehard Kaufmann, Berlin 1984

Homeyer, Carl Gustav — Die Sellung des Sachsenspiegels zur Parentelenordnung in: Homeyer, C. G., Kleine Schriften, Berlin 1854 - 1860

Honsell, Heinrich, Theo Mayer-Maly und Walter Selb — Römisches Recht, Berlin/Heidelberg 1987

Hübner, Rudolf — Grundzüge des deutschen Privatrechts, 5. Aufl., Leipzig 1930, ND Aalen 1982

Hugelmann, Karl Gottfried — Der Sachsenspiegel und das vierte Lateranensische Konzil in: ZRG (KA) Bd. 13 (1924), S. 427 - S. 487

Hüpper, Dagmar — Ehe, Familie, Verwandtschaft - Zur Widerspiegelung von Begrifflichkeit in der Bildtradition des Sachsenspiegels in: Text - Bild - Interpretation, Untersuchungen zu den Bilderhandschriften des Sachsenspiegels Bd. 1, S. 129 - S. 153, hrsg. v. Ruth Schmidt-Wiegand, München 1986

dies. — Funktionstypen der Bilder in den Codices picturati, S. 231 - S. 249 in: Pragmatische Schriftlichkeit. Erscheinungsformen und Entwicklungsstufen, hrsg. von

Hagen Keller, Klaus Grubmüller und Nicolaus Staubach, Münster 1992

Ignor, Alexander — Über das allgemeine Rechtsdenken Eikes von Repgow, Rechts- und Staatswissenschaftliche Veröffentlichung der Görres-Gesellschaft, Neue Folge Heft 42, Paderborn 1984

Isidor v. Sevilla — Etymologiarum sive Originum, hrsg. von Martin Wallace Lindsay, Oxford 1911, ND Oxford 1957

Jacobs, U.K. — -> Stendal in: HRG Bd. IV, Sp. 1959 - Sp. 1961, hrsg. v. Adalbert Erler und Ekkehard Kaufmann, Berlin 1990

Johanek, Peter — Eike von Repgow, Hoyer von Falkenstein und die Entstehung des Sachsenspiegels in: Civitas Communitas, FS für H. Stoob Teil 2, S. 716 - S. 734

Kauffungen, Kunz v. — Rechtsprüche der Schöffenstühle von Leipzig und Magdeburg für Zwickau in: Festschrift für Otto Dobenecker, S. 190 - S. 204, Jena 1929

Kaufmann, E. — -> Erbfolgeordnung (privatrechtlich) in: HRG Bd. I, Sp. 959 - Sp. 962, hrsg. v. Adalbert Erler und Ekkehard Kaufmann, Berlin 1971

Kersten, Friedrich Heinrich Maximilian — Von der Intestat-Erbfolge, dem Hergeräthe und der Gerade, besonders nach den Dresdner Statuten, Dresden 1775

Kiefner, Hans — -> Rezeption (privatrechtlich) in HRG Bd. IV, Sp. 970 - Sp. 984, hrsg. v. Adalbert Erler und Ekkehard Kaufmann, Berlin 1990

Kisch, Guido — Zur Sächsischen Rechtsliteratur der Rezeptionszeit, Bd. I, Dietrich von Bocksdorfs „Informationes“, Beiträge zur Geschichte der Rezeption Bd. 1, Heft 1, Leipzig 1923

ders. — Sachsenspiegel and bible Publications in mediaeval studies the university of Notre Dame V, Notre Dame, Indiana 1941

Kohler, Josef — Zur Lehre von der Parentelenordnung in: Gesammelte Abhandlungen aus dem gemeinen und französischen Civilrecht S. 341 - S. 366, Mannheim 1883

Kroeschell, Karl — Zielsetzung und Arbeitsweise der Wissenschaft vom gemeinen deutschen Privatrecht in: Wissenschaft und Kodifikation des Privatrechts im 19. Jahrhundert Bd. 1, S. 249 - S. 276, hrsg. von Helmut Coing und Walter Wilhelm, Frankfurt a.M. 1974

ders. — Deutsche Rechtsgeschichte Bd. I (bis 1250), 10. Auflage, Opladen 1992

ders. — Söhne und Töchter im germanischen Erbrecht in: Studien zum frühen und mittelalterlichen deutschen Recht, S. 35 - S. 64, Freiburger Rechtsgeschichtliche Abhandlungen, Neue Folge Bd. 20, Berlin 1995

ders. — Rechtsaufzeichnung und Rechtswirklichkeit. Das Beispiel des Sachsenspiegels in: Studien zum frühen und mittelalterlichen deutschen Recht, S. 419 - S. 456, Freiburger Rechtsgeschichtliche Abhandlungen, Neue Folge Bd. 20, Berlin 1995

Kullmann, Hans Josef — Klenkok und die „articuli reprobati“ des Sachsenspiegels, Frankfurt a.M. 1959

Laufs, Adolf — -> Reichskammergericht in: HRG Bd. IV, Sp. 655 - Sp. 662; hrsg. v. Adalbert Erler und Ekkehard Kaufmann, Berlin 1990

Lewis, — Zur Lehre von der Successions-Ordnung der deutschen Rechte in: Kritische Vierteljahrschrift für Gesetzgebung und Rechtswissenschaft, Bd. IX (1867), S. 23 - S. 67

ders. — Zur Literatur des deutschen Privatrechts. Noch etwas über die Successionsordnung des deutschen Rechts in: Kritische Vierteljahrschrift für Gesetzgebung und Rechtswissenschaft, Bd. XIV (1872), S. 1 - S. 44

ders. — Rezension zu: Amira, Karl v., Erbenfolge und Verwandtschafts-Gliederung nach den Alt-Niederdeutschen Rechten, München 1874 in: Kritische Vierteljahrschrift für Gesetzgebung und Rechtswissenschaft Bd. XVII, (1875), S. 400 - S. 421

Lieberwirth, Rolf — Eike von Repchow und der Sachsenspiegel in: Sitzungsberichte der Sächsischen Akademie der Wissenschaften zu Leipzig, Philologisch-historische Klasse, Bd. 122, Heft 4 (1982), S. 1 - S. 50

ders. — Das Privileg des Erzbischofs Wichmann und das Magdeburger Recht in: Sitzungsberichte der Sächsischen Akademie der Wissenschaften zu Leipzig, Philologisch-historische Klasse, Bd. 130, Heft 3 (1982), S. 3 - S. 28

Liesegang, Erich — Bericht über eine zur Herstellung eines Verzeichnisses der Magdeburger Schöffensprüche im Auftrage der Königl. bayrischen Akademie der Wissenschaften im Jahre 1889 unternommenen Reise in: ZRG (GA) Bd. 16 (1895), S. 281 - S. 300

Lück, Heiner — Sachsenspiegel und Magdeburger Recht, ADIUVAT in itinere Bd. V, Hamburg 1998

Luig, Klaus — Die Anfänge der Wissenschaft vom deutschen Privatrecht in: Ius Commune Bd. I (1969), S. 195 - S. 222

Majer, Johann Christian — Germaniens Urverfassung Hamburg 1798

ders. — Teutsche Erbfolge sowohl überhaupt als insbesondere in Lehn- und Stammgütern Bd. I und II, 1805f

Markmann, Fritz — Zur Geschichte des Magdeburger Rechtes, Stuttgart 1938

Martitz, Ferdinand v. — Das eheliche Güterrecht des Sachsenspiegels und der verwandten anderen Rechtsquellen, Leipzig 1867

Maurer, Konrad v. — Rezension zu: Wasserschleben, Hermann, Das Prinzip der Successionsordnung nach deutschem insbesondere sächsischem Rechte, Gotha 1860 in: Kritische Vierteljahrschrift für Gesetzgebung und Wissenschaft Bd. II (1860), S. 262 - S. 266

Maurenbrecher, D. Romeo — Lehrbuch des heutigen gemeinen deutschen Rechts, Bonn 1832

Mejer, Otto — Über die sogenannte Gregorische Computation in: Zeitschrift für deutsches Recht und deutsche Rechtswissenschaft Bd. 7 (1842), S. 173 - S. 221

Mertens, Hans Georg — Überlegungen zur Herkunft des Parentelensystems in: ZRG (GA) Bd. 90 (1973), S. 149 - S. 164

Meyers, E. M. — Eine germanische Zählung der Verwandtschaftsgrade in: Tijdschrift voor

Rechtsgeschiedenis, Deel VI (1925), S. 1 - S. 52

Mittermaier, Carl Josef Anton — Lehrbuch des deutschen Privatrechts, Landshut 1821

ders. — Grundsätze des gemeinen deutschen Privatrechts, Landshut 1824

Mugdan, Benno — Die gesamten Materialien zum Bürgerlichen Gesetzbuch für das Deutsche Reich Bd. V, Berlin 1899, ND Aalen 1979

Munzel, Dietlinde — -> Meißener Rechtsbuch: HRG Bd. III, Sp. 461 - Sp. 463, hrsg. v. Adalbert Erler und Ekkehard Kaufmann, Berlin 1984

dies. — -> Neumarkter Rechtsbuch in: HRG Bd. III, Sp. 955 - Sp. 956; hrsg. v. Adalbert Erler und Ekkehard Kaufmann, Berlin 1984

dies. — -> Posener Rechtsbuch in: HRG Bd. III, Sp. 1831 - Sp. 1832, hrsg. v. Adalbert Erler und Ekkehard Kaufmann, Berlin 1984

dies. — -> Rechtsbücher in: HRG Bd. IV, Sp. 277 - Sp. 282, hrsg. v. Adalbert Erler und Ekkehard Kaufmann, Berlin 1990

dies. — -> Stadtrechtsbücher in: HRG Bd. IV, Sp. 1874 - Sp. 1877, hrsg. v. Adalbert Erler und Ekkehard Kaufmann, Berlin 1990

Munzel-Everling, Dietlinde — -> Zwickauer Rechtsbuch in: HRG Bd. V, Sp. 1859 - Sp. 1862, hrsg. v. Adalbert Erler und Ekkehard Kaufmann, Berlin 1998

Muther, A. — -> Dietrich von Bocksdorf in: Allgemeine Deutsche Biographie Bd. 2, S. 790 - S. 791, Berlin 1875, ND Berlin 1967

Nehlsen-von Stryk, Karin — Das sächsisch-magdeburgische Recht in der Spruchtätigkeit des Oberhofes des deutschen Rechts auf der Burg zu Krakau in: Wirkungen europäischer Rechtskultur, Festschrift für Karl Kroeschell zum 70. Geburtstag, hrsg. v. G. Köbler und H. Nehlsen, München 1997

Ogris, Werner — -> Ausstattung in: HRG Bd. I, Sp. 269 - Sp. 270, hrsg. v. Adalbert Erler und Ekkehard Kaufmann, Berlin 1971

ders. — -> Abschichtung in: HRG Bd. I, Sp. 13 - Sp. 17, hrsg. v. Adalbert Erler und Ekkehard Kaufmann, Berlin 1971

Ohne Angabe — Rezension zu: Homeyer, Carl Gustav, Die Stellung des Sachsenspiegels zur Parentelenordnung, Berlin 1854 - 1860 in: Literarisches Centralblatt für Deutschland, Sp. 404

Oppitz, Ulrich-Dieter — Deutsche Rechtsbücher des Mittelalters in 3 Bänden, Köln/Wien 1990

Ortloff, Friedrich — Rezension zu: Gaupp, E. T., Das alte Magdeburgische und Hallische Recht, Breslau 1826 in: Jahrbücher für die gesamte deutsche Literatur Bd. X (1829), S. 276 - S. 315

Pauli, Carl Wilhelm — Abhandlungen aus dem Lübischen Recht Teil III, Das Erbrecht der Blutsfreunde und die Testamente, Lübeck 1841

Paulus, Iulius — Receptarum Sententiarum ad filium in: Corpus Iuris Romani Anteiustiniani, Vol. I, hrsg. v. Eduard Böcking u.a., Bonn 1837f; ND Aalen 1987

Planck, — Der Bericht Widukinds über das Kampfurteil auf dem Reichstag zu Steele in: Sitzungsberichte der phliosophisch-philologischen und historischen Classe der k.b. Akademie der Wissenschaften zu München 1886, S. 155 - S. 180

Pütter, Johann Stephan — Elementa Iuris Germanici Privati Hodierni in usum Auditorum, editio secunda, Göttingen 1756

Pufendorf, Friedrich Esaja v. — Observationes Iuris Universi, Tomus III, Hannover 1782

Rive, D. — Zur Frage nach dem Prinzip der Successionsordnung im germanischen Rechte in: Jahrbuch des gemeinen deutschen Rechts, Bd. 6 (1863), S. 197 - S. 228

Rosin, Heinrich — Beiträge zur Lehre von der Parentelenordnung und Verwandtschaftsberechnung nach deutschem und österreichischem, jüdischem und canonischem Rechte in: Zeitschrift für das Privat- und Öffentliche Recht der Gegenwart, Bd. 28 (1901), S. 301 - S. 404

Rummel, Mariella — Die rechtliche Stellung der Frau im Sachsenspiegel-Landrecht, Frankfurt a.M. 1987

Runde, Justus Friedrich — Grundsätze des gemeinen deutschen Privatrechts, 3. Auflage, Leipzig 1801

Rynmann von Öhringen, Hans — Sassenspegel mit velen nyen Addicien san dem Leenrechte vnde Richtstige, Augsburg 1517, hrsg. von Karl August Eckhardt, Bibiliotheca Rerum Historicam, Neudrucke Bd. 10, Aalen 1978

Sachse, Thuiskon Friedrich — Handbuch des grossherzoglich sächsischen Privatrechts, Weimar 1824

Sandow, Erich — Das Halle - Neumarkter Recht, Deutschrechtliche Forschungen Heft 4, Stuttgart 1932

Schadt, Hermann — Zum Verwandtschaftsbild und Weltalterlehre des Sachsenspiegels, Kunstgeschichte als Hilfswissenschaft der Rechtsgeschichte, S. 406 - S. 430 in: Frühmittelalterliche Studien Bd. 10, Berlin 1976

Schanz, Franz — Das Erbfolgeprinzip des Sachsenspiegels und des Magdeburger Rechts, Tübingen 1883

Scheele, Friedrich — „di sal man alle radebrechen" Todeswürdige Delikte und ihre Bestrafung in Text und Bild der Codices picturati des Sachsenspiegels, Bd. 1: Textband, Oldenburg 1992

Scheidt, Chr. L. — Bibliotheca historica Goettingensis Bd. I, Göttingen 1758

Schelling, Renate — Magdeburger Schöffensprüche und Magdeburger Weichbildrecht in urkundlicher und handschriftlicher Überlieferung in: Hanse - Städte - Bünde, Magdeburger Museumsschriften Nr. 4, Bd. 1, S. 118 - S. 128, hrsg. von Matthias Puhle, Magdeburg 1996

Schelling-Schiewer, Renate — „Der Recte Weg". Zur Edition eines spätmittelalterlichen Rechtskompendiums aus Breslau in: Jahrbuch der Schlesischen Friedrich- Wilhelms - Universität zu Breslau Bd. XXX (1989), S. 293 - S. 300

Schletter, Hermann Theodor — Die Constitutionen Kurfürst August's von Sachsen, Leipzig 1857

Schlosser, Hans — Grundzüge der Neueren Privatrechtsgeschichte, 7. Auflage, Heidelberg 1993

Schmidt, Roderich — Studien über Eike von Repgow und den Sachsenspiegel, Diss. iur., Greifswald 1951

Schmidt-Wiegand, Ruth — Text und Bild in den Codices picturati des Sachsenspiegels, Überlegungen zur Funktion der Illustration in: Text - Bild - Interpretation, Untersuchungen zu den Bilderhandschriften des Sachsenspiegels Bd. 1, S. 11 - S. 31, hrsg. von Ruth Schmidt-Wiegand, München 1986

dies. — -> Sächsische Weltchronik in: HRG Bd. IV, Sp. 1237 - Sp. 1242, hrsg. v. Adalbert Erler und Ekkehard Kaufmann, Berlin 1990

dies. — -> Weichbild in: HRG Bd. V, Sp. 1209 - Sp. 1212, hrsg. v. Adalbert Erler und Ekkehard Kaufmann, Berlin 1998

dies. — Die überlieferungskritische Ausgabe des Sachsenspiegels als Aufgabe der mittelniederdeutschen Philologie, S. 1 - S. 13 in: Jan Goossens zum 60. Geburtstag, hrsg. von Mitarbeitern und Mitarbeiterinnen des Niederländischen Seminars und der niederdeutschen Abteilung des Germanistischen Instituts der Westfälischen Wilhelms-Universität und der Kommission für Mundart und Namensforschung Westfalens, Münster 1990

Schott, Friedrich August — Sammlungen zu den deutschen Land- und Stadtrechten Bd. I, Leipzig 1772

Schröder, Richard und Eberhard v. Künßberg — Lehrbuch der deutschen Rechtsgeschichte 6. Auflage, Berlin/Leipzig 1922

Schröder, Richard — Geschichte des ehelichen Güterrechts in Deutschland in zwei Teilen, Stettin 1871, ND Aalen 1967

Schweikart	Über die in Ost- und Westpreußen geltenden Rechte, besonders das culmische und Magdeburgische Recht in: Jahrbücher für die Preussische Gesetzgebung, Rechtswissenschaft und Rechtsverwaltung Bd. XXVI (1825), S. 241 - S. 378
Selchow, Heinrich Christian v.	Elementa Iuris Germanici Privati Hodiernies ipsis fontibus deducta, Editio sexta, Göttingen 1779
Siegel, Heinrich	Die germanische Verwandtschaftsberechnung mit besonderer Beziehung auf die Erbenfolge, Gießen 1853
ders.	Das deutsche Erbrecht nach den Rechtsquellen des Mittelalters, Heidelberg 1853, ND Aalen 1969
ders.	Rezension zu: Wasserschleben, Hermann, Sammlung deutscher Rechtsquellen Bd. I, Gießen 1860 in: Österreichische Vierteljahrschrift Bd. VI (1860), S. 53 - S. 54
Steffenhagen, Emil	Die IX Bücher Magdeburger Rechts oder die Distinktionen des Thorner Stadtschreibers Walther Ekhardi von Runzlau in: Altpreußische Monatschrift Bd. II (1865), S. 11 - S. 43
ders.	Deutsche Rechtsquellen in Preußen vom 13. bis 16. Jahrhundert, Leipzig 1875
Stobbe, Otto	Das alte Kulmer Recht in: Zeitschrift für deutsches Recht und deutsche Rechtswissenschaft Bd. 17 (1857), S. 406f
ders.	Geschichte der Deutschen Rechtsquellen in 2 Bd., Leipzig 1860/64, ND Aalen 1965

ders. Die Erbfolgeordnung nach den Magdeburger Schöffensprüchen in: Beiträge zur Geschichte des deutschen Rechts, S. 36 - S. 58, Braunschweig 1865

ders. Handbuch des Deutschen Privatrechts Bd. V, Berlin 1885

Stutz, Ulrich Das Verwandtschaftsbild des Sachsenspiegels und seine Bedeutung für die sächsische Erbfolgeordnung, Gierkes Untersuchungen zur Staats- und Rechtsgeschichte, Alte Folge Heft 34, Breslau 1890, ND Aalen 1973

ders. Rezension zu: Amira, Karl v., Die Dresdener Bilderhandschrift des Sachsenspiegels, Bd I, Text und Faksimile, Leipzig 1902 in: ZRG (GA) Bd. 24 (1903), S. 409 - S. 415

ders. Rezension zu: Amira, Karl v., Die Dresdener Bilderhandschrift des Sachsenspiegels, Bd. II, Erläuterungen, Leipzig 1925/26 in: ZRG (GA) Bd. 47 (1927), S. 685 - S. 706

Sydow, Rudolf v. Darstellung des Erbrechts nach den Grundsätzen des Sachsenspiegels mit Rücksicht auf die verwandten Quellen, Berlin 1828

Theuerkauf, Gerhard Lex, Speculum, Compendium Iuris. Rechtsaufzeichnung und Rechtsbewußtsein in Norddeutschland vom 8. bis zum 16. Jahrhundert, Forschungen zur dtsch. Rechtsgeschichte Bd. 6, Köln 1968

Thieme, Hans -> Deutsches Privatrecht in: HRG Bd. I, Sp. 702 - Sp. 709, hrsg. v. Adalbert Erler und Ekkehard Kaufmann, Berlin 1971

Timm, Albrecht — Das Magdeburger Recht an der Brücke von West und Ost in: Hamburger Mittel- und Ostdeutsche Forschungen Bd. 2 (1960), S. 71 - S. 96

Tirschler, Eberhard — Der Einfluß des römischen Rechts auf die Breslauer Statuten, vornehmlich des 16. Jahrhunderts, Diss. Iur Breslau 1939

Ulmenschneider, Hildegard — -> Dietrich von Bocksdorf in: Verfasserlexikon Bd. 2, Sp. 110 - Sp. 115, Berlin 1980

Wasserschleben, Hermann — Das Prinzip der Successionsordnung nach deutschem insbesondere sächsischem Rechte, Gotha 1860

ders. — Die germanische Verwandtschaftsberechnung und das Prinzip der Erbenfolge nach deutschem insbesondere sächsischem Rechte. Eine Replik, Gießen 1864

ders. — Das Prinzip der Erbenfolge, Leipzig 1870

Weitzel, Jürgen — Zum Rechtsbegriff der Magdeburger Schöffen in: Studien zur Geschichte des sächsisch-magdeburgischen Rechts in Deutschland und Polen, S. 62 - S. 93, hrsg. von Dietmar Willoweit und Winfrid Schich, Frankfurt a.M. 1980

Wieacker, Franz — Privatrechtsgeschichte der Neuzeit, 2. Aufl., Göttingen 1967

Wiesner, Johannes — Über die Rechtsstellung des ehelichen Kindes im Landrecht des Sachsenspiegels mit vergleichender Darstellung des geltenden Rechts, Diss. Jur., Kiel 1972

Wolf, Erik — Große Rechtsdenker der deutschen Geistesgeschichte, 3. Auflage, Tübingen 1951

Ziekow, Jan — Recht und Rechtsgang. Studien zu Problemen mittelalterlichen Rechts anhand von Magdeburger Schöppensprüchen des 15. Jahrhunderts, Pfaffenweiler 1986

C: Wörterbücher

Benecke, G.F., Müller, W. und Zarncke, F. — Mittelhochdeutsches Wörterbuch, Leipzig 1854, ND Stuttgart 1990

Brinckmaier, Eduard — Glossarium diplomaticum in 2 Bänden, Gotha 1856/63

Grimm, Jacob und Qilhelm — Deutsches Wörterbuch Leipzig 1870f

Halthaus, Ch. G. — Glossarium germanicum medii aevi, Leipzig 1758

Kluge, Friedrich — Etymologisches Wörterbuch der Deutschen Sprache, bearbeitet v. Elmar Seebold, 23. Aufl., Berlin 1995

Lexer, Mathias — Mittelhochdeutsches Handwörterbuch in 3 Bänden, Leipzig 1872, ND Stuttgart 1992

Schade, Oskar — Althochdeutsches Wörterbuch, 2. Auflage, Halle 1872-84

Schiller, Karl und August Lübler — Mittelniederdeutsches Wörterbuch, Bremen 1875

Wackernagel, Wilhelm — Althochdeutsches Wörterbuch, Basel 1878, ND Hildesheim 1971

Abkürzungen

a. A.	anderer Ansicht
a.a.O.	am angegebenen Orte
APM	Altpreußische Monatschrift
Art.	Artikel
Bl.	Blatt
Brand.	Brandenburgensis
c.	capitel
C.I.R.A.	Corpus Iuris Romani Anteiustinaiani
Cod.	Codex
Conc. Germ.	Concilia Germaniae
Const. sax.	Constitutio Saxoniae
D.	Digesten
de cons. et aff.	de consanguinitate et affinitate
Decr. lib.	Liber Decretum
d.h.	das heißt
Dipl.	Diplomaticus
dtsch.	deutsch
Epist.	Epistulae
Etym.	Etymologisch
FS	Festschrift
GA	Germanistische Abteilung
Gött. gel. Anz.	Göttinger gelehrte Anzeigen
Hdb.	Handbuch
HRG	Handwörterbuch zur Deutschen Rechtsgeschichte
Hrsg.	Herausgeber
Hs.	Handschrift
Hwb.	Handwörtbuch
Inst.	Institutiones Iustiniani
Jb. d. dtsch. Rechts	Jahrbuch des gemeinen deutschen Rechts
Jb. d. ges. dtsch. jur. Literatur	Jahrbücher für die gesamte deutsche Literatur
Jb. f. d. Preuß. Gesetzgebung	Jahrbücher für die Preußische Gesetzgebung
KA	Kanonistische Abteilung

Krit. Überschau	Kritische Überschau der der deutschen Gesetzgebung und Rechtswissenschaft
Krit. Vierteljahrschrift	Kritische Vierteljahrschrift für Gesetzgebung und Wissenschaft
L.	Liber
Ldr.	Landrecht
Lpz.	Leipziger
Mgdb., mgdb.	Magdeburger, magdeburgisch
MGH	Monumenta Germaniae Historica
Mhd.	Mittelhochdeutsch
Mnd.	Mitteliederdeutsch
ND	Nachdruck
NF	Neue Folge
o.A.	ohne Autorenangabe
qu.	quaestione
Rb.	Rechtsbuch
Rec. Sentt.	Receptarum Sententiarum ad filium
Reg.	Regula
Rez.	Rezension
Sax.	Saxoniae
SLUB	Sächsische Landes- und Universitätsbibliothek
Tit.	Titula
Tijdschr. v. RG	Tijdschrift voor Rechtsgeschiedenis
Tom.	Tomus
Ulp.	Ulpian
UrkB	Urkundenbuch
Ztsch.	Zeitschrift
Ztsch. f. RG	Zeitschrift für deutsche Rechtsgeschichte, hrsg. von D. Ruland, D. Bruns u.a.
ZRG	Zeitschrift der Savigny Stiftung für Rechtsgeschichte
zust.	zustimmend

RECHTSHISTORISCHE REIHE

Band 1 Studien zu den germanischen Volksrechten. Gedächtnisschrift für Wilhelm Ebel. Vorträge gehalten auf dem Fest-Symposion anläßlich des 70. Geburtstages von Wilhelm Ebel am 16. Juni 1978 in Göttingen. Götz Landwehr (Hrsg.) 1982.

Band 2 Hans Poeschel: Die Statuten der Banken, Sparkassen und Kreditgenossenschaften in Hamburg und Altona von 1710 bis 1889. 1978.

Band 3 Thomas Kolbeck: Juristenschwemmen, Untersuchungen über den juristischen Arbeitsmarkt im 19. und 20. Jahrhundert. 1978.

Band 4 Norbert Hempel: Richterleitbilder in der Weimarer Republik. 1978.

Band 5 Rolf Stratmann: Die Scheinbußen im mittelalterlichen Recht. 1978.

Band 6 Martin C. Lockert: Die niedersächsischen Stadtrechte zwischen Aller und Weser. Vorkommen und Verflechtungen. Eine Bestandsaufnahme. 1979.

Band 7 Joachim Rückert/Wolfgang Friedrich: Betriebliche Arbeiterausschüsse in Deutschland, Großbritannien und Frankreich im späten 19. und frühen 20. Jahrhundert. Eine vergleichende Studie zur Entwicklung des kollektiven Arbeitsrechts. 1979.

Band 8 Peter Bender: Die Rezeption des römischen Rechts im Urteil der deutschen Rechtswissenschaft. 1979.

Band 9 Friedrich Karl Alsdorf: Untersuchungen zur Rechtsgestalt und Teilung deutscher Ganerbenburgen. 1980.

Band 10 Dietmar Willoweit/Winfried Schich (Hrsg.): Studien zur Geschichte des sächsisch-magdeburgischen Rechts in Deutschland und Polen (Sammelband). 1980.

Band 11 Brigitte Hempel: Der Entwurf einer Polizeiordnung für das Herzogtum Sachsen-Lauenburg aus dem Jahre 1591. 1980.

Band 12 Klaus-Detlev Godau-Schüttke: Rechtsverwalter des Reiches. Staatssekretär Dr. Curt Joël. 1981.

Band 13 Rainer Polley: Anton Friedrich Justus Thibaut (AD 1772-1840) in seinen Selbstzeugnissen und Briefen. Teil 1: Abhandlung. Teil 2: Briefwechsel. Teil 3: Register zum Briefwechsel. 1982.

Band 14 Michael Wettengel: Der Streit um die Vogtei Kelkheim 1275-1276. Ein kanonischer Prozeß.1981.

Band 15 Otto Wilhelm Krause: Naturrechtler des sechzehnten Jahrhunderts. Ihre Bedeutung für die Entwicklung eines natürlichen Privatrechts. 1982.

Band 16 Helga Spindler: Von der Genossenschaft zur Betriebsgemeinschaft. Kritische Darstellung der Sozialrechtslehre Otto von Gierkes. 1982.

Band 17 Holger Otte: Gustav Radbruchs Kieler Jahre 1919 - 1926. 1982.

Band 18 Rüdiger Teuner: Die fuldische Ritterschaft 1510 - 1656. 1982.

Band 19 Gerhard Dilcher/Rudolf Hoke/Gian Savino Pene Vidari/Hans Winterberg (Hrsg.): Grundrechte im 19. Jahrhundert. 1982.

Band 20 Karl-Hans Schloßstein: Die westfälischen Fabrikengerichtsdeputationen - Vorbilder, Werdegang und Scheitern. 1982.

Band 21 Birger Schulz: Der Republikanische Richterbund (1921-1933). 1982.

Band 22 Engelbert Krause: Die gegenseitigen Unterhaltsansprüche zwischen Eltern und Kindern in der deutschen Privatrechtsgeschichte. 1982.

Band 23 Meent W. Francksen: Staatsrat und Gesetzgebung im Großherzogtum Berg (1806-1813). 1982.

Band 24 Gerd von Sonnleithner: Bearbeitung des Handelsrechts durch Ignaz von Sonnleithner in seinem "Leitfaden über das österreichische Handels- und Wechselrecht". 1982.

Band 25 Rudolf Palme: Rechts-, Wirtschafts- und Sozialgeschichte der inneralpinen Salzwerke bis zu deren Monopolisierung. 1983.

Band 26 Helen Bosshard: Pestalozzis Staats- und Rechtsverständnis und seine Stellung in der Aufklärung. 1983.

Band 27 Jens Jessen: Die Selbstzeugnisse der deutschen Juristen. Erinnerungen, Tagebücher und Briefe. Eine Bibliographie. 1983.

Band 28 Günter Martin Jensen: Das Domanium Waldeck. Die rechtliche Zuordnung eines Fürstenvermögens. 1984.

Band 29 Johann Heinrich Kumpf: Petitionsrecht und öffentliche Meinung im Entstehungsprozeß der Paulskirchenverfassung 1848/49. 1983.

Band 30 Sabine Frey: Rechtsschutz der Juden gegen Ausweisungen im 16. Jahrhundert. 1983.

Band 31 Dietrich Joswig: Die germanische Grundstücksübertragung. 1984.

Band 32 Andreas Baryli: Konzessionssystem contra Gewerbefreiheit. Zur Diskussion der österreichischen Gewerberechtsreform 1835 bis 1860. 1984.

Band 33 Gerhard Oberkofler: Studien zur Geschichte der österreichischen Rechtswissenschaft. 1984.

Band 34 Rudolf Lauda: Kaufmännische Gewohnheit und Burgrecht bei Notker dem Deutschen. Zum Verhältnis von literarischer Tradition und zeitgenössischer Realität in der frühmittelalterlichen Rhetorik. 1984.

Band 35 Jens Jensen: Die Ehescheidung des Bischofs Hans von Lübeck von Prinzessin Julia Felicitas von Württemberg-Weiltingen AD 1648-1653. Ein Beitrag zum protestantischen Ehescheidungsrecht im Zeitalter des beginnenden Absolutismus. 1984.

Band 36 Horst Schröder: Friedrich Karl von Savigny. Geschichte und Rechtsdenken beim Übergang vom Feudalismus zum Kapitalismus in Deutschland. 1984.

Band 37 Andreas Hatzung: Dogmengeschichtliche Grundlagen und Entstehung des zivilrechtlichen Notstands. 1984.

Band 38 Matthias Klasen: Das Billwerder Landrecht. Landrecht und Landgericht in den Hamburger Elbmarschen. 1985.

Band 39 Rainer Jamin: Aufbau, Tätigkeit und Verfahren der Auseinandersetzungsbehörden bei der Durchführung der preußischen Agrarreformen. 1985.

Band 40 Henry Winter: Teilschuld, Gesamtschuld und unechte Gesamtschuld. Zur Konzeption der §§ 420 ff. BGB - Ein Beitrag zur Entstehungsgeschichte des BGB. 1985.

Band 41 Hermann Eichler: Verfassungsbewegung in Amerika und Europa. 1985.

Band 42 Dagmar Bandemer: Heinrich Albert Zachariae. Rechtsdenken zwischen Restauration und Reformation. 1985.

Band 43 Eva-Christine Frentz: Das Hamburgische Admiralitätsgericht (1623-1811). Prozeß und Rechtsprechung. 1985.

Band 44 Karl Lillig: Rechtsetzung im Herzogtum Pfalz-Zweibrücken während des 18. Jahrhunderts. Ein Beitrag zur Geschichte der territorialen Rechtsbildung. 1985.

Band 45 Walter Weber: Die Entwicklung der Sparkassen zu selbständigen Anstalten des öffentlichen Rechts. Ein Beitrag zur Entwicklung des Anstaltsbegriffs im 19. Jahrhundert. 1985.

Band 46 Bärbel Baum: Der Stabreim im Recht. Vorkommen und Bedeutung des Stabreims in Antike und Mittelalter. 1986.

Band 47 Hans Popp: Die nationalsozialistische Sicht einiger Institute des Zivilprozeß- und Gerichtsverfassungsrechts. 1986.

Band 48 John Karl-Heinz Montag: Die Lehrdarstellung des Handelsrechts von Georg Friedrich von Martens bis Meno Pöhls. Die Wissenschaft des Handelsrechts im ersten Drittel des 19. Jahrhunderts. 1986.

Band 49 Volker D. Anhäusser: Das internationale Obligationenrecht in der höchstrichterlichen Rechtsprechung des 19. Jahrhunderts. 1986.

Band 50 Udo Beer: Die Juden, das Recht und die Republik. Verbandswesen und Rechtsschutz 1919-1933. 1986.

Band 51 Herbert Grziwotz: Der moderne Verfassungsbegriff und die "Römische Verfassung" in der deutschen Forschung des 19. und 20. Jahrhunderts. 1986.

Band 52 Ralf Conradi: Karl Friedrich Eichhorn als Staatsrechtslehrer. Seine Göttinger Vorlesung über "Das Staatsrecht der deutschen Bundesstaaten" nach einer Kollegmitschrift aus dem Wintersemester 1821/22. 1987.

Band 53 Dieter Dannreuther: Der Zivilprozeß als Gegenstand der Rechtspolitik im Deutschen Reich 1871 - 1945. Ein Beitrag zur Geschichte des Zivilprozeßrechts in Deutschland. 1987.

Band 54 Stephan Felix Pauly: Organisation, Geschichte und Praxis der Gesetzesauslegung des (Königlich) Preußischen Oberverwaltungsgerichtes 1875 - 1933. 1987.

Band 55 Rüdiger Schulz: Die Entstehung des Seerechts des Allgemeinen Deutschen Handelsgesetzbuches unter besonderer Berücksichtigung der Bestimmungen über die Reederei, den Schiffer und die Schiffsmannschaft. 1987.

Band 56 Reinhold Reis: Deutsches Privatrecht in den Weistümern der Zenten Schriesheim und Kirchheim. 1987.

Band 57 Jürgen Christoph: Die politischen Reichsamnestien 1918 - 1933. 1987.

Band 58 Gerhard Oberkofler/Eduard Rabofsky: Hans Kelsen im Kriegseinsatz der k.u.k.-Wehrmacht. Eine kritische Würdigung seiner militärtheoretischen Angebote. 1988.

Band 59 Arne Wulff: Staatssekretär Prof. Dr. Dr. h.c. Franz Schlegelberger. 1876-1970. 1991.

Band 60 Gerhard Köbler (Hrsg.): Wege europäischer Rechtsgeschichte. Karl Kroeschell zum 60. Geburtstag. 1987.

Band 61 Rüdiger Hütte: Der Gemeinschaftsgedanke in den Erbrechtsreformen des Dritten Reichs. 1988.

Band 62 Markus Göldner: Politische Symbole der europäischen Integration. Fahne, Hymne, Hauptstadt, Paß, Briefmarke, Auszeichnungen. 1988.

Band 63 Wolfgang Kröner: Freiheitsstrafe und Strafvollzug in den Herzogtümern Schleswig, Holstein und Lauenburg von 1700 bis 1864. 1988.

Band 64 Werner Gaile: Die Norder Theelacht. 1988.

Band 65 Karl v. Kempis: Andreas Gaill (1526 - 1587). Zum Leben und Werk eines Juristen der frühen Neuzeit. 1988.

Band 66 Wolf-Rüdiger Osburg: Die Verwaltung Hamburgs in der Franzosenzeit. 1811-1814. 1988.

Band 67 Christian Schudnagies: Hans Frank. Aufstieg und Fall des NS-Juristen und Generalgouverneurs. 1988.

Band 68 Otmar Jung: Senatspräsident Freymuth. Richter, Sozialdemokrat und Pazifist in der Weimarer Republik. Eine politische Biographie. 1989.

Band 69 Joachim Lohner: Das landeshauptmannschaftliche Gericht in Oberösterreich zu Beginn der Neuzeit. Eine Darstellung des oberösterreichischen Prozeßrechts am obersten Territorialgericht des Landes anhand der oberösterreichischen Landtafel.1989.

Band 70 Bernd Klemann: Rudolf von Jhering und die Historische Rechtsschule. 1989.

Band 71 Adalbert Langer: Männer um die österreichische Zivilprozeßordnung 1895. Zusammenspiel / Soziales Ziel. 1990.

Band 72 Robert-Dieter Klee: Die Landessuperintendentur Lauenburg. Ursprung und Entwicklung sowie Ende der Sonderstellung des Kirchenkreises Herzogtum Lauenburg durch die nordelbische Kirchenvereinigung. 1989.

Band 73 Heinrich Herrmann: Die Gehöferschaften im Bezirk Trier. 1989.

Band 74 Wilhelm Brauneder, Franz Baltzarek (Hrsg.): Modell einer neuen Wirtschaftsordnung. Wirtschaftsverwaltung in Österreich 1914 - 1918. 1991.

Band 75 Thomas Dreyer: Die "Assecuranz- und Haverey-Ordnung" der Freien und Hansestadt Hamburg von 1731. 1990.

Band 76 Bernhard Sendler: Die Rechtssprache in den süddeutschen Stadtrechtsreformationen. 1990.

Band 77 Brigitte Lehmann: Ehevereinbarungen im 19. und 20. Jahrhundert. 1990.

Band 78 Michael Sunnus: Der NS-Rechtswahrerbund (1928-1945). Zur Geschichte der nationalsozialistischen Juristenorganisation. 1990.

Band 79 Stefan Schulz: Die historische Entwicklung des Rechts an Bienen. (§§ 961 - 964 BGB). 1990.

Band 80 Gerhard Lingelbach, Heiner Lück (Hrsg.): Deutsches Recht zwischen Sachsenspiegel und Aufklärung. Rolf Lieberwirth zum 70. Geburtstag dargebracht von Schülern, Freunden und Kollegen, herausgegeben von Gerhard Lingelbach und Heiner Lück. 1991.

Band 81 Manfred Krohn: Die deutsche Justiz im Urteil der Nationalsozialisten 1920 - 1933. 1991.

Band 82 Angelika Kühn: Privilegierung nationaler Minderheiten im Wahlrecht der Bundesrepublik Deutschland und Schleswig-Holsteins. 1991.

Band 83 Georg Brun: Leben und Werk des Rechtshistorikers Heinrich Mitteis unter besonderer Berücksichtigung seines Verhältnisses zum Nationalsozialismus. 1991.

Band 84 Wolfgang Simon: Claudius Freiherr von Schwerin. Rechtshistoriker während dreier Epochen deutscher Geschichte. 1991.

Band 85 Friedrich-Carl Wachs: Das Verordnungswerk des Reichsdemobilmachungsamtes. Stabilisierender Faktor zu Beginn der Weimarer Republik. 1991.

Band 86 Jens-Uwe Petersen: Die Vorgeschichte und die Entstehung des Mieterschutzgesetzes von 1923 nebst der Anordnung für das Verfahren vor dem Mieteinigungsamt und der Beschwerdestelle. 1991.

Band 87 Ulrike Haibach: Familienrecht in der Rechtssprache. Die historische Entwicklung zentraler Ausdrücke des geltenden Familienrechts. 1991.

Band 88 Joern Christian Nissen: Die Beratungen des Seeversicherungsausschusses der Akademie für Deutsches Recht zu einem neuen Seeversicherungsgesetz (1934-1939). Ein Beitrag zur Entwicklung der allgemeinen Lehren des Seeversicherungsrechts unter besonderer Berücksichtigung des Handelsgesetzbuchs und der Allgemeinen Deutschen Seeversicherungs-Bedingungen 1919. 1991.

Band 89 Diethard Bühler: Die Entstehung der allgemeinen Vertragsschluß-Vorschriften im Allgemeinen Deutschen Handelsgesetzbuch (ADHGB) von 1861. Ein Beitrag zur Kodifikationsgeschichte des Privatrechts im 19. Jahrhundert. 1991.

Band 90 Gerhard Oberkofler: Die Vertreter des Römischen Rechts mit deutscher Unterrichtssprache an der Karls-Universität in Prag. Vom Vormärz bis 1945. 1991.

Band 91 Ulrich Andermann: Ritterliche Gewalt und bürgerliche Selbstbehauptung. Untersuchungen zur Kriminalisierung und Bekämpfung des spätmittelalterlichen Raubrittertums am Beispiel norddeutscher Hansestädte. 1991.

Band 92 Heinz Marcus Hanke: Luftkrieg und Zivilbevölkerung. Der kriegsvölkerrechtliche Schutz der Zivilbevölkerung gegen Luftbombardements von den Anfängen bis zum Ausbruch des Zweiten Weltkrieges. 1991.

Band 93 Kirsten Kraglund: Familien- und Erbrecht. Materielles Recht und Methoden der Rechtsanwendung in der Rechtsprechung des Oberappellationsgerichts der vier Freien Städte Deutschlands zu Lübeck. 1991.

Band 94 Reinhard Lorenz: Die politische und rechtliche Stellung des Proletariats in Preußen in der Zeit zwischen den Reformen und der Revolution 1848/49. 1991.

Band 95 Eric Hilgendorf: Die Entwicklungsgeschichte der parlamentarischen Redefreiheit in Deutschland. 1991.

Band 96 Hans J. Reiter: Die Handelsgesellschaft Villeroy & Boch von der Gründung 1836 bis zum Jahr 1878. 1992.

Band 97 Martin Johannes Heller: Reform der deutschen Rechtssprache im 18. Jahrhundert. 1992.

Band 98 Michael Kotulla: Die Tragweite der Grundrechte der revidierten preußischen Verfassung vom 31.01.1850. 1992.

Band 99 Michael Siefener: Hexerei im Spiegel der Rechtstheorie. Das crimen magiae in der Literatur von 1574 bis 1608. 1992.

Band 100 Andreas Ebert-Weidenfeller: Hamburgisches Kaufmannsrecht im 17. und 18. Jahrhundert. Die Rechtsprechung des Rates und des Reichskammergerichtes. 1992.

Band 101 Enno Bommel: Die Entstehung der Verwirkungslehre in der Krise des Positivismus. 1992.

Band 102 Ralph Steppacher: Die Berücksichtigung der bäuerlichen Postulate bei der Entstehung des ZGB und der Revision des OR. Ein Beitrag zur schweizerischen Kodifikationsgeschichte (1893 - 1912). 1992.

Band 103 Martin Fleckenstein: Die Todesstrafe im Werk Carl Joseph Anton Mittermaiers (1787 - 1867). Zur Entwicklungsgeschichte eines Werkbereichs und seiner Bedeutung für Theorie- und Methodenbildung. 1992.

Band 104 Jörn Eckert: Der Kampf um die Familienfideikommisse in Deutschland. Studien zum Absterben eines Rechtsinstitutes. 1992.

Band 105 Jörg Grotkopp: Beamtentum und Staatsformwechsel. Die Auswirkungen der Staatsformwechsel von 1918, 1933 und 1945 auf das Beamtenrecht und die personelle Zusammensetzung der deutschen Beamtenschaft. 1992.

Band 106 Andreas Rohde: Die Garantiehaftung des Vermieters und ihr Verhältnis zum Unmöglichkeitsrecht in dogmengeschichtlicher und modernrechtlicher Sicht. 1992.

Band 107 Tjark Siefke Kunstreich: Gesamtvertretung. Eine historisch-systematische Darstellung. 1992.

Band 108 Jürgen Krüger: Blindheit und Königtum. Die Blindheit des Königs Georg V. von Hannover als verfassungsrechtliches Problem. 1992.

Band 109 Wolfgang Putschek: Ständische Verfassung und autoritäre Verfassungspraxis in Österreich 1933-1938 mit Dokumentenanhang. Verfassung und Verfassungswirklichkeit. Mit einem Anhang: Denkschriften von Rechtsanwalt Dr. Erich Führer 1936/37. 1993.

Band 110 Klaus Hofmann: Die Verdrängung der Juden aus öffentlichem Dienst und selbständigen Berufen in Regensburg 1933-1939. 1993.

Band 111 Franz Kilger: Die Entwicklung des Telegraphenrechts im 19. Jahrhundert mit besonderer Berücksichtigung der technischen Entwicklung. Telegraphenrecht im 19. Jahrhundert. 1993.

Band 112 Wilhelm Brauneder (Hrsg.): Heiliges Römisches Reich und moderne Staatlichkeit. 1993.

Band 113 Thomas Heinrich: Das preußische Nichtehelichenrecht: Von der Aufklärung zur Reaktion. 1993.

Band 114 Gerald Kohl: Jagd und Revolution. Das Jagdrecht in den Jahren 1848 und 1849. 1993.

Band 115 Christian Schudnagies: Der Kriegs- oder Belagerungszustand im Deutschen Reich während des Ersten Weltkrieges. Eine Studie zur Entwicklung und Handhabung des deutschen Ausnahmezustandsrechts bis 1918. 1994.

Band 116 Elisabeth Bellmann: Die Internationale Kriminalistische Vereinigung (1889-1933). 1994.

Band 117 Julia Pfannkuch: Volksrichterausbildung in Sachsen 1945-1950. 1993.

Band 118 Jörg Offen: Von der Verwaltungsgemeinschaft des BGB von 1896 zur Zugewinngemeinschaft des Gleichberechtigungsgesetzes von 1957. 1994.

Band 119 Dorothee Kohlhas-Müller: Untersuchungen zur Rechtsstellung Theoderichs des Großen. 1995.

Band 120 Monika Rose: Das Gerichtswesen des Herzogtums Pfalz-Zweibrücken im 18. Jahrhundert. Ein Beitrag zur territorialen Gerichtsbarkeit im Alten Reich. 1994.

Band 121 Jörn Eckert / Hans Hattenhauer (Hrsg.): Bibel und Recht. Rechtshistorisches Kolloquium 9. - 13. Juni 1992 an der Christian-Albrechts-Universität zu Kiel. 1994.

Band 122 Robert Martin Mizia: Der Rechtsbegriff der Autonomie und die Begründung des Privatfürstenrechts in der deutschen Rechtswissenschaft des 19. Jahrhunderts. 1995.

Band 123 Walther Graf von Plettenberg: Das Fortleben des Liber Iudiciorum in Asturien/León (8. - 13. Jh.). 1994.

Band 124 Wolfgang Schulz: Das deutsche Börsengesetz. Die Entstehungsgeschichte und wirtschaftlichen Auswirkungen des Börsengesetzes von 1896. 1994.

Band 125 Frank Hagemann: Der Untersuchungsausschuß Freiheitlicher Juristen. 1949 – 1969. 1994.

Band 126 Andreas Rethmeier: "Nürnberger Rassegesetze" und Entrechtung der Juden im Zivilrecht. 1995.

Band 127 Edith Grether: Die Poesie der Throne. Die Juristen in der Fruchtbringenden Gesellschaft. 1995.

Band 128 Anna Bartels-Ishikawa: Der Lippische Thronfolgestreit. Eine Studie zu verfassungsrechtlichen Problemen des Deutschen Kaiserreiches im Spiegel der zeitgenössischen Staats. 1995.

Band 129 Jörg Schmidt: Otto Koellreutter 1883-1972. Sein Leben, sein Werk, seine Zeit. 1995.

Band 130 Christian Hattenhauer: Wahl und Krönung Franz II. AD 1792. Das Heilige Reich krönt seinen letzten Kaiser - Das Tagebuch des Reichsquartiermeisters Hieronymus Gottfried von Müller und Anlagen. 1995.

Band 131 Jutta v. der Decken: Das Seearbeitsrecht im Hamburger Stadtrecht von 1301 bis 1603. 1995.

Band 132 Detlev Schmidt: Die Reform des Rechts der Handelsvertreter von 1953. 1995.

Band 133 Gabi Roßdeutscher: Privatautonomie im Scheidungsrecht. Scheidungsbezogene Vereinbarungen in den letzten 200 Jahren. 1995.

Band 134 Harald Kahlenberg: Leben und Werk des Rechtshistorikers Walther Merk. Ein Beispiel für das Verhältnis von Rechtsgeschichte und Nationalsozialismus. 1995.

Band 135 Michael Steitz: Adelbert Düringer am Reichsgericht (1902-1915). Seine aktienrechtlichen Entscheidungen und sein Einfluß auf das Aktienrecht in Deutschland. 1995.

Band 136 Christian Becker: Beata Justorum Translatio. Juristen in schleswig-holsteinischen Leichenpredigten. 1996.

Band 137 Christoph Seiler: Vom Allgemeinen Landrecht zum Bürgerlichen Gesetzbuch. Dargestellt am Beispiel der höchstrichterlichen Judikatur zum kaufrechtlichen Sachmängelgewährleistungsrecht. 1996.

Band 138 Bernd Mayer: Die Vertrauensmännerausschüsse auf den preußischen Steinkohlegruben an der Saar. Entstehung und Wirken. Eine rechtshistorische Untersuchung. 1996.

Band 139 Rochus Scholl: Juden und Judenrecht im Herzogtum Pfalz-Zweibrücken. Ein Beitrag zur Rechtsgeschichte eines deutschen Kleinstaates am Ende des alten Reiches. 1996.

Band 140 Meike Bursch: Judentaufe und frühneuzeitliches Strafrecht. Die Verfahren gegen Christian Treu aus Weener/Ostfriesland 1720-1728. 1996.

Band 141 Markus Hillenbrand: Fürstliche Eheverträge. Gottorfer Hausrecht 1544 - 1773. 1996.

Band 142 Ulf Häder: Das gemeinschaftliche Oberappellationsgericht thüringischer Staaten in Jena. Ein Beitrag zur Geschichte des Gerichtswesens im 19. Jahrhundert. 1996.

Band 143 Andreas Bauer: Das Gnadenbitten in der Strafrechtspflege des 15. und 16. Jahrhunderts. Dargestellt unter besonderer Berücksichtigung von Quellen der Vorarlberger Gerichtsbezirke Feldkirch und des Hinteren Bregenzerwaldes. 1996.

Band 144 Christian Wirth: Der Jurist Johann Andreas Georg Friedrich Rebmann zwischen Revolution und Restauration. 1996.

Band 145 Stefanie Müller: Die Rechtsprechung des Hanseatischen Oberlandesgerichts zum persönlichen Eherecht in Hamburgischen Gerichtsfällen von 1879 -1900. 1996.

Band 146 Jean-Nicolas Morisset: Der Frachtvertrag in der *Ordonnance de la marine* von 1681. 1996.

Band 147 Dirk Lentfer: Die Glogauer Landesprivilegien des Andreas Gryphius von 1653. 1996.

Band 148 Wencke Mull: Die Haftung für Einsturzschäden nach den §§ 836-838 BGB in der Rechtsprechung des Reichsgerichts. 1996.

Band 149 Renate Zelger: Teufelsverträge. Märchen, Sage, Schwank, Legende im Spiegel der Rechtsgeschichte. 1996.

Band 150 Guido Kraß: Das Arrestverfahren in Frankfurt am Main im Spätmittelalter. 1996.

Band 151 F. Benedict Heyn: Die Entwicklung des Eisenbahnfrachtrechts von den Anfängen bis zur Einführung des Allgemeinen Deutschen Handelsgesetzbuches (ADHGB). 1996.

Band 152 Thomas Lang: Die Staats- und Verfassungslehre Carl Salomo Zachariaes. 1996.

Band 153 Michael Hebeis: Karl Anton von Martini (1726-1800). Leben und Werk. 1996.

Band 154 Gerald Hubert: Die Diskussion um die rechtliche Natur der Bizone in den Jahren 1947-1949. 1996.

Band 155 Christof Horn: Die Rechtsprechung des Reichsgerichts in Ehescheidungssachen der Jahre 1900 bis 1905. 1996.

Band 156 Hermann Nehlsen / Georg Brun (Hrsg.): Münchener rechtshistorische Studien zum Nationalsozialismus. 1996.

Band 157 Jan Otto Clemens Kehrberg: Die Entwicklung des Elektrizitätsrechts in Deutschland. Der Weg zum Energiewirtschaftsgesetz von 1935. 1997.

Band 158 Johannes Tradt: Der Religionsprozeß gegen den Zopfschulzen (1791-1799). Ein Beitrag zur protestantischen Lehrpflicht und Lehrzucht in Brandenburg-Preußen gegen Ende des 18. Jahrhunderts. 1997.

Band 159 Dietmar Olsen: Das kaufrechtliche Sachmängelgewährleistungsrecht des Code civil in der Rechtsprechung deutscher Gerichte im 19. Jahrhundert. Ein Beitrag zur Ablösung der Partikularrechte durch das BGB. 1997.

Band 160 Ulrich Bernhardt: Die Deutsche Akademie für Staats- und Rechtswissenschaft „Walter Ulbricht" 1948-1971. 1997.

Band 161 Claudia Susan Hoppe: Die Bürgschaft im Rechtsleben Hamburgs von 1600 bis 1900. 1997.

Band 162 Franz-Rudolf Ecker: Die Entwicklung des Bergrechts im Saarbrücker Steinkohlenrevier bis zum Ende des 18. Jahrhunderts. Ein Vergleich mit dem älteren deutschen Bergrecht. 1997.

Band 163 Anne Katrin Rückert: Politik und Privatrecht in der „konservativen Revolution". 1997.

Band 164 Gisbert Laube: Der Reichskunstwart. Geschichte einer Kulturbehörde 1919-1933. 1997.

Band 165 Nicolas Lührig: Die Diskussion über die Reform der Juristenausbildung von 1945 bis 1995. 1997.

Band 166 Regula Gerber Jenni: Die Emanzipation der mehrjährigen Frauenzimmer. Frauen im bernischen Privatrecht des 19. Jahrhunderts. 1997.

Band 167 Mischa A. Färber: Das gemeinschaftliche Testament in der höchstrichterlichen Rechtsprechung zum Allgemeinen Preußischen Landrecht und zum BGB. Ein Beitrag zur Ablösung der Partikularrechte durch das BGB. 1997.

Band 168 Catherine Antoinette Gasser: Philipp Lotmar 1850-1922. Professor der Universität Bern. Sein Engagement für das Schweizerische Arbeitsrecht. 1997.

Band 169 Lars Immisch: Der sozialistische Richter in der DDR und seine Unabhängigkeit. Der Versuch eines Rechtsvergleiches zum Unabhängigkeitsbegriff in der bundesdeutschen Rechtsordnung. 1997.

Band 170 Jessica Jacobi: Besitzschutz vor dem Reichskammergericht. Die friedenssichernde Funktion der Besitzschutzklagen am Reichskammergericht im 16. Jahrhundert, dargestellt anhand von Kameralisten. 1998.

Band 171 Ewald Hügemann: Die Geschichte des öffentlichen und privaten Mietpreisrechts vom Ersten Weltkrieg bis zum Gesetz zur Regelung der Miethöhe von 1974. 1998.

Band 172 Lutz Rentzow: Die Entstehungs- und Wirkungsgeschichte der Vernewerten Landesordnung für das Königreich Böhmen von 1627. 1998.

Band 173 Sabine Stürmer: Mühlenrecht im Herzogtum Pfalz-Zweibrücken während des 18. Jahrhunderts. Ein Beitrag zum Wirtschaftsrecht eines deutschen Kleinstaates im Alten Reich. 1998.

Band 174 Mario Bogisch: *Nemo testis in re sua*. Das Problem der Zeugnisfähigkeit bei der Anwendung der deutschen Zivilprozeßordnung von 1877. 1998.

Band 175 Rainer Oßwald: Pactane sunt servanda? Freiwilligkeit, Zwang und Unverbindlichkeitserklärungen im islamischen Vertragsrecht malikitischer Schule. 1998.

Band 176 Bettina Kern: Der preußische BGB-Entwurf von 1842. 1998.

Band 177 Inken Fuhrmann: Die Diskussion über die Einführung der fakultativen Zivilehe in Deutschland und Österreich seit Mitte des 19. Jahrhunderts. 1998.

Band 178 Annette Rieck: Der Heilige Ivo von Hélory (1247-1303). Advocatus pauperum und Patron der Juristen. 1998.

Band 179 Frank Bottenberg: Die Hamburgische Strafprozeßordnung von 1869. 1998.

Band 180 Matthias Krauß: Das kursächsische Postrecht von seinen Anfängen bis zum Ende des Alten Reichs. 1998.

Band 181 Torsten Schmidt: Die Entmündigung von den Anfängen des BGB bis zu ihrer Ablösung durch das Institut der Betreuung. 1998.

Band 182 Christian Nunn: Rudolf Müller-Erzbach. 1874-1959. Von der realen Methode über die Interessenjurisprudenz zum kausalen Rechtsdenken (Leben und Werk). 1998.

Band 183 Christian Ortloff: Das staatskirchenrechtliche System Wilhelm Traugott Krugs. Glaubens- und Gewissensfreiheit – eine Forderung der Vernunft. 1998.

Band 184 Christian Hattenhauer: Schuldenregulierung nach dem Westfälischen Frieden. Der sog. § *de indaganda* und seine Umsetzung im Jüngsten Reichsabschied (AD 1648 und 1654). 1998.

Band 185 Werner Schubert: Preußen im Vormärz. Die Verhandlungen der Provinziallandtage von Brandenburg, Pommern, Posen, Sachsen und Schlesien sowie – im Anhang – von Ostpreußen, Westfalen und der Rheinprovinz (1841-1845). 1998.

Band 186 Silvia Schumacher: Das Rechtsverhältnis zwischen Eltern und Kindern in der Privatrechtsgeschichte. 1999.

Band 187 Kai Sommer: Die Strafbarkeit der Homosexualität von der Kaiserzeit bis zum Nationalsozialismus. Eine Analyse der Straftatbestände im Strafgesetzbuch und in den Reformentwürfen (1871-1945). 1998.

Band 188 Jan Erik Backhaus: Volksrichterkarrieren in der DDR. 1999.

Band 189 Ralf Ruhnau: Die Fürstlich Thurn und Taxissche Privatgerichtsbarkeit in Regensburg. Ein Kuriosum der deutschen Rechtsgeschichte. 1999.

Band 190 Antonio Grilli: Die französische Justizorganisation am linken Rheinufer 1797-1803. 1999.

Band 191 Stephanie Kammerloher-Lis: Die Entstehung des Gesetzes über die religiöse Kindererziehung vom 15. Juli 1921. 1999.

Band 192 Jan Telp: Ausmerzung und Verrat. Zur Diskussion um Strafzwecke und Verbrechensbegriffe im Dritten Reich. 1999.

Band 193 Kurt von Pannwitz: Die Entstehung der Allgemeinen Deutschen Wechselordnung. Ein Beitrag zur Geschichte der Vereinheitlichung des deutschen Zivilrechts im 19. Jahrhundert. 1999.

Band 194 Sylvia Busch: Die Entstehung der Allgemeinen Gerichtsordnung für die Preussischen Staaten von 1793/95. Ein Beitrag zur Geschichte der Kodifikationsbewegung und der Reform des Zivilprozesses in Preußen im 18. Jahrhundert. 1999.

Band 195 Dirk Bieresborn: Klage und Klageerwiderung im deutschen und englischen Zivilprozeß. Eine rechtshistorische und rechtsvergleichende Untersuchung unter besonderer Berücksichtigung der Beeinflussung durch das römisch-kanonische Verfahren. 1999.

Band 196 Andreas Thier / Guido Pfeifer / Philipp Grzimek (Hrsg.): Kontinuitäten und Zäsuren in der Europäischen Rechtsgeschichte. Europäisches Forum Junger Rechtshistorikerinnen und Rechtshistoriker München 22.-24. Juli 1998. 1999.

Band 197 Franz Smola: Die Fürstlich Liechtenstein'sche Kunstsammlung. Rechtsfragen zur Verbringung der Sammlung von Wien nach Vaduz in den Jahren 1944/45. 1999.

Band 198 Frank Martin Krauss: Das geteilte Eigentum im 19. und 20. Jahrhundert. Eine Untersuchung zum Fortbestand des Teilungsgedankens. 1999.

Band 199 Matthias Frey: Die spanische Aktiengesellschaft im 18. Jahrhundert und unter dem Código de Comercio von 1829. 1999.

Band 200 Alexandra Gilde: Die Stellung der Frau im Reichsstrafgesetzbuch von 1870/71 und in den Reformentwürfen bis 1919 im Urteil der bürgerlichen Frauenbewegung. Eine Analyse ausgewählter Straftatbestände. 1999.

Band 201 Malte Dießelhorst / Arne Duncker: Hans Kohlhase. Die Geschichte einer Fehde in Sachsen und Brandenburg zur Zeit der Reformation. 1999.

Band 202 Jörg Hillmann: Territorialrechtliche Auseinandersetzungen der Herzöge von Sachsen-Lauenburg vor dem Reichskammergericht im 16. Jahrhundert. 1999.

Band 203 Carsten Engler: Die Kommanditgesellschaft (KG) und die stille Gesellschaft im Allgemeinen Deutschen Handelsgesetzbuch (ADHGB) von 1861. 1999.

Band 204 Vesta Hoffmann-Steudner: Die Rechtsprechung des Reichsgerichts zu dem Scheidungsgrund des § 49 EheG (EheG 1938) in den Jahren 1938-1945. 1999.

Band 205 Michaela Thiele: Die Auflösung von Arbeitsverhältnissen aufgrund Anfechtung und außerordentlicher Kündigung nach der Rechtsprechung des Reichsarbeitsgerichts (1927-1945). 2000.

Band 206 Peter Landau / Hermann Nehlsen / Mathias Schmoeckel (Hrsg.): Karl von Amira zum Gedächtnis. 1999.

Band 207 Marcus Flinder: Die Entstehungsgeschichte des Zivilgesetzbuches der DDR. 1999.

Band 208 Boris Franz Leo Bromm: Die Entstehungsgeschichte des Berufs des Handelsvertreters. Unter besonderer Berücksichtigung der Sozialgesetzgebung in den Jahren von 1871-1933. 2000.

Band 209 Winfried C. J. Eberstein: Das Tierschutzrecht in Deutschland bis zum Erlaß des Reichs-Tierschutzgesetzes vom 24. November 1933. Unter Berücksichtigung der Entwicklung in England. 1999.

Band 210 Patrick Deller: Der „nach dem Vertrage" vorausgesetzte Gebrauch (§ 459 Absatz 1 Satz 1 BGB). Eine kaufrechtliche Untersuchung unter Berücksichtigung rechtshistorischer wie rechtsvergleichender Grundlagen. 2000.

Band 211 Eckard Freiherr von Bodenhausen: Haftung des Geschäftsherrn für Verrichtungsgehilfen im Straßen- und Schienenverkehr. Eine Analyse der Entscheidungen des Reichsgerichts zu § 831 BGB (1900-1945). 2000.

Band 212 Birte Gast: Der Allgemeine Teil und das Schuldrecht des Bürgerlichen Gesetzbuchs im Urteil von Raymond Saleilles (1855-1912). 2000.

Band 213 Hansjörg Michael Huber: Koloniale Selbstverwaltung in Deutsch-Südwestafrika. Entstehung, Kodifizierung und Umsetzung. 2000.

Band 214 Ulf Björner: Die Verfassungsgerichtsbarkeit im Norddeutschen Bund und Deutschen Reich (1867-1918). Eine rechtshistorische Untersuchung über Gerichtsbarkeit im Spannungsfeld von Politik und Recht innerhalb der von Bismarck geschaffenen deutschen Bundesstaaten. 2000.

Band 215 Mathias von Rosenberg: Friedrich Carl von Savigny (1779-1861) im Urteil seiner Zeit. 2000.

Band 216 Reinhard Binder-Krieglstein: Österreichisches Adelsrecht 1868 - 1918/19. Von der Ausgestaltung des Adelsrechts der cisleithanischen Reichshälfte bis zum Adelsaufhebungsgesetz der Republik unter besonderer Berücksichtigung des adeligen Namensrechts. 2000.

Band 217 Claudia-Regine Nerius: Johannes Lehmann-Hohenberg (1851-1925). Eine Studie zur völkischen Rechts- und Justizkritik im Deutschen Kaiserreich. 2000.

Band 218 Ludger Meuten: Die Erbfolgeordnung des Sachsenspiegels und des Magdeburger Rechts. Ein Beitrag zur Geschichte des sächsisch-magdeburgischen Rechts. 2000.